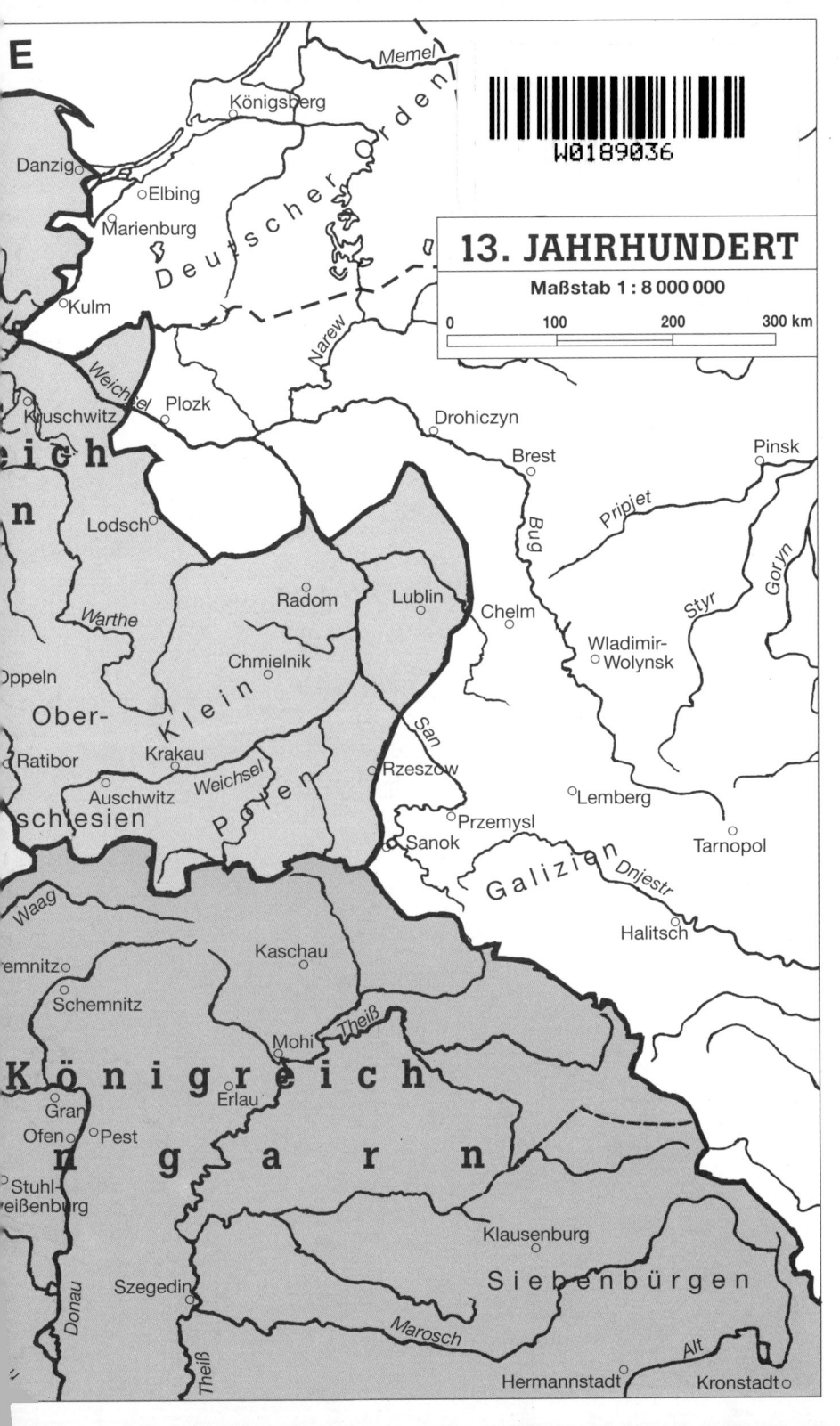

Robert-Jan van Pelt
Debórah Dwork

AUSCHWITZ
Von 1270 bis heute

Aus dem Englischen von
Klaus Rupprecht

Pendo
Zürich München

INHALT

*Dieses Buch widmen wir unseren Verwandten, die eine Welt
erlebten, in der ungewöhnlich Böses zum gewöhnlichen
Vorkommnis wurde und üblicher Anstand zu unüblicher
menschlicher Größe.*

*Besonders gedenken wir des Komponisten, Malers und Dichters
Bob Hanf. Er lebte seit dem Frühjahr 1942 in Amsterdam im
Untergrund, wurde verraten und am 23. April 1944 vom Sicherheitsdienst (SD) verhaftet. Nach vier Tagen in SD-Haft in der
Marnixstraat kam er nach Westerbork, wo er in Block 67, der
Strafbaracke, eingekerkert wurde. Von dort gelang es ihm, seinem
»arischen« Schwager zwei Briefe zu senden, die einen bemerkens-
werten Gleichmut hinsichtlich seines eigenen Schicksals verraten.
Am 19. Mai wurden Bob und die 207 anderen Insassen des Strafbaracke zusammen mit 245 Sinti in Viehwagen verfrachtet und
nach Osten verschleppt. Der Transport erreichte Auschwitz am
21. Mai; 103 Personen wurden sofort in die Gaskammern geschickt. 100 Frauen und 250 Männer, unter ihnen Bob, wurden
ins Lager eingewiesen. Die Frauen wurden mit den Nummern
A-5242 bis A-5341 tätowiert, die Männer mit A-2846 bis A-3095.
Nach Auskunft des Roten Kreuzes lebte Bob Hanf bis zum
30. September.*

EINLEITUNG

»Ich war schwer an Brustfellentzündung und Typhus erkrankt«, erinnert sich Frieda Menco-Brommet. Sie war 19 Jahre alt, Niederländerin, Jüdin und Gefangene in Auschwitz-Birkenau. »Und dann wurde es Januar, und am 18. Januar 1945 hörten wir in der Ferne Schüsse. Die Deutschen kamen zu unserer Baracke und sagten: ›Alle marsch! Wer nicht aufsteht, wird erschossen.‹ Also mußten wir gehen.

Ich hatte nichts zum Anziehen; meine Mutter griff ein paar Lumpen. Darin gekleidet, stützte ich mich auf ihren Arm und fiel in Ohnmacht. Seit Monaten war ich nicht auf den Beinen gewesen. Und Menschen traten auf mich.« Während die anderen Insassen weitermarschierten, zerrte Friedas Mutter ihre Tochter zurück. »Wir konnten uns nicht bewegen. Wir blieben. Und wurden nicht erschossen.«

Frieda, ihre Mutter und andere Insassen, die wegen Krankheit nicht gehen konnten, sollten wenig später von der Sowjetarmee befreit werden. »Zehn Tage lang waren wir im Niemandsland, und meine Mutter fütterte mich mit Schnee. Dann kamen die Russen.«[1]

Vorausabteilungen der Ersten Ukrainischen Front Marschall Konjews erreichten die Stadt, die auf deutsch Auschwitz und auf polnisch Oswiecim hieß, am Samstag, dem 27. Januar 1945. Sie fanden zunächst ein Sklavenarbeitslager mit 600 kranken Insassen. Am selben Tag befreite die Rote Armee 1200 kranke Gefangene aus einem zweiten, größeren Konzentrationslager in der Auschwitzer Vorstadt Zasole und 5800 Insassen (unter ihnen Frieda und ihre Mutter) aus einem riesigen Komplex in Birkenau, unmittelbar westlich der Stadt. Die SS hatte, wie von Frieda berichtet, die übrigen Insassen, mehr als 60 000 Menschen, mitten im Winter in Lumpen gekleidet, zum Marsch nach Westen gezwungen.

Sie hätten bessere Kleidung haben können. Zwischen den gesprengten Überresten von vier Krematorien fanden die sowjetischen Befreier einige Baracken mit 348 820 Herrenanzügen, 836 255 Damenkleidern, 5525 Paar Damenschuhen, 38 000 Paar Herrenschuhen, 13 964 Teppichen, 69 848 Tellern, Unmengen von Zahnbürsten, Rasierpinseln, Brillen und Gebissen und sieben Tonnen Haaren. »Kanada«, wie dieser Lagerteil wegen seines Reichtums hieß, bildet die letzte Phase des professionell verwalteten Prozesses der Enteignung, der in Deutschland in den späten dreißiger Jahren mit der Zwangserfassung jüdischer Geschäfte, Bankkonten, Aktienvermögen, Versicherungspolicen, Stiftungen, Grundstücke und Kunstsammlungen begann und Anfang der vierziger Jahre mit der Wegnahme des verbliebenen Eigentums der vergasten Opfer endete: Kleidung, Schuhe, Brillen, ihr Kopfhaar, die Goldkronen und Goldfüllungen ihrer Zähne. Jeder in Deutschland wußte von den ersten Stadien der Beraubung; sie war keineswegs geheim, sondern gesetzlich geregelt. Und wenn auch nur wenige Deutsche von der Leichenfledderei und dem regelmäßigen Transport dieser Güter ins Vaterland gewußt haben mögen, profitierten doch viele davon.

Die sowjetischen Truppen sammelten die verbliebenen Güter sorgfältig als wichtigste Beweismittel für ihre Anklage gegen den Monopolkapitalismus. Beim Durchkämmen des Ortes stießen sie auch auf die Akten der lokalen *Zentralbauleitung der SS*, welche die Deutschen übersehen hatten, als sie einige Wochen zuvor die Krematorien sprengten und belastendes Material vernichteten. NKWD-Offiziere sicherten Hunderte von Dokumentenkisten, wovon sie die Hälfte Jan Sehn übergaben, dem polnischen Richter, der den Kriegsverbrecherprozeß gegen das SS-Lagerpersonal vorbereitete. Den Rest schafften sie nach Moskau, wo er in den Archiven der Geheimpolizei verschwand.

Die Sowjetarmee nutzte Birkenau als Kriegsgefangenenlager für deutsche Soldaten. Nach einem Jahr waren die Gefangenen entweder entlassen oder in die Sowjetunion abtransportiert, und das Lager wurde polnischer Verwaltung unterstellt. Da die Regierung Unterkünfte für die beim Wiederaufbau des zerstörten Warschau beschäftigten Arbeiter brauchte, ließ sie die mobilen hölzernen Pferdeställe, einst letzte »Wohnung« Hunderttausender Juden aus ganz Europa, abtransportieren. Die von jeder Baracke verbliebenen zwei kleinen gemauerten Öfen bildeten gemeinsam eine gespenstische, trostlose und schweigende Landschaft aus Hunderten von Schornsteinen.

Die erschütternde Zahl der Morde, der überwältigende Maßstab des Verbrechens und das weite, verlassene Gelände isolieren »Auschwitz« von uns. Wir denken an den Ort als ein gänzlich auf sich selbst beschränktes Konzentrationslager, vom Rest der Welt durch »Nacht und Nebel« getrennt. Solche fast bequeme Dämonisierung verweist das Lager und die dortigen Geschehnisse ins Reich der Mythen, distanziert uns von einer nur zu konkreten historischen Realität, unterdrückt den lokalen, regionalen und nationalen Kontext der größten Katastrophe, welche die westliche Zivilisation sowohl zuließ als auch ertrug, und verschleiert die Verantwortung Tausender einzelner, die solche Greuel Schritt für Schritt ins Werk setzten. Keiner war als Massenmörder oder Mordgehilfe geboren. Jeder von ihnen legte den Weg ins äußerste Unrecht in kleinsten Schritten zurück.

»Auschwitz – Von 1270 bis heute« macht Auschwitz wieder zu einem gewöhnlichen Ort, den gewöhnliche Menschen im üblichen Verfahren – mit Bedarfslisten, Transportkupons, Baugenehmigungen, Rechnungen, Quittungen – zu dem machten, was er schließlich wurde. Tragischerweise hatten diese gewöhnlichen Menschen einen außergewöhnlichen Ehrgeiz: Die Chimäre, die sie Deutschlands verlorene Vergangenheit nannten, wiederzufinden und eine gleichermaßen illusorische rassereine Nation neu zu erschaffen. Die meisten geschichtlichen Darstellungen von Auschwitz beginnen 1940. Aber für die Erbauer des Konzentrationslagers war, wie für die große Mehrheit ihrer Landsleute in den zwanziger und dreißiger Jahren, Auschwitz in eine deutsche Geschichte eingebettet, die sieben Jahrhunderte zuvor begonnen hatte. 1270 von Deutschen gegründet, ging Auschwitz 1457 dem Reich verloren und kehrte 1772, als es Österreich zufiel, fast zum Reich zurück. Seine Geschichte wäre die jeder anderen Grenzstadt gewesen, wären die Deutschen Ende des 19. Jahrhunderts nicht von dem besessen gewesen, was *der deutsche Osten* hieß. So wie die Amerikaner europäischer Abkunft im 19. Jahrhundert beschäftigt waren, ihr *manifest destiny* im Westen zu erfüllen, und wie das England Edwards VII. sich mühte, den Globus rosa zu malen, wendeten sich die Deutschen dem Osten zu. Das Land winkte, und die Geschichte rief. Während den weißen Amerikanern die Prärien des Westens Chance und Verheißung anzeigten, bedeutete, was wir heute Polen nennen und was die Deutschen des 19. Jahrhunderts den deutschen Osten nannten, eine Rückkehr zu der makellosen, verlorenen Vergangenheit des Deutschen Ordens und Friedrichs des Großen und kündete von einem wiederzugewinnenden Paradies. »Denn der Osten ist nicht nur die Sehnsucht, sondern auch die Erfüllung unserer Nation«, erklärte Propagandaminister Josef Goebbels der deutschen Jugend, und diesmal hatte er recht.[2]

Spätestens in den dreißiger Jahren war die amerikanische *frontier* zur Staffage für Hollywood-Filme geworden. Doch für Deutsche jener Zeit waren die Verheißung des deutschen Ostens, der Ruf ihrer mit-

telalterlichen und ihrer preußischen Ahnen, der Anspruch auf Lebensraum, die Aufgabe, aus germanischen Menschen ein Volk zu schaffen,
und die Ideologie der Rassereinheit, die jeden verstieß, der nicht körperlich vollkommen und von germanischem Erbgut war, durchaus
konkret und real. Sie waren Gegenstand politischer Rhetorik und
Thema militärischer Überlegungen. Wir mögen den Deutschen Orden, Friedrich den Großen, Lebensraum und die völkische Idee nicht
ernst nehmen, doch wie wir sehen werden, nahmen Adolf Hitler,
Reichsführer SS Heinrich Himmler, der Auschwitzer Lagerkommandant Rudolf Höß und Millionen Deutscher sie durchaus ernst. Jene
Geschichte und jene Ziele erfüllten ihr Denken und bestimmten ihr
Handeln.

Die entscheidende Frage, warum Auschwitz Standort eines brutalen Konzentrationslagers war, das polnische Menschen terrorisieren
und einkerkern sollte, und warum dieses Lager zum Zentrum der Judenvernichtung wurde, steht im Mittelpunkt dieses Buches. Hunderte
von Bauzeichnungen aus Archiven in Auschwitz und Moskau sowie
Zeichnungen und Dokumente in deutschen Stadt-, Landes- und Bun-
desarchiven machen deutlich, daß das Lager vom Zeitpunkt seiner Errichtung im Mai 1940 bis zu seiner Aufgabe durch die Deutschen im
Januar 1945 eine Reihe verschiedener Funktionen erfüllte. Diese Entwicklung spiegelt sich in den Entwürfen und Unterlagen. Als einzigartige historische Quelle erläutert dieses Material die erwogenen
Möglichkeiten und die getroffenen Entscheidungen, die verfolgten
Ziele wie auch die Ergebnisse.

Was wir Auschwitz nennen, war keine Naturkatastrophe. Menschliche Wesen, meist Deutsche und meist Männer, verwandelten den Ort
Schritt für Schritt in eine Mordstätte. Sie entwickelten das Lager stu-
fenweise unter Änderung seiner Rolle und Erweiterung seiner Funktionen. Wir werden diesen Prozeß untersuchen, und anhand von Er-
lebnisberichten Überlebender sowie von Memoiren, Zeugenaussagen
und Autobiographien werden wir seine Auswirkung auf das tägliche
Leben der Lagerinsassen erforschen.

Ende 1941 war im Gefolge des Unternehmens Barbarossa der Judenmord in den von Deutschen besetzten Sowjetgebieten bereits voll im
Gange. Nahe Chelmno operierten Gaswagen, und in Belzec, Sobibor
und Treblinka waren stationäre Vernichtungslager im Bau. Auschwitz
hingegen tauchte noch nicht als mögliches Zentrum des Völkermordes auf. Der erste Judentransport wurde im März 1942 nach Birkenau
geleitet. Es war ein ganzer Zug voller relativ junger, kräftiger Men-

schen, und alle wurden zur Arbeit eingesetzt. Als im Juli erstmals zur Sklavenarbeit unfähige Alte und Kinder eintrafen, führte die SS das System der Selektion an der *Judenrampe* und der sofortigen Vernichtung derjenigen ein, die für unbrauchbar befunden wurden. Spätestens im Hochsommer 1942 war Birkenau zu einer Mordstätte für alle Juden geworden, außer für jene, denen Exekutionsaufschub gewährt wurde, damit sie im Lager oder anderenorts in deutschen Industrien arbeiten konnten. Dies war die letzte Funktion von Auschwitz.

I
NOSTALGIE UND ERFÜLLUNG

1
EINE NORMALE STADT

Auschwitz war einmal eine normale Stadt. Normale Leute lebten dort, Touristen besuchten das Schloß, die Kirchen, den großen Marktplatz aus dem Mittelalter, die Synagoge. Nach einem angenehmen Tag, vielleicht mit einem leichtem Mittagessen im Hotel Zator, schrieben sie beim Tee im Hotel Herz Postkarten an Verwandte und Freunde. Anfang des 20. Jahrhunderts gab es Karten für jeden Geschmack. Auf einer schlägt ein Pfau ein Rad, mit Stadtansichten auf den Schwanzfedern. Dieses Zeugnis des Lokalstolzes trägt die Aufschrift »Pozdrowienie z Oswiecima« und auf deutsch »Gruß aus Oswiecim.«

Ende der vierziger Jahre gab es in Auschwitz eine ganz andere Karte. Mit dem Pfau waren auch die Ansichten der mittelalterlichen Baudenkmäler und der zweisprachige Gruß verschwunden. In Polnisch, Russisch, Französisch und Englisch stand jetzt darauf: »Modell eines Krematoriums«. Abgebildet ist ein Gipsmodell des Krematoriums II mit Gipsfiguren auf der Treppe hinab in einen schon überfüllten Keller: Zentrum der KZ-Stadt des Schweigens.[1] Mit dem Namen Auschwitz verbinden viele mehr als eine Million Menschen, die zwischen Mai 1940 und Februar 1945 an seiner Peripherie ermordet wurden. Für andere ist er gleichbedeutend mit der Ermordung von sechs Millionen Juden. Die Polen assoziieren damit den Tod von sechs Millionen Landsleuten, zur Hälfte Nichtjuden, zur Hälfte jüdische Bürger. Für wieder andere bedeutet er das Böse schlechthin.

Fast alle, die von Auschwitz wissen, halten es für eine KZ-Stadt, einen abgeschlossenen Ort mit seinen Opfern, seinen Henkern. Als einzige Verbindung zur Außenwelt erscheint ihnen die Infrastruktur des Völkermords, wie sie Raul Hilberg in seinem Maßstäbe setzenden Werk »Die Vernichtung der europäischen Juden« beschrieb – eine Technik, in deren Zentrum das räumlich-zeitlich-finanzielle Netz des europäischen Eisenbahnsystems stand mit seinen Fahrplänen und Sondertarifen für Judentransporte in Gruppen von mehr als 400. Für die meisten von uns hat diese Nekropole aus Nacht und Nebel mit ihrer Endstation für Züge aus ganz Europa kaum Verbindung zu einer

Postkarte. Oswiecim, ca. 1905. Von links nach rechts: Alter Markt, Stadtansicht vom Schloß aus, Ruine der Dominikanerkirche, Schloß sowie das Kloster am Neuen Markt.

Postkarte. Oswiecim, 1952. Teil des Gipsmodells von Krematorium II, wie es in Block 4 des Staatlichen Museums Auschwitz-Birkenau ausgestellt ist. Eine Gruppe jüdischer Deportierter beim Betreten des unterirdischen Auskleideraumes, von dem sie durch einen Vorraum in die unterirdische Gaskammer getrieben wurden.

normalen Stadt namens Oswiecim, zum Oswiecim der Vorkriegszeit und dem Oswiecim von heute. Jetzt eine südpolnische Stadt von einigem Wohlstand, ist Oswiecim zu einem der wichtigsten touristischen Ziele des Landes geworden, aber kaum ein Besucher beachtet das Schloß oder andere Monumente. Zu gespannt auf dem Weg zum Lagermuseum und zu erschüttert nach seinem Besuch, hat er keine Zeit für die sonstige Geschichte der Stadt. Und so bleibt das Lager in seinem eigenen Universum gefangen. Keine Brücke verbindet die vorangegangenen sieben Jahrhunderte normaler Geschichte mit den darauffolgenden fünf Jahren außerordentlichen Leidens, die Stadt Oswiecim auf der einen Seite mit dem Konzentrationslager Auschwitz auf der anderen.

Dieses Buch sucht nach dem Zusammenhang. Wir konzentrieren uns auf die Geschichte von Auschwitz im Zweiten Weltkrieg, als eine normale Stadt mit normaler 700jähriger Geschichte sich in ein anomales Mordzentrum mit einzigartigen Todesmaschinen verwandelte. Wir suchen den historischen und ideologischen Kontext zu rekonstruieren, der die Ansichten jener prägte, die sich für die Geschichte von Auschwitz und seine Zukunft interessierten: von Männern wie Heinrich Himmler, der die Stadt und die umgebende Region umformen wollte, und dem Architekten Hans Stosberg, dem die Planung von Deutsch-Auschwitz aufgegeben war. Stosberg sandte im Dezember 1941 Freunden eine Neujahrskarte, deren Zeilen Licht auf die Mythologie und Ideologie werfen, die seiner Vision den Rahmen gaben: »Im Jahre 1241 bannten schlesische Streiter als Retter des Reiches den Mongolensturm bei Wahlstatt. Im gleichen Jahrhundert erstand Auschwitz als deutsche Stadt. Nach 600 Jahren [sic!] wendet der Führer Adolf Hitler die Bolschewistengefahr von Europa. In diesem Jahr 1941 wurde der Aufbau einer neuen deutschen Stadt und die Wiederherstellung des alten schlesischen Ringplatzes geplant und begonnen.«[2]

Diese Idee, daß Geschichte sich wiederhole, entstand in den frühen zwanziger Jahren, als die Deutschen der Weimarer Republik, vom Westen gemiedene Parias, sich nach Osten wandten, wo sie im Ersten Weltkrieg große Siege errungen und danach, wie sie glaubten, schweres Unrecht erlitten hatten. Mächtiger noch wurde der Begriff der Wiederholung nach dem Polenfeldzug von 1939, als Westpolen zum Teil annektiert und zum anderen Teil besetzt war. Wie Franz Lüdtke, der für den deutschen Osten zuständige Hauptbereichsleiter, bei der NS-Leitertagung 1941 erklärte, hatten im Mittelalter polnische Könige,

ZUM
JAHRESWECHSEL
1941~1942

WÜNSCHE ICH MEINEN GÖNNERN UND FREUNDEN
GESUNDHEIT UND GLÜCK
UND GUTES GELINGEN BEI JEDEM BEGINNEN

Dipl. Ing. Hans Stosberg.

DER SONDERBEAUFTRAGTE FÜR DEN
GENERALBEBAUUNGSPLAN DER STADT
AUSCHWITZ

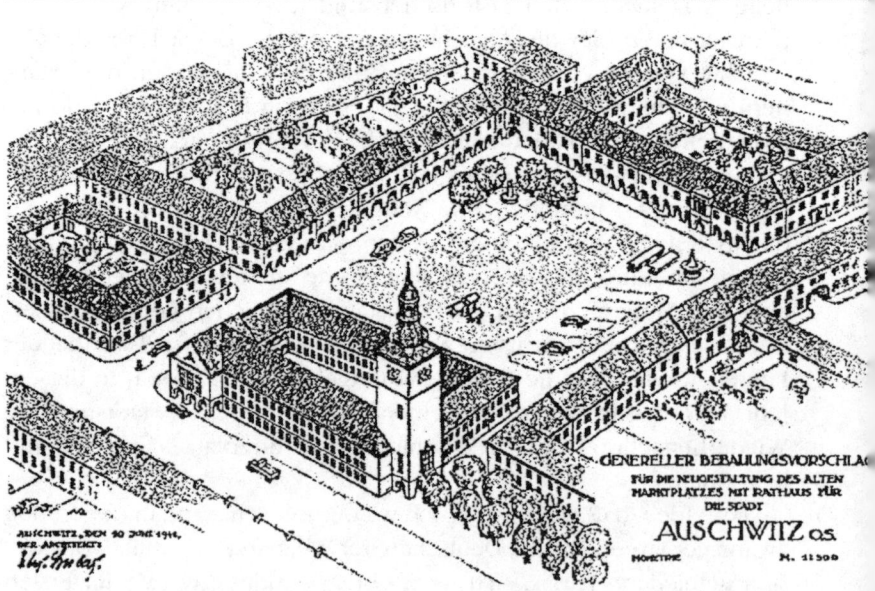

Neujahrskarte des deutschen Architekten Hans Stosberg, Dezember 1941. Das Gebäude mit dem Turm ist das neue Rathaus, an das sich die Häuserreihe auf der Nordseite des Ringes anschließt.

Bischöfe und Grundbesitzer einander darin überboten, deutsche Einwanderer ins Land zu holen. Die Neusiedler hatten den Boden urbar
gemacht, Städte und Dörfer gegründet und ihr Recht und ihre Kultur
mitgebracht. Im Gegenzug erhielten sie einen unveräußerlichen
Rechtsanspruch auf den Boden, der auch sieben Jahrhunderte später
noch galt. Das nationalsozialistische Deutschland hatte ihr Erbe ange-
treten und schickte sich an zu vollenden, was die mittelalterlichen
Siedler begonnen hatten.[3]

Das Prinzip der Wiederholung geriet zur Rhetorik der Wiederholung, die Joseph Goebbels' Propagandaapparat offiziell sanktionierte.
Im Januar 1941 wies Goebbels die Presse an, in Artikeln über die Eindeutschung des Ostens das Wort »Kolonisation« zu vermeiden und
eine Terminologie zu benutzen, welche die Begriffe der Rückgewinnung, Wiederherstellung, Rekultivierung und Rettung betonte. Von
Goebbels dirigiert, wurde der Refrain mehrstimmig gesungen, blieb
aber stets derselbe: Die Deutschen hatten es auf sich genommen, den
Plan ihrer Vorfahren zu vollenden. Ihre Wendung nach Osten war
eine Rückwendung, eine Rückkehr. Ein SS-Handbuch, das dieses
Thema vertiefte, skizzierte einige seiner Konsequenzen:

Als im Feldzug der 18 Tage Polen zerschlagen worden war, da fand die
jahrhundertelange Arbeit des Deutschtums auf diesem östlichen Boden
ihren Lohn. Was deutscher Fleiß hier im Laufe der Zeiten geschaffen hatte,
das erhielt seine eigentliche Bestimmung wieder, ein Teil des deutschen
Lebensraumes zu sein. Der Kampf mußte vieles niederreißen, mußte zerschlagen, zerstören. Der *Aufbau* soll das, was der Kampf errungen hat,
festigen und zu einem auf ewig verankerten Teil des gesamten großdeutschen Raumes machen. **Der deutsche Osten war der Schicksalsraum
des deutschen Menschen seit Jahrhunderten. Er wird es auch für die
nächsten Jahrhunderte bleiben ...**
Bei der *Neuordnung des Ostraums* spielte aber nicht nur die *deutsch-polnische Frage* und die der völkischen Minderheiten eine Rolle, sondern
auch die *Lösung des Judenproblems* an sich.
Denn in Osteuropa findet sich das Judentum in geballter Form.
**Nicht als Kolonisatoren sind die Juden nach dem Osten gezogen, son-
dern als Parasiten ... Der Osten Europas wurde das Sprungbrett und
die Kraftreserve des Judentums. Denn von hier aus gingen immer
wieder neue Judenscharen westwärts und in die Welt. Vom Osten her
kamen auch die Scharen der Juden, die in und nach dem Weltkriege
Deutschland und das damalige Österreich überschwemmten ...**
Im engsten Zusammenhang mit der Lösung des Judenproblems stand auch

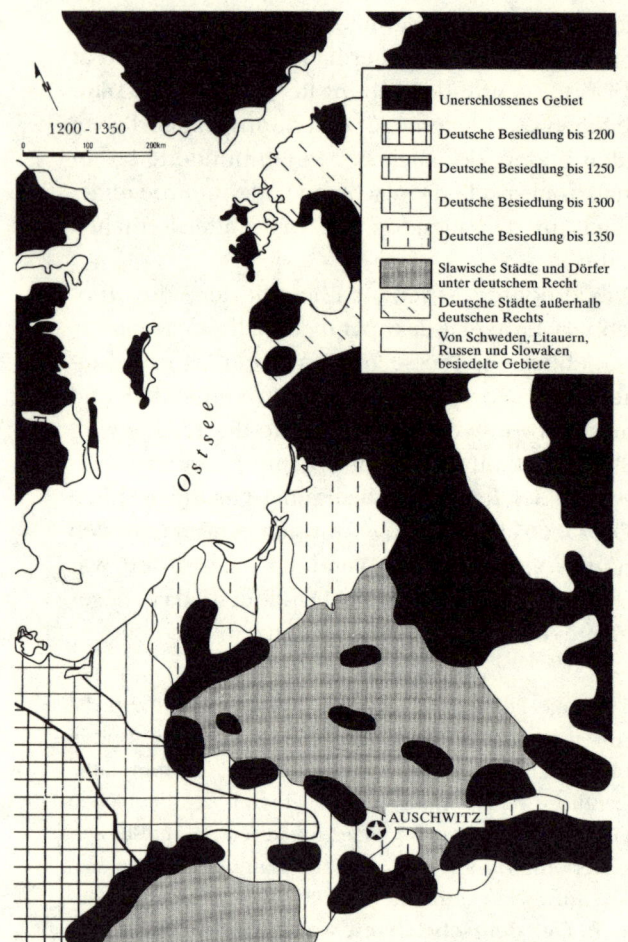

Die Ostbewegung deutscher Siedlung zwischen 1200 und 1350. Im Norden folgte der deutsche Drang nach Osten zwei Routen. Die eine begann in Brandenburg und verlief südöstlich längs der Sudeten nach Oberschlesien; die andere begann gleichfalls in Brandenburg und verlief nordöstlich zur unteren Weichsel und dem Gebiet des Deutschen Ordens (oben rechts). Böhmen, von Gebirgen geschützt, und Großpolen, durch unpassierbare Sümpfe abgeschirmt, widerstanden erfolgreich der Germanisierung.

Bis zur Mitte des 14. Jahrhunderts waren Schlesien, Pommern und Ostpreußen durch und durch germanisiert; die Ostgrenze durchgängiger deutscher Besiedlung hatte eine Linie erreicht, die etwa der des Deutschen Reiches von 1937 entsprach. Östlich dieser Linie wurden Städte wie Krakau, Lublin und Warschau, die vom polnischen Adel beherrscht, aber von deutschen Kaufleuten und Handwerkern dominiert wurden, mit Dörfern polnischer Bevölkerung zu sogenannten Weichbildern vereinigt, in denen deutsches Recht galt. In Livland waren von Deutschen beherrschte und bewohnte Städte wie Riga, Reval (Tallinn) und Narwa nicht von einem Weichbild umgeben.

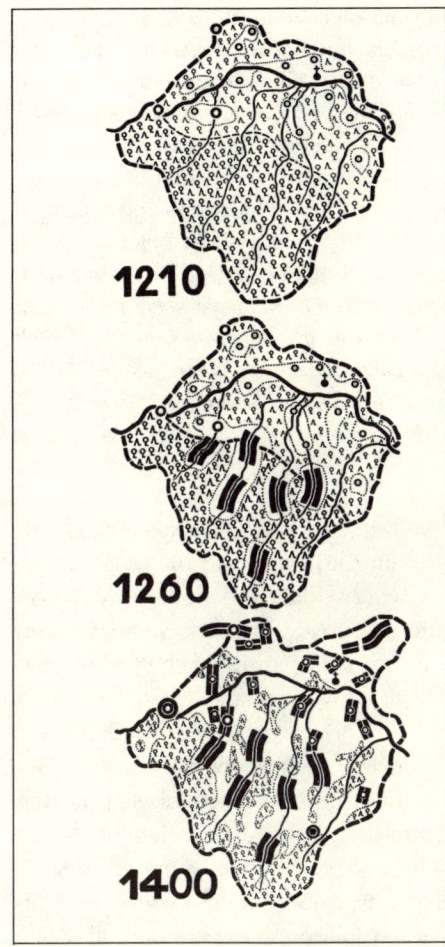

Schema der Erschließung Schlesiens, 1935. Die deutsche Besiedlung folgte einem Standardmuster. Die erste Karte zeigt mehrere an Bächen und Flüssen gelegene slawische Dörfer (Kreise) mit jeweils etwa zehn Höfen. Die höher gelegenen Waldgebiete waren noch nicht erschlossen. Mangels Pferdefutter waren die Bauern zum Pflügen auf ein Ochsengespann angewiesen; diese primitive Technik versagte vor dem schweren Waldboden. Auch konnten die Bauern kein Grundeigentum erwerben; der Boden gehörte dem jeweiligen Herzog, der ihnen lediglich Nießbrauch einräumte. Dafür oblagen ihnen diverse Dienstleistungen.

Die zweite Karte zeigt die Erschließung der Wälder und die Gründung der ersten deutschen Dörfer auf höher gelegenem Gebiet (zwei breite parallele Linien). Organisiert wurde diese Besiedlung von dem Locator, dem mittelalterlichen Vorläufer des modernen Bauträgers. Der Locator schloß mit dem Grundherrn einen Vertrag über die Erschließung ungenutzten Landes. In den dichter bewohnten Gebieten Westdeutschlands bot er Bauern günstige Siedlungsbedingungen an und bewog sie, mit ihm nach Schlesien zu ziehen. Der Locator plante das neue Dorf, in dem alle Bauern ein Landstück gleicher Größe erhielten. Dank neuer Vermessungstechniken konnte ein Gebiet systematisch erschlossen werden, indem Dörfer aus jeweils 20 bis 100 Höfen im Abstand von nur fünf oder sechs Kilometern angelegt wurden. Jedes Dorf folgte einem für das Siedlungsgebiet typischen Standardmuster. So herrschte im Süden Oberschlesiens das sogenannte Waldhufendorf vor. Unter Verzicht auf ein Gefühl der Dorfgemeinschaft förderte das Waldhufendorf die wirtschaftliche Rationalisierung und die Unabhängigkeit der einzelnen Bauern. Waldhufendörfer mit ihren Gehöften beiderseits der Straße im Abstand von etwa 100 Metern zogen sich kilometerweit hin. Dank ihrer überlegenen Anbauverfahren und Geräte konnten die Deutschen höher gelegenes Land besiedeln und erstmals Überschüsse erzeugen. Der neue Reichtum diente der Städtegründung. Die dritte Karte zeigt die Gründung einer Stadt am wichtigsten Fluß der Region und die rechtliche Integration und Germanisierung der polnisch gebliebenen Dörfer im Flußtal. Mit fünf bis 15 umliegenden Dörfern zu einer auf Waren- und Dienstleistungsaustausch gegründeten sozialen Einheit verbunden, entstand ein Wirtschaftsgebilde, das die Deutschen Weichbild nannten. Die Schaffung eines Weichbildes war der Höhepunkt eines sozialen Prozesses der Kolonisation, an dessen Anfang der Locator stand.

die Frage der *Seuchenbekämpfung* im Osten. Seuchen hat es in Osteuropa
häufiger und stärker gegeben als in den anderen Gebieten Europas ... Die
Ghettos aber waren die *Brutstätten* dieser Krankheiten. Eine Seuchenbekämpfung größten Stils, Schutzimpfung und sanitäre Maßnahmen mußten hier im Osten einsetzen, um dieser Geißel Herr zu werden ...
Die üblen Zustände des ehemaligen Polen haben eine ihrer tiefsten Wurzeln im Judentum, und die Zusammenarbeit von Judentum und Polentum
zeitigte die berüchtigte *»polnische Wirtschaft«*. Wie diese polnische Wirtschaft aussah, das wurde im Feldzug auch dem einfachsten Landser sinn-
fällig vor Augen gebracht. *Diese polnische Wirtschaft zu überwinden und
an ihre Stelle deutsche Ordnung und deutsche Kultur zu bringen, wie auch
das unterdrückte und geknechtete Deutschtum des Ostens wieder in die
Höhe zu reißen und den Boden nun für ewig mit dem Deutschtum zu verbinden, vollzieht sich in den wiedergewonnenen Ostgebieten ein Aufbau
allergrößten Ausmaßes.*[5]

Die Beziehung zwischen dem Aufbau Polens als deutscher Schicksalsraum, die Schaffung einer Neuen Ordnung und die sogenannte
»Endlösung« des Judenproblems waren klar und eindeutig: Wenn
Polen seinen Platz im deutschen Lebensraum als »Schicksalsraum
des deutschen Menschen« einnehmen sollte, mußten die Juden weichen.

Nationalsozialistische Historiker der mittelalterlichen deutschen Besiedlung lieferten Männern wie Stosberg, Lüdtke, Goebbels und den
Schreiberlingen im SS-Schulungsamt die Werkzeuge, welche die nicht
unbedingt amoralische These einer ideologischen Symmetrie zwischen dem Mittelalter und dem 20. Jahrhundert in eine Waffe des Völkermordes umformten. Historiker spielten eine bedeutende Rolle
beim Schmieden einer nahtlosen Einheit zwischen der unwandelba-
ren Macht der Vergangenheit und der unwiderstehlichen Kraft der
Ideologie. Diese kämpferische Geschichte begann mit einem angemessen mythischen goldenen Zeitalter, als das heute zu Südschwe-
den, Dänemark, den Niederlanden, Deutschland und Polen gehörige
Gebiet von germanischen Stämmen besiedelt wurde. Für die Nationalsozialisten war dieses Zeitalter germanischer Besiedlung ein nordi-
sches Paradies aus Blut und Boden, in dem ein rassisch reines Volk in
Harmonie mit dem Land lebte, das die Vorsehung ihm zugeteilt hatte.
Aber dann ging, wie unvermeidlich, das Paradies verloren. Hunnen-
einfälle zwangen diese germanischen Völker zum Rückzug nach Westen. Slawische Stämme folgten den Hunnen und fristeten in den

Holzschnitt von Bodo Zimmermann: »Schlesische Landschaft«

geräumten Landstrichen eine kärgliche Existenz. Nach Auffassung der Nationalsozialisten bewies der kulturelle Rückschritt des Gebietes unter den Slawen, daß die Deutschen Anspruch auf jenes Land hatten, ja daß sie den Rechtsanspruch auf das Gebiet zwischen Elbe und Weichsel nie verloren hatten.[6]

Ihre Deutung der späteren Geschichte der Region erhärtete ihre eigenen Ansprüche. Für die Nationalsozialisten waren die nächsten 700 Jahre eine Zeit des politischen und wirtschaftlichen Niedergangs, bis die polnischen Herzöge im 13. Jahrhundert Deutsche einluden, auf ihren Ländereien unabhängige deutsche Städte zu gründen.[7] In dem Bewußtsein, daß die deutsche Einwanderung der Schlüssel zur Entwicklung ihrer Herzogtümer war, überboten sie einander im Werben um vergleichsweise hochgebildete und eine stabile Regierung befürwortende deutsche Geistliche, um deutsche Ritter, deren strenge Ausbildung den Mangel an mobilisierbarem Fußvolk wettmachte, um deutsche Handwerker mit ihren besseren Fertigungstechniken, um deutsche Kaufleute, die das wirtschaftliche Potential der Land- und Wasser-

straßen nutzen sollten, und vor allem um deutsche Zisterziensermönche und deutsche Bauern, deren landwirtschaftliche Kenntnisse
denen der polnischen Bauernschaft überlegen waren. Hunderttausende von Deutschen zogen nach Osten. Zwischen 1200 und 1335 siedelten sich 175 000 Deutsche allein in Schlesien an, wo sie 1200 Dörfer,
130 Städte und zwölf größere Klöster gründeten. Mitte des 14. Jahrhunderts waren Schlesien, Pommern und Ostpreußen durch und durch
germanisiert; die Ostgrenze durchgängiger deutscher Besiedlung hatte
eine Linie erreicht, die etwa mit der Ostgrenze des Deutschen Reiches
von 1937 zusammenfiel. Die systematische Ansiedlung von Deutschen
führte zu ihrer Vorherrschaft über das Gebiet, was 700 Jahre später die
Deutschen des 20. Jahrhunderts mit Beifall bedachten.

Zweifellos leisteten die Deutschen einen bedeutenden Beitrag zur
Entwicklung des Raumes zwischen Oder und Weichsel, aber die Nationalsozialisten verzerrten eine legitime Chronik vergangener Leistungen zu einer bösartigen Karikatur der deutsch-polnischen Beziehungen. Ihnen galt jeder Acker, jeder Hof, jedes Dorf und jede Stadt in
Polen als Ergebnis deutscher Mühe. Ewald Liedecke, Chefplaner des
1939 neugeschaffenen Reichsgaues Danzig-Westpreußen, verwarf die
bloße Möglichkeit, daß irgend etwas von Polen Geschaffenes seiner
Aufmerksamkeit würdig wäre. Er erklärte jede Spur von Kultur in Polen als Ergebnis deutscher Leistung: »So ruiniert auch alles Deutsche
sein mag, auch in dem elendsten Zustand zeugt es noch von höherer
Kultur als aller polnischer Neubau.«[8] Diese Ansicht kam sogar in den
Briefmarken zum Ausdruck, die in den besetzten polnischen Gebieten
in Umlauf kamen und Gebäude wie das berühmte Krakauer Tor in
Lublin, das Rathaus von Sandomierz und das Wawel-Schloß in Krakau
darstellten, wobei die architektonische Ikonographie offiziell als Würdigung von »deutschem Empfinden, deutscher Kraft, deutschem Ge-
staltungswillen und Können« erklärt wurde. Die dargestellten Bauten
»beweisen, daß alles, was schön und erhaben, kraftvoll und bleibend,
sinnvoll und mächtig in diesem Land ist, deutschen Ursprungs und ein
Sinnbild deutscher Beherrschung dieses Raumes ist.«[9]

Auschwitz war weder schön noch erhaben, weder bedeutend noch
mächtig, aber es war deutsch, und es war relativ wohlhabend.[10] 1270
gegründet, war es um 1300 als mittelgroße Marktstadt von 120 bis 200
Häusern östliches Regionalzentrum des Herzogtums Teschen, und
der Herzog gewährte der Stadt die Rechte eines Blei- und Salz-
magazins. Mit diesem wirtschaftlich bedeutenden Privileg gewann
Auschwitz lokale Bedeutung. Ferner gewährte der Herzog der Stadt

Darstellungen deutscher Burgen im Osten als Beigabe zu einem von Reichsführer SS Heinrich Himmler verfaßten Artikel in *Das Schwarze Korps* vom 23. Januar 1941. Diese Schlösser, Symbole deutscher Kultur und Zeugnisse deutschen Beharrungswillens im Osten, hatten das Erbe des aus dem Mittelalter überkommenen deutschen Dranges nach Osten bewahrt. Mit großer Genugtuung merkte Himmler an, daß jetzt die umgebenden Äcker wieder deutsch seien und daß Deutsche wieder begonnen hätten, in einer Weise zu bauen, die das Erbe ihrer Vorfahren ehrte.

das Recht, auf den beiden meistbefahrenen Brücken über Weichsel und Sola Maut zu erheben. Unmittelbar an der Handelsstraße Wien-Ölmütz-Ostrau-Krakau und nur wenig abseits der Straße Leipzig-Breslau-Oppeln-Krakau-Lemberg gelegen, besaß Auschwitz günstige geographische Voraussetzungen, um von dem Wirtschaftsaufschwung im späten 13. und frühen 14. Jahrhundert zu profitieren.

Als das Herzogtum Teschen 1316 geteilt und das Gebiet östlich der Biala als Herzogtum Auschwitz selbständig wurde, zählte die Stadt 1300 Einwohner, und auf die polnischen Nachbardörfer Babitz, Birkenau, Dwory, Harmese und Rajsko kamen weitere 700. Neustadt (Zator) an der unteren Skawa war mit 1400 Bewohnern etwas größer. Die beiden südlich gelegenen Marktflecken, Liebenwerde (Kety) an der oberen Sola und Frauenstadt (Wadowice) an der oberen Skawa, waren mit 400 bzw. 285 Einwohnern viel kleiner. Diese Orte markierten die vier Eckpunkte deutschen Siedlungsgebietes; im Norden und Westen lagen ältere polnische Dörfer. Trotz des Wohlstandes seiner

Der deutsche Osten, 1300. In den
dreißiger Jahren behaupteten deutsche Gelehrte, seit dem Mittelalter
stünde die Gebietserweiterung
Deutschlands im Konflikt mit der
Polens. Deutschland suchte alle
Gebiete längs der östlichen und
südlichen Ostseeküste zu beherr-
schen. Die Seemacht der Hanse, der
Lübeck, Danzig, Riga, Reval und
Narwa angehörten, festigte
Deutschlands Stellung. Polen
suchte durch Vorstoß aus seinem
Kernland an der Warthe und am
Mittel- und Oberlauf der Weichsel
in Pommern Zugang zum Meer zu
gewinnen. Als der Deutsche Orden
im 14. Jahrhundert die Herrschaft
über Hinterpommern gewann,
blockierte er Polens Zugang zur
Ostsee. Der Konflikt zwischen
Deutschlands Beharren auf dem
Besitz der gesamten Ostküste der
Ostsee und Polens Bedürfnis nach
sicherem Zugang zum Meer sollte
die deutsch-polnischen Beziehungen im 15., 18. und 20. Jahrhundert
belasten und den Zweiten Weltkrieg
auslösen.

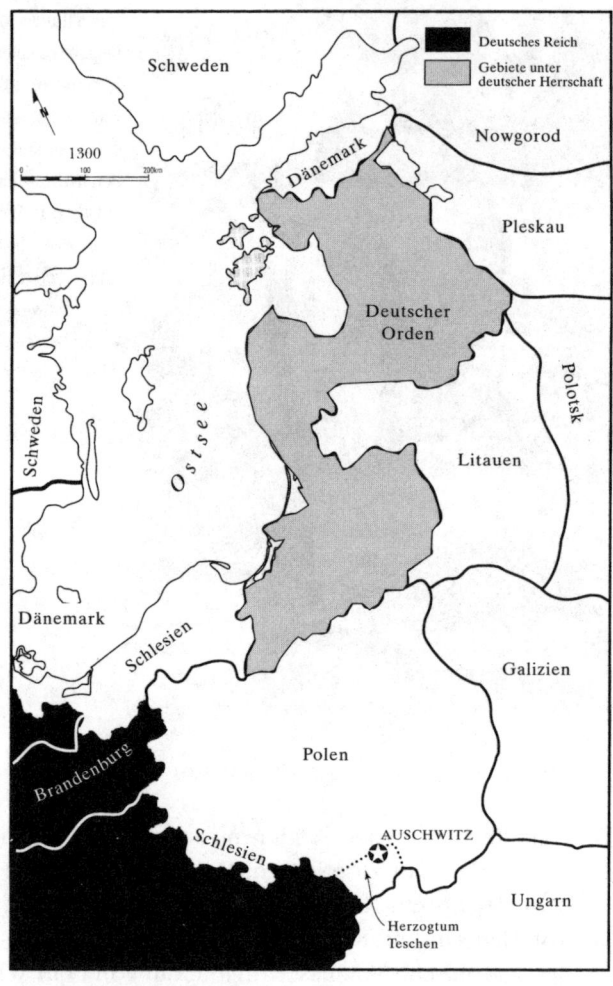

Städte war das neue Herzogtum zu klein, um sich politisch behaupten zu können. Eine Schachfigur im Machtkampf zwischen Polen, Böhmen und Ungarn, schloß sich Auschwitz 1327 dem Reich an.

Paradoxerweise fiel der förmliche Beitritt des Herzogtums zum Reich mit dem Niedergang der dortigen deutschen Präsenz zusammen. Es gab kaum noch kultivierbares Neuland, und das Herzogtum Auschwitz war für Neuankömmlinge nicht mehr attraktiv. Der Schwarze Tod (1349) und weitere Epidemien führten zu einem massiven Rückgang der Bevölkerung Europas, und die deutsche Auswanderung vom Westen in den Osten kam gänzlich zum Erliegen.[11] Zudem wirkten sich in ganz Europa der Preisverfall landwirtschaftlicher Produkte und der Anstieg der städtischen Löhne in einer langwierigen Agrarkrise aus. Die Landflucht nahm überhand. In Oberschlesien verließen deutsche Bauern den Besitz, den ihre Vorväter der Wildnis abgerungen hatten. Viele kehrten in den Westen zurück, wo günstige Aussichten winkten.

Doch Polen überstand die Pest besser als andere Nationen und hatte einen Bevölkerungsüberschuß. Als Deutsche ihre Dörfer aufgaben, zogen polnische Bauern ein. Auch die Städte wurden polonisiert. Im Herzogtum Auschwitz sind seitdem die fünf einst deutschen städtischen Zentren unter ihren polnischen Namen bekannt: Oswiecim (Auschwitz), Kety (Liebenwerde), Zator (Neustadt), Wadowice (Frauenstadt) und Zywiec (Saybusch). Doch Gedeihen blieb ihnen versagt. Zu klein, um von dem Wirtschaftsaufschwung der größeren Zentren zu profitieren, teilten diese Marktstädte den ökonomischen Niedergang der landwirtschaftlichen Gebiete.

Im frühen 15. Jahrhundert durchstreiften Räuber die entvölkerte Landschaft. Der Herzog von Oswiecim, ohne Mittel zur Wahrung seiner Interessen, unterstellte sich dem Schutz des polnischen Königs Jagiello und leitete damit Oswiecims politische Wendung nach Osten ein. Diese Entwicklung wurde durch König Kasimir IV. von Polen konsolidiert, der 1457 die Rechte auf das Herzogtum käuflich erwarb. Nunmehr von den anderen oberschlesischen Herzogtümern und vom Reich getrennt, wurde Oswiecim immer stärker in seinen Nachbarn integriert. Der zunehmend lautere polnische Ruf nach Einheit ermutigte auch Oswiecim zur Vereinigung mit Polen, und in gleichem Sinne wirkte der Erwerb von Land und Machtpositionen der polnischen Adeligen. Das Herzogtum wurde 1564 in die Wojewodschaft Krakau eingegliedert, womit die fast durchgängige Polonisierung dieses Gebietes zum Abschluß gelangte.[12]

DESCRIPTION DV DVCHE OZWIEC. ET ZATOR.

Das Herzogtum Oswiecim und Zator. Von Stanislas Porebski, Bertius, »Tabularum geographicarum« (1616). Um das Jahr 1000 wurden Auschwitz (Mitte) und Schlesien (links) in den polnischen Staat eingegliedert. Das Gebiet wurde in Kastellaneien unterteilt, denen in strategisch gelegenen Burgen residierende Kastellane oder Burggrafen vorstanden. Die Kastellanei Auschwitz zählte etwa 3000 Einwohner, die in längs der Weichsel (oben) verstreuten Dörfern wohnten. 1241 hinterließ eine Mongolenarmee auf ihrem Weg nach Westen in der Kastellanei eine Spur der Vernichtung. Daraufhin begann der dortige Herzog in der dünnbesiedelten Kastellanei ein Entwicklungsprogramm, das deutsche Siedler ins Land holen sollte. Die Einwanderer gründeten zwei Städte: Auschwitz (Ozwiczin) bei der alten Burg an der Sola und weiter stromauf Liebenwerde (Kenti). Zu jeder Stadt gehörten umliegende Dörfer. Das Herzogtum wurde 1282 geteilt, und Auschwitz fiel dem Herzog Miezko von Teschen zu, der mit der Anwerbung deutscher Siedler fortfuhr und ihnen das Recht zur Gründung von Neustadt (Zator) an der unteren Skawa gewährte. Etwas später wurde Frauenstadt (Wadowicze) gegründet. Um 1300 nahmen die vier Städte und zugehörigen Dörfer eine Fläche von etwa 1160 qkm ein. 1360 wurde das Herzogtum Teschen geteilt, und aus der Osthälfte entstand das Herzogtum Auschwitz. Mit 17 000 Einwohnern war das neue Herzogtum wirtschaftlich lebensfähig, besonders, nachdem neue Einwanderer die Marktstadt Saybusch (Ziwiecz) an der Sola und neun Dörfer gegründet hatte. Doch war das Herzogtum zu klein, um sich politisch behaupten zu können, und wurde Teil des Heiligen

Römischen Reiches. Der Ostzipfel des Reiches, das Herzogtum Auschwitz, war von Polen im Norden (Septentrio) durch die Weichsel (Vistula fluvius) und im Osten (Oriens) durch die Skavina (Skawinka flu.) getrennt. Nach Süden (Meridies) bildeten die Beskiden die Grenze zur slowakischen Region des Königreichs Ungarn. Nach Westen (Occidens) grenzte Auschwitz an zwei andere zum Reich gehörige schlesische Herzogtümer. Jenseits der Biala im Süden erstreckte sich das Gebiet von Teschen, jenseits der Weichsel im Norden das von Ratibor.

Briefmarken für das Generalgouvernement, 1940. Das Krakauer Tor in Lublin und das Wawel-Schloß in Krakau. Zwar waren die Deutschen zum Teil im Recht, als sie das Krakauer Tor für sich reklamierten, doch ihr Anspruch auf den Wawel war reine Fiktion. Die Residenz der polnischen Könige gehörte nicht zur deutschen Stadt Krakau. Der abgebildete Renaissancehof wurde von einem italienischen Architekten gebaut.

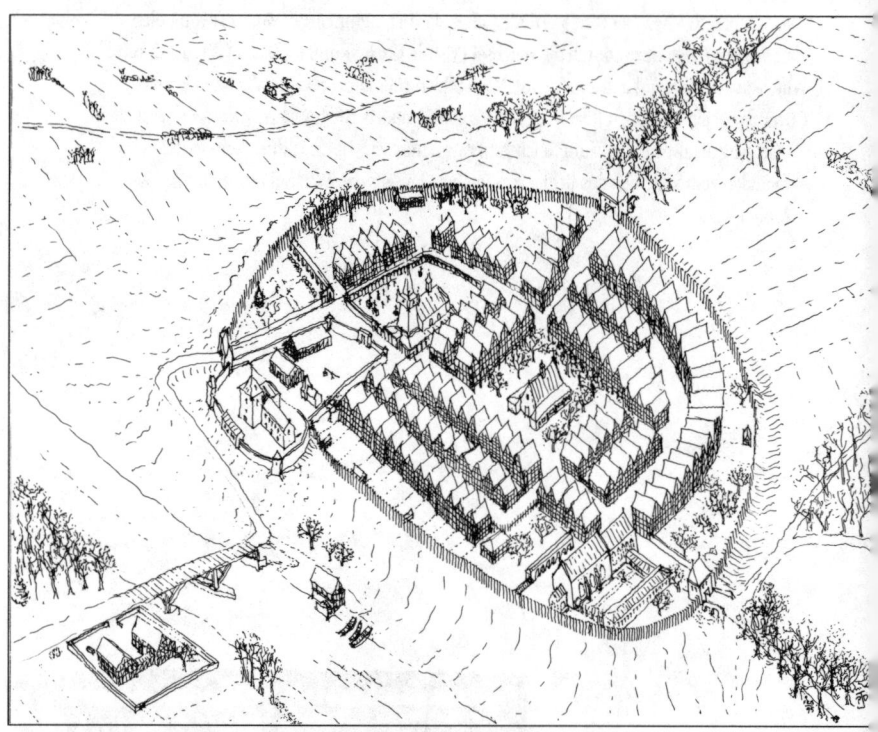

Vogelperspektive von Auschwitz, ca.1350. Wie alle Siedlungen im deutschen Osten war der ursprüngliche Grundriß von Auschwitz von ähnlicher Strenge wie die kühne geometrische Anlage des Waldhufendorfes. Grundlage war ein Raster aus Hauptstraßen mit großem quadratischem Markt und Rathaus im Zentrum. Die aus Holz gebaute Pfarrkirche nahe dem Südtor ist die Dominikanerkirche. Der Bereich zwischen Schloß, Marktplatz, Dominikaner-kirche und Fluß wurde im 16. Jahrhundert zum Judenviertel.
Bis zum 19. Jahrhundert entstanden hier drei Synagogen.

Die Dominikanerkirche in Auschwitz, ca. 1940. Der erste Herzog von Auschwitz holte etwa 1320 die Dominikaner nach Auschwitz und stiftete gemeinsam mit seiner Gemahlin die große Kirche in der Südwestecke der Stadt. Sie diente der Auschwitzer Dynastie (1316-1457) als Beisetzungsstätte. Von den Schweden 1656 zerstört, wurde die Kirche anfangs des 20. Jahrhunderts von den Salesianern als Zentrum eines Bildungswerkes für schwer-erziehbare Knaben wiederaufgebaut.

Trotz vier großer Brände, die Stadt und Schloß weitgehend zerstörten, florierte Oswiecim in den ersten Jahren polnischer Herrschaft. Die Salzzölle und die Maut von der Weichsel- und der Solabrücke blieben die wichtigsten Finanzquellen. Als bedeutender Grenzübergang zwischen Polen und Schlesien wuchs Oswiecim zu einer Stadt von 500 Häusern an. Zweihundert Handwerker verdienten hier ihren Lebensunterhalt, und die Einkünfte aus Handel und Gewerbe brachten genügend Steuern, um am Ring ein neues Rathaus zu bauen, die Pfarr- und die Dominikanerkirche zu restaurieren und eine neue Synagoge zu errichten. Seit Mitte des 15. Jahrhunderts hatten sich Juden angesiedelt, und als Oswiecim in Polen aufging, war seine jüdische Bevölkerung so zahlreich, daß König Sigismund II. August sich bemüßigt fühlte, ihr weiteres Wachstum per Dekret zu beschränken. Dennoch sollten Juden bis 1941 die Mehrheit der Stadtbevölkerung bilden.

Juden waren in großer Zahl aus West- und Mitteleuropa auf Einladung der polnischen Könige eingewandert, die sich von ihnen die Bildung einer unternehmerisch aktiven Mittelschicht erhofften. Die

Auschwitz O/S. Klosterkirche.

34   Nostalgie und Erfüllung

Der deutsche Osten, 1400. Nach Gewinn der Herrschaft über Pommern und Schlesien schien die Stellung der Deutschen im Osten sehr stark. Doch mit der Christianisierung der Litauer (1386) verlor der Deutsche Orden seine Bedeutung als Kampfbund gegen das Heidentum und litt seitdem an Nachwuchsmangel. Die Heirat des Großherzogs Jagiello von Litauen mit Königin Jadwiga von Polen und die anschließende politische Vereinigung beider Länder schuf einen mächtigen Staat, der um Zugang zur Ostsee rang. Polnisch-Litauen annektierte 1466 Westpreußen und zwang Ostpreußen unter polnische Lehenshoheit; ein Jahrhundert später erwarb es den größten Teil des verbliebenen Ordensgebietes in Livland.

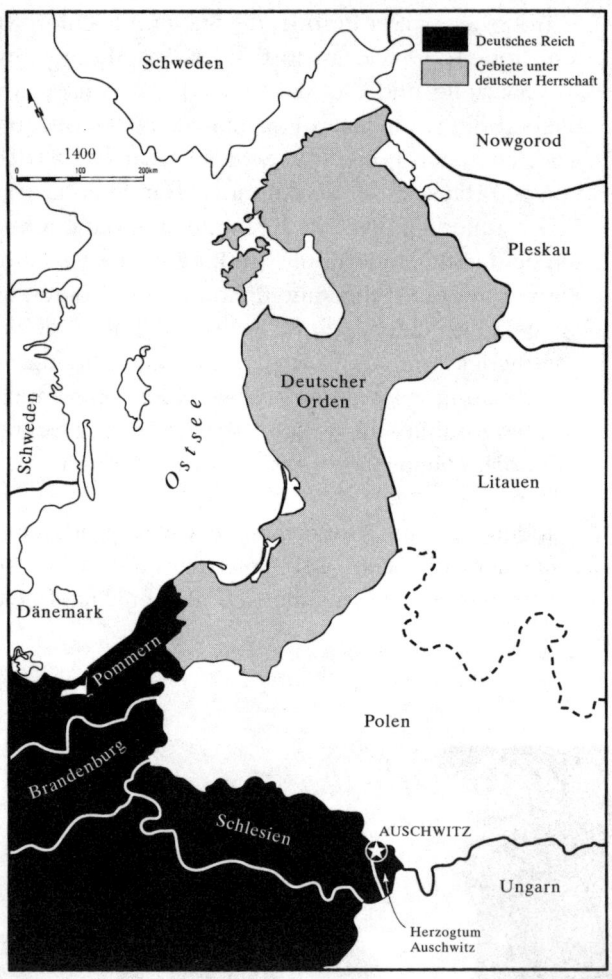

Die Wappen der Herzogtümer Zator und Oswiecim. Beide zeigen den schlesischen Adler, das eine mit einem Z für Zator, das andere mit einem O für Oswiecim. Nach dem Tode des Herzogs Kasimir von Oswiecim (1433) teilten seine Söhne die väterliche Herrschaft in das Herzogtum Oswiecim und das Herzogtum Zator. Beide wurden 1490 unter der polnischen Krone zum Herzogtum Oswiecim und Zator vereinigt.

Jüdischer Friedhof, Oswiecim.

Kreuzzüge (1095-1215) hatten heftige Pogrome entfacht, und einige wenige Juden hatten im Osten eine neue Zukunft gesucht. Der Schwarze Tod hatte zu neuen Pogromen geführt – allein in Deutschland wurden 350 jüdische Gemeinden zerstört –, und das Rinnsal der Auswanderung war zum mächtigen Strom angeschwollen. Während sich die Juden der Selbstverwaltung ihrer Gemeinden und der Freiheit zur Ausübung jeglichen Handels und Gewerbes in ganz Polen erfreuten, waren sie vom politischen Leben der kleinen und größeren Städte und der Nation ausgeschlossen. Machtlos im anhebenden Kampf zwischen Monarchie, Kirche, Adel und Stadtbürgertum, mußten sie erleben, daß sich ihre schwache Ausgangsposition im Laufe der Zeit noch verschlechterte.

Auch Polen erwies sich als schwach, seine Lage wurde prekärer. Als Mitte des 17. Jahrhunderts russisch-kosakische Truppen den Nordosten des Landes brandschatzten, nutzte der schwedische König die Gelegenheit, um Polens Macht im Ostseeraum zu zerstören. Die Schweden fielen in Polen ein und eroberten am 30. Oktober 1655 Oswiecim. Nach einem gescheiterten Aufstand der örtlichen Bevölkerung brannten schwedische Truppen die Stadt nieder.[13]

Oswiecim erholte sich nie von dem schwedischen Strafgericht. Ende des 17. Jahrhunderts fristeten wenig mehr als 300 Personen in etwa 20 noch bewohnbaren Häusern eine dürftige Existenz. Weder Oswiecim noch die meisten anderen polnischen Städte vermochten die Folgen des verheerenden Krieges zu überwinden. Polen brach zusammen und wurde 1772 zwischen Rußland, Österreich und Preußen aufgeteilt, die insgesamt 28 Prozent seines Staatsgebietes und 38,6 Prozent seiner Bevölkerung annektierten. Nach Auffassung Lüdtkes waren die Nachbarmächte nicht im Unrecht. »Polen, der Unterdrücker seiner Bürger und Bauern, der Förderer der Juden, der Würger des Deutschtums, der Spielball der Jesuiten, der Tummelplatz eigensüchtiger Adelsparteien, war zum Untergang verurteilt ... So starb das alte Polen an eigener Schuld.«[14]

Die Geschichte liefert den Rohstoff für Nationalismus, und deutsche Nationalisten wie Franz Lüdtke deuteten den Niedergang und das schließliche Verschwinden Polens Ende des 18. Jahrhunderts sowohl als das Ergebnis besonderer Umstände wie auch als Ausdruck angeborener Unfähigkeit der Polen, für sich selbst zu sorgen. Sie trugen die Schuld, so Heinrich von Treitschke, nationalistischer Historiker

Die polnische Teilung.
Von links nach rechts: Katharina
die Große, Maria Theresia,
Stanislaw August Poniatowski
und Friedrich der Große.

des 19. Jahrhunderts, an einem verächtlichen »Treiben, das wir als polnische Wirtschaft zu bezeichnen pflegen«.[15] Genau dieser Rhetorik
bediente sich Hitler, um die deutsche Eroberung Polens zu rechtfertigen. In seiner Reichstagsrede vom 6. Oktober 1939 erinnerte er seine
Zuhörer daran, daß Polen 1919 von Deutschen in jahrhundertelanger
Arbeit entwickelte Provinzen übernommen habe. Jetzt, 20 Jahre später,
seien diese fruchtbaren Ländereien im Begriff, wieder zu versteppen,
und die wichtigste Wasserstraße, die Weichsel, sei mangels Pflege je
nach Jahreszeit ein wilder Strom oder ein ausgetrocknetes Rinnsal.
Städte und Dörfer seien verwahrlost, die Straßen verlottert und verkommen. Die Situation in Polen habe sich zum Musterbeispiel der
»polnischen Wirtschaft« gewandelt.[16] Kurz gesagt, das Land brauche
Deutschlands feste Hand, um die Dinge zu richten.

   In den folgenden fünf Jahren bewiesen die Nationalsozialisten

»Ghettojude«. *Das Generalgouvernement* (1944).
»Dieses zwischen fremde Lebensformen einge-
sprengte, zwischenstaatliche und zwischenvolkliche
Weltnomadentum hätte sich in der Streuung nicht
behaupten können, wenn aus den Ghettos dieses
Raumes nicht immer wieder der notwendige Nachschub
erfolgt wäre«, erläutert die Bildunterschrift. »Hier, im
galizischen Ghetto wurde jener jüdische Typ entwickelt,
der die vollendete Personifikation des 'Unmenschen'
darstellt, der Menschheit Pöbel, der in der Form- und
Kulturlosigkeit, der animalischen Triebhaftigkeit und
Unmoral, in der Gesetzlosigkeit und Anarchie, der
schrankenlosen Freiheit der Instinkte, dem Chaos,
der unbeseelten Materie, dem Sumpf seine günstigsten
Daseinsbedingungen findet.«

»Eine Wohnung in Galizien«. *Das Generalgouvernement* (1944).

schlüssig, wie wenig sie gemein hatten mit ihren Ahnen von vor 600 Jahren. Hatten die Bauern und Kaufleute des Mittelalters den polnischen Gebieten einen gewissen Wohlstand verschafft, so brachten ihre Nachkommen Not: Zwischen 1939 und 1944 fiel der durchschnittliche Reallohn des polnischen Arbeiters auf acht Prozent des Vorkriegsniveaus. Und während die frühen deutschen Siedler mit ihren Nachbarn friedlich zusammenlebten, waren die deutschen Besatzer des 20. Jahrhunderts nicht gewillt, deren Dasein zu dulden. Wie eine aufwendige, reich illustrierte und staatlich finanzierte Schrift über das Leben im deutsch verwalteten Polen 1944 prahlte, wohnten »neben den anderen Volksgruppen ... in dem Gebiet des heutigen Generalgouvernements Millionen Juden. Das Judenproblem erlangte hier seine ganz besondere Bedeutung, denn hier fand sich die Brutstätte des modernen Weltjudentums ... Die Brutstätten der entsetzlichsten, unmenschlichsten und bestialischsten Laster, wie sie von hier über die ganze Welt gekommen sind, auszutilgen, war eine moralische Verpflichtung, deren Erfüllung der ganzen Menschheit zum Heile gereichen mußte.«[17]

2
AUSCHWITZ UND PREUSSEN

Ein berühmter deutscher Historiker des 19. Jahrhunderts schrieb einmal, Geschichte solle aufzeichnen, »wie es tatsächlich geschah«. Kurz nach dem Ende des Dritten Reiches schrieb ein berühmter deutscher Historiker des 20. Jahrhunderts, daß angesichts der beispiellosen Greueltaten der Nation, die sich als das Volk der Dichter und Denker verstand, das Diktum lauten sollte: »Wie war es möglich?«

Nach dem Krieg sollte niemand eine bündige Antwort haben, aber viele Intellektuelle der Vorkriegs- und Kriegszeit glaubten, daß der Nationalsozialismus, der Militarismus Deutschlands, die deutsche Rücksichtslosigkeit und Brutalität und das Prinzip absoluten Gehorsams preußisches Erbe waren. Das Preußentum, so der emigrierte deutsch-jüdische Schriftsteller Emil Ludwig 1940, hatte das Land Goethes, Kants und Beethovens gekapert. Das Preußentum war die Wurzel des Hitlertums, und der Krieg gegen den Nationalsozialismus war ein Kampf gegen »Preußen«.[1] Eine ganze Literatur zu dem Thema zusammenfassend, schrieb der Engländer Samuel Dickinson Stirk, es gebe »ohne die ›Verpreußung‹ Deutschlands ... keinen Nationalsozialismus; ohne Friedrich den Großen, Bismarck, Moltke, Hindenburg und die anderen großen Preußen gäbe es keinen Hitler«.[2]

Während denen, die sich nicht der nationalsozialistischen Sache verschrieben hatten, Preußen als Gefahr erschien, stand es den Deutschen für Selbstverteidigung. »Die Welt ist die Welt des ewigen Krieges«, schrieb der Pädagoge Julius Schmidhauser 1933. »Der preußische Realismus sagt: Es ist immer Krieg. Und das ist die preußische Geschichte: Eroberung, Zurückwerfung, Wiedereroberung. Preußen ist eine Frucht des Krieges. Und es nimmt auf sich Größe und Schuld, Samen des Krieges zu sein. Es bejaht in einer erschreckenden Welt den Krieg.«[3]

»Preußen« ist nicht schuld an Auschwitz, aber seine Kultur unerschütterlicher Ergebenheit gegenüber dem Staat, der Rücksichtslosigkeit und Brutalität, des Militarismus und des absoluten Gehorsams ist Teil der Antwort auf die Frage »Wie war Auschwitz möglich?« Auch bildet die politische Geschichte Preußens das Bindeglied zwischen dem

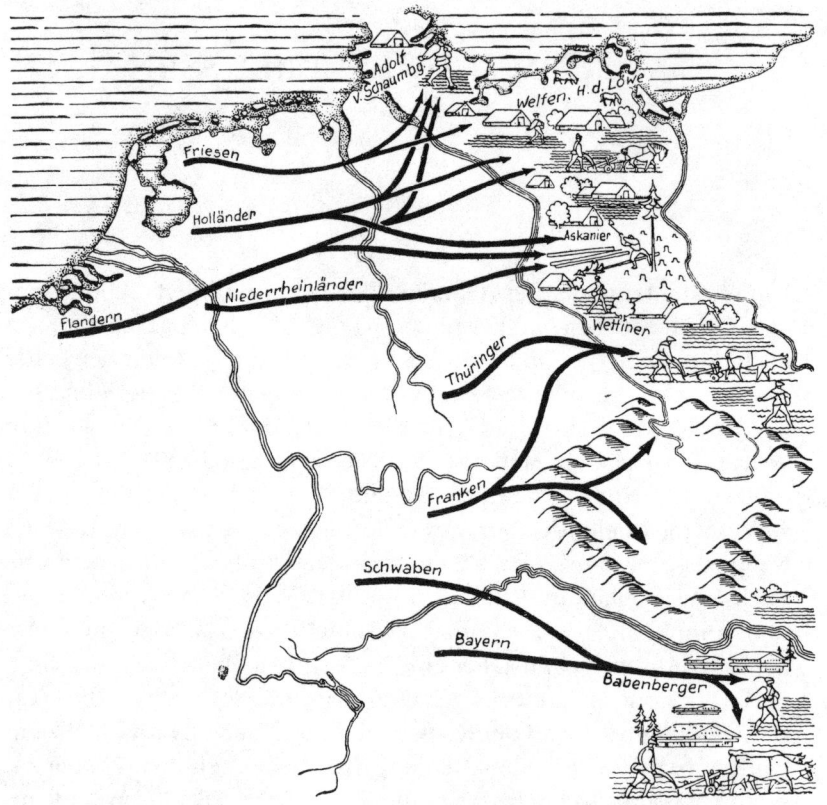

Karte zur Besiedlung der Gebiete zwischen Elbe und Oder sowie Österreichs aus einem deutschen
Schulbuch von Anton Heinen. Der deutsche Drang nach Osten setzte 937 ein, als der spätere Kaiser
Otto I. das Land östlich der Elbe in Markgrafschaften organisierte.
983 wurden die Deutschen jedoch durch einen allgemeinen Aufstand der slawischen Wenden auf ihre
Ausgangsposition zurückgeworfen. Nach zwei Jahrhunderten der Fehlschläge wurde die deutsche
Ostelbienpolitik erfolgreicher, als 1130 Kaiser Lothar die deutschen Landesfürsten zur Eroberung,
Besiedlung und Christianisierung der wendischen Gebiete veranlaßte. Die Fürsten durften alles
behalten, was sie dabei erwarben. Von der Aussicht auf grenzenlosen Landbesitz im Osten beflügelt,
eroberten die Wettiner die fruchtbaren Hügel Sachsens und die Schauenburger die schweren,
lehmigen Böden Holsteins. Heinrich der Löwe besiegte die Obotriten und Pomoranen an der Ostseeküste, während der Askanier Albrecht der Bär Brandenburg besiedelte. Die Wenden wurden schließlich
bekehrt.

Das Urbild des Eisernen Kreuzes. Das Eiserne Kreuz, während der Freiheitskriege gegen die Napoleonische Herrschaft 1813 gestiftet, war dem Kreuz der Deutschritter nachgebildet.

Es war Preußens höchste militärische Auszeichnung, doch bestand es aus billigstem Werkstoff, dem in Oberschlesien gewonnenen Eisen. Diese als »preußischer Stil« bekannte Genügsamkeit wurde zur Quelle des Stolzes. Indem die Nationalsozialisten das Braunhemd des Bauern als Uniform übernahmen, appellierten sie an dieses Stilgefühl.

Drang der Deutschen nach Osten im Mittelalter und der nationalsozialistischen Wiederbelebung des von den Ahnen 600 Jahre zuvor aufgegebenen Planes. In der Geschichte von Auschwitz als einer Stadt, die Deutsche 1270 gebaut, 1457 verloren und 1939 zurückgewonnen hatten, bildet »Preußen« eine dünne, aber helle Linie der Kontinuität.[4]

Preußen war ein Ergebnis des deutschen Dranges nach Osten, der im 10. Jahrhundert mit Kaiser Otto I. begann. Es entstand im Laufe von Jahrhunderten. Zweihundert Jahre lang kam seine Entwicklung kaum voran, bis der deutsche Fürst Albrecht der Bär einen ärmlichen, sandigen, spärlich besiedelten Landstrich zwischen Elbe und Oder eroberte und deutsche Siedler und Zisterziensermönche mit der Geheimwaffe der Deutschen auf ihrem Marsch nach Osten, dem von Pferden gezogenen eisernen Pflug, Sümpfe trockenlegen, Wälder roden und den schweren, fruchtbaren Boden der urbar gemachten Gebiete bearbeiten ließ. Die Kolonisten gründeten Städte; Brandenburg sollte dem Kurfürstentum seinen Namen geben; Jahrhunderte später sollte Berlin zum Symbol von ganz Deutschland werden. Brandenburg war arm, doch wie spätere Generationen stolz erklärten, war es unter der Führung der Hohenzollern dazu bestimmt, sich großzuhungern. Die Hohenzollern sollten Brandenburg von 1417 an mehr als 500 Jahre lang beherrschen, und sie verwandelten die kleine, ärmliche und randständige Provinz in die europäische Großmacht Preußen, die wiederum Fundament und Kern des Deutschen Reiches wurde.

Als die frühen Kolonisten Brandenburg besiedelten, begann eine im Heiligen Land zur Pflege kranker und verwundeter Kreuzfahrer gegründete Militärorganisation die Eroberung und Bekehrung dessen,

Vogelperspektive einer typischen ostpreußischen Stadt, von dem bekannten Stadthistoriker
Karl Gruber 1942 gezeichnet. Im Mittelpunkt der in einem regelmäßigen Raster angelegten Stadt der Markt und das Rathaus, umgeben von den Häusern der Kaufleute und
Stadtgründer. An der Peripherie die Pfarrkirche und das Kloster eines Bettelordens. Eine
nach dem Einheitsmuster des Deutschen Ordens errichtete Burg überwacht die Straße,
die in das unerschlossene Umland führt.

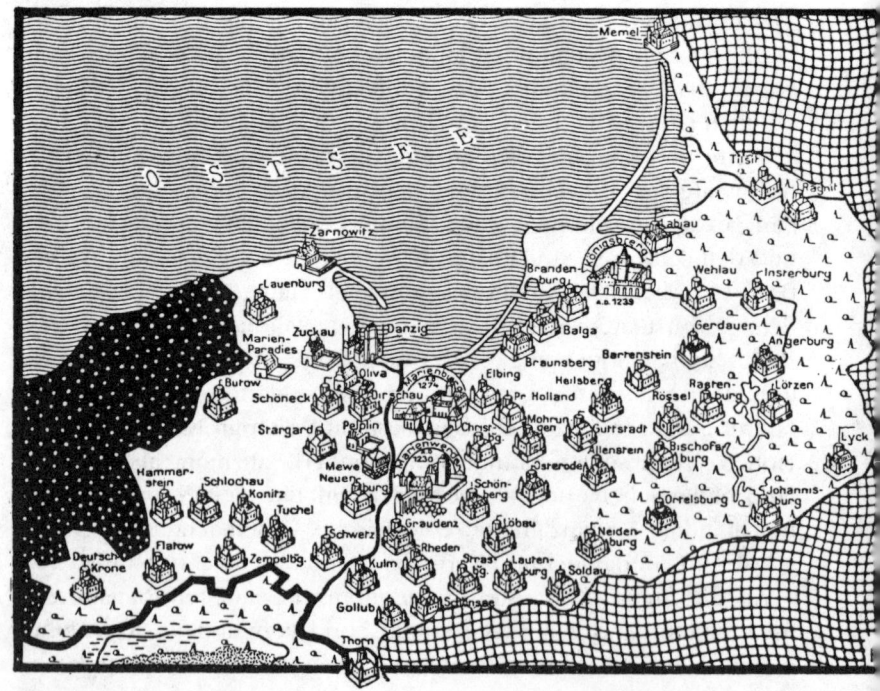

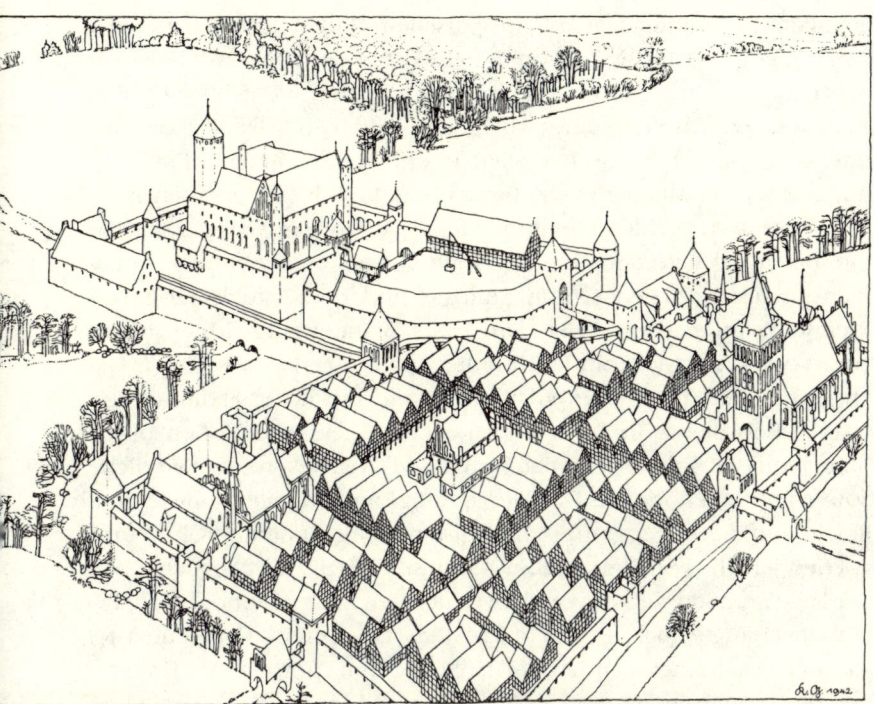

was damals Preußen war.[5] Der Deutsche Orden rückte systematisch vor und verfolgte eine unerbittliche Politik gegenüber den heidnischen Pruzzen: Wer sich dem Orden widersetzte, wurde erschlagen, die anderen wurden in dem bewußten Versuch, ihre Kultur zu zerstören, vom Land ihrer Ahnen vertrieben. Die staatlich geförderte Einwanderung Deutscher vollendete die Germanisierung des Landes so erfolgreich, daß das Gebiet selbst dann der Polonisierung widerstand, als es mehr als 300 Jahre lang von anderen deutschen Provinzen getrennt war.

Der Deutsche Orden eroberte auch Livland (historischer Name des von Liven, Esten und Letten bewohnten Gebiets an der baltischen Ostseeküste). Gegen 1400 reichte seine Herrschaft von der Oder durchgängig bis zur Narwa. Aber der Geist der Kreuzzüge, der den

Preußen im Mittelalter als »Land der Burgen«. Die vom Deutschen Orden erbauten Burgen zeugen von der systematischen deutschen Eroberung.

einzigen Kreuzfahrerstaat auf europäischem Boden beseelt hatte, war verlorengegangen. Der Zustrom idealistischer deutscher Adeliger war versiegt, der Orden erschöpft. In einem letzten, vergeblichen Versuch, die Weichselmündung zu halten, griffen die Deutschordensritter den polnisch-litauischen Staat an und wurden in einer Entscheidungsschlacht nahe dem Dorf Tannenberg im Juli 1410 geschlagen.

Der Deutsche Orden welkte weitere 100 Jahre in Ostpreußen dahin, bis, mit der Reformation konfrontiert, sein Großmeister zum Luthertum übertrat, den Orden auflöste und der erste Herzog von Preußen wurde. Dies geriet dem Haus Brandenburg-Hohenzollern zum Vorteil, dem fast ein Jahrhundert später Ostpreußen zufiel. Die ehrgeizige Familie strebte nach Macht und fürstlicher Stellung, und Ostpreußen diente ihr zum Erreichen des Ziels. Die Hohenzollern brauchten ein Hoheitsgebiet außerhalb des Reiches, wo sie wirkliche Souveräne sein konnten. Das Herzogtum Preußen gehörte nicht zum Reich, und dieser geographische Umstand barg zumindest Chancen.[6]

Friedrich III. von Brandenburg-Preußen nutzte die Möglichkeiten der Lage Preußens, als er von dem deutschen Kaiser Leopold I. die Erlaubnis erlangte, sich »König in Preußen« zu nennen. Der neue Titel gab den verstreuten Landen der Hohenzollern Auftrieb. Als Untertanen des »Königs in Preußen«, aus dem im Volksmund bald »König von Preußen« wurde, begannen die braven Bewohner des Sammelsuriums von Ländereien, das die Hohenzollern im Laufe der Zeit erworben hatten, sich irgendwie als Teil *eines* Preußens unter *einem* König zu fühlen. Dieses neue Gefühl der Zusammengehörigkeit und Einheit im Volk war die Basis für die politische Einigung und militärische Expansion zur territorialen Verbindung der zerstreuten Gebiete.

Friedrich der Große verwirklichte die Möglichkeiten, welche die neue Würde eröffnete, mit einer Reihe von Eroberungen und Annexionen. Sogleich nach seiner Thronbesteigung im Jahre 1740 eroberte er den Großteil Schlesiens; Oswiecim blieb allerdings polnisch. Mit Niederschlesien gewann Friedrich ein von Deutschen besiedeltes, hochentwickeltes Land. Oberschlesien hingegen war arm und weithin polonisiert.[7] War auch die Situation über Tage verzweifelt, so winkten unter Tage doch große Verheißungen: Mineralien, Erze und Kohle. Mit staatlicher Förderung begannen die Preußen, Oberschlesiens Ressourcen extensiv zu erschließen. Der energische Graf Friedrich Wilhelm von Reden stand dem neuerrichteten schlesischen Oberbergamt vor. Er setzte es sich zum Ziel, »diesen ungeachteten Winkel zur Perle der preußischen Krone [zu] erheben und dessen Be-

Die Schlacht von Tannenberg, Detail mit dem polnischen König Jagiello. Aus dem Gemälde von Jan Matejko (1878). Zu Beginn des 15. Jahrhunderts erhöhte der Deutsche Orden die Steuerlast der Städte und ländlichen Gebiete Preußens. Da die Bürger von Danzig, Elbing, Thorn, Kulm und anderer Städte sowie der Landadel über die Möglichkeit einer weniger kostspieligen Herrschaft nachzudenken begannen, entschloß sich der Großmeister Ulrich von Jungingen zu einem Präventivschlag gegen den polnisch-litauischen Staat. Nachdem sein Feldzug fehlgeschlagen war, marschierte König Jagiello in Preußen ein, und am 15. Juli 1410 kam es bei dem Dorf Tannenberg zur Entscheidungsschlacht. »Die fatale Tannenberg-Sache« (Carlyle) markiert das Ende des deutschen Dranges nach Osten im Mittelalter und den Beginn von Polens Aufstieg zur Großmacht.

wohner aus armen, gedrückten Sklaven zu gebildeten und glücklichen Menschen um[zu]schaffen«.[8] 1796 ging in Gleiwitz der erste koksbefeuerte Hochofen in Betrieb; dies markierte den Beginn der oberschlesischen Schwerindustrie.

Oberschlesien schmiedete die Waffen, mit denen Preußen Napoleon besiegte, und Oberschlesien lieferte das Eisen für Preußens höchste Auszeichnung der Tapferkeit vor dem Feinde – den ersten Orden für Offiziere wie Mannschaften. Zu Beginn des 19. Jahrhunderts wurden Oberschlesiens Bergwerke, Schmieden und Gießereien zu mächtigen Symbolen für Preußens Entschlossenheit, allein und

Der deutsche Osten, 1700. Auf der
Karte scheint Polen eine Großmacht
zu sein, doch als Wahlmonarchie
war es ausländischem Einfluß unterworfen. Bei jeder Königswahl
suchten das orthodoxe Rußland, das
katholische Österreich und die lu-
therischen Staaten Schweden und
Brandenburg-Preußen das Ergebnis
durch Polens orthodoxe, römisch-
katholische und lutherische Bevöl-
kerungsgruppen zu beeinflussen. Im
Vergleich zu Polen war Brandenburg-Preußen geographisch be-
nachteiligt, doch politisch wurde es
durch eine energische Staatsmacht
zusammengehalten, und eine systematische, staatlich geförderte Entwicklung stärkte es ökonomisch.

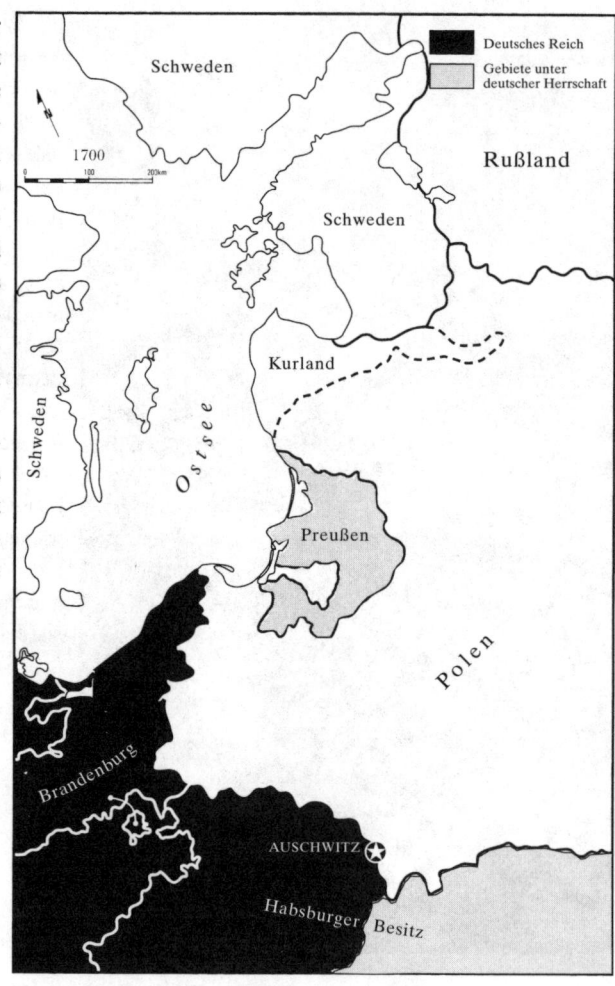

ohne Zugriff auf fremde Ressourcen das Prinzip nationaler Freiheit gegen ausländischen Ehrgeiz zu verteidigen.

Während die Staatsbehörden Schlesiens Reichtum erschlossen, erwog Friedrich der Große die Annexion Westpreußens, um Brandenburg-Schlesien, sein soziales und wirtschaftliches Kernland, mit Ostpreußen, dem Grundstein preußischer Legitimität als unabhängiger Staat, zu vereinigen. Gemeinsam mit Rußland und Österreich betrieb er 1772 die Erste polnische Teilung, die ihm mit dem inzwischen verwüsteten Westpreußen und dem Ermland 28 Prozent des Staatsgebiets Polens und 38,6 Prozent seiner Bevölkerung einbrachte.

Die Entwicklung Westpreußens unter Friedrich dem Großen – der Bau von Straßen und Deichen, die Trockenlegung von Sümpfen, die Bewässerung von Feldern und die Errichtung von 1500 planmäßig angelegten Siedlerdörfern und Weilern für mehr als 250 000 Einwanderer aus dem übrigen Deutschland und 100 000 Siedlern aus anderen Teilen seines Königreiches – wurde zum Stoff der Legende und zum Vorbild des nationalsozialistischen Programms für Polen.[9] »Und darauf begann der König in seiner großartigen Weise die Kultur des Landes, gerade die verrotteten Zustände waren ihm reizvoll, und ›Westpreußen‹ wurde, wie bisher dahin Schlesien, fortan sein Lieblingskind,« frohlockte im 19. Jahrhundert Gustav Freytag. »Überall begann ein Graben, Hämmern, Bauen, die Städte wurden neu mit Menschen besetzt, Straße auf Straße erhob sich aus den Trümmerhaufen, die Starosteien wurden in Krongüter verwandelt, neue Kolonistendörfer ausgesteckt, der Anbau neuer Ackerfrüchte befohlen.«[10] Friedrichs Wiederaufbau von Schlesien und Westpreußen hatte etwas wahrhaft Faustisches, »etwas Ungeheures, was den Zeitgenossen zuweilen überirdisch und zuweilen unmenschlich erschien. Es war groß, aber es war auch furchtbar, daß ihm das Gedeihen des Ganzen in jedem Augenblick das Höchste war und das Behagen des Einzelnen so gar nichts.« Freytag merkt an, daß Friedrich »in dem Sumpfland der Netze mehr die Stiche der zehntausend Spaten zählte als die Beschwerden der Arbeiter, welche am Sumpffieber in den Siechenhäusern lagen, die er ihnen errichtete.«[11]

Preußen hatte nicht nur neue Territorien gewonnen, ihm war auch eine polnische Minderheit zugefallen. Gegen 1815 lebten mehr als 800 000 Polen unter preußischer Herrschaft.[12] Zu jener Zeit war in dem Gebiet zwischen Oder und Weichsel Nationalismus kein Thema. Die Region war politisch, kulturell und ethnisch gemischt, und die Bezeichnung »deutsch« oder »polnisch« hatte kaum Bedeutung. Sowohl die Bewohner des Gebietes als auch die Regierung in Berlin waren sich dessen bewußt, daß in den Ostprovinzen deutsche und polnische Geschichte, Kultur und Politik koexistierten.

Die 1871 vollendete Einigung Deutschlands änderte die amtliche Einstellung zur polnischen Minderheit. Die Ostgrenze Preußens fiel jetzt mit der Ostgrenze des neuen Deutschen Reiches zusammen, und Preußen nahm innerhalb Deutschlands nicht länger seine frühere unklare deutsch-polnische Stellung ein. Die letzte Spur jenes deutschpolnischen Doppelcharakters verschwand, als Preußen die Vormacht im Deutschen Reiche gewann.

Der frühere Ort der Begegnung wurde zum Schlachtfeld, auf dem der imperiale und totale Nationalismus der Deutschen dem funktionalen und emanzipatorischen Nationalismus der Polen begegnete.[13] Erstmals vereinnahmten deutsche Gelehrte das Gebiet ideologisch als deutschen Osten ohne Raum für ein polnisches Element, und die Regierung ergriff mit einem strikten Germanisierungsprogramm Maßnahmen zur Bekämpfung des polnischen Nationalismus.[14] Kein Wunder, daß eben die Maßnahmen, welche die Polen germanisieren sollten, dem erwachenden polnischen Nationalbewußtsein als Katalysator dienten. Es entstand eine nationale Bewegung, die eigene polnische Abgeordnete in den preußischen Landtag und den deutschen Reichstag entsandte, eine florierende polnischsprachige Presse hervorbrachte und ein Netz sozialer und ökonomischer Hilfsorganisationen für preußische Polen ins Leben rief. Schließlich führte der allgemeine Schulstreik von 1906/07 gegen Deutsch als einziger Unterrichtssprache alle Preußen polnischer Abkunft – Eltern und Kinder, Arme und Reiche, Bauern und Städter – zur offenen Auflehnung gegen die Regierung und besiegelte die Spaltung zwischen Deutschen und Polen.[15]

Während der polnische Nationalismus zunahm, sandte die Ansiedlungskommission für Westpreußen und Posen weitere Deutsche ins Land. In den 30 Jahren ihres Bestehens (1886–1916) siedelte die Kommission über 130 000 Deutsche an. Diese Zahl legt Zeugnis ab für

Vorder- und Rückansicht der Königshütte, einer Eisenhütte in Oberschlesien, 1802.
Die systematische Erschließung der oberschlesischen Bodenschätze durch die Preußen begann
1769 mit der Einführung eines einheitlichen Bergrechtes. 33 Jahre später erreichte sie ihren
Höhepunkt mit der staatlich geförderten Errichtung der Königshütte, die, so ein zeitgenössischer
Zeitungsbericht, Oberschlesiens Position als das deutsche »England« sicherte.

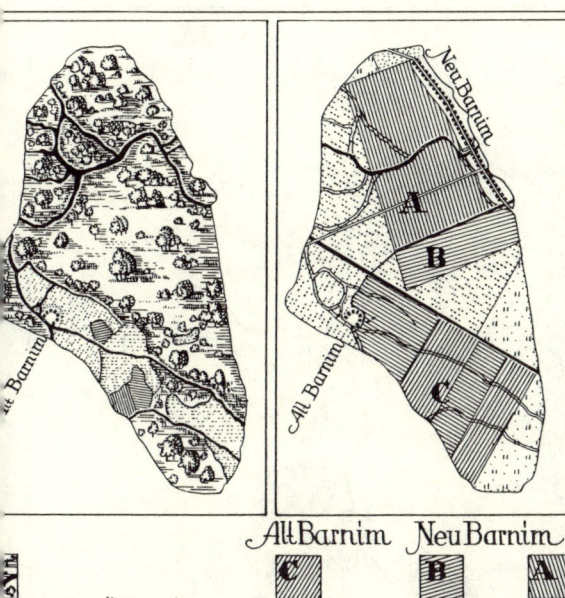

Diese Karten verdeutlichen die Entwicklung Westpreußens durch Friedrich den Großen. Links: »vorher«. Rechts: »nachher«. Neu-Barnim zeigt den regelmäßigen Grundriß der unter Friedrichs Herrschaft gegründeten Kolonistendörfer. In den ererbten Teilen Preußens sowie den erworbenen Provinzen Schlesien und Westpreußen entwickelte Friedrich unbesiedelte Regionen. Himmler berief sich häufig auf das Programm Friedrichs des Großen als den Präzedenzfall für seinen eigenen Wiederaufbau des deutschen Ostens.

Der deutsche Osten, 1775. Preußen war 1775 bereits eine europäische Großmacht. Durch die Eroberung Schlesiens (1740) hatte Friedrich der Große die Bildung eines durchgehend sächsisch-schlesisch-polnischen Territoriums verhindert. Die Erste polnische Teilung (1772) ermöglichte ihm die Vereinigung West- und Ostpreußens und damit die Hebung seines eigenen Ansehens als König. Solange Westpreußen dem polnischen König unterstanden hatte, war Friedrich lediglich König »in« Preußen gewesen. Jetzt war er König »von« Preußen.

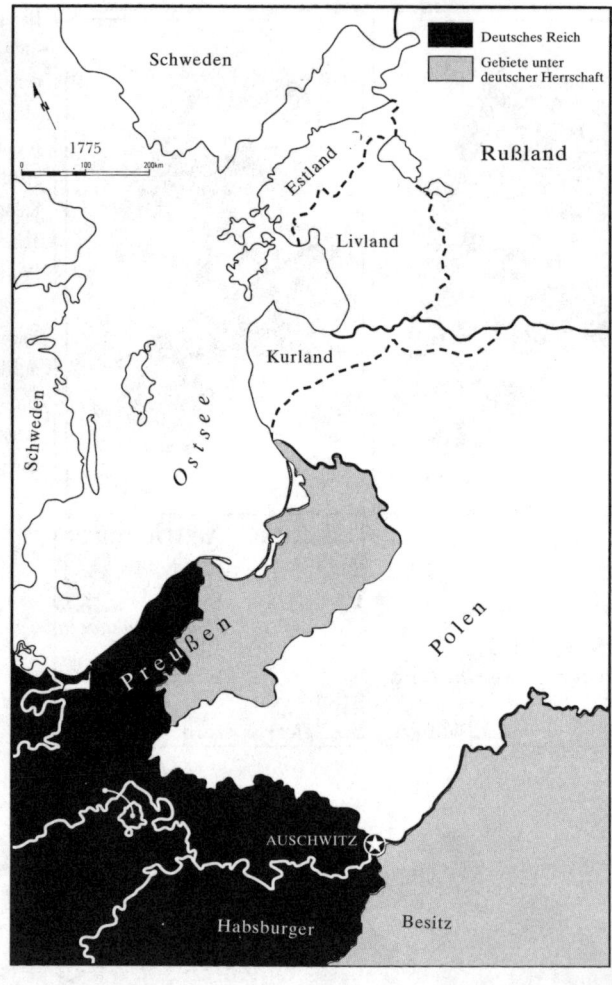

Friedrich der Große, 1742.

deutsches Organisationstalent, doch vermochte die Kolonisation der gegenläufigen Westbewegung von Deutschen keinen Einhalt zu gebieten; zwischen 1840 und 1910 zogen mehr als 1,5 Millionen nach Westen.[16] Wie der junge Max Weber am Ende des 19. Jahrhunderts erklärte, durchkreuzten die preußischen Junker die Erfolge der Kommission. Als Eigentümer der riesigen Güter im Osten warben sie lieber polnische Arbeiter aus Russisch- und Österreichisch-Polen an, die sie billiger kamen als Deutsche. Zugleich lockten höhere Löhne deutsche Landarbeiter nach Berlin, Hamburg und den in rascher Industrialisierung begriffenen preußischen Provinzen Rheinland und Westfalen.[17] Auch Polen zogen nach Westen. Im ersten Jahrzehnt des 20. Jahrhunderts strömte jährlich eine halbe Million polnischer Saisonarbeiter nach Ostelbien, und viele blieben.

Weder die deutsche Öffentlichkeit noch die Regierung bewältigte jemals die Problematik der saisonalen Wanderung polnischer Arbeiter, die als kulturelle Gefahr angesehen wurden und zugleich wirtschaftlich ein Gewinn waren.

Viel einhelliger war die Haltung zur jüdischen Emigration aus dem Osten. Das deutsche Ressentiment gegen die sogenannten Ostjuden hatte kaum etwas mit der jüdischen Emigration, dafür um so mehr mit der schweren Wirtschaftskrise zu tun, die auf die Hochkonjunktur nach der Reichsgründung folgte. Mit der um sich greifenden Vorstellung vom Juden als Symbol der Übel des Kapitalismus wurde der deutsche Börsenkrach von 1879 weithin jüdischen Machenschaften zur Last gelegt.

Seit 1868 waren, vor Cholera und Hungersnöten flüchtend, russische Juden in kleinen Gruppen eingewandert.[18] Nach den Pogromen von 1881 wurde das anfängliche Rinnsal zur Flut; zwischen 1868 und 1914 verließen 2,5 Millionen Juden Rußland, von denen die meisten in die USA, nach Kanada oder Argentinien gingen. Aus politischen, praktischen und geographischen Gründen war Deutschland die erste Station auf ihrem Weg. Im letzten Jahrzehnt des 19. Jahrhunderts bildeten Deutschland, Rußland und Österreich-Ungarn einen großen Freihandelsblock, in dem russische und österreichische Untertanen zu geschäftlichen Zwecken die Grenzen passieren durften.[19] Zudem warfen sich deutsche Reedereien auf der Suche nach einer Marktlücke im gewerblichen Seeverkehrsmarkt auf den Transport von Emigranten aus Mitteleuropa über Hamburg und Bremen nach Amerika. Gesellschaften wie Albert Ballins Hamburg-Amerika-Linie begannen in Rußland und Österreichisch-Polen mit aktiver Fahrgastwerbung. Jüdischen Migranten mit Tickets für die Atlantikpassage auf deutschen Schiffen war die Durchreise zum Einschiffungshafen erlaubt.

Jedoch bestand weithin der Verdacht, daß viele durchreisende Juden Deutschland vor Amerika den Vorzug gaben und, einmal im Lande, im Getriebe der Städte untertauchten. Mancherorts begann die Zahl der Ostjuden merklich zu steigen – zumindest vermittelten die sichtlich neu zugezogenen sogenannten *Schnorrer* diesen Eindruck. Mehr als die Hälfte der Neueinwanderer fristete ihren Lebensunterhalt als Kleinhändler und Hausierer. Zum Broterwerb am Rande des regulären Wirtschaftslebens gezwungen, verkauften sie Billigware, und bald setzte das deutsche Publikum den russischen Juden mit Ramsch und Schund gleich. Weitere 35 Prozent der Ostjuden gingen einer festen Beschäftigung als Industriearbeiter nach und fielen als solche nicht auf. Nur allzu bemerkbar machten sich die übrigen, zu Bettlern abgesunkenen 15 Prozent. Für den rechtschaffenen deutschen Bürger waren sie die *Ostjuden* – arbeitsscheue Parasiten, die nichts anderes verdienten, als abgeschoben zu werden.[20]

Doch osteuropäische Juden bereiteten noch andere Probleme. Nach Ansicht der deutschen Gesundheitsbehörden waren viele Ostjuden verlaust und bei schlechter Gesundheit, wenn sie an der Grenze erschienen; bereits 1882 ergriff die Grenzpolizei Entlausungsmaßnahmen. Maryashe Antin, ein zwölfjähriges Mädchen aus Polotzk, beschrieb das Verfahren ihrem Onkel in einem Brief, den sie später in ihre Memoiren aufnahm. Ihr Bericht klingt wie die Vorlage für die 60

Maryashe Antin.

Jahre später in Auschwitz praktizierte »Entlausung«, zumindest aber wie deren gespenstische Vorahnung. Der Zug hielt, und die Passagiere wurden aufgefordert auszusteigen, berichtete Maryashe. Sie wurden in einen großen Hof geführt, wo viele weißgekleidete Männer und Frauen sie erwarteten.

Es war... eine Szene von bestürzender Konfusion: Eltern auf der Suche nach ihren Kindern; weinende Kleine; Gepäck, ohne Rücksicht auf den Inhalt in einer Hofecke zusammengeworfen und entsprechend beschädigt; Deutsche in Weiß rufen Befehle, stets mit dem Zusatz »Schnell, schnell!« – die verwirrten Reisenden gehorchen allen Anweisungen wie lammfromme Kinder, nur, daß sie ab und zu fragen, was mit ihnen geschehen solle... Unsere Sachen wurden weggenommen, unsere Freunde von uns getrennt; ein Mann inspizierte uns, als wolle er uns taxieren; Leute von seltsamem Aussehen trieben uns wie blödes Vieh, das sich nicht zu helfen weiß und keinen Widerstand leistet; irgendwo weinten Kinder auf eine Weise, die Schreckliches vermuten ließ; wir selbst wurden in einen engen Raum getrieben, wo auf einem niedrigen Ofen ein großer Kessel brodelte; entkleidet, wurden wir mit einer glitschigen Substanz abgerieben, die wer weiß was Schlimmes sein mochte; ohne Vorwarnung stürzte ein Schauer warmen Wassers auf uns herab; in einen weiteren engen Raum getrieben, sitzen wir in wollene Laken gehüllt, bis ein großer, grober Sack hereingebracht und ausgeschüttet wird und wir nur noch eine Dampfwolke sehen und hören, wie uns die Frauen befehlen, uns anzukleiden – »Schnell, schnell!«, oder wir verpassen... – was, verstehen wir nicht. Vom Dampf geblendet, müssen wir unsere Kleider aus dem Haufen heraussuchen; wir bekommen keine Luft, husten, flehen die Frauen an, uns Zeit zu lassen; sie insistieren: »Schnell, schnell, oder ihr verpaßt den Zug!« – Oh, dann werden wir gar nicht ermordet! Sie machen uns nur bereit zur Fortsetzung unserer Reise, reinigen uns von allem Verdacht gefährlicher Krankheit. Gott sei Dank![21]

Die entlausten Durchreisenden wurden in die Waggons zurückgetrieben und geraden Weges zum Einschiffungshafen transportiert. Außerdem desinfizierten die Sanitäter nach dem Entladen der menschlichen Fracht die Züge. Der Schritt von der Furcht vor Läusen als einer Bedrohung der Volksgesundheit zur Furcht vor den von Läusen befallenen Menschen war tatsächlich ein sehr kleiner. Brach in Hamburg die Cholera aus, wurde dies jüdischen Durchwanderern angelastet, und die Schiffahrtsgesellschaften wurden verpflichtet, die Juden bis zu ihrer Abfahrt nach Amerika im Hafen in Quarantäne zu halten. Ein solches Lager durchlief Maryashe. »Dieser letzte Verwahrungsort erwies sich als ein Gefängnis. ›Quarantäne‹ nannten sie es, und es gab reichlich davon – ganze zwei Wochen. Zwei Wochen mit hohen Backsteinmauern, einige Hundert von uns in einem Halbdutzend Abteilen zusammengepfercht – in numerierten Abteilen –, in Reihen gebettet wie Kranke im Hospital.« Der Tagesablauf glich verblüffend dem in den späteren Konzentrationslagern. »Mit Morgen- und Abendappell und knappen Rationen dreimal am Tag; ohne das mindeste Zeichen der freien Welt jenseits der Gitterfenster; mit Angst und Sehnsucht und Heimweh in unseren Herzen.«[22] Die Einsperrung der Juden verlieh ihrer Gleichsetzung mit ansteckender Krankheit das Siegel amtlicher Billigung; sie bestärkte die Assoziation von Ostjuden mit Ungeziefer, Bazillen und Seuchen.

Auch eine andere Gruppe russischer Juden, die sogenannten *Luftmenschen,* die von ihrem Köpfchen lebten und offenbar keinen Handel trieben, erregte Verdacht.[23] Diese Studenten, Künstler und Schriftsteller schienen das Gespenst nicht nur der »Verjudung« des Kulturlebens, sondern auch des politischen Radikalismus heraufzubeschwören. Nach der gescheiterten russischen Revolution von 1905 und der anschließenden Flucht vieler Revolutionäre nach Deutschland wurden russisch-jüdische Intellektuelle zunehmend als bombenwerfende Anarchisten angesehen, die Deutschlands Gesellschaftsordnung zu zerstören suchten. Im öffentlichen Bewußtsein wurde der Ostjude zur widersprüchlichen Figur: verderbter, berechnender und opportunistischer Händler, mittelloser, kränklicher und

Die Karriere eines typischen ostjüdischen Kaufmanns. *Simplicissimus* (1903). Von Moishe Pisch, dem Lumpensammler Kongreßpolens, über Moritz Wasserstrahl, dem Posener Damenkonfektionär, zu Maurice Lafontaine, dem Berliner Kunsthändler. Die Deutschen des 19. Jahrhunderts hielten ihre Kultur für den Kern deutscher Identität. Indem der Jude mit Kulturgütern handelte, hatte er die deutsche Seele erschachert und bedrohte Deutschlands Zukunft.

Preußische Polizei treibt polnische Kinder zur Schule. *Simplicissimus* (1906). »Deutsch müßt ihr lernen, Polenbande! Wir Preußen haben es ja auch lernen müssen.« Die Prussen, ursprünglich ein heidnischer baltischer Volksstamm, wurden im 13. Jahrhundert vom Deutschen Orden unterworfen und germanisiert.

Der deutsche Osten, 1820. Die
preußische Regierung brachte
Westpreußen, Ostpreußen und
Posen nicht in Metternichs Deutschen Bund ein. Besonders begrüßt
wurde diese Politik von den 800 000
polnischen Einwohnern der
Provinz Posen, bewahrte und
bekräftigte sie doch den deutsch-
polnischen Doppelcharakter des
preußischen Staates. Als deutsche
Liberale 1848 Deutschland durch
Umwandlung des Deutschen Bundes in einem neuen Reich zu vereinigen suchten, wurden Preußens
Ostprovinzen auf Verlangen ihrer
deutschen Einwohner in diesen
Plan einbezogen. Die Polen der
Provinz Posen, bisher ergebene
Untertanen der preußischen Krone,
weigerten sich, Bürger eines deutschen Nationalstaats zu werden,
und rebellierten. Deutschlands
öffentliche Meinung wandte sich
gegen die Polen, und der aufkommende Antagonismus sollte
die deutsch-polnischen Beziehungen der folgenden hundert Jahre
bestimmen.

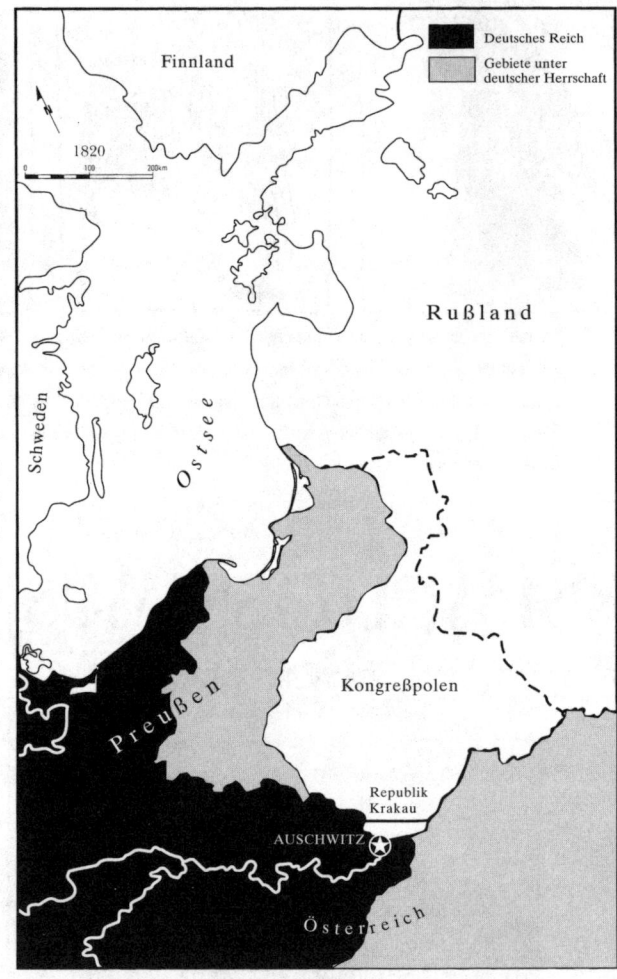

Deutscher Siedler, Statue auf dem Gesims des Gebäude
der Ansiedlungskommission für Westpreußen und
Posen.

geistig zurückgebliebener *Schnorrer* und für eine kommunistische
Utopie kämpfender radikaler Revolutionär – widersprüchliche Merk-
male, die im Symbol des Parasiten verschmolzen.

Erstaunlich genug, spielte die Stadt Oswiecim eine bedeutende Rolle
als Grenzstation, wo galizische Juden und polnische Landarbeiter zu-
sammentrafen, um die Grenze nach Deutschland zu überschreiten.
Bei der Ersten polnischen Teilung war Oswiecim Österreich zugefallen und Galizien angegliedert worden. In den nächsten 100 Jahren
blieb die 2000-Seelen-Stadt in den Ämtern Europas weithin vergessen.[24]

Behindert durch Österreichs starr zentralistisches System, das lokale Initiative und unabhängige Wirtschaftsentwicklung erstickte, erlebte Galizien ökonomischen Niedergang und wurde zu einer der
ärmsten Provinzen Europas.[25] Die Eisenbahnstrecke Wien–Krakau, die
durch Oswiecim verlief und aus Österreichs Westprovinzen billigere
und bessere Waren heranführte, vernichtete jeglichen Ansatz lokaler
Industrie. Einzig mit der Landwirtschaft verbundene Gewerbe wie
Mühlen, Brauereien und Brennereien überlebten. Oswiecim wurde ein

Postkarte. Der Markt in Oswiecim, ca. 1910.

Postkarte. Bahnhof von Oswiecim, ca. 1910.

30-Kreuzer-Münze aus Wien, 1776. Auf der Vorderseite das Bild der Kaiserin Maria Theresia. Auf der Rückseite ihr Titel ARCHID.AUS.DUX.OSW.ZAT. 1776 (Erzherzogin von Österreich und Herzogin von Oswiecim und Zator, 1776) und ein gekrönter Schild mit den Wappen Galiziens (drei Kronen), Lodomeriens (zwei Schachbrettfelder) und von Oswiecim und Zator (Adler). Über dem Schild Österreichs die deutsche Kaiserkrone. Bei der Ersten polnischen Teilung hatte Maria Theresia den alten Titel des Herzogs von Oswiecim und Zator wiederaufleben lassen. Denn gerade Oswiecim diente den Habsburgern als wichtigste Begründung ihres dynastischen Anspruchs auf die an Österreich abgetretenen polnischen Gebiete.

Produktionszentrum für Wodka, Branntwein und sonstige Spirituosen. Der jüdische Destillateur Haberfeld stieg zu einem der wichtigsten Arbeitgeber in der Stadt auf und erwarb im ganzen Reich dank der Qualität und Reinheit seiner Produkte einen ausgezeichneten Ruf.

Während eine Schnapsbrennerstadt wie Oswiecim von der Verbindung zum übrigen Österreich profitierte, sank Galiziens agrarische Wirtschaft ins Elend. Ohne Aussicht auf Beschäftigung im lokalen Gewerbe, emigrierten Landbewohner in großer Zahl in die USA. Schifffahrtsagenten bereisten ganz Galizien. Dank seiner günstigen Lage profitierte Oswiecim von dieser Ost-West-Wanderung. Über Krakau gab es gute Eisenbahnverbindung zum restlichen Galizien, und mit der Lokalstrecke Oswiecim – Kattowitz bestand bequemer Anschluß an die wichtige Fernstrecke Kattowitz – Breslau – Berlin – Hamburg. Oswiecim wurde für jüdische und nichtjüdische Galizier rasch zu einem der zwei wichtigsten Grenzübergänge für ihre Reise durch Deutschland, und dies verschaffte der Stadt erhebliche Verdienstmöglichkeiten, und zwar meist kriminelle.

Die Entwicklung von Deutschlands Handelsschiffahrtsimperium und seine Politik im Hinblick auf die Durchreise großer Gruppen armer Auswanderer waren kaum koordiniert. Während Agenten der deutschen Reedereien Menschen hereinzubringen suchten, waren preußische Grenzbeamte bemüht, sie draußen zu halten. Zur Erleichterung des Grenzübertrittes entstand im Untergrund ein großes illegales Netz. Die preußisch-galizische Grenze wurde fast zum rechtsfreien

Der deutsche Osten, 1900. Von 1618 bis 1848 fiel die Ostgrenze Preußens nicht mit der des Deutschen Reiches bzw. Deutschen Bundes zusammen. In dieser weithin vornationalistischen Ära hatte die Bezeichnungen »Deutscher« oder »Pole« kaum Bedeutung, und bezeichnend ist, daß der Begriff »deutscher Osten« zu jener Zeit nicht existierte. Zunehmende Spannungen zwischen Deutschen und Polen im Gefolge der Revolution von 1848 führten zu einem allmählichen Wandel, in dessen Verlauf sich das alte »sowohl – als auch« in Bismarcks »entweder – oder« änderte. Die Deutschen setzten sich durch und legten 1867 Preußens Ostgrenze als die östliche Grenze des neuen Norddeutschen Bundes fest, aus dem vier Jahre später das Deutsche Reich entstand. Erst jetzt definierten deutsche Gelehrte das Gebiet ideologisch als den »deutschen Osten«, in dem es für ein polnisches Element keinen Platz gab, während polnische Historiker dasselbe Gebiet zum »polnischen Westen« (Polski Zachod) erklärten, aus dem die Deutschen zu entfernen wären.

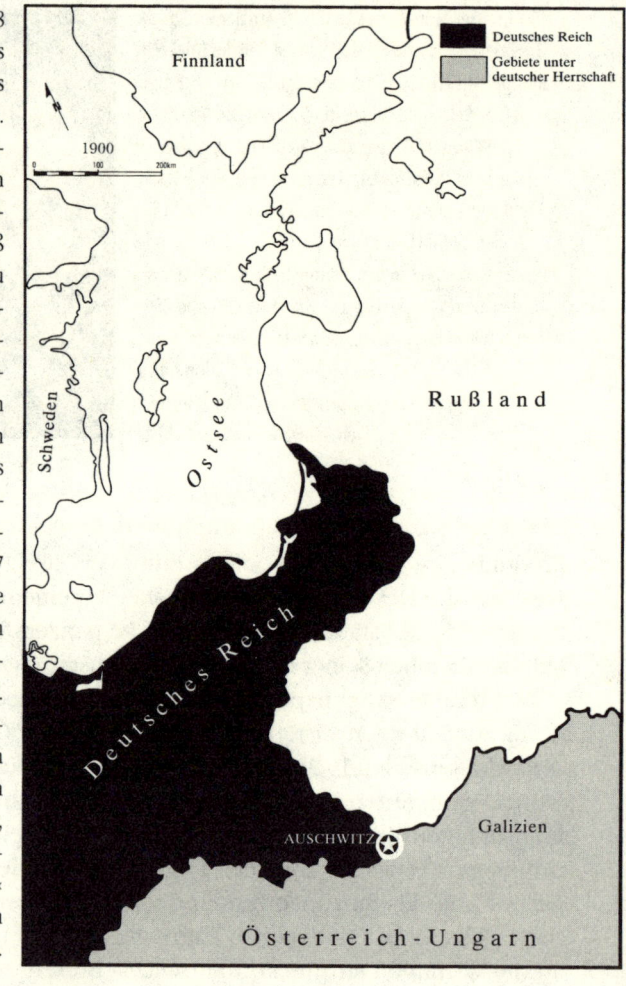

Raum, und Auswanderer, die sich für den Grenzübertritt Schleppern anvertrauten, wurden nur zu häufig erpreßt und beraubt.

In den späten achtziger Jahren des 19. Jahrhunderts war Oswiecim das Zentrum eines enormen Menschenschmuggels, in den die Agenten der Hamburger und Bremer Reedereien, der Chef des österreichischen Zolls, der Polizeichef von Oswiecim, der Bürgermeister von Bielitz, die Inhaber der Hotels Zator und Herz, Eisenbahnbedienstete und viele namenlose Ortsansässige verwickelt waren. Ihnen oblag es, in ganz Galizien Auswanderungswillige davon zu überzeugen, daß kein Ort besser als Oswiecim zum Überqueren der österreichisch-deutschen Grenze geeignet sei. In der Stadt angekommen, wurde der Auswanderungskandidat genötigt, sich zur »medizinischen Untersuchung« zu entkleiden, und seine Garderobe der »Desinfektion« zugeführt, um alles darin eingenähte Geld verschwinden zu lassen. Ein besonders dreister Schwindel, der die gänzliche Naivität der Emigranten verdeutlicht, bestand in dem Angebot, gegen Zahlung eines erklecklichen Betrages dem »Kaiser« von Amerika ein Telegramm zu senden, um bei der Ankunft in den USA die Einreise sicherzustellen. Aus einem Wecker, zu jener Zeit noch unbekannt in den galizischen Dörfern, wurde eine Telegraphenattrappe gebaut. Aus einem Nebenzimmer gesteuert, läutete die Klingel in einem bestimmten Code, um des »Kaisers« zustimmende Antwort zu signalisieren. Tricks wie diese beraubten die Gutgläubigeren unter den Auswanderungswilligen ihres Geldes, und viele gelangten nicht einmal bis nach Deutschland. 1889 flog das kriminelle Geschäft endlich auf, und allen Beteiligten wurde in Wadowitz der Prozeß gemacht; es wurden 600 Zeugen gehört, und Hunderte gaben eidesstattliche Erklärungen ab. Mit viereinhalb Jahren Zwangsarbeit für die Schiffahrtsagenten bis zu vier Monaten für ihre Helfer waren die verhängten Strafen relativ milde.[26]

Gegen Ende des Prozesses hatte sich in Oswiecim eine neue, dauerhaftere Verdienstmöglichkeit eröffnet, und es war dieses Gewerbe, das die physischen Grundlagen für das Ereignis schuf, das ein halbes Jahrhundert später den Namen der Stadt in die Weltgeschichte einschrieb. Oswiecim besaß die ideale geographische Lage, um den jährlichen Strom der Saisonarbeiter zu kontrollieren. Mit der Lockerung der Bestimmungen für den Grenzübergang zwischen Deutschland, Österreich und Rußland war in den frühen neunziger Jahren die saisonale Wanderung von Landarbeitern zu einer festen Einrichtung in Galizien geworden. Wie oben erwähnt, hinterließ der Wegzug deut-

Zwei Flüchtlinge aus Teschen vor für die Arbeitsbörse errichteten Holzbaracken, ca. 1930.

Soldaten vor der Kaserne in Zasole, 1935.

scher Landarbeiter nach Westen ein Vakuum, das polnische Kräfte füllten. Die Saison begann im März, und in den ersten Wintermonaten
setzten die Grundbesitzer alles daran, um Landarbeiter aus Russisch-
und Österreichisch-Polen anzuwerben. Da ihre Agenten in Russisch-
Polen nicht tätig werden durften, betrieben sie ihr Geschäft an Grenz-
übergängen. Doch in Galizien war deutschen Agenten die Anwerbung
gestattet, und jährlich reisten sie zu Hunderten in die Region. Arbeiter
zu finden war nicht schwer; einer Schätzung zufolge gab es in Galizien
eine Arbeitskraftreserve von 1,2 Millionen.

Um 1910 betrug der jährliche Zustrom von Saisonarbeitern aus
Galizien 315 000 Personen. Im Spätwinter kampierten Tausende von
Männern in den kleinen Grenzstädten Oswiecim, Oderberg und Myslowitz in der Hoffnung auf einen Arbeitsplatz.[27] Bei Ausbruch des Ersten Weltkrieges brachte die galizische Regierung die Situation in Oswiecim unter Kontrolle. Sie plante die Errichtung eines Dorfes für
Wanderarbeiter, einer staatlich kontrollierten Arbeitsbörse und eines
militärischen Kontrollpostens in der Vorstadt Zasole, um zu gewährleisten, daß die Ausreisewilligen ihrer Dienstpflicht genügt hatten
oder von ihr befreit waren. Wie groß das Problem war, läßt sich an
den vom Staat errichteten Bauten ermessen: 27 Backsteingebäude mit
Schlafplätzen für 3000 Arbeiter, 90 Holzbaracken für weitere 9000
Männer und Gebäude für die Infrastruktur dieser Gemeinschaft auf
Zeit, nämlich Kapelle, Theater, Spital, Post- und Telegraphenamt, Po-
lizeiwache usw. 1914 hatte Oswiecim selbst eine Bevölkerung von
wenig über 10 000, davon 5000 Juden. Ein eigenes Gleis band die Vorstadt an die eineinhalb Kilometer westlich gelegene Hauptstrecke an;
Sonderzüge mit Arbeitern konnten von Zasole direkt nach Deutschland abfahren.[28]

Anfang 1918 war die Arbeiterunterkunft zur Aufnahme der ersten
Bewohner bereit, doch auf der neugezeichneten Landkarte Europas
war Oswiecim keine Grenzstadt mehr, und eine Arbeitsbörse wurde
nicht mehr gebraucht. Die Siedlung in Zasole stand leer, bis die neu-
gegründete polnische Armee entdeckte, daß die Backsteinkasernen
das 21. Artillerieregiment aufnehmen könnten, das in dem Gebiet stationiert werden sollte. Die 90 Holzbaracken dienten bald als Unterkunft für 4000 polnische Flüchtlinge aus dem früheren Herzogtum Teschen, das nach einem am 7. und 8. März 1920 abgehaltenen Plebiszit
zwischen Polen und der Tschechoslowakei geteilt wurde.

Über die Abstimmung in Teschen berichteten vor Ort viele Journalisten, darunter Ludwik Stasiaski. Auf der Rückfahrt nach Krakau

mußte er in Oswiecim umsteigen. Da er mehrere Stunden Aufenthalt
hatte, machte er einen Spaziergang durch die Stadt und beendete diesen mit einem Besuch der Synagoge und des Judenviertels mit seinen
»engen Straßen und reizenden Gäßchen«. Er war entzückt. »Jedes
Tor des Judenviertels ist eine Szene für die Ewigkeit. Dunkle Vorhal-
len, Gassen, Nischen, Leitern, Ecken und Winkel, blinde Fenster, Pfeiler, die sich ohne erkennbare Logik in die Architektur der Häuser fügen, und überall Tore und Portale.[...] All dies wird vom Erdboden
verschwinden,« sinnierte Stasiaski. »Jeder zivilisierte Mensch wünscht
sich solch einen jüdischen Winkel gemalt, aber niemand möchte dort
wohnen. Daher werden moderner Utilitarismus und die Hygiene
diese ach so pittoresken Höfe dereinst hinwegfegen.«[29]

Die Ereignisse des folgenden Vierteljahrhunderts sollten Stasiaskis
beiläufige Bemerkung als prophetisch erweisen. Das Auschwitzer
Getto sollte verschwinden, und seine Liquidierung sollte mit Gründen der Hygiene gerechtfertigt werden, wenn auch jene, welche die
Einwohner umsiedeln und das Viertel abreißen sollten, von einem
Hygieneverständnis bewegt werden sollten, das von Stasiaskis Auf-
fassung durchaus verschieden war. Für den deutschen Bevölke-
rungsplaner Fritz Arlt und den deutschen Architekten Hans Stosberg,
welche die Deportation der Auschwitzer Juden und den Abriß des
Gettos beaufsichtigen sollten, waren Maßnahmen zur Förderung der
Sauberkeit der materiellen Umwelt nur Teil einer größeren Politik zur
Gewährleistung der Rassenhygiene der Nation.

Im Sozialdarwinismus und der Eugenik des ausgehenden 19. Jahrhunderts verwurzelt, waren in Deutschland ihre Ideen reputierlich geworden. Die Tiraden über Entartung, die Kritik an der Kostenexplo-
sion im Gesundheitswesen und die Furcht vor dem Proletariat hatten
sich in dem Ruf nach »Rassenhygiene« vereinigt.[30] Ihr wichtigster Be-
fürworter, der Arzt Alfred Ploetz, argumentierte, daß die erste und
höchste Aufgabe des Arztes darin bestehe, Deutschland davor zu bewahren, zu einem einzigen großen Flüchtlingslager zu verkommen.
In dieser entscheidendsten Krise, die das deutsche Volk je erlebt
hätte, wären die Rechte des einzelnen unerheblich, wenn sie dem Ge-
meinnutz entgegenstünden.

Ploetz wurde von dem geachteten und einflußreichen Biologen
Ernst Haeckel unterstützt, der in Deutschland einer der ersten Apostel
des Darwinismus gewesen war. Ungeachtet Darwins eindringlicher

Juden auf dem Ring in Oswiecim,
1930. Im Hintergrund das Rathaus.

Warnung, die bürgerliche Gesellschaft in den Begriffen »Auslese« und
»Kampf ums Dasein« zu interpretieren, behauptete Haeckel, daß die
Auslese, wenn sie über das Leben von Bakterien und Bienen entschied, auch menschliche Wesen berühre: »Künstliche« Auslese sollte
den Prozeß natürlicher Auslese unterstützen. Denn, so argumentierte
Haeckel, wenn die natürliche Auslese nicht die Entarteten tötete, sollten dies Menschen besorgen. Zur Verdeutlichung dessen, was ihm
vorschwebte, führte Haeckel das Beispiel Spartas an. »Ein ausgezeich-
netes Beispiel von künstlicher Züchtung der Menschen in großem
Maßstabe liefern die alten Spartaner, bei denen auf Grund eines besonderen Gesetzes schon die neugeborenen Kinder einer sorgfältigen
Musterung und Auslese unterworfen werden mußten. Alle Schwächli-
chen, Kränklichen oder mit irgendeinem körperlichen Gebrechen be-
hafteten Kinder wurden getötet. Nur die vollkommen gesunden und
kräftigen Kinder durften am Leben bleiben, und sie allein gelangten

»Die Belastung des deutschen
Volkes durch krankhaft
Veranlagte.«

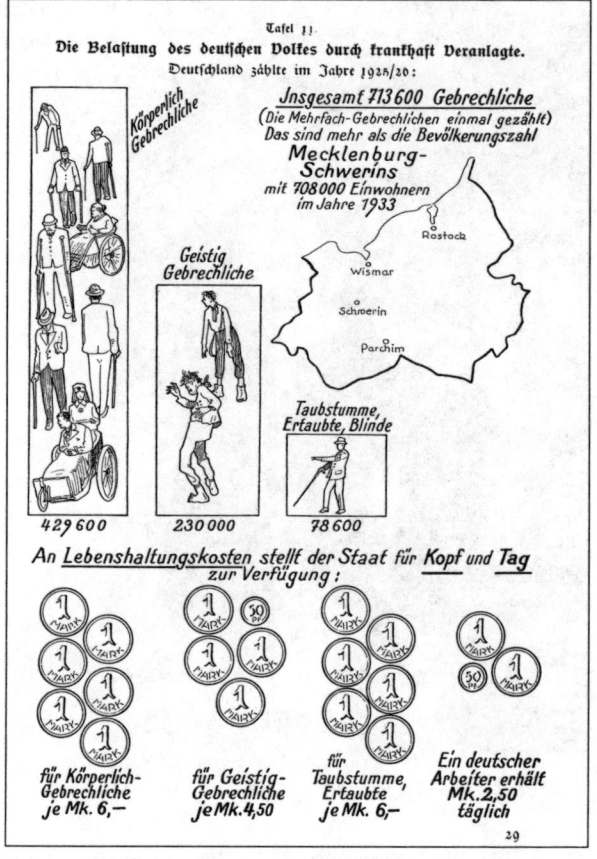

später zur Fortpflanzung. Dadurch wurde die spartanische Rasse nicht
allein beständig in auserlesener Kraft und Tüchtigkeit erhalten, sondern mit jeder Generation wurde ihre körperliche Vollkommenheit
gesteigert.«[31] Haeckel beklagte, daß jeder Versuch, dem spartanischen
Beispiel zu folgen, von denselben Humanisten verhindert werden
würde, die leichthin die Vernichtung Tausender junger, kräftiger Männer im Kriege hinnähmen. Mit anderen Worten, wenn einer die Auslese der körperlich Tüchtigen und die Ausmusterung der Untüchtigen
im Rekrutierungsbüro akzeptiere, sollte er diese auch von vornherein
an der Wiege bejahen.[32]

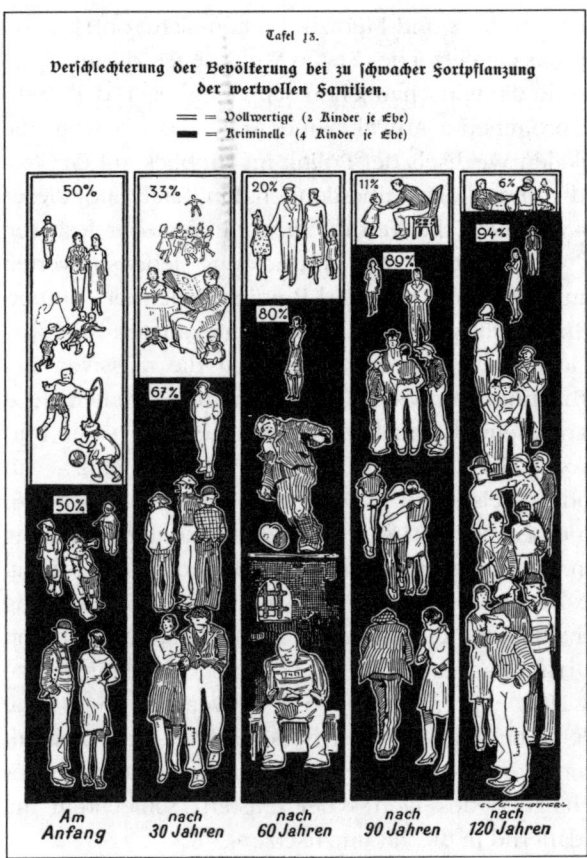

Tafel 13.

Verschlechterung der Bevölkerung bei zu schwacher Fortpflanzung der wertvollen Familien.

=== = Vollwertige (2 Kinder je Ehe)
■■■ = Kriminelle (4 Kinder je Ehe)

»Langzeitwirkung der höheren Fruchtbarkeit der Verbrecherklasse bei Annahme der Erblichkeit von Gesundheitszustand und Kriminalität.«

Von Haeckel angeregt, empfahl Ploetz die spartanische Praxis und schlug vor, ein Ausschuß von Rassehygienikern solle alle jungen Heiratskandidaten untersuchen und Eheschließungs- sowie Fortpflanzungsgenehmigungen erteilen. Der Ausschuß solle dann auch die Neugeborenen prüfen und die für untüchtig erachteten Säuglinge töten. Ploetz schrieb: »Die Eltern, erzogen in strenger Achtung vor dem Wohl der Rasse, überlassen sich nicht lange rebellischen Gefühlen, sondern versuchen frisch und fröhlich ein zweites Mal, wenn ihnen dies nach ihrem Zeugnis über Fortpflanzungsbefähigung erlaubt ist.«[33]

Die etablierte Jurisprudenz und Medizin hielten sich von Haeckel und Ploetz fern, bis das Gemetzel des Ersten Weltkrieges, die anschließende Revolution und die wirtschaftlichen Schwierigkeiten der Nachkriegsjahre einige prominente Anwälte und Ärzte dazu bewog, die Vorteile eines radikalen Wechsels der Politik im Hinblick auf Geisteskranke, Sieche und Vollinvalide zu überdenken. Ein Katalysator dieses Meinungswandels war 1920 die Veröffentlichung der sehr lesbaren 62seitigen Schrift »Die Freigabe der Vernichtung lebensunwerten Lebens: Ihr Maß und ihre Form« von Karl Binding, einem der hervorragendsten deutschen Rechtsgelehrten, und dem bekannten Neuropathologen Alfred Hoche. Die Autoren kritisierten die massiven Bemühungen um Erhaltung »wertlosen Lebens« in Irrenanstalten. Jetzt brauche Deutschland mehr als jemals zuvor in seiner Geschichte Bürger, die zu 100 Prozent leistungsfähig seien. Es ist »kein Platz ... für halbe, Viertels- und Achtelskräfte. Unsere deutsche Aufgabe wird für lange Zeit sein: eine bis zum höchsten gesteigerte Zusammenfassung aller Möglichkeiten, ein Freimachen jeder verfügbaren Leistungsfähigkeit für fördernde Zwecke.«[34] Es war Zeit, die Praxis der Erhaltung selbst der gesellschaftlich minderwertigsten Existenz zu beenden und die Vorzüge der »barbarischen« Praxis der Tötung Untauglicher zu überdenken. Und Hoche prophezeite voller Zuversicht »eine neue Zeit ..., die von dem Standpunkte einer höheren Sittlichkeit aus aufhören wird, die Forderungen eines überspannten Humanitätsbegriffes und einer Überschätzung des Wertes der Existenz schlechthin mit schweren Opfern dauernd in die Tat umzusetzen«.[35]

Wenige Jahre später fanden Bindings und Hoches Ideen ihr Echo bei keinem Geringeren als Adolf Hitler. Wegen seiner Rolle bei dem in Bayern versuchten Staatsstreich zu fünf Jahren Haft verurteilt, nutzte Hitler seine angenehme Festungshaft, um seine Vision für Deutschland zu Papier bringen zu lassen. Er hatte keinen Zweifel daran, daß der Staat gegen Behinderte rücksichtslos vorgehen müsse. »Es ist eine Halbheit, unheilbar kranken Menschen die dauernde Möglichkeit einer Verseuchung der übrigen Gesunden zu gewähren,« schrieb Hitler in »Mein Kampf«.[36] Daß es 6000 Spartanern gelungen war, unter strikter Anwendung der Gesetze der Rassehygiene 350 000 Heloten zu beherrschen, sei nur infolge ihres »rassischen Hochwertes« denkbar gewesen. »Dieser aber war das Ergebnis einer planmäßigen Rasseerhaltung, so daß wir im spartanischen Staat den ersten völkischen zu sehen haben. Die Aussetzung kranker, schwächlicher, mißgestalteter Kinder, d. h. also deren Vernichtung, war menschenwürdiger und in Wirklichkeit tausendmal humaner als der erbärmliche Irrsinn unserer heutigen Zeit, die krankhaftesten Subjekte zu erhalten, und zwar um jeden Preis zu erhalten, und hunderttausend gesunden Kindern infolge der Geburtenbeschränkung oder durch Abtreibungsmittel das Leben zu nehmen, in der Folgezeit aber ein Geschlecht von mit Krankheiten belasteten Degeneraten heranzuzüchten.«[37]

Nicht lange nach der Niederschrift dieser Worte ernannte Paul von Hindenburg , preußischer Aristokrat und Reichspräsident, ihren Autor zum Reichskanzler, und das deutsche Volk bestätigte seine Entscheidung in einer Reichstagswahl.

3
DEUTSCHLANDS WENDUNG
NACH OSTEN

Was der Deutsche Orden, Friedrich der Große und die Ansiedlungskommission für Westpreußen und Posen begonnen hatten, vollendete der Erste Weltkrieg unwiderruflich: Deutschlands Wendung nach Osten. Und wegen jener früheren Initiativen, wegen des Dranges nach Osten im 14., 18. und 19. Jahrhundert, wurde die Wendung allgemein als eine Rückkehr begriffen. Der Erfolg des deutschen Heeres in Ostpreußen, ebendort, wo einst die Deutschordensritter von ihren polnischen Gegnern besiegt worden waren, schien wenige Wochen nach Kriegsbeginn zu bestätigen, daß es für eine gerechte Sache kämpfte. Unter dem Oberbefehl von Generalfeldmarschall Paul von Hindenburg und General Erich Ludendorff zerschlugen die Deutschen eine massive russische Invasionsarmee.

Die Siegesnachricht wurde in Deutschland mit großem Jubel begrüßt. Der bisher unbekannte Hindenburg wurde zu einem Muster der Stärke und sein Bild zur verehrten Ikone. Die Schlacht selbst nahm legendäre Dimension an. Ludendorff nannte sie die Schlacht von Tannenberg, »als Erinnerung an jenen Kampf, in dem der Deutsche Ritterorden den vereinigten litauischen und polnischen Armeen unterlag«.[1] Ein halbes Jahrtausend nach ihrer Niederlage gegen die Polen gewannen die Deutschen die Oberhand, indem sie die Russen in die Flucht schlugen. Der Kampf um den Osten hatte wieder begonnen. Von dieser Aussicht inspiriert, schrieb der 27jährige Kriegsfreiwillige Walter Flex das sofort begeistert aufgenommene »Ostmarkenlied«, in dem der deutsche Osten zum »heil'gen deutschen Osten« wird – zu einem geheiligten Land, offen wie das deutsche Herz, weit und hell wie der deutsche Geist und stark wie der Mut deutscher Männer.[2]

Doch war dieser Drang nach Osten von ganz anderem Charakter. Er verkörperte aufs schlimmste den Imperialismus des 19. Jahrhunderts, gemischt mit Furcht angesichts Deutschlands strategischer Verwundbarkeit. Viele Deutsche glaubten, zur Sicherung des deutschen Kernlandes bedürfe es umfangreicher Annexionen im Osten und der

Rückwerfung Rußlands auf seine Grenzen zu Beginn des 17. Jahrhunderts. Bauern, Kaufleute, Industrielle und mindestens 1347 deutsche Professoren drängten die Regierung zur Annexion Livlands und Litauens.[3]

Ende 1915 eroberten die deutschen Heere Kurland und Litauen, und die Zukunft Livlands gewann militärische Priorität. »Es wird in Deutschlands Hand liegen, an die groß angelegten Siedlungsbestrebungen des Deutschen Ordens wieder anzuknüpfen und das seinerzeit begonnene Werk nach jahrhundertelanger Unterbrechung zum Ziele zu führen«, erklärte General Ludendorff.[4] Der Generalstab pflichtete bei; er forderte von der Regierung die Abtretung Litauens und Kurlands von Rußland an Deutschland und die Enteignung und Aussiedelung russischer Grundbesitzer.

Die Deutschen sahen sich als Befreier der Völker vom Zarenjoch. Ihnen schwebte ein von Deutschland dominierter Bund autonomer Nationen der Polen, Litauer, Letten und Esten vor. Es stellte sich die Frage, wo die in jenem Teil Europas ansässigen Juden hingehörten. Die Deutschen wußten wenig über osteuropäische Juden, und sie hatten keine Ahnung, was sie mit ihnen tun sollten. Bis zum Ausbruch des Krieges hatten sich nur sehr wenige deutsche Besucher Russisch-Polens jemals in die jüdischen Viertel von Warschau, Lublin, Wilna oder Lemberg gewagt. Nun patrouillierten in diesen Gebieten deutsche Soldaten, und deutsche Beamte kämpften gegen die endemischen, immer wieder ausbrechenden Seuchen. Es mangelte ihnen nicht an Mitgefühl, aber die Armut und das Elend einer so nahen und ihnen doch so fernen Welt verwirrten sie. »Wir hatten keine Ahnung, daß es dicht vor unserer Tür so etwas gibt«, schrieb der Redakteur der angesehenen *Süddeutschen Monatshefte* in einer den Ostjuden gewidmeten Sondernummer der Zeitschrift, und seine Landsleute stimmten ihm zu.[5]

Dem Erstaunen folgte Besorgnis. Ein bisher nur bei Antisemiten üblicher Sprachgebrauch, der Juden mit Ungeziefer assoziierte, wurde durch die Entdeckung der Gettos intensiviert und mit neuer Bedeutung erfüllt. Vor dem Krieg hatte sich die Reaktion auf die Einwanderung der Ostjuden nach Deutschland auf die Bedrohung konzentriert, die jeder einzelne Jude für die Volksgesundheit der Deutschen bildete. Jetzt suggerierten die Beschreibungen der Gettos, daß die polnische Judenheit ein einziger kranker, fremdartiger Körper wäre. Viele Deutsche fürchteten, der Krieg würde eine massive Wanderung

Mitglieder der Hitlerjugend beim Besuch der Marienburg vor dem Gemälde Hugo Vogels, das Hindenburg im August 1914 zeigt. *Neues Volk* (1934). Paul von Hindenburg, nach Beginn des russischen
Einmarsches zum Befehlshaber der 8. Armee ernannt, erlebte bei der Ankunft in seinem Hauptquartier
Marienburg den auf dem Bild dargestellten Flüchtlingsstrom. Einige Tage später lockten Hindenburg
und sein Stabschef Erich Ludendorff die Russen in eine Falle.

dieser Juden ins Reich auslösen, konnten sie doch keinen Fleck Europas ihr eigen nennen. Vor 1914 waren Einzelmaßnahmen als ausreichend erschienen, aber jetzt waren offenbar radikale Maßnahmen erforderlich, um ein Problem solch großen Umfangs zu bewältigen.[6]

Als die erwartete Flüchtlingswelle ausblieb, begann 1917 das Interesse an den Ostjuden zu schwinden, und Anfang 1918 wurde es von
den Volksdeutschen in den Schatten gestellt. Während der in Brest-Litowsk mit dem Vertreter der Sowjetregierung geführten Friedensver-
handlungen besetzte das deutsche Heer die Ukraine, Weißrußland
und den Rest von Livland, und die deutsche Regierung begann die
Rückführung der meisten, wenn nicht gar aller zwei Millionen in Rußland wohnenden Volksdeutschen in die eroberten Gebiete zu planen.
Im späten Frühjahr und im Sommer 1918 wurden die Aussichten und
Probleme umfangreicher Siedlungstätigkeit im Osten diskutiert.[7] Je

deutlicher es wurde, daß der Krieg im Westen verloren war, um so überzeugter waren die Deutschen, daß die Bedeutung des vierjährigen Leidens der Nation und seine Rechtfertigung im Osten zu finden waren.[8]

Diese Pläne lösten sich in nichts auf, als im November die Deutschen um einen Waffenstillstand nachsuchen mußten. »Es war also alles umsonst gewesen«, schrieb Adolf Hitler in »Mein Kampf«. »Umsonst all die Opfer und Entbehrungen, umsonst der Hunger und Durst von manchmal endlosen Monaten, vergeblich die Stunden, in denen wir, von Todesangst umkrallt, dennoch unsere Pflicht taten, und vergeblich der Tod von zwei Millionen, die dabei starben ... Mußten sich nicht die Gräber all der Hunderttausende ... öffnen und die stummen, schlamm- und blutbedeckten Helden als Rachegeister in die Heimat senden, die sie um das höchste Opfer, das auf dieser Welt der Mann seinem Volke zu bringen vermag, so hohnvoll betrogen hatte?«[9]

Die deutschen Generale gaben demselben Gefühl in anderer Tonlage Ausdruck. Nicht gewillt, das militärische Scheitern einzugestehen, erklärten sie wiederholt, nicht Niederlage auf dem Schlachtfeld, sondern Revolution an der Heimatfront habe zur Katastrophe geführt.

Deutsche Soldaten beim Einmarsch in eine galizische Stadt, 1915. Bemerkenswert die lockere Haltung der Soldaten, ja die offensichtliche beiderseitige Freundlichkeit.

Eine ostjüdische Gemeinde, Zeichnung von Franz Kienmayer. *Illustrierte Zeitung* Nr. 3920 (1918). Bemerkenswert ist, daß die Juden nicht karikiert sind.

Deutschland wäre unbesiegt geblieben, erklärte Generalfeldmarschall von Hindenburg vor einem Untersuchungsausschuß des Reichstags, hätte es nicht »die heimliche planmäßige Zersetzung von Flotte und Heer« gegeben. Unter Berufung auf den englischen General Sir John Frederick Maurice erklärte Hindenburg: »Die deutsche Armee ist von hinten erdolcht worden.«[10]

Die Weimarer Republik war nicht »Deutschland«. Die Regierung, die den Friedensvertrag von Versailles unterschrieben hatte, war nicht »Deutschland«. Die Millionen Zivilisten, die an ihr Leben der Vorkriegszeit anknüpfen oder den Krieg ganz und gar vergessen wollten, waren nicht »Deutschland«. Das »echte« Deutschland war nicht auf einer Landkarte oder in der bürgerlichen Gesellschaft zu finden, sondern in der Seele jedes deutschen Soldaten, tönten Veteranen, Konservative und aufkommende Nationalsozialisten. Dieses »tiefere Deutschland« oder »innere Reich« war unbesiegbar, wenn auch das Deutsche Reich geschlagen war und seine Soldaten den Tod gefunden hatten. Ganz im Gegenteil: Seine Größe und wirkliche Existenz

»Des Ostens deutscher Friede.« Allegorie der neuen
Ära der Zusammenarbeit zwischen Deutschen und
den osteuropäischen Völkern nach dem Frieden
von Brest-Litowsk, von Hugo Höppener (1918).
Der am 3. März 1918 geschlossene Vertrag von
Brest-Litowsk bekräftigte die deutsche Ansicht,
daß, unabhängig vom Ausgang des Krieges im
Westen, im Osten ein neues deutsches Jahrtausend
begonnen hatte, das auf der 700jährigen Geschichte des deutschen Ostens gründete. »Die Zeiten
sind erfüllt«, erklärte ein Zeitschriftenartikel, in
dem die Rückgewinnung der baltischen Provinzen
gefeiert wurde. »Zeichen und Wunder geschehen
im Himmel, im Osten und anderswo: Der deutsche
Tag ist angebrochen! Möge jeder seine Bedeutung
verstehen!«

Die »triumphale« Rückkehr des »unbesiegten« deutschen Heeres nach dem Waffenstillstand,
von Josef Correggio »nach dem Leben« gezeichnet. Ausnahmslos schilderten deutsche Künstler
die Rückkehr des Heeres nach dem 11. November 1918 als siegreiche Heimkehr.

wurden an der Zahl der für dieses Deutschland Gefallenen gemessen. In den Schützengräben hatten die Soldaten das wahre Deutschland gebildet; in ihren Gräbern verkörperten sie das ewige Deutschland.[11]

Diese heroische Deutung Deutschlands geht auf die Kriegszeit zurück und galt ursprünglich für alle Soldaten, aber zwischen 1918 und 1933 gelang es extremistischen Gruppen, unversöhnlichen Feinden der Weimarer Republik, den Gedanken zu vereinnahmen und umzumodeln: Das wahre Deutschland repräsentierten die Gegner jenes Staates, der durch Unterzeichnung des Vertrags von Versailles das Opfer von zwei Millionen Soldaten verraten hatte. Viele Organisationen erklärten sich zur Arche des wahren Deutschlands, aber nur eine einzige wurde von allen anderen als legitime Erbin des Weltkriegs anerkannt: die der Freikorps, die den Krieg in Estland und Lettland fortgesetzt hatten. Im November 1918 bestanden die Alliierten auf dem deutschen Rückzug aus allen eroberten Gebieten, aber die Engländer machten der deutschen Regierung auch klar, daß sie an einer bolschewistischen Rückeroberung Livlands nicht interessiert waren. Da die neuen Regierungen Estlands und Lettlands keine Heere aufstellen konnten, entsandten die Deutschen mit stillschweigenden Billigung der Engländer den General Rüdiger von der Goltz nach Livland. Er sollte die demobilisierten Soldaten und die dort ansässigen Deutschen zum Kampf gegen die Bolschewiken in Freikorps organisieren.[12]

Der neue deutsche Kriegsminister Gustav Noske erinnerte sich ein Jahr später der eigenartigen Baltenhysterie, die von Deutschland Besitz ergriff. »Die Reklametrommel wurde gerührt ... Wer sich für Kurland anwerben ließ, malte sich aus, wie er in Jahr und Tag auf eigener Scholle sitzen würde. Was auf den Werbeplakaten nicht versprochen wurde, verhießen die werbenden Offiziere den Mannschaften mündlich.« Viele traten den Freikorps bei, denn »in der niedergebrochenen Heimat gelang es schwer, eine Existenz aufzubauen ... Ein baltisches Fieber hatte Tausende von Menschen befallen und bewirkt, daß auch dann der Zustrom von Männern nicht zu unterbinden war, als feststand, daß keiner der Träume jemals Tatsache werden würde.«[13]

Die Freiwilligen kehrten ins Reich zurück, jedoch voller Stolz, hatten sie doch gekämpft, während die Vertreter der Weimarer Republik den Friedensvertrag unterzeichneten. Mit den Diktatbedingungen von Versailles war nach ihrem Verständnis Deutschland innerhalb des Deutschen Reiches tot. Nach Versailles war das Deutsche Reich jetzt »wie ein leerer Fleck auf der Landkarte ... ein Land ohne Wirklich-

Hitler (links) mit Kameraden an der West-
front, ca. 1918. Die Bildunterschrift lautet:
»Aus dem Kriegsfreiwilligen ist ein alter
Feldsoldat geworden, aber unwandelbar
bleiben Begeisterung, Pflichttreue und
Todesbereitschaft. Er besiegelt sie mit einer
schweren Gasvergiftung, die ihm vorübergehend das Augenlicht raubt.«

keit«, klagte der Freikorpskämpfer Ernst von Salomon. Die Männer im
Baltikum fühlten sich daher »als die letzten Deutschen überhaupt.
Wir, Statthalter dieser Provinz für die noch ungeborene Nation, wir
wollten nicht verzichten – zu einer Zeit, da der Verzicht die Forderung
des Tages war. Wir sagten ›Nein‹ zum Reiche jener Tage, weil wir ein
›Ja‹ zum kommenden schon auf der Zunge hatten.«[14] Und diese Vorstellung blieb lebendig. Fünfzehn Jahre später erklärte einer der Protago-
nisten in Dwingers »Der letzte Traum: eine deutsche Tragödie«, einem
überaus populären Drama jener Zeit und Hitlers Lieblingsstück, vor
vollen Häusern, daß Deutschland nur in seinen baltischen Freiwilligen überlebte. »Wir sind die letzten, in denen [Deutschland] noch lebt!
… Und wenn sie in der Heimat meinen, der große Krieg sei jetzt zu
Ende, so sagen wir mit allen Stimmen: Er fängt erst an!«[15]
    Das Reich war nicht länger das Vaterland. Livland, ein im 13. Jahr-
hundert von Deutschordensrittern kolonisiertes und im 20. Jahrhundert von deutschen Soldaten geschütztes Land, war die wahre ange-
stammte Heimat. Dies war die Botschaft, die General von der Goltz
seinem gläubigen Publikum brachte. Nach seiner Rückkehr aus Livland ging von der Goltz in Deutschland auf eine Vortragsreise, um
seine Mischung aus Antibolschewismus, Kolonialpolitik und Ressentiments gegen Weimar zu propagieren. Am 21. November 1921 sprach er
in München, und ein 21jähriger Landwirtschaftseleve, Heinrich Himm-

ler, war unter den Zuhörern. Himmler hatte, seit im Frühjahr 1919 die
Rekrutierungskampagne für die baltischen Freikorps begonnen hatte,
über die Besiedlung des Ostens nachgedacht, und als von der Goltz-
Bewunderer hatte er (schon vor der Bekanntschaft mit seinem Vor-
bild) an der Universität Russischunterricht genommen, um sich auf
den Wiederaufbau des post-bolschewistischen Rußlands vorzuberei-
ten. 1921 war sein anfänglicher Enthusiasmus bereits verflogen, aber
der Vortrag von von der Goltz entfachte aufs neue seine Begeisterung.
Als akribischer Tagebuchschreiber vermerkte Himmler am selben
Abend: »Das weiß ich bestimmter als je, wenn im Osten wieder ein
Feldzug ist, so gehe ich mit. Der Osten ist das Wichtigste für uns. Der
Westen stirbt leicht. Im Osten müssen wir kämpfen und siedeln.«[16]

Das wahre Deutschland lebte in den Soldaten, welche die Kapitula-
tion verweigert hatten, und seine schlimmsten Feinde waren jene, die
als aktive Saboteure des Widerstandes gegen den Versailler Vertrag
galten. Millionen von Deutsche forderten von ihrer Regierung, die
Unterzeichnung abzulehnen. »Überall in ganz Deutschland, in allen
Gauen und Schichten flammte spontan ein Sturm der Entrüstung über
die ungeheuerliche Zumutung dieses Friedensdiktats auf«, heißt es in
einer nationalsozialistischen Studie zur Geschichte der deutschen Juden. »Alle wurden mitgerissen. In dieser Schicksalsstunde sind es
hauptsächlich Juden gewesen, die diesen Widerstandswillen von
vornherein sabotiert und damit die Einheitsfront zerbrochen haben.
Sie sind in dieser Stunde dem deutschen Volke in den Rücken gefallen.«[17]
Nachdem sich die Konservativen im allgemeinen und die Nationalsozialisten im besonderen auf die These eines jüdischen Dolchstoßes
in den Rücken der deutschen Armee festgelegt hatten, fanden sie allerorts Beweise für die Tat. Vom Reichstag über den Preußischen
Landtag bis zu den Tageszeitungen waren es die Juden, die sich für
den Vertrag aussprachen und die Regierung zur Unterzeichnung
drängten. Und die Regierung erlag den provozierenden Reden und
unterzeichnete wirklich. Doch waren es nach Auffassung der deutschen Rechten die Juden, die den Willen der Nation geschwächt hatten. »Man kann, wohl mit Sicherheit, das historische Urteil fällen, daß
ohne das Zutun dieser jüdischen Schriftsteller und Politiker die politische Entscheidung der Deutschen Nationalversammlung anders, d. h.
gegen die Unterzeichnung und für die Ablehnung, ausgefallen wäre,
und daß sich keine deutsche Regierung zur Unterzeichnung gefun-

den und hergegeben, daß also die Entente bei einer Erzwingung der
Unterschriften ins Leere gegriffen hätte.«[18]

Vorgeblich für die zwei Millionen Toten des Weltkriegs sprechend,
das Erbe der Freikorps usurpierend, den Zorn über den Versailler Vertrag und den Tod von 16 Männern bei dem fehlgeschlagenen Putsch
vom 9. November 1923 ausnutzend, gelang es Adolf Hitler, einem der
Millionen, die in den Schützengräben gelitten hatten, für sich und
seine Bewegung den Status des wahren Deutschlands in Anspruch
zunehmen. Er und seine Anhänger, die Verkörperung der Nation,
waren Deutschland treu und ergeben geblieben, während ihre Landsleute, bestrebt, die vier Kriegsjahre zu vergessen, aufgegeben und
kapituliert hatten.[19]

Hitler, der Mann, der dem Lande am treuesten geblieben war,
stand im Herzen des wahren Deutschlands. Die ihm am meisten ergeben waren, bildeten den innersten Kreis. Heinrich Himmler, in
Parteikreisen als der treue Heinrich bekannt, begriff dies als erster
und nutzte die Erkenntnis, um eine untergeordnete Parteiorganisa-
tion, die SS, und sich selbst in den Vordergrund zu spielen. 1925 gegründet, hatten die Schutzstaffeln (SS) ursprünglich die Aufgabe, Par-
teiversammlungen zu schützen. Auf dem Weimarer Parteitag 1926
gab Hitler die Blutfahne, die mit dem Blut der vor der Münchener
Feldherrnhalle Erschossenen befleckte Standarte, in die Obhut der
200 Mann starken SS. Die Blutfahne war die heilige Reliquie der
Bewegung, ein Symbol nicht etwa politischer Fehleinschätzung,
sondern jener »Blutopfer«, die »im treuen Glauben an die Wiederauf-
erstehung ihres Volkes« gefallen waren, wie Hitler in der Widmung
zu »Mein Kampf« schrieb.[20]

Als Hitler die SS zum Hüter der Blutfahne machte, wurde sie zugleich zum Richter der Treue. Himmler, von Hitler zum Führer der SS
ernannt, wußte die Symbolik der Fahne zu schätzen und verstand die
enormen Möglichkeiten, welche die Identifizierung mit der Tugend
der Treue barg.[21] Sogleich propagierte er das Bild des SS-Mannes als
eines eben wegen seiner Treue Auserwählten und beschränkte die
Aufnahme auf die »besten, nicht nur körperlich besten, sondern auch
zuverlässigsten, treuesten, letzten Endes charakterlich wertvollsten
Männer aus allen Teilen der Bewegung«.[22] SS-Leute wurden zu unbe-
dingter Ergebenheit gegenüber Adolf Hitler erzogen, wie es ihr Treu-
eid beweist: »Wir schwören Dir, Adolf Hitler, als Führer und Kanzler
des Deutschen Reiches Treue und Tapferkeit. Wir geloben Dir und
den von Dir bestimmten Vorgesetzten Gehorsam bis in den Tod, so

Balten-Freiwillige 1919.
Das schwarze Korps (1936).
Illustration aus dem Roman
»Die letzten Reiter« von Erich
Edwin Dwinger, in Fortsetzungen
erschienen in der SS-Zeitschrift
Das schwarze Korps (6. Februar
1936 bis 11. März 1937). Kein
anderer Roman wurde in der
einzigen amtlichen SS-Zeitschrift
derart herausgestellt. Mit seiner
Auflage von 200 000 Exemplaren
im Jahre 1936 brachte *Das
schwarze Korps* die Geschichte
des baltischen Feldzuges jedem
SS-Mann nahe.

wahr uns Gott helfe!«[23] Ihr Wahlspruch lautet »Meine Ehre heißt
Treue«. Treue war der Mittelpunkt ihrer Welt.

Für Himmler ging Treue über vollkommenen Gehorsam gegenüber
erteilten Befehlen hinaus; für ihn war sie die Pflicht, Befehle vorweg-
zunehmen. Hitler war sein Lehnsherr, und Treue zu seinem Lehns-
herrn bedeutete vollständige Gleichsetzung seiner eigenen Ziele mit
denen Hitlers. Dieser, sein Fels und sein Erlöser, brauchte die Handlungen des treuen Gefolgsmannes weder anzuordnen noch zu über-
prüfen. Himmler reagierte »mit Eifer auf jede Andeutung und jedes
Zeichen von Hitler«, bemerkte der bekannte Holocaust-Historiker
Christopher Browning. »Himmlers Kurswert stieg gerade deshalb,
weil er, mehr als jeder seiner Rivalen, die Fähigkeit besaß, Hitlers
Signale und ideologischen Appelle zu interpretieren und in konkrete
Programme zu gießen.«[24]

Ein solches Programm war Himmlers rassisch vollkommene SS-Ge-
meinschaft. »Eines der größten und entscheidenden Verdienste des
Reichsführers-SS bleibt es«, bemerkte der offizielle SS-Historiker
Gunther d'Alquen, »daß er... die theoretischen Erkenntnisse der nationalsozialistischen Weltanschauung gerade auf diesem Gebiete mu-
tig und konsequent in diese seine eigene Organisationsaufgabe des
Aufbaus der SS einfügte und dann auch klar durchsetzte.«[25] SS-Männer
wurden nach rassischen Kriterien ausgesucht, und sie waren verpflichtet, durch Zeugung vieler rassereiner Kinder zur Zukunft der

»Die Maske fiel« von Alfred Sedelmann.
Illustrierte Zeitung, Nr. 3960 (1918). Karikatur
zur deutschen Meinung über die Bedingungen
des Versailler Friedensvertrages.

Rasse beizutragen. In seinem Heiratsbefehl vom 31. Dezember 1931
ordnete Himmler die sorgfältige Eignungsprüfung der Verlobten von
SS-Männern an; SS-Angehörige benötigten seine Heiratserlaubnis. Die
SS war sehr stolz auf den Heiratsbefehl, bekräftigte er doch die Treue
des einzelnen zu seinem Führer. »Dieser einschneidende Befehl und
die Selbstverständlichkeit seiner Durchführung beweist . . . die Selbst-
sicherheit dieser freiwilligen Gemeinschaft vor einer Bestimmung, die
ja für die Zeit, in der sie befohlen wurde, einen ewig unbegreiflichen
Eingriff in die sogenannte persönliche Freiheit des einzeln bedeuten
mußte«, erklärte d'Alquen.[26]
    Himmlers Auswahlverfahren für die SS und sein Heiratsbefehl
übersetzten Hitlers Theorien in die Praxis. Zusammen bilden sie nur
eines von vielen Beispielen seiner Deutung der Überlegungen des
Propheten Hitler und, nach dessen Ernennung zum Reichskanzler,
seiner Vorwegnahme der Wünsche des Herrschers Hitler. Himmler
fiel das nicht schwer; sein Programm stimmte weithin mit dem Hitlers
überein. In den zwanziger und dreißiger Jahren wurde dies nirgendwo so deutlich wie in ihrem gemeinsamen Glauben an die Erneuerung Deutschlands im Osten.

»Die Opfer, die Gegenwart, die Zukunft.«
Die Brennessel (1931). Die Karikatur zeigt
Deutsche der Weimarer Republik beim Tanz
um das Goldene Kalb auf den Gräbern der
Soldaten und die nüchternen Nationalsozia-
listen als die wahren Erben der gefallenen
Kriegshelden.

Angesichts des geographischen, politischen und wirtschaftlichen Zu-
sammenbruches im Gefolge der Niederlage glaubten viele Deutsche,
daß nur die umfassende Reorganisation der Gesellschaft eine Besse-
rung herbeiführen würde. Sie legten die Revolution von 1918, die politische Unruhe der Folgejahre und die Inflation von 1923 der Moderni-
sierung der deutschen Gesellschaft und dem damit einhergehenden
Zerfall der traditionellen Muster von Autorität und Treue zur Last. Mitte
der zwanziger Jahre hatten normale Deutsche in städtischen Gebieten
Jahre der Nahrungsknappheit und bisweilen sogar des Hungers hinter
sich. Die Großstadt, Schauplatz der Revolution und der Lebensmittel-
schlangen, wurde zum Symbol all dessen, was nicht stimmte im Land.
Ursache der Probleme war eine die städtische Bevölkerung aufblä-
hende Landflucht, die sich vom ländlichen Osten nach dem städtischen Westen vollzog. Gegen die großen Ballungsgebiete gerichtete
Ressentiments begannen mit Theorien über die Notwendigkeit der Besiedlung und Festigung des deutschen Ostens zu verschmelzen, und
der Artamanen-Bund verknüpfte diese beiden Vorstellungen.
    Der Artamanen-Bund wurde 1923 von Dr. Willibald Hentschel ge-
gründet, der durch Umsiedlung junger Stadtbewohner aufs Land die

Erneuerung der germanischen Rasse anstrebte.[27] Die deutsche Jugend
rief er auf, Männer (auf Altmitteldeutsch: Manen) der Felder (Art), Artamanen, zu werden. Der junge Heinrich Himmler trat dem Bund bei
und stieg rasch zum Artamanen-Gauleiter von Bayern auf. 1931 war er
der offizielle Verbindungsmann zwischen den Artamanen und den
Nationalsozialisten, die den Bund schließlich in den Landdienst der
Hitlerjugend eingliederten. Artamanische Ideale sollten nach 1933
einen tiefgehenden Einfluß auf Himmlers Polen-Politik ausüben. Und
da er bei den Artamanen auch Rudolf Höß, ehemals Angehöriger
eines baltischen Freikorps, kennenlernte, den er später zum Kommandanten von Auschwitz ernannte, bilden die Theorien dieser Organisation einen wichtigen Kontext für die Geschichte des Konzentrationslagers. Höß erinnerte sich des Artamanen-Bundes liebevoll als
einer »Gemeinschaft junger, volksbewußter Menschen«. Vereint in
dem Streben, den Belastungen städtischen Lebens zu entfliehen,
suchten sie nach einer »gesunden, harten, aber naturgemäßen Lebensweise auf dem Lande ... Auf dieser Lebensgrundlage [hofften
sie], ganz zum Boden zurückzukehren, aus dem ihre Vorfahren hervorgegangen waren, zum Lebensquell des deutschen Volkes, zur gesunden bäuerlichen Siedlung.«[28]

Hitler mit der von einem SS-Führer
getragenen Blutfahne.

Zeichnung eines SS-Mannes, von Wolfgang Willrich. SS-Männer mußten nicht nur rassisch einwandfreier Herkunft sein, sondern auch im Aussehen dem nordischen Idealtyp entsprechen. Nach Himmlers Vorstellung sollten sie mindestens 1,70 m groß sein. Etliche SS-Männer wählte er persönlich aus eingesandten Fotos aus.

Die Artamanen sahen im Osten die endgültige Lösung für alle Übel, unter denen Deutschland litt. »Deutschlands Zukunft, Deutschlands junge Kraft liegt im Osten. Unser Schicksal entscheidet sich nicht an Ruhr und Rhein, sondern an der Weichsel und der Memel«, verkündeten sie.[29] Da sowohl die Weichsel als auch die Memel weitgehend durch polnisches und litauisches Gebiet fließen, hatte die Artamanen-Ideologie irredentistischen, wenn nicht gar kriegstreiberischen Charakter. Trotzdem hatten die Artamanen gerade jene Gebiete in ihrer Langzeitplanung zur Besiedlung vorgesehen. Ihr Führer Wilhelm Kotzde drückte es so aus: »Entweder gehen wir nach dem Osten wie einst unsere Vorfahren im 12. Jahrhundert, oder wir werden als Volk aus der Weltgeschichte gestrichen.«[30]

Walther Darré faßte viele Ideen der Artamanen in theoretischer Schärfe und führte sie in die Hauptrichtung nationalsozialistischen Denkens ein. Darré war Absolvent der deutschen Kolonialschule in Witzenhausen, und 1926 zu der Überzeugung gelangt, daß der Versuch, ein überseeisches Kolonialreich zu errichten, ein katastrophaler Fehler gewesen war.[31] Wie viele seiner Generation meinte Darré, die Tatsache, daß es Deutschland vor 1918 unterlassen hatte, durch Maßnahmen der »inneren Kolonisation« die Polonisierung seiner östlichen Grenzregion rückgängig zu machen, habe zum Verlust dieser Landstriche an die neue polnische Republik geführt. Aber diese Perspektive war nicht auf die Pragmatik der Machtpolitik begrenzt. Er war auch davon überzeugt, daß eine solche »innere Kolonisation« dazu beitragen würde, die Entfremdung des Deutschen vom Boden auf-

Vergleich von städtischer Sterblichkeit und ländlicher Fruchtbarkeit, 1935.

zuheben. Darré glaubte, daß die nordische Rasse, zu der auch das deutsche Volk gehörte, ein Bauernschlag war und daß die Deutschen nur als Bauern in Harmonie mit der Natur leben könnten. 1929 publizierte er ein leidenschaftliches Plädoyer für eine Rückkehr zum Boden.[32] Entschlossen, seine Lehre zu praktizieren, trat Darré in eine Organisation ein, die offenbar über die aussichtsreichsten Mittel zur Verwirklichung seines Traumes eines nordischen Bauernstaates auf germanischer Scholle verfügte: Hitlers nationalsozialistische Bewegung.

Sogleich gewann Darré bestimmenden Einfluß auf die Landwirtschaftspolitik der NSDAP, und im Juni 1930 wurde er zum Leiter ihres agrarpolitischen Apparats ernannt. Einer seiner Verbündeten war ein anderer Agrarexperte, der 30jährige Reichsführer SS Heinrich Himmler. Darrés Vision eines nordischen Bauernstaates glich der Himmlers, und er trat der SS bei, um Himmlers engster Berater in Fragen der Ver-

wurzelung des Volkes in der Scholle oder, wie sie es nannten, für Blut
und Boden zu werden.

Nach Auffassung der Nationalsozialisten und vieler ihrer Mitläufer
besaß Deutschland nicht genug Land, um ein Gleichgewicht zwischen Bevölkerung und Boden herzustellen. Der Raum, den das Land
brauchte, lag im Osten. »Das Schicksal Deutschlands liegt in seinem
Osten begründet. . . . Dem Nationalsozialismus gebührt das Verdienst,
das Gesicht unseres gesamten Volkes deutlich und überzeugt wieder
dem Osten zugewandt zu haben. Der verderbliche Einfluß der westlichen auflösenden und zersetzenden Geistessphäre liegt wie ein wü-
ster Traum hinter uns«, tönte Darré.[33] Doch der Osten war ein Land
voller Probleme. »Die Slawen wissen, was sie wollen, wir nicht! Wenn
wir noch lange in dieser [Ost-]Frage ›Blindekuh‹ spielen wie bisher,
wird der Slawe seine alte Grenze aus dem 10. Jahrhundert bald wieder erreicht haben. Wir sehen ja bereits mit stumpfer Gelassenheit zu,
wie ehemals deutsche Städte wie Warschau u. a. unserem Volkstum
verloren gehen.« Die Frage aufwerfend, ob nicht sogar Breslau, Berlin,
Stettin oder Dresden an die Slawen zurückfallen könnten, sah Darré
schwere Konflikte voraus. »Nein, an einem Kampf auf Leben und Tod
mit dem vordringenden Osten kommt das deutsche Volk nicht vorbei.
Hierauf muß unser Volk vorbereitet werden und auch darauf, daß es
in diesem Kampf für uns nur eine Losung geben darf: Siegen schlechthin. Darüber hinaus gibt uns der Gedanke von Blut und Boden das
sittliche Recht, uns so viel Land im Osten wiederzuholen als notwendig ist, um zwischen unserem Volkskörper und dem geopolitischen
Raume einen Einklang herzustellen«.[34]

Die Sicht der Artamanen auf den deutschen Osten als ein verlore-
nes Paradies wurde durch die wissenschaftliche Theorie der Geopolitik
gestützt, wonach der Osten sehr wichtig für Deutschlands Zukunft
war. Was die Nationalsozialisten bewundernd Geopolitik nannten,
beruhte auf dem Werk des brillanten Geographen Friedrich Ratzel,
der im späten 19. Jahrhundert die Zusammenhänge zwischen der
politischen Geschichte eines Staates und den geographischen Bedingungen seines Territoriums erforscht hatte. Ratzel interessierten die
Voraussetzungen für das Gedeihen eines Staates. Raum oder, in seiner
Deutung, Lebensraum war wesentlich. Ratzels Raum war weniger ein
physischer, geographischer Begriff als vielmehr eine Vision, eine Aufgabe, eine Berufung. Der bekannte deutsche Kartograph Arthur Hillen-Ziegfeld gab 1934 dieser Idee prägnanten Ausdruck. »Der deutsche Lebensraum ist eine Forderung an unser Volk. Es ist kein unver-

Plakat der Artamanen, 1942.

Deutſche Jungmannen!
Die Heimatſcholle ruft euch
zum freiwilligen Arbeitsdienſt,
zum Dienſt für Volk und Vaterland!

änderlicher Tatbestand, sondern eine ewige Aufgabe.«[35] Geopolitik war daher eine Wissenschaft, die räumliche Gegebenheiten und räumliche Erfordernisse behandelte.

Ende der dreißiger Jahre war Lebensraum, um mit dem deutschen Emigranten Hans Weigert zu sprechen, »zur nationalen fixen Idee des deutschen Volkes geworden, stark genug, um in unseren Tagen die Welt aus dem Gleichgewicht zu bringen«.[36] Die große Verbreitung der Doktrin war zweifellos auf Hitlers Begeisterung für den Geographen und Generalmajor a.D. Karl Haushofer zurückzuführen, der auf den von Ratzel gelegten Grundlagen ein mächtiges spekulatives Ideengebäude errichtet hatte.[37] In Kontakt gekommen war Hitler mit ihm durch seinen Privatsekretär Rudolf Heß, der bei Haushofer studiert hatte. Unter dem Einfluß Haushofers widmete Hitler beträchtliche Teile von »Mein Kampf« der geopolitischen Spekulation. Zum Beispiel stellte er die These auf, »für Deutschland [läge] die einzige Möglichkeit zur Durchführung einer gesunden Bodenpolitik nur in der Erwerbung von neuem Lande in Europa selber... Wollte man in Europa Grund und Boden, dann konnte dies im großen und ganzen nur auf Kosten Rußlands geschehen, dann mußte sich das neue Reich wieder auf der Straße der einstigen Ordensritter in Marsch setzen, um mit dem deutschen Schwert, dem deutschen Pflug die Scholle, der Nation aber das tägliche Brot zu geben... Wir setzen dort an, wo man vor sechs Jahr-

hunderten endete. Wir stoppen den ewigen Germanenzug nach dem
Süden und Westen Europas und weisen den Blick nach dem Land im
Osten.«[38]

Angesichts solcher Rückenstärkung ist es verständlich, daß Geopolitiker die Zukunft des Lebensraumes im Osten suchten, dort, wo die
Deutschen eine klar definierte Aufgabe hätten. Hillen-Ziegfeld erklärte, dort könnten sie, wie ihre Vorfahren im Mittelalter, die Entwicklung der slawischen Völker auf friedliche Weise anleiten. »Unser
Lebensraum kann nicht anders als eine sittliche Forderung an uns
ausgelegt werden, weil ein Recht auf diesen Anspruch erst erworben
werden muß. Gelingt es aber, die deutsche Erneuerung zu einem
deutschen Stil auszugestalten, den Deutschen als einzelnen und als
Volk zu einer Haltung zu erziehen, die ihm das Vertrauen der nach-
barlichen Ostvölker bringt, dann erst sind die Voraussetzungen geschaffen, um einen deutschen Lebensraum zu bauen.« Wie sich im
Mittelalter alle deutschen Stämme an dem Drang nach Osten beteiligt
hätten, so müßten auch in Zukunft alle Deutschen mitwirken. »Der
Osten als Aufgabe des gesamten Volkes bedeutet aber nichts Gerin-
geres als eine klare Ausrichtung unseres Volkes auf ein Ziel, dessen
Erreichung jene unerhörten Anstrengungen voraussetzt, in denen unser Volk von jeher seine Veredelung erfuhr.« Es würde nicht leicht

»Deutsche Erde«, Gemälde von Werner Peiner, das Adolf Hitler erwarb.

sein, doch bliebe den Deutschen keine Wahl. »Die Aufgabe einer Neugestaltung unseres Ostens und einer geistigen Führung jenseits unseres geschlossenen Volksraumes wird nicht gestellt, sondern sie ist da. Bei uns liegt die Entscheidung, ob wir sie übernehmen wollen oder nicht, die Entscheidung über unser eigenes Schicksal.« [39]

Geopolitische Überlegungen blieben nicht ohne Wirkung auf andere Disziplinen. Als das für die Gewinnung deutschen Lebensraumes zentrale Ereignis erkannt, wurde die mittelalterliche Besiedlung des Ostens nach 1933 zum Angelpunkt deutscher Geschichtsschreibung. »Die deutsche Ostsiedlung erweist sich als ein tragender Grundpfeiler im Gesamtaufbau des deutschen Volkstums«, erklärten 1937 die Autoren einer klassischen Beschreibung dieses Dranges nach Osten. »Ihre Geschichte spiegelt die allgemeine deutsche Geschichte mit eindringlicher Klarheit wider; sie zu kennen ist nötig für das allseitige Verstehen deutscher Landes- und Volksgeschichte und damit überhaupt für die rechte tiefe Würdigung deutscher Wesensart.«[40] Das zentrale Wort war »Siedlung«. Nach der geopolitischen Doktrin des Lebensraumes war der einzige Zweck der Landnahme die Siedlung. Die breiten Pfeile auf den geopolitischen Landkarten mögen eher an marschierende Heere als an pflügende Bauern erinnern, doch für einen Deutschen der dreißiger Jahre stand die Gleichsetzung des deutschen Ostens mit Siedlung außer Zweifel. Ihr historischer Platz als die größte Tat in der Geschichte der Nation wurde nicht in Frage gestellt.[41]

Unter dem Motto »Zurück aufs Land« angetretene völkische Bewegungen, Geopolitiker und revanchistische Historiker verwandelten das Wort vom deutschen Osten in eine Zauberformel voller Leidenschaft und Nostalgie. Doch im Gefolge von Versailles aufgekommener Irredentismus färbte die Phrase mit Angst und Ressentiment. Deutschlands Gebietseinbußen im Westen, wo es im Feld unterlegen war, erreichten bei weitem nicht seine Verluste im Osten, wo nach dem Verständnis der Nation das Heer siegreich geblieben war. Daß Gebiete, die bisher unstrittig deutsch waren, in Bausch und Bogen an eine andere Nation fielen, an Polen, das nicht einmal Kriegsteilnehmer gewesen war und jetzt von der Niederlage der drei Mächte profitierte, die es bis dahin beherrscht hatten, war in der Tat bitter. Überdies mußten die Deutschen, um dem neuen Staat »freien und sicheren Zugang zum Meer« zu gewähren, ohne Volksabstimmung Pommerellen an Polen abtreten. Die durch und durch deutsche Ha-

Ein konservatives Wahlplakat ruft zur Rettung des Ostens auf. Den entwaffneten Deutschordensritter hält ein (französischer?) Arbeiter, so daß ein Pole ihn schlagen kann.

fenstadt in jenem »Korridor«, Danzig, wurde zu einer »Freistadt«, in der Polen – und nicht Deutschland – sich des uneingeschränkten Gebrauchs und Dienstes aller Wasserstraßen und Docks, Hafenbecken und Werften erfreute und die Kontrolle und Verwaltung der Weichsel, des gesamten Eisenbahnnetzes sowie der Post-, Telegraphen- und Telefonverbindungen zwischen Polen und der Hafenstadt ausübte.[42]

Von allen Verlusten deutschen Gebietes an Polen war keiner so schmerzlich wie der des östlichen Oberschlesien, der nach dem Ruhrgebiet wichtigsten Industrieregion. »Nirgendwo anders wurden Gebiete unter so zynischen Umständen annektiert«, bemerkte 1933 William Harbutt Dawson, ein bekannter Spezialist für deutsche Geschichte. »So war es kein Wunder, daß ich in diesem Teil Preußens mit deutscher Ablehnung des Versailler Vertrages in deren sturster und aggressivster Form in Berührung kam.«[43] Und er schloß: »Polnisch-Oberschlesien ist eine Irredenta, die als solche auf der Karte Europas verzeichnet sein wird, bis sie dorthin zurückkehrt, wo sie von Rechts wegen hingehört.«[44]

Gleich Dawson waren viele Beobachter geneigt, das »Kunststück« der Teilung Oberschlesiens im Anschluß an eine allgemeine Volksabstimmung vom 20. März 1921 insbesondere den Franzosen zuzuschreiben. Doch nähere Betrachtung enthüllt örtliche Gegebenheiten als Ursachen dafür, daß es mit dem Referendum nicht gelang, auch nur eine der beiden Seiten zufriedenzustellen. Trotz scheinbarer indu-

Diese geopolitische Karte zeigt die wirtschaftliche Verflechtung des Deutschen Ostens vor 1919.
Die beiden Karten von Arthur Hillen-Ziegfeld aus dem Jahr 1933 zeigen Ostdeutschland »vor« und
»nach« Versailles. Die erste Karte, »Das organische Wirtschaftsspiel bis 1919«, zeigt die Region als
ein Gebiet mit zwei wohlausgewogenen und sorgfältig aufeinander abgestimmten Wirtschaftssystemen:
dem deutschen, das auf supraregionaler und sogar internationaler Ebene wirkt, und dem polnischen,
das nur regionale Bedeutung besitzt. Angegeben sind die wichtigsten Wirtschaftszentren, und konzen-
trische Kreise zeigen die von ihnen unmittelbar abhängigen Regionen. Dünne Pfeile geben den
Export oberschlesischer Kohle wieder. Dicke Pfeile zeigen die Bewegung von Agrarprodukten unter
Andeutung eines Gleichgewichts zwischen landwirtschaftlicher Erzeugung und Verbrauch.
(G. = Gleiwitz, B. = Beuthen und Katt. = Kattowitz)

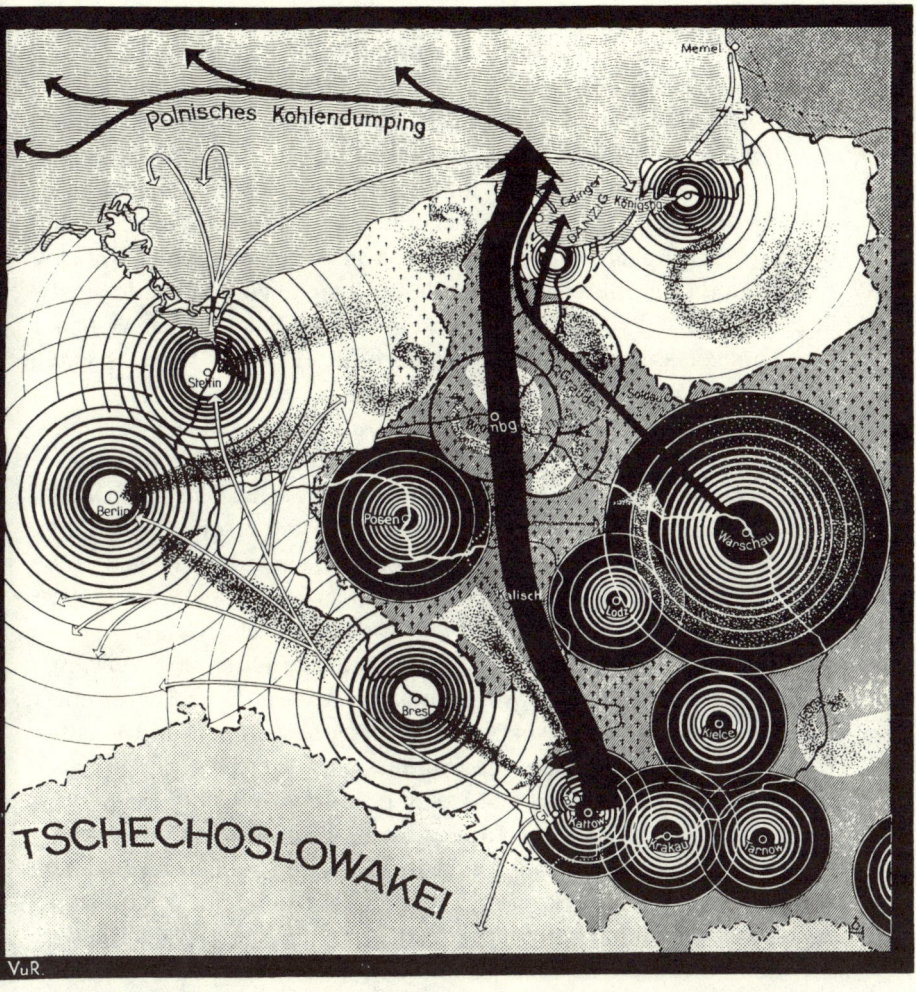

Die geopolitische Karte illustriert die zusammenhanglose Wirtschaftsstruktur des deutschen Ostens
nach 1919. »Das wirtschaftliche Chaos nach 1919« zeigt die verheerenden Wirkungen des Vertrags
von Versailles. Früher waren die Grenzen durchlässig, jetzt sind sie geschlossen. Breslau hat sein
wirtschaftliches Umfeld zur Hälfte verloren, und Danzig, als »freie Stadt« nunmehr vom Umland
abgeschlossen, ist auf einen Bruchteil seiner früheren Wirtschaftskraft geschrumpft. Der enorme
polnische Kohlenexport durch den Korridor und den Hafen von Gdynia zu Niedrigpreisen (»Polnisches
Kohlendumping«) hat die deutsche Ausfuhr über Stettin zum Erliegen gebracht. Posen, Bromberg
und Westpreußen haben ihren Platz in dem vor 1919 bestehenden »organischen« Wirtschaftssystem
eingebüßt und sind Teil einer mit kleinen Friedhofskreuzen markierten wirtschaftlichen Wüstungszone
geworden.

strieller Stärke der Region hatte sich keine soziale, technische und
schulische städtische Infrastruktur entwickelt. Oberschlesien war
eines der dichtest besiedelten Gebiete Deutschlands, aber seine industrielle Schale verbarg einen ländlichen Kern.[45] Es gab keine echte In-
dustriearbeiterschaft und keine freien Bauern, nur ein großes Proletariat von bäuerlicher Mentalität, im Polnischen *robotnicy* genannt, die
am Tage in den Bergwerken und Fabriken arbeiteten und in der Früh
und abends kärgliche Höfe bestellten. Weder Industriearbeiter noch
Bauern und ohne Gewerkschaften oder Unterstützung durch lebens-
fähige Dörfer, fielen die *robotnicy* in ein soziales Vakuum, das sie hilf-
los, vernachlässigt und in vieler Hinsicht in elenderer Lage als ihre
leibeigenen Vorfahren beließ.

In den Tagen, die dem Zusammenbruch des Deutschen Reiches
und der preußischen Monarchie folgten, erwarteten die *robotnicy*
Hilfe von der neuen sozialdemokratischen Reichsregierung. Doch
auch die Sozialisten konnten deren Los nicht verbessern. Der polnische Nationalist Adalbert (Wojciech) Korfanty, einer der wenigen polnischen Abgeordneten des deutschen Reichstages seit 1903, trat in die
Lücke und mobilisierte die *robotnicy* für die polnische Sache.[46]

Im Februar 1920 besetzten alliierte Truppen Oberschlesien, um
die Bedingungen für die Abstimmung zu schaffen. Der französische
General Le Rond, Befehlshaber der Besatzungstruppen und Vorsitzender der Volksabstimmungskommission, war alles andere als
unparteiisch. Le Rond erlaubte den polnischen Nationalisten die
Aufstellung von Milizen und unterstützte heimlich Korfanty.[47] Die
Deutschen reagierten sofort. Aus demobilisierten Soldaten gebildete
Freiwilligenverbände eilten auf das neue Schlachtfeld. Nach einer
ersten Kampfesrunde beruhigte sich die Lage, und beide Seiten setzten die Feindseligkeiten mit geringfügig friedlicheren Propaganda-
mitteln fort, indem sie intensive Kampagnen betrieben, um die Stimmen der Unentschiedenen zu gewinnen.[48]

Die Wahlbeteiligung erreichte beachtliche 98 Prozent. Entgegen
den französischen und polnischen Erwartungen votierten 58 Prozent
der Wähler für den Verbleib bei Deutschland, während 42 Prozent für
Polen stimmten. Die Deutschen verstanden das Ergebnis als Sieg und
glaubten, Oberschlesien würde beim Deutschen Reich verbleiben.
Doch die Franzosen bestanden darauf, daß das Ergebnis eine Teilung
rechtfertige. Aber wo sollte die Grenze gezogen werden? Die Polen
hatten in vier von 17 Stimmbezirken die Mehrheit. Aber diese Gebiete
hingen nicht zusammen, und nicht alle grenzten an Polen. Überdies

Plakat aus dem oberschlesischen
Abstimmungskampf 1920/21.

hatten alle Städte für Deutschland gestimmt, während die vier ländlichen Bezirke, die für Polen optiert hatten, ausnahmslos spärlich be-
völkert waren. Angesichts dieser Ungewißheit flammten im Mai
Kämpfe auf. Unter Korfantys Führung begannen polnische Einheiten
neuerlich den Vormarsch.

Dieser neue Angriff elektrisierte ganz Deutschland. Zu den jungen
Männern, die sich Korfanty entgegenstellten, gehörte der Balten-Freiwillige Ernst von Salomon. Es war »die Stunde, da die Zeitungen die
ersten Nachrichten vom polnischen Aufstand brachten, am 4. Mai des
Nachmittags um sechs Uhr. Ich las, auf der Straße stehend, und sagte
mir, es sei Zeit. Ich ging nach Hause, packte den Rucksack und be-
eilte mich, zum Neun-Uhr-Zuge zurecht zu kommen.« Auf der Fahrt
nach Osten stiegen immer mehr Freiwillige zu. »Überall, in allen
Abteilen, saßen oder standen junge Leute. Sie hockten neben schnar-
chenden Handlungsreisenden und Stullen verzehrenden Geschäfts-
leuten; sie wurden mißtrauisch beobachtet von den Bahnbeamten.
Sie trugen verschossenes Feldgrau und geflickte Breeches gleich mir,
sie sahen mit ihren blonden Schöpfen und hochmütigen Gesichtern
einer dem anderen außerordentlich ähnlich, ohne daß der Grund
dieser Ähnlichkeit für den, der nicht um die Gleichartigkeit ihres
Schicksals wußte, erkennbar war. Wir erkannten uns sofort, wir be-
grüßten uns, wir kamen aus allen Teilen des Reiches, Kämpfe

Die Teilung Oberschlesiens. Das schwarz markierte Gebiet blieb deutsch, das weiß markierte wurde polnisch. Auschwitz liegt in dem grau schraffierten Galizien an dem Kreuzungspunkt der Eisenbahnlinien südlich von Myslowitz.

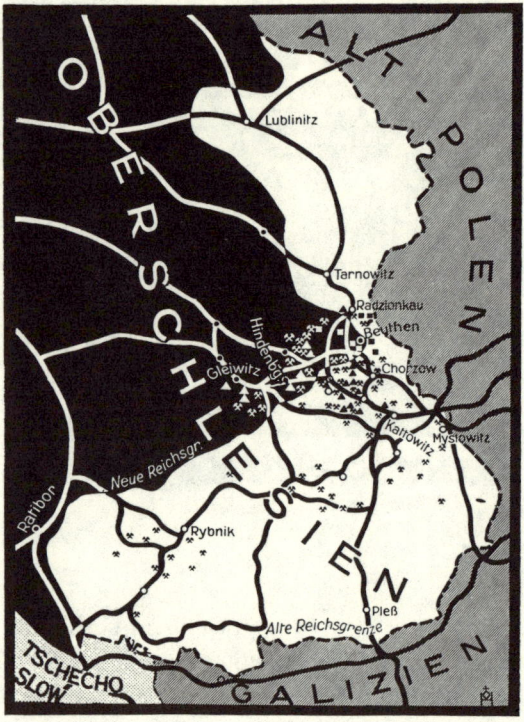

witternd und Gefahr, ohne voneinander zu wissen, ohne Marschbe-
fehl und ohne ein bestimmteres Reiseziel, als einfach dies: Oberschlesien!« Kriegsveteranen und Freikorpskämpfer waren nicht die
einzigen jungen Männer im Zug. »In Dresden kam ein Trupp Forst-
schüler, grüne Uniform, Hirschfänger, aufgeschlagener Jägerhut,
Studenten einer Forstakademie... Ganze Studentenverbindungen
waren geschlossen erschienen, Arbeitskommandos, Siedler und Soldaten traten an, Arbeiter und junge Kaufleute. Balten und Schweden
und Finnen, Siebenbürger und Tiroler, Ostpreußen und Saarländer
kamen, alle jung, alle bereit.«[49]
    Diese jungen Männer erfreuten sich breiter Unterstützung durch die
Öffentlichkeit. Die Deutschen meinten, ihr Land habe mit der Abtretung von Posen und Westpreußen an Polen genug aufgegeben, und
mit der Volksabstimmung in Oberschlesien hätten sie ihre Gesetzes-
treue bewiesen. Der im November 1918 begonnenen schrittweisen
Auflösung des Landes müsse Einhalt geboten werden. Der bekannte

jüdische Industrielle Walter Rathenau, einst Führer der deutschen
Kriegswirtschaft und künftiger Reichsaußenminister, rief auf einer
großen Protestveranstaltung am 22. Mai nach Gerechtigkeit. Deutschland hatte 60 Millionen Einwohner, erinnerte Rathenau sein Publikum, und war sich immer noch seiner Stärke und seiner Rechte bewußt. »Mit friedlichen Mitteln werden wir dieses Recht vertreten. Aber
es wird uns nicht genommen werden können. Und wenn der un-
glückselige Fall eintreten sollte, wenn unverantwortliche Menschen
es wagen sollten, dieses Land vorübergehend von Deutschland zu
trennen, dann wird ein Fall in der Welt entstehen, der weit schwerer
auf dem Frieden und dem Gewissen der Nationen lasten wird als El-
saß-Lothringen. Dann wird eine Wunde in der Mitte von Europa entstehen, die sich niemals schließt und die nur geheilt werden kann
durch Gerechtigkeit.«[50] Als Rathenau sprach, schien es, als ob die
deutschen Freikorps im Begriff wären, die Polen aus Oberschlesien
hinauszuwerfen. Das Korps Oberland hatte im Zentrum der polnischen Linien Annaberg erobert. Doch war es nicht imstande, aus seinem Sieg Vorteil zu ziehen. Die deutsche Regierung konnte es sich
nicht leisten, als Unterstützer irregulärer deutscher Einheiten dazuste-
hen, die das Recht in eigene Hände nahmen. Sie sperrte die Provinz
ab und internierte alle Freiwilligen, derer sie habhaft werden konnte.
Mangels frischer Reserven mußten die Frontverbände ihren Vormarsch einstellen. Die Weimarer Republik hatte das deutsche Land
und Volk verraten.

Der Völkerbund teilte die Provinz mehr oder weniger längs der
Frontlinie. Die endgültige Grenze, höchst umstritten, wurde nachläs-
sig oder stümperhaft gezogen. Der Ostteil Oberschlesiens ging an Polen. Er umfaßte 85 Prozent der oberschlesischen Kohlereserven und
75 Prozent seiner Industrie.[51] Ein Bezirk, der stets als ungeteilte Wirt-
schaftseinheit funktioniert hatte, und sogar einzelne Betriebe wurden
auseinandergerissen. Das Netz der Schmalspurbahnen wurde durch
willkürliche Schnitte zerstört, und eine Stadt wurde von ihrem Wasserwerk abgeschnitten. Die Teilung war eine infrastrukturelle Katastrophe. Die Probleme wurden durch die besondere soziale und de-
mographische Struktur Oberschlesiens verschärft. Da viele *robotnicy*
auf ihren Höfen im ländlichen deutschen Teil Oberschlesiens wohnten, also weit entfernt von den Bergwerken und Industrien, in denen
sie tagsüber arbeiteten und die Polen zugeschlagen wurden, verloren
sie ihre Beschäftigung. Die Polen füllten die frei gewordenen Stellen
rasch mit Zuwanderern aus anderen Teilen Polens, und überstürzt er-

Die Zerstörung der verkehrstechni-
schen Infrastruktur durch die Teilung
Oberschlesiens.

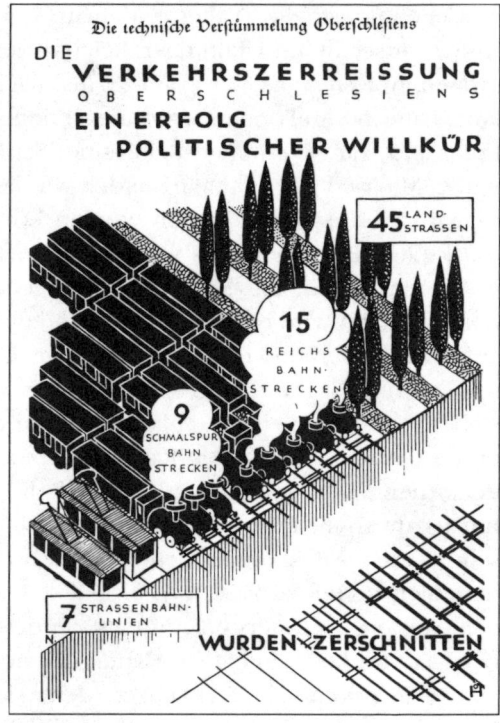

richtete, baulich mangelhafte Siedlungen schossen im Ostteil Oberschlesiens aus dem Boden.

Die Gebietsabtretung hatte auch erhebliche Auswirkung auf den
früher österreichischen Teil Oberschlesiens. Bis 1919 war Oswiecim
vom industriellen Kerngebiet Oberschlesiens durch eine internationale Grenze getrennt gewesen, die sich jetzt nach Westen verlagert
hatte. Städte wie Kattowitz (oder, wie es jetzt genannt wurde, Katowice) waren von ihren früheren Arbeitskräftereservoirs und Liefer-
quellen getrennt und wendeten sich nach Osten; der Nordwestteil des
früheren Herzogtums Oswiecim und Zator wurde rasch in die industrielle und soziale Infrastruktur des östlichen Oberschlesien integriert. Rascher und weithin unkoordinierter Ausbau veränderte die
physische und soziale Landschaft der Region. Gegen Ende der zwanziger Jahre waren viele Bauern zu *robotnicy* geworden.

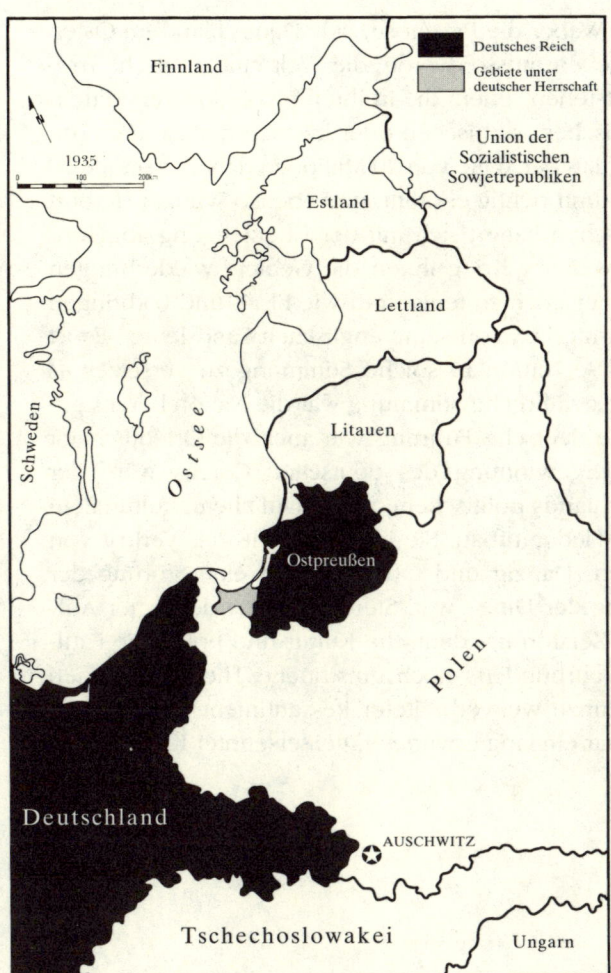

Der deutsche Osten, 1935.
Der polnische Staat umfaßte als Minderheiten zahlreiche Litauer im Gebiet Wilna, Weißrussen in Polesien, Ukrainer in Wolhynien und Deutsche in Oberschlesien, Posen und dem sogenannten Korridor. Dieser Mangel an ethnischer Homogenität diente den Deutschen als Vorwand für ihre Einschätzung Polens als diebisches Gebilde, das stets mehr zu erobern suchte, als es ausbauen konnte. Die Deutschen betrachteten Polen als Monstrosität ohne historische, ethnographische, geographische oder wirtschaftliche Daseinsberechtigung, als einen nur aus der Wut und Rachsucht der Alliierten in Versailles geschaffenen Staat.
In den dreißiger Jahren herrschte bei den Deutschen kein Zweifel darüber, daß im Lauf der Zeit Polen verschwinden und Deutschland seine abgetrennten Teile zurückbekommen würde.

1919 äußerte Max Weber die Prognose, falls Deutschland im Osten
große Gebiete aufgeben müsse, werde »die Welt eine deutsche Irre-
dentabewegung entstehen sehen, die in ihren revolutionären Mitteln
sich von der italienischen, serbischen oder irischen nur dadurch unterscheiden würde, daß der Wille von 70 Millionen dahinter stände«.[52]
Weber hatte die Zukunft richtig erkannt, und ebenso William Harbutt
Dawson. Die Deutschen hatten sich mit der Überzeugung abgefun-
den, »daß nur ein weiterer Krieg ihnen die Gebiete wiederbringen
wird, die ihnen immer noch so teuer sind wie Elsaß und Lothringen
den Franzosen«, warnte Dawson seine englischen Landsleute. »Es ist
gefährlich, eine große Nation in solche Stimmung zu versetzen.«[53]
Aber in genau diese gefährliche Stimmung war die Nation bereits getrieben worden. Die deutsche Führung wie auch die Öffentlichkeit
meinten, die Wiedergewinnung des deutschen Ostens wäre der
Schlüssel zu Deutschlands politischem, wirtschaftlichem, kulturellem
und militärischem Wiederaufbau. Sie glaubten, daß der Verlust von
Posen, Pommerellen, Danzig und Oberschlesien eine Störung der
natürlichen Ordnung der Dinge war. Stereotype wie deutscher Aufbau und polnische Zerstörung, deutsche Kultur und polnische Faul-
heit, Mitte des 19. Jahrhunderts noch umstrittene Themen, wurden
jetzt zu gängiger Münze weitverbreiteter Ressentiments. Der Polen-
Feldzug von 1939 war ein lang erwarteter, heißersehnter Krieg.

4

DAS DRITTE REICH

Treue, so glaubten altmodische Preußen wie Generalfeldmarschall
Paul von Hindenburg , wäre ein Wechselverhältnis: Ein Soldat war
seinem Kommandeur treu, und der Kommandeur war seiner Mannschaft treu. 1917 hatte Hindenburg den Veteranen unter seinem Kommando Land im deutschen Osten zugesichert. Unfähig, in den Folgejahren sein Versprechen einzulösen, vergaß er es dennoch nie. Als
eine Koalition rechtsstehender und konservativer Parteien ihn 1925
aufforderte, für die Reichspräsidentschaft zu kandidieren, stimmte
Hindenburg zu, aber bestand darauf, daß sein Gelübde von 1917
einen Schwerpunkt seines Wahlprogrammes bilden werde.

Nach Hindenburgs Wahl schlug die Regierung vor, unwirtschaftli-
che Güter in den Ostprovinzen in kleine, zur Besiedlung durch Veteranen geeignete Landwirtschaften aufzuteilen. Die Junker widerspra-
chen: Ganz offenbar war dies der Beginn massiver Enteignungen. Sie
reagierten rasch und mit Erfolg. Der Familienbesitz der Hindenburgs,
Neudeck, war in fremde Hände geraten, und die ostpreußischen Junker sammelten die Million, die sie zum Kauf des Gutes und zur Re-
stauration des Gutshauses brauchten. Am Vorabend seines 80. Ge-
burtstages übergaben sie Hindenburg die Eigentumsurkunde für
Neudeck. Jetzt konnte der Mann, der als Junker geboren war, endlich
wie ein Junker leben. Die Million erwies sich als sehr gute Investition:
Hindenburg identifizierte sich zunehmend mit ihren Interessen, und
sein Eintreten für die Ansiedlung von Veteranen ließ nach.[1]

Als die Weltwirtschaftskrise den deutschen Osten traf, standen viele
Junker vor dem Ruin. Sie strömten in Neudeck zusammen, und im
März 1930 schrieb an den sozialdemokratischen Reichskanzler Hermann Müller, daß die Zukunft der Region von sofortiger Hilfe für die
Güter abhinge, bildeten diese doch die wirtschaftliche Basis des Gebiets. »Gesundung der östlichen Landwirtschaft ist die Grundlage nationaler und volkspolitischer Rettung des deutschen Ostens.«[2] Kurz
nach Eingang des Briefes stürzte das Kabinett Müller, aber der ehren-
werte und kompetente neue Reichskanzler, der Zentrumsabgeord-

nete Heinrich Brüning, bisher Vorsitzender der Zentrumsfraktion, machte »die Gesundung der Landwirtschaft des Ostens als Grundlage der nationalen und politischen Rettung des deutschen Ostens« zu seiner Aufgabe.[3] Das Kabinett Brüning erarbeitete den Entwurf eines Gesetzes zur Umschuldung der Agrarier und zur Förderung der ländlichen Siedlung für die Dauer von fünf Jahren. Der zweite Punkt machte die Junker nervös; Siedlung konnte nur Landreform bedeuten. Viele von ihnen begannen sich zu fragen, ob nicht vielleicht die Nationalsozialisten sich als ihren Interessen geneigter erweisen würden.

Das Gesetz wurde verabschiedet, und der neu ernannte Reichskommissar für die Osthilfe, Hans Schlange-Schöningen, begann mit der Ausarbeitung eines Gesetzentwurfes zur Enteignung und Aufteilung unwirtschaftlicher Güter.[4] Details des Entwurfs wurden durch Indiskretion bekannt, und wiederum stürzte die Regierung. Bei der Wahl im Juli 1932 wurden die Nationalsozialisten mit 230 von 608 Reichstagssitzen zur stärksten Fraktion. Hitler übergehend, ernannte Hindenburg Franz von Papen zum Reichskanzler, aber der neue Reichstag bestätigte seine Wahl nicht. Hindenburg löste den Reichstag von neuem auf und setzte für den 6. November Neuwahlen an. Nach Auszählung aller Stimmen schien es, als hätte die nationalsozia-

Gut Neudeck. Auf Hindenburgs Wunsch wurde an dem Hauptkamin das Motto »Die Treue ist das Mark der Ehre« angebracht.

Hindenburg im Alter von 84 Jahren, 1932.

listische Flut ihren Höhepunkt überschritten. Ihr Stimmenanteil war
von 37,4 Prozent auf 31,1 Prozent gesunken, und sie gewannen 196
von 584 Sitzen. Wiederum überging Hindenburg Hitler und ernannte
General Kurt von Schleicher zum Reichskanzler. Schleicher, obschon
entschlossen, Hitler Einhalt zu gebieten, scheiterte völlig. Wie Brüning stürzte er über das Problem des deutschen Ostens. In seiner
Rundfunkansprache an die Nation vom 5. Dezember forderte Schleicher »stärkere Ausnutzung unseres dünnbevölkerten Ostens im Sinne
der inneren Kolonisation Friedrichs des Großen« zum Zwecke der
Grenzsicherung, »denn letzten Endes sind es noch immer die Menschen auf eigener Scholle gewesen, die den besten Grenzwall gegen
das Vordringen fremden Volkstums abgaben«.[5] Die Junker verstanden
Schleichers Programm als eine Neuauflage der Vorschläge Schlange-
Schöningens, sprachen wiederum in Neudeck vor und verlangten
von Hindenburg Schleichers Abberufung. Und wieder folgte der
85jährige, inzwischen senile Reichspräsident dem Anraten seiner
Standesgenossen.

Am 30. Januar 1933 betraute Hindenburg Adolf Hitler mit der Bildung einer Koalitionsregierung, der Hitler als Reichskanzler und Papen als Vizekanzler angehören sollten. Papen und die anderen sieben
Herren im Kabinett waren überzeugt, daß sie den Reichskanzler mit
der schlechten Kinderstube und seine beiden ordinären Trabanten,
Innenminister Wilhelm Frick und Minister ohne Geschäftsbereich
Hermann Göring, in Schach halten könnten, aber das Trio weigerte
sich, nach den Regeln der Junker zu spielen. Sie brauchten im Reichstag eine Zweidrittelmehrheit, und ihre Kampagne zu den Neuwahlen
am 5. März sollte die Mehrheit aufrechter deutscher Bürger davon

Diese Karikatur kritisiert die Osthilfe als
Unterstützung der Junker. *Die Brennessel*
(1933). »Osthilfe. ›Man soll nicht sagen, daß
wir Großagrarier nicht den Kleinbauern ihren
Anteil zukommen lassen!‹«

überzeugen, daß eine voll nationalsozialistische Regierung der einzige Weg war, um Deutschlands Abgleiten in bolschewistisches Chaos
zu verhindern.

Höhepunkt des Wahlkampfes der NSDAP war der Reichstagsbrand
am 27. Februar 1933. Praktischerweise sofort den Kommunisten zur
Last gelegt, schuf er eine Atmosphäre der Angst, die Hindenburg bewog, eine Notverordnung »zur Abwehr kommunistischer staatsgefähr-
dender Gewaltakte« zu unterzeichnen.[6] In der Woche zwischen dem
Brand und der Wahl wurden viele politische Gegner festgenommen,
in sogenannte Schutzhaft überführt und in rasch errichteten Schutz-
haftlagern oder, wie sie auch genannt wurden, Konzentrationslagern
festgehalten. Dennoch gewann die NSDAP nicht die Mehrheit. Aber
nach Inhaftierung oder Flucht der 81 kommunistischen Abgeordneten
gewann Hitler mit Hilfe nationalistischer und katholischer Abgeord-
neter die erforderliche Mehrheit für die Suspendierung wichtiger
Grundrechte. Es war das Ende der Weimarer Republik.

Hitler erließ 1933 bereits das Gesetz zur »Verhütung erbkranken
Nachwuchses«. Himmler hatte Hitlers Wunsch richtig vorweggenom-
men: Es war der Wille des Führers, ein rassereines, körperlich voll-
kommenes Volk heranzuzüchten. Die Maßnahmen, die Himmler für
die SS vorgeschrieben hatte, wurden nun, entsprechend abgewan-

delt, für die Nation übernommen. Diesem Gesetz, nach dem sterilisiert werden konnte, wer an angeborenem Schwachsinn, Schizophrenie, manisch-depressivem Irresein, den erblichen Formen von Epilepsie, Blindheit oder Taubheit oder an schwerem Alkoholismus litt, folgte das Gesetz gegen »gefährliche Gewohnheitsverbrecher«, das die Kastration schwerer Sittlichkeitsverbrecher vorsah. Nach anfänglichen Schätzungen war mit mehr als 400 000 Sterilisationen oder Kastrationen zu rechnen, aber diese Maßnahmen gingen Hitler nicht weit genug. Wie Himmler vorhergesehen hatte, mußte die Ehe selbst gesetzlich geregelt werden. Das »Ehegesundheitsgesetz«, das die Heirat mit Personen untersagte, die tatsächlich oder laut Diagnose an einer gefährlichen ansteckenden Krankheit, geistiger Störung oder gewissen Erbkrankheiten litten, wurde 1935 verabschiedet. Die neuen Gesetze und Maßnahmen wurden der Öffentlichkeit nicht verheimlicht. Ganz im Gegenteil: Unter Nutzung der Bildungspläne von NS-Organisationen wie der Hitlerjugend, von Schulbüchern, Presse und Film sammelte die Regierung die Bevölkerung hinter der Fahne einer immer schärferen und weitreichenden Politik der Rassenhygiene. Zum Beispiel warnte ein Lehrbuch der Hitlerjugend »Über das deutsche Volk und seinen Lebensraum«, Minderwertige« vermehrten sich sechsmal stärker als die gesunde Bevölkerung. »Die meisten dieser Erbkranken und Minderwertigen sind völlig lebensunfähig. Sie können nicht für

Die Reichstagssitzung vom 23. März 1933. Göring leitet die Eröffnungssitzung des neuen Reichstages. Auf der Tagesordnung steht als einziger Punkt die Annahme des Ermächtigungsgesetzes, mit dem die gesetzgebende Gewalt auf die Exekutive übertragen wurde. Bei nur 94 sozialdemokratischen Gegenstimmen verabschiedeten die übrigen 441 Abgeordneten das Gesetz, mit dem sich Deutschland der Diktatur auslieferte.

sich selbst sorgen und müssen in Anstalten verwahrt und versorgt werden.« An die Behauptung, jährlich gingen auf diese Weise 1,2 Milliarden Mark »verloren«, knüpfen die Autoren die Frage: »Wie viele Gymnasien, Schwimmbäder, Heimstätten und Kindergärten hätten mit diesem Geld gebaut werden können?«[7] Neue Schulbücher kleideten Rechenaufgaben in die Ökonomie der Rassenhygiene ein: »Der Bau einer Irrenanstalt erfordert 6 Millionen Mark. Wieviel neue Wohnblocks à 15 000 RM würden für diese Summe gebaut werden können?«[8]

Ähnliche Argumente wurden in Filmen wie »Opfer der Vergangenheit« (1937) vorgetragen. Auf Hitlers ausdrückliche Anweisung, jeder solle diesen 24minütigen Film sehen, wurde er im April, dem Geburtstagsmonat des Führers, in allen deutschen Kinos als Vorfilm gezeigt.[9] »Erbgesunde Menschen wohnten in engen, lichtlosen Gassen und halbverfallenen Lauben, Idioten und Schwachsinnigen aber baute man Paläste«, beklagte der Kommentar, während auf Szenen verwahrloster Elendsviertel Ansichten monumentaler Anstalten folgten.[10] Sequenz auf Sequenz über das Leben von Insassen, die sich nicht verständigen konnten und von »rassisch wertvollen« Pflegern gefüttert und ständig betreut werden mußten, war von eindringlichen Warnungen begleitet. Die Zukunft der Nation wäre in Gefahr. In den letzten 70 Jahren habe sich das deutsche Volk um 50 Prozent vermehrt, während die Zahl der Erbkranken um 450 Prozent gestiegen sei. »Wenn diese Entwicklung so weiterliefe, würde schon in 50 Jahren auf vier gesunde Menschen ein Erbkranker kommen. Ein endloser Zug des Grauens würde in die Nation hineinmarschieren, maßloses Elend über ein wertvolles Volk kommen, das dann mit Riesenschritten seinem Ende entgegenginge«, wurde den Zuschauern erklärt.[11] Kritiker priesen an dem Film, daß er die starke Bedrohung des deutschen Volkes enthülle.

Während die Nationalsozialisten Pläne zur Räumung der Nervenheilanstalten vorbereiteten, füllten sie eifrig die Lager. Rasch als Beweis für die Entschlossenheit des Regimes zur Zerstörung der alten sozialen und politischen Strukturen anerkannt, wurden die Lager zur alltäglichen Erscheinung deutschen Lebens. Das Konzentrationslager diente der »Umerziehung« politischer Feinde; die Lager des Reichsarbeitsdienstes erweckten in jungen Menschen das Bewußtsein der Volksgemeinschaft und erneuerten die deutsche Rasse durch Bearbeitung des Bodens. In seiner Ansprache zum 1. Mai 1933 stellte Hitler

Der Segen des am 1. Januar in Kraft getretenen Gesetzes zur Verhütung erbkranken Nachwuchses wird sich erst dann ganz erweisen, wenn unsere Idioten-Anstalten ihre Pforten schließen müssen, weil es erbkranken Nachwuchs nicht mehr gibt. Gesunde, glückliche Kinder im neuen Deutschland! Nur so soll es einmal sein.

Kontrastbilder zur »Rassenhygiene« in einer nationalsozialistischen Zeitschrift. *Neues Volk* (1934). Links: Insassen von »Irrenanstalten«. Rechts: Großmutter mit »rassisch gesunden« Enkelkindern. »Der Segen des am 1. Januar in Kraft getretenen Gesetzes zur Verhütung erbkranken Nachwuchses wird sich erst dann ganz erweisen, wenn unsere Idioten-Anstalten ihre Pforten schließen müssen, weil es erbkranken Nachwuchs nicht mehr gibt. Gesunde, glückliche Kinder im neuen Deutschland! Nur so soll es einmal sein.«

körperliche Arbeit als wichtige nationale Tugend dar. »Es bleibt unser
unverrückbarer Entschluß, jeden einzelnen Deutschen, sei er, wer er
sei, ob reich, ob arm, ob Sohn von Gelehrten oder Sohn von Fabrik-
arbeitern, einmal in seinem Leben zur Handarbeit zu führen, damit er
sie kennenlernt, damit er auch hier einst leichter befehlen kann, weil
er selbst schon vorher gehorchen lernte.«[12] Seit seiner Einführung 1933
war der Reichsarbeitsdienst für alle männlichen Studienanwärter obli-
gatorisch, und diese Maßnahme wurde ein Jahr später auf die weibliche Jugend erweitert. Einige Monate harter Arbeit würden das an den
deutschen Hochschulen grassierende akademische Elitedenken verhindern und den Studenten gesunden Respekt vor dem Leben des
deutschen Arbeiters einflößen.[13] 1935 wurde der Reichsarbeitsdienst
für alle jungen Männer zur Pflicht, und Ende der dreißiger Jahre bildete er bereits den Stolz der Nation. Die Pläne waren gewaltig: Kulti-
vierung von Mooren, Ent- und Bewässerung ungenutzten Bodens,
Zusammenlegung zersplitterten Landbesitzes, Deichbau und Landge-
winnung an den Küsten sollten ein Fünftel von Deutschland berühren.[14] Den Arbeitsmännern wurde erklärt, daß sie begannen, »wo
Friedrich der Große geendet hatte«. Fortsetzen sollten sie jetzt »das
große Siedlungswerk, die innere Kolonisation, die Friedrich der Große
durchführte«.[15]

Hitlers Ziel war die Schaffung eines einheitlichen, gesunden, ras-
sereinen nationalsozialistischen Volkes. Ehegesetze, Gesundheitspo-
litik, Bildungspläne, der Reichsarbeitsdienst und die NS-Jugendorga-
nisationen dienten diesem Ziel. Theoretisch galt dies auch für die
Konzentrationslager. In den frühen Tagen nationalsozialistischer Herrschaft glaubten normale Menschen und Ideologen gleichermaßen,
daß die neu errichteten Lager eher einem pädagogischen als einem
Strafzwecke dienten. Schwere Arbeit und strenge Disziplin würden
die verlorenen Söhne zur nationalsozialistischen Gemeinschaft zu-
rückführen. Es gab, mit anderen Worten gesagt, keinen grundlegenden Unterschied zwischen Arbeitsdienstlagern und Konzentrationslagern. Sie unterschieden sich nur graduell.

Vielen Parteigenossen war in Erinnerung, daß dieselben Männer,
die als Sozialisten oder Kommunisten eingesperrt wurden, im Weltkrieg
ihr Leben für das Vaterland eingesetzt hatten. Der nationalsozialistische
Ideologe Gregor Strasser hatte ihnen die Botschaft eingehämmert: Im
Schützengraben waren alle Soldaten, ob reich oder arm, in einer ech-
ten »Notgemeinschaft« gleich gewesen. Nach dem Krieg war diese Gemeinschaft zerbrochen. Die ärmere Hälfte der Nation war »in ihren

primitivsten Lebensforderungen von der anderen Hälfte im Stich gelassen worden«. Die deutsche Arbeiterbewegung, so behauptete er,
wäre »nichts anderes [gewesen] als der Aufschrei von Millionen deutscher Volksgenossen, in die Nation als gleichberechtigt aufgenommen zu werden«.[16]

Selbst die Lagerkommandanten waren dieser Ansicht. Zum Beispiel
pries der Kommandant von Oranienburg, Werner Schäfer, seine Anstalt als eine harte Schule, wo hinters Licht geführte, für dumm ver-
kaufte Deutsche gegen ihren Willen, aber zu ihrem eigenen Besten
umerzogen würden. Das Ziel war, politische Einsicht und Arbeits-
ethos zu erreichen, schrieb er in seiner 246 Seiten zählenden, wortrei-
chen Analyse »Konzentrationslager Oranienburg« (1934).[17] Seine Aufgabe sähe er darin, jenen Vernunft einzubleuen, die klug genug sein
sollten, sich nicht als Werkzeuge für das internationale Judentum ge-

Bild zur »Rassenhygiene«.
Neues Volk (1934).

brauchen zu lassen. Er betonte, er lehre durch Beispiel und durch Arbeit; die Schläge wären rein metaphorisch. »Man darf die Schwere und
den Wert einer solchen Erziehungsarbeit nicht unterschätzen. Fest
steht, daß ein großer Teil des deutschen Volkes am Ende der vier-
zehnjährigen Elendsperiode [1918–1932] durch den Widerstreit der
Meinungen, durch Arbeitslosigkeit und Verelendung charakterlich
recht bedeutenden Schaden genommen hatte.« Danach wären her-
kömmliche pädagogische Mittel nicht mehr brauchbar; nur »Beispiel
und Arbeit« wären hilfreich.[18]

Gebesserte ehemalige Insassen dankten ihm für ihre Bekehrung im
Lager, und Väter bäten ihn um die Umerziehung ihrer Söhne. Ein Vater wäre bereit, für den Aufenthalt seines Sohnes zu zahlen, ein anderer böte eine großzügige Spende von 500 Mark für arme SA-Männer
an. Aber Lager wie Oranienburg waren nicht für solche jungen Männer. »Ich halte für diese Art widerspenstiger und vielleicht ausschwei-
fend veranlagter Menschen den Arbeitsdienst für wesentlich wertvoller... als unsere Erziehungsarbeit, die sich eher für ausgesprochen
Asoziale eignet«, erklärte Schäfer.[19]

1933 und 1934 glaubten Nationalsozialisten wie Schäfer, daß Kommunisten und Sozialdemokraten mit ihrem Festhalten an Begriffen
der internationalen Klassensolidarität asoziales Verhalten zeigten. Ihr
(fehlgeleiteter) Idealismus zeuge jedoch zumindest von einem Bewußtsein, daß umerziehbar wäre. Hingegen schädige die bloße Existenz von Landstreichern, Süchtigen und Bettlern die Volksgemeinschaft. Während die Inhaftierung sozialdemokratischer Kleinbürger
den deutschen Mittelstand verunsichern mochte, hatte dieser keine
Bedenken, wenn die Lager dazu dienten, in ihren Städten aufzuräu-
men. Bereits im Juli 1933 ersuchte der Deutsche Verband für staatliche
und private Wohlfahrt Rudolf Heß, die Lager zu benutzen, um das
Problem der Landfahrer und Asozialen zu lösen, welche die Wohl-
fahrtsämter »plünderten«. Vertreter der wichtigsten deutschen Wohl-
fahrtsorganisationen, Kirchenführer und Reichs-, Landes- und Kom-
munalbeamte stimmten wenige Monate später bei einer Tagung darin
überein, daß Konzentrationslager der richtige Ort für Asoziale seien.
Bei Konferenzende befahl der neue Chef der bayerischen Polizei,
Heinrich Himmler, die ersten Razzien zur Säuberung Bayerns von
unerwünschten Elementen. Es war der Beginn seiner politischen
Karriere und das Ende vieler, die ihm ins Netz gingen. Die meisten
Gefangenen wurden in das Konzentrationslager Dachau geschickt,
das Himmler am 21. März jenes Jahres in einer ehemaligen Munitions-

Arbeitsdienstmänner in den Mooren des Emslandes. »Mancher Zwischenfall ruft alle Kräfte zum gemeinsamen Einsatz zusammen: hier muß eine Lore wieder eingehoben werden« [Erb, S. 71]. In seiner Ansprache zum 1. Mai 1933 prophezeite Hitler, daß durch gemeinsame Bearbeitung des Bodens die Deutschen das Selbstvertrauen zurückgewinnen würden, um die Niederlage von 1918 zu überwinden. »Deutsches Volk! Du bist nicht zweitklassig, und wenn tausendmal die Welt es haben will. Du bist nicht zweiten Wertes, nicht zweiter Bedeutung. Deutsches Volk, besinne Dich auf Dich selbst, auf Deine Vergangenheit und die Leistung Deiner Väter, ja, auf die Leistung Deiner eigenen Generation. Vergiß 14 Jahre des Verfalls, hebe Dich empor zu zweitausend Jahren deutscher Geschichte.«

Appell im Konzentrationslager Oranienburg, 1934. Die gesetzliche Grundlage für das KZ-System war Hindenburgs Not-»Verordnung zum Schutz von Volk und Staat« vom 28. Februar 1933, die Schutz vor kommunistischen Gewalttaten versprach. Sie führte zur Massenverhaftung politischer Gegner der Nationalsozialisten und zur Schaffung von Schutzhaft- oder Konzentrationslagern. Diese dienten zunächst dazu, der Öffentlichkeit die kommunistische Gefahr vor Augen zu führen.

Das Mitleid kann er gut erzeugen
durch schlechte Kleider und Rückenbeugen.

Zu Hause liest er mit Behagen: —
jetzt geht's den andern an den Kragen!

Und zieht sogleich die Konsequenz
gegen die „schmutzige Konkurrenz".

Hier hat sofort die Arbeitsschlacht
den nötigen Erfolg gebracht.

Doch er in altgewohnter Weise
geht wieder auf die Bettelreise.

Hier sieht er stacheldrahtumzäunt:
es geht oft anders, als man meint.

»Ballade vom Gewohnheitsbettler«. *Die Brennessel* (1933). Der »Jude« bettelt, doch führt er ein
Wohlleben und endet im Konzentrationslager. Der »Deutsche« ist anfangs Bettler, aber er nimmt
sich die Ermahnungen der Partei zu Herzen und geht arbeiten. Rudolf Höß, der spätere Kommandant
von Auschwitz, trat 1934 in das Konzentrationslagersystem ein. Als Führer eines Blocks »Asozialer«
sah er seine Hauptaufgabe darin, sie den Wert schwerer Arbeit zu lehren, die in ein unstetes Leben
Struktur und Ausdauer bringen sollte. Höß übernahm daher Theodor Eickes Motto »Arbeit macht frei«
als eigenen Wahlspruch, den er sechs Jahre später über dem Tor im Stammlager Auschwitz anbringen
ließ.

fabrik hatte einrichten lassen. Die rechtschaffenen bayerischen Bürger waren erleichtert; der einzige Widerspruch kam von der Handelskammer. Da KZ-Häftlinge nicht bezahlt wurden, fürchtete sie, daß deren Produkte die Preise von Mitbewerbern unterbieten würden.[20] Doch waren Asoziale nicht das Hauptziel der Polizei. In den ersten Jahren des Dritten Reiches konzentrierte das Regime, während es seine Macht konsolidierte, die (selbst in Deutschland) begrenzten Mittel der Kripo und der Gestapo auf politische Gegner. In den Folgejahren wurde die Definition der in den Lagern umzuerziehenden Asozialen je nach den wechselnden Bedürfnissen und Zielen der Regierung verändert und erweitert. Zum Beispiel war 1938 der Mangel an Arbeitern im Reich bereits so akut, daß Himmler, inzwischen Chef der deutschen Polizei, seinen Untergebenen Reinhard Heydrich, Chef des Sicherheitsdienstes (SD), anwies, eine umfassende Razzia auf Asoziale zu organisieren. Entsprechend verkündete Heydrich: »Die straffe Durchführung des Vierjahresplanes erfordert den Einsatz aller arbeitsfähigen Kräfte und läßt es nicht zu, daß asoziale Menschen sich der Arbeit entziehen und somit den Vierjahresplan sabotieren.« Als Asoziale galten jetzt Landstreicher, Bettler, Zuhälter (ehemalige, gegenwärtige oder auch nur der Zuhälterei Verdächtige) und »solche Personen, die zahlreiche Vorstrafen wegen Widerstandes, Körperverletzung, Raufhandels, Hausfriedensbruchs u.dgl. erhalten und dadurch gezeigt haben, daß sie sich in die Ordnung der Volksgemeinschaft nicht einfügen wollen«. Noch bedrohlicher war, daß Heydrich auch »Zigeuner und nach Zigeunerart umherziehende Personen, wenn sie keinen Willen zur geregelten Arbeit gezeigt haben oder straffällig geworden sind« und »alle mit Gefängnisstrafen vorbestraften männlichen Juden« einbezog.[21] Die Zugehörigkeit zu einer ethnischen Gruppe war zum entscheidenden Merkmal geworden.

Während die Gestapo ihre Razzien zur Säuberung von sogenannten Arbeitsscheuen begann, gründete Himmler die Deutschen Erd- und Steinwerke (DESt) zur Ausbeutung der Häftlinge. Unter Einsatz ihrer Sklavenarbeit erzeugten die verschiedenen Zweige der Firma, wie die Granitsteinbrüche von Mauthausen, die Ziegeleien von Sachsenhausen und die Kalksteinbrüche bei Buchenwald, die für des Führers Bauprojekte benötigten Materialien. Der Erlös dieser preisgünstigen, da zu minimalen Arbeitskosten erzeugten Produkte kam SS-Programmen zugute, die nicht vom Staat finanziert wurden. Für Ulrich Greifelt, Himmlers Verbindungsmann zum Beauftragten für den Vierjahresplan, waren die Lager die »idealste Verwirklichung des produk-

»Nutzbringend verwandt.« Darstellung
jüdischer Arbeitssklaven in der SS-Zeitschrift *Das Schwarze Korps* (1941).
Dies ist eine der wenigen Bilddarstellun-
gen von Konzentrationslagerhäftlingen
in der damaligen deutschen Presse.
Der Text lautet: »Die Bilder dieser Seite
sind weder das Ergebnis einer jahrelangen intensiven Sammlung noch
Aufnahmen aus einem Wachs- und
Abnormitätenkabinett, es sind auch
nicht Bilder, aufbewahrt von der nun
schon Jahre zurückliegenden Flur-
bereinigung des deutschen Volkes von
jüdischen Verbrechern. Die Bilder zeigen
ausschließlich ehemalige holländische
›Arbeiterführer‹, die aufgrund erheb-
licher Verbrechen nun, und diesmal
unfreiwillig in puncto Arbeit, tatsächlich
nutzbringend verwertet werden. Sie
mögen sich vor nicht zu langer Zeit ihr
›Zukunftsgeschäft‹ gewiß anders
gedacht haben.«

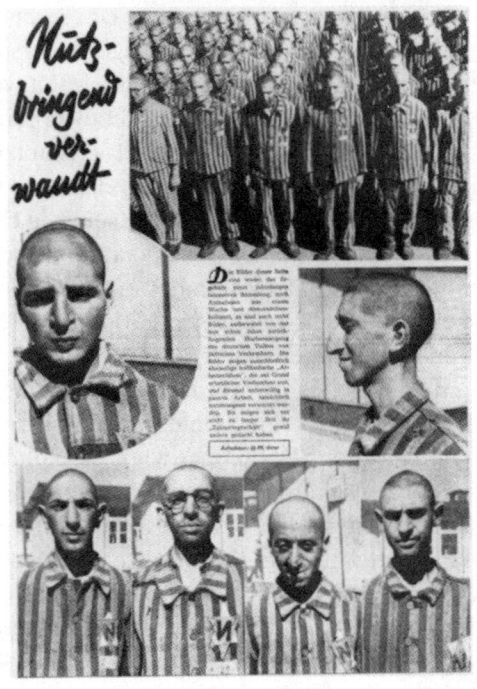

tiven Einsatzes der Arbeitskraft inhaftierter Verbrecher und politischer
Häftlinge ... Weit über 10 000 derartiger asozialer Kräfte machen laufend eine Erziehungskur zur Arbeit in den hierzu hervorragend geeigneten Konzentrationslagern durch.«.[22]

Himmler war klar, daß Kontrolle über einen Teil der Wirtschaft der
Schlüssel zu dauerhafter politischer Macht war, und in den späten
dreißiger Jahren lag die Kontrolle über Deutschlands Produktion und
Konsum bei dem Vierjahresplan, der das Reich autark machen sollte.
Als Bevollmächtigter für seine Durchführung war Göring Deutsch-
lands Wirtschaftsdiktator geworden. Zu seinen Aufgaben gehörte die
Zuteilung der immer spärlicheren Arbeitskräfte an die verschiedenen
Bereiche wirtschaftlicher Tätigkeit. Göring begünstigte die Großin-
dustrie und kümmerte sich nicht um Landwirtschaft. Angesichts der
neuen Landflucht begannen die Junker, wie vor 1914 ausländische
Wanderarbeiter einzustellen. Während dies Göring nicht scherte,
fühlte sich Himmler durch diese Entwicklung beunruhigt. Sowohl

sein Mißtrauen gegenüber Görings Politik als auch die Notwendigkeit, mit ihm zu kooperieren, bestimmten seinen Entschluß, ein besonderes Verbindungsbüro zwischen der SS und dem Amt für den Vierjahresplan zu errichten, und zu seinem Leiter ernannte er den 41jährigen Greifelt.

Himmler und Greifelt teilten eine Vision. Sie sahen, daß Volksdeutsche, also Personen deutscher Abstammung, die außerhalb des Reiches lebten und keine deutsche Staatsangehörigkeit besaßen, ein riesiges Reservoir für die Arbeit auf den Gütern bildeten, wenn sie nur nach Deutschland gebracht werden könnten. Viele Volksdeutsche lebten seit dem Mittelalter in deutschen Enklaven; andere, in deutschen Dörfern in Galizien und Wolhynien, konnten ihre Wurzeln auf Siedlungsprojekte des 18. und frühen 19. Jahrhunderts zurückverfolgen. Einst Säulen der Macht der Hohenzollern, Habsburger oder Romanows, waren diese zerstreuten Gemeinschaften nach 1918 nur noch ungern ge-

Verteilung der Volksgruppen in Mitteleuropa nach Haushofer, 1937. Schlüssel: weiß = nichtdeutsche Minderheiten; grau = deutsche Siedlungsgebiete und volksdeutsche Gebiete. In seiner 1927 erschienenen Arbeit über Grenzen schrieb Haushofer, volksdeutsche Siedlungsgebiete wären von großer geopolitischer Bedeutung. »Alle diese Regionen sind biologisch Teil des Reiches«, erklärte Haushofer, und eine der großen Aufgaben der Geopolitik sei es, »dieses Wissen lebendig zu halten«.

Deutschland und deutsche Staaten

Deutschland	65 000 000	98,5 %
Österreich	6 500 000	95,5 %
Schweiz	2 950 000	72,0 %
Danzig	400 000	98,1 %
Luxemburg	285 000	95,0 %
Liechtenstein	10 000	100,0 %
Insgesamt:	**75 000 000**	

Nichtdeutsche europäische Staaten					
Tschechoslowakei	3 265 000	23,3 %	Bukowina	80 000	
Böhmen	2 300 000		Dobrudscha	14 000	
Mähren	800 000		*Jugoslawien*	700 000	5,0 %
Slowakei	150 000		Banat-Batschka	450 000	
Karpatho-			Kroatien-		
ruthenien	15 000		Slawonien	160 000	
Frankreich	1 700 000	4,0 %	Slowenien	70 000	
Elsaß-			Bosnien	16 000	
Lothringen	1 580 000		*Ungarn*	600 000	7,5 %
Sowjetunion	1 240 000	0,8 %	*Italien*	250 000	k. A.*
Wolgadeutsche	392 000		*Belgien*	150 000	1,8 %
Ukraine	395 000		*Litauen*	120 000	5,6 %
Krim	45 000		*Niederlande*	100 000	1,2 %
Kaukasus	75 000		*Lettland*	70 000	3,7 %
Sibirien	120 000		*Dänemark*	60 000	1,7 %
Polen	1 150 000	3,6 %	*Estland*	23 000	2,0 %
Posen-			*Andere*		
Pommerellen	350 000		*europäische*		
Ostober-			*Länder*	60 000	
schlesien	300 000		**Insgesamt**	**10 300 000**	
Teschen	40 000		*Afrika*	104 200	
Kongreßpolen	350 000		*Asien*	21 000	
Galizien	60 000		*Nordamerika*	8 500 000	
Wolhynien	50 000		*Südamerika*	1 200 000	
Rumänien	800 000	4,4 %	*Australien und*		
Banat	300 000		*Neuseeland*	77 000	
Siebenbürgen	230 000		**Insgesamt**	**95 000 000**	
Bessarabien	90 000				

* Anteil nicht angegeben, da das faschistische Italien mit Deutschland verbündet war und die Reichsregierung die Italiener nicht durch Hochspielen der Größe der volksdeutschen Minderheit verstimmen wollte.

Tabelle 1. Verteilung der Deutschen in Europa und in der Welt.

sehene Überbleibsel gestürzter Regime. Das Elend und die Zukunft der Volksdeutschen waren zu zentralen Themen der Weimarer Gesellschaft geworden. Und das Bewußtsein von ihrer Lage schlug rasch in eine übertriebene Meinung hinsichtlich ihres Beitrags zur mittel- und osteuropäischen Kultur um. Wie andere europäische Kolonisten »die Last des weißen Mannes« in Dschungeln und Wüsten getragen hatten, so hatten die Deutschen jenes Schicksal im Baltikum und auf der Krim, in Galizien, Wolhynien, Podolien, Bessarabien, der Bukowina, in Transsylvanien und im Banat erfüllt. Indem sie den Slawen, den Ungarn und den Rumänen zeigten, was Fleiß zu erreichen vermochte, belehrten sie durch ihr Beispiel. In einem grundlegenden Sinne hatten diese Volksdeutschen die Aufgabe der deutschen Siedler des Mittelalters fortgeführt, die als Kulturträger nach Polen gegangen waren.[23]

Vor 1933 hatten die Nationalsozialisten sich als Verfechter deutschen Volkstums überhaupt, sowohl innerhalb als auch außerhalb der Grenzen des Deutschen Reiches, angepriesen. Nach der Machtübernahme mußte Hitler seine Macht im Reich konsolidieren. Er konnte sich keine Konfrontation mit Nachbarstaaten leisten, und offener Einmischung in ihre inneren Angelegenheiten mußte er sich daher enthalten. Und während er die verschiedenen Organisationen der Volksdeutschen und ihre Gemeinden unter nationalsozialistische Kontrolle zu bringen suchte, wagte er doch nicht, sie öffentlich zu unterstützen.[24]

Himmlers Interesse für Angelegenheiten der Volksdeutschen beruhte auf mehreren Überlegungen. Erstens erkannte er den politischen Wert der Zuständigkeit für über zehn Millionen Volksdeutsche. Ebenso, wie der SD und die von der SS betriebenen Konzentrationslager seine Stellung stärkten, konnten auch die Volksdeutschen eine Quelle direkter Macht sein. Ferner konnten die Volksdeutschen Mannschaften für bewaffnete SS-Einheiten, die spätere Waffen-SS, stellen. Im Reich durfte nur die Wehrmacht Rekruten einberufen, und Himmler verstand, daß er anderenorts nach jungen Männern Ausschau halten mußte, wenn er seine eigenen Streitkräfte aufbauen wollte. Schließlich glaubte Himmler, daß die volksdeutschen Gemeinden wie die in Livland oder Siebenbürgen rasserein geblieben wären.[25]

Himmlers Interessen wurden anerkannt. Er ernannte seinen Mitarbeiter Werner Lorenz zum Leiter der im Januar 1937 neu gebildeten Volksdeutschen Mittelstelle (VOMI) und Hermann Behrends, Leiter der Abteilung II des SD-Hauptamtes, der Abteilung, die sich mit Juden, Kirchen, Freimaurern und anderen vermutlichen Feinden des nationalsozialistischen Deutschlands befaßte, zu Lorenz' Stabschef. Damit übernahm Himmler praktisch die Kontrolle jener Organisation.[26] Schließlich wurde die VOMI in den Apparat der SS eingegliedert und damit die Tatsache formalisiert, daß sie von Anfang an Himmlers ureigenes außenpolitisches Instrument gewesen war.

Spätestens 1938 hatte Himmler den Wert der Volksdeutschen als Schachfiguren in seinen Kämpfen mit Göring erkannt und Greifelt damit beauftragt, sie für Landarbeit im Osten anzuwerben. Greifelt stieß auf den Widerstand der verschiedenen nationalen Regierungen, deren Politiken nicht die ausschließliche Einstellung von Volksdeutschen erlaubten. Inzwischen war der Arbeitskräftemangel auf über 550 000 Mann gestiegen, und Greifelt begann mit Überlegungen zur dauernden Rücksiedlung von Volksdeutschen ins Reich. »In diesen außerhalb der Reichsgrenzen lebenden Deutschen sind die naturgegebenen Reserven enthalten, die zur Befriedigung des Kräftebedarfs des Reichs in nächster Zukunft erschlossen werden müssen«, erklärte er Himmlers Stab im Januar 1939. »Der Führer hat in seiner Neujahrsbotschaft 1939 gesagt, daß das Problem der Arbeitskräfte einer Klärung zugeführt werden muß. Die Rückleitung deutscher Arbeits- und Lebenskraft wird eine wichtige Teillösung der hier vom Führer gestellten Aufgabe sein. Der Reichsführer SS hat es übernommen, diese Rückwanderungsaktion in die Wege zu leiten und zu lenken.«[27]

Es war das Schicksal der volksdeutschen Gemeinschaft in Südtirol, das Hitlers Aufmerksamkeit auf die Möglichkeiten der Repatriierung lenkte. Südtirol hatte vor dem Ersten Weltkrieg zu Österreich-Ungarn gehört, war aber dann als Belohnung für den 1915 vollzogenen Beitritt zur Entente Italien zugefallen, obwohl 80 Prozent der 260 000 Einwohner deutschstämmig waren. Die Italiener begannen ein intensives Programm zur Einführung ihrer Sprache und Kultur, doch die Südtiroler lehnten dies mehrheitlich ab. Im Frühjahr 1939 erhielt die VOMI Anweisung, die Umsiedlung aller, die für die Beibehaltung der deutschen Sprache optiert hatten, vorzubereiten.

Die Operation beruhte auf dem Grundsatz, daß die Gemeinschaft als Ganzes umgesiedelt werden sollte. Aber wo gab es ein Gebiet, das 200 000 Menschen aufnehmen konnte? Himmler sprach dieses Problem in einem Memorandum vom Mai 1939 an. Der benötigte Raum mußte im Osten gefunden werden, so schrieb er: »Diese Landschaft ist möglichst in einem rein fremdstämmigen Gebiet zu wählen und von allen Bewohnern geräumt ... Ich könne mir vorstellen, daß im böhmisch-mährischen Raum – am besten in Mähren – ... ein solches Gebiet geschaffen werden könnte, was den Vorteil hätte, daß Mähren,

Deutschbalte. Die Nationalsozialisten sahen in den Deutsch-
balten die Elite der Volksdeutschen; diese Nachkommen der
Deutschordensritter waren Muster des deutschen Herren-
menschen. Angesehene Wissenschaftler priesen die Weigerung
der Balten, in die ursprüngliche Bevölkerung einzuheiraten,
als einzigartiges Beispiel deutschen Rassebewußtseins.
Die Balten konnten den Deutschen des 20. Jahrhunderts ein
Gefühl davon vermitteln, wie ihre Vorfahren gewesen waren.
Der damals bekannte Anthropologe Gustav Paul schrieb:
»So entwickelte sich im Baltenlande eine besonders feine Blüte
deutscher Kultur, getragen von einer Schicht von Herren-
menschen, mochten sie nun adelig oder bürgerlich sein.
Wie stark sie auf die Wissenschaft und Kunst des Mutterlandes
zurückgewirkt hat und wie unendlich sie diese bereichert hat,
ist bekannt.« Einer der anziehendsten Aspekte der Balten war,
daß sie dank ihrer Isolation »der verheerenden Herrschaft
der Aufklärung, des Liberalismus, des Marxismus und der
Industrialisierung und damit der Zerstörung der organischen
Ordnung, der totalen Rassenvermischung und dem zweck-
losen, blutarmen Intellektualismus« entgingen, die das Reich
heimsuchten.

das wieder voll und ganz deutsch werden muß, einen wertvollen Zu-
wachs von 200 000 gutrassigen, sehr bewußt deutschen und kämpferi-
schen Volkselementen bekäme.«[28]

Als Himmler die Deportation von Teilen der mährischen Bevölkerung vorschlug, waren die tschechischen Gebiete bereits unter deutscher Herrschaft. Die Besetzung von Böhmen und Mähren am 15. März
1939 hatte zur Verschlechterung der Beziehungen zwischen Deutschland einerseits und England und Frankreich andererseits geführt. Die
Alliierten hatten Hitlers Forderungen bis dahin nachgegeben, weil
nach ihrer Ansicht der Anschluß Österreichs und selbst die Annexion
des Sudetenlandes aufgrund der Selbstbestimmung der dort ansässigen Bevölkerungen gerechtfertigt werden konnte. Die deutsche Be-

setzung dessen, was von der Tschechoslowakei nach der Sezession der Slowakei übriggeblieben war, konnte jedoch nicht als Wiedervereinigung von Deutschen mit Deutschland erklärt werden. Während in London und Paris das Mißtrauen wuchs, forderte der deutsche Außenminister Joachim von Ribbentrop die Rückkehr Danzigs ins Reich und die Schaffung einer extraterritorialen Autobahn- und Eisenbahnverbindung zwischen Deutschland und Danzig/Ostpreußen. Am Sonntag, dem 26. März, wies die polnische Regierung jedes derartige Ansinnen höflich, aber bestimmt zurück. Fünf Tage später erklärte der britische Premierminister Neville Chamberlain im Unterhaus, Großbritannien und Frankreich »würden der polnischen Regierung jegliche in ihrer Macht stehende Hilfe leisten«, wenn Polen angegriffen würde.[29]

Es folgte ein Nervenkrieg; die deutsch-polnischen Beziehungen erreichten ihren Tiefpunkt, und im August begann die polnische Regierung mit der heimlichen Mobilisierung ihrer Streitkräfte. Einer der einberufenen Offiziere war der 25jährige Diplomat Jan Kozielewski. Als zweiter Leutnant der Reserve erhielt er Befehl, sich sofort bei einem in Oswiecim stationierten Artillerieregiment zu melden. Kozielewski nahm die Mobilisierung nicht sehr ernst. »Vielleicht würde es sogar Spaß machen. Ich erinnerte mich, daß Oswiecim in der Mitte eines herrlichen, offenen Landstriches lag. Ich war begeisterter Reiter und freute mich darauf, in Uniform auf einem prächtigen Kavalleriepferd herumzugaloppieren.«[30] Gespräche über die politische und militärische Lage waren in der angenehmen Offiziersmesse des Lagers zunächst tabu. »Als wir uns schließlich auf eine Erörterung der gegenwärtigen Lage und ihre Aussichten einließen, bestärkten wir uns eher gegenseitig in unseren Meinungen und trafen uns schließlich in allgemeinem Optimismus.« Sie waren überzeugt, daß »Deutschland schwach war und Hitler blufte. Wenn er sähe, daß Polen stark, einig und bereit war, würde er rasch zurückweichen, und wir könnten alle nach Hause gehen. Wenn nicht, würde dem grotesken kleinen Fanatiker von Polen und, wenn nötig, von England und Frankreich eine ernste Lehre erteilt werden.«[31]

Am Donnerstag, dem 31. August 1939, unterzeichnete der groteske kleine Fanatiker eine Weisung. »Nachdem alle politischen Möglichkeiten erschöpft sind, um auf friedlichem Wege eine für Deutschland unerträgliche Lage an seiner Ostgrenze zu beseitigen, habe ich mich zur gewaltsamen Lösung entschlossen.«[32] In jener Nacht täuschte die SS mit Hilfe polnischer Uniformen einen Angriff auf den deutschen Rundfunksender in der oberschlesischen Stadt Gleiwitz vor. Als Ant-

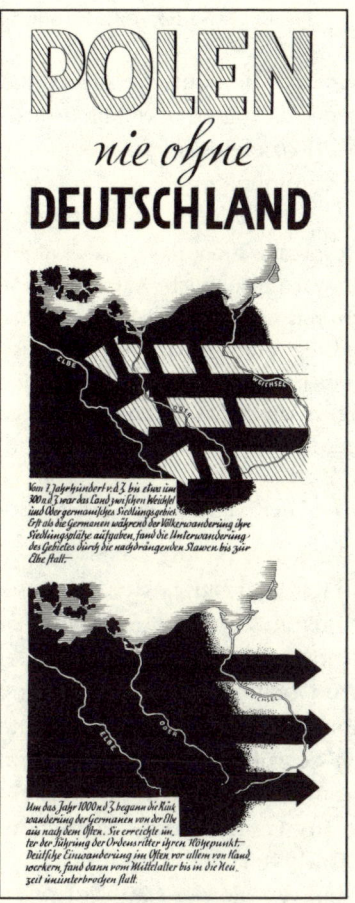

»Polen nie ohne Deutschland«. *Illustrierte Zeitung*, Nr. 4931 (1939). Die beiden zwei Wochen nach Beginn des Polen-Feldzuges erschienen Grafiken fassen 1500 Jahre polnisch-deutscher Beziehungen zusammen. Die Bildunterschrift lautet: »Vom 7. Jahrhundert vor der Zeitrechnung bis etwa um 300 nach der Zeitrechnung war das Land zwischen Weichsel und Oder germanisches Siedlungsgebiet. Erst als die Germanen während der Völkerwanderung ihre Siedlungsplätze aufgaben, fand die Unterwanderung des Gebietes durch die nachdrängenden Slawen bis zur Elbe statt. – Um das Jahr 1000 nach der Zeitrechnung begann die Rückwanderung der Germanen von der Elbe aus nach dem Osten. Sie erreichte unter der Führung der Ordensritter ihren Höhepunkt. Deutsche Einwanderung im Osten, vor allem von Handwerkern, fand dann vom Mittelalter bis in die Neuzeit ununterbrochen statt.«

Die Unterkünfte der ehemaligen Arbeitsbörse in Zasole nach ihrer Umwandlung in eine Kaserne, in den späten dreißiger Jahren.

wort auf den »polnischen Angriff« überschritt die deutsche Armee am
1. September um 4 Uhr 45 die Grenze. Als grenznahe Militärbasis
wurde Oswiecim bald angegriffen. Laut Kozielewski kam zuerst die
Luftwaffe, und kurz danach folgten Panzereinheiten.

> Das Ausmaß an Tod, Zerstörung und Desorganisation, das dieses kombi-
> nierte Feuer in drei Stunden anrichtete, war unglaublich. Als wir unsere
> Sinne wieder so weit beisammen hatten, um wenigstens die Situation zu
> übersehen, war klar, daß wir nicht in der Lage waren, irgendwelchen ernst-
> haften Widerstand zu leisten, und dennoch gelang es einigen Batterien
> durch irgendein Wunder, lange genug zusammenzuhalten, um einige
> Schüsse in Richtung der Panzer abzufeuern. Gegen Mittag waren zwei un-
> serer Artilleriebatterien ausgelöscht.
> Die Kaserne lag fast völlig in Trümmern, und der Bahnhof war dem Erdbo-
> den gleichgemacht.[33]

In den folgenden Jahren erwies sich Jan Kozielewski, besser unter seinem Decknamen Jan Karski bekannt, als äußerst mutiger Mann; er
war einer der ersten, der dem Westen einen Augenzeugenbericht der
Vernichtung der polnischen Juden gab. Doch bei dessen Abfassung
1943 projizierte er kreativ das zertrümmerte Antlitz Polens auf eine
Stadt und eine Militärbasis, die wegen des überstürzten polnischen
Rückzugs relativ wenig Schaden genommen hatte. Nach der Schlacht
stand die Kaserne in Zasole so fest wie zuvor, unversehrt und zur Benutzung durch die Deutschen bereit. Und weit davon entfernt, dem
Erdboden gleichgemacht worden zu sein, wurde der Bahnhof rasch
zu einem zentralen Punkt auf den Karten des Netzes der Deutschen
Reichsbahn.

Eine Woche später hatte, wie Franz Lüdtke 1941 in seinen Erinnerungen schwärmte, »Polen den Länderraum von Versailles verloren, in
einer einzigen Woche stand der deutsche Soldat schon tief in polni-
schem Land. Wo in der Frühzeit germanische Völker den Boden bestellt, wo im Mittelalter deutsche Bürger und Bauern Städte und Dörfer errichtet hatten, wehten die Fahnen unserer unvergleichlichen
Wehrmacht.«[34] Am 17. September besiegelte die sowjetische Armee
das Schicksal Polens mit einem Einfall von Osten. Am 28. September
ratifiziert, schuf die vierte Teilung Polens eine neue Grenze, die längs
des Flusses Bug zwischen Deutschland und der Sowjetunion verlief.[35]

Als die Deutschen in das neueroberte Gebiet einmarschierten, sahen
sie überall Spuren ihrer Heimat. »Hier im östlichsten Teil des General-

gouvernements erwartet man vielleicht einen Haufen von Holzhäusern
mit einem Markt voll Juden, aber niemals einen alten Stadtkern, der in
so überwältigender Klarheit den deutschen Erbauer verrät«, bemerkte
der nationalsozialistische Autor Hermann Erich Seifert in einem damals bekannten Buch über die Judenfrage im besetzten Polen. Mitten
in Lublin »glaubt [man], wenn man auf diesem Marktplatz steht, im
Herzen des Reiches zu sein«.[36] Aber während die deutschen Siedler
den Boden urbar gemacht und Dörfer und Städte gegründet hätten,
seien die jüdischen Einwanderer Parasiten, die sich die von den Deutschen geschaffenen Verdienstmöglichkeiten zunutze machten.[37] Nach
Seifert war dies fast das einzige, wozu sie imstande waren. Die polni-

»Schwieriger Vormarsch auf polnischen 'Straßen'.« *Illustrierte Zeitung*, Nr. 4932 (1939). In seinem
Buch »Ruf des Reiches – Echo des Volkes« (1940) sah der bekannte nationalsozialistische Schriftsteller
Hanns Johst in dem schlechten Zustand der polnischen Landstraßen ein Symbol für Polens National-
charakter und Kultur. Die Vernachlässigung des Straßennetzes durch die Polen rechtfertigte das
Todesurteil der Geschichte über den polnischen Staat, bestimmt doch das Gesetz der Natur einen
Organismus mit verstopften Blutgefäßen zum Tode. Wenn die Polen nicht einmal einige Schlaglöcher
beseitigen konnten, durfte ihnen ganz gewiß nicht ein ganzes Land anvertraut bleiben – so Johst.

sche Judenheit war eine degenerierte Rasse, gezeichnet durch »In-zucht, Verblödung, erbliche Krankheiten, Seuchen, Schmutz und Un-geziefer, Nachlassen der Geburtenfreudigkeit usw«. Paradoxerweise bedeutete »die Feststellung dieser geschwächten Lebenskraft ... aber keineswegs eine Minderung der jüdischen Gefahr. Man darf nicht ver-gessen, dieses Ostjudentum ist der Regenerationsquell des Weltjuden-tums gewesen«.[38]

Der große Erfolg der nationalsozialistischen Propaganda läßt sich daran ermessen, wie sich die Reaktionen der deutschen Soldaten von 1939 von denen ihrer Vorgänger unterschieden, die ein Vierteljahrhun-dert zuvor in Russisch-Polen einmarschiert waren. Während die Solda-ten von 1915 angesichts der Juden und jüdischen Gettos einigermaßen verwundert waren und voller Mitleid über die Armut dieser »Opfer des Zaren« geschrieben hatten, äußerten die Männer, die 1939 in Polen ein-fielen, nur Verachtung und Abscheu. Die Juden waren als Hauptschul-dige für die »polnische Wirtschaft« verantwortlich, und für den Auftrag des Heeres, den Boden für den Wiederaufbau des deutschen Ostens vorzubereiten, bildeten sie das Haupthindernis. »Ich begreife nicht, wie diese Sorte Menschen überhaupt noch *biologisch* zu leben vermag«, vermerkte ein deutscher Soldat am 11. November in seinem Tagebuch. »Gestalten, wie sie hier scheinbar gesund, jedenfalls parasitisch zäh, zu Tausenden herumlaufen, sieht man anderswo nur in Krankenhäusern. Zur biologischen Verderbtheit kommt noch der Dreck hinzu, der unbe-schreiblich ist.« Unbeschreiblich war offenbar auch die jüdische Physio-gnomie. »Dies jüdische Elementargesicht, das noch keine westliche Schminke verhüllt hat, unsäglich fremd, mit nichts zu vergleichen, in keine Physiognomik einzuordnen, keinen Zugang bietend, einfach fremd selbst dort, wo es auf Augenblicke den Haß vergißt ... Selbst das unzugänglichste Asiatengesicht ist eine offene Pforte im Vergleich zu dem Spuk, als welcher diese Judengesichter vorüberziehen.«[39]

Jener Soldat sprach für viele Deutsche im Herbst 1939 – polnische Juden waren verlaust, verseucht und degeneriert. Zum Beispiel brachte die beliebte Zeitschrift *Illustrierter Beobachter* einen Artikel über das nach Meinung der Redakteure wichtigste Ritual des polni-schen Juden: die tägliche Suche nach Läusen.[40] Deutsche Ärzte ver-wiesen eifrig darauf, daß Kopfläuse Fleckfieber übertragen, und er-klärten, der Mangel an Reinlichkeit in den jüdischen Vierteln beruhe auf sittlicher Trägheit, nicht auf Armut. Ein gewisser Dr. Erich Waizen-egger bemerkt in seinem Buch über die Seuchenbekämpfung im Ge-neralgouvernement, daß »dem Juden jeder Begriff von Hygiene völlig

»Die Juden müssen arbeiten.«
Illustrierter Beobachter (1939).

abgeht«. Die Wohnungen von Juden wären »voller Schmutz und Un-
rat«, und ihre »zerlumpte und unglaublich schmutzige Kleidung und
Wäsche [wechselten sie] sehr selten«. In allen Gettos wäre die jüdische
Bevölkerung »verlaust«, was natürlich nur zur »Ausbreitung von Fleckfieber« führen könnte.[41] Die elenden Bedingungen der Ostjuden lieferten den Deutschen den empirischen »Beweis« ihrer antisemitischen
Ideologie. Zum Beispiel brachte das 14täglich erscheinende SS-Blatt
Das schwarze Korps zwei Artikel, die den abstoßenden Charakter der
Juden anschaulich skizzierten. Unmittelbar nach der deutschen Besetzung polnischer Städte und Dörfer »ergoß sich aus dunklen Keller-
löchern und schmutzstarrenden Baracken eine wimmelnde Menge
seltsamer und abenteuerlicher Gestalten ... Die Ghettos waren eine

wohl unfreundliche, aber nicht zu übersehende Tatsache ... Hier war
die Brutstätte des Weltjudentums.« Wiederum wurde die Assoziation
mit Ungeziefer betont.

> In einer unglaubwürdigen Atmosphäre von Schmutz und sanitärer Ver-
> seuchung, in einem bizarren Gewinkel von Gäßchen, vielgeschossigen
> Kellern und verbauten Hinterhöfen drängte sich eine unübersehbare Ju-
> denmenge, die sich trotz Armut und Typhus noch ununterbrochen ver-
> mehrte. In diesen lichtlosen Höhlen verbargen sich zahllose Gewohnheits-
> verbrecher, Mörder, Gauner und Taschendiebe – Typen, wie wir sie in
> einer unserer letzten Ausgaben gezeigt haben, mußten von den deutschen
> Säuberungskommandos unter Lebensgefahr aus den unterkellerten Rat-
> tenlöchern herausgeholt werden. Diese Aufräumungsarbeit stellte an die
> Nerven der eingesetzten Männer von SS und Polizei starke Anforderungen.
> Es galt, sich durch penetrant riechende, dicke Gestankschwaden, durch
> Dreck, Dreck und nochmals Dreck, durch Ungezieferschwärme und durch
> unappetitliche jüdische Privaträumlichkeiten hindurchzukämpfen. Jeder,
> der mit dabei war, schüttelt sich in der Erinnerung noch heute vor Ekel und
> Grauen und gesteht, daß er erst seit diesen Erlebnissen das Judentum in
> seiner wahren Gestalt ganz erkannt habe.[42]

Die nächste Folge, so versprachen die SS-Redakteure, sollte berichten, wie »das ganze Judenproblem ... vorbildliche Lösung fand: die
produktive Arbeit![43]

Zwei Wochen später erfuhren die Leser des *Schwarzen Korps* aus
einem Artikel mit der zynischen Überschrift »Gräßliche Zumutung«,
daß die deutsche Verwaltung den Grundsatz eingeführt hatte, »daß
nur der essen soll, der auch arbeitet«. Unter Verweis auf Hans Franks
Verordnung über die Zwangsarbeitspflicht für alle Juden zwischen 14
und 61 Jahren staunt der Autor: »Die Juden mußten arbeiten, wirklich
und wahrhaftig mit den Händen arbeiten!« Natürlich waren die Juden
als Handarbeiter nicht viel wert: »Vier Söhne Israels schaffen so viel
wie bei uns ein ungelernter Arbeiter.« Doch »mit der Errichtung der jüdischen Werkstätten und der gesamten Organisation der Judenarbeit«
hatte Himmlers Vertreter in Lublin, Odilo Globocnik, »einen geglück-
ten Versuch zur Lösung der Judenfrage unternommen, der weit über
die bloß örtliche Bedeutung der Dinge hinausgeht, ja vielleicht sogar
einen Weg zu einer gemeingültigen positiven Ordnung eröffnet.«[44]

Deutsche Zeitungen brachten viele hämische und reich illustrierte
Artikel über die im Generalgouvernement neu eingeführten antijüdischen Maßnahmen. »Die Juden müssen arbeiten!« lautete am 12. Okto-

ber im *Illustrierten Beobachter* die Schlagzeile über einem Foto jüdischer Männer, die Ziegelsteine schleppten.[45] »Es macht uns besonderen Spaß, die lieben Herren von Abrahams Stamm zum Tragen von Stroh und Errichten von Lagern einzusetzen«, schrieb ein Dr. Emil Strodthoff am 28. November im Völkischen Beobachter. »Wir gingen einfach durch die Straßen und sammelten sie ein, und alle, die trotz einer freundlichen Aufforderung der Meinung waren, sie hätten keine Zeit, wurden rasch eines Besseren belehrt.«[46] Der Antisemitismus war Propaganda, nicht aber die eigentliche Nachricht, wie aus der neutralen

Der deutsche Osten, 1940. Die deutsche Öffentlichkeit war begeistert über die Rückkehr von Danzig, Westpreußen, Posen und Polnisch-Oberschlesien, doch Schlesiens Oberpräsident und Gauleiter Josef Wagner und seine leitenden Beamten widersetzten sich der Eingliederung von Auschwitz und Ost-Oberschlesien in das Reich. Angesichts des wirtschaftlichen Gefälles zwischen dem nach 1921 deutsch gebliebenen Gebiet, dem zwischen 1921 und 1939 polnisch gewesenen Territorium und dem Teil, der seit 1457 nicht zum Reich gehört hatte, waren sie der Meinung, die Reichsregierung solle die zentralen und östlichen Regionen eher dem Generalgouvernement zuschlagen. Letztlich verwarf Hitler persönlich die Einwände der schlesischen Beamten, aber er kam ihnen entgegen, indem er Oberschlesien den Status einer gesonderten Provinz gewährte, zu deren Gauleiter er Wagners Stellvertreter Fritz Bracht ernannte.

Jüdische Zwangsarbeiter in Auschwitz, 1940. Juden aus der Stadt Auschwitz wurden zur Reparatur der in den ersten Kriegstagen zerstörten Brücke über die Sola eingesetzt. Nach der Übernahme der Kaserne in Zasole durch die SS wurden jüdische Zwangsarbeiter zur Reinigung der Gebäude und des Geländes herangezogen.

Presse hervorgeht. »Unzählige Tausende von Juden, die früher akademischen Berufen angehörten, werden jetzt von der deutschen Verwaltung zu Arbeiten anderer Art wie Straßenbau, Rodungsarbeiten usw. gezwungen«, schrieb am 1. Januar 1940 das Zürcher Blatt *Die Tat*.

Im Bezirk Lublin, wo bekanntlich die meisten Juden leben, haben sie jetzt begonnen, die Juden zu Kultivierungsarbeiten einzusetzen. Über weite Gebiete zerstreut, arbeiten sie an der Regulierung von Bächen und Flüssen, bauen Deiche und legen Sümpfe trocken. Im Bezirk Lublin wurden 12 000 bis 14 000 Juden für Arbeiten dieser Art zusammengetrieben. Sie wurden 45 Arbeitszentren zugeteilt. Sie wohnen in 34 Lagern. In den nächsten Wochen werden andere Bezirke dem Beispiel Lublin folgen, und, wie die *Warschauer Zeitung* berichtet, werden die verbleibenden Juden zu solchen und ähnlichen Arbeiten eingesetzt.[47]

So paradox es manchem erscheinen mochte, jüdische Zwangsarbeiter sollten das deutsche Versprechen erfüllen und die polnischen Straßen ausbessern, Flußläufe begradigen und neue Kanäle graben.

Adolf Hitler erwähnte in seiner Reichstagsrede vom 6. Oktober die Tausende von jüdischen Arbeitern mit keinem Wort. Von neuem behauptend, die Polen wären unfähig zur Landwirtschaft, verkündete er wiederum seinen Willen, in Polen Ordnung zu schaffen, und erklärte im einzelnen, wie dies geschehen sollte. Deutschlands wichtigste Aufgabe sei, so verkündete er, »eine neue Ordnung der ethnographischen Verhältnisse, das heißt, eine Umsiedlung der Nationalitäten so, daß sich am Abschluß der Entwicklung bessere Trennungslinien ergeben, als es heute der Fall ist«.[48]

Ferner bot er England und Frankreich Frieden an, aber weder England noch Frankreich zeigten Interesse. Angesichts ihrer Ablehnung ging Hitler daran, den westlichen Teil Polens zu annektieren, womit er zwei vorhandene Provinzen, Ostpreußen und Schlesien, vergrößerte, und zwei neue, Danzig-Westpreußen und Wartheland, schuf. Mit diesen Erweiterungen des Reiches vergrößerte sich der potentielle Raum für die Umsiedlung der Südtiroler beträchtlich. Hugo Hassinger, Geograph und Lebensraum-Fachmann aus Wien erhielt den Auftrag zur Erforschung der Möglichkeiten. Nur eine schien realistisch: »In den Beskiden, im Bereich der alten deutschen Herzogtümer Teschen, Auschwitz und Zator, wo also auch eine alte deutsche Kolonisationsüberlieferung wieder aufgenommen werden könnte.«[49] Oswiecim war als das politische, wirtschaftliche und kulturelle Zentrum dieses neuen Südtirols vorgesehen. Bauinspektoren wurden entsandt, um den Wohnungsbestand zu erfassen. Einer von ihnen begutachtete den früheren polnischen Militärstützpunkt; auf seinem Plan vermerkte er, daß »bei normaler Belegung« die 22 Mannschaftsgebäude Platz für 2100 Mann boten, während die 22 hölzernen Ställe 836 Pferde aufnehmen konnten.[50] Eine neue deutsche Stadtverwaltung wurde ernannt. Um die Stadt auf ihre Glanzrolle vorzubereiten, gaben die Beamten ihr wieder den Namen Auschwitz, und der alte Markt, jahrhundertelang den Deutschen als Ring und den Polen als Rynek bekannt, wurde zum Adolf-Hitler-Platz.

Für Juden war kein Platz an diesem Ort, der jetzt eine normale Stadt war wie viele andere im Dritten Reich. Kurz nach der Umbenennung der Stadt und des Marktes wurden die ersten 1000 jüdischen Einwohner von Deutsch-Auschwitz deportiert. Ein 14jähriger Zeuge verlor seine Großeltern. »Es war die erste wirklich schreckliche Prüfung, welche die Menschen erlitten. Jede Familie trauerte, jedes Haus war von Wehklagen erfüllt. Das Rabbinat verkündete einen Fasttag, laute

Gebete stiegen aus jedem *Stibl* [Gebetshaus] auf, *Tilim* [Psalmen] waren aus jedem Fenster zu hören.«[51] Gott hörte nicht oder kümmerte sich nicht oder handelte nicht, oder wenn er handelte, bemerkte es niemand. Das Leben der Juden in Deutsch-Auschwitz wurde immer stärker begrenzt und eingeengt. Die Synagoge wurde geschlossen und Anfang 1940 niedergebrannt. Aber die Gemeinde rettete die Torah-Rollen und übergab sie der Obhut einzelner Familien. In deren Häusern versammelten sich die Juden weiterhin zum Gebet.

Die 1000 Deportierten wurden in ein neu errichtetes Judenreservat südlich von Lublin gebracht. Dieses neue *homeland* für Juden entstand auf Initiative von Adolf Eichmann, Mitarbeiter in Heydrichs Sicherheitsdienst und während des Polenfeldzugs Chef des Amtes für jüdische Auswanderung im Protektorat Böhmen und Mähren. Eichmann hatte sich nach dem Anschluß Österreichs in Wien einen ziemlichen Ruf erworben, als er innerhalb eines Jahres die Auswanderung von 117 000 österreichischen Juden organisierte. Im April 1939 wurde er nach Prag versetzt, wo er nicht so erfolgreich war; den tschechischen Juden gelang es kaum noch, Visa zu erlangen. Angesichts des drohenden Scheiterns begann Eichmann, nach einer anderen Lösung zu suchen. Ende September fand er eine neue »Heimat« für die tschechischen Juden: die Gegend um die polnische Stadt Nisko. Eichmann und sein unmittelbarer Vorgesetzter Franz Stahlecker besuchten das Gebiet. »Wir kamen dort hin«, erinnerte sich Eichmann 1960, »sahen eben ein riesiges Gebiet, den San, also Fluß, Dörfer, Märkte, kleine Städtchen – und wir sagten uns, das sei das Gegebene, und dann sagten wir uns, warum soll man nicht einmal Polen umsiedeln, wo ja sowieso so viel umgesiedelt wird, und dann Juden hier in ein großes Territorium geben.« Eichmann glaubte, mit einem Reservat für Juden hätte »die Partei ... ihren Programmpunkt, Lösung der Judenfrage, erledigt«.[52]

Eichmann erläuterte seinen Plan Heydrich, der Himmler vortrug, der seinerseits Hitler berichtete. Mit ihrer Genehmigung fuhren einige Wochen später aus Wien, Ostrau, Kattowitz und Auschwitz Bahntransporte nach Nisko ab. Dort wurden die Deportierten sich selbst überlassen. »Jetzt läuft etwas ab, was sich als der letzte Akt einer unglaublich brutalen und grausamen Tragödie erweisen mag, die Adolf Hitler den Juden in seinem Machtbereich bereitet«, schrieb der amerikanische Autor Oswald Garrison Villard in der Dezember-Nummer des *Spectator*. Mehrere Tausend Juden wurden in das 7800 qkm große Gebiet gebracht. »Diese erzwungene Massenwanderung hat jetzt, mitten im Winter, und in einer Weise begonnen, die nur als die

Entschlossenheit gedeutet werden kann, nicht einen jüdischen Staat zu schaffen, sondern das schrecklichste Konzentrationslager, das gewiß nichts anderes als eine Wohnstätte des Todes werden kann.« Vor Ankunft der Deportierten waren keinerlei Vorbereitungen getroffen worden. »Wenn sie nicht Schutz in den verlassenen Häusern evakuierter polnischer Bauern finden, sollen sie doch erfrieren oder neue Häuser bauen, ohne Baumaterial, ohne Werkzeug, ohne irgend etwas.«[53]

Als Eichmann das Nisko-Projekt konzipierte, hatte er an das Problem, wie die Juden dorthin gebracht werden könnten, keinen Gedanken verschwendet. Es wurde jedoch rasch klar, daß er Zwischenlager errichten mußte, wo Juden aus kleineren Gemeinden vor ihrem Massentransport nach dem Osten gesammelt werden konnten. Die große Industriestadt Lodz war als ein solcher Konzentrationspunkt vorgesehen. Zur Kontrolle und Einschließung der für Nisko bestimmten Juden ordnete der Polizeichef von Lodz im Februar 1940 die Errichtung eines Gettos an. Es umfaßte mehr als 160 000 Menschen ein und wurde am 30. April geschlossen.

Das Getto von Lodz war als eine Durchgangsstation auf dem Weg nach Nisko geplant, doch als es schließlich bereitstand, war Eichmanns Projekt gescheitert: Empört über seine inkompetente Durchführung, hatten die deutschen Militär- und Zivilbehörden im Generalgouvernement Göring, den Verantwortlichen für die Judenpolitik, bewogen, es fallenzulassen. Insgesamt waren etwa 5000 Juden nach Nisko verbracht worden. Viele waren bald darauf gestorben.

Die Deutschen wollten keine Juden im deutschen Osten und wußten nicht, was sie mit ihnen tun sollten. Nach dem Fiasko von Nisko formulierten Heydrich und das Auswärtige Amt die sogenannte Madagaskar-Option, welche die Deportation aller europäischen Juden auf das unter französischer Herrschaft stehende Madagaskar vorsah. Als Frankreich die Insel nicht abtreten wollte und England nicht einmal in Erwägung zog, den Transport von Europas Juden dorthin zu erlauben, legte Heydrich schließlich den Plan zu den Akten. Eine andere Lösung des »Problems« der polnischen Juden mußte gefunden werden.[54]

Mit den deutschen Kriegsvorbereitungen zum Einfall in die Sowjetunion wuchs die Furcht vor Seuchen unter den mehr als eine Million deutschen Soldaten, die in das Generalgouvernement verlegt werden sollten. Anfang September 1940 erklärten Beamte der deutschen Gesundheitsbehörden lautstark, die jüdischen Viertel könnten zur Ursache einer massiven Typhusepidemie werden, und drängten den Generalgouverneur, dem Beispiel von Lodz zu folgen. Frank folgte ihrem Rat und trennte durch Schaffung geschlossener Gettos die jüdische Bevölkerung von der nichtjüdischen.[55] »Die deutsche Armee und Bevölkerung muß auf jeden Fall vor dem immunen Bazillenträger der Seuchen, dem Juden, geschützt werden«, heißt es in seiner Verordnung. »Wenn die deutsche Aufbauarbeit überhaupt von Erfolg gekrönt sein will, dann muß sie das freie Schalten und Walten des Judentums in diesem Raum unterbinden.«[56]

Frank gelang es in kurzer Zeit, überall im Generalgouvernement Gettos zu errichten. In Warschau verzeichnete der Erzieher Chaim Kaplan in seinem Tagebucheintrag vom 10. November, daß die Straßen durch Mauern abgeschnitten wurden. »Vor unseren Augen wird ein Kerker gebaut, in den eine halbe Million Männer, Frauen und Kinder für wer weiß wie lange Zeit eingesperrt werden.« Und er fügte hinzu: »Der Judenrat baut dieses große Massengrab mit seinen eigenen Geldern.«[57] Eine Woche später war das Getto geschlossen. »Wir sehen uns von allen Seiten eingepfercht. Wir sind von der Welt und ihrer Fülle abgesondert und getrennt, aus der Gesellschaft der menschlichen Rasse verrieben.«[58] Er hatte kaum Illusionen: Die Juden würden im Getto vermodern und verfaulen, vermerkte er am 19. November, und eine Woche später schrieb er: »Eine Gemeinschaft von einer halben Million ist zum Tode verurteilt und erwartet die Vollstreckung ihres Spruches.«[59]

Kaplan hatte recht. Bei 400 000 Menschen, die ohne ausreichende Nahrung, sauberes Wasser, Seife oder Arznei auf 400 Hektar zusammengedrängt wurden, blieb nur die Frage, ob der Tod in Form von Verhungern oder Krankheit käme. Dieselben Verhältnisse herrschten in vielen Gettos des deutschen Ostens. Sara Grossmann, 21 Jahre alt und im Getto von Lodz eingekerkert, erinnert sich deutlich.

Kinder wurden in das Ghetto [von Lodz] gebracht, die so unterernährt waren, daß sie nicht laufen konnten. Sie konnten einfach nicht laufen. So schrecklich war der Hunger. Das hat Unterernährung aus uns gemacht. Wir waren immer auf der Suche nach etwas zu essen, nach ein paar Krümeln. Man traute sich nicht, einen Krümel auf dem Tisch liegenzulassen; man steckte alles in den Mund
Ich glaube nicht, daß es etwas gibt, das so weh tut wie Hunger. Man wird wild. Man ist nicht verantwortlich dafür, was man sagt oder tut. Man wird

Seite aus einer deutschen
Propagandaschrift.

Die Ghettos, die Seuchenherde Polens; Stadtplan von Warschau mit Ein-
zeichnung der verseuchten Bezirke. Im Ghetto liegt Seuchenherd neben
Seuchenherd. Um eine Verschleppung der Seuchen zu vermeiden, wird für die
nichtjüdische Bevölkerung der Zutritt zu den verseuchten Gebieten verboten

Starrend vor
Ungeziefer und Schmut
erfüllt mit Ge-
zeter und Gestank,
das ist das Ghetto

im wahrsten Sinne des Wortes zum Tier. Man beraubt andere. Man stiehlt.
Das tut Hunger uns an. Er entmenschlicht einen. Man ist kein menschliches
Wesen mehr.
Ganz allmählich erreichten die Deutschen ihr Ziel. Ich glaube, sie ließen
uns nicht deshalb hungern, weil nicht genug zu essen da war, sondern weil
das ihre Methode war, uns zu demoralisieren, uns zu erniedrigen, uns zu
foltern. Das waren ihre Methoden, und sie wandten sie peinlich genau an.
Deshalb gab es jeden Tag viele, viele Tote. Viele kranke Leute, für die es
keine ärztliche Versorgung, keine Hilfe, keine Arznei gab. Wir blieben einfach da, lagen da, und das Ende kam..[60]

Doch bevor der Tod kam, wurden die Insassen des Gettos für das
deutsche Publikum fotografiert. Es war eine zynische Tautologie, bei

der die Erniedrigung der Juden der Grund für ihre Erniedrigung war. »Die Anblicke sind so schrecklich und den Redaktionen vermutlich auch so bekannt, daß eine Beschreibung überflüssig ist«, berichtete der Parteiideologe Alfred Rosenberg nach dem Besuch des Warschauer Gettos der Reichspressekammer. »Wenn es noch irgend jemanden gibt, der irgend welches Mitleid mit den Juden hat, dann sollte er... einen Blick in ein solches Ghetto werfen. Sieht man diese verwesende, zerfallende und bis zum Kern verfaulte Rasse en masse, so treibt einem dies jede Humanitätsduselei aus.«[61]

»Humanitätsduselei« war den Deutschen lange vor Rosenbergs Ausflug ins Getto ausgetrieben worden und wurde außer den Juden auch vielen anderen Menschen verweigert. Ende 1938 gingen bei der Kanzlei des Führers mehr und mehr Briefe ein, in denen Familienmitglieder von geistig Behinderten den Führer um den »Gnadentod« für ihre Lieben baten. Hitler war fasziniert von der flehentlichen Bitte eines gewissen Herrn Knauer aus Leipzig. Sein Kind war von Geburt blind, schien schwachsinnig zu sein, und ihm fehlte ein Bein und ein Teil eines Armes. Hitler wies seinen persönlichen Arzt, Dr. Karl Brandt, an, das Kind zu untersuchen und, wenn des Vaters Beschreibung zuträfe, es zu töten. Brandt gehorchte. Hitler war erfreut und ermächtigte Brandt und Philipp Bouhler, den Chef der Kanzlei des Führers, ähnliche Fälle in gleicher Weise zu behandeln. Sie willfahrten nur zu gern und gründeten im August den Reichsausschuß zur wissenschaftlichen Erfassung von erb- und anlagebedingten schweren Leiden. Im selben Monat verfügte das Reichsministerium des Inneren, daß Hebammen und Ärzte Neugeborene mit diversen Befunden dem Reichsausschuß melden mußten. Seine Gutachter prüften die eingegangenen Angaben und genehmigten den Mord von »positiven« Fällen in speziellen, in 30 Anstalten eingerichteten pädiatrischen Abteilungen.

Die Einrichtung in der Anstalt Egelfing-Haar nahe München ging als eine der ersten in Betrieb. Ihr Direktor, Dr. Hermann Pfannmüller, empfing am 16. Februar 1940 den Besuch zahlreicher Offizieller der NSDAP, der Wehrmacht und der SS. »Dr. Pfannmüller [trat] an eins der 15 Kinderbetten heran, die rechts und links den Mittelgang flankierten«, erinnerte sich ein Mitglied der Delegation nach dem Krieg.

»Wir haben hier Kinder im Lebensalter von ungefähr ein bis fünf Jahren«, begann er in dozierendem Ton. »Alle diese Geschöpfe stellen für mich als Nationalsozialisten nur Ballastexistenzen dar... Ballast für unseren Volks-

körper... Insofern ist die vom Führer angewiesene Aktion, die Volksgemeinschaft von dieser Überbürdung zu befreien, schlechthin eine nationale Tat, deren ganze Größe Nichtmediziner erst nach Jahren, wenn nicht nach Jahrzehnten werden ermessen können. Wir führen die Aktion nun nicht durch Gift, Injektionen oder andere von außen erkennbare Maßnahmen durch... da würden die Auslandspresse und gewisse Kreise in Paris und London nur Möglichkeiten zu neuer Hetze gegen uns haben... Nein, unsere Methode ist viel einfacher.«
Mit diesen Worten zog er mit einem Handgriff ein Kind aus dem Bett. Während der dicke, verfettete Mann das wimmernde Menschlein-Gerippe wie einen erbeuteten Hasen herumzeigte, bemerkte er sachlich:
»Wir entziehen die Nahrung natürlich nicht von einem Tag zum anderen. Das würde zu viel Unruhe machen. Wir verringern allmählich die Essenrationen. Die Natur hilft sich dann schon selber... Bei diesem hier wird es kaum noch zwei bis drei Tage dauern.«[62]

Fünftausend Kinder wurden auf diese Art getötet.

Mit dem Verlauf der Aktion zufrieden, betraute Hitler seine Kanzlei mit der Organisation des Mordes an erwachsenen Lebensuntüchtigen.[63] Nach Rücksprache mit Albert Widmann, dem Chef der chemischen Abteilung des Kriminaltechnischen Instituts, empfahl Bouhlers Stellvertreter Viktor Brack den Gebrauch von Kohlenmonoxid, das BASF in Flaschen anbot. An einer von Brack geleiteten Konferenz, an der neben anderen Professor Werner Heyde, ein bekannter Psychiater, Freund Himmlers und Leiter der Operation, Professor Hermann Paul Nitsche, ebenfalls Psychiater und Direktor der Anstalt Sonnenstein nahe Dresden, und Paul Werner, ein Polizeioffizier, teilnahmen, wurde der Beschluß gefaßt, 65 000 bis 75 000 Anstaltsinsassen durch Vergiften mit Kohlenmonoxid zu töten.[64]

Der erste Vergasungsversuch wurde von Widmann acht Wochen später in einem unbenutzten Gefängnis der Stadt Brandenburg durchgeführt. Christian Wirth, ein Polizeioffizier aus Stuttgart, hatte die Gaskammer gebaut, die Gasflaschen installiert und auch die Brauseattrappen konstruiert. Einer von Widmanns Mitarbeitern erinnerte sich nach Kriegsende, daß die Gaskammer »ein Raum [war], ähnlich einem Duschraum und mit Platten ausgelegt, in der Größe von etwa 3 Meter mal 5 Meter und 3 Meter hoch. Ringsherum standen Bänke, und etwa 10 cm über dem Boden lief an der Wand entlang ein etwa 2,5 cm/d Wasserleitungsrohr. In diesem Rohr befanden sich kleine Löcher, aus denen das Kohlenmonoxidgas strömte. Die Gasflaschen standen außerhalb dieses Raumes.«[65] Achtzehn bis 20 Patienten wurden in

Sara Grossman-Weil, 1937.

einen Vorraum gebracht, entkleidet und in die Gaskammer geführt. Die
Tür wurde verschlossen, Widmann öffnete das Ventil, und die Patienten starben innerhalb von Minuten. Ihre Leichen wurden in zwei für
den Versuch bereitgestellten mobilen Verbrennungsöfen eingeäschert.

Die Operation, die nach ihrer Zentrale in Berlins Tiergartenstraße 4
den Decknamen Aktion T4 trug, begann eine Woche später mit der
Vergasung eines ersten Transportes von Insassen der Anstalt Grafen-
eck (westlich von Ulm). Brandenburg ging im Februar in Betrieb, ge-
folgt von Hartheim (nahe Linz) und Sonnenstein (nahe Dresden) im
Mai, Bernburg (südlich von Magdeburg) im September und Hadamar
(nördlich von Frankfurt am Main) im Januar 1941.[66] Das Verfahren war
stets dasselbe. Die Anstalten sandten Angaben über ihre Patienten an
den Reichsausschuß. Drei Ärzte begutachteten jede Akte; die Namen
der als »positiv« Beurteilten wurden in eine Liste eingetragen, die an
die Anstalt zurückging. Die Patienten wurden in Omnibussen mit verhängten Fenstern zu einem der sechs Tötungszentren transportiert.
Nach der Ankunft völlig entkleidet, wurden sie in einen Raum geführt, wo ein Arzt ihre Akten einsah. »Eine Person bestempelte die
Vorgeführten«, erinnerte sich ein Heizer des Krematoriums in Hartheim. »Eine Pflegeperson mußte die einzelnen Vorgeführten auf der
Schulter bzw. auf der Brust mit der laufenden Nummer bestempeln.

Die Numerierung war etwa 3–4 cm groß. Jene Personen, welche
Goldzähne oder eine Goldbrücke hatten, wurden am Rücken mit
einem Kreuz gezeichnet.« Sie wurden dann in die Gaskammer geführt
und getötet. Nach eineinhalb Stunden wurden die Ventilatoren angelassen und die Heizer gingen hinein, um die Toten in den Leichenraum zu bringen, was »eine sehr schwierige und nervenzermürbende
Arbeit [war]. Es war nicht leicht, die ineinander verkrampften Leichen
auseinander zu bringen und in den Totenraum zu schleifen.« Wenn
der Verbrennungsofen bereit war, wurde aus den mit einem Kreuz
markierten Leichen das Gold entfernt. Die Leiche wurde auf eine
Pfanne gelegt »und so wie bei einem Backofen in die Heizanlage eingeschoben«.[67]
Die Familie des Opfers erhielt wenige Wochen später ein Schreiben, in dem mitgeteilt wurde, daß ihr Angehöriger in eine andere Anstalt verlegt wurde und erkrankt war und daß »alle ärztlichen
Bemühungen, [den Patienten] am Leben zu erhalten … leider erfolg-
los [blieben].« Nach der üblichen Beileidsbekundung erklärte das
Schreiben, »auf polizeiliche Anweisung mußten wir die sofortige Feu-
erbestattung vornehmen lassen. Diese Maßnahme dient zum Schutze
der Heimat vor der Ausbreitung von Infektionskrankheiten, die im
Kriege eine wesentliche Gefahr bedeuten, und muß von uns genauestens eingehalten werden.«[68]
Insassen von Anstalten in Ostpreußen, Westpreußen und im Wartheland wurden nicht in eine T4-Todeskammer gebracht. Sie wurden
in einem Spezial-Lkw vergast, der von einem Sonderkommando unter
Leitung von Herbert Lange betrieben wurde. In Posen stationiert, war
es Langes Aufgabe, zu einer Anstalt zu fahren, dem Personal eine Na-
mensliste vorzulegen und die bezeichneten Insassen in den luftdich-
ten Laderaum eines großen Lkw mit der Aufschrift *Kaiser's Kaffee* zu
laden. Sobald sie das Anstaltsgelände verlassen hatten, öffnete der
Fahrer die Ventile der in seiner Kabine gelagerten und an den Fracht-
raum angeschlossenen Kohlenmonoxidflaschen und tötete seine
Fahrgäste.[69]
Unter dem Gesichtspunkt der Organisation war die Aktion T4 ein
voller Erfolg. 1939 schätzten Brandt und seine Kollegen, daß 65 000
bis 75 000 Anstaltsinsassen Todeskandidaten waren. Als Hitler das
Programm am 24. August 1941 stoppte, beglückwünschten sich die
T4-Beamten dazu, daß »70 273 Personen desinfiziert wurden«.[70] Auch
waren sie stolz auf die 885 439 800 Reichsmark, die sie nach ihrer Berechnung dem Reich erspart hatten.[71] Ihr Bericht erwähnte nicht, daß

bei Abschluß der Operation ihrem Personal im Osten Arbeitsstellen angeboten worden waren. Ebensowenig vermerkte er, daß diese Zahl alle jüdischen Insassen umfaßte – ihren Akten wurde nicht einmal ein flüchtiger Blick zuteil –, während die 70 273 Opfer ein Fünftel aller Anstaltspatienten ausmachten.

5
EIN PARADIES
AUS BLUT UND BODEN

An einem kalten Wintertag im Januar 1940 traf Heinrich Himmler am
östlichsten Rande der deutschen Einflußsphäre in den westlichen Vor-
orten von Przemysl ein. Von seinem Freund, dem Schriftsteller Hanns
Johst, begleitet, schritt Himmler zu der Brücke über den San, einen
Nebenfluß der Weichsel und seit dem 28. September 1939 offizielle
Grenze zwischen dem von den Deutschen besetzten Zentralpolen und
dem von der Sowjetunion annektierten Ostpolen. Dort wartete er.

Himmler und Johst waren nach Przemysl gereist, um die Ankunft
des letzten Zuges volksdeutscher Bauern aus Ostpolen mitzuerleben.
Nach der Teilung Polens durch den Hitler-Stalin-Pakt befanden sich
diese Deutschen plötzlich auf sowjetischem Gebiet. Himmler, von der
Aussicht verstimmt, wertvolle Deutsche an die Bolschwisten zu verlieren, bewog Hitler, mit Stalin die Evakuierung jener Volksdeutschen
auszuhandeln, die lieber im nationalsozialistischen Deutschland leben wollten. Auf Hitlers Weisung übernahm Himmler die Aufgabe
ihrer Umsiedlung in die von Deutschland annektierten polnischen
Gebiete Westpreußen, Posen und Ost-Oberschlesien. Den ganzen
November und Dezember hindurch hatten Aussiedlergruppen die
neue Grenze passiert. Jetzt, im Januar 1940, sollte die staatlich geförderte Heimführung dieser volksdeutschen Gemeinden zu einem
glücklichen Abschluß kommen.

Die sowjetischen und deutschen Grenzbeamten trafen sich in der
Mitte der Brücke zu einer letzten Besprechung. Dann setzte sich das
erste Fahrzeug in Bewegung. Johst hielt die Szene fest. »Da ... aus
dem abgegrenzten Drüben rollt ein erstes Gefährt ... Zwei Pferdchen
traben mit einem Wägelchen, das mit handgewebten Läufern über-
spannt ist, in das Brückentor ein ... auf uns zu ... In der Mitte der
Brücke streckt eine Frauenhand eine Hakenkreuzfahne heraus ...
und vor uns steht der Wagen ... Ein bärtiges Männergesicht, umrahmt
vom dunklen Halbkreis der Wagenplane, beugt sich vor, weit über
seine harten Hände, die die Zügel halten. Er schaut dem Reichsführer

in die Augen und sagt ohne jede Weinerlichkeit und doch tränen-
überströmt, ernst und tief aus der Brust heraus: ›Jetzt sind wir da!‹ Er
spricht für sich, wie Bauern sprechen, die gewohnt sind, bei ihrer Arbeit gegen Wind und Wetter zu reden. Er wischt mit der Hand, die aus
Holz geschnitzt scheint, über die Augen. Tränen gefrieren und
schmerzen wie salzige Steine. ›Unser Vater hat uns gerufen! Wir sind
gekommen, nun sind wir da!‹« Es war zu viel für Johst und seine Leser; sein euphorisches Buch »Ruf des Reiches – Echo des Volkes«
wurde ein Bestseller. »Öffne dein Herz, Leser, und heiße mit uns, die
wir auf der Brücke stehen, genau in der Mitte auf der Grenze zwischen hüben und drüben, heiße mit uns den neuen Landsmann will-
kommen!« Während Wagen auf Wagen über die Eisenbrücke klap-
perte, hörte Johst einen »Lobgesang auf Liebe und Freude zu Heimat
und Heimkehr«.[1]

Johst rührten die einfachen Bauern, deren Vorfahren im Mittelalter
aus Deutschland nach Westpolen gezogen waren und die, Generationen später, zu ihrem eigenen Schutz in die ostpolnische Region
Wolhynien gebracht worden waren, nachdem sie sich 1830 dem polnischen Aufstand gegen Rußland verweigert hatten. Wolhynien mit
seiner weitgehend weißrussischen Bevölkerung hatte sich der Erhebung nicht angeschlossen, und die Deutschen hatten hier ein neues
Leben begonnen. Mehr als ein Jahrhundert später waren ihre Nachkommen wiederum unterwegs.

Johst wandte sich seinem Freund Heinrich Himmler zu. Schließlich
war er hier, um über Himmlers Plan zu berichten, die Kontrolle über
einen Teil deutscher Außenpolitik zu gewinnen, wie auch über die
Äußerungen der wolhynischen Schachfiguren in jenem Spiel. »Der
Reichsführer SS Heinrich Himmler wurde vom Führer ausersehen,
diese Völkerwanderung – eine von vielen – einzuleiten, zu leiten und
zum guten Ende zu bringen, d. h. allen denen, die ihre hundertjährige
Wahlheimat lassen, eine neue, wahre, natürliche Blutheimat zu schaffen.« Zwar sah er die Repatriierung der volksdeutschen Gemeinden
als eines der größten Unternehmen der deutschen Geschichte an,
doch schien Himmler angesichts der enormen Verantwortung unver-
zagt. »Man muß von der Glaubenskraft eines Heinrich Himmler sein,
man muß aus der nächsten Herzkraft des Führers stammen und das
Wort ›Unmöglich!‹ längst verlernt haben, um vor dieser Aufgabe nicht
kleinmütig zu werden.« Johst sah in dem »glückstrahlenden Auge« seines Freundes »nur Jugend, Zuversicht und Siegesgewißheit«.[2]

Himmler schüttelte den wolhynischen Bauern die Hand. Und Johst

Heinrich Himmler begrüßt im Januar 1940 in Przemysl einen volksdeutschen Rücksiedler.

konnte nicht umhin, dies als den Beginn der Apokalypse zu deuten, welche die Weltgeschichte beenden sollte. »Die Zeit ist erfüllt, und das großgermanische Reich steht vor seiner Vollendung! Die Blutbahnen, die Protuberanzen sich verschleudernder Volkskräfte finden sich zu neuem, größerem Volkskörper zusammen. Es gibt kein Außen und Innen mehr. Alles deutsche Bewußtsein und germanische Dasein in dieser Welt ist einheitlicher Organismus von einem Herzen belebt, von einer Seele beseligt, von einer Kraft gemeistert, von einem Willen geleitet – von seinem Gestalter Adolf Hitler gebildet und geführt!« Himmler entbot den Gruß des Führers, »und alle Heimkehrer verneigen sich tief und gläubig vor diesem Gruß, der ihnen Verheißung ist und Hostie eines unendlichen Glückes«.[3]

Himmlers Anwesenheit auf der Brücke war unmittelbares Ergebnis seines raschen Handelns vier Monate zuvor nach einem Besuch Erhard Krögers, des Führers der volksdeutschen NS-Bewegung in Lettland. Die SS hatte Kröger mitgeteilt, daß Estland und Lettland an Stalin abgetreten worden waren. »In dieser Minute [dachte ich] einzig und allein an die Rettung einer wesentlichen und engverbundenen Volksgruppe, die, so schien mir, in diesem Augenblick bereits vom sicheren Untergang bedroht war, ohne es im entferntesten zu ahnen«, erinnerte er sich. »Es gab kein Schwanken und keine Überlegung, meine Aufgabe mußte vor allem und unter allen Umständen darin liegen, die deutsche Volksgruppe in beiden Ländern nicht in die Hände der Bolschewiken fallen zu lassen.«[4] Kröger erinnerte Himmler an den totalen Krieg von 1919 und die daraus erwachsene Feindschaft zwischen Balten und Bolschewiken. »Heinrich Himmler überlegte eine Weile und sagte dann, die Frage in der ganzen Breite könne nur vom Führer entschieden werden. Er werde ihm die Frage noch in der gleichen Nacht vorlegen und eine grundsätzliche Weisung erbitten ... Er habe für den Augenblick noch zwei Fragen: die erste, ob die Volksgruppe so geschlossen und diszipliniert sei, daß etwaige Aussiedlungs- und Wiederansiedlungsaktionen ohne innere Auseinandersetzungen, ohne Unruhe und in Disziplin durchgeführt werden könnten. Es sei dies mit Rücksicht auf die sowjetrussische Nachbarschaft nicht unwichtig.« Und dann stellte er die Frage: »Wäre eine Ansiedlung der Baltendeutschen an der neuen Ostgrenze, im Raume des jetzigen litauischen Staates möglich?« Kröger war nicht begeistert, er war mehr daran interessiert, die Grundsätze festzulegen, die für den Ort gelten sollten, als ein bestimmtes Gebiet zu benennen. »Erstens geschlossene Ansiedlung innerhalb eines überschaubaren Raumes, keine Zerstreuung über alle Gaue des Deutschen Reiches. Zweitens wenn irgend möglich die Zuweisung einer volkspolitischen Aufgabe, die mit der bisherigen Zielsetzung parallel ginge, und zwar nicht im Inneren des deutschen Volksraumes, sondern ›an den Marken‹.«[5] Damit endete das Gespräch.

Am nächsten Tag empfing ihn Himmler noch einmal. Er hatte mit Hitler gesprochen, und er sagte Kröger, »der Führer sei im Grundsatz mit der Evakuierung der gesamten baltendeutschen Bevölkerung einverstanden, wünsche aber, daß sich die ganze Aktion im Einvernehmen mit der Sowjetregierung vollziehe.« Auch berichtete Himmler, die Balten sollten in den vom Reich annektierten Teilen Polens angesiedelt werden, unter anderem in Posen und Westpreußen.[6] Damit endete diese zweite Unterredung.

Hitler hielt Wort, und als vier Tage später der Grenz- und Freundschaftsvertrag unterzeichnet wurde, der Polen längs des Flusses Bug zwischen Deutschland und der Sowjetunion teilte, wurde ihm ein ge-

Reinhard Heydrich, 1940. *Illustrierte Zeitung*,
Nr. 4958 (1940). Heydrich war Chef des internen
Nachrichten- und Polizeidienstes der nationalsozia-
listischen Bewegung (Sicherheitsdienst des Reichs-
führers SS). Der SD wurde sehr mächtig, als Hitler 1936
dem Reichsführer SS Himmler das neugeschaffene
Amt des Chefs der Deutschen Polizei übertrug.
Himmler betraute Heydrich mit der Leitung der aus
Kriminalpolizei und geheimer Staatspolizei gebildeten
Sicherheitspolizei, die nach dem Sieg über Polen mit
dem SD zum Reichssicherheitshauptamt zusammen-
gelegt wurde.

heimes Protokoll beigefügt, das die Umsiedlung von Deutschen,
Weißrussen und Ukrainern auf der »falschen Seite« der Linie erlaubte.
»Die Regierung der Sowjetunion wird den in ihren Interessengebieten
ansässigen Reichsangehörigen und anderen Persönlichkeiten deut-
scher Abstammung, sofern sie den Wunsch haben, nach Deutschland
oder in die deutschen Interessengebiete überzusiedeln, hierbei keine
Schwierigkeiten in den Weg legen«, hieß es in dem Dokument. »Sie ist
damit einverstanden, daß diese Übersiedlung von Beauftragten der
Reichsregierung im Einvernehmen mit den zuständigen örtlichen
Behörden durchgeführt wird und daß dabei die Vermögensrechte der
Auswanderer gewahrt bleiben.«[7] Natürlich übernahm die deutsche
Regierung eine entsprechende Verpflichtung gegenüber den Weiß-
russen und Ukrainern im deutschen Teil Polens.

Himmler wollte »Bevollmächtiger der Reichsregierung« sein, der die
Umsiedlung kontrollieren sollte. Um seine Chancen zu verbessern,
legte er alle seine polizeilichen Funktionen zusammen, indem er die
Sicherheitspolizei (Sipo), die aus Gestapo und Kripo bestand, und
den SD zu einer neuen Organisation, dem Reichssicherheitshauptamt
(RSHA), vereinigte. Zu dessen Leiter ernannte er seinen ergebenen
Freund und Kumpanen Heydrich, bisher Chef des SD.

Heydrich hatte in den letzten zwei Monaten bewiesen, daß er den
neuen Anforderungen gewachsen war. Im Juli hatte er mit Spitzenver-
tretern der Wehrmacht vereinbart, den regulären Truppen sieben mobile Polizeiformationen in Stärke von insgesamt 2700 Mann beizuge-

ben. Diese aus Sipo- und SD-Angehörigen gebildeten Einsatzgruppen
sollten die eroberten Gebiete in einer unter dem Decknamen »Tannenberg« geplanten Operation unterjochen.[8] Heydrich hatte bereits
Einsatzgruppen nach Österreich (März 1938), dem Sudetenland (Oktober 1938) und Böhmen und Mähren (März 1939) entsandt, um, wie
es der *Völkische Beobachter* am 10. Oktober 1938 formulierte, die »befreiten Gebiete von marxistischen Volksverrätern und anderen Staats-
feinden« zu säubern.[9] In diesen Gebieten Mitteleuropas hatten die
Einsatzgruppen keine öffentlichen Greueltaten begangen, aber in Polen kannten sie keine Zurückhaltung. Dem Unternehmen Tannenberg
gelang es, so Heydrich im Juli 1940, »heftige Schläge gegen die reichs-
feindlichen Elemente in der Welt aus dem Lager von Emigration, Frei-
maurerei, Judentum und politisch-kirchlichem Gegnertum sowie der
Zweiten und Dritten Internationale« zu führen.[10]

Heydrichs Auftrag an die Einsatzgruppen war unverblümt und bru-
tal. »Die führende Bevölkerungsschicht soll so gut wie möglich un-
schädlich gemacht werden«, erklärte er am 7. September in einer
Amtschefbesprechung. Die Elite sollte in bereits vorhandenen Konzentrationslagern im Reich inhaftiert werden, »während für die unte-

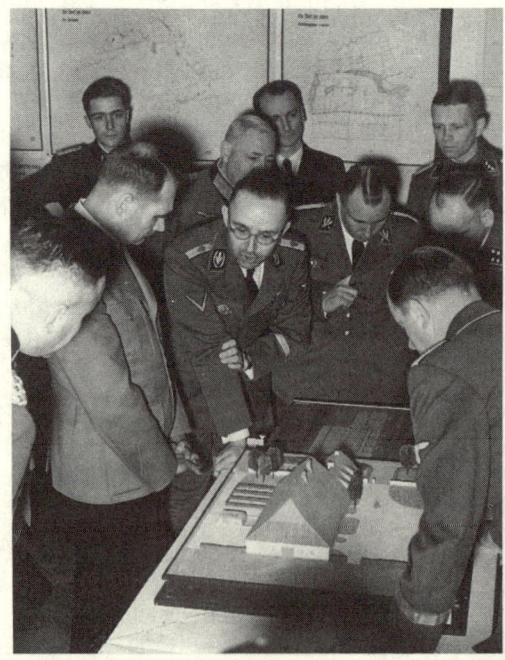

Die Ausstellung »Planung und Aufbau im
Osten«, veranstaltet in Berlin im Frühjahr 1941.
Heinrich Himmler (in der Mitte mit Brille)
erläutert Rudolf Hess (links neben Himmler,
mit verschränkten Fingern) das Modell eines
im deutschen Osten zu errichtenden Muster-
bauernhofes. Rechts neben Himmler Martin
Bormann (mit gesenktem Kopf) und neben
diesem Himmlers Hauptberater für den Aufbau
des Ostens, Professor Dr. Konrad Meyer
(von ihm ist nur die Stirn sichtbar).

ren provisorische KZs hinter den Einsatztruppen an der Grenze angelegt werden, von denen diese gegebenenfalls sofort in das restlich
verbleibende Polen [das Generalgouvernement] abgeschoben werden können.«[11] Zwei Wochen später sprach Heydrich das zentrale
Thema des sogenannten Judenproblems in einem Schnellbrief an die
Chefs der Einsatzgruppen an. Die Deutschen hatten inzwischen aku-
ten Bedarf an einer »Lösung«. Sie hatten versucht, die Zahl der Juden
in Deutschland durch Auswanderung zu reduzieren. Von den mehr
als 800 000 Juden, die 1933 in dem Gebiet lebten, das im September
1939 das Großdeutsche Reich umfassen sollte (Deutsches Reich,
Österreich, Sudetenland und Böhmen und Mähren), waren mehr als
450 000 ausgewandert. Doch mit der Eroberung Polens war die Zahl
der Juden unter nationalsozialistischer Herrschaft um zwei Millionen
gewachsen. Davon wohnten 600 000 bis 700 000 in mit dem Reich vereinigten Gebieten. Mit anderen Worten, nach dem Ende des Polen-
Feldzugs gab es im Großdeutschen Reich etwa eine Million Juden,
nicht gezählt jene im Generalgouvernement. Für die deutsche
Führung war es, als ob sechs Jahre der Arbeit an der Lösung der Judenfrage durch Auswanderung vergeblich gewesen wären. Heydrich
erkannte, daß diese Notsituation, wie sie in seinen Augen bestand,
einen neuen Ansatz verlangte. »Ich weise noch einmal darauf hin, daß
die geplanten Gesamtmaßnahmen (also das Endziel) streng geheim
zu halten sind«, schrieb er den Einsatzgruppenchefs.

Es ist zu unterscheiden zwischen
1. dem Endziel (welches längere Fristen beansprucht) und
2. den Abschnitten der Erfüllung dieses Endzieles (welche kurzfristig
durchgeführt werden).
Die geplanten Maßnahmen erfordern gründlichste Vorbereitung sowohl in
technischer, als auch in wirtschaftlicher Hinsicht.
Es ist selbstverständlich, daß die heranstehenden Aufgaben von hier in allen Einzelheiten nicht festgelegt werden können. Die nachstehenden Anweisungen und Richtlinien dienen gleichzeitig dem Zwecke, die Chefs der
Einsatzgruppen zu praktischen Überlegungen anzuhalten ...
Als erste Vorausnahme für das Endziel gilt zunächst die Konzentrierung der
Juden vom Lande in die größeren Städte. Sie ist mit Beschleunigung durchzuführen. Es ist dabei zu unterscheiden:
1. zwischen den Gebieten Danzig und Westpreußen, Posen, Ost-Oberschlesien und
2. den übrigen besetzten Gebieten.
Nach Möglichkeit soll das unter Ziffer 1 erwähnte Gebiet von Juden freige-

macht werden, zumindest aber dahin gezielt werden, nur wenige Konzentrierungsstädte zu bilden. In den unter Ziffer 2 erwähnten Gebieten sind möglichst wenige Konzentrierungspunkte festzulegen, so daß die späteren Maßnahmen erleichtert werden. Dabei ist zu beachten, daß nur solche Städte als Konzentrierungspunkte bestimmt werden, die entweder Eisenbahnknotenpunkte sind oder zum mindesten an Eisenbahnstrecken liegen.[12]

Als Heydrich am 27. September 1939 Chef des neuen Reichssicherheitshauptamtes wurde, sprach er am selben Tag vor den Abteilungsleitern und den Chefs der Einsatzgruppen. Er teilte mit, Himmler würde als Siedlungskommissar für die annektierten Gebiete eingesetzt. Jenseits eines neu zu schaffenden »Ostwalls«, der alle neuen deutschen Provinzen umfassen werden, sei »praktisch als Niemandsland« ein fremdsprachiger Gau vorgesehen. Seine Weisungen vom 7. September wiederholend, merkte Heydrich an, daß die Chefs der Einsatzgruppen in Ost-Oberschlesien, Danzig und Westpreußen mit einem komplizierten Problem konfrontiert wären. Ihm war klar, daß insbesondere in dem industriellen Oberschlesien ein Widerspruch zwischen dem Wunsch nach Vertreibung der polnischen Bevölkerung und der Notwendigkeit der Wahrung des Produktionsniveaus bestand; die Frage war, »wie man einerseits die Arbeitskraft der primitiven Polen in den Arbeitsprozeß eingliedert, andererseits sie aber auch gleichzeitig aussiedelt«. Seine Lösung folgte schlichter, altehrwürdiger Tradition: »Ziel ist, der Pole bleibt der ewige Saison- und Wanderarbeiter, sein fester Wohnsitz muß in der Nähe von Krakau liegen.«[13] Während die Lösung des polnischen Problems einander nahezu ausschließende deutsche Bedürfnisse zu vereinen haben mochte, galten für die Lösung des jüdischen Problems keine solchen Einschränkungen. »Die Juden-Deportation in den fremdsprachigen Gau ... ist vom Führer genehmigt«, hob Heydrich hervor. Die »systematische Ausschickung der Juden aus den deutschen Gebieten« sollte »mit Güterzügen« bewerkstelligt werden.[14]

Während Heydrich den Einsatzgruppenchefs versicherte, der Führer habe umfangreiche Deportationen genehmigt, legte Hitler seine Vision Polens Rosenberg dar. Polen, erklärte er, wolle er dreiteilen. Das östliche Gebiet zwischen Weichsel und Bug würde »für alle Juden (auch die aus dem Reich) sowie alle anderen unzuverlässigen Elemente« reserviert. Hitlers Plan, schrieb Rosenberg in sein Tagebuch, war, den Westteil zu germanisieren und zu kolonisieren. »Dies wäre eine Hauptaufgabe für das Volksganze: eine deutsche Kornkammer zu schaffen, ein starkes Bauerntum, gute Deutsche aus der ganzen Welt umzusiedeln.« Den Polen sollte, zumindest einstweilen, in der Mitte eine Art Reservat zugestanden werden. »Die Zukunft werde zeigen, ob nach einigen Jahrzehnten der Siedlungskordon weiter nach Osten zu schieben wäre.«[15]

Es ist klar, daß Heydrich und Himmler völlig übereinstimmten, und die von Himmler vorgenommene Ernennung Heydrichs zum Chef des Reichssicherheitshauptamtes muß Hitler davon überzeugt haben, daß er als Heydrichs unmittelbarer Vorgesetzter der beste Kandidat

Vogelperspektive des preisgekrönten Entwurfs von Max Halpaap und Carl Nagl für einen großen deutschen Bauernhof in den annektierten Gebieten. *Monatshefte für Baukunst und Städtebau* (1942). Der Entwurf wurde als Verkörperung ostdeutscher Bautradition gelobt. Die auf die Unterbringung der Landarbeiter (rechts) verwandte Sorgfalt war ein Bruch mit der Tradition. Die Junker hatten zur Arbeit auf ihren Gütern vorzugsweise polnische Saisonarbeiter angeworben, die sie nur dürftig unterbrachten. Die Nationalsozialisten widersetzten sich der Beschäftigung polnischer Arbeitskräfte und wollten den Beruf des Landarbeiters für junge Deutsche attraktiv machen. Dies erklärt die besondere Aufmerksamkeit der Architekten für ihre Wohnungen, zu denen ein kleiner Stall, ein großer Gemüsegarten und genügend Raum für eine kinderreiche Familie gehörten. Die Landarbeiter sollten gemäß der nationalsozialistischen Ideologie Gelegenheit zum Erwerb eines eigenen Hofes erhalten. Der große Hof war nicht nur eine Stätte der Agrarproduktion, sondern auch ein Ort der Berufsbildung für eine neue Bauerngeneration und eine Stätte der Festigung des deutschen Volkstums.

Konrad Meyer (dritter von links, mit geballter Faust) erläutert dem Gauleiter von Oberschlesien,
Fritz Bracht (rechts, mit Brille), das Modell eines Dorfes.

für die Übernahme der Verantwortung für die Umsiedlungsmaßnah-
men war. Mit Himmler bekam Hitler auch Heydrich. Natürlich kann es
sein, daß Himmler des zusätzlichen Vorteils, Heydrich in seinem Stab
zu haben, gar nicht bedurfte. Schon seine eigene Laufbahn war Empfehlung genug. Nicht nur unterstand ihm die SS, die mit Rassenpolitik
und Siedlung gleichgesetzt wurde, sondern durch den SD und die
VOMI hatte er auch gute Verbindungen zu volksdeutschen Gruppen.
Vielleicht am wichtigsten war sein privilegierter Zugang zu Spitzen-
beamten in deutschen Ministerien, denen er SS-Ehrentitel verliehen
hatte.[16] Am 28. September bot Hitler ihm die Stellung eines Sied-
lungsbevollmächtigten für die annektierten Gebiete an. Seine Aufgabe bestand darin, den Wiederaufbau des deutschen Ostens zu
koordinieren. Himmler nahm, ohne zu zögern, an. Der Chef der
Reichskanzlei, Hans Heinrich Lammers, erteilte dem Finanzminister
sofort Vollmacht, Himmlers neue Tätigkeit mit einer ersten Rate von
zehn Millionen Reichsmark für »die Umsiedlung der aus dem Ausland in das Reich zurückkehrenden Reichs- und Volksdeutschen . . .

sowie die Ansetzung von landwirtschaftlichen Siedlern in den bisher
polnischen Gebieten« zu unterstützen.[17]

Hitler unterzeichnete den Erlaß zur Festigung deutschen Volkstums, der am 7. Oktober Himmlers Ernennung bestätigte und als Aufgaben des Reichsführer SS »die Zurückführung der für die endgültige
Heimkehr in das Reich in Betracht kommenden Reichs- und Volksdeutschen im Ausland ... die Ausschaltung des schädigenden Einflusses von solchen volksfremden Bevölkerungsteilen, die eine Gefahr
für das Reich und die deutsche Volksgemeinschaft bedeuten [und] die
Gestaltung neuer deutscher Siedlungsgebiete durch Umsiedlung, im
besonderen durch Seßhaftmachung der aus dem Ausland heimkeh-
renden Reichs- und Volksdeutschen,« definierte.[18]

Himmlers großer Ehrgeiz und seine ideologische Vision vom deutschen Osten formten seine Pläne für die neuen Gebiete. In einer Ansprache vor SS-Führern in Posen am 24. Oktober beschrieb er sein
Programm im Detail. Schon seit 3000 Jahren hätten Germanen in dem
Gebiet erfolgreich gesiedelt, sagte er; gewiß könnten die Nationalsozialisten ihrem Beispiel folgen. Die Ansiedlung von Bauern als kapi-
talistische Unternehmung verwerfend, verschrieb sich Himmler dem
martialischen Begriff des Wehrbauern. »Dieser Gedanke wurde von
mir bereits vorbereitet. Dazu gehört auch das Zwangssparen, das ich
in der Schutzstaffel eingeführt habe. Ein SS-Mann, der sich im Laufe
des Jahres 2000 bis 3000 RM erspart, hat damit den Grundstock zu
einer Siedlung gelegt.« Doch nicht nur Geld wurde benötigt. Insassen
deutscher Konzentrationslager sollten in Ziegeleien und Steinbrüchen
Zwangsarbeit leisten, »so daß die Ziegel [und Steine] für den Bau der
Siedlungen vorhanden sind«.[19] Mit gewohnter Pedanterie beschrieb
Himmler die zu errichtenden Häuser. Entsprechend dem Raumbedarf
gesunder, kinderreicher Familien geplant, sollten sie aus Ziegeln errichtet und »weder luxuriös noch primitiv gestaltet werden. Die Siedlungen müssen besondere Sauberkeit aufweisen, und die Anlagen der
Häuser müssen sauber und praktisch sein.«[20] Vom Detail rasch zum
allgemeinen Konzept übergehend, sagte Himmler voller Zuversicht
voraus, in 50 bis 80 Jahren würden im deutschen Osten 20 Millionen
deutsche Siedler leben, von denen zehn Millionen Bauern mit acht bis
zehn Kindern sein würden. Dann wäre kein Land mehr zur Verteilung
da, und Deutschland müßte die Grenze weiter nach Osten verlagern.
»Der ewige Lauf der Geschichte eines Volkes – immer wieder werden
Äcker erobert und neu gesiedelt ...«[21]

Hitlers Erlaß definierte nur vage Himmlers Befugnisse. Zwar überschritt das Amt die Grenzen seines bisherigen Machtbereichs, doch die zuständigen Ministerien hatten einer Übertragung von Teilen ihrer Befugnisse auf ihn noch nicht zugestimmt, und deshalb erhielt er nicht den ihm zukommenden amtlichen Titel Reichskommissar (der ihm formell Vollmacht verliehen hätte). Doch amtlich oder nicht amtlich, Himmler legte sich den Titel zu, und da sich kein Widerspruch erhob, nannte er sich in seiner Rolle als Architekt des deutschen Ostens Reichsführer SS als Reichskommissar für die Festigung deutschen Volkstums (abgekürzt, RFSS-RKfdFdV, RFSS-RKFDV oder ganz kurz, RFSS-RKF).

Der Erlaß zur Festigung deutschen Volkstums schrieb vor, Himmler solle mittels bestehender Strukturen arbeiten. Insbesondere bestimmte er, die Besiedlung ländlicher Gebiete sei vom Reichsministerium für Ernährung und Landwirtschaft zu beaufsichtigen. Andere Behörden waren nicht genannt, aber das Spektrum der beteiligten Institutionen sollte bald deutlich werden. Das Reichsarbeitsministerium und die Deutsche Arbeitsfront sollten die Siedlung in Städten und Großstädten koordinieren; die VOMI sollte die Volksdeutschen repatriieren; der Reichsgesundheitsführer und das SS-Rasse- und Siedlungshauptamt sollten für die medizinische Massenuntersuchung der Evakuierten zuständig sein; das Reichssicherheitshauptamt sollte politisch unzuverlässige Elemente unter den Volksdeutschen aussieben und Polen und Juden deportieren; und die Reichsstatthalter der neu gebildeten Reichsgaue sollten, von den regionalen höheren SS- und Polizeiführern als Vertreter Himmlers beraten, die unmittelbare exekutive Kontrolle ausüben.[22] An der Generalplanung sollten Görings Amt für den Vierjahresplan, die Wehrmacht und die Reichsstelle für Raumordnung beteiligt sein. Kurz gesagt, Hitlers Erlaß ist ein klassisches Beispiel für Machtteilung als Mittel zur Erhaltung der absoluten letzten Gewalt, wie sie für den nationalsozialistischen Staat charakteristisch war: »Falls über eine zu treffende Maßnahme zwischen dem Reichsführer SS einerseits und der zuständigen obersten Reichsbehörde ... eine nach Gesetzgebung und Verwaltungsorganisation erforderliche Einigung nicht erzielt werden sollte, ist meine [Hitlers] Entscheidung durch den Reichsminister und Chef der Reichskanzlei einzuholen.«[23]

Himmlers direkter Kontrolle unterstanden die VOMI, das SS-Rasse- und Siedlungshauptamt und Heydrichs Reichssicherheitshauptamt – soweit Heydrich überhaupt einer Kontrolle unterstand. Doch Himm-

Oftland –
Land der Sehnsucht und Erfüllung unserer kampf-
erprobten Männer

lers Beziehungen zu anderen Behörden waren problematischer. Seine
frühere Freundschaft mit Darré war aufgrund unvereinbarer Differenzen zwischen Himmlers Plänen und Darrés Vision vom Wiederaufbau
des deutschen Ostens abgekühlt. Himmler suchte in den Grenzgebie-
ten große Wehrbauernhöfe zu errichten. Landwirtschaft betrachtete er
als ein Privileg, das der rassischen und politischen Elite vorbehalten
war, und ihm schwebte die Errichtung größerer Domänen vor, die beträchtliche Erträge abwerfen und auch Beschäftigungs- und Ausbil-
dungsmöglichkeiten für Deutsche bieten sollten, die in der SS gedient
hatten. Aus ihnen sollte die Herrenschicht der Bauern rekrutiert werden; durch siebenjährigen Dienst auf ihren Gütern sollten sich Inter-
essenten ihren eigenen Hof verdienen können.[24] Darré widersetzte
sich allen derartigen neofeudalen Plänen. Gutsbesitzer neigten dazu,
ihre Kinderzahl zu begrenzen, während Kleinbauern kinderreich waren, da sie Arbeitskräfte benötigten. Darré, der im Kleinbauern den
Garanten für Deutschlands Zukunft sah, verstand die Besiedlung
Nordamerikas als Vorbild. Hunderttausende von Familien aus SS- und
SA-Kreisen sollten dem Vormarsch der Wehrmacht folgen dürfen, um

den Boden zu besetzen und mit eigenen Händen eine neue Gesellschaft aufzubauen.[25]

Weitere Spannungen ergaben sich daraus, daß Darré als Reichsminister für Ernährung und Landwirtschaft darauf bestand, daß der Sied-
lungsprozeß nicht zu einem Rückgang der Lebensmittelerzeugung
führen dürfe, während Himmler behauptete, die langfristige politische Bedeutung der Siedlungsmaßnahmen sei wichtiger als die unmittelbaren wirtschaftlichen Auswirkungen. Schließlich meinte Darré
zu Recht, daß Himmlers Ernennung seine eigene Kontrolle über eine
wichtige Quelle bisheriger Erfolge in Frage stellte. Als Reichsminister
für Ernährung und Landwirtschaft war Darré seit 1933 von Amts wegen für das ländliche Siedlungswesen zuständig gewesen; zwischen
1933 und 1939 hatte sein Ministerium die Ansiedlung von 16 000 Bauern in ganz Deutschlands beaufsichtigt. Darré und seine Mitarbeiter
waren stolz auf ihren Erfolg, und sie meinten, dieser gebe ihnen das
Recht, die Besiedlung der annektierten Gebiete zu organisieren. Mit
dem Erlaß vom 7. Oktober wurde ihr Standpunkt offiziell anerkannt.
»Die dem Reichsführer SS übertragenen Aufgaben werden, soweit es
sich um die Neubildung deutschen Bauerntums handelt, von dem
Reichsminister für Ernährung und Landwirtschaft nach den allgemeinen Anordnungen des Reichsführers-SS durchgeführt.«[26] Die genaue
Bedeutung der letzten Klausel blieb eine Konfliktquelle.

Auch andere Organisationen beanspruchten Befugnisse im Sied-
lungsbereich. Die erste war das Reichsheimstättenamt der Deutschen
Arbeitsfront, der einheitlichen Arbeitsorganisation, die als Arm des
Parteiapparats alle früheren Gewerkschaften ersetzt hatte. Gerade im
Reichsheimstättenamt hatte das in den zwanziger Jahren von den Artamanen formulierte Ideal ländlicher Besiedlung seinen offiziellen
Platz innerhalb der NSDAP gefunden. Die Reichsstelle für Raumordnung, das 1935 eingerichtete nationale Amt für Landesplanung, war
ein weiterer Konkurrent um die Kontrolle des Wiederaufbaus des
deutschen Ostens. Diese Behörde war für die Formulierung eines Ge-
samtplans für die Raumordnung des Reiches zuständig. Ihren Kern
bildete die Reichsarbeitsgemeinschaft für Raumforschung unter dem
Geographen Konrad Meyer, einem angesehenen Gelehrten, aber
auch SS-Obersturmbannführer, dessen Ideologie das Programm
prägte. Während der Reichsstelle die Koordination der Planung im gesamten Reich oblag, konzentrierte sich Meyers Arbeitsgemeinschaft
auf den deutschen Osten. Ihre Mitglieder waren erfreut über den Erwerb der einverleibten Gebiete, die im Herbst 1939 ideale Bedingun-

gen boten: leicht zu beschlagnahmendes (jüdisches oder polnisches) Grundeigentum und keine fest verwurzelten Provinzverwaltungen. Doch zu ihrem Bedauern gab es merkliche Differenzen zwischen Himmlers Vision vom Osten und ihrer eigenen. Himmlers Bemühen um die Umwandlung der Region in eine agrarische Utopie kritisierend, suchten sie das Gebiet zu industrialisieren. Aber da die Reichsstelle für Raumordnung keine klar definierten Exekutivbefugnisse hatte, war sie gezwungen, sich Himmlers Vision zu fügen. Um gänzliche Willfährigkeit sicherzustellen, trug Himmler Meyer die Leitung der Planungsabteilung seines Amtes des Reichskommissars an, und der akzeptierte.

Meyers Sicht war durch seine Arbeit bei der Reichsstelle beeinflußt, und in einem Himmler Ende 1939 vorgelegten Bericht erklärte er, daß zur Verhinderung der Landflucht nach dem Westen die annektierten Gebiete nicht nur landwirtschaftlich, sondern auch industriell entwickelt werden müßten. Meyer schlug vor, daß 35 Prozent der Bevölkerung Bauern sein sollten, was, wenn auch hinter Himmlers Ideal zurückbleibend, dem 1,7fachen des deutschen Durchschnitts entsprach. Doch während Meyer realistisch war und Himmlers landwirtschaftliche Utopie nicht teilte, billigte er doch dessen rassistische Ideologie: Der erfolgreiche Wiederaufbau des deutschen Ostens sollte vom Bauerntum abhängen. »Von seiner Arbeit am Boden hängt die Festigung des deutschen Volkstums und die endgültige Gewinnung des durch das Schwert gewonnenen Bodens entscheidend ab. Fortgang und Ausmaß der Eindeutschung der Ostgebiete wird daher ausschließlich davon bestimmt, wieviele geeignete Familien zur Neubildung deutschen Bauerntums in den nächsten Jahren angesetzt werden können.«[27] Von der projektierten Gesamtbevölkerung von neun Millionen mußten 3,15 Millionen Bauern sein; davon sollten 70 Prozent oder 2,2 Millionen Deutsche sein. Da in dem Gebiet bereits 740 000 Deutsche wohnten, wurden sofort 1,46 Millionen Deutsche oder 200 000 Haushalte benötigt.[28] Der von Friedrich dem Großen im 18. Jahrhundert geschaffene Präzedenzfall und Bismarcks Förderung einer neuen Wanderung nach dem Osten im 19. Jahrhundert spielte für Meyer eine große Rolle; ausdrücklich verglich er sein eigenes Programm mit diesen historischen Ereignissen. Schon rein numerisch schwebten Meyer größere Pläne vor: Während die preußische Ansiedlungskommission für Westpreußen und Posen in Posen 28 000 Familien angesiedelt hatte und unter Friedrich 75 000 Familien umgesetzt worden waren, verlangte sein Projekt den sofortigen Umzug von 200 000 Haushalten. Auf

die Erfahrungen der Vergangenheit bauend und seine Ziele vor diesem Hintergrund entwickelnd, sah Meyer die Deutschen von 1939 vor-
wärtsschreitend, ihrem Schicksal im Osten entgegen.

Die Siedler sollten sich ihrer geopolitischen Aufgabe bewußt sein.
Der um sich greifenden Meinung entgegentretend, daß Landwirtschaft in einer zunehmend urbanisierten Welt eine Tätigkeit im Niedergang wäre, sieht Meyer »hier das Bauerntum wirklich ›im Angriff‹
im echt kämpferisch-politischen Sinne stehen, und [als] in die Mitte
des Volkstums und des völkischen Aufbruchs gestellt«.[29] Er schlug drei
verschiedene Hoftypen vor. Am wichtigsten waren die Wehrbauernhöfe. »In gewissem Sinne den Schulzenhöfen und Rittergütern der
mittelalterlichen Kolonisation«[30] entsprechend, sollten sie Landarbeiter beschäftigen und auf ein selbständiges Wirtschaften vorbereiten.
Meyer machte sehr deutlich, daß die Rittergüter von zentraler Bedeutung waren. »Die Besitzer dieser Großhufenbetriebe haben neben den
volks- und wehrpolitischen Führungsaufgaben vor allem auch die
Verpflichtung, vorbildliche Beispielswirte und Pioniere auf landwirt-
schaftlich-technischem und betriebsorganisatorischem Gebiet zu sein.
An die Inhaber dieser Betriebe sind daher die höchsten Anforderungen zu stellen. Neben der selbstverständlichen Grundvoraussetzung,
daß sie SS-fähig sind und hinsichtlich ihrer Familie und Kinderzahl
den völkischen Pflichten genügen, müssen sie zugleich aber auch
den Nachweis erbracht haben, daß sie befähigt sind, praktische Be-
triebsführer sind.«[31] Den zweiten Platz auf der sozialen Skala nahmen
die von einzelnen Familien bewirtschafteten Höfe ein, die mit 155 000
jedoch die größte absolute Zahl stellen sollten.[32] Schließlich waren
72 000 Kleinhufen geplant, um Landarbeiter und Handwerker in der
Scholle zu verwurzeln. Knechte, die auf einem Wehrbauernhof fleißig
gearbeitet und ihren kleinen Landbesitz in mustergültiger Weise be-
wirtschaftet hatten, sollten nach fünf bis acht Jahren Anspruch auf
einen eigenen Einfamilienhof haben.[33] Himmler machte Meyers Plan
zu seinem eigenen und berief zum 24. Januar 1940 nach Posen eine
Konferenz ein, auf der Meyer das Programm den Chefs der Landes-
planungsämter der genannten Gebiete bekanntgab.[34]

Durch die Berufung Meyers als eines anerkannten Fachmannes
neutralisierte Himmler die konkurrierenden Ansprüche der Reichsstelle für Raumordnung auf die Kontrolle der Entwicklung im Osten.
Zur Durchführung von Himmlers Programm bedurfte es der Kooperation der Reichsstatthalter und der Oberpräsidenten, die regionalen
Planungsbehörden mit langer Tradition vorstanden. Doch erwiesen

sich die Beziehungen des Reichskommissars zu den Oberpräsidenten Ostpreußens und Schlesiens und den Reichsstatthaltern Danzig-Westpreußens und des Warthelandes als problematisch. Alle vier – Albert Forster (Danzig-Westpreußen), Erich Koch (Ostpreußen), Arthur Greiser (Wartheland) und Josef Wagner (Schlesien) – waren alte Kämpfer der NSDAP. Ihre Provinzen sahen sie als eigene Domänen, über die sie mit einem Minimum an äußeren Eingriffen zu herrschen suchten; Himmlers anhaltender Machtzuwachs beunruhigte sie, und dem Höheren SS- und Polizeiführer, den er ihren Ämtern beigab, begegneten sie mit Mißtrauen. Dem Namen nach dem Reichsstatthalter oder Oberpräsidenten unterstellt, gehorchten diese SS-Männer ausschließlich Himmler.

Da die Besiedlung des deutschen Ostens während des Krieges beginnen sollte, war Himmler auch auf die Kooperation der Wehrmacht angewiesen. Das Oberkommando der Wehrmacht mißtraute dem Reichsführer SS sogar noch mehr als die Reichsstatthalter und die Oberpräsidenten. Hitler hatte 1934 die unbedingte Loyalität der Wehrmacht mit dem Versprechen erkauft, daß sie der einzige Waffenträger der Nation sein sollte. Doch schon damals plante Himmler, seine Leibstandarte Adolf Hitler und die politischen Bereitschaften der SS in den Kern einer eigenen Armee zu verwandeln. Bereits 1935 zählte diese SS-Verfügungstruppe neun Bataillone. Die Wehrmacht stand diesen bewaffneten Einheiten ablehnend gegenüber und erkannte den Dienst in der (seit 1940 so genannten) Waffen-SS nur widerwillig als Erfüllung der amtlichen Wehrpflicht an. In einem Versuch, Himmlers Macht zu beschränken, bestand die Wehrmacht darauf, daß er sich zur Erfüllung seiner Aufgaben in den besetzten Gebieten ihrer Struktur bedienen müsse, und eine entsprechende Klausel war in den Erlaß zur Festigung deutschen Volkstums eingefügt worden.

Wenige Wochen nach dessen Unterzeichnung schrumpfte die Rolle der Wehrmacht bei der Verwaltung Polens, dessen westlicher Teil dem Reich eingegliedert wurde, während für das Generalgouvernement eine Zivilverwaltung entstand. Doch blieb die Wehrmacht eine Kraft, der Himmler Rechnung tragen mußte. Er brauchte Siedler für den deutschen Osten, doch die Wehrmacht verbot die Anwerbung von Siedlern im Reich. Mit dem Argument, auch Soldaten sollten für die in den neuen Provinzen angebotenen Höfe und Unternehmen in Frage kommen, und darauf beharrend, daß während des Krieges niemand vom Militärdienst freigestellt werden könnte, um Siedler zu werden, verlangte die Wehrmacht, Himmlers Siedlungsprogramm zu verschie-

Balten in Riga im November 1939
bei der Einschiffung nach
Deutschland.

ben. Hitler sah dies ein und befahl Himmler, nur rückgeführte Volksdeutsche oder Kriegsinvaliden anzusiedeln. Die Wehrmacht, für die
letztgenannten amtlich zuständig, stimmte ihrer Vorzugsbehandlung
zu. Die Wehrmacht widersetzte sich nicht nur Himmlers Bestreben um
den Aufbau des deutschen Ostens durch deutsche Einwanderung, sie
verhinderte auch die beabsichtigte völlige Deportation der polnischen
und jüdischen Bevölkerung aus diesem Gebiet. Zwar hatte die Reichsregierung das Generalgouvernement zum Abladeplatz für Deportierte
bestimmt, doch grenzte dieser Teil Polens an die Sowjetunion und
hatte große strategische Bedeutung. Als die Wehrmacht im Frühjahr
1941 mit der Vorbereitung des Krieges gegen die Sowjetunion begann,
beendete sie die Einwanderung in das Generalgouvernement. Mangels eines Ortes zum Abschieben unerwünschter Bevölkerungsteile
kam Himmlers Programm der völkischen Säuberung in den annektierten Gebieten zum Stillstand.

    Es gab noch ein letztes, massives Hindernis gegen Himmlers Be-
strebungen: Reichsmarschall Hermann Göring. Der Beauftragte für
den Vierjahresplan hatte absolut kein Interesse an Siedlungsfragen.

Hingegen hatte er großen Appetit auf polnisches Vermögen, insbesondere auf Handels- und Industrieunternehmen. Im Oktober 1939 gründete er durch Erlaß die Haupttreuhandstelle Ost zur Erfassung, Verwaltung und Verwertung allen Staats- und Privatvermögens in den annektierten Gebieten und im Generalgouvernement. Den Reichskommissar für die Festigung deutschen Volkstums erwähnte der Erlaß nicht. Dies war ein enormer Rückschlag für Himmler, der gehofft hatte, die Umsiedlung zum Teil durch den Verkauf nichtlandwirtschaftlicher Vermögenswerte zu finanzieren. Durch Verhandlungen erlangte er ein beträchtliches Maß an Kontrolle über die Beschlagnahme landwirtschaftlichen Vermögens, aber sein Plan war vereitelt.

Zur Zusammenarbeit mit verschiedenen Behörden gezwungen und in Erwartung heftiger Rivalitäten, begann Himmler mit dem Aufbau seiner Machtbasis. Sofort nach seiner Ernennung zum Reichskommissar schuf er seinen eigenen Operationsstab, das Stabshauptamt beim Reichskommissar für die Festigung deutschen Volkstums unter der Leitung von Ulrich Greifelt. Dieses Amt war keine offizielle Behörde mit exekutiver Befugnis, doch wollte Himmler es mit beträchtlicher Macht ausstatten. Seine Hauptaufgaben, so schrieb er, waren: »Die Leitung und Herausgabe der allgemeinen Anordnungen und Richtlinien und ... die Durchführung bestimmter nur zentral zu erledigender Aufgaben.«[35] Und wirklich wuchs Greifelts Behörde zu einem massiven bürokratischen Apparat. Im Juni 1941 wurde sie offiziell zu einem SS-Hauptamt. Mit Amtssitz in Berlin und Zweigstellen in den Provinzen, funktionierte es nie reibungslos. Während seiner gesamten Amtszeit als Reichskommissar strebte Himmler vergeblich nach völliger Kontrolle, denn er mußte sich zum Teil auf Leute stützen, auf die er nur begrenzten Einfluß hatte.

Während die Zukunft der annektierten Gebiete Gegenstand heftiger Rivalitäten war und bleiben sollte, wurde die Evakuierung der volksdeutschen Bevölkerungen aus den baltischen Staaten, Wolhynien, Ostgalizien und später der Bukowina, Bessarabien und anderen Landstrichen und die damit einhergehende Deportation von Polen und Juden aus den annektierten Gebieten in das Generalgouvernement mit bedrückender Leichtigkeit bewerkstelligt. Heydrich, der für erstere indirekt zuständig war und die letztere unmittelbar kontrollierte, begriff die beiden Operationen als eine einzige. Für ihn war es ein Buchungsvorgang, die Führung eines Hauptbuches, das Deportation gegen Siedlung aufrechnete. »Die bisher erfolgten Räumungen

»Rückbesiedlung im deutschen Osten.« In 18 Monaten holte Himmler insgesamt 490 640 Volksdeutsche »heim ins Reich«. Umgesiedelt wurden Balten (Oktober bis Dezember 1939), Deutsche aus Wolhynien, Galizien und vom Narew (November 1939 bis Januar 1940), Volksdeutsche aus der Region Chelm und Lublin (Sommer 1940), Deutsche aus Bessarabien, der Nord- und Südbukowina und der Dobrudscha (September bis Dezember 1940) und Deutsche aus Litauen. Außerdem Balten, die im Herbst 1939 nicht für die Rücksiedlung optiert hatten (Januar bis März 1941).

umfaßten rund 87 000 Polen und Juden aus dem Warthegau, um für die dort anzusiedelnden Baltendeutschen Raum zu schaffen«, berichtete er im Januar 1940. Die »Abschiebung« von weiteren 120 000 Polen, 30 000 Zigeunern und allen verbliebenen Juden aus den annektierten Gebieten geschah »im Interesse der Wolhyniendeutschen«.[36]

Heydrich besaß ein klares Verständnis der anstehenden großen Probleme und ging die einzelnen Teilen der Operation folgerichtig an. Er gründete die Einwandererzentralstelle und übertrug ihr die Kontrolle und Zentralisierung der Einbürgerung Volksdeutscher, die Prüfung des rassischen und biologischen Status jeder Familie, die Beurteilung ihrer politischen Zuverlässigkeit und die Zuteilung von Haus und Hof an die Umsiedler. Die Einwandererzentralstelle funktionierte wie ein Fließband. Die Umsiedler wurden von Raum zu Raum geführt, um nacheinander von schwarz uniformierten Polizeibeamten, braun uniformierten Parteibeamten und grau uniformierten Zivilbeamten vernommen zu werden. Daran schloß sich eine umfassende medizinische Untersuchung an, bei der Körperproportionen,

Haut- und Haarfarbe und die Form der Nase bestimmt wurden. (Nicht zufällig war einer der Mediziner in dem Posener Amt Josef Mengele, der berüchtigte Arzt von Auschwitz.) Nach Feststellung des rassischen Wertes der Umsiedler entschieden Beamte des Innenministeriums, ob sie als Volksdeutsche eingebürgert oder einen geringeren Status erhalten sollten. Zurückgelassenes Eigentum wurde erfaßt. Dann mußte ein Arbeitsplatz gefunden werden, und Vertreter der Arbeitsfront, des Reichsarbeitsministeriums und des Reichsministeriums für Ernährung und Landwirtschaft entschieden über das Wo und Wie der Ansiedlung. Den meisten Einwanderern wurde Ansiedlung in den annektierten Gebieten angeboten, dazu Eigentumsersatz, Morgen für Morgen, Gebäude für Gebäude, Werkzeug für Werkzeug. Manchen wurde eine eigene Landwirtschaft oder Werkstatt verweigert; statt dessen wurden ihnen als Ersatz für zurückgelassenes Vermögen Beschäftigung beim Reich und Staatsanleihen angeboten. Und dann gab es jene, deren Zuverlässigkeit, Rasseeinheit oder Nationalität zweifelhaft war. Sie blieben in Durchgangslagern, von denen sie in Konzentrationslager überführt oder in ihr Herkunftsland zurückgeschickt wurden.[37]

Heydrich organisierte und leitete alle praktischen Aspekte der Umsiedlung und lieferte überdies eine entsprechende Ideologie. Wie erwähnt, hatte die Operation am 25. September als Antwort auf die Folgerungen aus dem Hitler-Stalin-Pakt für die Volksdeutschen begonnen. Sogleich nach Übernahme seiner zentralen Rolle sandte Heydrich an Ribbentrop eine Mitteilung, in der er das Schicksal der Balten schöpferisch umdeutete. Er pries sie dafür, daß sie seit 700 Jahren »den Wall gegen den asiatischen Osten« gebildet hatten. Diese Aufgabe sei mit den Kämpfen des Jahres 1919 zum vorläufigen Abschluß gekommen. »Wenn es heute notwendig ist, ... diese alte deutsche Position zu räumen, ... muß eine würdige Form des Abschlusses, der Anerkennung für eine jahrhundertelange Leistung zum Besten des Gesamtvolkes erfolgen.« Kein anderer als Hitler selbst sollte den Balten ihre neue Aufgabe zuweisen, und diese sollte ihre Fähigkeit, »mit fremdem Volkstum umzugehen, einen Raum deutsch zu gestalten und zu prägen«, berücksichtigen. Da die Balten die Vorhut im deutschen Osten waren, so schrieb Heydrich, »muß unter allen Umständen vermieden werden, daß es den übergesiedelten Angehörigen der Volksgruppe gestattet werde, sich nach eigenem Ermessen Unterbringung innerhalb des Reichsgebietes zu suchen. Diese Gefahr besteht bis zu einem gewissen Grade angesichts der weitgehenden verwandtschaftlichen Beziehungen Baltendeutscher über das ganze Reich einerseits und dem großen Bedarf an qualifizierten Arbeitskräften auf dem Arbeitsmarkt andererseits. Um diese Zersplitterung zu verhindern, müßte jedes Mitglied der Volksgruppe bis auf weiteres gleichsam unter einem Gestellungsbefehl zum Einsatz kommen und in seiner Freizügigkeit beschränkt sein. Die SS-fähigen Männer müßten von vornherein in einer aufzustellenden SS-Standarte erfaßt und ausgerichtet werden.« Mit ihrer besonderen »Stärke ..., Gebieten ein deutsches Gesicht zu geben, welche noch verhältnismäßig wenig von Deutschen besiedelt und ausgebaut sind«, sollten die Balten, so regte Heydrich an, »in der Provinz Posen oder östlich der alten Reichsgrenze von 1914, etwa in der Nähe von Warschau«, angesiedelt werden.[38]

Heydrich verwandelte ein Problem, das zur ad-hoc-Krisenbewältigung einlud, in ein Ereignis, das sich in den Rahmen der Geschichte des deutschen Ostens fügte. Die Liquidierung der baltendeutschen Volksgruppe wurde entgegen den Tatsachen nicht als überstürzter Rückzug, sondern als der Beginn eines glorreichen neuen Kapitels in der Geschichte des deutschen Dranges nach Osten dargestellt. Nach Erfüllung des ihnen von Deutschland erteilten, in der Gestalt des Kaisers des Heiligen Römischen Reiches zum Ausdruck gelangten und im Deutschen Orden verkörperten Auftrags sollten die Balten jetzt eine neue, ihnen von der Geschichte zugewiesene Aufgabe übernehmen, die im Führer ihren Ausdruck fand und von der SS verkörpert wurde. Die deutsche Regierung machte sich Heydrichs ideologische Position amtlich zu eigen. »Die Baltendeutschen kommen nicht als Flüchtlinge, schon gar nicht als Emigranten ins Reich, sondern um aus der Hand des Führers neue Aufgaben und damit eine neue Heimat zu empfangen«, instruierte der Reichsaußenminister am 21. Oktober 1939 seine Botschafter. Angaben, die auf eine fluchtartige Heimkehr der Baltendeutschen schließen lassen konnten, sollten vermieden werden, hätte dies doch bedeutet, daß die deutsche Regierung die baltischen Länder an Stalin verkauft hatte (was natürlich der Fall war). »Deswegen muß betont werden, daß die Baltendeutschen durch den Führer von ihren jahrhundertelang verteidigten Posten abberufen werden, weil er ihnen *neue* Aufgaben stellt und *damit* eine neue Heimat schenkt.«[39]

Sogar die Balten akzeptierten die amtliche Linie – zumindest jene, denen das nationalsozialistische Regime die Veröffentlichung ihrer Gefühle und Erfahrungen erlaubte.

Vertreibung von Polen von ihren Bauernhöfen unter militärischer Bewachung, 1940.

Die Familie Matschak in Erwartung ihrer Deportation, 1940.

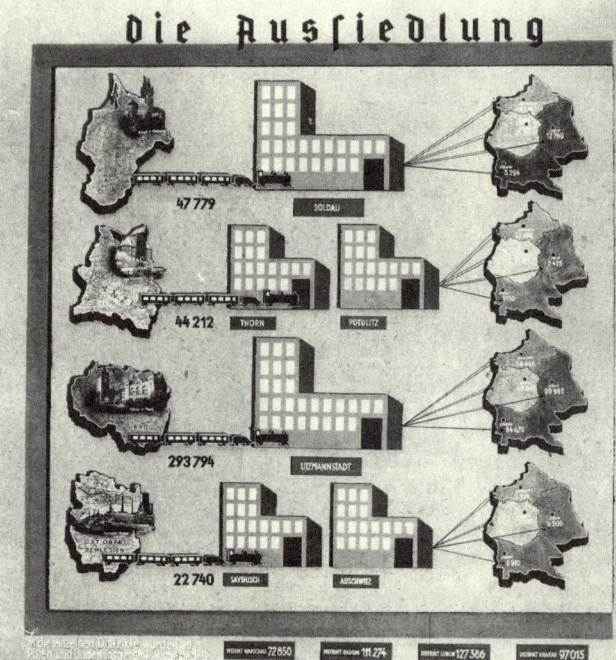

Die Aussiedlung

Jur plapschaffung -
für die Anfetzung der
rückgeführten Volks -
deutschen werden pole
und Juden aus den ein
gliederten Oftgebieter
ausgefiedelt und über
Ausfiedlungslager de:
Chefs der Sicherheitspo
und des SD in das Gen
gouvernement gefahr

In
der Zeit vom Oktober
bis März 1941 wurden
408 525 polen und :
ausgefiedelt

»Die Aussiedlung.« Tafel aus der Ausstellung »Planung und Aufbau im Osten«, veranstaltet in Berlin
im Frühjahr 1941. Zwischen Oktober 1939 und März 1941 wurden dem Text zufolge 408 525 Polen
und Juden in das Generalgouvernement deportiert. Von diesen wurden 22 740 aus Oberschlesien
stammende Personen über Saybusch und Auschwitz transportiert.

Am Sonntag, dem 8. Oktober, stürzte meine Mutter mit der Zeitung in der
Hand in mein Zimmer. Da stand es: Rücksiedlung ins Reich, sofort. Es war
zuerst so, als hätte man die feste Erde unter den Füßen verloren. Und doch:
Über allem stand der Ruf des Führers. Dieser Ruf war wie ein Magnet. Der
Führer rief uns zurück ins Reich. Er will uns eine neue große Aufgabe geben, gerade uns, als den ersten aller Volksdeutschen. Und wie ein Mann
stand die Volksgruppe von 60 000 Menschen da und sagte: Ja, wir kommen. Es gab zuerst überhaupt kein Fragen, ja oder nein. Es war so selbstverständlich, daß jeder von uns ja sagte ... Groß ist unsere Zeit und groß ist
der Mann, der die Geschicke aller Deutschen lenkt, und groß ist das Vertrauen und noch größer der Glaube an diesen unseren Führer und unser

Volk. Wie könnte man denn sonst dies alles erklären, daß 60 000 bis 70 000
Menschen sofort bereit waren, alles zu verlassen, was bis jetzt den Sinn
ihres Lebens ausgemacht hat, und in eine ungewisse, völlig unbekannte
Zukunft zu gehen, bereit waren und es sind? Ja, das ist für die Letten und
die Juden das größte Wunder, dieses blinde Vertrauen der Deutschen zu
ihrem Führer. Sie können es noch nicht fassen, wie man sichere Stellen aufgeben kann, wie man den Besitz verläßt, bloß weil ein Mann einem Volks-
teil sagt, ich habe Euch nötig, kommt her.[40]

Die Evakuierung der Volksdeutschen aus dem Baltikum, Ostpolen
und dem nördlichen Rumänien erfolgte unter dem Druck internationaler Ereignisse und unter von fremden Regierungen diktierten
Bedingungen. Es ging einzig darum, möglichst viele Menschen möglichst schnell unter möglichst wenig Kontakt mit den örtlichen Behörden herauszuholen. Innerhalb von 18 Monaten wurden die
zahlreichen deutschen Gemeinden von fünf souveränen Staaten (Lettland, Estland, Sowjetunion, Rumänien und Litauen) evakuiert und in
die annektierten Gebiete umgesiedelt. Das Verfahren war einfach. Als
erstes handelte das Reichsaußenministerium mit der fremden Regierung einen zweiseitigen Vertrag zur Regelung von Vermögenstransfer
und Entschädigung aus. Es folgte eine kurze, aber intensive Propagandakampagne, um die Volksdeutschen davon zu überzeugen, daß
sie »dem Ruf des Führers« lieber folgen sollten. Und dann kamen sie
heim. Zur Aufnahme der Balten wurden deutsche Schiffe entsandt,
während sich von der SS geschulte und gesteuerte Umsiedlungsstäbe
in die volksdeutschen Gebiete der Sowjetunion und Rumäniens (Wolhynien, Galizien, Narew und Nord-Bukowina, Bessarabien, Süd-Bu-
kowina und Dobrudscha) begaben, um die Volksdeutschen zu erfassen, sie über ihre Lage und Wahlmöglichkeiten zu informieren und
ihnen bei der Evakuierung mittels Pferdewagen, Eisenbahn oder
Flußschiff zu helfen.

Für Himmler war dies ein enormer Erfolg. In gut eineinhalb Jahren
hatte er insgesamt mehr als 490 640 Volksdeutsche heim ins Reich geholt. Für die meisten Deutschen war dies ein Ereignis von epischen
Ausmaßen. In Gustav Uczickys Film »Heimkehr«[41], in Romanen wie
»Die große Heimkehr« von Karl Götz und in zahllosen Chroniken und
Tatsachenberichten gefeiert, darunter in Prosawerken wie »Heimkehr
der Volksdeutschen« von Alfred Thoss bis zu Hans Johsts »Ruf des Reiches – Echo des Volkes« ließ diese Tat zweifellos niemanden unbe-
eindruckt. So war Johst entzückt von einem Treffen, an dem er in der
Kattowitzer Residenz des Oberpräsidenten von Oberschlesien teil-

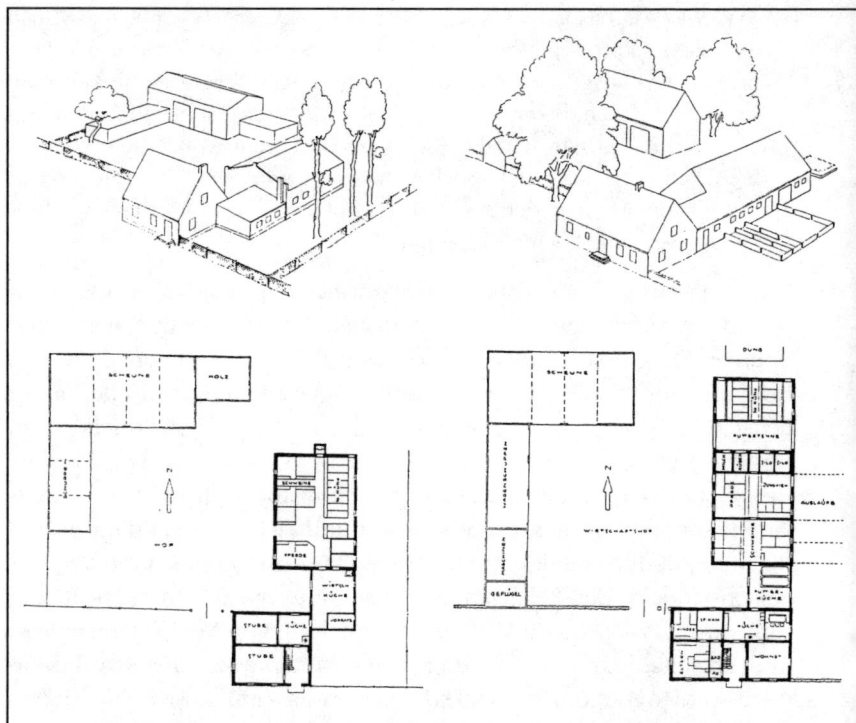

Umwandlung einer polnischen Bauernwirtschaft (links) in einen deutschen Hof (rechts).
Reichskommissar für die Festigung deutschen Volkstums, *Neue Dorflandschaften* (1943).
Deutsche Bauern erhielten praktische Hinweise zur »Germanisierung« eines polnischen Hofes
durch nur geringe Veränderungen.

Einem Volksdeutschen wird die Eigentumsurkunde
für einen polnischen Bauernhof im Wartheland überreicht, 1940.

nahm. Himmler und die Militär- und Zivilbeamten der Region sprachen offen über die Maßnahmen, die zur Unterbringung der Heimkehrer ergriffen werden sollten. »Es wird hartes Tatsachenmaterial
vorgetragen, es werden an Heinrich Himmler in seiner Eigenschaften
als Chef der Umsiedlung konkrete Fragen gestellt. Er nimmt sie auf
und gibt in seiner schließlichen Antwort den Herren in den verschiedenen Ressorts klare und zwingende Richtlinien.« Johst war begeistert. »Es ist ... beglückend, zu erleben, wie hier ruhig und sachlich
eine Völkerwanderung organisiert wird. Hunderttausende von Menschen strömen in das Reich, werden im Ostraum angesiedelt ... andere umgesiedelt. Und alles geschieht, während die Nation im größten Abwehrkampf um ihre Existenz steht. Alles geschieht, als ob es
die selbstverständlichste, einfachste Sache der Welt wäre!« Und er
schloß: »In solchen Augenblicken verstehe ich fast den Haß der westlichen Welt auf alles Deutsche. Nichts wurde von je so angefeindet als
Überlegenheit, als natürliche Überlegenheit, kraft des Glaubens an
eine Idee, kraft der Leistungen und kraft der Erfolge.«[42]

»Wenn man aufbauen will«, verkündete Walter Geisler, »muß eine
Säuberungsaktion vorausgehen, d. h. es muß vernichtet und ausgemerzt werden, was nicht in den neuen Plan hineinpaßt oder sich ihm
widersetzt.«[43] Geisler war Professor der Geographie an der neu errichteten Reichsuniversität in Posen. Als nationalsozialistischer Phi-

Plan eines Dorfes gemäß den
Richtlinien Himmlers. Das von
Architekten des Reichsheimstätten-
amtes geplante Dorf umfaßt fünf
Siedlungen mit dem Hauptdorf
in der Mitte und vier Satelliten-
dörfern an der Peripherie.
Die Konzentration von Höfen in
Gruppen sollte den sozialen
Zusammenhalt sichern.
Der Anordnung wurde auch große
strategische Bedeutung
beigemessen.

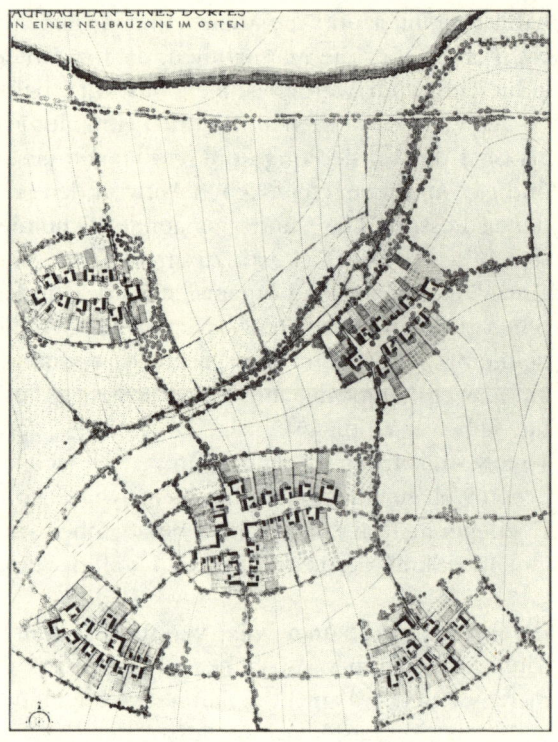

losoph der Geopolitik war er einer der Hauptideologen der Um-
und Aussiedlung. Der Bürokrat Ulrich Greifelt, Leiter des Amtes des
Reichskommissars, entschied, welche Volksgruppe wohin gehen
sollte. Und Heydrich vom Reichssicherheitshauptamt sorgte für die
Ausführung. Greifelt und Heydrich waren die Hauptverantwortlichen
für die von Geisler angesprochene Säuberungsaktion, und sie machten sich sogleich ans Werk. Innerhalb von Tagen, nachdem Himmler Greifelts Abteilung und Heydrichs neuen Sicherheitsapparat
gegründet hatte, wurde entschieden, deutschfeindliche polnische
Führungskräfte, die polnische Intelligenz und 550000 Juden in das
Generalgouvernement zu deportieren. Greifelt erarbeitete Pläne für
die Beschlagnahme allen Vermögens, das dem polnischen Staat oder
Personen gehörte, die deportiert oder hingerichtet worden waren,
ferner zur Vorbereitung einer Volkszählung im Dezember, zur Organisation der Ansiedlung Volksdeutscher in den annektierten Gebieten, zur Erfassung ihrer Ansprüche und zu ihrer provisorischen
Unterbringung.[44] Himmler lag viel daran, daß seine Untergebenen so

Ansicht des Modells des Zentraldorfes. Im Hintergrund von links nach rechts das Haus der Hitlerjugend, das Gemeindeamt und an der von Ost nach West verlaufenden Hauptstraße die Gastwirtschaft. Keiner der Entwürfe für die neuen Dörfer im deutschen Osten sah eine Kirche vor.

schnell handelten. Bis zum 1. März 1940 sollten die annektierten Gebiete von Juden gesäubert sein, verfügte er am 30. Oktober 1939. Zudem sollten alle Polen, die vor 1919 in Russisch-Polen gelebt hatten, bis dahin Danzig-Westpreußen verlassen haben.[45]

Himmlers Erlaß spiegelte die allgemeine Billigung der umfassenden Bevölkerungsmaßnahmen wider, die mit dem geheimen Zusatzprotokoll zum Grenz- und Freundschaftsvertrag vom 28. September ihren Anfang nahmen und von Hitler in seiner Rede vom 6. Oktober öffentlich verkündet wurden. Für die deutsche Regierung und ihre Beamten stand es außer Frage, daß Polen und Juden zu gehen hätten, wenn ihre volksdeutschen Landsleute umgesiedelt werden mußten. Nach 1919 in den Korridor oder die Provinz Posen zugezogene Polen waren besonders unerwünscht und wurden schonungslos deportiert. Die erste zu säubernde größere Stadt war bezeichnenderweise Gdynia, in dem die Deutschen ein Symbol polnischer Überheblichkeit sahen. Anfang Oktober wurde es zum wichtigsten Ankunftshafen für die Baltendeutschen bestimmt, und die Umsiedler sollten die Häuser der einstigen polni-

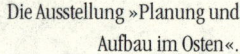

Die Ausstellung »Planung und
Aufbau im Osten«.

schen Bewohner erhalten. Zwei Tage, bevor der erste Baltentransport
den Hafen von Tallinn verließ, begannen in Gdynia die Deportationen.

Am 17. Oktober 1939 um 8 Uhr morgens hörte ich jemanden an meine
Wohnungstür klopfen. Da sich meine Hausangestellte zu öffnen fürchtete,
ging ich selbst zur Tür. Draußen standen zwei deutsche Gendarmen, die
mir grob befahlen, mich in einigen Stunden mit meinen Kindern und allen
Haushaltsangehörigen zur Reise bereitzuhalten. Als ich antwortete, ich
hätte kleine Kinder, mein Ehemann wäre Kriegsgefangener und ich könnte
mich in so kurzer Zeit nicht reisefertig machen, antworteten die Gendarmen, nicht nur müßte ich bereit sein, sondern die Wohnung müßte gefegt,
das Geschirr gewaschen sein und die Schlüssel in den Schränken stecken-
bleiben, so daß die Deutschen, die in meinem Haus wohnen sollten, keine
Probleme hätten. Ausdrücklich erklärten sie, ich dürfte nur einen einzigen
Koffer von höchstens fünfzig Kilo Gewicht und eine kleine Handtasche mit
Lebensmitteln für einige Tage mitnehmen.[46]

Es folgte eine dreitägige Reise in verriegelten Viehwagen ins Generalgouvernement. Aber was mit diesen Polen geschah, ging Greifelt
nichts an. Seine Zuständigkeit endete an der Grenze zum Generalgouvernement. Die deutschen Behörden am Zielort überließen die
Sorge für die Deportierten der örtlichen Verwaltung und Wohlfahrts-
organisationen. »In Koniecpol oder Radom werden zwanzig Personen
in ein Zimmer gestopft, wo sie auf verfaultem Stroh schlafen müssen,
das seit drei Monaten nicht gewechselt wurde«, klagte ein Bericht an
die polnische Exilregierung in London. »Da die Wohnungen nicht ge-
heizt werden, sind die Wände bis in Höhe von eineinhalb Metern
feucht und schimmelig. Nahrung erhalten sie einmal täglich aus
einem Kessel; sie besteht aus Kartoffelsuppe ohne Fett. Brot kostet
die Flüchtlinge einen Zloty pro 1-kg-Laib. In Czestochowa war die
Lage noch schlimmer, denn man kann weder Brot noch Kartoffeln
kaufen.« Die Folgen waren schrecklich. »Die armen Vertriebenen fallen vor Schwäche um, und viele sind schwer krank; Ruhr und Typhus
breiten sich aus. Der Mangel an Kleidung – denn sie wurden vom
Fleck weg deportiert –, das Fehlen von Bettzeug und Bettwäsche
führt dazu, daß viele von ihnen erfrieren.«[47]

Die von ihren polnischen Bewohnern gesäuberten Städte waren wie
ausgestorben. Im Januar 1940 bemerkte eine schwedische Zeitung zur
Lage in Gdynia, das die Deutschen in Gotenhafen umbenannt hatten,
Totenhafen wäre angemessener. »Eine Stadt, die früher von 130 000 bewohnt war, hat jetzt 17 000 Einwohner. Nur einige hundert Polen sind in
Gdynia übriggeblieben, und ihr Schicksal ist sehr schwer. Sie hungern,
weil sie keine Lebensmittelkarten bekommen.« Die neuen Bewohner,
baltische Rückwanderer, hatten die schönsten Wohnungen und Häuser
der deportierten Polen gewählt. »Der Hafen ist völlig tot. Die Ausrüstung wird demontiert und nach Deutschland verbracht.«[48]

Die Bevölkerung Gdynias ging zurück, weil zum einen die Zahl deportierter Polen die der angesiedelten Balten überstieg und weil zum
anderen die polnische Alternative zum deutschen Danzig nach Hitlers
triumphalem Einzug in die ältere Stadt keine Zukunft hatte. Eine weitere Ursache war Himmlers Bestreben, die Bevölkerungsdichte in den
annektierten Gebieten zu senken. Einer der Planer in seinem Stab, Josef Umlauf, setzte ein Ziel von 85 bis 90 Personen je Quadratkilometer
(gegenüber der bisherigen Ziffer von 111,8), was einer Minderung der
Gesamtbevölkerung um 21,7 Prozent (von 9 901 878 auf 7 756 088)
gleichkam. Die Landbevölkerung sollte von fünf Millionen (51 Prozent
der Gesamtbevölkerung) auf 2,9 Millionen (38 Prozent der vorgesehe-

nen Bevölkerung) gesenkt werden. Nur so konnten die vielen kleinen
Höfe zu wirtschaftlich lebensfähigen Einfamilienhöfen zusammenge-
legt werden. Die Stadtbevölkerung, zu der alle rechneten, die in Orten
mit mehr als 2000 Einwohnern lebten, sollte von 4,8 Millionen auf 4,5
Millionen gesenkt werden.[49] Zwei Städte in dem Planungsgebiet durften mehr als 200 000 Einwohner haben: Litzmannstadt (Lodz) sollte von
650 000 auf 400 000 (»mehr oder weniger die Bevölkerung von 1939/40
ohne die Juden«) zurückgestutzt werden[50], und Posen, das als Zentrum
für die neue baltische Besiedlung des Warthelandes ausersehen war,
sollte von einer Stadt mit 285 000 meist polnischen Einwohnern zu
einer Großstadt mit 350 000 deutschen Bürgern wachsen.

Für nichtjüdische und jüdische Polen bedeuteten Umlaufs Zahlen
nichts Gutes. Innerhalb von Minuten wurden Menschen aus ihrer
Wohnung verjagt, und dann »kam die Gestapo und stahl alle Wertsachen, wonach die Häuser gefegt und den Baltendeutschen überlassen wurden«.[51] Diese interessierte es kaum, woher ihr neues Eigentum stammte. Vielleicht besiegte Habgier etwaige Skrupel, oder
die Phrasen über ihre jahrhundertelange zivilisatorische Aufgabe
überzeugte sie davon, daß die Neuerwerbungen rechtens und nicht
zu tadeln wären. So vermerkte der baltische Landwirt Klawan in
seinem Tagebuch, daß er nach der Ankunft im Wartheland eine Ver-
sammlung besuchte, bei der ein deutscher Beamter über die Aufgaben der Neuankömmlinge sprach: »Pioniere sein im Osten, Kulturträger. Es gilt, eine Provinz deutsch zu machen.« Die Balten waren
elektrisiert. »Unsere Augen leuchten. Seine Hand zeigt auf die große
Karte: ›Hier im Norden, Kreis S . . . , sind solche Möglichkeiten, im
Süden solcher Boden und solche Verhältnisse. Hier im Osten . . .‹ Er
zögert und sieht uns ernst an: ›Hier habe ich Furchtbares angetrof-
fen. Ein Elend, nicht zu beschreiben. Hier haben die Polen ge-
haust.‹«[52] Klawan erhielt einen Hof im Ostteil der Provinz. Vermutlich
wurde ihm ein Formular ausgehändigt, das ihm in dürren Worten
mitteilte, daß alles auf dem Hof jetzt ihm gehörte. »Der polnische
Nachbar oder Knecht wird versuchen, ihnen Sachen abzuschwin-
deln. Sie werden behaupten, der frühere Eigentümer hätte von
ihnen Werkzeuge oder Vieh ausgeliehen. Aber geben Sie nichts
weg.« Das Schriftstück drängte die neuen Besitzer, als erstes den Hof
zu säubern. »Ärgern Sie sich nicht, wenn ihr deutscher Nachbar es
besser getroffen hat als Sie. Es gibt nicht genügend gute Gebäude für
alle, denn hier wohnten Polen. An Ihnen liegt es, Ihren Hof so zu
führen, daß jedermann bald von weitem sehen kann, daß das Dorf

jetzt deutsch ist.« Auf diese Weise würde jeder Bauer seine Pflicht »als Soldat im Osten« erfüllen.[53]

In seinem Tagebuch vermerkte Klawan, der polnische Besitzer wäre erst vor Stunden deportiert worden, doch machte er sich darüber keine Gedanken. Ihm ist nur wichtig, wie der Pole sein Eigentum zurückgelassen hatte. »Die Stuben kalt, schmutzig und stinkend. An den Wänden nur Kitsch. Die Möbel, mit einigen Ausnahmen, gut. Auf dem Hof ein unwahrscheinlicher Schmutz. Es ist ein reicher Bauernhof, aber alles ist irgendwie schäbig und unordentlich – polnisch.« Angesichts des Schmutzes, des Gestanks und der abgenutzten, klebrigen Habe der früheren Bewohner ließ er schon jede Hoffnung fahren.

Dann aber dachten wir an den Führer, was er von uns erwartet, und was wir ihm schuldig sind. Wir dachten an unsere Aufgabe im Osten und daran, daß wir uns vorgenommen hatten, durchzuhalten. Und so wurden wir wieder zuversichtlich. Am nächsten Tage große Säuberung und Lüften. Meine Frau begann den Kampf mit dem Schmutz und der Unordnung. Ich besuchte die Ställe, Scheunen, die Felder... Langsam, langsam kam die Wirtschaft wieder in Gang. Bald wurde auf den Feldern gepflügt, das Getreide gedroschen. Vom Hof sind fuderweise Schmutz abgefahren worden. Bald waren in der Wohnung der Schmutz und Gestank verschwunden, und auch der Kitsch und die Heiligenbilder von den Wänden. Verschwunden die Paradestücke in Form von Gipsschwänen, Gipsglucken, Muscheln usw. Das große Führerbild hängt jetzt an der Wand. Die Hakenkreuzfahne weht vor dem Hause. Wir hatten uns eingerichtet und eingelebt... Habe noch viel Grauenvolles sehen müssen. Man muß hier hart sein. Bald hatte ich Dienst. Tagelang im Sattel! Zusammen mit Kameraden siedelten wir Polen aus und Balten an. Ganze Dörfer wurden wieder deutsch... Es ist eine große Aufgabe, im Osten des Reiches für Deutschland arbeiten und schaffen zu dürfen. Wir danken aus heißem Herzen unserem Führer![54]

Offensichtlich hatten sich die Deutschen mit Erfolg angewöhnt, ihr Mitleid auf Angehörige des eigenen Volkes zu beschränken.

Klawan unternahm es, die »polnischen« Aspekte (vom Gestank bis zu den Heiligenbildern) zu beseitigen und dem ihm übergebenen Besitz ein »deutsches Gepräge« (Reinlichkeit und Arbeitsamkeit) zu geben, und er stand nicht allein. Dies war die vorherrschende Einstellung der Volksdeutschen und auch die Politik von Berlin. Was polnisch war, mußte ausgemerzt werden. Der deutsche Osten sollte ein teutonisches Antlitz erhalten. Kernstück von Himmlers Politik der Germanisierung

war das Landarbeiterproblem. In einer im Juni 1940 verfaßten Denkschrift argumentierte er, der fortgesetzte Einsatz polnischer Landarbeiter würde zu einer Erneuerung der Polonisierung einladen, die zu den
Verlusten von 1919 und 1921 geführt hatte.[55] Für die unmittelbare Zukunft war er bereit, polnische Saisonarbeiter für den Einsatz in großen
landwirtschaftlichen Betrieben oder auch zum Bau von Entwässe-
rungsgräben, Straßen, Dörfern und Kleinstädten zu akzeptieren, aber
er bestand darauf, daß alle nichtsaisonalen Landarbeiter aus anderen
Teilen Deutschlands rekrutiert werden müßten. Da mit Ausnahme der
Artamanen nur wenige Deutsche jemals den Wunsch geäußert hatten,
als Landarbeiter in den deutschen Osten zu gehen, suchte Himmler
den Beruf attraktiv zu machen, indem er ihnen eigenes Land anbot.
Junge ledige Männer, die ihren Militär- oder SS-Dienst abgeleistet hatten, könnten (nach dem Krieg) ihren eigenen Hof verdienen, indem
sie zwei Jahre lang als unverheiratete Knechte und weitere drei bis
acht Jahre als verheiratete Landarbeiter tätig wären.[56]

Nach Himmlers Richtlinien vom November 1940 für den Wiederaufbau ländlicher Gebiete in den annektierten Gebieten sollten die
neuen deutschen Höfe die deutsche Bauernkultur verkörpern und
Vorbilder einer modernen, mechanisierten Landwirtschaft sein. Die
Häuser müßten groß genug sein, um Großfamilien und Landarbeitern
Platz zu bieten, und sollten solide gebaut sein.[57] »Die geschichtliche
Größe des Siedlungswerkes und die Bedeutung, die das Bauerntum
für die Sicherung des Volkstums für alle Zukunft besitzt, muß auch in
der Baugesinnung ihren Ausdruck finden. Die technische Durchführung hat in solidester Weise zu erfolgen. Örtlich gegebenes und
gutes Material in sorgfältiger, handwerklicher Verarbeitung ist Voraussetzung für eine gute Gestaltung.«[58]

Die Höfe sollten sich zu Dörfern mit 300 bis 400 Einwohnern zu-
sammenschließen, und Himmler diskutierte ausführlich ihre Gestaltung: Dies war seine Vision der deutschen Besiedlung des Landes im
deutschen Osten. Die Dörfer sollten einen Aufmarschplatz haben,
markiert durch einen Glockenturm und umgeben von einer Festhalle,
einer Schule und einem Kindergarten, einem Hitlerjugendheim, einer
Gastwirtschaft und Gebäuden der örtlichen landwirtschaftlichen Ge-
nossenschaft. »Einer besonders sorgsamen Behandlung bedarf die
Grüngestaltung im Dorf, da sie in entscheidender Weise dazu beiträgt,
den Dörfern deutsches Gepräge zu geben. Es gilt, die vererbte Liebe
der deutschen Stämme zu Baum, Strauch und Blume zu erhalten
(Dorfeichen oder Dorflinden).« Das Dorf war Teil der Umgestaltung

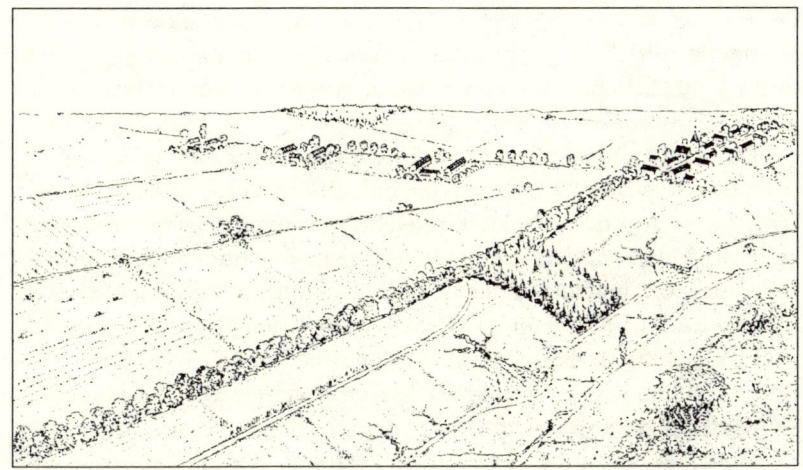

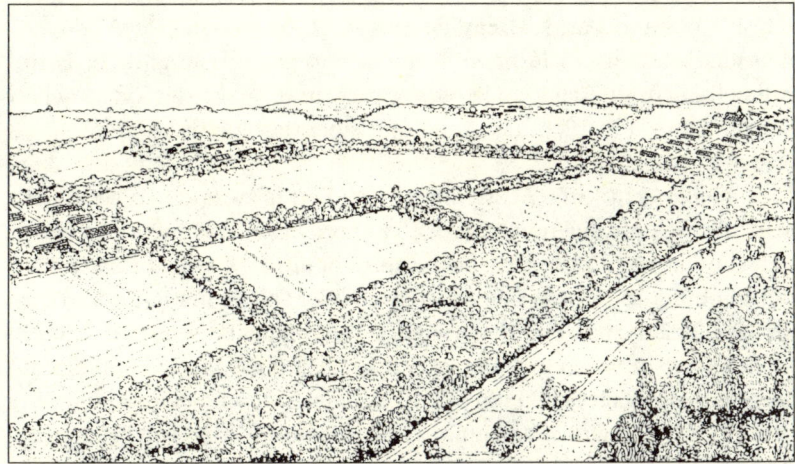

Umwandlung einer polnischen (oben) in eine deutsche Landschaft (unten). Deutsche Planer erhielten
praktische Anregungen zur »Germanisierung« der polnischen Landschaft. Die Deutschen sollten
die zerstreut liegenden Höfe durch Hofgruppen (links) oder Dörfer (rechts) ersetzen. Germanisierung
der deutschen Landschaft bedeutete auch, daß die Äcker durch Gehölze, Baumreihen, Hecken und
Gebüsch getrennt werden sollten. Himmler versprach sich davon ein Habitat für Wiesel und Igel,
Bussarde und Falken – des Bauern Verbündete in seinem Kampf gegen Mäuse und Ungeziefer.
Er spekulierte, derartige Landschaftsveränderungen würden zu Schutz vor Wind, zu verstärkter
Taubildung, Anregung der Wolkenbildung und vermehrtem Regen führen und damit ein wirtschaft-
lich günstigeres Klima weiter ostwärts ausbreiten.

der Landschaft zu »einer gesunden deutschen Kulturlandschaft, in der
Schönheit und Wirtschaftlichkeit miteinander in Einklang gebracht
und so die Lebensgesetze der Natur, wie auch die Ansprüche des
Menschen berücksichtigt sind«.[59]

Himmlers Richtlinien wurden die Grundlage für einen Architektur-
wettbewerb, zu dem 20 Architekten eingeladen wurden, Pläne für Dörfer in besonders bezeichneten Bereichen der eingedeutschten Gebiete
zu entwickeln.[60] Anhand der eingereichten Pläne und Modelle und der
Ergebnisse der unter seiner Leitung durchgeführten Planübungen organisierte Konrad Meyer eine Ausstellung mit dem Titel »Planung und
Aufbau im Osten«, die im März 1941 im Amt des Reichskommissars in
Berlin-Dahlem gezeigt wurde. Sie erregte solch großes Aufsehen, daß
sie noch im selben Jahr im Hauptquartier des Reichskommissars am
Kurfürstendamm aufgebaut und im Oktober 1941 in Posen gezeigt
wurde. Der Hauptzweck der Ausstellung und der 69seitigen Begleit-
schrift[61] bestand darin, Himmlers Autorität als oberster Architekt des
deutschen Ostens zu festigen.[62] Es war Propaganda in anderer Form.
Ausstellung und Katalog dienten einzig und allein der öffentlichen
Machtbekundung, nicht der Anregung einer Problemdiskussion.

Himmler mochte mit Ausstellungen in Berlin zwar einen Sieg über
seine Rivalen errungen haben, doch konnte er seine Pläne im Land seiner Träume nicht verwirklichen. Laut einem Erlaß vom Februar 1940
durften nur kriegsnotwendige Gebäude oder solche mit Baukosten unter 5000 Reichsmark errichtet werden.[63] Himmlers Bauernhöfe fielen in
keine dieser Kategorien. Aber er war ganz und gar nicht entmutigt. Im
Gegenteil: Endlich hatte er in den deutschen Osten heimgefunden. Wie
sein Freund Hans Johst von einer 1940 unternommenen Fahrt durch das
besetzte Polen berichtet, ließ Himmler wiederholt das Auto anhalten. Er
stieg über Gräben, »trat in den Acker, der von Granaten aufgerissen war,
nahm zwischen die Fingerspitzen eine Prise Erde, roch mit geschrägtem
Kopfe bedächtig daran, zerbröckelte die Ackerkrume zwischen den
Fingern und sah dann über die weite, weite Fläche, voll, übervoll von
dieser guten, nahrhaften Erde.« Johst und Himmler diskutierten, wie die
deutschen Siedler das Aussehen des Landes ändern würden. »Unter
fachmännischer, sachgemäßer, wissenschaftlicher Führung werden hier
die baltischen, die galizischen, die wolhynischen Rückkehrer Wunder
tun«, prophezeiten sie. Die beiden Männer standen auf den Äckern, eroberte Erde in ihrer Hand. »So standen wir wie uralte Bauern und
lächelten uns blinzelnd an ... Dies war nun also alles deutsche Erde!«[64]

II
EHRGEIZ UND UNTERGANG

6
EIN KONZENTRATIONSLAGER

Wie viele seiner Landsleute in Hitlers Deutschland feierte Himmler den Wiederaufbau des deutschen Ostens als eine Rückkehr zum Boden der Ahnen. Das Land, das fruchtbare, auf Erlösung wartende deutsche Land bestimmte ihr Denken. »Diese Erde [ist] ... alter deutscher Volks- und Kulturboden ... kraft des Erbes und Sieges«, verkündete Fritz Gerlach, der Chefpropagandist in Greifelts Amt. Der Osten war ein Land voller Chancen für alle jene, »die aus der Enge der Städte und des alten Reichsraumes hinauswollen und die junge Kraft in sich fühlen, hier als Pioniere Dienst an der Erde und damit für Deutschland zu tun!«[1] Diese Ideologie galt für die weitgehend ländlichen Provinzen Danzig-Westpreußen und Wartheland, doch Oberschlesien mit seinen Fördertürmen und Fabrikschornsteinen, Gießereien und Fabriken, seinen Bahnhöfen und Kanälen bot ein komplizierteres Bild. Als Reichskommissar mußte Himmler auch diese Region germanisieren. Aber er konnte nicht einfach Kühltürme durch Bäume, Gießereien durch Bauernhöfe und Freileitungen durch Hecken ersetzen. Oberschlesien war etwas Besonderes. Und eben wegen seines industriellen Charakters blieb ihm die volle Wucht der Umsiedlungsaktionen erspart. Statistiken im Reichssicherheitshauptamt zeigen, daß bei Anteilen von 12 Prozent an der Fläche der annektierten Gebiete und von 27 Prozent an ihrer Bevölkerung nur 4,8 Prozent der Deportierten aus jener Region kamen und nicht mehr als 1,6 Prozent der Volksdeutschen dort zur Ansiedlung kamen.[2]

Die Bevölkerung Oberschlesiens konnte nicht umgesiedelt werden. Die Arbeitskräfte waren weitgehend (zu 42 Prozent) im Bergbau und in der Schwerindustrie beschäftigt; die Hälfte von ihnen waren Polen. Sie glichen nicht ihren Landleuten im Norden, die als Bauern nur allzu leicht der Vertreibung zum Opfer fielen. Im Gegenteil: Ihre Vertreibung würde nicht die Zahl der für Volksdeutsche bestimmten Höfe vermehren, würde aber gewiß die Industrieproduktion unterbrechen. Und während in Danzig-Westpreußen und im Wartheland landwirtschaftliche und industrielle Siedlungsgebiete deutlich getrennt waren, machte es in Oberschlesien die durchgängige soziale Realität der täglich zwischen ihren Höfen und den Fabriken pendelnden *robotnicy* unmöglich, auch nur die ländlichen Gegenden zu »säubern«.[3] Die einzigen Gebiete, die entsprechend der nationalsozialistischen Bevölkerungspolitik evakuiert werden konnten, waren jene, die jenseits der Pendlerdistanz zu den Industrien lagen, und solche gab es kaum.[4] Schließlich verwirrte die Anwesenheit einer großen Gruppe polonisierter Deutscher im Südteil der Provinz die Situation noch mehr.[5] Himmler war ideologisch auf die Rettung »verlorenen deutschen Blutes« festgelegt; dies war eine logische Ausweitung der Deportationsmaßnahmen, erklärte Greifelt im Mai 1940 seinen Mitarbeitern. Während »die Säuberung der eingegliederten Ostgebiete von fremdrassigen Personen mit das wesentlichste Ziel ist, das im deutschen Osten erreicht werden muß«, sei es ebenso dringlich, »das in diesen Gebieten vorhandene deutsche Blut auch dann für das Deutschtum zurückzugewinnen, wenn der Blutsträger in seinem Bekenntnis und in seiner Sprache polonisiert« ist. Es sei »daher ein absolut volkspolitisches Erfordernis, die angegliederten Ostgebiete und später auch das Generalgouvernement nach solchen germanischen Blutsträgern ,durchzukämmen', um dieses verlorengegangene deutsche Blut wieder dem eigenen deutschen Volk zuzuführen«.[6] Greifelts Weisung war nicht nur von rassistischem Idealismus inspiriert; Arbeitskraft zu erhalten gebot einfach die praktische Vernunft.

Unter diesen ökonomischen und ethnischen Bedingungen waren die Deutschen nicht gewillt, die Polen Oberschlesiens in gleicher Weise wie die des Warthelandes und Danzig-Westpreußens zu deportieren. Doch Widerstand gegen die deutsche Herrschaft würden sie auch nicht dulden, und der Höhere SS- und Polizeiführer von Schlesien, Erich von dem Bach-Zelewski, drang darauf, ein Konzentrationslager für widerspenstige Polen zu errichten.[7] Wenn schon nicht die gesamte Bevölkerung abtransportiert werden konnte, sollten zumindest die Feinde der neuen Ordnung eingekerkert werden. Arpad Wigand, Inspekteur der Sicherheitspolizei und des SD im Wehrkreis Schlesien, hatte die frühere Arbeitsbörse und Artilleriekasernen nahe Auschwitz als einen möglichen Standort ausgemacht, und Bach-Zelewski suchte in Berlin um Genehmigung zum Beginn der Arbeiten nach. Der Inspekteur der Konzentrationslager, Richard Glücks, war skeptisch und entsandte eine Kommission unter Leitung des Schutzhaftlagerführers von Sachsenhausen, Walter Eisfeld, um die Kasernen in Zasole zu besichtigen. Eisfeld war nicht beeindruckt: Die Anlage

ENTWICKLUNG·ORGANISATION ARBEITSLEISTUNG
DER·DIENSTSTELLE·DES·GAULEITERS·UND OBERPRÄSIDENTEN·ALS·BEAUFTRAGTER DES·REICHSFÜHRERS 卐·REICHSKOMMISSAR FUR·DIE·FESTIGUNG·DEUTSCHEN·VOLKSTUMS IN·OBERSCHLESIEN·VOM·SEPT.1939 BIS·JAN.1943

nahe Auschwitz könnte nicht in ein Konzentrationslager umgewandelt werden, berichtete er. (Siehe Tafel 1)

Keineswegs entmutigt, informierte Bach-Zelewski am 25. Januar 1940 Himmler, der im Begriff war, nach Przemysl abzureisen, daß er mit der Suche nach dem Standort für ein Konzentrationslager fortzufahren gedenke. Die Situation in den Gefängnissen war unhaltbar geworden, und die neuen lokalen Verwaltungsbeamten in den jüngst annektierten Teilen Oberschlesiens überfluteten ihn mit Forderungen nach sofortigem Handeln. Die Polizeichefs der Region Kattowitz, zu der das frühere Herzogtum Auschwitz gehörte, bestanden ebenfalls auf mehr Raum zur Unterbringung von Häftlingen. Eine zweite Kommission wurde nach Auschwitz entsandt, und am 21. Februar berichtete Glücks Himmler, die ehemalige Arbeitsbörse und späteren polni-

schen Armeekasernen in Zasole wäre doch als Konzentrationslager
verwendbar.

Die SS-Führung in Berlin begann Verhandlungen mit dem Heer,
dem alle früheren polnischen militärischen Einrichtungen unterstanden. Ihr Ziel war ein langfristiger Pachtvertrag. Das Heer war bereit,
die Kasernen der SS zu unterstellen, und eine dritte Kommission unter Führung eines weiteren SS-Führers aus Sachsenhausen, Rudolf
Höß, reiste nach Auschwitz, um das Gelände genauer zu inspizieren.
Auf der Reise nach Oberschlesien machte Höß in Breslau Station, um
mit Wigand zu konferieren. Der erklärte seinem Gast, das Lager solle
als Regionalgefängnis für Gegner der deutschen Herrschaft dienen
sowie als Durchgangslager für polnische Gefangene, die von dort als
Arbeitssklaven für Himmlers aufstrebendes Imperium nach Westen
verbracht werden sollten. Mit anderen Worten sollte das Lager wieder
seine Funktion als Arbeitsbörse übernehmen, nur daß es sich diesmal
um Zwangsarbeit handelte. Höß stimmte mit Wigand völlig überein,
und gemeinsam visierten sie ein großes Lager für 10 000 Häftlinge an.[8]
Höß inspizierte die Kasernen in Zasole am 18. und 19. April und ver-
ständigte Glücks davon, daß die Unterkünfte und die Infrastruktur der
acht zweigeschossigen und 14 eingeschossigen Backsteingebäude auf
der Nord- bzw. Südseite des großen Exerzierplatzes verwendbar
seien. Glücks gab diese Meldung an Himmler weiter. Am 27. April
ordnete der Reichsführer SS, daß in Auschwitz ein Konzentrationslager errichtet werden solle. Er entsandte Höß und fünf SS-Leute zur
Vorbereitung der Baumaßnahmen. Kurz nach seiner Ankunft in Zasole wurde Höß offiziell zum Lagerkommandanten ernannt.

Als im Mai die ersten Polentransporte eintrafen, konzentrierte sich
Höß darauf, das Gefangenenlager – das eigentliche Schutzhaftlager –
einzuzäunen. Auf dem Papier erschien die Lösung einfach. Ein Plan
vom 22. Juli zeigt 20 der 22 Backsteingebäude von einem Stacheldrahtzaun umgeben, während zwei zweigeschossige Gebäude, das
zur Hälfte in den Boden eingelassene Munitionsdepot, die 22 hölzernen Pferdeställe und die (von Flüchtlingen aus Teschen bewohnten)
41 Unterkunftsgebäude zu beiden Seiten der Straße zum Bahnhof
außerhalb der Einzäunung blieben. So eng begrenzt jener Bereich
auch war, fiel es Höß doch schwer, ihn abzusperren, denn er konnte
keinen Stacheldraht auftreiben. In seinem Ärger entsandte er 30 Häftlinge, um ein aufgelassenes Lager für polnische Kriegsgefangene aus-
zuschlachten. Die Geschichte des Lagers Auschwitz begann also mit
bereits benutzten Gebäuden und Stacheldraht aus zweiter Hand.

Die ethnische Situation in Oberschlesien nach Angaben des dortigen Amtes des Reichskommissars für die Festigung deutschen Volkstums. Diese Karte bildet die Synthese aus vier Planungskarten aus der Schrift »Entwicklung, Organisation, Arbeitsleistung« (1943). Nur polnische Bauern konnten umgesiedelt werden. Sie bewohnten den Ostrand von Oberschlesien. In dem früheren Herzogtum Oswiecim und Zator war die Bodenqualität besser (I und II) als im Norden (III und IV); auch dies bewog die deutschen Planer, die Ansiedlung Volksdeutscher auf das Gebiet südlich von Auschwitz zu konzentrieren. Die Karte macht die geopolitische Lage von Auschwitz zwischen tschechischen und polnischen Gebieten deutlich werden.

Vor 1939 deutsch	Deutsche und mischblutige Bauern
Deutsche und mischblutige *robotnicy*	Polnische Bauern
Polnische *robotnicy*	

0 5 10 15   30   45   60
km

Doch gelang es Höß, den Lagereingang mit einem neuen eisernen Tor zu schmücken, das eine hastig errichtete Werkstatt geschmiedet hatte. Dem Beispiel von Dachau folgend, markierte er den Durchgang ins Lager mit dem Versprechen »Arbeit macht frei«.

Höß verfügte über einen recht großzügig bemessenen Bauetat von zwei Millionen Mark, um die 20 Backsteinbauten (darunter ein Lagergefängnis und ein Krankenbau) für die Häftlinge umzubauen, die zwei Kasernengebäude außerhalb des Zaunes in Büros und ein SS-Krankenrevier umzuwandeln, vorhandene Kasernengebäude zu säubern und für den Gebrauch als Unterkünfte der Wachmannschaften auszustatten, am Tor ein Gebäude für die Blockführer zu bauen, provisorische Wachtürme, Garagen und ein Heulager zu errichten und in dem aufgelassenen Pulvermagazin ein Krematorium zu installieren.[9] Aber ein Etat

war nutzlos, wenn es nichts zu kaufen gab. Die neueingerichtete Bauleitung im Lager, die dem 39jährigen August Schlachter, zuvor Architekt
in der württembergischen Stadt Biberach und nach dem Krieg wiederum mit Erfolg in seinem Beruf tätig, und seinem Stellvertreter, dem
ehemaligen Baustoffgroßhändler Walther Urbanczyk, unterstand, fiel
es im Sommer 1940 äußerst schwer, Baumaterial zu beschaffen. Zwar
verfügten sie über einen Etat, jedoch nicht über die zugehörigen Ge-
nehmigungen wie Bezugsscheine, Einkaufsberechtigungen und Trans-
portcoupons. Höß selbst reagierte nicht auf Schlachters Hilfeersuchen.
Entmutigt vermerkte dieser in einem Bericht vom 17. August, mangels
Materials müßten die Bauarbeiten in kürzester Frist eingestellt werden.
Die Beschwerde brachte keine Abhilfe.[10]

Eine Vorstellung vom Ausmaß des Problems, mit dem die Bauleitung zu kämpfen hatte, gewannen Höß und seine Verwaltung, als sie
bei Schlachter 16 Kaninchenställe bestellten. Der Architekt zeichnete
einen Plan, berechnete die erforderliche Menge an Baumaterialien
und übersandte eine Anforderung für Holz, Nägel und Maschen-
draht, die die Lagerleitung an das SS-Hauptquartier in Berlin weiter-
reichte. Als nichts geschah, erkannte die Lagerleitung das Ausmaß
des Problems: Wenn nicht einmal 16 Kaninchenställe gebaut werden
konnten, sah ihr Lager düsteren Zeiten entgegen.[11] Vielleicht hätte
Europas Zukunft sich lichter gestaltet, hätten nicht jene unseligen Kaninchenställe Höß offenbar zum Handeln bewegt. Innerhalb von
zwei Wochen begannen die ersten Baustofflieferungen in Auschwitz
einzutreffen, und am 4. Oktober berichtete Schlachter, daß er jetzt
über die erforderlichen Materialien verfüge. Auschwitz war wieder
aktionsfähig.[12]

Es wurde rasch klar, warum Berlin plötzlich auf Höß' Forderungen
eingegangen war. Das SS-Hauptamt Verwaltung und Wirtschaft hatte
das Konzentrationslager als zentrales Instrument zur Umsetzung seines Programms in Oberschlesien erkannt. Der Besuch des Amtslei-
ters Oswald Pohl im September 1940 zeigte dem Lager an, daß es
eine wirtschaftliche Zukunft hatte. Ursprünglich ein Terrorwerkzeug
zur Unterwerfung einer feindlichen Bevölkerung, die wegen ihres
Arbeitskraftwertes für die Industrie nicht deportiert werden konnte,
und Durchgangslager für Häftlinge, die dann als Arbeitssklaven
nach Westen verbracht wurden, wurde Auschwitz von Pohl auf die
Landkarte des SS-Finanzimperiums gesetzt. Er befahl Höß, durch
Aufstocken der 14 eingeschossigen Kasernengebäude die Kapazität
des Gefangenenlagers zu verdoppeln.[13] Das Lager sollte eine stabile

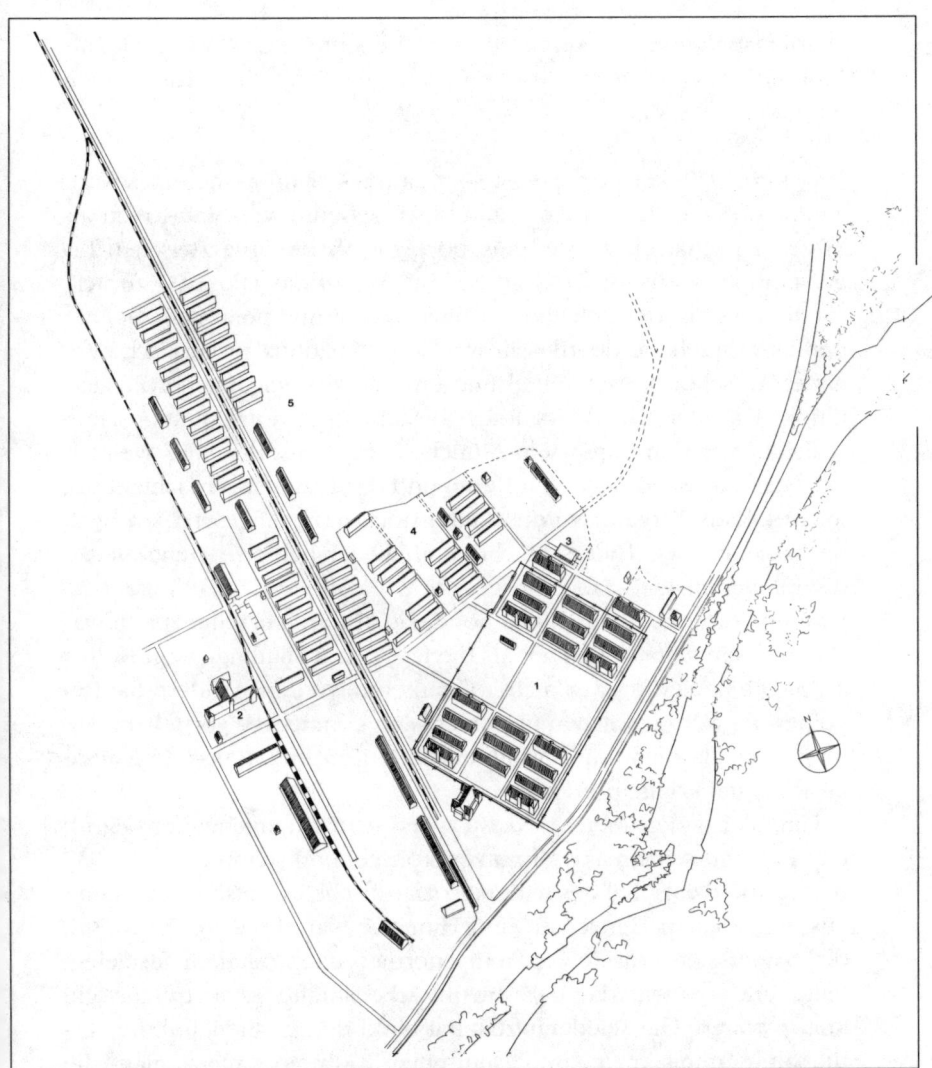

Zasole, Frühjahr 1940. In den ersten Monaten des Bestehens des Lagers diente das Amt Oswiecim des polnischen Tabakmonopols (2) der Unterbringung der Häftlinge, während die Kasernen (1) gesäubert und als das künftige eigentliche Schutzhaftlager mit Stacheldraht eingezäunt wurden. Das auf drei Seiten und auf dem Dach mit Boden angefüllte Munitionsdepot wurde zum Krematorium (3). Die Ställe des polnischen Militärstützpunktes dienten den Deutschen als Werkstätten (4). Die meisten der die Straße zum Bahnhof säumenden Kasernengebäude, in denen früher Flüchtlinge aus Teschen untergebracht waren, wurden 1941 abgerissen (5).

(Anmerkung: Diese axonometrische Zeichnung beruht auf der exakten Vermessung der Längen und Winkel auf der Originalzeichnung. Siehe Tafel 1.).

Häftlingsbelegung erhalten, und dies bedeutete, daß Auschwitz als Produktionsstandort vorgesehen war. Die Sand- und Kiesgruben winkten.[14]

Im Jahre 1940 war Pohl längst so weit, daß er die Nähe eines Konzentrationslagers zu einem Punkt der Erzeugung von Baustoffen als Vorteil zu schätzen wußte, ging doch die Verbindung zwischen Lagerstandorten und Baustoffproduktion bis auf das Jahr 1937 zurück, als die Lager in Deutschland zur Einschüchterung politischer Gegner bereits weitgehend überflüssig waren. Das nationalsozialistische Regime saß schon fest im Sattel und erfreute sich allgemeiner Zustimmung. Die vier damals im Reich bestehenden Konzentrationslager (Dachau vor den Toren von München, Buchenwald nahe Weimar, Sachsenhausen nördlich von Berlin und das Frauenlager Lichtenburg im Landkreis Torgau) wurden kaum noch dazu eingesetzt, um, wie unmittelbar nach Hitlers Machtantritt, widerspenstige Deutsche zu disziplinieren. 1937 gab es insgesamt etwa 10 000 KZ-Häftlinge. Und während diese Zahl um 10 000 höher lag als ein Jahrzehnt zuvor, waren es doch weitaus weniger als die fast 27 000 Häftlinge vom Herbst 1933. Die Regierung war nicht toleranter geworden, sondern die Bevölkerung war inzwischen fügsamer. Man konnte sich vorstellen, daß man in Deutschland in fünf Jahren ohne Konzentrationslager würde auskommen können.[15]

Himmler widerstrebte es, daß Lagersystem aufzugeben; er begriff, daß er es zu seinem Vorteil nutzen könnte, und schritt zur Tat. 1937 unterstand dieser Teil des nationalsozialistischen Deutschlands seiner ausschließlichen Herrschaft, und Himmler war ehrgeizig. Er wußte, daß Hitler sich ernstlich auf ein enormes Bauprogramm festgelegt hatte, und ihm war klar, daß sowohl Arbeitskräfte als auch Baustoffe knapp waren. Die Wiederaufrüstung band den größten Teil der verfügbaren Arbeitskräfte, und Deutschland konnte einfach nicht die Baumaterialien herstellen, die Hitlers Lieblingsarchitekt Albert Speer für die vom Führer genehmigten Pläne des städtischen Umbaus benötigte. So schätzte Speer 1937, daß er allein für Berlin im kommenden Jahr zwei Milliarden Ziegelsteine brauchte. Die deutschen Ziegeleien konnten ihm wenig mehr als 350 Millionen liefern; der Rest mußte importiert werden, und dem Reich fehlten die nötigen Devisen.[16]

Himmler sah seine Chance. Der Reichsführer SS beschloß, das Konzentrationslagersystem, das ursprünglich zur Beseitigung politischer

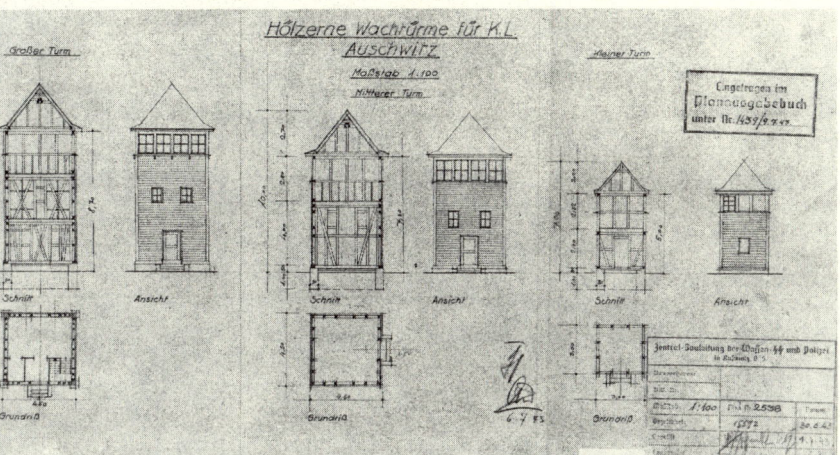

Entwurf für Wachtürme. Die Wachtürme in Auschwitz und Auschwitz-Birkenau wurden vorgefertigt und per Bahn angeliefert. Am häufigsten kam das kleinste Modell zum Einsatz; das größte wurde nur dort verwendet, wo starker Verkehr zu überwachen war.

Opposition durch politische Umerziehung errichtet worden war, in eine SS-eigene, mit der Arbeitskraft der Häftlinge betriebene Baustoffindustrie umzuwandeln. Als die Häftlingszahl auf fast den tiefsten Punkt der letzten fünf Jahre gefallen war, eröffnete Himmler zwei neue Konzentrationslager: Buchenwald, in der Nähe großer Lehm- und Tonlager gelegen, sollte das acht Kilometer entfernte Weimar mit Ziegelsteinen versorgen, und Sachsenhausen bei Oranienburg vor den Toren Berlins sollte die Reichshauptstadt mit Ziegeln beliefern. Wenige Monate später gründete er im Frühjahr 1938 die Deutschen Erd- und Steinwerke (DESt), welche die Ziegeleien in Buchenwald und Sachsenhausen errichten, betreiben, neue Granitbrüche erschließen und vorhandene ausbeuten sollten. Die erste DESt-Initiative war die Ziegelei in Buchenwald mit einer geplanten Jahresproduktion von sieben Millionen Ziegelsteinen. Dann begannen die DESt (mit einem von Speer bewilligten Zuschuß von 9,5 Millionen RM) den Bau der größten Ziegelei der Welt. Am Hohenzollernkanal bei Oranienburg gelegen, was den direkten Transport nach Berlin erleichterte, war dieses Werk auf eine Jahreserzeugung von 150 Millionen Ziegelsteinen ausgelegt. Im selben Jahr kauften die DESt eine stillgelegte Ziegelei nahe Hamburg und planten dort ein Werk mit einer Jahreskapazität von 40 Mil-

Die Ziegelsteingebäude des Stammlagers während des Krieges, 1943. Viele waren ursprünglich eingeschossig. Zwecks Erweiterung der Lagerkapazität auf 10 000 Häftlinge erhielten sie ein Obergeschoß und ein geräumiges Dachgeschoß.

Häftlingsunterkunft im Stammlager, 1943.

lionen Ziegelsteinen zur Deckung des Bedarfs der Umbauprojekte für
Hamburg. Ein neues Konzentrationslager, Neuengamme, wurde in unmittelbarer Nähe der Ziegelei angelegt.

Im Deutschland Hitlers war Granit das Hauptbaumaterial für staatliche Gebäude, und da er in Speers Plänen ebenso wichtig wie Backsteine war, zögerten die DESt nicht, auch diesen Markt zu monopo-
lisieren. Ihre Übernahme folgte einem simplen Muster: Zunächst
wurden die hinsichtlich Steinquantität und -qualität geeigneten Steinbrüche ermittelt und im Hinblick auf Transportmöglichkeiten und
Märkte beurteilt. Dann wurden sie gepachtet oder gekauft. Sobald die
Produktionsstätten sicherer DESt-Kontrolle unterstanden, baute die SS
in der Nähe Konzentrationslager. So gehörten zu den ersten Steinbrüchen des DESt-Imperiums die berühmten Brüche nahe der ober-
österreichischen Stadt Mauthausen bei Linz. Den Mauthausener Steinbrüchen entstammte der meiste in Wien, Budapest und den kleineren
Städten des früheren Habsburgerreiches verbaute Granit; der Stein
war hoch geschätzt, und die Stadt war ein Hauptumschlagplatz für
Granit.[17] Nach dem Anschluß von 1938 öffnete sich ein neuer Markt.
Hitler hatte Linz, wo er seine Jugend verbracht hatte, zur fünften
Führerstadt erhoben. Wie Berlin, München, Nürnberg und Hamburg
sollte die Stadt, in der Hitler seinen Alterssitz zu nehmen hoffte, zum
monumentalen Ausdruck des neuen Tausendjährigen Reiches werden. Himmler war entschlossen, die DESt zum Hauptlieferanten des
benötigten Granits zu machen.

Einige Tage nach dem »Anschluß« Österreichs bereisten Himmler
und Pohl die Mauthausener Gegend. Zwei Monate später kehrte Pohl
mit dem Inspekteur der Konzentrationslager, Theodor Eicke, und
dem Chef des SS-Bauamtes, Hubert Karl, zurück. Sie wählten zwei
Granitbrüche aus, die sich im Eigentum der Stadt Wien befanden: den
Steinbruch Wiener Graben nahe Mauthausen und den Steinbruch
Bettelberg nahe Gusen. Die DESt erhielten Pachtverträge, und die SS
errichtete umgehend zwei Konzentrationslager: das Hauptlager nahe
dem Wiener Graben und das Nebenlager Gusen.

Die Verhältnisse in den Lagern besserten sich nicht, als die Arbeitskraft der Häftlinge für den Reichtum der SS Bedeutung gewann. Im
Gegenteil verschlechterten sich die Lebens- und Arbeitsbedingungen
der Häftlinge rapide. Als der ursprüngliche »erzieherische« Zweck der
reinen Zwangsarbeit Platz machte, wurden die Häftlinge zu Sklaven.
Trotz der vorgeblichen Absicht der DESt, diese Werke unter wirtschaftlichen Gesichtspunkten effizient zu betreiben, wurden sie zu Todes-

fallen für die Gefangenen. Unterernährt, schlecht ausgerüstet, ohne jegliche Schutzkleidung und ständig von den Wachen schikaniert, hatten die Häftlinge kaum Aussicht, die Knochenarbeit in den Ziegeleien oder Granitbrüchen zu überleben. Eugen Kogon, unmittelbar nach dem Anschluß in Österreich wegen antinazistischer Tätigkeit verhaftet und nach Buchenwald verschleppt, beschreibt das strenge Arbeitsregime in den Lehmgruben: »Täglich wurden abends auf Tragbahren und Karren die Toten, Schwerverletzten und Invaliden ins Lager geschafft, an manchen Tagen bis zu zwei und drei Dutzend. Unbeschreiblich die Mißhandlungen; Steinschlag, Hiebe, ›Unfälle‹, bewußtes Hinabstoßen in den Abgrund, Erschießen und jede Art von Quälerei kosteten Tausenden von Kameraden in allen Lagern das Leben.«[18]

Die Steinbrüche und Ziegeleien lieferten die Baustoffe zur Verwirklichung der Entwürfe Speers und seiner Kollegen, doch in den großformatigen Bänden, welche die Entwicklung der Pläne der Architekten für Berlin und Nürnberg nachzeichnen, finden sie keine Erwähnung. Es mag paradox erscheinen, daß Speers hochfliegende Pläne niemals verwirklicht wurden, daß aber das Leiden, das sie verursachten, heute noch fortwirkt.

Die Errichtung des Konzentrationslagers in Auschwitz folgte nicht genau dem Muster der Lager von Buchenwald, Sachsenhausen oder Mauthausen. Wie beschrieben, war das Lager ursprünglich zur Einschüchterung der örtlichen polnischen Bevölkerung bestimmt, die, in Industrieberufen beschäftigt, von den Deutschen nicht deportiert werden konnte. Auschwitz war ein Durchgangslager für verhaftete widerspenstige Polen, die als Arbeitssklaven nach Lagern im Westen transportiert wurden. Doch Oswald Pohl erkannte rasch, daß das Lager eine weitere Funktion übernehmen könnte. Die Sand- und Kiesgruben von Auschwitz waren wohlbekannt, und bei seinem Besuch dort bestätigte er ihren Nutzen für den Geschäftszweck der DESt. Beton war ein dringend benötigter Baustoff, und da sowohl die Gruben als auch das Lager bereits vorhanden waren, ließ sich Auschwitz leicht in einen DESt-Standort umwandeln.

Es war der potentielle Reichtum an Baumaterialien, der die Zukunft von Auschwitz sicherte; allein im Hinblick auf die Sand- und Kiesgruben erging von Pohl an Höß der Befehl, das Lager so zu vergrößern, daß es eine permanente Sklavenarbeiterschaft aufnehmen konnte. Aber gerade Baustoffe waren es ja, die den Auschwitzer Architekten und Ingenieuren fehlten. Nur wenige Bauprojekte im Lager litten

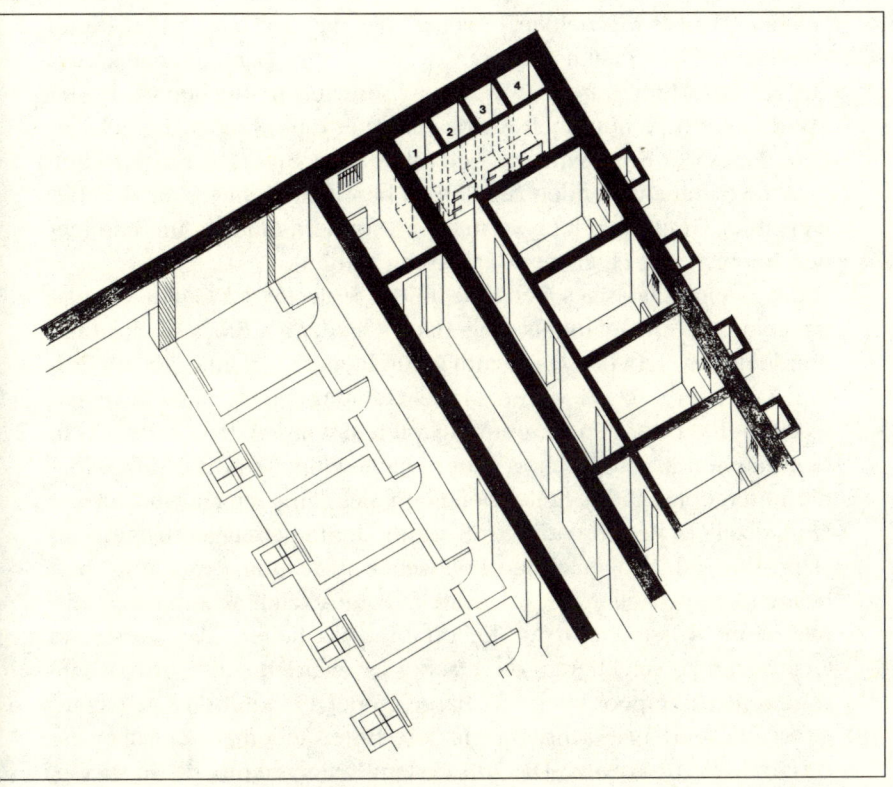

Block 11, Herbst 1940. Der Mittelflur erschließt die einzelnen Zellengruppen.
Oben rechts vier winzige Stehzellen (1–4)
(Anmerkung: Diese axonometrische Zeichnung beruht auf der exakten Vermessung
der Längen und Winkel auf der Originalzeichnung. Siehe Tafel 2.)

nicht unter der anfänglichen Knappheit. Wie in der Einleitung gezeigt, sind Architekturpläne eine einzigartige Quelle historischer Information. In diesem Fall illustrieren die von Schlachters Baubüro erstellten Pläne die Gesamtvision der für die Entwicklung des Lagers
Verantwortlichen. Sie stellen dar, was die Kommandantur zu bauen
wünschte. Andererseits geht aus den Lieferscheinen genau hervor,
was wann tatsächlich zur Ausführung kam. In der Dialektik zwischen
einem Entwurf, in dem alles möglich ist, und der täglichen Realität, in
der nichts machbar ist, wird die Synthese des Setzen von Prioritäten
ganz deutlich. Anders gefragt: Was wurde mit den begrenzten Ressourcen zuerst gebaut? Es ist kein Zufall, sondern vielmehr höchst be-

zeichnend, daß die beiden Projekte, die mit den ersten von Berlin zugeteilten Materialien realisiert wurden, ein Lagergefängnis und ein Krematorium waren. Wie in Sachsenhausen, Buchenwald oder Dachau verfügte nun auch Auschwitz über diese beiden Einrichtungen, die es der Kommandantur erlaubten, mit Brutalität zu herrschen und die dabei anfallenden Leichen zu beseitigen – nicht, um den Beweis ihrer Grausamkeit zu vertuschen, sondern einfach, um im eigenen Interesse die Hygiene des Ortes zu wahren.

Ein zweigeschossiges Gebäude an der Südecke des Gefangenenlagers wurde zum Gefängnis umgebaut.[19] Später als Block 11 bekannt, wurde dieses Gebäude rasch zum gefürchtetsten Ort im Lager. Im Erd- und im Obergeschoß waren große Gemeinschaftszellen, in denen mehr als 100 Personen zusammengepfercht wurden. (Siehe Tafel 2) In den Räumen im Erdgeschoß waren die Gefangenen der Strafkompanie untergebracht. Im Keller befanden sich längs enger Flure kleine Dunkelzellen. Pery Broad, ein SS-Mann, der in dem lagereigenen Gestapo-Büro, der sogenannten Politischen Abteilung, beschäftigt war, besuchte diese Zellen oft, um seinem Vorgesetzten Maximilian Grabner beim »Ausstauben« der Kellerräume zu helfen, das heißt, um Gefangene zu selektieren, die erschossen werden sollten. Broad, im Lager eine untergeordnete SS-Charge, geriet 1945 in britische Gefangenschaft, und 1946 schrieb er für die Briten einen Bericht über die Zustände in Auschwitz. »Die Luft in dem Kellergewölbe ist so stickig, daß man kaum zu atmen vermag«, erklärte Broad. Viele Zellen hatten kein Fenster, nur eine schmale Öffnung, die wenig Luft durchließ. Unter diesen schrecklichen Bedingungen bedeuteten die vier sogenannten Stehzellen den sicheren Tod. »In einer solchen Kammer, deren Grundfläche etwas über einen halben Quadratmeter betrug und in die natürlich auch kein Lichtstrahl fiel, haben viele Gefangene furchtbare Stunden und sogar Wochen verlebt. Es war unmöglich, sich hinzusetzen. In kauernder Stellung hockten sie in der Finsternis. Wenn im Winter grimmige Kälte herrschte, war dieser Aufenthaltsort, in dem man sich nicht einmal durch Bewegung zu wärmen vermochte, besonders qualvoll.«[20] Die »Stehbunker« wurden gleichzeitig mit bis zu vier Häftlingen belegt. Wer zu fliehen versucht hatte, wurde bis zum Tode in einen Stehbunker gesperrt; wer sich nur geringe Vergehen hatte zuschulden kommen lassen, wurde dort für eine bestimmte Zahl von Nächten eingeschlossen. So auch Wieslaw Kielar, einer der 728 Männer, die mit dem zweiten Polentransport am 14. Juni 1940 nach Auschwitz gekommen waren.

Auf allen Vieren, anders hätte ich mich nicht hineinzwängen können, schob ich mich in die schwarze Öffnung der Stehzelle. Der Blockführer half mir bei dem unbeholfenen Hineintapsen in die schmale, nach Kot stinkende Zelle dadurch, daß er mich mit ganzer Kraft in das vorgestreckte Gesäß trat. »Schneller, schneller, du Hund!« trieb er mich ungeduldig an ... In der undurchdringlichen Dunkelheit spürte ich auf der Höhe meines Gesichtes den verbrauchten Atem der drei übrigen Leidensgenossen. Einer von ihnen atmete besonders schwer und wimmerte von Zeit zu Zeit mit schwacher Stimme: »Wasser! Essen! Wasser!« Mit dem ganzen Gewicht seines Körpers hing er jetzt an mir und suchte Stütze und Wärme. Ich fühlte, wie sein abgemagerter Körper vor Kälte und Entkräftung zitterte, er stank fürchterlich. Die Ausdünstung von schlimmsten Phlegmonen und Durchfällen schien im Vergleich zu diesem Gestank ein Geruch des besten Parfüms zu sein. Die beiden übrigen hielten sich noch einigermaßen. Von ihnen erfuhr ich, daß sie seit zwei Tagen ohne Essen und Trinken in dieser Zelle stehen ... Daß ich gerade in ihre Zelle kommen mußte! jammerten sie. Es gab nur noch eine Hoffnung: daß dieser Dritte bis zum Morgen fertig sein werde. Dadurch wären wir dann wieder nur drei. Man könnte dann die Lage des Körpers verändern, die Füße bewegen, die Arme strecken.[21]

Ihr Wunsch wurde erhört. Der Häftling starb noch vor Tagesanbruch.

Die meisten Insassen von Block 11 starben nicht in den Stehzellen, sondern in dem Hinrichtungshof auf seiner Nordseite. Die Verurteilten entkleideten sich in einem an den Hof grenzenden Raum. Vor der Einführung des Tätowierens der Gefangenen ab August 1942 malten »Häftlinge, die im Block 11 als Reiniger und Schreiber tätig sind, ... mit Kopierstift diesen Menschen, die sichtlich mit dem Leben abgeschlossen haben und vielleicht mit einer gewissen Erleichterung wissen, daß sie in wenigen Minuten für immer von ihren Peinigern befreit und von den erduldeten Leiden erlöst sein werden, mit großen Zahlen ihre Häftlingsnummer auf den Oberkörper, um die Registrierung der Leichen in der Leichenhalle oder im Krematorium zu ermöglichen«.[22] Die nackten Häftlinge wurden dann in den Hof geführt. Ein ausgesucht starker Gefangener packte mit eisernem Griff zwei Todeskandidaten und preßte sie mit dem Gesicht gegen die schwarze Wand. Den Opfern, die häufig Monate in den kleinen unterirdischen Zellen verbracht hatten und kaum stehen konnten, fehlte die Kraft zum Widerstand. Ein SS-Mann der Politischen Abteilung oder der Rapportführer Gerhard Palitzsch töteten sie durch Genickschuß. Häftlinge hoben die Leichen auf Bahren und warfen sie auf einen Stapel am Hoftor. Nach Abschluß der Hinrichtungen wurden die Leichen auf

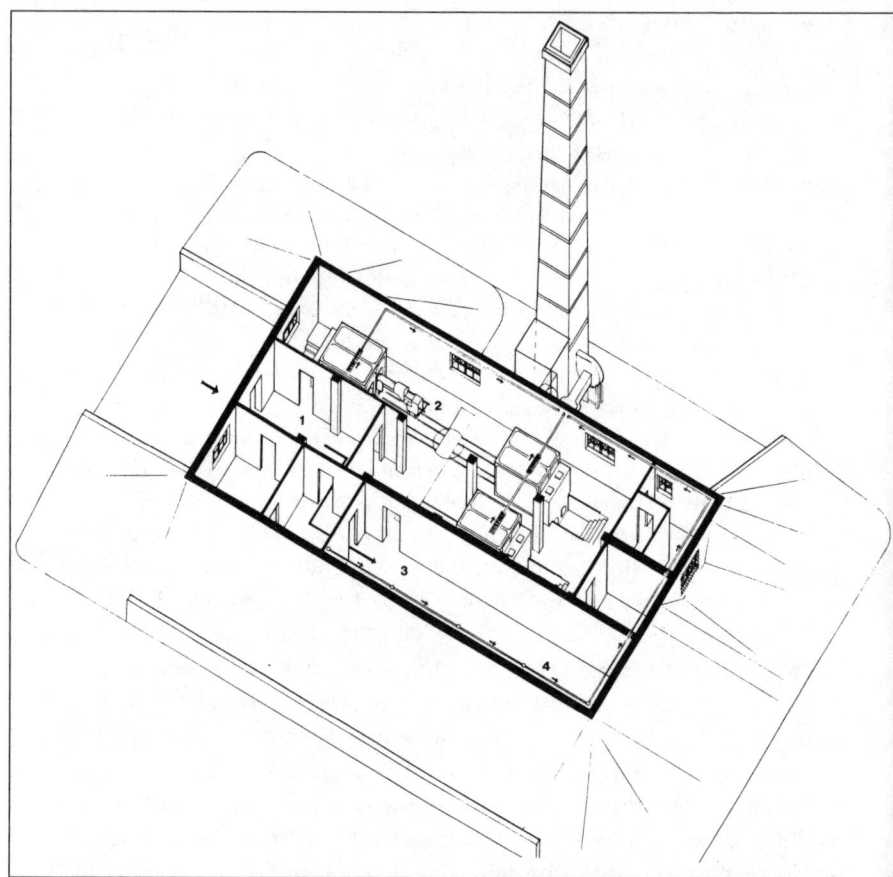

Das Krematorium des Stammlagers, Herbst 1941. Der Vorraum (1) erschließt den mit drei
Doppelmuffelöfen ausgerüsteten Einäscherungsraum (2) und die Leichenkammer (3), die im
September 1941 zur Gaskammer umgebaut wurde. Das Lüftungssystem (4), ursprünglich zum
Abführen übler Gerüche bestimmt, wurde nach dem Vergasen zum Absaugen der Zyklon-B-Dämpfe
benutzt. Der Einfall, die vorhandene Maschinerie zu Tötungszwecken zu nutzen, war ein wesent-
licher Schritt bei der Umwandlung des Konzentrationslagers in eine Mordstätte.
(Anmerkung: Diese axonometrische Zeichnung beruht auf der exakten Vermessung der Längen
 und Winkel auf der Originalzeichnung. Siehe Tafel 3.)

einen Wagen geladen und zu dem Krematorium auf der anderen Seite des Lagers gebracht.[23]

Das Krematorium war in dem Munitionsdepot installiert worden, und der Umbau war bemerkenswert reibungslos verlaufen. (Siehe Tafel 3) Im Juni 1940 erhielt Schlachter von der Erfurter Firma Topf & Söhne für 9000 RM einen leistungsfähigen koksbefeuerten Doppelmuffelofen (d. h. einen Ofen mit zwei Öffnungen für je eine Leiche), der dem neuesten Stand der Technik entsprach.[24] Er war für die Einäscherung von 70 Leichen innerhalb von 24 Stunden ausgelegt, was im Sommer 1940 mehr als ausreichend zu sein schien. Doch nur wenige Monate später forderte die Lagerleitung bei Topf einen zweiten Doppelmuffelofen mit der Begründung an, daß die Kapazität des ersten nicht mehr ausreiche.[25] Diese Anforderung wurde gegenüber der SS-Leitung in Berlin so gerechtfertigt: »Der vergangene Betrieb des Krematoriums hat gezeigt, daß schon in der verhältnismäßig günstigen Jahreszeit die Ofenanlage mit zwei Kammern zu klein ist; Kommandatur sowie Politische Abteilung sind an die SS-Neubauleitung herangetreten und haben dringend um die Erweiterung der Anlage um zwei Kammern gebeten. Die SS-Neubauleitung hat sich daraufhin mit der Fa Topf & Söhne, Erfurt, die auch die erste Anlage gebaut hat, in Verbindung gesetzt. An Ort und Stelle ist die Erweiterung der Anlage mit Herrn Oberingenieur Prüfer von der Firma Topf & Söhne besprochen worden und läßt sich der Erweiterungsbau unter günstigen Umständen durchführen. Der Preis für die Erweiterung mit zwei Kammern beträgt RM 7753.«[26] Topf senkte den Preis, da der zweite Einäscherungsofen an das Gebläse des ersten angeschlossen werden konnte.

Ein Jahr später wurde ein dritter Ofen benötigt. »Dritte Ofenanlage wird äußerst dringend gebraucht«, kabelte der neue Leiter der Auschwitzer Bauleitung, Karl Bischoff, am 11. November 1941 an Topf. »Drahtet, wann Einbau erfolgt und Anlage fertiggestellt wird.«[27] Bischoffs Telegramm war eine direkte Reaktion auf den dramatischen Anstieg der Todesfälle im Lager. Von 9908 sowjetischen Kriegsgefangenen, die im Oktober eintrafen, wurden noch im gleichen Monat 1255 ermordet.[28] Dann traf in den ersten Novembertagen eine Sonderkommission der Gestapo unter Leitung von Dr. Rudolf Mildner aus Kattowitz ein, um die »fanatischen Kommunisten« (etwa 300) oder »politisch Verdächtige« (etwa 700) unter den übrigen Kriegsgefangenen zu identifizieren und zu liquidieren.[29] In den ersten fünf Tagen des Monats November wurden 1238 sowjetische Namen in das Auschwitzer Sterbebuch eingetragen.[30]

Mildner war ein regelmäßiger Gast des Lagers, und seine Besuche endeten stets mit Massenhinrichtungen. Das Gestapo-Standgericht tagte dort unter seiner Leitung. Auschwitz, ursprünglich ein Konzentrationslager, in dem Häftlinge getötet wurden, diente dem SS-Gericht als Hinrichtungsstätte für »Externe«, die dort nie registriert waren. Aufgabe des SS-Gerichts war es, polnische Widerstandskämpfer aus dem gesamten östlichen Oberschlesien zu verhören, zu verurteilen und hinzurichten. Diese polnischen Männer und Frauen wurden nach Auschwitz zu dem einzigen Zweck gebracht, dort angeklagt und hingerichtet zu werden; sie waren keine KZ-Häftlinge. Mildners Gericht hielt seine Sitzungen in Block 11 ab, und anfänglich fanden die Hinrichtungen in dem Hof zwischen den Blöcken 10 und 11 statt. Bald wurde jedoch deutlich, daß es effizienter wäre, die Verurteilten in das Krematorium zu schaffen und in der Leichenkammer zu töten. »Die Wände sind mit Blut besudelt. Im Hintergrund liegen die bereits Erschossenen«, schrieb Broad nach dem Krieg. »Ein breiter Blutstrom zieht sich zu dem Abfluß in der Mitte der Halle. [Die Opfer] müssen bis dicht an die Leichen herantreten und sich nebeneinander aufstellen. Ihre Füße färben sich rot vom Blut, in dem sie stehen ... Die rechte Hand des Lagerführers, SS-Hauptscharführer Palitzsch, vollzieht die Erschießung. Einen nach dem anderen bringt er mit einem geübtem Genickschuß ums Leben.«[31] Der Gestank war so schlimm, daß im Sommer 1941 der Chef der Politischen Abteilung, Grabner, bei Schlachter darauf drang, ein leistungsfähigeres Lüftungssystem zu installieren, das nicht nur die Übelkeit erregende Luft absaugen, sondern auch von außen Frischluft zuführen sollte.[32]

Die Leichen wurden in dem benachbarten Ofenraum verbrannt. Filip Müller, ein slowakischer Jude, der im April 1942 mit einem der ersten Judentransporte nach Auschwitz kam, wurde im Krematorium als Heizer beschäftigt. Als der Arbeitssklave Müller dem Sonderkommando zugeteilt wurde, hatte die Leichenkammer den Gipfel ihrer Entwicklung erreicht. Von einem Leichenkeller war sie über eine Stätte zur Hinrichtung durch Genickschuß zu einer Stätte für die Vernichtung durch Gas geworden (in Kapitel 9 werden wir darauf zurückkommen). Müllers Aufgabe war es, die Leichen aus der Leichenkammer (nunmehr Gaskammer) zum Krematorium zu zerren und das Feuer in den Einäscherungsöfen in Gang zu halten. Als einer der wenigen Überlebenden des Sonderkommandos beschrieb Müller nach dem Krieg das Verfahren und die Ausrüstung zum Transport der Leichen und zur Inganghaltung des

Systems. Quer durch das Krematorium war ein Gleis verlegt, erklärte Müller, und »dieses Gleis war etwa fünfzehn Meter lang.« (Siehe Tafel 4)

Von ihm führten sechs Quergeleise, die etwa vier Meter lang waren, zu den Öfen. Auf dem langen Gleis stand eine fahrbare Drehscheibe, die man hin- und herschieben konnte. Mit ihrer Hilfe war es möglich, den Rollwagen auf die Quergeleise zu rangieren. Der gußeiserne Rollwagen hatte einen kastenförmigen Aufbau aus Stahlblech. (…) Hinten war ein eiserner Griff angebracht, der über die ganze Breite reichte. Vorn ragte die Ladepritsche aus starkem Stahlblech heraus. (…) Die Pritsche, vorn offen, war nicht ganz so breit wie die Ofenöffnung, so daß sie in der Ofenmuffel gut Platz fand. Auf der Pritsche befand sich noch ein kastenförmiger Schieber aus Stahlblech. Er war ihrem Querschnitt angepaßt, war aber höher als die Seitenwände und oben abgerundet. (…) Man konnte ihn auf der Pritsche leicht hin- und herschieben. Vor dem Beladen des Wagens wurde er an das hintere Ende der Pritsche geschoben. Wenn der Rollwagen auf der Drehscheibe stand, wurde sie einfach zum nächsten Quergeleis geschoben und dann so weit gedreht, daß der Rollwagen auf das Gleis rangiert werden konnte. Dabei mußte die Drehscheibe festgehalten werden, damit der Rollwagen beim Herunterfahren nicht aus den Schienen sprang.

Zunächst wurden aus der Gaskammer Leichen in die Nähe der Öfen geschleift. Dann wurde der Rollwagen mit Hilfe der Drehscheibe vor ein Quergeleis gebracht und die Pritsche vorn mit einer Holzlatte abgestützt, damit der Wagen beim Beladen nicht kippen konnte. Nun goß ein Häftling einen Eimer Wasser auf die Pritsche, damit sie in dem glühenden Ofen nicht zu heiß wurde. Unterdessen waren zwei andere damit beschäftigt, einen Toten auf ein Brett zu legen, das neben der Pritsche auf dem Boden lag. Dann hoben sie es hoch und kippten es seitlich ab, so daß die Leiche auf die Pritsche fiel. Ein Häftling auf der anderen Seite brachte sie in die richtige Lage.

Wenn der Wagen beladen war, lagen an beiden Seiten der Pritsche zwei Tote mit dem Kopf zum Ofen, während der dritte umgekehrt zwischen diesen eingeklemmt worden war. Jetzt war es so weit, daß der Ofen geöffnet werden konnte. Glühende Hitze schlug einem entgegen. Nachdem die Stützlatte entfernt war, packten zwei Mann vorne rechts und links die Pritsche, trugen sie bis an den Ofen und setzten sie am Rand der Muffel ab. Gleichzeitig schoben hinten zwei andere den Rollwagen und drückten so die Pritsche in den Ofen.

Die beiden, die vorne getragen hatten, waren inzwischen ein paar Schritte zurückgesprungen, stemmten sich mit den Armen gegen den Haltegriff am Wagen und drückten mit einem Bein von hinten kräftig gegen den Schieber. Auf diese Weise halfen sie mit, die Toten vollends in den Ofen zu befördern. Wenn sich der vordere Teil des Schiebers im Ofen befand, wurde der Wagen mit der Pritsche schon wieder zurückgezogen. Um zu verhindern, daß beim Zurückfahren die Fracht wieder herauskam, stieß ein Häftling eine Eisengabel von der Seite in den Ofen und stemmte sie gegen die Leichen. Während die Pritsche, die sich mit mehr als drei Viertel ihrer Länge im Ofen befunden hatte, mit dem Rollwagen auf die Drehscheibe zurückbugsiert wurde, wurde die Ofentür wieder geschlossen.[33]

Alle 20 Minuten wurde in jeder der sechs Muffeln (drei Doppelmuffelöfen) eine Leiche verbrannt.

1940 wurden in dem Doppelmuffelofen alle 20 Minuten zwei Leichen eingeäschert; einige Monate später hatte sich nach der Aufstellung des zweiten, preisgünstigeren Doppelmuffelofens der Durchsatz verdoppelt. 1941 hatte das Krematorium I mit 18 Leichen pro Stunde seine maximale Kapazität erreicht. Unabhängig davon, ob die Opfer im Hof des Blocks 11 erschossen oder in der angrenzenden Leichenkammer getötet worden waren, lief der Prozeß der Einäscherung so ab, wie von Müller beschrieben. Die Deutschen fanden mehr und mehr Todeskandidaten – polnische Partisanen, russische Kriegsgefangene und schließlich am 15. Februar 1942 die ersten Judentransporte –, aber ihre Mordmaschinerie war nur bis zu einer gewissen Grenze einsetzbar wegen der zu geringen Kapazität des Krematoriums für die Leichenverbrennung. Soweit das Grauen von Auschwitz I.

Wie wir sahen, wurde das Konzentrationslager in Auschwitz ursprünglich dazu errichtet, die Bevölkerung in der Region zu unterjochen. Nach Oswald Pohls Besuch im September 1940 und seiner Einschätzung der Sand- und Kiesgruben als äußerst wertvoll übernahm das Lager eine ökonomische Rolle. Die Verbindung von Terror und Produktion war keine Besonderheit von Auschwitz, sondern vielmehr die wesentliche Funktion deutscher Konzentrationslager in den dreißiger Jahren. Einige Monate später, im November, verlieh das Gestapo-Standgericht Auschwitz eine weitere, für ein Lager in den »eingegliederten« Gebieten neue Funktion – es wurde zur Tötungsstätte, für Menschen, die keine KZ-Häftlinge waren. Dann kam eine vierte Dimension hinzu, die mit der einzigartigen Stellung von Auschwitz in dem Mythos vom deutschen Osten zusammenhing. Zwischen einem Industriegebiet im Norden und Westen und einer ländlichen Region im Süden gelegen, wurde das Lager zu einem landwirtschaftlichen Zentrum, das Volksdeutschen helfen sollte, sich an die örtlichen An-

Diese Planungskarte zeigt die 1940 als Siedlungszonen I und Ia ausgewiesenen oberschlesischen Landkreise. Das frühere Herzogtum Auschwitz, d.h. der Landkreis Saybusch, der Ostteil des Landkreises Bielitz und der Westteil des Landkreises Wadowice, wurde in die Siedlungszone Ia einbezogen. (Siehe auch die Karte auf Seite 183.)

baubedingungen zu gewöhnen. Die Siedler übernahmen die Höfe der polnischen Landbevölkerung im Süden, die zur Vertreibung vorgesehen war und teilweise tatsächlich deportiert wurde. Himmler sah Auschwitz als künftige Hilfseinrichtung für Siedlungsanwärter. So spielte das Lager bei den Deportationsmaßnahmen zwar keine Rolle, erfüllte im Rahmen der Umsiedlung jedoch eine klar erkennbare Aufgabe. Der erste detaillierte Vorschlag zur Einbeziehung von Auschwitz in die Kampagne der ethnischen Säuberung datiert vom November 1940, aber das Fundament hierzu wurde bereits ein halbes Jahr zuvor gelegt.

   Im Frühjahr 1940 erkannte Himmler die Kreise Wadowitz, Saybusch und den Ostteil des Kreises Bielitz – eben das Gebiet des Herzogtums Auschwitz – als eine geopolitisch entscheidende Region, die nach Wiederaufbau schrie. »Außerordentlich hoch ist die Bevölkerungsdichte in diesen Gegenden ... Die Folge dieser Bevölkerungsdichte

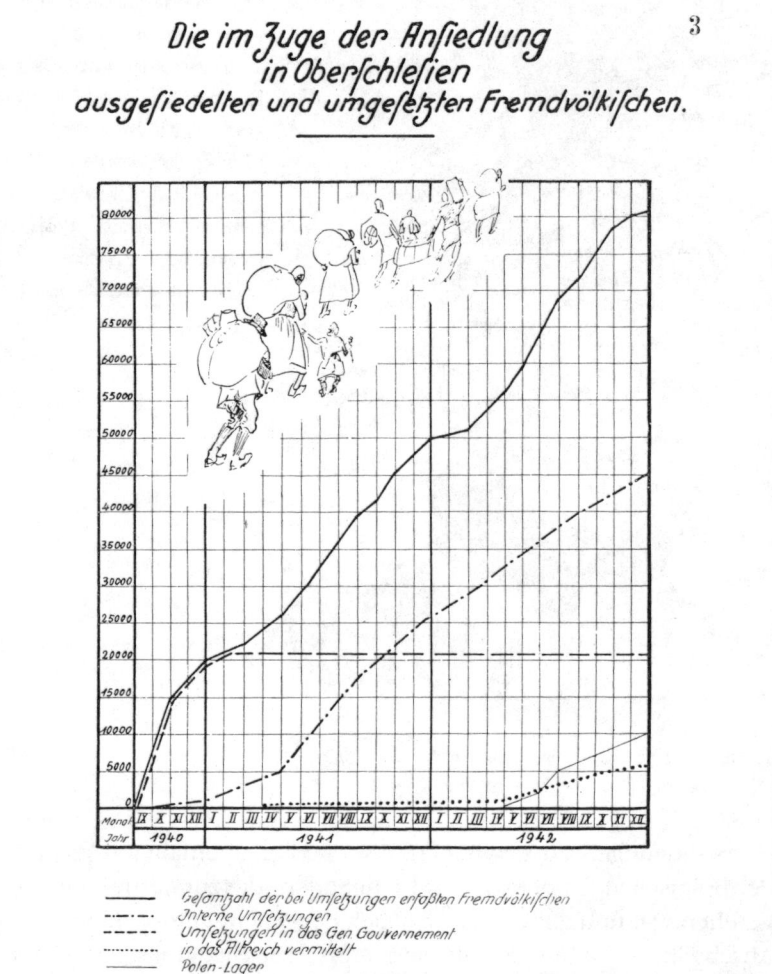

Die im Zuge der Anſiedlung
in Oberſchleſien
ausgeſiedelten und umgeſetzten Fremdvölkiſchen.

3

Deportation aus Oberschlesien. Aus dem Diagramm geht hervor, daß die Deportationen
aus Oberschlesien im September 1940 einsetzten.

TAFELTEIL

ZEICHNUNGEN DES VÖLKERMORDS

Die Entwicklung des Konzentrationslagers Auschwitz ist in Hunderten von Bauplänen erfaßt, welche die Deutschen zu vernichten vergaßen und welche polnische und sowjetische Archivare in Oswiecim und Moskau verwahrten. Eine einzigartige historische Quelle, lagern diese Materialien heute in dem Archiv der Zentralbauleitung der Waffen-SS und Polizei, Auschwitz O/S. Denn während die Deutschen die Archive der Lagerkommandantur vor ihrer Evakuierung aus Auschwitz im Januar 1945 verbrannten und Bomben der Alliierten ihnen unbeabsichtigt halfen, bei der SS-Führung in Berlin dieselbe Aufgabe zu erledigen, wurde das Archiv der Bauleitung, nur wenige hundert Meter von der Kommandantur entfernt, übersehen und blieb unversehrt. Von keinem anderen Konzentrationslager gibt es ein ähnlich vollständiges Archiv, und keines der administrativ weniger komplexen Todeslager der Aktion Reinhard unter der Leitung von Odilo Globocnik (Belzec, Sobibor, Treblinka) brachte solche Dokumente hervor.

Die Bautätigkeit sowohl im Konzentrationslager Auschwitz als auch in der Stadt unterlag den normalen zivilen Vorschriften und dem durch die Kriegszeit bedingten Überbau von Sondergenehmigungen. Zahlreiche Kopien vieler Dokumente überleben mit den Kommentaren und Unterschriften der einzelnen Bürokraten oder Geschäftsleute, an die sie gerichtet waren. Die Bauleitung hinterließ eine breite Papierspur: Pläne, Kostenvoranschläge, Briefe, Telegramme, Angebote von Bauunternehmen, Aktenvermerke über Finanzverhandlungen, Berichte über den Fortgang der Bauarbeiten, Anforderungen von Baustoffzuteilungen und die Protokolle der Besprechungen, die unter den Architekten der Bauleitung, mit der Lagerleitung und mit hochrangigen Würdenträgern aus Berlin abgehalten wurden.

Diese Papiere verraten uns sehr viel. Sie erhellen das Denken der Auschwitzer Kommandantur und in gewissem Maß der SS-Führung. Jede Entscheidung Himmlers im Hinblick auf Auschwitz oder Höß' über das von ihm regierte Lager hatte Folgen für den physischen Ort. Wenn Gefangene eingeliefert wurden, waren Baracken erforderlich; wenn die Habe der Deportierten für das Reich beschlagnahmt werden sollten, brauchte man Lagerhäuser. Wenn Menschenmassen ermordet werden sollte, waren Einäscherungsöfen zum Verbrennen ihrer Leichen von zentraler Bedeutung. Die Dokumente des Bauleitungsarchivs verfolgen den Weg zurück: vom Bauwerk zurück zur Entscheidung, zum Denken, zur Idee. Diese Materialien erhellen die Möglichkeiten, welche die Deutschen erwogen, und die Optionen, die sie wählten, sowohl ihre Pläne als auch deren Ergebnis. Und sie enthüllen die sich weithin erstreckende Komplizenschaft von Deutschen aus vielen Schichten und Berufen. Wie wir schon sagten, war Auschwitz weder eine vorbestimmte Tragödie noch eine Naturkatastrophe. Die SS-Führer selbst ahnten 1940 nicht, was sie 1944 tun würden. Doch Schritt für Schritt, Zeichnung um Zeichnung gelangten die Architekten auf Geheiß ihrer Vorgesetzten dahin, daß sie den Schrecken planten und ausführten, den wir Auschwitz nennen, und wie wir gesehen haben, kamen ihnen Bürokraten, Technokraten und Geschäftsleute in reichlicher Zahl zur Hilfe.

Die folgenden 20 Tafeln sind Schlüsseldokumente. Auf minderwertigem Papier und jetzt über 50 Jahre alt, wurden diese Zeichnungen auf Glanzpapier reproduziert, um die Interpretation zu erleichtern. Die Tafeln 16 und 18 wurden für dieses Buch neu gezeichnet.

Die auf Tafel 1 abgebildete Geländeaufnahme wurde lange vor dem Zeitpunkt durchgeführt, zu dem sich die SS für Auschwitz als Standort für ein Konzentrationslager interessierte. Von Geodäten des Heeres angefertigt, um die Details dieses neueroberten Gebietes zu verzeichnen, wurde sie reproduziert und fand weite Verbreitung. Eine Kopie wurde an das SS-Amt in Breslau gesandt, wo sie hochrangigen Beamten dazu diente, einen günstigen Standort für ein Konzentrationslager in Oberschlesien auszusuchen. Nach der Entscheidung für die Gegend um Auschwitz schrieb Erich von dem Bach-Zelewski nach Berlin, um das Gebiet für die SS zu fordern. Richard Glücks, der Inspekteur der Konzentrationslager, willigte ein, und die SS übernahm die Kontrolle. Doch war es nur ein Teilsieg, denn die SS erhielt nicht die nötigen Geldmittel oder Baumaterialien zum Ausbau der einstigen Wanderarbeitersiedlung, die das polnische Heer in ein Lager für eigene Zwecke umgewandelt hatte. Sie kamen – nur allzu gut – mit dem aus, was vorhanden war, und es bereitete ihnen kaum Schwierigkeiten, den Keller eines vorhandenen Gebäudes in eine Folterkammer umzubauen (Tafel 2). Das Munitionsdepot (Tafel 3), in den zwanziger Jahren vom polnischen Heer angelegt, wurde in ähnlicher Weise in ein Krematorium verwandelt. Zu diesem Zeitpunkt der Geschichte des Lagers war ein Krematorium erforderlich, um die Leichen derjenigen zu beseitigen, die an der »normalen« Brutalität des Konzentrationslagersystems starben, also nicht, weil Auschwitz eine Massenmordstätte war – oder werden sollte.

Als die Kommandantur größere Ressourcen erlangte, waren zivile Fachleute erforderlich, um Heizung, elektrische Anlagen und Abwassersysteme zu installieren, um Schornsteine zu bauen, Rohbauten zu errichten. Der bestbekannte der externen Auftragnehmer war die Firma Topf & Söhne aus Erfurt, deren technische Zeichnungen in den Archiven von Oswiecim und anderenorts überdauern, darunter im Deutschen Patentamt. Stolz auf ihre Produktion erstklassiger Einäscherungsöfen, die in Krankenhäusern zur Verbrennung verunreinigter Kleidung und Bettwäsche, von städtischen Krematorien zur Einäscherung von Leichnamen und von Stadtreinigungsbetrieben zur Müllbeseitigung eingesetzt wurden, sandte Topf regelmäßig Werbematerial nach Auschwitz, einem prospektiven Markt mit verunreinigter Kleidung, Leichen und Abfällen, die verbrannt werden mußten. Die ersten Einäscherungssysteme von Topf, die einen Doppelmuffelofen (Tafel 4) umfaßten, verbrannten nur Leichen. Das zweite Auschwitzer System war so ausgelegt, daß es auch die anderen Funktionen versah.

Hersteller und Handelsgesellschaften bilden nur die eine Klasse externer Akteure, mit denen die Kommandantur Auschwitz verhandelte. Die Auschwitzer Eisenbahnstrecken unterstanden dem Oppelner Regionalamt der Deutschen Reichsbahn, und die Lagerleitung beantragte in Oppeln die Verlegung eines Gleises nach Birkenau. Ihren ersten Antrag stellte sie im Winter 1941, und nach langer Diskussion mit dem Lager über die bestmögliche Anordnung genehmigte das Regionalamt zwei Jahre später den Bau. Nicht nur benötigte die Kommandantur Auschwitz externe Hilfe für technische Dienste und die Genehmigung zur Erweiterung des nationalen Transportsystems in das Lager, sie unterstand auch der Aufsicht der Bauabteilung beim SS-Hauptamt Haushalt und Bauten (später beim SS-Wirtschafts-Verwaltungshauptamt) in Berlin. In der Lagerbauleitung gab es keinen Stadtplaner. Alle Pläne (Tafeln 6, 7 und 11), die über die Lagergrenzen in die Stadt und ins Umland hinaus reichten, wurden in Berlin gezeichnet, zur Stellungnahme nach Auschwitz geschickt und zur Fertigstellung nach Berlin zurückgesandt. Der erste Bebauungsplan für Auschwitz (Tafel 6) wurde als Präsentationsplan erstellt, der von Himmler, Kammler und Pohl diskutiert werden sollte. Er spiegelt die erste Welle der Begeisterung wider, welche die SS-Führer mitriß, nachdem die IG Farben beschlossen hatte, ein Buna-Werk zu errichten. Am Horizont zeichnete sich die Aussicht auf erhebliche Geldbeträge und Zuteilungen an Baumaterial ab, und die Zeichnungen auf den Tafeln 6, 7, 8 und 11 illustrieren die rasche Entwicklung der Pläne, die auf hoher und höchster Ebene für das Lager geschmiedet wurden. Hans Stosberg, der deutsche Stadtarchitekt, war ebenfalls von dem Schritt der IG Farben geblendet. Die Tafeln 9 und 10 zeigen seine immer gewaltigeren Bauprogramme für die Stadt, in der Hitler ein Modell für die deutsche Besiedlung im Osten sah.

Präsentationspläne wurden kaum jemals erstellt; die meisten Zeichnungen (und daher die meisten der Pläne im Archiv) waren Arbeitszeichnungen. Fleckig, gefaltet, zum Bauplatz und zurück getragen, sind sie heute in schlechtem Zustand. Aber sie sind von Bedeutung. Die gekritzelten Randbemerkungen und mit Bleistift eingezeichneten Änderungen zeigen die Architekten bei der Arbeit: Sie enthüllen ihre Gedanken und Entscheidungen. Zum Beispiel organisierte Fritz Ertl in seinem Plan für Auschwitz-Birkenau

(Tafel 12) den Hauptteil des Lagers auf der Grundlage gesonderter Einheiten aus jeweils zwölf Wohnbaracken, einer Küche, einer Waschbaracke und einer Latrine. Während einer Besprechung, bei der dieser Entwurf zur Diskussion stand, wurde Ertl von Karl Bischoff davon unterrichtet, daß Himmler eine Erweiterung der Lagerkapazität von 97000 auf 125000 russische Kriegsgefangene befohlen hatte. In Erwartung der Notwendigkeit, diese Häftlingsmassen wirksam zu kontrollieren, nahm Bischoff Ertls Plan und skizzierte mit Bleistift Linien, die Stacheldrahtzäune zwischen den Einheiten andeuten. So teilte er Birkenau in Unterlager, die ein Jahr später zum Männerlager, Frauenlager, Zigeunerlager und dem Familienlager für die Häftlinge aus Theresienstadt wurden. In ähnlicher Weise änderte Bischoff mit einem Bleistiftstrich die Barackenkapazität von 550 auf 774, um zusätzliche 28000 russische Gefangene unterzubringen (Tafel 13).

An diesem Punkt waren die Latrinen, wie aus Ertls Plan (Tafel 12) ersichtlich, noch in vertretbarer, zu Fuß zu bewältigender Entfernung von den Baracken. Doch später streckten die Architekten die Unterlager, bis die Häftlinge in den am weitesten entfernten Baracken in 800 Meter Entfernung von der nächsten Toilette schliefen. Nach Verlängerung des Lagers und Erhöhung der Häftlingszahl um etwa 50 Prozent unterließen es die Architekten, den Standort oder die Konstruktion der Latrine zu ändern, womit sie eine biologische Katastrophe heraufbeschworen und den Keim für noch größeres Leid legten. Die Latrinen selbst waren auf jeden Fall völlig unzureichend.

Die biologische Kriegführung der Architekten gegen die Häftlinge ist fast trivial im Vergleich zu ihrer fachlichen Mitarbeit am Völkermord. Zeichnungen im Archiv der Bauleitung erhellen die schrittweise Umwandlung des Krematoriums von einem Einäscherungssystems für die wirksame Beseitigung von Leichen zu einer tödlichen Anlage für den Mord an lebenden menschlichen Wesen – und dann zur Verbrennung ihrer Leichen. Die Pläne für das sogenannte neue Krematorium (Tafeln 14, 15, 16 und 17), für Auschwitz I gezeichnet, aber in Birkenau errichtet, illustrieren diese Entwicklung deutlich. Ursprünglich (Tafeln 14 und 15) passen architektonischer Stil und die Solidität des Materials zur Bauweise des Stammlagers. Nach dem Entwurf vom Herbst 1941 sollte dies ein Krematorium werden, das auf die Sterblichkeit im Konzentrationslager Auschwitz und im Kriegsgefangenenlager Birkenau ausgelegt war. Wie alle anderen Gebäude in Auschwitz I mußte das Krematorium der zivilen Bauordnung genügen, die einen Autopsieraum verlangte. Die SS hatte in den dreißiger Jahren gelernt, der Einmischung ziviler Leichenbeschauer aus dem Wege zu gehen, indem sie in den Lagern eigene Krematorien baute und einen medizinischen Lagerdienst einrichtete, der die Todesursache bestätigte. Doch hatte sie keine eigenen Bauinspektoren, und daher entsprachen die Lagerkrematorien den reichsweiten zivilen Normen. In Auschwitz fielen diese gut ausgestatteten Autopsieräume in die Hände Mengeles und die seiner Kollegen. Sie hatten solche Einrichtungen nicht beantragt, aber es dauerte nicht lange, bis sie ihren Nutzen zu schätzen wußten. Die nach der staatlichen Bauordnung gebauten Autopsieräume wurden zu Laboratorien für die berüchtigten medizinischen Experimente der Auschwitzer Ärzte. Die Entwürfe auf den Tafeln 14 und 15 sind Konzeptskizzen. Die ausgearbeitete Zeichnung (Tafel 16) ist komplexer und informativer. Sie diente zur Beantragung von Baustoffen und Baugenehmigungen und wurde dem Bauunternehmen Huta übergeben, das sich über den Auftrag freute. Der Plan wurde im Dezember 1942 noch einmal geändert. Mit einer relativ einfachen Zeichnung (Tafel 17) wandelte Walther Dejaco den Entwurf für den Keller ab. Er zeichnete eine Außentreppe, die von dem Hof neben dem Eisenbahngleis zu einem Kellereingang zum Krematorium hinabführte. Dort verwandelte er einen der beiden unterirdischen Leichenräume in einen Auskleideraum und den anderen in eine Gaskammer um. Er strich die geplante Leichenrutsche, die auf den früheren Plänen (Tafeln 14, 15 und 16) den Hauptzugang zu den Leichenräumen im Tiefgeschoß gebildet hatte. Lebende menschliche Wesen steigen Treppen hinab. Leichen werden über eine Rutsche hinabbefördert. Die Opfer würden ihrem Tod zu Fuß entgegengehen.

Anders als Krematorium II wurde Krematorium IV (Tafel 18) entworfen, nachdem Himmler im Juli 1942 Auschwitz seinen zweiten Besuch abgestattet hatte. Birkenau war zu einer Massenmordstätte geworden. Jeder Anschein von Anstand und zivilen Umgangsformen war längst fallengelassen worden. Der heimatlich anmutende Stil von Auschwitz I wurde durch das funktionale Idiom von Birkenau ersetzt. Die Architekten machten sich nicht mehr die Mühe, Autopsieräume einzuzeichnen. Der Raum wurde für Gaskammern genutzt.

Selbst als Birkenau gänzlich dem Judenmord gewidmet war, wurde aus denen, die für arbeitsfähig befunden wurden, auch der letzte Rest an ökonomischem Nutzen herausgepreßt. Die Zeichnung zur Fertigstellung von Bauabschnitt III (Tafel 19), im Sommer 1943 gezeichnet, zeigt einen Plan zur Versorgung von Nebenlagern, die in ganz Oberschlesien mit dem einzigen Zweck errichtet worden waren, der deutschen Privatwirtschaft Arbeitskraft in Form von Sklaven zuzuführen. »Arbeitskraft« wurde weit ausgelegt. In Auschwitz galt das Verbot des Geschlechtsverkehrs zwischen Deutschen und Juden für die SS, aber nicht für deutsche Kapos, Funktionshäftlinge oder besonders produktive »arische« Gefangene. Die auf Tafel 20 dargestellte »Sonderbaracke« war offensichtlich dazu bestimmt, junge Jüdinnen aufzunehmen, die speziell für das Lagerbordell ausgesucht wurden.

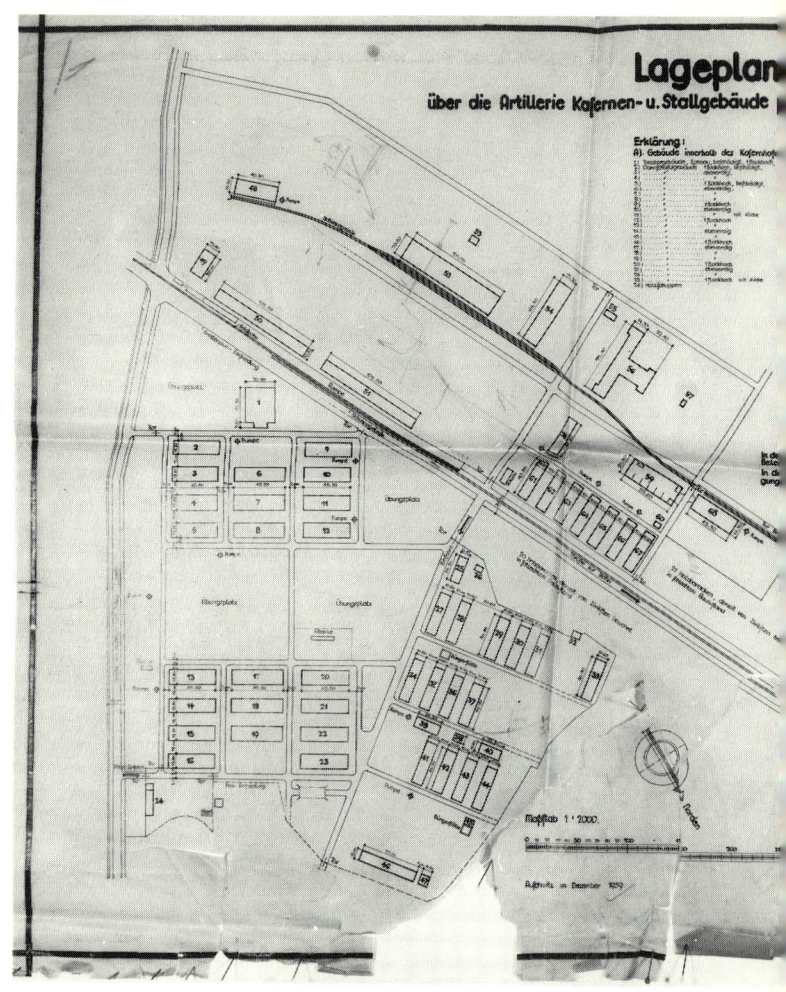

Lageplan
über die Artillerie Kasernen- u. Stallgebäude

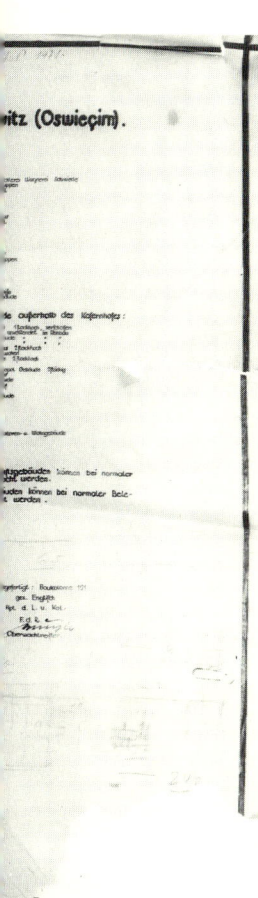

Tafel 1

Vermessung von Zasole, Dezember 1939. In den ersten Monaten der
Existenz des Lagers diente Gebäude 56 der Unterbringung der
Gefangenen, während die später in das eigentliche Schutzhaftlager
umgewandelten Gebäude 2 bis 23 gesäubert und mit Stacheldraht
eingezäunt wurden. Das Tor mit der Aufschrift »Arbeit macht frei« wurde
neben dem Gebäude 20 errichtet. Unterhalb von Gebäude 23 befindet
sich ein zur Hälfte in den Boden eingelassenes Munitionsdepot, das zum
Krematorium umgebaut wurde. Die Gebäude 25 bis 44, von den Polen
als Ställe benutzt, sollten unter den Deutschen zu Werkstätten werden.

Tafel 2
Ansicht und Kellergrundriß von Block 11.
Der Grundriß zeigt vier Gruppen von Zellen.
Die vier winzigen Stehzellen sind oben links.
Die Außentreppe vom Ofenraum im Keller endet
in dem angrenzenden Hof, der für Hinrichtungen
benutzt wurde.

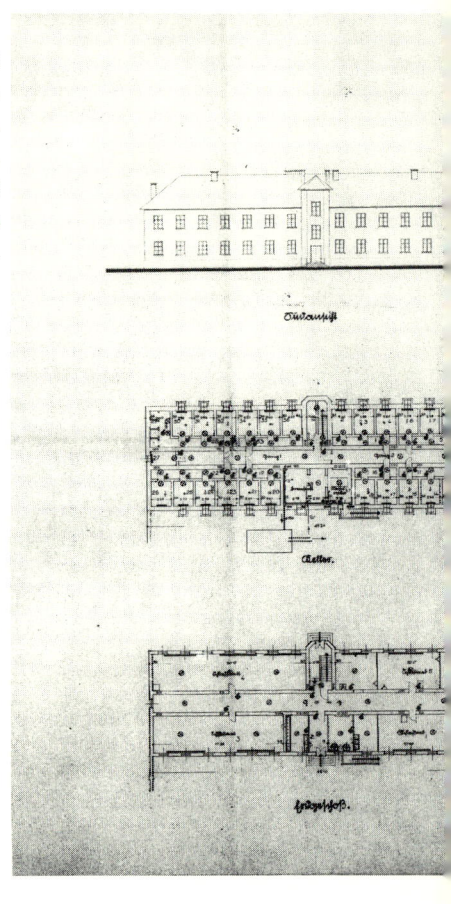

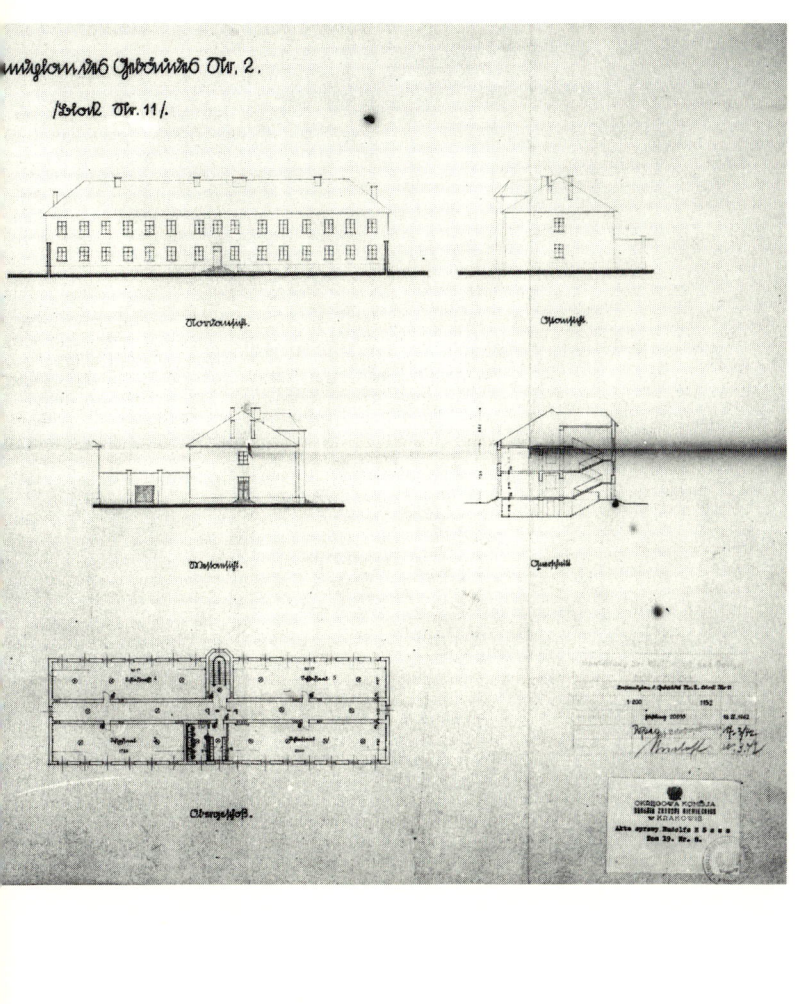

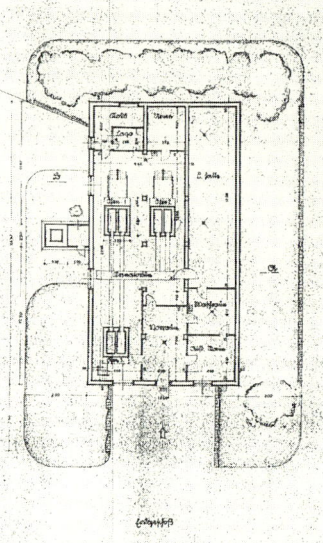

Tafel 3
Grundriß und Ansichten des Krematoriums
im Stammlager, 1942. Die Zeichnung,
die den Standort eines neuen Schornsteins
zeigt, wurde nach Installation aller drei
Doppelmuffelöfen angefertigt.
Der große Raum rechts von der Einäscherungshalle ist die Leichenhalle, die
im September 1941 zur Gaskammer
umgebaut wurde.

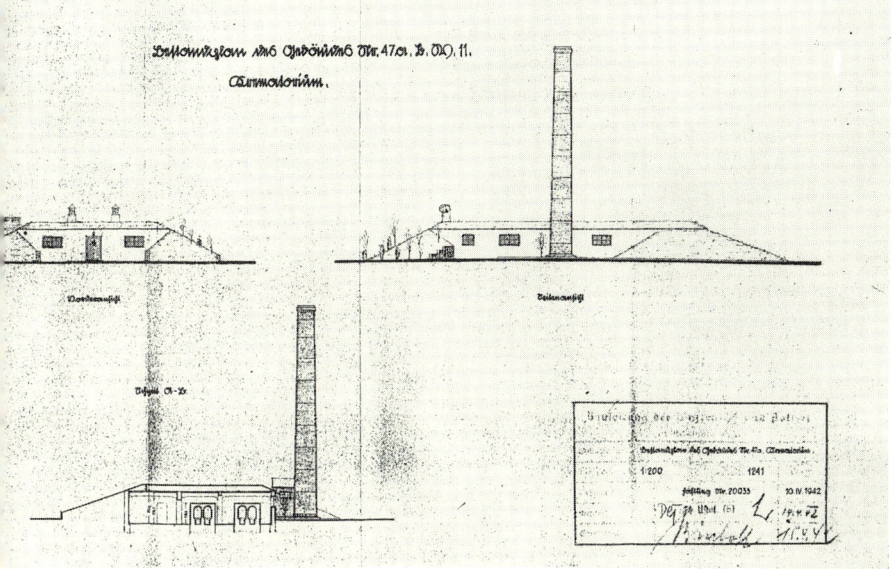

Demontierung des Gebäudes Nr. 47 a. b. OO, 11.
Krematorium.

Vorderansicht

Seitenansicht

Schnitt A - B

1:200   1241
Feststellung Nr. 20033   10 IV. 1942

Tafel 4

Zeichnung der Firma Topf & Söhne für den ersten in Auschwitz gebauten Einäscherungsofen, 1940. Die Schnittdarstellung des Ofens zeigt eine Muffel (oben links), die durch einen Rost von einem Aschebehälter (unten links) getrennt ist. Die Leichen werden von links eingeschoben. Rechts befindet sich der Koksbunker (unten links), der von einer speziellen Heizergrube aus zugänglich ist. Der Grundriß zeigt die beiden Muffeln, den unterirdischen Kaminzug mit einem Schieber zur Einstellung des Zugs und den im Freien stehenden Schornstein mit einem Lüfter zur Zugverstärkung. Ein kleinerer, an der Innenwand des Einäscherungsraumes angebrachter Lüfter versorgt die Muffel mit Druckluft.

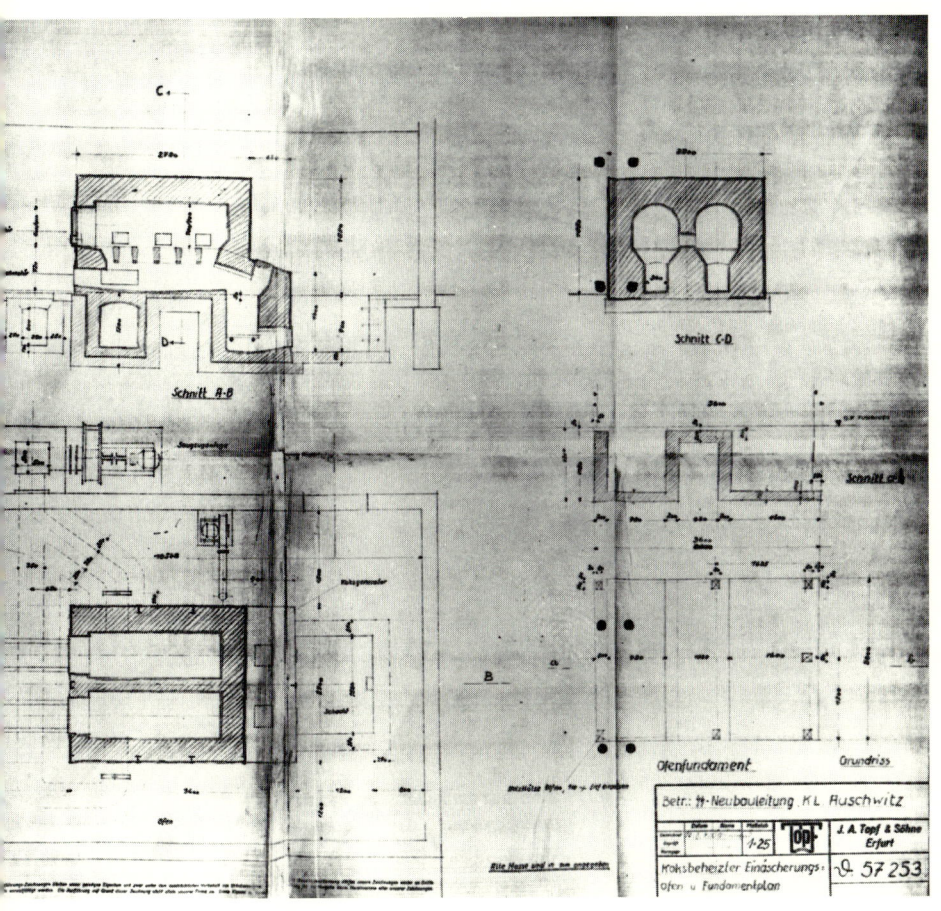

Schnitt C-D

Schnitt A-B

Schnitt

Ofenfundament.   Grundriss

Ofen

Alle Masse und m. nachprüfen

Betr.: SS-Neubauleitung K.L. Ruschwitz

J. A. Topf & Söhne
Erfurt

1:25

Koksbeheizter Einäscherungsofen u. Fundamentplan

D 57 253

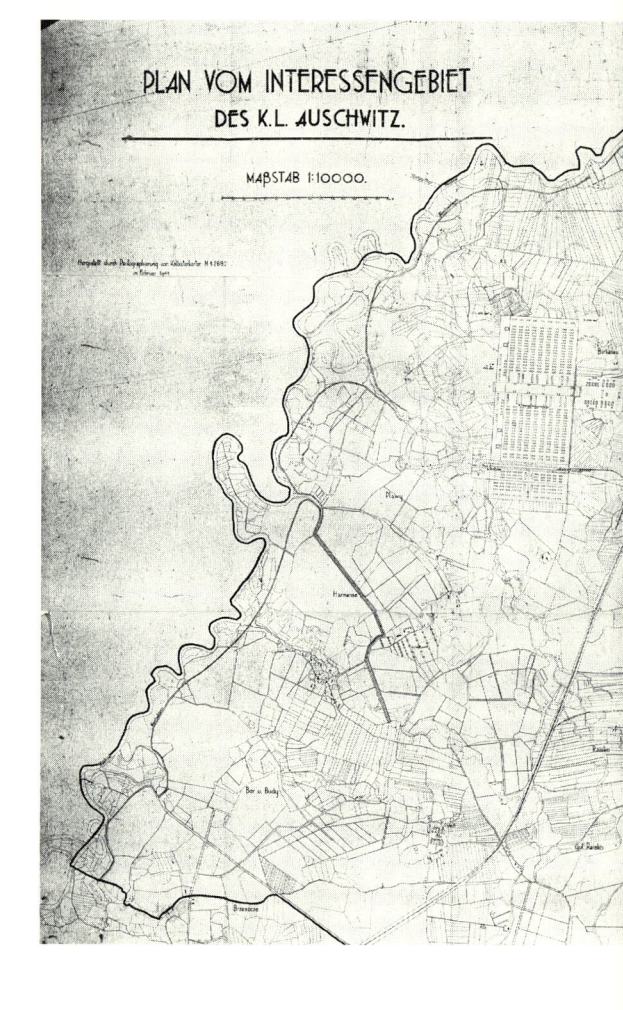

PLAN VOM INTERESSENGEBIET
DES K.L. AUSCHWITZ.

MAßSTAB 1:10000.

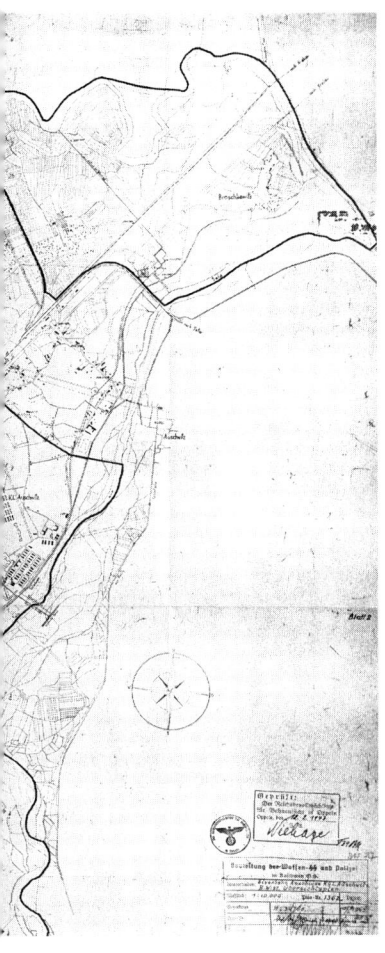

Tafel 5

Plan vom »Interessengebiet« des Konzentrationslagers Auschwitz, 1943. Die Weichsel (links) bildete die Westgrenze des Interessengebiets, die Sola (rechts) seine Ostgrenze. Von der Sola ragte zur Verbindung der Stadt mit dem Bahnhof eine zivile Halbinsel in das Interessengebiet. Das Stammlager (KL Auschwitz) ist unmittelbar südlich des Bahnhofs zu erkennen. Eingezeichnet sind die vorhandenen Gebäude, die nur teilweise realisierte Lagererweiterung und Gebäude, die nicht über das Reißbrettstadium hinauskamen. Westlich des Bahnhofs liegen das Dorf Birkenau und das Lager Auschwitz-Birkenau. Diese Zeichnung diente dazu, von der Deutschen Reichsbahn die Genehmigung zur Verlegung eines Eisenbahngleises in das Lager zu erlangen, weshalb die V-förmige Trasse zur Verbindung der Hauptstrecke mit Auschwitz-Birkenau hervorgehoben ist.

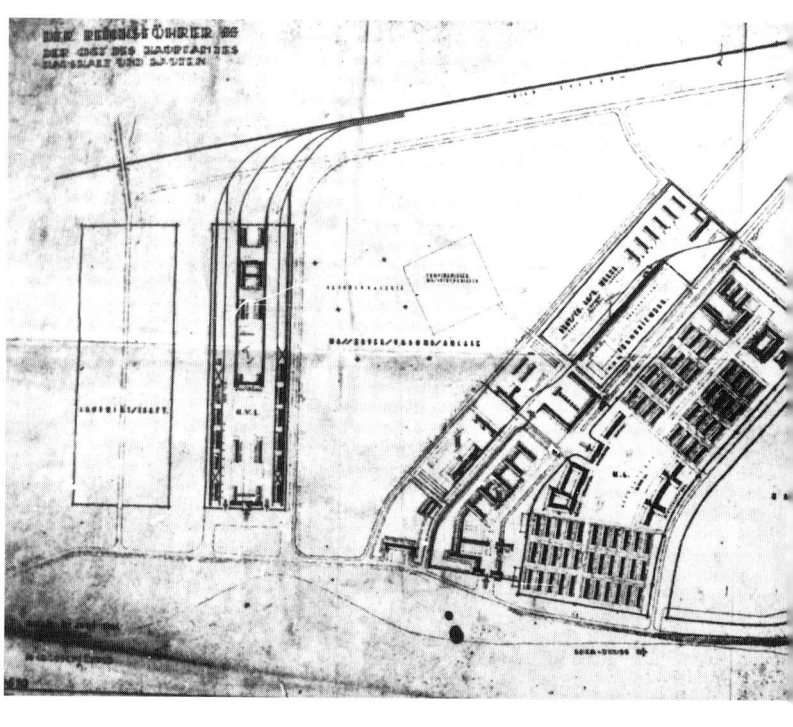

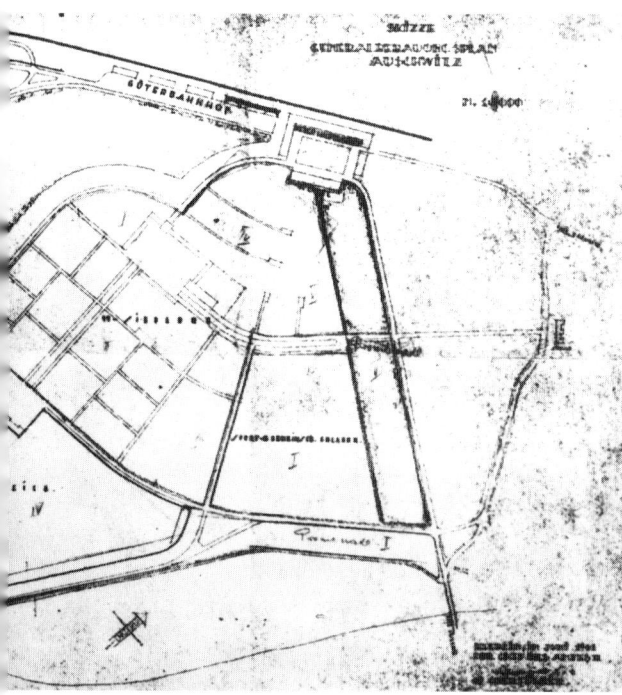

Tafel 6

Der erste Generalbebauungsplan für Auschwitz, Juni 1941. In der Mitte das Stammlager mit den Baracken der früheren Arbeitsbörse (unten), ein von einem Eingangspavillon flankierter großer Appellplatz, ein Häftlingsaufnahmegebäude, die Lagerküche und ein Speicher für die Habe der Gefangenen. Längs der Straße zum Bahnhof die Erweiterung mit 32 Wohnbaracken, einem Lagerkrankenhaus, einem Lagergefängnis und einem Krematorium. Nordöstlich des Lagers die Baracken für ledige SS-Männer, ein Dorf für verheiratete SS-Männer und der Bahnhof. Südwestlich des Lagers die Büros des Kommandanten, Werkstätten und Komplexe mit Speichern (mit T.W.L. gekennzeichnet) und landwirtschaftlichen Einrichtungen.

Tafel 7

Der zweite Bebauungsplan für Auschwitz, Februar 1942. Diverse Elemente
des ersten Bebauungsplans wurden weiterentwickelt. Ein wichtiges neues
Element ist das große Krematorium am Ostrand des ursprünglichen Komplexes
(unten Mitte). Dies ist die im Herbst 1941 entworfene Anlage mit fünf Dreimuffelöfen; schließlich in Birkenau errichtet, wurde es als Krematorium II
bekannt.

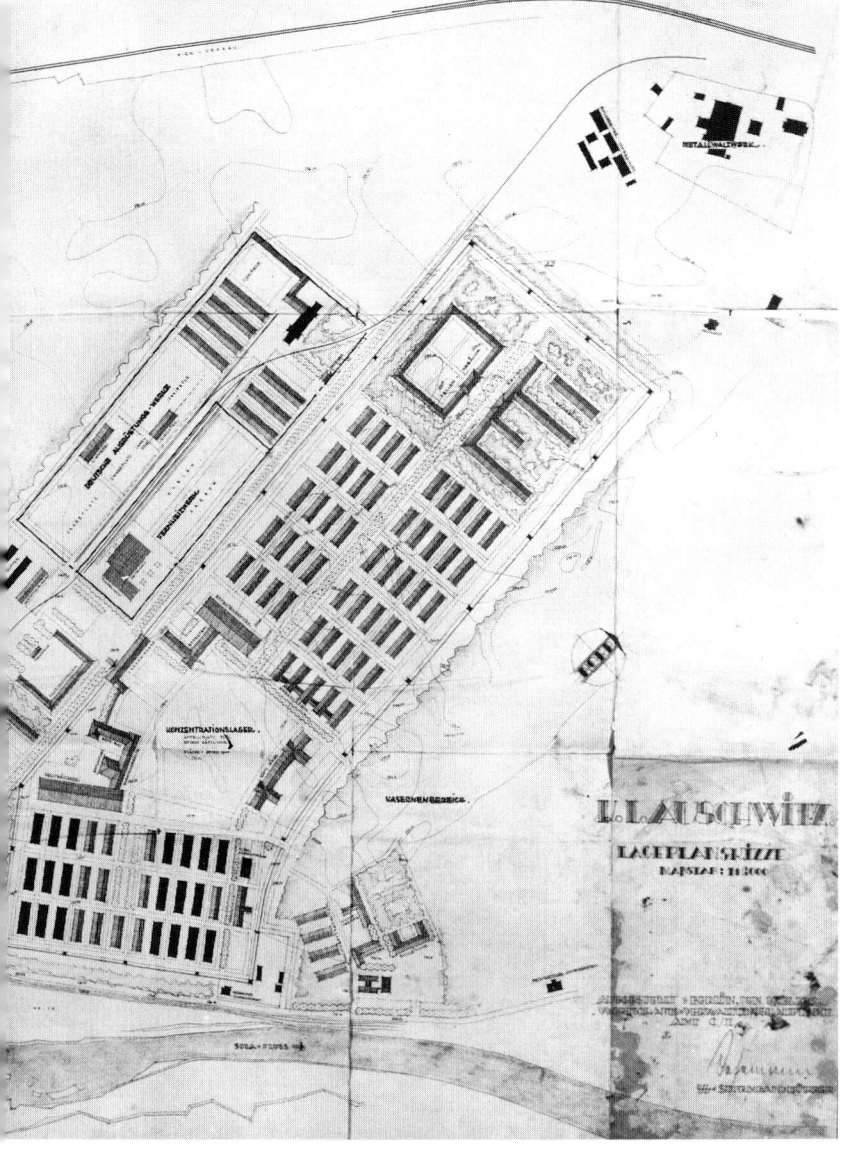

K.L. AUSCHWITZ

LAGEPLANSKIZZE
MASTAB 1:2000

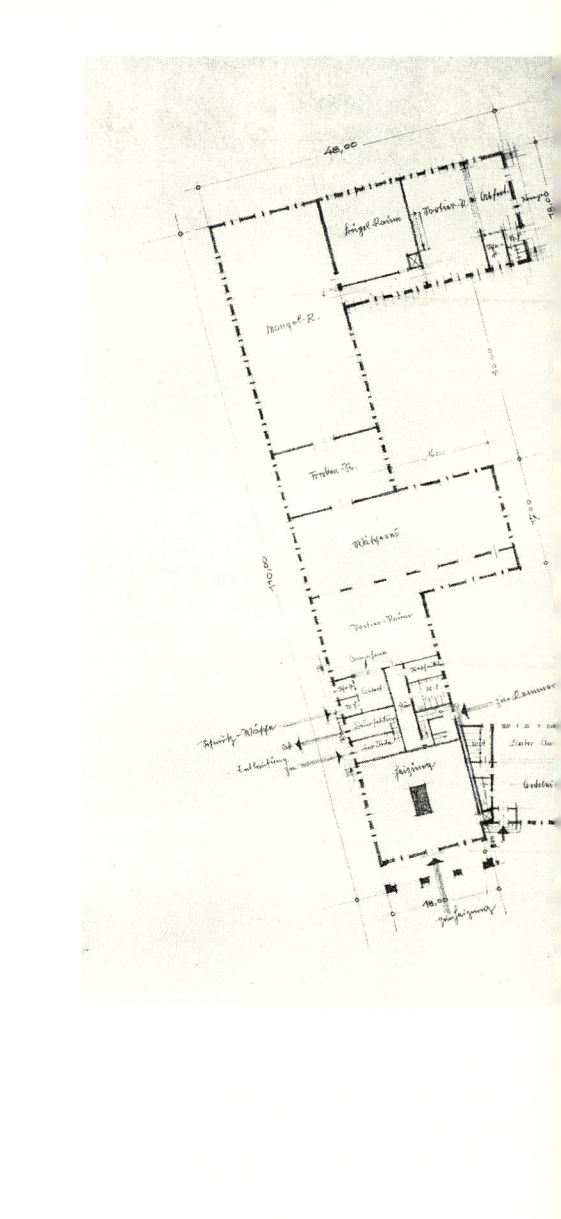

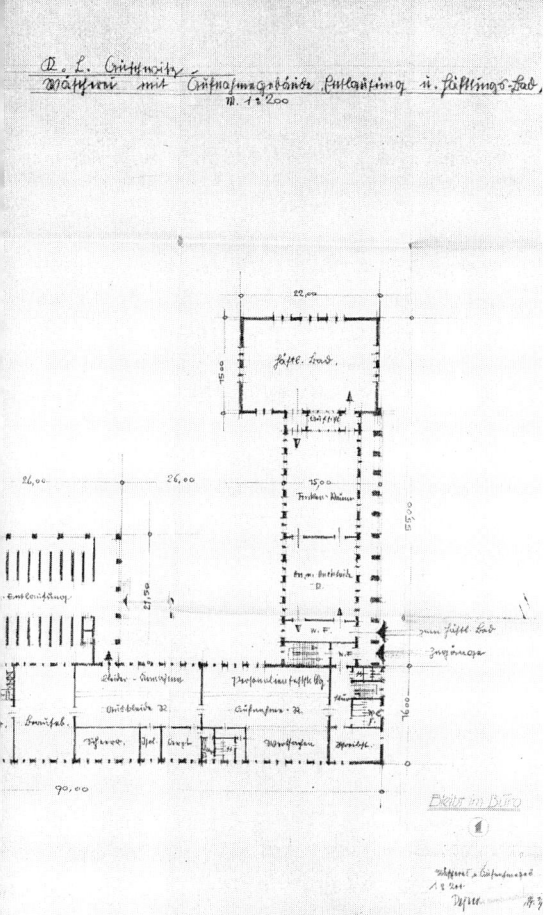

Tafel 8
Frühe Entwurfsskizze des Häftlingsaufnahmegebäudes im Stammlager, 1942. Architekt Walther Dejaco. Links die Wäscherei, rechts die Bäder, im Mittelflügel die Häftlingsaufnahmeeinrichtungen und der Pavillon mit 19 Zyklon-B-Gaskammern.

Tafel 9

Erster Bebauungsplan für die Erweiterung von Auschwitz desStadtarchitekten Hans Stosberg, Frühjahr 1941. Die Weichsel fließt von Südwesten (links) nach Osten (rechts). Von Norden (oben) der Nebenfluß Przemsza, von Süden (unten) die Sola, an der die Altstadt von Auschwitz liegt. Eine Hauptstraße verbindet die Altstadt mit dem Bahnhof (im Westen) und dem von der IG Farben zu erschließenden Industriegebiet (im Osten). Südlich des Bahnhofs die SS-Kaserne und das Konzentrationslager. Das von der punktierten Linie begrenzte Areal ist das Interessengebiet des Lagers. Die Kreise mit der Abkürzung TW bezeichnen Gebiete mit Trinkwasserbrunnen. Die schachbrettartigen Rechtecke sind Abwasserkläranlagen. Der Plan zeigt eine Änderung an der Trasse der Hauptstraße Gleiwitz-Zator. Der gerade Abschnitt zwischen der Abzweigung nach Kattowitz und der Stadt wurde zugunsten einer neuen, näher dem Bahnhof verlaufenden Straße gestrichen.

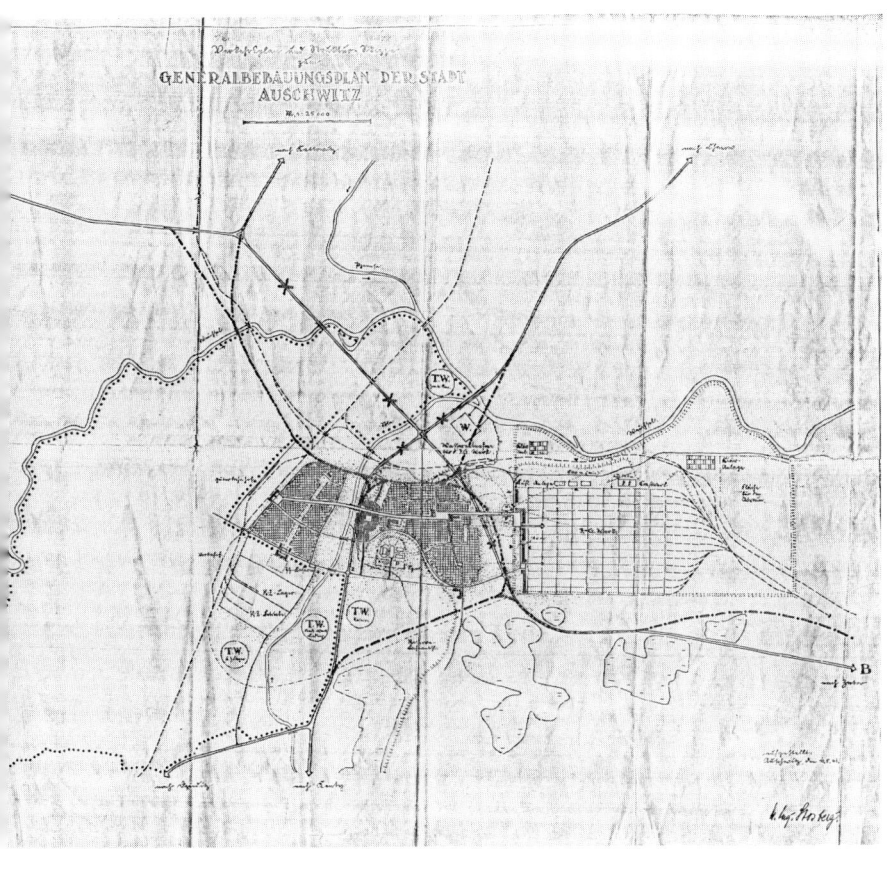

GENERALBEBÄUUNGSPLAN DER STADT
AUSCHWITZ

Tafel 10

Endgültiger Bebauungsplan für die Erweiterung von
Auschwitz des Stadtarchitekten Hans Stosberg, Herbst 1942.
Der endgültige Plan zeigt gegenüber dem ersten Entwurf
wichtige Änderungen. Der Ostbezirk von Auschwitz ist in zwei
gesonderte Einheiten mit jeweils eigenem Zentrum geteilt.
Östlich der Altstadt ist ein Hauptplatz, Standort des Parteihaupt-
quartiers, eingefügt. Die Verbindung zwischen dem Interessengebiet des Lagers und dem Westbezirk von Auschwitz hat sich
geändert. In dem Vorschlag von 1941 ging Stosberg davon aus,
daß die beiden Bereiche aneinandergrenzen würden. Hartjensteins Vorschlag fügte zwischen der SS-Kaserne und der den
Bahnhof mit dem übrigen Auschwitz verbindenden Hauptstraße
eine SS-Siedlung ein (siehe Tafel 11). Stosbergs endgültiger
Bebauungsplan umfaßt das Lager und die SS-Kaserne. Das von
Hartjenstein für die Siedlung beanspruchte Gelände wird jetzt
von einem Grüngürtel, einer zweiten Straße zwischen dem
Bahnhof und dem Standort der IG Farben sowie dem Südteil des
Westbezirks eingenommen.

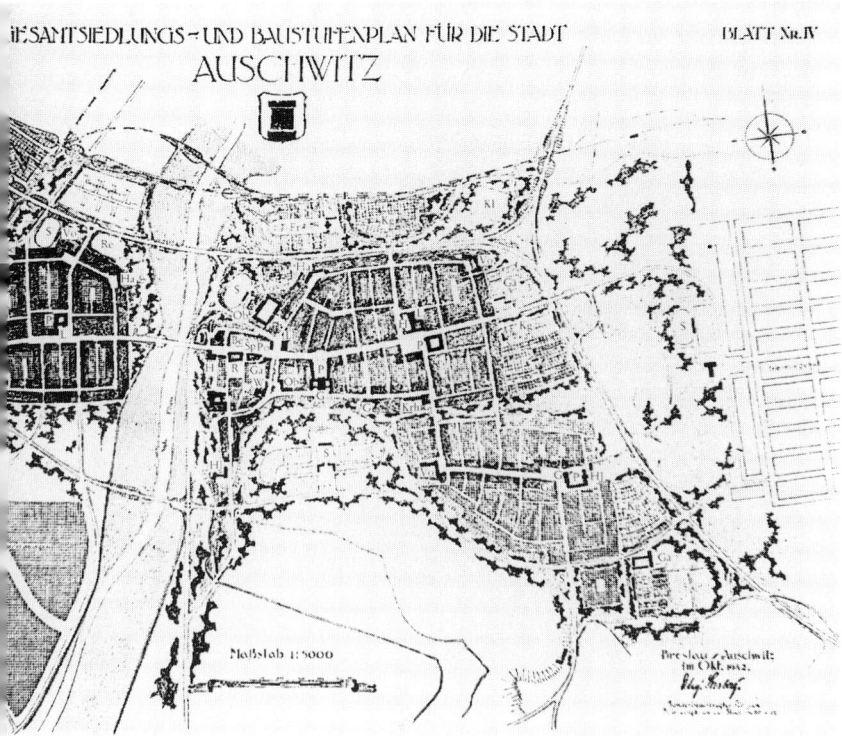

GESAMTSIEDLUNGS- UND BAUSTUFENPLAN FÜR DIE STADT
AUSCHWITZ

BLATT Nr. IV

Maßstab 1:5000

Breslau-Auschwitz
im Okt. 1942.

Tafel 11

Bebauungsplan für den SS-Bezirk in Auschwitz von der Hand
des SS-Architekten Lothar Hartjenstein, Sommer 1942.
Die linke Seite der Zeichnung zeigt das Konzentrationslager.
In der Mitte der riesige Appellplatz für 30 000 Häftlinge.
Entlang den Seiten die verschiedenen Verwaltungsgebäude mit
Büros für die Lager-Gestapo und den Lagerführer (Norden und
Westen), das Häftlingsaufnahmegebäude mit der Entlausungs-
einrichtung und der Wäscherei (Südwesten) sowie den Küchen
(Osten). Nach Süden hin die Ziegelgebäude des ursprünglichen,
1916 als Arbeitsbörse für polnische Saisonarbeiter, die
Beschäftigung in Deutschland suchten, erbauten Lagers.
Nördlich des Appellplatzes fünf miteinander verbundene
Werkstätten, 45 neugebaute Baracken, das Lagerkrankenhaus
und das Lagergefängnis. Auf der Westseite des Lagers das
Gebäude der Kommandantur und verschiedene Industrien, nach
Osten hin die SS-Basis und das Dorf für verheiratete SS-Männer
und ihre Familien. In der Mitte des SS-Dorfes ein Hotel und
Läden. Längs des Flusses die SS-Sportanlagen. Das große
Gebäude an der Biegung der vom Dorfzentrum westlich
verlaufenden Straße ist eine Grundschule. Sie ist nur einen
Steinwurf vom Elektrozaun des Lagers entfernt.

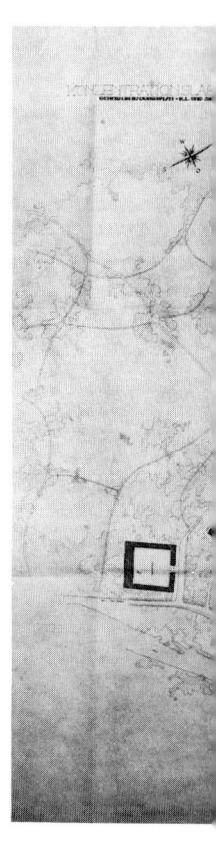

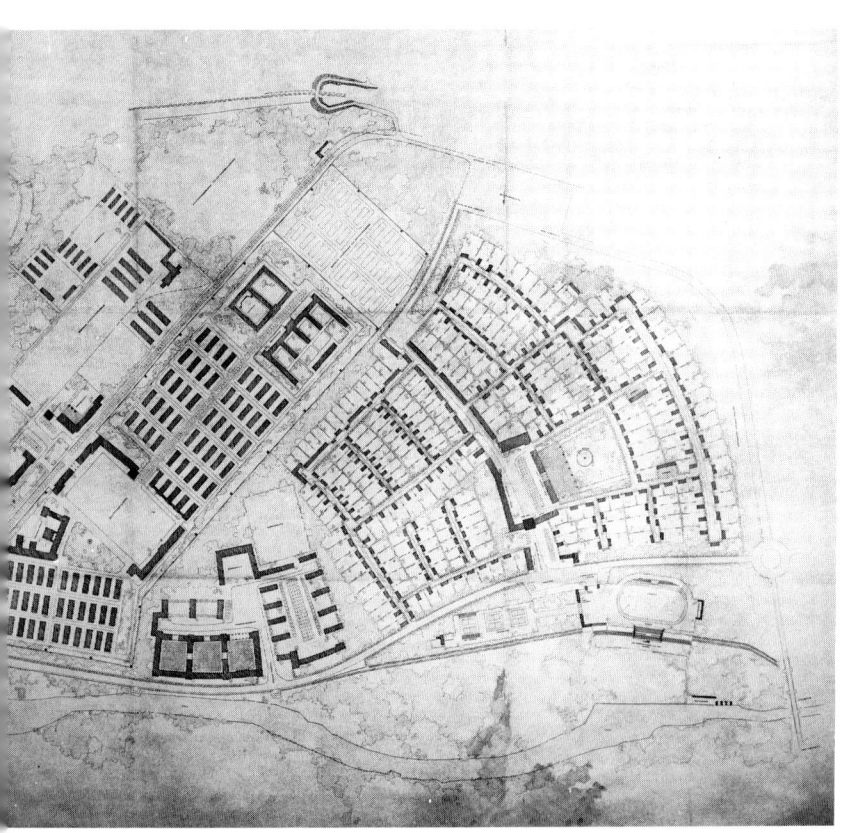

Tafel 12

Ertls erster Plan von Auschwitz-Birkenau. Ertl teilte das Lager in zwei Teile. Links das Quarantänelager für 17 000 Mann. Entsprechend der Zeichnung gebaut, wurde es gegen Ende 1942 zum Frauenlager. Rechts mit einem riesigen Appellplatz als Zentrum das eigentliche Lager für 80 000 Insassen. In diesem ersten Entwurf war das Lager bereits auf der Grundlage getrennter Einheiten organisiert, die jeweils zwölf Wohnbaracken, eine Küchenbaracke, eine Waschbaracke und eine Latrinenbaracke umfaßten. Der Plan ist mit Tusche gezeichnet. Während der Besprechung, bei der dieser Entwurf diskutiert wurde, skizzierte Bischoff mit Bleistift Linien, die zwischen den Einheiten Stacheldrahtzäune andeuten. Diese wurden zu einem festen Bestandteil späterer Entwürfe.

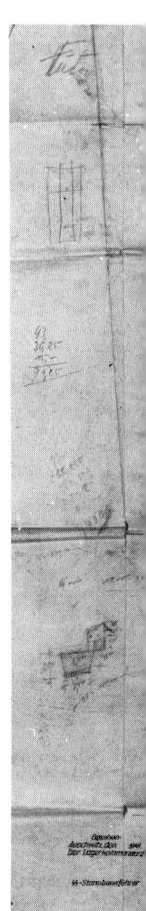

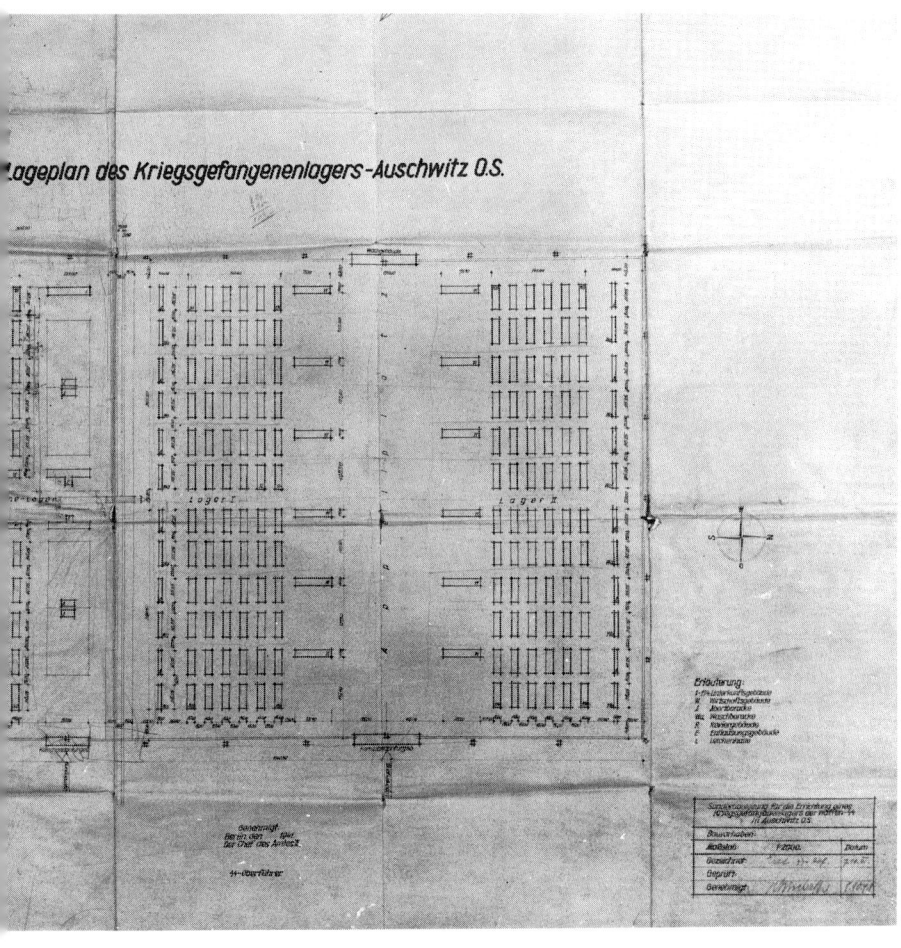

Lageplan des Kriegsgefangenenlagers-Auschwitz O.S.

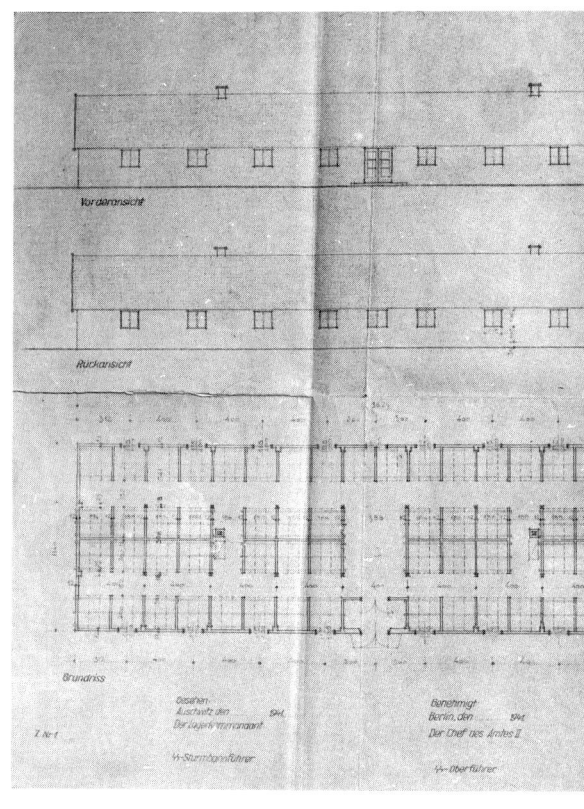

Vorderansicht

Rückansicht

Grundriss

Gesehen
Auschwitz, den   1941
Der Lagerkommandant

Genehmigt
Berlin, den   1941
Der Chef des Amtes II

Z.Nr.1

ℋ-Sturmbannführer

ℋ-Oberführer

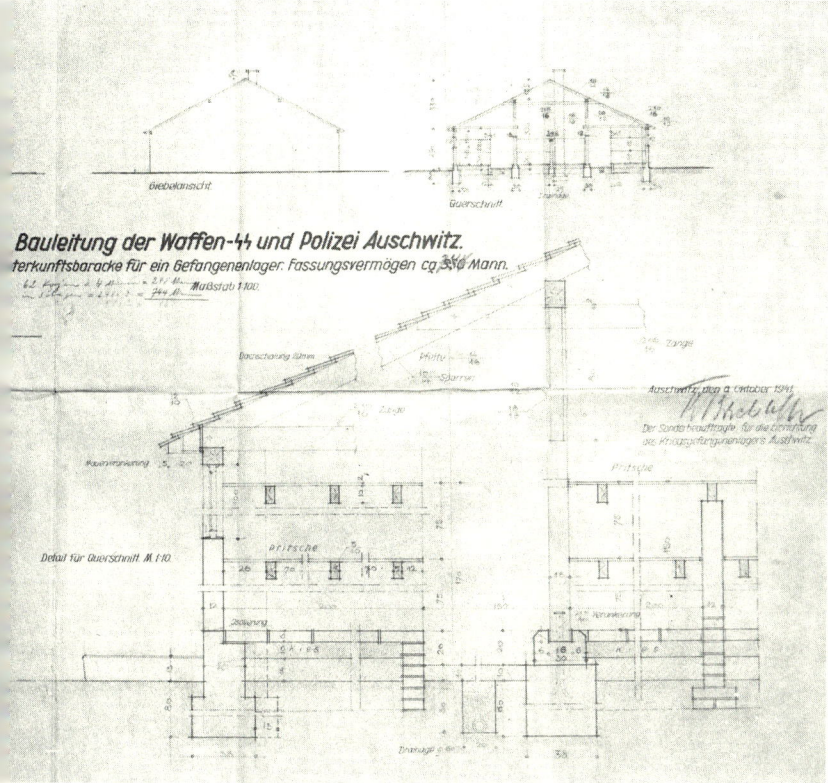

Tafel 13
Grundriß, Ansicht, Schnitt und Detailschnitt einer
Backsteinbaracke in Auschwitz-Birkenau. Die Zahl
zur Angabe des Fassungsvermögens ist mit Tusche als
»ca. 550 Mann« eingetragen. Bischoff änderte sie mit
Bleistift in 744.

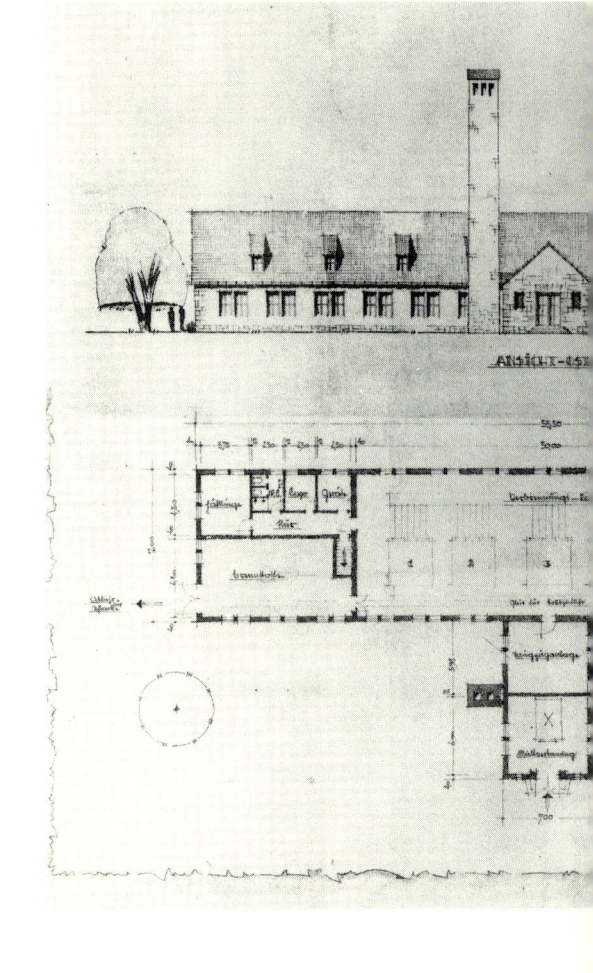

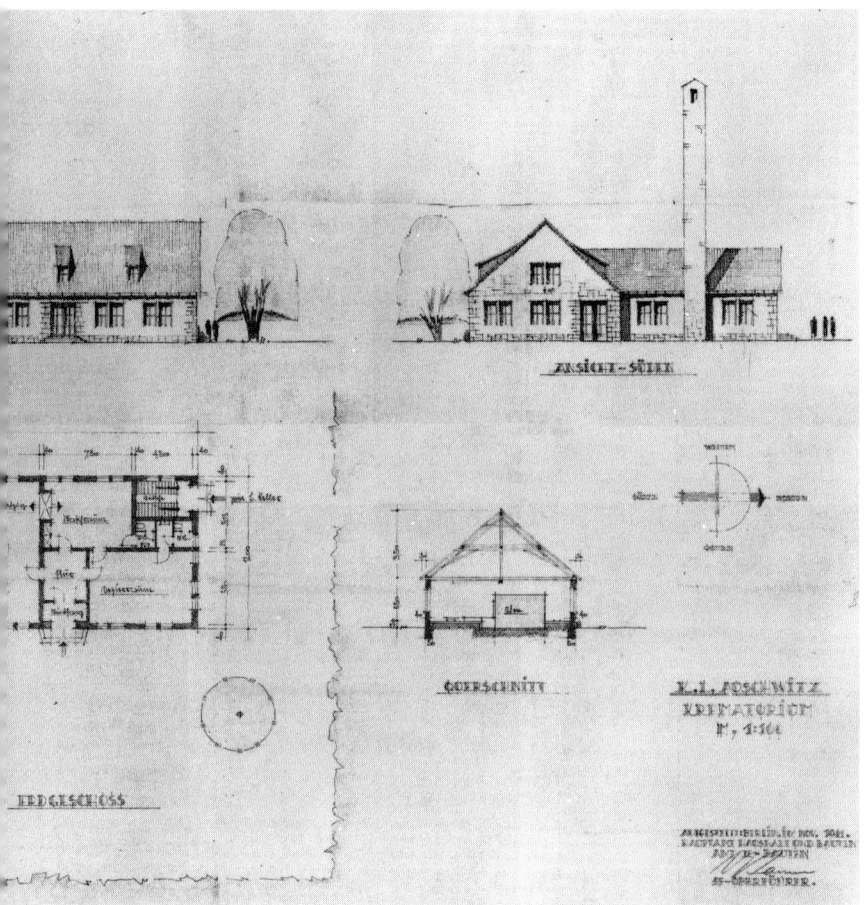

Tafel 14

Grundriß und Vorderansicht von Georg Werkmanns erstem
Entwurf für ein neues Krematorium in Auschwitz, Herbst 1941.
Die Einäscherungshalle mit den fünf Dreimuffelöfen nimmt die
Mitte des Gebäudes ein. Links der Brennstofflagerraum und die
Räume für die in der Anlage arbeitenden Häftlinge; rechts die
beiden Autopsieräume und der doppeltürige Aufzug (durch X
markiert), der sich sowohl zur Einäscherungshalle als auch zu
dem ersten Autopsieraum öffnet und die Verbindung zu dem im
Tiefgeschoß gelegenen Leichenraum herstellt.

ANSICHT -WESTEN

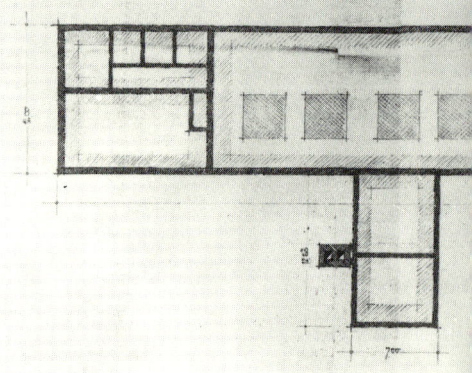

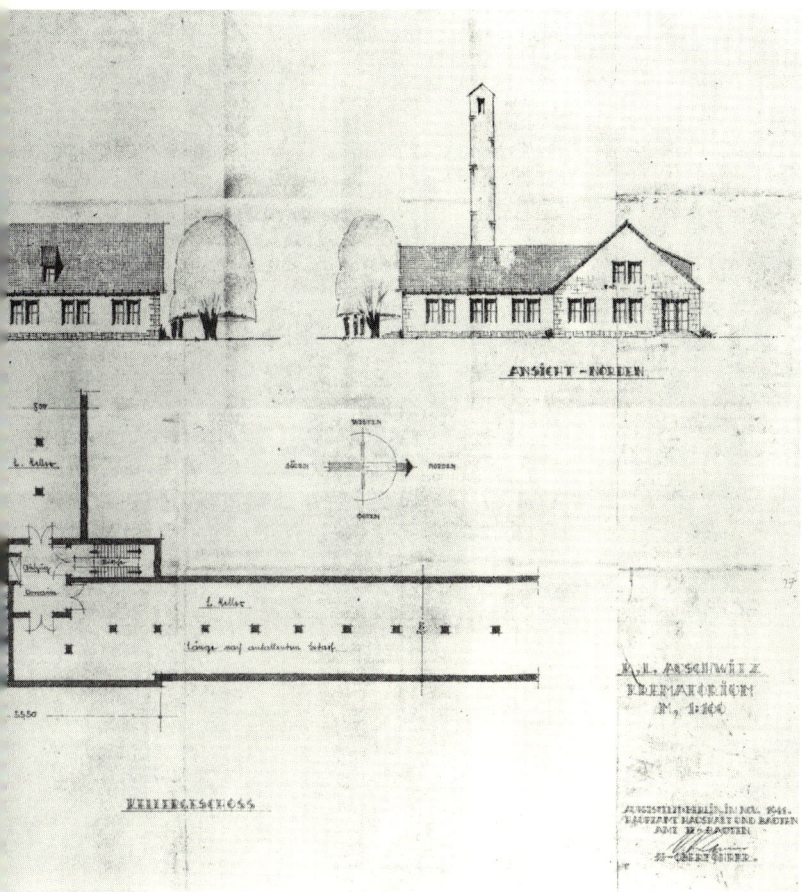

Tafel 15

Kellergrundriß und Rückansicht von Werkmanns erstem Entwurf für ein neues Krematorium in Auschwitz, Herbst 1941. Die Einäscherungshalle und der Brennstofflagerraum sind nicht unterkellert. Der Aufzug (durch X markiert) endet unten in einem Vorraum, der mit dem Außenraum durch zwei Treppen und eine Leichenrutsche verbunden ist. Die zwei großen Leichenkeller reichen weit über die Grundfläche des Gebäudes hinaus.

Entwurf für das
Krematorium.

Nord

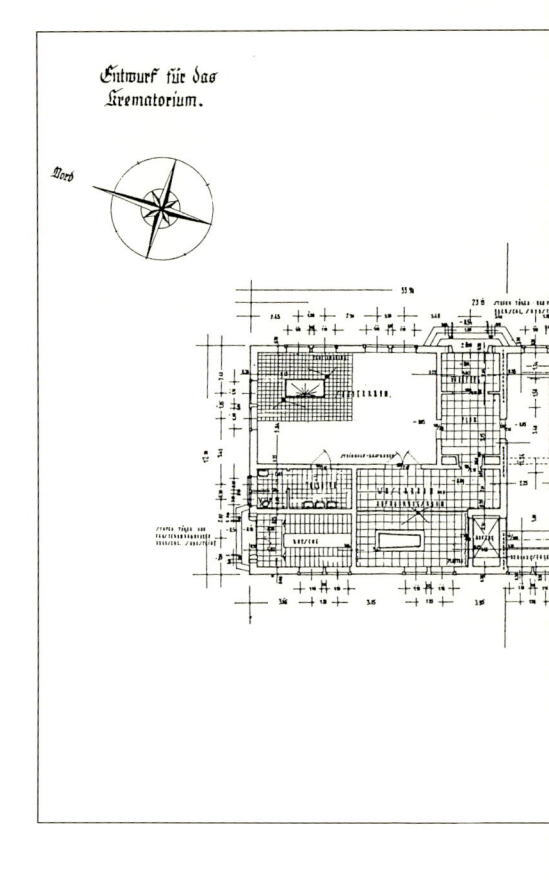

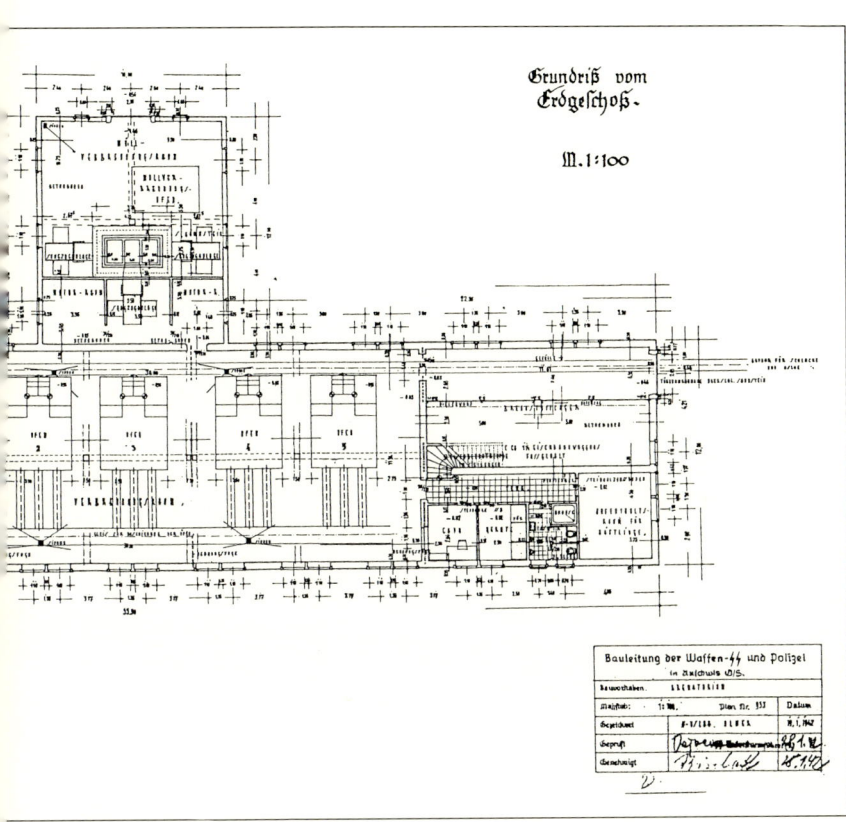

Tafel 16

Der Grundriß von Walther Dejacos Änderung an Werkmanns
Entwurf, Januar 1942. Rekonstruktion von Mikolaj Kadlubowski.

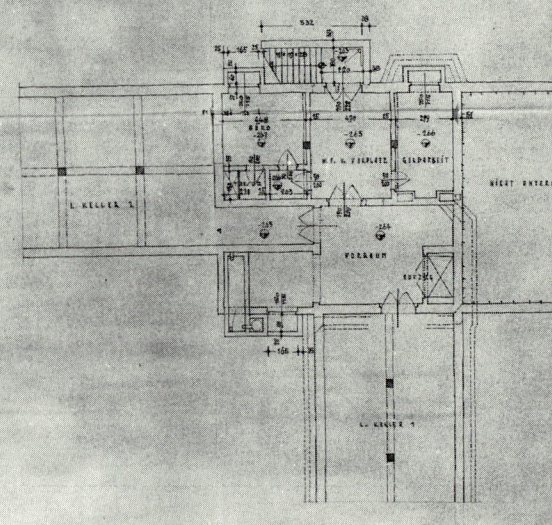

Tafel 17
Dejacos genehmigter Vorschlag zur Schaffung eines neuen Kellereingangs.
Auschwitz-Birkenau, Dezember 1942. Die Rutsche, die den Durchgang
vom Leichenkeller links (dem Auskleideraum) zum Leichenkeller rechts
(der Gaskammer) behindern würde, ist entfallen.

Erdgeschoss

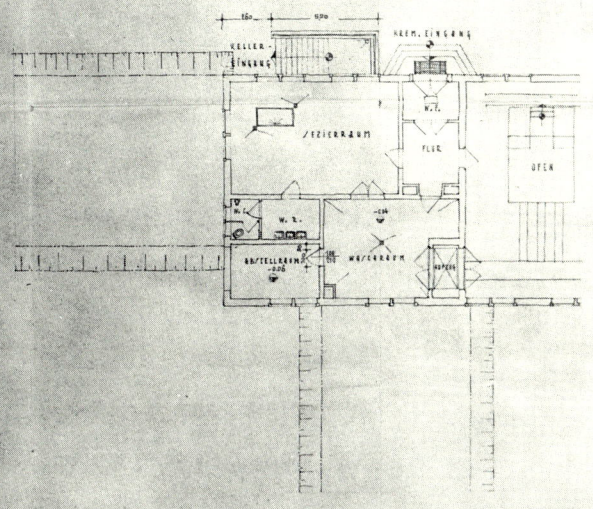

BW. 30
Krematorium im K.G.L.
1 : 100   2003

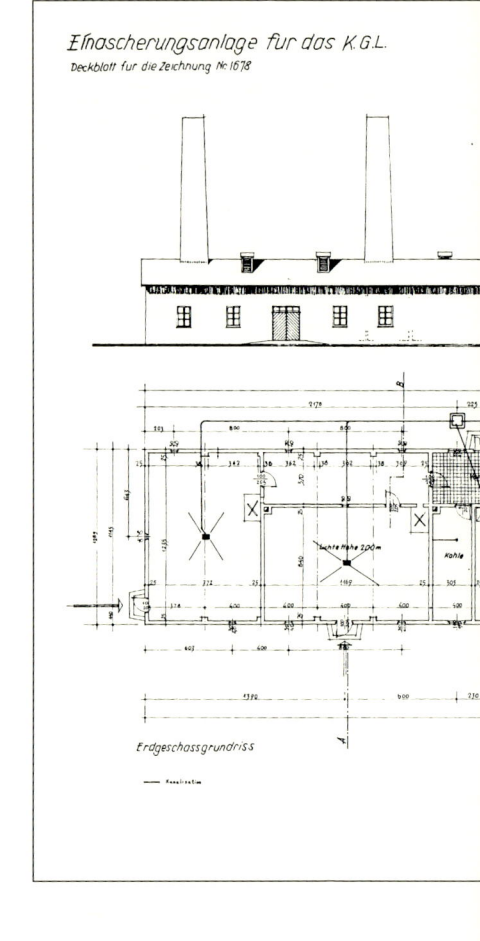

Einäscherungsanlage für das K.G.L.
Deckblatt für die Zeichnung Nr. 1678

Erdgeschossgrundriss

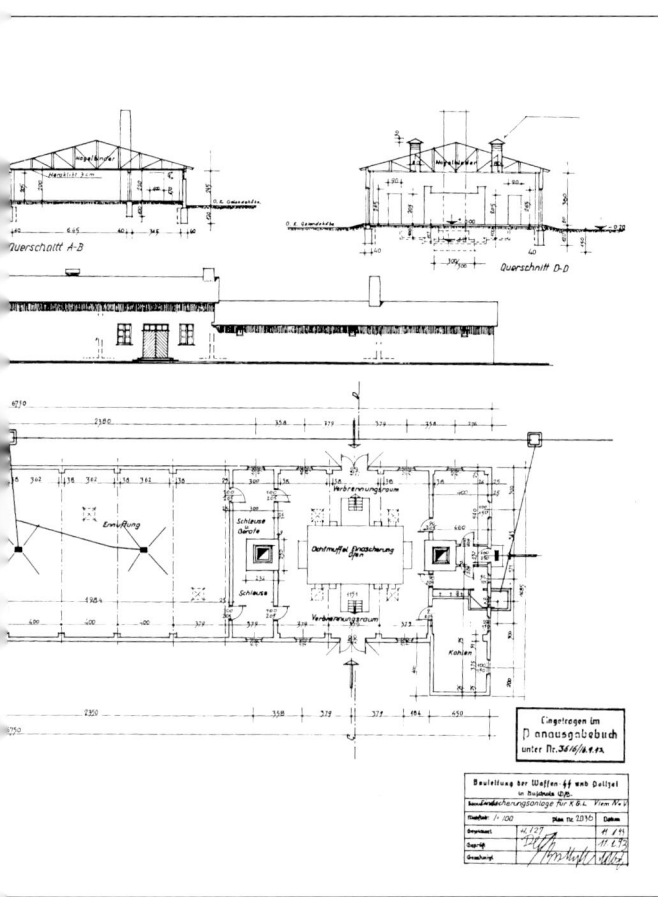

Tafel 18

Endgültiger Entwurf für das Krematorium IV von Walther Dejaco, Januar 1943. Rekonstruktion von Mikolaj Kadlubowski. Im Grundriß ist Norden am oberen Rand der Seite, aber entgegen der Konvention zeigt die Ansicht die Nord- und nicht die Südfassade. Daher ist der Einäscherungsraum, der im Grundriß rechts liegt, in der Ansicht links, und die Gaskammern, die im Grundriß links liegen, sind in der Ansicht rechts. Die funktionale Anordnung ist einfach und klar. Der Eingang auf der Nordseite bietet Zugang zu einem Flur (links auf der Zeichnung), der sich auf die beiden Gaskammern öffnet, die mit Öfen zum Vorheizen des Raumes im Winter ausgestattet sind. Zwischen dem Vorraum und dem Einäscherungsraum ein großer Leichenkeller, der im Winter ebenfalls als Auskleideraum diente. In der Mitte des Einäscherungsraumes ein Doppel-Viermuffelofen mit Anschluß an zwei Schornsteine. Der Schnitt durch den niedrigeren Teil des Gebäudes zeigt eine der beiden Gaskammern, den Schornstein des Ofens der anderen Gaskammer und den Flur. Der Schnitt durch den höheren Teil des Gebäudes zeigt den Ofenraum.

Tafel 19
Grundriß zur Fertigstellung von Bauabschnitt III als große Lazarett- und
Quarantäneabteilung für Arbeitshäftlinge in Nebenlagern, Sommer 1943.
In der Mitte zwei Gruppen zu je sechs Baracken zur Unterbringung
von Chirurgie, Röntgenabteilung, Wachstation usw.

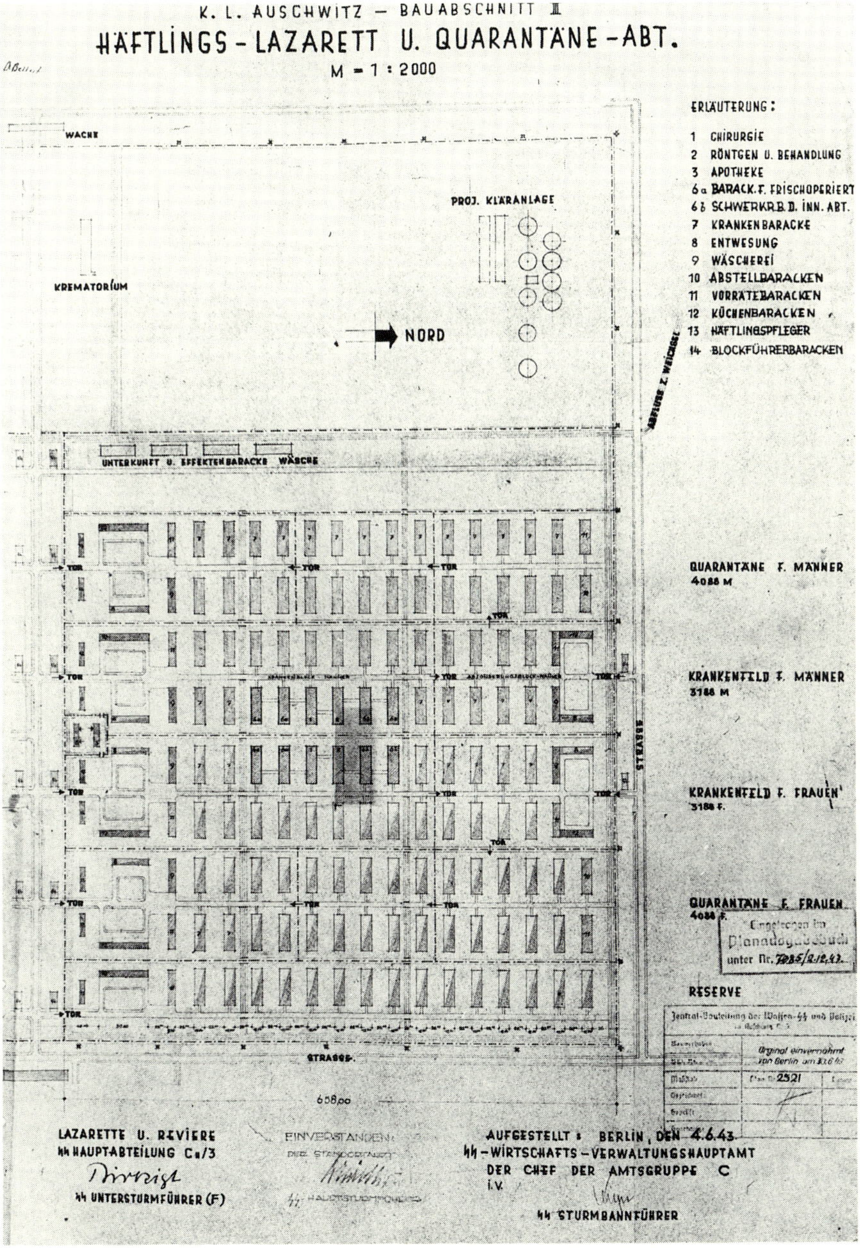

K. L. AUSCHWITZ — BAUABSCHNITT III
HÄFTLINGS - LAZARETT U. QUARANTÄNE - ABT.
M = 1 : 2000

ERLÄUTERUNG:

1 CHIRURGIE
2 RÖNTGEN U. BEHANDLUNG
3 APOTHEKE
6a BARACK.F. FRISCHOPERIERT
6b SCHWERKR.B.D. INN. ABT.
7 KRANKENBARACKE
8 ENTWESUNG
9 WÄSCHEREI
10 ABSTELLBARACKEN
11 VORRATSBARACKEN
12 KÜCHENBARACKEN
13 HÄFTLINGSPFLEGER
14 BLOCKFÜHRERBARACKEN

WACHE

KREMATORIUM

PROJ. KLÄRANLAGE

➡ NORD

ABFUHRE Z. WEICHSEL

UNTERKUNFT U. EFFEKTENBARACKE WÄSCHE

TOR

STRASSE

QUARANTÄNE F. MÄNNER
4088 M

KRANKENFELD F. MÄNNER
3188 M

KRANKENFELD F. FRAUEN
3188 F.

QUARANTÄNE F. FRAUEN
4088 F.

RESERVE

Eingetragen im
Planablagebuch
unter Nr. 7085/2.12.42.

608,00

STRASSE.

LAZARETTE U. REVIERE
SS HAUPTABTEILUNG C II/3

Dirrzigt
SS UNTERSTURMFÜHRER (F)

EINVERSTANDEN:
DER STANDORTARZT
Kimbel

AUFGESTELLT : BERLIN, DEN 4.6.43
SS - WIRTSCHAFTS - VERWALTUNGSHAUPTAMT
DER CHEF DER AMTSGRUPPE C
i.V.
SS STURMBANNFÜHRER

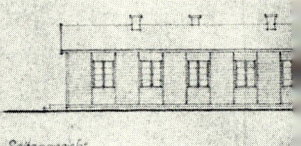

Sonderbaracke für das K. L.

Maßstab 1:100.

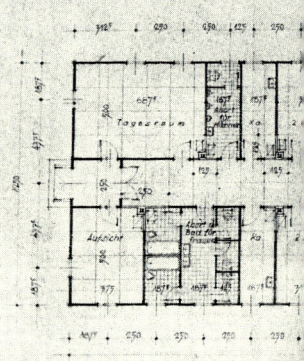

Seitenansicht

Grundriss

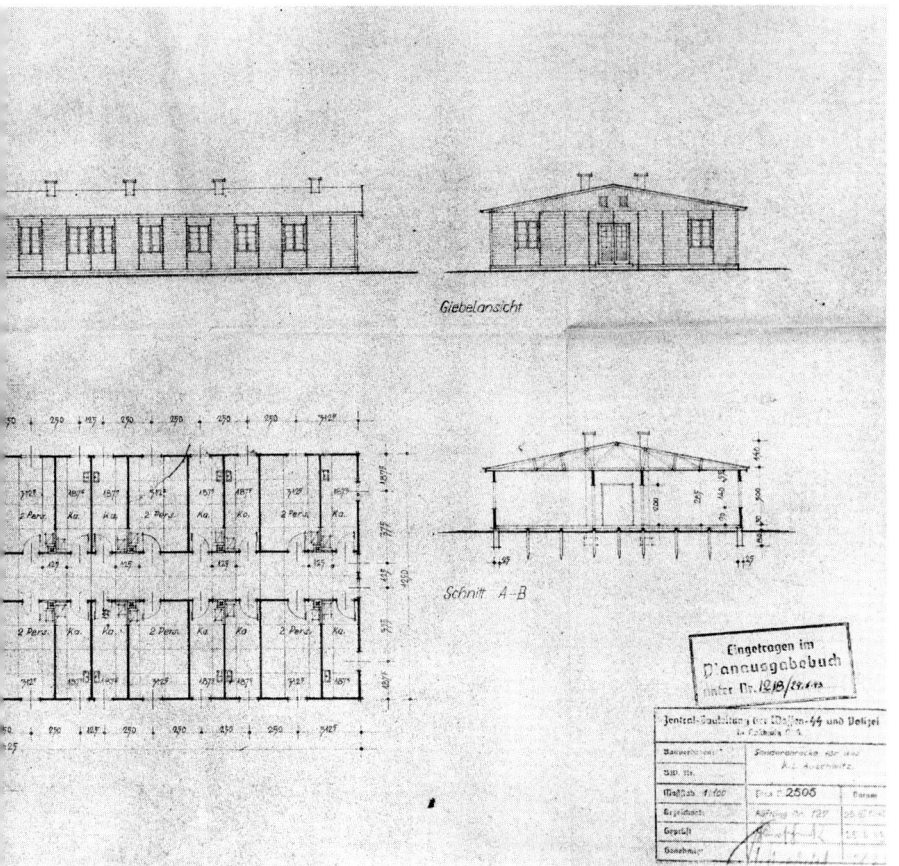

Giebelansicht

Schnitt A-B

Tafel 20

»Sonderbaracke«, Sommer 1943. Offensichtlich eine Baracke zur Unterbringung der Lagerprostituierten. Die Auschwitzer Architekten erstellten einen gesonderten Entwurf für ein Bordell. Von links nach rechts: der Eingang, ein »Tagesraum« für die Frauen und ein Raum für die Bordellmutter, Waschräume für die Frauen und die männlichen Besucher und acht »Einheiten«, bestehend aus jeweils zwei kleinen Zimmern (mit Waschbecken) für die Ausübung und, dazwischenliegend, ein etwas größerer Wohnraum für zwei Personen. Vermutlich wurde er nicht gebaut; es wurden keine Materialrechnungen gefunden.

ist die Entstehung eines ausgesprochenen Landproletariats. Dabei fallen vor allen Dingen die vollkommen wertlosen und unzweckmäßigen Dorf- und Fluranlagen in den ehemals galizischen Gebieten auf. Der Zustand der Häuser ist so schlecht und die jetzige Flureinteilung so zerstückelt, daß eine völlige Neusiedlung unumgänglich notwendig ist.«[34]

Die Deutschen sahen in dem Kleinstlandbesitz der Polen ein gewaltiges Problem; sie berechneten, daß durchschnittlich neun polnische Anwesen erforderlich waren, um einen einzigen lebensfähigen Hof zu bilden, und daß für Saybusch 46 derartige Höfe benötigt wurden.[35] Doch wenn das frühere Herzogtum Auschwitz auch immense Probleme aufwarf, so bot es doch auch ungewöhnliche Chancen. Gänzlich polnisch und ausschließlich in der Landwirtschaft tätig, konnte die lokale Bevölkerung, soweit sie nicht deutschstämmig war, ohne aufwendige Selektionen oder Einbußen an Industrieproduktion deportiert werden.[36] Ferner würde laut Gerhard Ziegler vom Planungsamt des Oberpräsidiums in Breslau die deutsche Besiedlung des früheren Herzogtums Auschwitz einen Keil zwischen die Polen und die Tschechen treiben, die, so wurde befürchtet, durch die Mährische Pforte miteinander Verbindung hielten.[37] Ziegler wies Himmlers Chefplaner Konrad Meyer auf diesen geopolitischen Aspekt hin, und dieser brauchte nicht erst überzeugt zu werden.[38] Meyer hatte bereits beschlossen, dem Gebiet den Status einer Siedlungszone 1 zu erteilen (was bedeutete, daß es als sofort einzudeutschendes Gebiet Planungspriorität erhielt), und seine ersten Vorschläge sahen vor, die Neubesiedlung der Region mit Volksdeutschen aus Galizien zu beginnen.[39] Zu jener Zeit waren in 21 oberschlesischen Lagern 8 341 volksdeutsche Rückkehrer aus Ostpolen untergebracht.[40] Meyers Empfehlungen folgend, befahl Himmler im Juni 1940 die Ansiedlung von 5 000 dieser Volksdeutschen in Saybusch.[41] Milovka, ein größeres Dorf im Süden, sollte eine der vier Gemeinden in den annektierten Gebieten werden, die als Modell für andere neu zu besiedelnde Dörfer dienen sollten.[42] Die Rückkehrer aus Galizien sollten ein Viertel des Bodens erhalten; der Rest sollte nach dem Krieg an Bauern aus dem Altreich verteilt werden.[43]

Ulrich Greifelt besuchte das Gebiet und bestätigte die von Meyer und anderen Planern vorgeschlagenen Maßnahmen. Er billigte ihren Einfall, die Verbindung zwischen Tschechen, Slowaken und Polen durch deutsche Besiedlung der Region zwischen Biala und Skava zu trennen. »Auch erscheint es dringend erwünscht, an dieser Stelle

einen rein volksdeutschen Eckpfeiler zu bilden, der sich einerseits
dem oberschlesischen Industriegebiet im Süden vorlagert, andererseits den wichtigen Übergang nach Süden (Jablunko) flankiert. Später
kann dieses Gebiet seine Verbindung sowohl westwärts nach dem
Sudetengau als auch nordwärts an den volksdeutschen Siedlungswall
erhalten.« Nach Greifelts Vorstellung sollte »mit den Volkstumsmaß-
nahmen vorerst in den westlichen Teilen der vorgenannten Gebiete
begonnen werden«.[44] Er bestimmte 55 der 93 Gemeinden des Kreises
Bielitz zur Belegung mit Volksdeutschen, darunter auch die Stadt
Auschwitz, die mit 10 590 Einwohnern der zweitgrößte Ort auf seiner
Liste war.[45]

Himmler, Bracht, Bach-Zelewski und Greifelt kamen Mitte September zur Diskussion von Greifelts Ideen zusammen, die dann zur offiziellen Politik erhoben wurden.[46] Bach-Zelewski, der als Höherer SS-
und Polizeiführer die gesamte Umsiedlungsaktion leitete, präsidierte
einen Monat später einer Konferenz Verwaltungsbeamter der Region
Kattowitz, um die anstehenden politischen und sozialen Veränderungen zu diskutieren. Eine für diese Besprechung geschaffene Karte bezeichnete das frühere Herzogtum Auschwitz als Siedlungszone 1a,
was besagte, daß dieses Gebiet höchste Priorität erhalten hatte.[47] Am
23. November kündigte Greifelt an, daß die physische und soziale
Umwandlung des früheren Herzogtums Auschwitz unmittelbar nach
der für den 1. Februar 1941 vorgesehenen amtlichen Teilung Schlesiens in die beiden Provinzen Niederschlesien und Oberschlesien beginnen sollte. Auschwitz fiel an Oberschlesien.[48]

Die Deportation der polnischen Bevölkerung aus Saybusch hatte
im September begonnen. Fritz Arlt, Greifelts Beauftragter für Oberschlesien, der Landrat von Saybusch und die zur Leitung der Aktion
eingeteilten SS- und Polizeioffiziere hatten sich früher in jenem Monat
getroffen, um Details zu erörtern.[49] Der erste Tagesordnungspunkt
betraf Geld. Die Aktion, so rechnete Arlt, würde 370 000 RM kosten:
10 RM für den Transport jedes der in das Generalgouvernement zu
deportierenden 20 000 Polen, 100 000 RM für die Ernährung der Polen
während des Transports und 70 000 RM für Verpflegung und Unterkunft der deutschen Polizisten. Dieser Betrag sollte durch Beschlagnahme aller Wertsachen der Polen aufgebracht werden. Zollbeamte
sollten sie in örtlichen Durchgangslagern durchsuchen, bevor sie in
ein in Litzmannstadt (Lodz) errichtetes zentrales Durchgangslager
transportiert wurden. Es war geplant, daß eine Polizeiabteilung von
400 Mann, d. h. zwei Mann pro Familie, um fünf Uhr morgens den zu

evakuierenden Teil des Dorfes besetzte. Jeweils ein Beamter sollte eine Familie zu den in Saybusch, Rajcza und Sucha errichteten Durchgangslagern, und der zweite Beamte den Hof bewachen, bis die deutsche Familie eintrifft. Die Polen würden in den Durchgangslagern einer sogenannten rassischen Prüfung unterzogen. Sie würden bereits am folgenden Tag gesondert nach Litzmannstadt gebracht werden.[50] Innerhalb von drei Tagen wurde ein noch ausgefeilteres System organisiert. Die Aktion sollte am Sonntag, dem 22. September, beginnen, und Züge mit jeweils 1000 Deportierten sollten Saybusch am Montag um 14.48 Uhr, Rajcza am Mittwoch um 13.46 Uhr und Sucha am Freitag um 13.15 Uhr verlassen. Mittwochs mußte der Bedarf an Zügen für die kommende Woche bei Eichmann, dem Leiter des Referates IV D 4 des Reichssicherheitshauptamts, angemeldet werden. Die gesamte Aktion sollte von Greifelts SS-Stab in Saybusch geleitet werden, der ein alphabetisch geordnetes Kartensystem einrichten und führen sollte. Die Richtlinien erwähnten auch, daß Görings Haupttreuhandstelle Ost nicht zu benachrichtigen wäre, da es ausschließlich um landwirtschaftlichen Grundbesitz ging.[51]

Die Entscheidung darüber, welche Höfe beschlagnahmt (und welche Familien deportiert) werden sollten, erfolgte auf der Grundlage einer detaillierten Erhebung, die von mobilen Kommissionen durchgeführt wurde. Sie besichtigten jeden Hof und hielten den Zustand von Wohngebäuden und Stallungen, Anzahl und Gesundheit des Viehs sowie den Zustand der landwirtschaftlichen Maschinen fest; ortsansässige Volksdeutsche dienten als Dolmetscher. Am Tage vor einer Aktion erhielten die Polizisten eine ausführliche Liste der Höfe mit Angabe der Anzahl der abzutransportierenden Familienmitglieder. Überraschung sei dabei wesentlich, um Entführung von Vieh und anderem Inventar zu verhindern. Das Dorf sollte zwischen 7 und 8 Uhr morgens umstellt und von der Außenwelt isoliert werden. Jeweils zwei Mann sollten die Bewohner anweisen, das Nötigste zu packen, und Befehl geben, ihnen zu einem zentralen Treffpunkt zu folgen … Die Polen dürften nur mitnehmen, was sie tragen können.«[52] Polnische Untergrundquellen berichteten, daß die Deportierten grob behandelt wurden. Während die Polen im Freien vor auf sie gerichteten Maschinengewehren antreten mußten, bedienten sich Polizisten mit Uhren, Geld und Eheringen. »Die Deportierten durften nur eine einzige Garnitur Kleidung und ein wenig Verpflegung mitnehmen. Als sie aus ihren Häusern getrieben wurden, stießen und schlugen die Polizisten sie mit den Gewehrkolben, wobei sie weder Alte noch

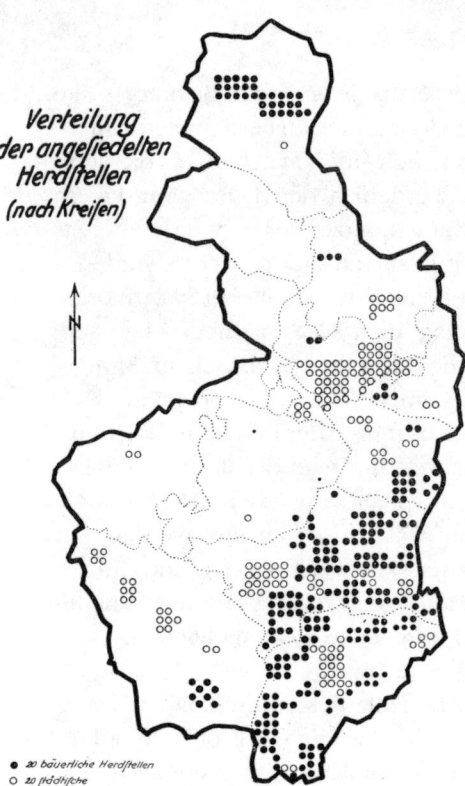

Verteilung
der angesiedelten
Herdstellen
(nach Kreisen)

Deutsche Besiedlung von Ost-Oberschlesien. Jeder schwarze Punkt steht
für 20 umgesiedelte Bauernfamilien,
jeder weiße für 20 umgesiedelte
städtische Familien.

N

● 20 bäuerliche Herdstellen
○ 20 städtische

Frauen und Kinder verschonten. Daher wurden mehrere Personen
verletzt oder sogar getötet, z. B. in Sól und Jelesnia. Mehrere Frauen,
die zu entkommen versuchten, wurden zwischen den Hofgebäuden
niedergeschossen. Eine der Frauen trug ein Kleinkind im Arm. Dann
wurden sie herumgeschubst und gestoßen, auf Lastwagen gepackt
und zu den Konzentrationslagern in Jacza und Zywiec transportiert.«[53]

Am Morgen erschien ein Trupp zur Reinigung und Desinfektion
von Wohngebäuden und Stallungen, der auch eine Hakenkreuzfahne
aufzog, in jedem Haus ein Hitlerbild aufhängte und den Brunnen mit
einem Schild versah, das befahl, sämtliches Trinkwasser abzukochen,
so lange Labortests nicht abgeschlossen waren. Um 15 Uhr zogen die
neuen Besitzer ein. Der Polizist, der zur Beaufsichtigung der Reinigung und Desinfektion zurückgeblieben war, hatte Anweisung, ihre
Ankunft festlich zu gestalten. Inzwischen wurden die Polen zu den
Durchgangslagern gebracht, wo es zu »schrecklichen Szenen mit
Selbstmorden und Geburten« kam. Dann wurden sie in Züge verladen

Siedler im Landkreis Saybusch, 1941. *Oberschlesischer Heimatkalender* (1943).
Oberschlesiens Gauleiter Fritz Bracht (in Uniform) und Reichsfinanzminister Lutz Graf Schwerin
von Krosigk besuchen volksdeutsche »Rückwanderer«. Zweiter von rechts ist Fritz Arlt.

und nach einem Aufenthalt in Litzmannstadt in das besetzte Polen gebracht. Die Fahrt in ungeheizten Waggons dauerte oft drei Tage. Nach
einem Bericht aus dem polnischen Untergrund »wurden sie bei der
Ankunft an ihrem Zielort in Gruppen von etwa zehn aufgeteilt, die jeweils einem Bauern zugewiesen wurden, was der Verdammung zu
einem Bettlerleben gleichkam. Einige der jüngeren Männer und der
kräftigeren Frauen wurden in Sonderzügen zur Zwangsarbeit nach
Deutschland transportiert.«[54] Die Umsiedlung ging bis zum 6. Juni
1941 weiter, dem Tage, an dem Fritz Arlt als Leiter der Aktion Bracht
einen Abschlußbericht vorlegte. Arlt blickte mit Hoffnung in die Zukunft. Die Umsiedlung markierte einen Neuanfang. Mit dem künftigen Wiederaufbau der mittelalterlichen Waldhufendörfer sollte eine
gesunde Beziehung zwischen dem Boden und den Menschen wiederhergestellt werden.[55] Sein Bericht wurde der Presse übergeben,
und der *Ostdeutsche Beobachter* berichtete voller Überschwang, daß
»775 Bauernfamilien mit insgesamt 3713 Personen auf einer Fläche

206 Ehrgeiz und Untergang

von 11 385,12 ha angesiedelt wurden, ferner 131 Handwerkerfamilien mit 412 Personen. Sie bewohnen jetzt alte deutsche Waldhufendörfer im früheren Herzogtum Teschen-Auschwitz.«[56]

Der Verweis auf das deutsche Erbe geschah nicht zufällig; für die deutsche Öffentlichkeit der dreißiger und frühen vierziger Jahre war das Anknüpfen an jene mittelalterliche Vergangenheit wichtig. Populäre Veröffentlichungen betonten, daß Auschwitz und seine Umgebung trotz ihres polnischen Erscheinungsbildes einst unter deutscher Hoheit gestanden hatten.»In diese Kreise zogen vom 13. bis 15. Jahrhundert deutsche Siedler – Bauern und Bürger. In diesen Kreisen walteten deutsche Ritter und Richter. Hier herrschten Herzöge, die ihr Land als Lehen des Reiches ansahen und durch Verwandtschaftsbeziehungen verbunden waren mit den damals führenden Häusern des alten Deutschen Reiches«, erinnerte Arlt die Leser seines erfolgreichen Buches über die Zukunft des östlichen Oberschlesiens. In einem Fachverlag erschienen, war dieses Werk eines aus einer ganzen Reihe, die im Auftrag des Reichskommissars die Öffentlichkeit über seine Maßnahmen und Programme im Osten informierte. Arlt blickte auf die mittelalterliche Siedlungsgeschichte der Region zurück.»Die großen Siedlungszüge junger, landhungriger Bauern, tüchtiger, zukunftssuchender Kaufleute und nach einem Einsatzgebiet trachtender, ritterlicher Männer« regermanisierten ein Gebiet, in dem vor den Hunneneinfällen Deutsche gewohnte hatten. Im 13. und 14. Jahrhundert wird »geschlossen . . . die linke Oderseite deutsch-germanischem Blut zurückgewonnen«, so daß »bereits im ausgehenden 14. Jahrhundert deutsche Siedlungsform (Waldhufendorf) und deutsches bäuerliches Recht in dem Raum von Friedeck und bis vor die Tore Krakaus vorherrschen«. Deutsche hätten Handelswege angelegt, Straßen gebaut und Städte wie »Oderberg, Freistadt, Teschen, Jablunkau, an der großen Verbindungsstraße von Wien nach Krakau und Lemberg: Skotschau, Bielitz, Kenty, Andrichau, Wadowitz, an der Straße Gleiwitz-Krakau: Auschwitz, Zator usw. [gegründet]. Auch diese Städte wurden nach deutschem Recht angelegt . . . und trugen deutsche Namen, deutsche Kultur.« Selbst nach fünf Jahrhunderten polnischer Besetzung verrieten diese Städte ihren deutschen Ursprung. Arlt beschränkte sein Lob nicht allein auf die Städte, die Siedlungsformen. Es waren die Siedler selbst, denen Lob gebührte und deren Erbe in Ehren zu halten war.»Der deutsche Bauer und der deutsche Bürger werden ihrer deutschrechtlichen Existenz grundlegend beraubt. Teils wandern sie weiter, teils werden sie sprachlich, gesellschaftlich und kultu-

Dieser Holzschnitt spiegelt die Ideologie der Rückgewinnung des Bodens wider. *Heimatkalender des Beskidenkreises Saybusch* (1941). 700 Jahre zuvor hatten die Mühen und das Opfer deutscher Bauern, Bürger und Ritter den zu bestellenden Boden geheiligt.

rell polonisiert.« Dennoch vermögen »die verwaltungsmäßige Trennung vom Reich und der deutschen Kulturgemeinschaft, die Unterwanderung durch fruchtbares Slawentum, die bewußte und systematische Polonisierung dieses Gebietes ... eines nicht zu vernichten: die Erkenntnis von dem alten deutschen Siedlungsboden in dem zurückgewonnenen Gebiet in Oberschlesien.« Der Deutsche, der unter nationalsozialistischer Ägide in das östliche Oberschlesien zog, sollte sich dessen bewußt sein, »daß er seinen Pflug treibt in Boden, der von seinen Ahnen aufgebrochen wurde, daß er seine Axt schlägt in Wälder, deren Bestand durch Menschen gleichen Blutes umgrenzt wurde, daß er seine Werkstatt oder sein Geschäft errichtet in Städten und Dörfern, die angelegt wurden von deutschen Siedlern«.[57]

Aber die Volksdeutschen brauchten mehr als nur Boden, um sich durchzusetzen. Wie Himmler in einer Rede am 24. Oktober 1939 bemerkte hatte, hing ihr Erfolg von praktischer Unterstützung ab. Sie mußten über die örtlichen Verhältnisse unterrichtet und mit Vieh ausgestattet werden. Er schlug die Schaffung von Gütern zur Ausbildung der Bauern und zur Aufnahme von »Vermehrungswirtschaften für

Saatgetreide, Gartensamen, Beeren, Obst und Baumschulen und für Viehzucht (Pferde, Schweine, Rinder, Hühner)«.[58] Meyer pflichtete, wie üblich, Himmler bei und entwickelte die praktischen Folgerungen aus dessen Ideen in seinem ersten detaillierten Plan für die Region, der im Herbst 1939 abgefaßt wurde. Einen hochwertigen Viehbestand als entscheidend für die Neubesiedlung erkennend, projektierte Meyer einen sofortigen Bedarf von 32 500 Kühen, 32 500 Kälbern, 4000 Bullen, 100 000 Sauen, 2500 Ebern, 150 000 Schafen, 50 000 Ziegen und 200 000 Hühnern.[59] Ganz offensichtlich waren landwirtschaftliche Hilfszentren von wesentlicher Bedeutung, und in seinem Buch über den Osten erklärte Arlt, daß in Oberschlesien sieben derartige Mustergüter errichtet werden sollten.[60] Eines von ihnen sollte in Auschwitz von der Kommandantur des Konzentrationslagers angelegt und mit der Zwangsarbeit der Häftlinge betrieben werden.[61]

Es war Himmlers Idee, das Konzentrationslager zur Errichtung eines großen landwirtschaftlichen »Gutsbezirks« zu nutzen. Als Höß ihn im November 1940 in der Hoffnung aufgesucht hatte, weitere Mittel zu erlangen, war Himmler von den mitgebrachten Landkarten, Plänen und Graphiken entzückt gewesen. (Siehe Tafel 5) Die ausgedehnte Sicherheitszone von 2000 ha, die bereits der direkten Aufsicht

Von Häftlingen für den Landwirtschaftsbetrieb Auschwitz errichtete Scheune, 1943.

Von Häftlingen für den Landwirtschaftsbetrieb Auschwitz erbauter Schweinestall, 1943.

des Lagers unterstand und die innerhalb weniger Monate gänzlich von Zivilisten geräumt werden sollte, bot erhebliche Möglichkeiten: Das Gebiet konnte zu einem großen, von einem Häftlingsreservoir bearbeiteten Landgut werden. »Sein [Himmlers] Interesse wurde erst rege, als ich über das Gesamtgebiet sprach und anhand der Karten erläuterte. Er war sofort ganz anders. Lebendig ging er gleich ans Planen und gab eine Weisung nach der anderen oder notierte, was alles auf diesen Ländereien entstehen sollte«, erinnert sich Höß in seinen Memoiren. Die plötzliche Begeisterung seines Artamanen-Kameraden Himmler für Fragen der Landwirtschaft freute ihn. Er hoffte immer noch, einen Hof für seine eigene Familie zu erhalten.[62] Die beiden Männer begannen mit der Planung der Umwandlung von Auschwitz in eine landwirtschaftliche Versuchsstation, die dem gesamten Osten, d. h. allen eingegliederten polnischen Westgebieten und dem gesamten Generalgouvernement dienen sollte.

Dort sind Möglichkeiten, wie wir sie bisher in Deutschland nicht hatten. Arbeitskräfte sind genug vorhanden. Jeder nur notwendige landwirtschaftliche Versuch muß dort durchgeführt werden. Große Laboratorien und

Pflanzenzuchtabteilungen müssen entstehen. Viehzucht aller Arten und
Rassen, die von Bedeutung sind. [SS-Strumbannführer] Vogel soll sich sofort um Fachkräfte bemühen. Die Teichwirtschaften anstauen und die Ländereien trockenlegen, den Weichseldamm bauen, da gibt's Schwierigkeiten, gegen die die zuerst geschilderten Mißstände im Lager ein Dreck
sind. In nächster Zeit wolle er sich in Auschwitz selbst alles einmal ansehen. Er blieb weiter bei seinen landwirtschaftlichen Planungen bis in kleinste Einzelheiten, bis der diensttuende Adjutant ihn auf einen schon lange
wartenden Besuch einer wichtigen Persönlichkeit aufmerksam machte.[63]

Himmler entschied, daß in der Versuchsstation der Großteil der vorgesehenen Lagerkapazität von 10 000 Häftlingen beschäftigt werden
sollte.[64] Zwar hatte er nicht vor, die einträglichen Sand- und Kiesgruben aufzugeben, aber sie waren für ihn ohne Reiz. Seine Vorstellung
des Lagers als von Sklaven bearbeitetes landwirtschaftliches Gut
paßte zu seinem Bild vom deutschen Osten, und die Vision, daß
Auschwitz eine zentrale Rolle bei der Rückgewinnung jenes Gebietes spielen würde, entzückte ihn.

Himmlers Projekt traf von Anfang an auf Widerstand. Das Planungsamt der Region Kattowitz befürchtete von der Ausdehnung des
Lagers ernste Folgen für den Bezirk, und das Landesplanungsamt der
Provinz Schlesien bemerkte, das Gebiet könnte besser für gewerblichen Gartenbau und Industrien mit großem Wasserbedarf benutzt
werden.[65] Ferner kollidierte Himmlers Landwirtschaftsprogramm mit
dem Bedarf nach Erschließung der Kohlelager südlich von Auschwitz.[66] Doch Bracht, bald Gauleiter von Oberschlesien, unterstützte
Himmlers Vorhaben und erklärte den Planern, das Gut im Lager
würde nur auf Zeit eingerichtet werden; wenn die Neubesiedlung beendet wäre und die Volksdeutschen gelernt hätten, den Boden mit Erfolg zu bebauen, würde die Versuchsstation geschlossen werden.
Schließlich könnte das Land von privaten landwirtschaftlichen Betrieben genutzt werden.[67]

Das Konzentrationslager in Auschwitz stand am Rande des sumpfi-
gen Landdreiecks zwischen Weichsel und Sola. Das Geländeniveau
lag nur wenig über dem Normalpegel beider Flüsse, und die Region
wurde regelmäßig überschwemmt. Regen-, Schmelz- und Hochwas-
ser konnte nicht in die Flüsse abgeleitet werden, und es konnte auch
nicht versickern; der Boden bestand bis in 60 Meter Tiefe aus un-
durchlässigem Mergel. Wenn dieses Land in ein landwirtschaftliches
Gut verwandelt werden sollte, müßten enorme Drainageprobleme

Das von Häftlingen errichtete Gewächshaus in Rajsko, 1943.

Häftlinge beim Ausheben eines Drainagegrabens, Auschwitz, 1943.

gelöst werden. Am 15. Februar 1941 beauftragte Vogel den Bodenme-
chaniker Professor Zunker mit der Untersuchung des Standorts. Zunker, Vogel und Höß besichtigten das Gebiet am 7. März, und drei Wochen später unterbreitete Zunker einen 33seitigen Bericht, der zur
Verhinderung von Überschwemmungen bedeutende hydrologische
Korrekturen an Weichsel und Sola anregte. Auch empfahl er, die ausgedehnten Fischteiche im Südteil des Gebietes wiederherzustellen,
die vorhandenen Entwässerungskanäle zu säubern und neue Kanäle
zu graben und auf 1200 ha der künftigen landwirtschaftlichen Fläche
ein massives Netz von 3,6 Millionen Drainageröhren zu verlegen. Angesichts der Anzahl erforderlicher Rohre merkte Zunker an, es wäre
kostengünstiger, eine Rohrfabrik zu erwerben, als sie von regulären
Lieferanten zu beziehen.[68] Bis zum Ende desselben Jahres wurde ein
detaillierteres Ameliorationsprogramm erarbeitet; es konzentrierte
sich zunächst auf die Sanierung der Fischteiche durch Entschlammen,
die Düngung der angrenzenden Felder mit dem so gewonnenen
Schlamm und die Reinigung und Neuanlage von Drainagekanälen.[69]

Zunkers Plan wurde genehmigt, und es begann ein Programm, das
die Arbeit Zehntausender von Gefangenen und das Leben von Tausenden fordern sollte. Es gab keine Erdbewegungsmaschinen, und
vier Jahre lang wurden täglich Häftlingskommandos ausgeschickt, um
den schweren tonigen Boden auszuheben. Auf Hungerrationen gesetzt und von den Kapos mißhandelt, gruben sie zwölf Stunden lang
ohne Pause. In Auschwitz war dies Frauenarbeit.[70] Als im Frühjahr
1942 die ersten weiblichen Häftlinge eintrafen, wurden sie den landwirtschaftlichen Arbeitskommandos zugeteilt. Ihre Aufgabe war es,
die von Zunker empfohlenen Projekte zu realisieren: Bau und Unterhaltung von Uferböschungen, Straßenbau, Entschlammung von
Fischteichen, Rodung von Baumstümpfen auf künftigen Äckern und
Ausheben von Drainagegräben. Die damals 15jährige Kitty Hart-Felix
gehörte zu einem der ersten Frauentransporte. In Bielsko (Bielitz) geboren, war sie mit ihrer Mutter mit gefälschten Papieren illegal ins
Altreich verzogen, um als polnische Katholikin Arbeit anzunehmen.
Schließlich verraten, wurden sie nach Auschwitz transportiert (das –
Ironie des Schicksals – weniger als 25 Kilometer von ihrer Heimatstadt
entfernt lag), und Kitty wurde einem Straßenreparaturkommando zu-
geteilt. »Wir wurden in Arbeitstrupps von etwa 200 eingeteilt und marschierten zum Klang der Kapelle hinaus ... Wir marschierten sechs
Kilometer. Eine Stunde, zwei Stunden, nichts zu sehen als die riesige
Ausdehnung des Lagers, bis wir zu Feldern und verlassenen Bauern-

Hannah Kent-Sztarkman auf der Schiffsreise nach Amerika, 1946.

häusern kamen; all die kleinen Dörfer und Höfe in der Region waren
evakuiert worden.« Ohne Pause mußten die Mädchen sogleich beginnen, Steine für eine Straße heranzuschleppen.

Ich starrte vor mich hin. Einen von ihnen auch nur anzuheben, würde mich
überfordern, ganz davon zu schweigen, ihn auch nur ein kleines Stück
weit zu tragen.
»Schneller, du Arschloch.« Die Kapo gab mir einen Stoß in den Rücken.
Ich bückte mich und versuchte, einen Stein anzuheben – er rührte sich
nicht. Während die anderen Mädchen weiterschleppten und Steine vom
Gipfel des Haufens herabzustürzen begannen, suchte ich nach dem kleinsten. Aber sie waren alle riesig. Mit Mühe lud ich einen auf die Arme und
wankte damit davon. Nach drei Schritten war ich am Ende. Mein Rücken
fühlte sich an, als ob er brechen wollte, und mein Magen schmerzte. Nicht
der Schmerz eines gezerrten Muskels, sondern der Übelkeit erregende
Krampf des Durchfalls. Meine Eingeweide waren im Begriff, herauszufal-
len. Und genau das geschah – oder zumindest rann stinkender Unrat
meine Beine hinab. Das war ein weiteres der Dinge, an die wir uns ge-

wöhnen mußten, wenn wir täglich so lange arbeiteten und so oft geschlagen wurden. Und ich wurde geschlagen. Sobald ich stockte, kam eine SS-Frau mit einem Hund angerannt.[71]
Die Frauen starben oder wurden getötet, aber die Arbeit ging weiter. Magda Somogyi wurde im Juni 1944 aus einer ungarischen Kleinstadt nach Auschwitz deportiert. Mehr als zwei Jahre nachdem Kitty Hart-Felix eingetroffen war, wurde auch sie einem Straßenbaukommando zugeteilt. Und auch sie wurde geschlagen. »Ich war in Auschwitz, und wir arbeiteten auf der Landstraße. Einmal ließ ich einen großen Stein fallen, weil er so schwer war. Ich konnte ihn nicht tragen, und er fiel zu Boden. Der SS-Mann kam zu mir und schlug mich mit der Peitsche. Von da an schlug er mich täglich vor Beginn der Arbeit, und erst dann konnte ich mich an die Arbeit machen. Er sagte: ›Verstehst du? Du wirst lernen, daß du den Stein nicht fallen zu lassen brauchst.‹ Er hatte recht. Ich ließ den Stein nicht mehr fallen. Ich konnte ihn tragen.«[72]
Magda und ihre 17jährige Schwester wurden für Zwillinge gehalten und in einen Sonderbau gebracht, wo solche Zwillinge medizinischen Versuchen unterzogen wurden. Kitty wurde später anderen Landarbeitskommandos zugeteilt, darunter auch einer Gruppe zum Ausheben von Drainagegräben. Inzwischen war es Spätsommer und schrecklich heiß. »Wir erhielten schwere Spaten. Ich stemmte mich auf meinen, setzte den Fuß darauf und versuchte, ihn in den Boden zu stoßen. Alles, was mir gelang, war ein kleiner Kratzer auf der eisenharten Oberfläche. Es war unmöglich, die feste Kruste zu durchbrechen, geschweige denn Boden auszuheben. Keine von uns hatte noch genügend Körperkraft für Arbeit solcher Art.« Bei Tagesende »waren viele der Mädchen kollabiert; Dutzende lagen bewußtlos auf dem Boden, als zur Rückkehr ins Lager gepfiffen wurde, und wir übrigen, in nicht viel besserem Zustand, mußten sie mitzerren oder aus Baumaterial am Rande des Arbeitsgeländes der Männer provisorische Tragen bauen.« Wer zum Abendappell nicht auf eigenen Füßen stehen konnte, »lief Gefahr, für arbeitsunfähig erklärt und weggebracht zu werden. Man fragte nicht, wohin. Die Verstorbenen wurden auf Haufen geschichtet, so daß sie bereit waren zur Abholung mit einem Karren oder, wenn der Leichenberg groß wurde, mit einem Kipper.«[73]
Die Landarbeitskommandos bestanden bis ganz zum Ende der Geschichte des Konzentrationslagers. Kurz bevor Auschwitz im Januar 1945 evakuiert wurde und die 60000 verbliebenen Häftlinge zum Marsch nach Deutschland gezwungen wurden, zog Hannah Kent-Sztarkmann, die im Oktober 15 geworden war, mit einem Ufer-

böschungskommando aus. »Es war Winter und sie [die Deutschen]
hatten beschlossen, daß die Ufer der Weichsel begradigt werden sollten. Sie entsandten einen Trupp von uns Frauen zur Arbeit an den
Ufern. Wir waren völlig unzulänglich bekleidet. Wir hatten keine
warme Kleidung, und die polnischen Winter sind kalt. Wir hatten
keine Schuhe.« Sie und die anderen Frauen standen den ganzen Tag
im eisigen Wasser, und sie erlitt Erfrierungen, an denen sie immer
noch leidet.[74]

Himmlers Projekt eines landwirtschaftlichen Gutes wurde mit der
bloßen Arbeitskraft von (meist weiblichen) Arbeitssklaven vorang-
etrieben. Die Frauen hatten keinerlei Maschinen zu ihrer Hilfe. Es
war eine tödliche Arbeit. Viele starben, und fast keine überlebte ohne
Dauerschaden.

Es war eine körperliche Überforderung, der niemand gewachsen
war, und es ist nicht auszuschließen, daß eines Tages im Oktober 1942
Landarbeitssklavinnen in dem Nebenlager Budy einen Ausbruchsver-
such unternahmen. Deutsche weibliche Kapos töteten etwa 90 französische Jüdinnen mit Knüppeln und Äxten, angeblich, um eine Re-
volte zu unterdrücken. Keine der Gefangenen überlebte jenen Tag.[75]

7

IG FARBEN

Während Himmler und Höß, über Karten von Auschwitz brütend, die Grenzen eines Landgutes abzustecken suchten, überprüfte Dr. Otto Ambros, der 39jährige Vorsitzende des Ausschusses für Gummi und Kunststoffe des deutschen Chemie-Giganten IG Farben, Regionalkarten von Oberschlesien. Ambros war Fachmann für die Planung von Kunstkautschukwerken, und er hatte Standorte und Baubedingungen in Rußland, Frankreich und sogar in Amerika untersucht. Jetzt mußte er für eine neue Fabrik mit einem Wasserbedarf von 15 000 Kubikmetern pro Stunde den idealen Standort finden. Benötigt wurde ein ebener Landstrich von mindestens 2,6 qkm mit günstigem Eisenbahnanschluß. Beim Studium der Karte galt seine besondere Aufmerksamkeit einer Stelle, wo sich drei Flüsse trafen: Sola, Kleine Weichsel und Przemsza. Die kartographischen Angaben ließen eine weite, unbebaute Ebene in Flußnähe erkennen, die, da 20 Meter über dem Flußpegel gelegen, vor Überschwemmung geschützt war. Geologisch schien der Ort ideal. Auch trafen sich wenig westlich davon drei Eisenbahnlinien; nach der nur wenige Jahre alten Landkarte hieß die Stadt bei diesem Bahnknotenpunkt Oswiecim.[1]

Ambros gewann Interesse an Auschwitz, ohne daß er jemals zuvor von der Stadt gehört hätte. Er war ein Ingenieur, der synthetisches Benzin und Kunstkautschuk produzieren wollte, kein Artamane, den es nach Boden verlangte. Er stand in der Tradition von sieben Jahrzehnten deutscher Vorrangstellung in der Chemie und chemischen Industrie, nicht von sieben Jahrhunderten deutscher Siedlung im Osten. Ein anderer, ebenso deutscher Pfad führte Ambros, gleich Himmler und Höß, dazu, seine Aufmerksamkeit auf Auschwitz zu lenken – in seinem Fall einfach und allein deswegen, weil es wichtig für die Zukunft der IG Farben war.[2] Die IG Farben war das größte Unternehmen Europas und nach General Motors, United States Steel und Standard Oil of New Jersey das viertgrößte Unternehmen der Welt. In den zwanziger und dreißiger Jahren bemühte sich der deutsche Großkonzern um die ökonomische Erzeugung von synthetischem Kau-

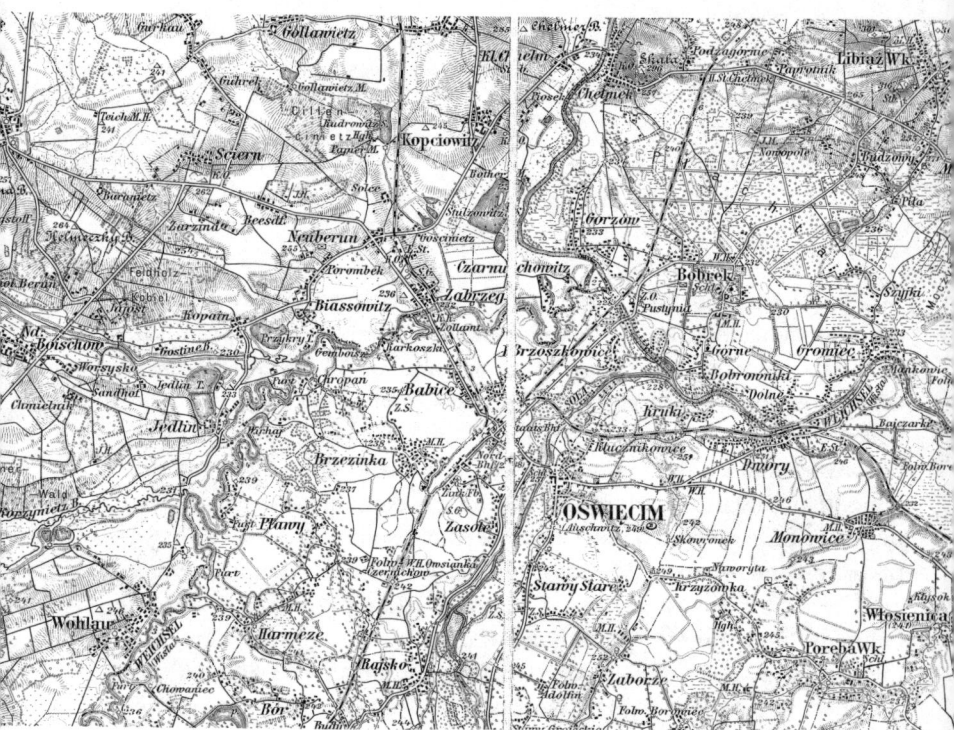

»Myslowitz und Oswiecim.« Österreichisch-ungarische topographische Karte, 1905. Beim Betrachten dieser Karte fiel Otto Ambros die Stelle auf, wo auf einer Höhe von 228 m ü.d.M. Weichsel (Vistula), Przemsza und Sola zusammenfließen. Unmittelbar südlich davon sind zwischen Oswiecim, Dwory und Monowice die *Koten* 251, 242, 246 usw. eingetragen. Sie bezeichnen ein großes, unbebautes Plateau, das bei einer Höhe von 14 bis 23 m über dem Flußspiegel für die Ansiedlung von Industrie ideal geeignet war.

tschuk und Benzin durch Behandlung von Kohle mit Wasserstoffgas bei hohen Drücken und Temperaturen, die sogenannte »Kohlehydrierung«. In Erwartung steigender Motorisierung und einer Weltkrise bei Treibstoffen versprach sich die IG Farben von dem Verfahren hohen Gewinn. Der Einbruch der Kautschuk- und Ölpreise in der Weltwirtschaftskrise und technische Probleme bei der Erzeugung von synthetischem Kautschuk und Benzin dämpften das Interesse der IG Farben, aber mit dem Aufstieg der Nationalsozialisten zur Macht gewannen politische Autarkiepläne erheblich an Gewicht. Die IG Farben wandte sich der Entwicklung von Flugbenzin hoher Oktanzahl zu und hatte

Erfolg. Hingegen stagnierte die Entwicklung und Produktion von synthetischem Kautschuk. Das Buna-Verfahren, nach den beteiligten Stoffen Butadien und Natrium benannt, war in den Grundzügen ausgearbeitet, doch die Produktionstechnik funktionierte noch nicht. Erforderlich waren neue Anlagen, die erhebliche Investitionen erforderten, während der Bedarf an Buna relativ niedrig war. Aber Hitler bestand auf der Schaffung einer Kunstkautschukfabrik, und Ende 1935 begann die IG Farben in der mitteldeutschen Stadt Schkopau den Bau einer Anlage mit einer geplanten Jahreskapazität von 12 000 Tonnen. Als Deutschland im Jahre darauf ernstliche Kriegsvorbereitungen begann, befahl Hitler die massive Ausweitung der synthetischen Erzeugung ohne Rücksicht auf den Preis. Der Vierjahresplan bekräftigte diese Politik. »Deutschland muß bei Stoffen, die irgendwie durch deutsches Können, durch unsere Chemie- und Maschinenbauindustrie sowie durch unseren Bergbau erzeugt werden können, vom Ausland völlig unabhängig werden«[3], verkündete der Plan. Die Kautschukerzeugung wurde ausdrücklich erwähnt, womit die Buna-Erzeugung hohe Dringlichkeit erhielt. Göring forderte die Verdoppelung der Schkopauer Produktion, und Hitler befahl die Errichtung eines zweiten Werkes in der Nähe von Hüls, am Nordrand des Ruhrgebietes.

Der erste kommerzielle Buna, im Januar 1937 erzeugt, erhielt auf der Pariser Weltausstellung eine Goldmedaille. Doch die Produktion kam nur schleppend in Gang. Als Deutschland in Polen einfiel, besaß es Kautschukvorräte für ganze zwei Monate. Die IG Farben plante in Eile ein drittes Werk bei Rattwitz nahe Breslau, aber das Projekt zerschlug sich. Im Sommer 1940 glaubte die deutsche Regierung, ihr Sieg über Frankreich würde zum Frieden mit England führen, zur Rückgewinnung der 1919 verlorenen Kolonien und damit zum neuerlichen Zugang zu Naturkautschukquellen. Inzwischen gelang es den beiden Werken in Schkopau und Hüls, den Kautschuk-Jahresbedarf von 115 000 Tonnen zu decken. Die Pläne für das Rattwitzer Werk wurden fallengelassen.

Im Herbst 1940 begann das Oberkommando der Wehrmacht unter dem Decknamen *Unternehmen Barbarossa* mit der Vorbereitung des Angriffs auf die Sowjetunion. Am 18. Dezember befahl Hitler die Invasion für den Monat Mai, und die Mobilisierung lief an. Die Truppen wurden von 130 auf 180 Divisionen verstärkt, und der Buna-Bedarf stieg. Da sich Churchill geweigert hatte, um Frieden nachzusuchen, hatte sich die Aussicht auf eine stetige Versorgung mit Naturkau-

tschuk nicht erfüllt, und das Reichsministerium für Wirtschaft forderte
die Steigerung der Buna-Produktion auf 150 000 Tonnen pro Jahr
durch Errichtung zweier weiterer Werke, eines in Ludwigshafen, das
andere in Schlesien. In einem Schreiben vom 8. November wies das
Ministerium die IG Farben an, »umgehend die grundsätzlichen Verhandlungen über die Finanzierung sowie die Klärung der Standort-
frage vorzunehmen, damit der Termin für den Baubeginn spätestens
im Januar festgelegt werden könne«.[4]

Als dieses Schreiben bei der Konzernleitung eintraf, schien es ihr
ratsam, das Projekt für den Bau eines Werkes im niederschlesischen
Rattwitz wieder aufzunehmen. Doch hatte sich seit der Entscheidung
für jenen Standort die Lage geändert. Im Herbst 1939 waren die 1921
verlorengegangenen großen Kohlelagerstätten in Ostoberschlesien
wieder unter deutsche Kontrolle gekommen. Neben Kalk, in dem Gebiet gleichfalls vorhanden, war Kohle der wichtigste Rohstoff für die
Herstellung von Karbid, einem Zwischenprodukt des Buna-Verfah-
rens.[5] Berechnungen der Kohlereserven ergaben für jene Region ab-
bauwürdige Lagerstätten von fast doppelter Größe der Vorräte des
Ruhrgebietes, hinter dessen Jahresförderung Oberschlesien jedoch

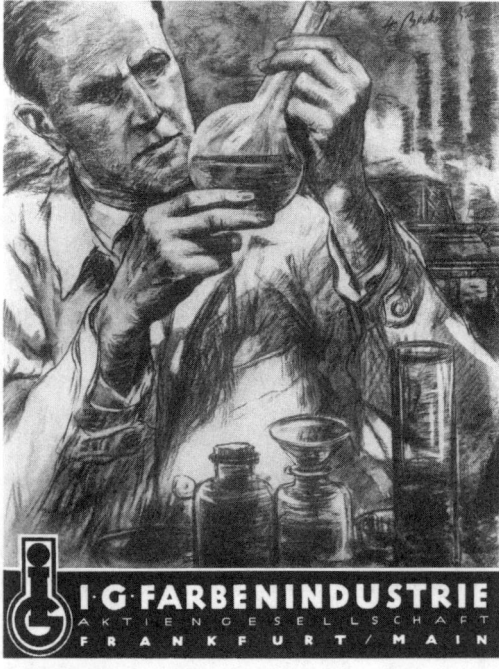

Anzeige der IG Farben.
Illustrierte Zeitung,
Nr. 4956 (1940).

Buna-Produktionsanlag
im Reich

um die Hälfte zurückblieb. Offenbar bestand hier ein großes Entwicklungspotential.[6] Überdies war die oberschlesische Kohle wegen ihrer Zusammensetzung als Rohstoff für die chemische Industrie wie geschaffen, sie ließ sich nicht zu Koks, aber zu Karbid verarbeiten.[7]

Oberschlesiens Kohlevorräte konnten 18 große chemische Werke versorgen, doch aufgrund natürlicher Bedingungen kam die unmittelbare Umgebung der Bergwerke als Standort für solche Anlagen nicht in Betracht. In dem trockenen Kerngebiet der oberschlesischen Industrie fehlten die großen Mengen an Wasser und die ausgedehnten, geologisch stabilen Flächen, die für Fabriken für Kunstkautschuk und synthetisches Benzin erforderlich waren. Solche Werke eigneten sich eher für die Peripherie der Industrieregion längs der Oder oder der Weichsel. Auch vom sozialen Standpunkt war eine solche Politik sinnvoll. In der Bergwerksregion herrschten schlechte Wohnbedingungen, und der Mangel an Kultureinrichtungen und medizinischer Versorgung schlossen aus, daß rasch ein normaler Lebensstandard hergestellt werden konnte, wie er für die Versetzung der deutschen Führungskräfte, Ingenieure und Facharbeiter der IG Farben aus den westlichen Teilen des Reiches Voraussetzung war. Wie sich heraus-

stellte, hatten die Landesplaner bereits die Schaffung von 17 Städten in einer neuen Entwicklungszone in der Umgebung des Industrieballungsraumes Gleiwitz-Hindenburg -Beuthen-Kattowitz beschlossen.[8] Die IG Farben könnte von diesem Programm zugunsten ihrer Beschäftigten profitieren, die örtlichen Behörden bekämen den starken Zuzug von Deutschen, den sie sich erhofft hatten, und da die Arbeiter nahe den Werken wohnen sollten, würden sie das zentrale Problem Oberschlesiens mildern: das Fortbestehen der *robotnicy*. Alle waren zufrieden.

Die einzige ungelöste Frage war die Ermittlung geologisch geeigneter Standorte in dem neuen Industriegebiet, die große Kohlehydrierungsanlagen tragen würden. Ambros wandte sich der Landkarte Oberschlesiens zu und machte die Felder zwischen Auschwitz, Monowitz und Dwory aus. Auf seine Empfehlung hin entsandte die Firma Anfang Dezember 1940 eine Expertengruppe nach Auschwitz. Einmütig kam sie zu dem Schluß, daß Gebiet böte einen ausgezeichneten Standort etwa drei Kilometer stromabwärts des Zusammenflusses von Weichsel, Przemsza und Sola, etwa 25 Kilometer von den Kohlengruben bei Krakau und in Zentral-Oberschlesien und zehn Kilometer von den Bergwerken in Brzeszcze, Jawiszowitz und Dzieditz entfernt. Auch merkte die Kommission an, Unterkünfte für Arbeiter und Verwaltungspersonal wären leicht zu finden.[9] Über die nationalsozialistische Bevölkerungspolitik war sie gut informiert und setzte voraus, daß zum Zeitpunkt des Baubeginns die jüdischen Einwohner längst deportiert sein würden. Daher würde geeigneter Wohnraum zur Unterbringung von Bauarbeitern und – später – der Fabrikbelegschaft vorhanden sein. Schließlich ergaben weitere Erkundungen, daß andere nützliche Rohstoffe wie Kalk und Salz leicht zugänglich waren.[10]Auschwitz war, kurz gesagt, der ideale Ort für das IG Farben-Projekt.

Ambros schrieb unverzüglich an den Bürgermeister von Auschwitz mit der Bitte um Detailangaben über die Stadt, Wasserstände der Flüsse usw. Der Kreis Auschwitz, der die Dörfer Birkenau, Babitz, Broschkowitz, Klutschnikowitz, Dwory, Wlosienitz, Poremba-Wielka, Stare-Stawy, Zaborze und Monowitz sowie die Stadt Auschwitz umfaßte, zähle 25 507 Einwohner, antwortete der Bürgermeister am 9. Januar 1941. Davon waren 7000 Juden. Es gab nur eine große Grundschule, aber Herr Gutsche versprach, er würde, wenn es notwendig sei, die Errichtung eines Gymnasiums in Erwägung ziehen.[11]

Die Konzernleitung war an Auschwitz interessiert, aber noch wurden Alternativen geprüft. Insbesondere die Erweiterung des Buna-

Postkarte. Westseite des Auschwitzer Marktplatzes, 1940.

Werkes in Hüls und der Bau einer neuen Anlage im niederschlesischen Heydebreck, vor allem, weil die Oder dort mehr als doppelt so viel Wasser führte wie die Weichsel bei Auschwitz. Als die IG-Farben-Direktoren die Vorzüge beider Standorte gegeneinander abwogen, wurden die für den ethnischen und sozialen Umbau Oberschlesiens Verantwortlichen in die Sache verwickelt. Wie erwähnt, hatte einige Monate zuvor das frühere Herzogtum Auschwitz höchste Dringlichkeit für die Neubesiedlung erhalten, und im Kreis Saybusch war die ethnische Säuberung bereits im Gange. Himmlers Vertreter vor Ort, Fritz Arlt, setzte sich die Deportation von etwas über einer Million Polen und Juden als Ziel sowie ihren Ersatz durch 320 800 deutsche Familien, von deren Ernährern 300 000 in Bergbau und Industrie, 1800 im Handel und Handwerk, 15 000 als Landarbeiter, 3000 als selbständige Bauern und 1000 als Angestellte und Beamte Arbeit finden sollten.[12] Die Ansiedlung von Bauern ging gut voran, aber Arlt hatte noch keinen brauchbaren Plan für den Ersatz der polnischen Industriearbeiter durch deutsche, zumal die Löhne in Oberschlesien um mehr als 20 Prozent unter denen im übrigen Deutschland lagen. Wenn die IG Farben sich in Auschwitz ansiedelte, würde dies im Ostteil der Provinz einen Stamm von hochentlohnten Arbeitsplätzen schaffen und mit Sicherheit deutsche Facharbeiter aus dem Westen des Reichsge-

biets anlocken. Arlt war hocherfreut. Dies würde auch die 1940 begonnenen rassenpolitischen Veränderungen festigen.

Für Arlt war das Engagement der IG Farben in Auschwitz nicht nur
eine Frage der Zahl: Ein solcher Zug sagte auch seiner Weltanschauung zu. Angesichts des historischen Schicksals der Region fand er ihn
angemessen. Himmler war zweifellos einverstanden. Es ist nicht klar,
wie er von den IG Farben-Plänen erfuhr – vielleicht durch seinen alten Schulfreund Ambros oder durch Walter Dürrfeld, den Chefarchi-
tekten des Konzerns und SS-Offizier ehrenhalber –, doch bereits am
8. Januar 1941 kam das Thema der Investition des Konzerns und ihrer
Wirkung auf die örtliche Bevölkerung in einer Konferenz zur Sprache,
an der unter Heydrichs Vorsitz diverse Vertreter der SS, des Amtes des
Reichskommissars für die Festigung deutschen Volkstums und des
Heeres teilnahmen. Ihr Zweck war ein Beschluß über eine Zielvor-
gabe für die Deportationen aus den annektierten Gebieten im Jahre
1941. Wie Heydrich bemerkte, waren 340000 Polen und Juden 1940 in
das Generalgouvernement abgeschoben worden, und für 1941 setzte
er hierfür eine Zahl von 800000 Personen an. »Der Vertreter des Generalgouvernements nahm die Forderung ohne mit der Wimper zu
zucken an. Eine Diskussion hierüber fand nicht statt«, vermerkt das
Konferenzprotokoll.[13] Heydrich schlüsselte die Zahl detailliert auf. Sie
umfaßte 438000 Personen, die volksdeutschen Umsiedlern weichen
mußten, 20000 polnische Flüchtlinge im Warthegau und 237000 Polen aus Gebieten, auf deren sofortige Räumung die Wehrmacht
drängte. Schließlich erwähnte er, daß 55000 Polen – Juden und Nichtjuden – »für das Projekt Auschwitz in Oberschlesien« in das Generalgouvernement zu evakuieren seien.[14]

Ganz offenbar hatte Himmler beschlossen, Auschwitz für die IG Farben so attraktiv wie möglich zu machen. Wenn der Konzern dort ein
Werk errichtete, würde dies sowohl seiner Weltanschauung als auch
seinen Plänen entsprechen. Der Geldzufluß würde es ihm gestatten,
Auschwitz zu der einer germanischen Stadt angemessenen Größe
auszubauen, die zuziehenden Deutschen würden zur Verwirklichung
seiner Bevölkerungspolitik beitragen, und die bereits seiner Gewalt
unterstehenden Lagerinsassen würden im Buna-Werk arbeiten und
ihm Bargeld einbringen. Die IG Farben hatte Geld und Zugang zu
Baumaterial. Himmler hatte Arbeitssklaven und Träume davon, wie
die Auschwitzer Gegend aussehen und was sie sein sollte. Es sollte
eine Bluthochzeit werden.

Während Himmler sich fragte, wie die IG Farben zur Errichtung
eines Werkes in Auschwitz zu bewegen wäre, erwogen die Manager
des Konzerns die Probleme. Auschwitz selbst wog schwer auf der Ne-
gativseite. »Von dem großen Markt abgesehen, macht die Stadt selbst
einen sehr verkommenen Eindruck«, merkten sie an. Und gerade dort
sollten die deutschen Arbeiter wohnen. »Die Bevölkerung von Auschwitz besteht aus 2000 Deutschen, 4000 Juden und 7000 Polen. Die
Deutschen sind Bauern. Die Juden und Polen werden, falls hier Industrie errichtet wird, evakuiert werden, so daß die Stadt dann für das
Fabrikpersonal frei ist.«[15]

Der Zustand der Stadt war für die Leitung von IG Farben ein echtes
Hindernis. Der Konzern war stolz darauf, wie er für seine Beschäftigten sorgte. Eifrige Förderer Hitlers seit 1932 und überzeugte Verfechter der nationalsozialistischen Blut-und-Boden-Ideologie, hatten die
IG Farben-Direktoren versucht, jene Vision auf die Industriearbeiter-
schaft anzuwenden. Für die Reform der Lebensbedingungen der
arbeitenden Klasse entsprechend den Parteigrundsätzen engagiert,
hatten sie nahe ihren Werken in Deutschland vorbildliche Arbeiter-

Deportation von Juden aus Auschwitz, März 1941.

wohnanlagen errichtet, zu denen Gartenparzellen für den Gemüsean-
bau gehörten.[16] Auschwitz, so meinten sie, eigne sich nicht für solch
ein Sozialprojekt, und sie zogen wieder den Standort Rattwitz in Erwägung.

Zwei der Baufachleute der IG Farben, Erich Santo und Max Faust,
reisten Ende Januar nach Rattwitz zu einer Besprechung mit den Provinzbehörden von Niederschlesien, die an der dortigen Ansiedlung
des Konzerns sehr interessiert waren. Oberschlesien würde in knapp
zwei Wochen (am 1. Februar) eine eigenständige Provinz werden,
und die Bürokraten wollten die Gewerbesteuern aus einem IG Farben-Werk nicht an einen anderen Verwaltungsbezirk verlieren. Der
Gauleiter und Oberpräsident von Niederschlesien, Karl Hanke, und
der als Oberpräsident der neuen Provinz Oberschlesien vorgesehene
Fritz Bracht konkurrierten um das Geschäft, und der letztgenannte
obsiegte. Bei Santos Ankunft in Kattowitz, der Hauptstadt der neuen
Provinz, zerstreute der Regionalplanungschef Fröse seine Zweifel hinsichtlich Auschwitz. Für das kommende Frühjahr versprach er die
Evakuierung der Juden und Polen, Wehrbauern, sagte Santo, würden
die ländliche Umgebung besiedeln, und Pläne für die Entwicklung
der Stadt Auschwitz wären bereits in Angriff genommen. Wirklich war
kurz zuvor der Breslauer Architekt Hans Stosberg zum Sonderbeauf-
tragten für den Bebauungsplan der Stadt Auschwitz ernannt worden.
Auch sollte, so kündigte Fröse an, »das bereits vorhandene Konzentrationslager mit etwa 7000 Häftlingen ausgebaut werden. Beschäftigung von Häftlingen für das Bauprojekt möglich nach Verhandlungen
mit Reichsführer SS.«[17]

Sechs Tage später konferierten Ambros und der IG-Farben-Direk-
tor Fritz ter Meer mit Carl Krauch, der als Generalbevollmächtigter für
Sonderfragen der chemischen Produktion im Rahmen des Vierjahresplanes die deutsche chemische Industrie kontrollierte. Sie erklärten, daß unter technischem und wirtschaftlichem Gesichtspunkt
Auschwitz ideal wäre, doch »es wird unvermeidlich sein, dort im
größeren Ausmaße Siedlungspolitik zu betreiben, um deutsche Arbeiter in Auschwitz heimisch zu machen«.[18] Einige Tage später bekräftigte einer der IG Farben-Chemiker nach viertägiger Inspektion
der Stadt in seinem Bericht, was bereits allgemein bekannt war:
Alles wäre ideal, wenn nur die Stadt hübscher wäre. »Die Stadt
Auschwitz und die Dörfer machen einen sehr schmutzigen und ver-
wahrlosten Eindruck«, beklagte der Bericht. »Am schwierigsten wird
die Aufstellung einer Betriebsbelegschaft zu lösen sein.« Die meisten

Facharbeiter würden aus dem Westen kommen müssen. »Eine großzügige Siedlung sowie die Errichtung von Schulen, Kulturstätten usw. muß daher zum mindesten gleichzeitig mit den Fabrikationsbauten in Angriff genommen werden, um der Belegschaft wenigstens einigermaßen menschenwürdige Lebensverhältnisse zu schaffen.«[19] Über das Problem der Stadtverbesserung hinaus war eine weitere Frage zu lösen. Einerseits sollte die örtliche Einwohnerschaft deportiert werden, um Raum für Deutsche zu schaffen; andererseits wären die Ortsansässigen eine wertvolle Quelle von Arbeitskraft für den Bau. Angesichts dieser Schwierigkeiten würde die Errichtung des Buna-Werkes viel mehr Zeit erfordern, als ursprünglich erwartet.

Verärgert wandte sich Krauch an Göring, welcher entschied, der Buna-Produktion käme höchste Dringlichkeit zu und das Werk müßte so schnell wie möglich fertiggestellt werden, selbst um den Preis der Verzögerung anderer kriegswichtiger Bauvorhaben.[20] Sofort schrieb Göring an Himmler und forderte die »rasche Aussiedlung der Juden in Auschwitz und weiterer Umgebung, insbesondere zwecks Freimachung ihrer Wohnungen für die Unterbringung der Bauarbeiterschaft für das Buna-Werk« und den Einsatz »einer möglichst großen Anzahl von Baufach- und Bauhilfe-Arbeitern für den Bau der Buna-Werke aus dem benachbarten Konzentrationslager«.[21] Göring schätzte, während der Bauphase würden zwischen 8000 und 12 000 Mann benötigt. Himmler war hoch erfreut. Das Lager in Auschwitz, erst neun Monate zuvor errichtet, um die örtliche Bevölkerung im deutschen Griff zu halten, war plötzlich zum Angelpunkt eines riesigen Projektes höchster Dringlichkeit geworden.

Görings Entscheidung, wie günstig für Himmler auch immer, warf Probleme auf. Die meisten der für das Lager vorgesehenen 10 000 Häftlinge waren für den landwirtschaftlichen Großbetrieb bestimmt, und dieses Projekt wollte Himmler nicht aufgeben.[22] Es war klar, daß das Lager mindestens doppelt so groß sein müßte. Angesichts wichtiger Entscheidungen über die Zukunft von Auschwitz, aber ohne direkte Kenntnis des Ortes, änderte Himmler sein Programm für den auf das erste Märzwochenende festgelegten Besuch in Breslau, wo er eine Ansprache vor deutschen Rückkehrern aus der Bukowina halten sollte, die in Durchgangslagern auf die Ansiedlung in Oberschlesien warteten, und beschloß einen Abstecher nach Auschwitz. Inzwischen ergriff er weitere Schritte: Er befahl die Deportation der örtlichen Juden und beauftragte Richard Glücks, den Inspektor der Konzentrationslager, mit der IG Farben in Verbindung zu treten, »um das Bauvorhaben durch die Gefangenen aus dem Konzentraionslager in jedem uns möglichem Umfange zu unterstützen«.[23]

Am Samstag, dem 1. März, traf Himmler in Begleitung seines Adjutanten Karl Wolff, der als Verbindungsmann zur IG Farben vorgesehen war, und von Heinrich Vogel in Gleiwitz mit Bediensteten der IG Farben und Mitgliedern der Provinzverwaltung zusammen.[24] Vermutlich bei dieser Gelegenheit spielte Himmler seine Trumpfkarte aus: seine beträchtliche Macht in Oberschlesien. Er würde garantieren, daß die Stadt Auschwitz zu einem Modell deutscher Siedlung im Osten werde.[25] Dann fuhren alle nach Auschwitz, wo Höß von Himmler über die Entwicklungen der letzten Wochen unterrichtet und angewiesen wurde, sich für das Projekt unentbehrlich zu machen. Als Zeichen des guten Willens wurde das Planziel für die Lagerkapazität von den im November festgelegten 10 000 Häftlingen auf 30 000 erhöht. Höß war bestürzt: Nur sechs Monate zuvor hatten seine Leute noch nicht einmal Kaninchenställe bauen können; jetzt sollte er das größte Konzentrationslager im Deutschen Reich errichten.[26] Himmler sagte ihm, er solle sich keine Sorgen machen. Das Buna-Werk hätte höchste Dringlichkeit erhalten, und der Stadt Auschwitz würden große Mengen an Baumaterial zugeteilt werden. Wenn Häftlingsarbeit tatsächlich für den Bau des Werkes entscheidend wäre, würde es nicht schwer sein, die IG Farben-Direktoren zu veranlassen, einiges Material für das Lager abzuzweigen.

Dr. Heinrich Bütefisch, IG Farben-Direktor und Himmlers persönlicher Freund, und zwei IG Farben-Ingenieure, Dürrfeld und Faust, konferierten am 20. März in Berlin mit Wolff und Glücks über die Zusammenarbeit zwischen Konzern und Konzentrationslager. Sie kamen überein, sofort 700 Häftlinge zur Bauarbeit einzusetzen, und Glücks versprach, Baufacharbeiter und Techniker aus anderen Lagern in Auschwitz zusammenzuziehen. Auch erbot er sich, zur Unterstützung der Bauarbeiten im Lager Werkstätten zu schaffen.[27]

Eine Woche später trafen sich Höß, Dürrfeld, Faust und verschiedene andere SS-Leute und IG Farben-Bedienstete in dem Lager, um die Details dieser symbiotischen Beziehung auszuarbeiten. Der von Dürrfeld abgezeichnete Besuchsbericht vermerkt, »daß die Besprechung in einem außerordentlich sachlichen und doch sehr herzlichen Ton vonstatten ging. Es war in allen Fragen eine volle Bereitschaft festzustellen, nach Kräften beim Bau des Werkes von seiten des Konzentrationslagers Hilfestellung zu leisten.« Die Teilnehmer vereinbarten die sofortige Gestellung von 1000 Häftlingen aus dem Lager und die Steigerung ihrer Zahl auf 3000 im Folgejahr 1942, falls die – zur Versorgung mit Arbeitskräften für den Bau sowohl des Lagers als auch des IG Farben-Werkes[28] – vorgesehene Erweiterung auf 18000 Häftlinge bis dahin verwirklicht wäre. Die IG Farben würde ihrerseits, wie von Himmler erwartet, zusätzliches Baumaterial für das Lager besorgen. Die Aufstockung der vorhandenen Häftlingsbauten sei, so der Bericht, gegenwärtig »jedoch gehemmt durch den Mangel an Moniereisen für die Böden und Decken. Wir [die IG Farben] übernehmen es, zu prüfen, dem Lager zu einer schnelleren Beschaffung … zu verhelfen.« Wenn das Lager seine projektierte Höchstkapazität von 30000 erreicht hätte, solle die Zahl der an die IG Farben abgestellten Arbeitskräfte erhöht werden. Der Erfolg der Vereinbarung hinge davon ab, wie rasch der Stahl beschafft werden könnte. Benötigt würde er für den Bau zusätzlicher Häftlingsunterkünfte und einer Brücke über die Sola zur Verbindung von Lager und Werk. »Über dieselbe Trasse soll ein Feldbahngleis gelegt werden, so daß die Häftlinge im Feldbahnzug nach der Baustelle und zurück befördert werden können.«[29]

Die finanziellen Aspekte ihrer Zusammenarbeit waren rasch vereinbart. »Für die Häftlinge soll pro Hilfsarbeiter und Tag 3 RM, pro Facharbeiter und Tag 4 RM gezahlt werden. In diesen Kosten ist alles einbegriffen, Transport, Verpflegung usw. Über diese Kosten hinaus fallen keinerlei Unkosten für uns [die IG Farben] für die Häftlinge an, es sei denn, daß zum Ansporn dann und wann kleine Vergütungen (Zigaretten usw.) gegeben werden.«[30] Natürlich war Arbeitskraft nicht die einzige Ware in Himmlers Katalog. Wie erwähnt, betrieben die SS-eigenen Deutschen Erd- und Steinwerke die Auschwitzer Sand- und Kiesgruben. Die IG Farben war an ihrem Kies interessiert, und die DESt verpflichteten sich zur täglichen Lieferung einer festen Menge. Auch versprachen die DESt, alle Backsteine für das Projekt aus SS-kontrollierten Werken zu liefern.[31]

Zur Bestätigung der Vereinbarungen wurde am Montag, dem 7. April in Kattowitz eine Konferenz auf hoher Ebene abgehalten, nämlich unter Teilnahme von Vertretern der Reichsstelle für Raumordnung, des Reichsamtes für Wirtschaftsausbau, des Planungsamtes der Provinz Oberschlesien, des Provinzwasseramtes, der Stadtverwaltung von Auschwitz, des IG Farben-Konzerns und von Greifelts Amt des Reichskommissars für die Festigung deutschen Volkstums.[32] Das Reichsamt für Wirtschaftsausbau erläuterte, daß wegen des anhaltenden Krieges mit England die Produktion von synthetischem Kau-

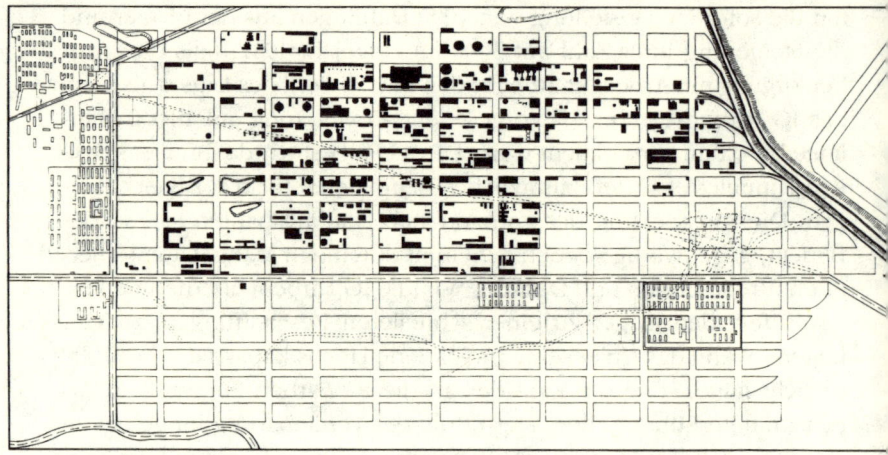

Lageplan des Buna-Werkes der IG Farben und seiner Nebenanlagen, Herbst 1944. Die Anordnung war einfach und funktional. Der Produktionsprozeß verlief von Nord nach Süd, weshalb das Werk in aneinander anschließende Ost-West-Zonen gegliedert war, von denen jede einer bestimmten Phase des Prozesses entsprach. Die Rohstoffe (Wasser, Kohle und Kalk) sollten auf der Nordseite zugeführt und der Buna am Südende abtransportiert werden. Wie aus dieser Zeichnung hervorgeht, war zum Zeitpunkt des deutschen Rückzuges das Werk erst teilweise errichtet. Nach dem Krieg bauten die Polen den Nordostteil des Werkes fertig. Die Südhälfte des Rasters wird immer noch landwirtschaftlich genutzt. Am Westrand des Werkes die Baracken, die als provisorische Büros und Unterkünfte für die zivilen Baumannschaften dienten. Unmittelbar südlich des abgerissenen Dorfes Monowitz am Südostrand des Werksgeländes das »Buna« genannte Nebenlager Auschwitz III. Unterbrochene Mittellinien bezeichnen Hauptstraßen, die heute dem öffentlichen Durchgangsverkehr dienen. Die beiden Ost-West-Verbindungsstraßen zur Stadt Auschwitz sind die Jaroslawa Dabrowskiego (oben links) und die K. Olszewskiego (unten links); die an der Südseite des heutigen Werkes verlaufende große Ost-West-Straße ist die Fabryczna.

tschuk gesteigert werden müsse. Die IG Farben, auf diesem Gebiet weltweit führend, hatte Auschwitz als Standort für das Buna-Werk gewählt, zu dem später ein Werk für synthetisches Benzin kommen sollte.

Ambros sprach zu einigen technischen Problemen des Projekts und über den Zusammenhang zwischen neuer wissenschaftlicher Erkenntnis und der Entscheidung der IG Farben für den Standort. »Nun weisen aber neuere Forschungsergebnisse in die Richtung, daß dem

Einsatz von Kohle, und zwar in der Form als chemischer Grundstoff, auch bei der Buna-Erzeugung eine steigende Bedeutung zukommt«, unterrichtete er die anderen Teilnehmer. »Darin liegt der entscheidende Grund, daß das schlesischen Buna-Werk nicht, wie ursprünglich geplant, bei Breslau, sondern in unmittelbarer Nachbarschaft zur schlesischen Kohle errichtet werden muß.« Kohle spielte auch eine wichtige Rolle bei dem für die Kriegsanstrengungen kritischen synthetischen Kraftstoff. Es war wissenschaftlich und finanziell sinnvoll, beide Anlagen nahe beieinander zu bauen. Ambros sagte voraus, diese beiden Werke wären nur der Anfang bedeutender neuer industrieller Entwicklungen in Oberschlesien. »Es ist vorauszusehen, daß aus diesen beiden Hauptästen mit ihren verschiedenen Vor-, Zwischen- und Nebenprodukten zwangsläufig neue Zweige der organischen Chemie wachsen werden, wie z.B. Kunststoffe, Harze, Lackbindemittel, Textilhilfsmittel usw. Gerade diese vielseitige Chemie bringt den Anstoß für die Entwicklung einer sekundären Industrie in Oberschlesien, die sich mit der Verarbeitung dieser synthetischen Grundstoffe zu Fertigartikeln befassen wird.«[33]

Ambros wandte sich dann den Problemen der Bauarbeit, des Einsatzes von Sklavenarbeit, der deutschen Arbeitskräfte und ihrer Bedürfnisse und dem Engagement der IG Farben im deutschen Osten zu. »Für die Bauzeit ist eine weitgehende Unterstützung durch das KZ-Lager Auschwitz auf Grund eines Befehles des Reichsführer SS in Aussicht gestellt«, versicherte er den Anwesenden. Viele Bauarbeiter würden aus Deutschland geholt werden. »Für die Unterbringung der Baubelegschaft werden, soweit nicht zum Teil die freigemachten Wohnungen in Auschwitz herangezogen werden können, große Barackenanlagen errichtet.« Der Konzernleitung sei klar, daß »eine großzügige Instandsetzung der Stadt Auschwitz, die Einrichtung von Schulen und Krankenhäusern ... unumgänglich notwendig« sei. Ambros äußerte sich ganz deutlich über den Umfang und die Bedeutung des Projektes. »Die IG Farbenindustrie hat mit dem Projekt Auschwitz einen Plan zu einer neuen Werksgründung größten Ausmaßes entworfen. Sie ist entschlossen, unter Einsatz ihrer besten Kräfte ein lebendiges Werk aufzubauen, das sich ebenso gestaltend auswirken wird wie die vielen Anlagen im Westen und Mitteldeutschland. Die IG Farbenindustrie erfüllt damit eine hohe Pflicht, auf ihre Weise mitzuwirken und alle Kräfte einzusetzen, daß diese Industriegründung zu einem festen Eckpfeiler wird für ein kräftiges, gesundes Deutschtum im Osten.«[34]

Ambros' Vortrag fand allgemeine Billigung, und mehrere Regierungsbeamte bekräftigten ihren Willen zur Förderung des Projektes. Das Problem der Arbeitskräfte und sein Verhältnis zu Himmlers Vision vom deutschen Osten im allgemeinen und seinen bevölkerungspolitischen Maßnahmen im besonderen blieb auf dem Tisch. Das Ziel der Teilnehmer war die Sicherstellung der Germanisierung von Oswiecim, der Stadt, welche die Deutschen stets Auschwitz genannt hatten. Der Vertreter des Reichsführers-SS brachte gute Kunde: Sämtliche Polen würden aus Auschwitz deportiert werden. »Das Ziel des Reichsführers geht dahin, hier ein Muster der Ostsiedlung zu errichten, wobei auch ein Hauptaugenmerk darauf gerichtet wird, daß besonders qualifizierte deutsche Menschen hier angesiedelt werden sollen.«[35] Oberingenieur Santo erinnerte alle daran, daß der Bau einer Siedlung für die Beschäftigten der IG Farben höchste Dringlichkeit hätte. Und der kürzlich ernannte Stadtarchitekt Stosberg präsentierte seinen Plan für ein 40000 Einwohner zählendes neues Auschwitz. Offenbar waren sie auf bestem Wege, ihre Ziele zu realisieren. Es war, wie der Vorsitzende abschließend bemerkte, »ein wichtiges Moment in der Erfüllung der volkspolitischen Aufgaben des Ostens«.[36]

Sobald die symbiotische Beziehung zwischen SS und IG Farben gesichert war, gerieten die Kommandantur Auschwitz und die SS-Führung in Berlin außer Rand und Band. Die Macht hatten sie schon; jetzt glaubten sie, auch die Ressourcen zu haben, um ihr Reich nach Wunsch ausbauen zu können. In Berlin entwarfen die Architekten des Amtes II im SS-Hauptamt Haushalt und Bauten einen Bebauungsplan für die Erweiterung, der ein Lager für 30000 Häftlinge mit einer großen Kommandantur, landwirtschaftlichen Projekten, einem Privatbahnhof der SS, einem SS-eigenen Industrieunternehmen, einer SS-Siedlung usw. umfaßte.[37] (Siehe Tafel 6) Am 13. und 14. Juni diskutierte Höß diese Pläne in Berlin mit dem neuen Chef des Amtes II, Hans Kammler, einem Freikorpsveteranen, »Altem Kämpfer« und etablierten Architekten der Luftwaffe.[38] Kammler befahl die Fertigstellung der bereits begonnenen Arbeiten und den sofortigen Bau von 30 neuen zweigeschossigen Häftlingsbauten, einer Entlausungsanlage, einer Wäscherei, von Garagen für die Kommandantur, Wohngebäuden für den Stab der Kommandantur und für Offiziere, eines Lagers für zivile Beschäftigte der Baufirmen, eines Drainage- und Abwassersystems, einer Trinkwasserversorgung, von Straßen sowie neuer Büros für die sogenannte Neubauabteilung, welcher der Entwurf und

Dieser Holzschnitt spiegelt den Beitrag von Wissenschaft und Technik zu den deutschen Kriegsanstrengungen wider. *Illustrierte Zeitung*, Nr. 4956 (1940).

die Ausführungsplanung aller Neubauten oblag.[39] Entwürfe für diese Bauten lagen nicht vor, und niemand wußte, wieviel die Erweiterung kosten würde. Trotz wiederholter Aufforderungen aus Berlin kam die Auschwitzer Neubauabteilung nur langsam voran. Schlachter brauchte zwei Monate, um einen Teilvoranschlag einzureichen, dem nur fünf Pläne und eine einzige Erläuterung des Gesamtprojekts beilag.[40] Weder der Voranschlag noch die Unterlagen blieben erhalten; in Berlin machten sie offensichtlich keinen Eindruck. Wie Höß sich später erinnerte, war Schlachter »zwar ein guter Kerl«, aber »es fehlte ihm jede Großzügigkeit«.[41]

In der Erkenntnis, daß Schlachter seiner Aufgabe nicht gewachsen war, forderte Kammler für den Posten des Bauleiters Karl Bischoff an, einen seiner Untergebenen bei der Luftwaffe. Während der Schlacht um England hatte Bischoff in Nordfrankreich Flugplätze gebaut und sich dort einen Ruf als Krisenbewältiger erworben. Nach Auskunft von Höß war er ein »zäher, sturer und eigensinniger Baufachmann. Er sah alles nur vom Standpunkt des Baufachmanns.« Er hatte wenig Sinn für die ästhetische Seite der Architektur, und während seiner

Der erste Bebauungsplan für Auschwitz, Juni 1941.
In der Mitte das Stammlager mit den Unterkünften der
früheren Arbeitsbörse (1), einem großen Appellplatz,
flankiert von einem Eingangspavillon (2), einem
Aufnahmegebäude (3), der Lagerküche (4) und einem
Lagerhaus für die Habe der Gefangenen (5).
Längs der Straße zum Bahnhof die Lagererweiterung
mit 32 Unterkunftsgebäuden (6), einem Lagerkrankenhaus (7), einem Lagergefängnis (8) und
einem Krematorium (9). Nordöstlich des Lagers
die Unterkünfte für ledige SS-Männer (10) und
eine Siedlung für verheiratete SS-Angehörige (11).
Südwestlich des Lagers die Büros des Kommandanten
(12), das Heizwerk (13) und Werkstätten (14).
(Anmerkung: Diese axonometrische Zeichnung
beruht auf der exakten Vermessung der Längen und
Winkel auf der Originalzeichnung. Siehe Tafel 6.)

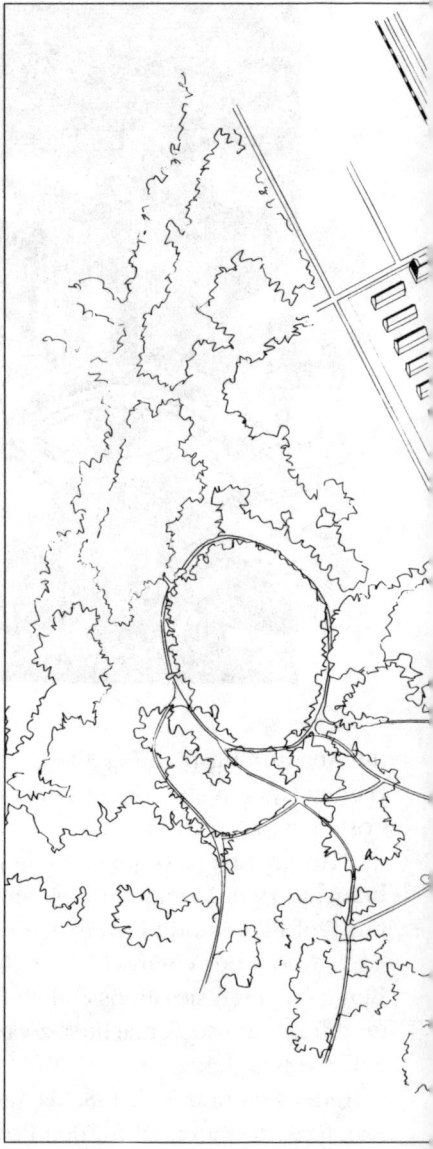

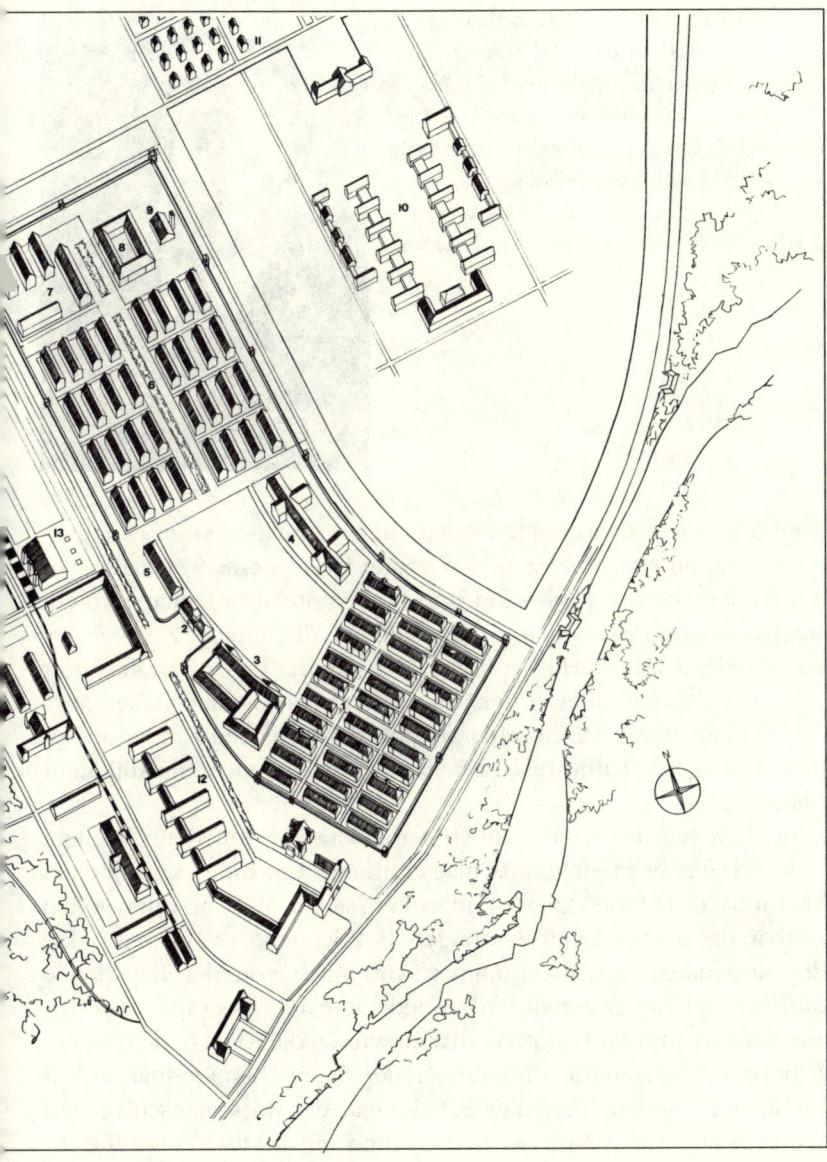

Karl Bischoff. Nach dem Krieg erinnerte sich Höß,
Bischoff »war dauernd im Krieg mit allen...
Ein großer Teil am Nicht- Vorwärtskommen der
Bauvorhaben schrieb er der mangelhaften Arbeit
der Häftlinge zu, um einen Grund zu haben für das
Nicht-Einhalten der gestellten Termine. – Was in
seinen Kräften stand, hat er für Auschwitz getan,
kein anderer hätte mehr erreichen können.«

Amtszeit in Auschwitz sollte er sich auf die gestalterischen Fähigkeiten seines direkten Untergebenen Walter Dejaco, einen Zivilarchitek-
ten namens Georg Werkmann und den Stadtplaner Lothar Hartjenstein verlassen. Aber Bischoff hatte Talente, die in einer Zeit der Not
entscheidend waren. Höß erinnerte sich: »In der Organisation war er
groß, noch größer aber in der Beschaffung von Baumaterialien aller
Art. Was im Bereich Deutschlands und der besetzten Länder aufzu-
treiben war, beschaffte Bischoff. Ständig hatte er mehrere Aufkäufer
unterwegs.«[42]

Bischoff traf am 1. Oktober in Auschwitz ein. Innerhalb weniger
Wochen hatte er einen Voranschlag erarbeitet: Er würde 13,6 Millionen
RM für die erste Projektphase und weitere sieben Millionen zum vollen
Ausbau des ganzen Lagers benötigen. Bezeichnenderweise vermerkte
der Kostenanschlag, »Kennummer wird noch von der Bauchemie
durch die IG Farben erteilt«[43]; dies bedeutete, daß das Lager Material-
zuteilungen aus den Vorräten erhalten würde, die Krauch, dem Gene-
ralbevollmächtigten für Sonderfragen der chemischen Produktion, zur
Verfügung standen. Kammler genehmigte den Kostenanschlag und
sandte eine Durchschrift an Krauch, den die Lektüre verblüffte. Er
sprach mit Ambros, der wiederum das Problem bei der Baubesprechung am 18. November anschnitt, wobei er ironisch anmerkte: »Die
Führung des Konzentrationslagers hat von der Zusicherung, Unterstützung in der Beschaffung von Baumaterialien für den Ausbau weitgehend Gebrauch gemacht und ein Programm mit einem Bauvolumen
von 7 Millionen vorgesehen. In diesem Umfang kann der Gebechem

[Generalbevollmächtigte] keine Unterstützung geben.«[44] Einige Wochen später besuchten Dürrfeld und Faust das Lager und sagten Höß, daß solche Forderungen »unter den heutigen Umständen nicht diskutabel seien«; tatsächlich kam jeder Betrag, der zwei Millionen RM überstieg, überhaupt nicht in Frage. Die Lagerbauleitung müsse »ihre Forderung entsprechend (...) reduzieren«. Die Kommandantur solle daran denken, daß Krieg sei, ermahnten sie Höß. Das gute Verhältnis blieb ungetrübt. »Die Herren des KL zeigten Verständnis für die derzeitige Lage der Dinge«.[45]

Als Antwort auf die Weigerung der IG Farben, ein 20,6-Millionen-Projekt zu fördern, schlug Bischoff zwei Pläne vor. Der erste, auf 2,02 Millionen RM veranschlagte, hieß »Prov. Ausbau des Konzentrationslagers Auschwitz O/S« und sollte mit Material aus IG Farben-Lieferungen realisiert werden.[46] Sein Hauptzweck war, dem Konzern gegenüber Verantwortungsbewußtsein zu beweisen. Der zweite Plan, »Bauvorhaben Konzentrationslager Auschwitz O/S«, mit 20,6 Millionen RM veranschlagt, war Bischoffs eigentliches Programm.[47] Die Kosten des landwirtschaftlichen Betriebs wurden gesondert auf etwa 3,5 Millionen RM berechnet. Das Bauprojekt Auschwitz war das gemeinsame Werk der SS-Entwurfsbüros in Auschwitz und Berlin. Im Februar 1942 fertiggestellt, unterschied sich Bischoffs neuer Bebauungsplan von dem Entwurf aus dem vergangenen Juni.[48] (Siehe Tafel 7) Das Schutzhaftlager wurde beträchtlich vergrößert; statt 65 doppelgeschossigen Häftlingsbauten sollte es 76 erhalten, ferner fünf verbundene Werkstätten, eine geräumigere Eingangshalle, eine Entlausungsanlage, ein Lagerkrankenhaus und ein Lagergefängnis. Das Krematorium wurde von seinem Standort in dem Juni-Plan auf der Nordseite der Lagererweiterung zur Südostseite des Lagers neben das vorhandene Krematorium verlegt und gleichfalls vergrößert. Bezeichnend genug, wird aus dem Februar-Plan deutlich, daß die Architekten nicht mehr nur für das Lager Entwürfe fertigten. Ganz offenbar mit längerem Aufenthalt rechnend, bezogen sie sich selbst in den Plan ein: Er zeigt ihre eigene Wohnsiedlung nebst einem privaten Garten.

Bis Februar 1942 hatten viele der Gebäude in Bischoffs Bebauungsplan in engem Benehmen mit Berlin ein fortgeschrittenes Stadium der Ausführungsplanung erreicht. Hinsichtlich ihrer allgemeinen Anordnung folgten diese Bauten Richtlinien von Kammler. Sein Büro hatte 25 maschinengeschriebene Seiten mit expliziten Vorgaben für den Entwurf der Bauten eines Muster-Konzentrationslagers für 5000 Häft-

Der zweite Bebauungsplan für Auschwitz, Februar 1942.
In der Mitte das Stammlager mit den Baracken der
früheren Arbeitsbörse (1), einem großen Appellplatz,
flankiert von einem Eingangspavillon (2), einem
Häftlingsaufnahmegebäude (3), der Lagerküche (4)
und einem Lagerhaus für die Effekten der Häftlinge (5).
An der Straße zum Bahnhof die Lagererweiterung mit
Unterkünften (6), einem Lagerkrankenhaus (7),
einem Lagergefängnis (8). Südwestlich des Lagers
die Büros des Kommandanten (9), das Heizwerk (10)
und Werkstätten (11). Ein wichtiges neues Element
ist das große Krematorium (12) am Ostrand des
ursprünglichen Lagers. Dies ist die im Herbst 1941
geplante Anlage mit fünf Dreimuffelöfen,
die, schließlich in Birkenau errichtet, als
Krematorium II bekannt wurde.
(Anmerkung: Diese axonometrische Zeichnung
beruht auf der exakten Vermessung der Längen und
Winkel auf der Originalzeichnung. Siehe Tafel 7.)

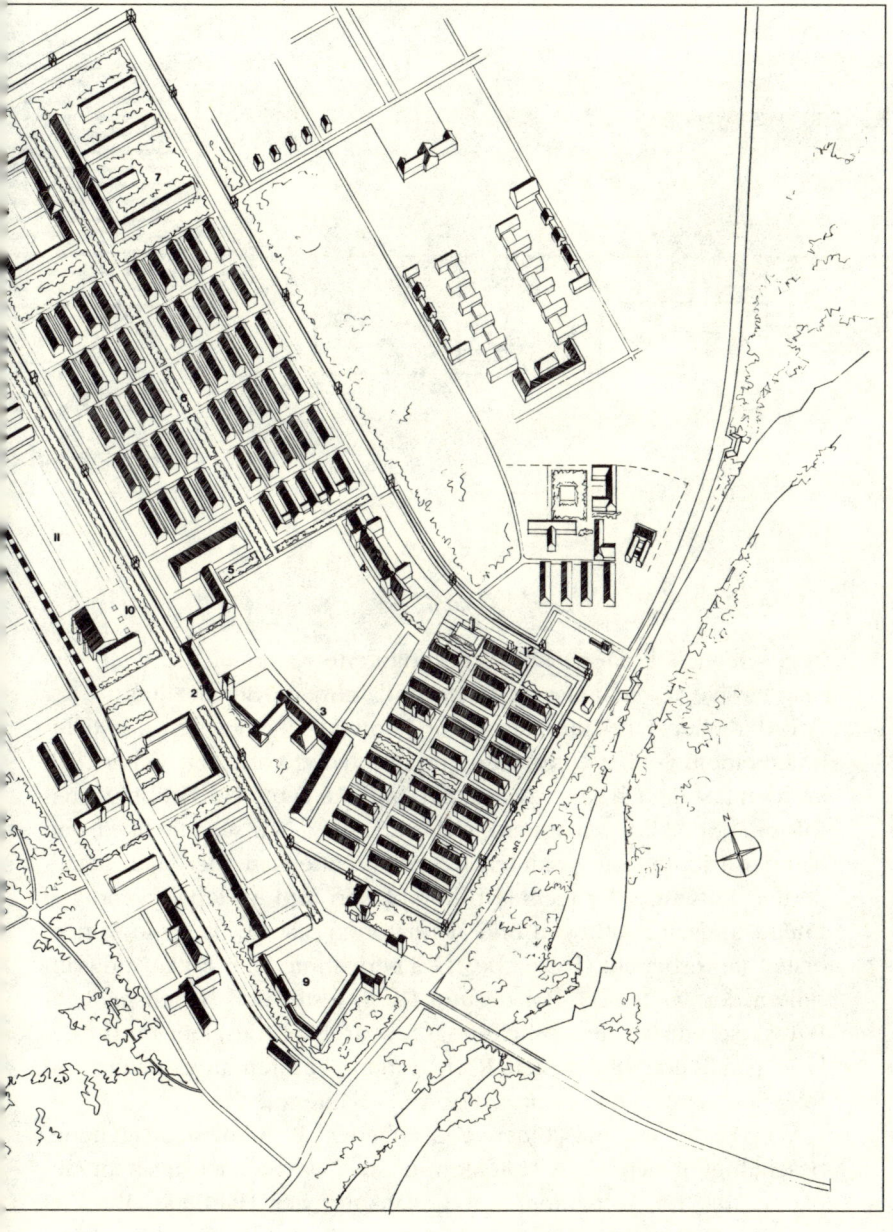

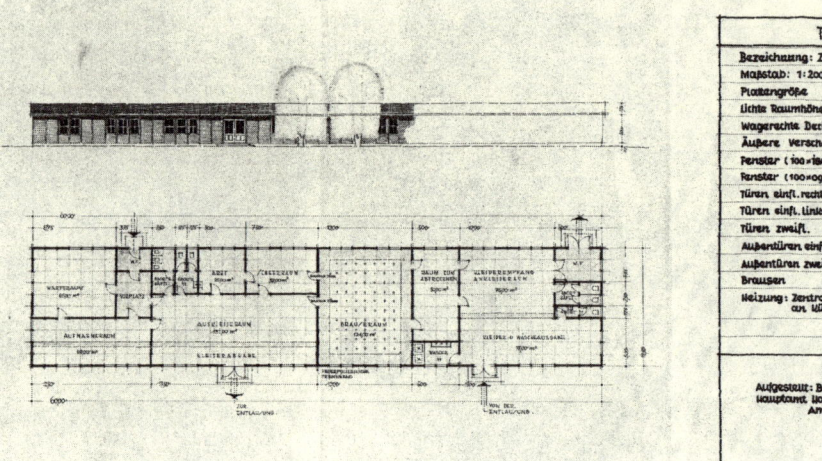

linge entwickelt. Diese Entwürfe, erläuterte Kammler, sicherten »die planmäßige, zweckentsprechende und schnelle Bereitstellung« der erforderlichen Einrichtungen.[49] Für Kammler entsprachen die Richtlinien einem völlig vertretbaren und rationalen Vorgehen. Schließlich wurden fast täglich Lager gegründet, und die Leute vor Ort brauchten Information.[50] Zur Maximierung der Effizienz, Wirtschaftlichkeit und Standardisierung im gesamten KZ-Reich hatte Kammler auch detaillierte Entwürfe der technisch komplexen und kostenaufwendigen Entlausungseinrichtungen und Krematorien erstellt, die er in seinem ersten Jahresbericht (Dezember 1941) erwähnte. »Für Entlausungsanstalten der Waffen-SS, Polizei und KL in fester und behelfsmäßiger Bauweise wurden Richtzeichnungen bearbeitet, desgleichen für die behelfsmäßigen und festen Krematorien, Verbrennungsstätten und Exekutionsanlagen verschiedener Art«, erläuterte er.[51]

Von Kammlers maschinengeschriebenen Richtlinien ausgehend, beschäftigten sich die Architekten in Auschwitz zuerst mit dem Gebäude für die Aufnahme und Entlausung der Häftlinge. Ihr Ziel war, die Ausbreitung der in Auschwitz grassierenden Krankheiten zu verhindern. Das Lager war überfüllt, der hygienische Zustand miserabel, und die Häftlinge waren schlecht ernährt, schlecht gekleidet und unzureichend beschuht. Ruhr, Typhus und Fleckfieber wüteten unter

Typenblatt. Entwurf einer Häftlingsaufnahme- und Entlausungsanlage für ein Lager mit 5000
Gefangenen. Dieses Typenblatt für Häftlingsbarracken vom Typ 2a ist eines der 25 Typenblätter, die
Hans Kammler im Herbst 1941 zur Standardisierung der Planung von Konzentrationslagern
herausgab. Die Häftlinge treten oben links ein (Pfeil), gelangen durch einen kleinen Vorraum
in einen Warteraum und weiter in einen Aufnahmeraum und einen Auskleideraum. Dort übergeben
sie ihre Kleidung Bediensteten, die sie durch eine überdachte Galerie (siehe Abbildung unten) zu
den mit Zyklon B betriebenen Entlausungskammern bringen. Die nackten Gefangenen gehen weiter
zum Arzt, in den Scherraum und den Brauseraum, der die »unreine« Seite von der »reinen Seite«
trennt. Nach dem Brausebad gelangen die Gefangenen in einen Raum zum Abtrocknen und
schließlich zum Kleiderempfang/Ankleideraum, wo sie ihre entlausten Kleider zurückbekommen
oder Häftlingskleidung erhalten.

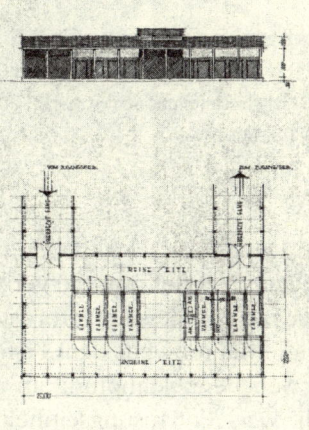

Typenblatt. Entwurf von Entlausungsgaskammern für ein Lager mit 5000 Häftlingen. Der
offene Pavillon mit den Entlausungskammern ist durch zwei Galerien mit der in der vorigen
Abbildung dargestellten Häftlingsaufnahme- und Entlausungseinrichtung verbunden. Die acht
Gaskammern werden auf der »unreinen« Seite gefüllt und auf der »reinen« Seite entleert,
wonach die Gefangenen im Ankleideraum (siehe Abbildung auf der Gegenseite) ihre Kleidung
zurückerhalten.

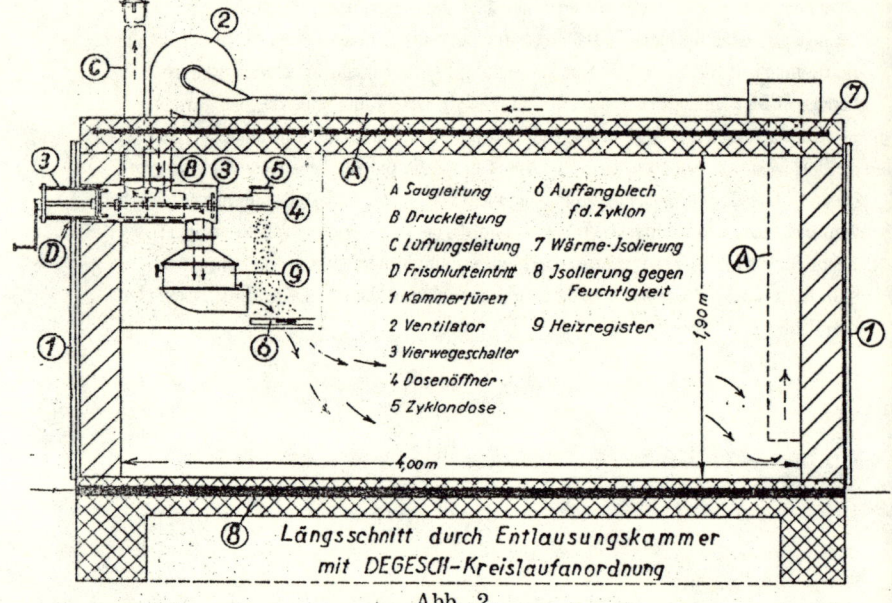

A Saugleitung   6 Auffangblech
B Druckleitung   f.d. Zyklon
C Lüftungsleitung   7 Wärme-Jsolierung
D Frischlufteintritt   8 Jsolierung gegen
1 Kammertüren   Feuchtigkeit
2 Ventilator   9 Heizregister
3 Vierwegeschalter
4 Dosenöffner
5 Zyklondose

⑧ Längsschnitt durch Entlausungskammer
mit DEGESCH-Kreislaufanordnung

Abb. 2.

Längsschnitt durch eine Entlausungskammer mit Kreislaufeinrichtung
(Vergl. Beschreibung der Arbeitsweise im Text)

Konstruktion einer mit Zyklon B betriebenen Entlausungskammer der Firma Degesch.

Die Zyklon-B-Dose (5) wird mittels eines Schalters (3) geöffnet, der mit einem Dosenöffner (4) verbunden ist; die Zyklon-B-Kristalle fallen auf ein Auffangblech (6) und werden zwecks schnellerer Verdampfung mit einem Heißluftgebläse (9) erhitzt.

den Häftlingen und bedrohten die Deutschen. Fleckfieber, das, von Läusen übertragen, Menschen und Ratten befiel, war die verheerendste der drei Krankheiten und daher die am meisten gefürchtete. Die Deutschen hatten auf diesem Gebiet Erfahrung aus dem Ersten Weltkrieg, hatten sie doch damals zur Seuchenbekämpfung an der Ostfront, wo Fleckfieber endemisch war, Entlausungseinheiten entwickelt. Die Soldaten wurden gebadet, ihre Kleidung in mobilen Anlagen durch Ausräuchern entlaust. Doch das Ungeziefer war überall: Gebäude, Matratzen, Sofas und Stühle wurden befallen. Der Technische Ausschuß für Schädlingsbekämpfung des Reichskriegsministeriums gründete zur Befassung mit dem Problem 1917 die Deutsche Gesellschaft für Schädlingsbekämpfung.[52] Eines der wirksamsten und verbreitetsten Desinfektionsmittel war die hochgiftige Blausäure oder

Zyanwasserstoffsäure. In Kieselgur aufgesaugt und in luftdicht verschlossenen Kanistern verpackt, kam sie unter dem Warenzeichen Zyklon in zwei Formen in den Handel, von denen die eine, Zyklon A, als Warnstoff eine Ameisensäureverbindung, die andere, Zyklon B, eine Blausäureverbindung enthielt. Zyklon B diente gemeinhin zum Ausräuchern läusebefallener Bauten, die zuvor abgedichtet wurden und erst nach 20stündiger Belüftung wieder zugänglich waren. Selbst danach müßten, so warnte die Gebrauchsanweisung, »Matratzen, Strohsäcke, Kissen, Polstermöbel und ähnliche Gegenstände mindestens eine Stunde lang im Freien ausgeschüttelt und gelüftet werden«.[53]

Nach Auschwitz gelangte Zyklon B erstmals im Juli 1940, als es zum Ausräuchern der Polen-Baracken benutzt wurde, die, so Höß, »von Ungeziefer« wimmelten.[54] Später in jenem Jahr schuf Schlachter primitive Gaskammern in Block 26 und einige Monate danach in Block 3 zum Ausräuchern von Gefangenenkleidung; vorhandene Räume wurden abgedichtet, und es wurden leistungsstarke Lüfter eingebaut. Der polnische Häftling Andrzej Rablin bediente die Anlage in Block 3.

Wir bekamen das Zyklon B von dem Kapo Mau, einem Deutschen, der als einziger den Schlüssel zum Lager hatte. Bezucha, ein anderer Häftling, und ich besorgten das Begasen. Wir setzten unsere Gasmasken auf und betraten den Raum nackt oder in Unterhosen. Das taten wir wegen der Läuse. In den Kleidern waren sehr viele Läuse. Manchmal dauerte es ganze zwei Tage, die Gaskammer mit Kleidung zu füllen. Die Läuse fielen auf den Fußboden und bildeten unter den Kleidern eine Schicht von etwa 50 cm Durchmesser. Wenn wir hineingingen, um das Gas zu verteilen, sprangen die Läuse uns an, und ihre Schicht verschwand sehr rasch … Nach dem Ausstreuen der Kristalle gingen wir hinaus, verschlossen die Tür und klebten Papierstreifen über die Ritzen. Vierundzwanzig Stunden später setzten wir wieder unsere Gasmasken auf, die Ablüfter wurden eingeschaltet, und [wir gingen hinein und] wir öffneten die Fenster. Es wurde zwei Stunden lang durchgelüftet.[55]

So wirksam das Verfahren auch war, hielt die Lagerleitung es doch für ärgerlich ineffizient. Die Vernichtung der Läuse benötigte zu viel Zyklon B und zu lange Zeit. Die Degesch-Techniker behandelten dieses Problem in einem Artikel, den sie im Juli 1941 an die Bauleitung sandten. Sie empfahlen die Installation von vielen kleinen beheizbaren Gaskammern für den Gebrauch von Zyklon B in der normalen 200-

Der Mittelflügel des Häftlingsaufnahmegebäudes im Stammlager. Zwischen die Wäscherei (links) und die Bäder (rechts) eingefügt, beherbergt der Mittelflügel die Häftlingsaufnahmeeinrichtungen und einen Pavillon mit 19 Entlausungskammern. Die Zeichnung ist eine in großen Maßstab übersetzte Version des von Hans Kammler im Herbst 1941 erstellten Typenblattes H2a. Die Gefangenen treten rechts ein (1) und gelangen durch einen kleinen Vorraum in einen Warteraum (2), von dort in einen Aufnahmeraum (3) und weiter in einen Auskleideraum (4). Sie übergeben ihre Kleidung Bediensteten, die sie durch eine überdachte Galerie zu der »unreinen Seite« der 19 Zyklon-B-Entlausungskammern (5) transportieren. Die nackten Gefangenen gehen zum Arzt (6), in den Scherraum (7) und in den Duschraum (8). Nach dem Brausebad gelangen die Häftlinge in einen Raum zum Abtrocknen (9) und schließlich in den Ankleideraum (10), wo sie aus Lagerräumen (12) mit Sträflingskleidung versehen werden oder ihre auf der »reinen« Seite (11) der Entlausungsbaracke angelangte eigene Kleidung zurückerhalten. Sie verlassen das Gebäude bei 13.

Gramm-Dose. Die Erwärmung der Kammer auf über 30° Celsius trüge dazu bei, das Gas rascher und vollständiger freizusetzen, und verkürze die zur Läusevernichtung erforderliche Begasungszeit auf eine Stunde. Ein modernes Lüftungssystem garantiere nicht nur die schnelle Durchgasung aller Kleidungsstücke, sondern erlaube auch, die Kleidung 15 Minuten nach der Behandlung ohne Gefahr wieder zu tragen.[56] Während dieser 75minütigen Prozedur könnten auch die Eigentümer der befallenen Kleidung entlaust werden: Ihr Haupt- und Körperhaar könnte indessen abrasiert werden, danach könnten sie duschen.

Wenige Wochen vor dem Eingang des Degesch-Sonderdruckes hatte Kammler an Höß Weisung ergehen lassen, Vorbereitungen für den Bau des Häftlingsaufnahmegebäudes zu treffen, das Einrichtungen für die Anmeldung, das Entlausen und Baden sowie eine Wäscherei umfassen sollte.[57] Angesichts vorgesehener Kosten von 2,7 Millionen RM ist es nicht überraschend, daß nach Dürrfelds und Fausts Besuch im Lager im Dezember 1941 das Projekt zeitweise fallengelassen wurde und es nicht in Bischoffs Ansatz von 2,02 Millionen RM für die »Prov. Ausbau des Konzentrationslagers Auschwitz O/S« auftauchte.[58] Es sollte an der Südwestseite des bestehenden Lagers zwischen dem neuen Appellplatz und der Straße zum Bahnhof errichtet werden. Sein Grundriß glich einem E, dessen einzelne Arme

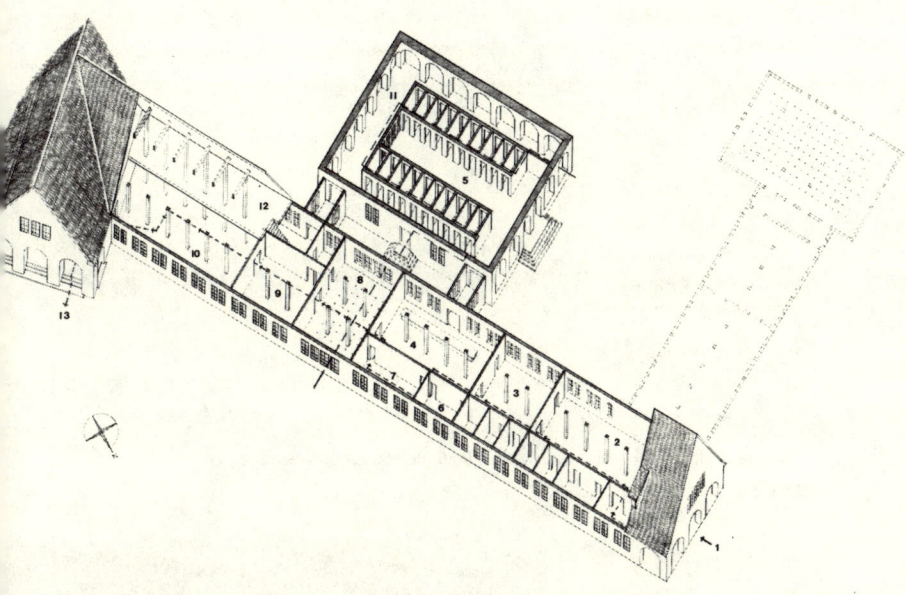

die Wäscherei, die Entlausungskammern und die Bäder enthielten, während der Verbindungsflügel dem »Empfang« vorbehalten war (siehe Tafel 8). Dies erlaubte die etappenweise Errichtung und im fertigen Zustand »Fließbandbetrieb«, wie der Erläuterungsbericht betonte.[59]

Das Häftlingsaufnahmegebäude war in Bischoffs allzu ehrgeizigen Plan einer der wenigen Entwürfe, die realisiert wurden. Im Sommer 1942 brach in Auschwitz-Birkenau eine heftige Fleckfieberepidemie aus, und das gesamte verlauste Lager – Baracken, Büros und Werkstätten – mußten mit Tonnen von Zyklon B ausgeräuchert werden. Vom Wert besserer Prophylaxe überzeugt, erteilte Kammler schließlich Bischoff die Baugenehmigung. Dennoch ging es nur langsam voran; als die Anlage endlich voll betriebsfähig war, hatte die in die Kriegszeit fallende Geschichte des Lagers fast ihr Ende erreicht.[60]

Doch weiterhin trafen Häftlinge ein. Sie wurden in weniger perfekt konstruierten, aber ähnlich angelegten Aufnahmeeinrichtungen »bearbeitet«. Und während jene Bauten nur unwesentlich zur Niederhaltung der Läusezahl beigetragen haben mögen, trugen sie enorm dazu bei, die Moral der Häftlinge niederzudrücken. »Ich fror und war verwirrt«, erinnert sich Sherry Weiss-Rosenfeld. »Die Vorahnung war unbeschreiblich; es war ein Gefühl völliger Verzweiflung. Niemals in

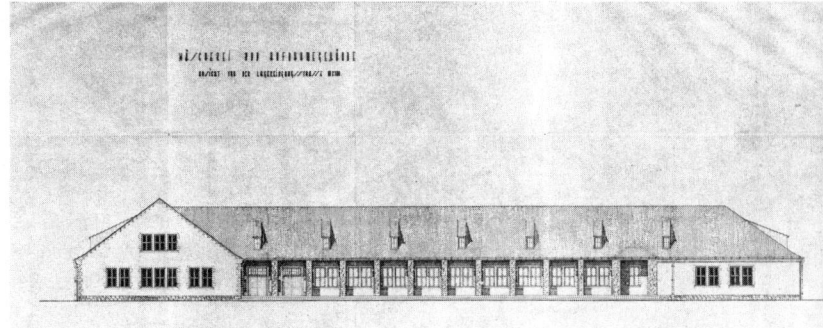

Frühe Skizze mit Ansicht des Eingangs zum Aufnahmegebäude des Stammlagers, 1942.
Architekt Walther Dejaco.

Die Duschen der »Zentralen Sauna« in Birkenau, 1944. Die Häftlinge kurz vor dem Betreten
des Trockenraumes (siehe die Aufschrift über dem Durchgang im Hintergrund).

meinem ganzen Leben hatte ich so ein Gefühl. Ich sah, in welch verzweifelter Lage wir waren. Und ich sagte mir: Selbst wenn mir plötzlich Flügel wüchsen, könne ich nicht von hier davonfliegen.«[61] »Wir erhielten Befehl, uns zu entkleiden, all unsere Sachen liegen zu lassen, und uns zu entkleiden«, erklärte Hannah Kent-Sztarkman. Sie duschten. »Dann wurde unser Haar abrasiert. Wir sahen uns an und erkannten uns nicht. Ein Kleid wurde uns zugeworfen, keine Unterwäsche, nichts, nur ein Kleid und Schuhe. Und dann wurden wir tätowiert.«[62] Alexander Ehrmann, aus der Tschechoslowakei gebürtig und zu jener Zeit 18 Jahre alt, erinnerte sich später, wie wichtig diese Kennummer war. »Man sagte uns: ›Vergiß deinen Namen. Ab jetzt bist du eine Nummer, nichts weiter, denk daran. Dein Name ist nicht wichtig.‹«[63] Auf Mania Salinger-Tenenbaum, nach fast zweijährigem Aufenthalt im Sklavenarbeitslager Pionki nach Auschwitz deportiert, machte das »Empfangsritual« einen vernichtenden Eindruck. Durch ihre früheren Erlebnisse ungebrochen, hatte sie am Ende jenes Dramas, in dem Zimmer um Zimmer und Schritt für Schritt die Verwandlung des Menschen zum Untermenschen dargestellt wurde, ihr Optimismus verlassen: »Als mein Kopf geschoren war und ich in Sträflingskleidung dastand und mein Arm tätowiert wurde und sie meine Kleider und Schuhe wegnahmen, fühlte ich mich einfach nicht mehr als lebendes Wesen. Ich machte kehrt und ging geradewegs auf den Elektrozaun zu. Ich begann, zum Zaun zu rennen. Ich hatte das Gefühl, ich würde ohnehin sterben. Ich war so gedemütigt. An jenem Punkt fühlte ich, daß ich kein menschliches Wesen mehr war. Meine Schwester sah mich. Sie begann zu schreien, und einige Leute rannten mir nach und schleppten mich zurück. Und all mein Optimismus und meine Stärke hatten mich völlig verlassen.«[64]

Während das Häftlingsaufnahmegebäude entworfen, genehmigt und gebaut wurde und Häftlinge weiterhin in sogar noch größerer Zahl ankamen, planten die Architekten der Bauleitung in Auschwitz und in den Berliner SS-Büros ein monumentales, fünf Abteilungen umfassendes Hauptquartier, von wo aus der Kommandant das Lager leiten würde und wo er Besucher empfangen könnte. Auf nicht weniger als 3,3 Millionen RM veranschlagt[65], wurde die Kommandantur nie gebaut, aber allein die Entwürfe sind aufschlußreich. Sie zeugen von den hochfliegenden Plänen der SS, ihrer zuversichtlichen Erwartung immenser Unterstützung durch die IG Farben und ihrer gleichermaßen zuversichtlichen Erwartung großen Reichtums, der ihnen aus

Der dritte und letzte Bebauungsplan für Auschwitz, Sommer 1942. In der Mitte das Stammlager mit den Unterkünften der früheren Arbeitsbörse (1), einem großen Appellplatz, flankiert von einem Eingangspavillon und einem Turmgebäude mit den Büros des Lagerführers (2), einem Häftlingsaufnahmegebäude (3), der Lagerküche (4) und Werkstätten (5). An der Straße zum Bahnhof die Lagererweiterung mit Unterkünften (6), einem Lagerkrankenhaus (7) und einem Lagergefängnis (8). Südwestlich des Lagers die Büros des Kommandanten (9), Wohnungen für Himmler und höhere SS-Führer (10), Unterkünfte für SS-Unterführer (11), das Heizwerk (12) und Werkstätten (13). Das auf dem zweiten Bebauungsplan am Ostrand des ursprünglichen Lagers gelegene große Krematorium wurde nach Birkenau verlegt. (Anmerkung: Diese axonometrische Zeichnung beruht auf der exakten Vermessung der Längen und Winkel auf der Original- zeichnung. Siehe Tafel 11.)

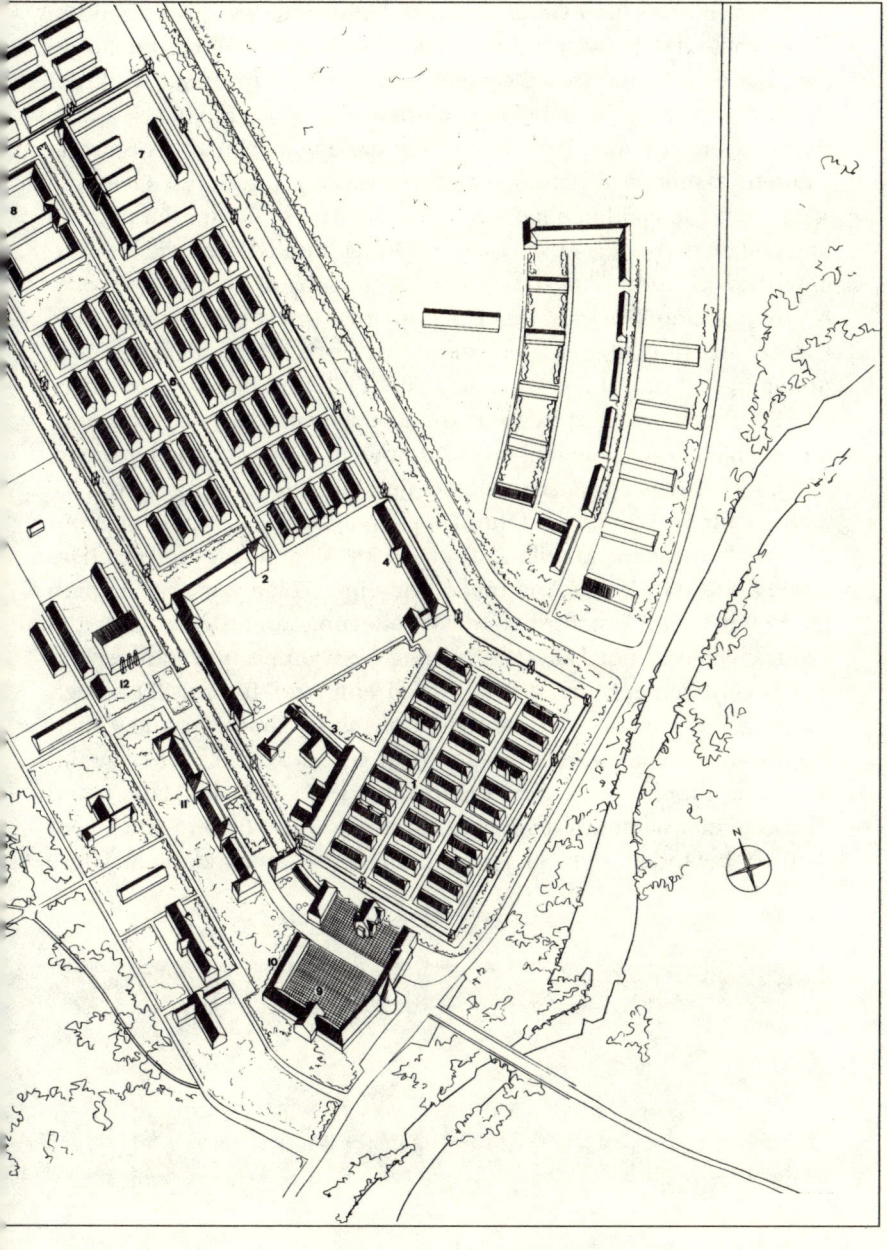

der Sklavenarbeit ihrer Gefangenen zufließen würde. Bezeichnenderweise sollte das Verwaltungsgebäude auf die große Straße hinausgehen, die vom Lager über die neue Sola-Brücke zum Buna-Werk der IG Farben in Monowitz gebaut worden war. Von einem kolossalen fünfbogigen Tor markiert, sollte dies der Eingang nach Auschwitz werden. Damit war die Ausrichtung des Lager um 180 Grad geschwenkt: Die Häftlinge kamen durch die »Hintertür« am Bahnhof an und sollten zwischen Auschwitz und Buna-Werke durch die »Vordertür« pendeln. Jene »Tür«, das Tor, blieb ungebaut, aber die Neuausrichtung schlug Wurzeln. Das Hauptquartier selbst bestand (auf dem Papier) aus fünf Abteilungen, die einen großen Hof umgaben. Die Abteilungen I und II lagen parallel zum Fluß und bildeten die offizielle Eingangsfassade zum gesamten Konzentrationslager. Rechts des fünfbogigen Tores gelegen, umfaßte Abteilung I Wohnräume für eine 75köpfige Wachtruppe, zehn Melder und fünf Streifengänger, eine Totenhalle für SS-Männer und ihre Familien und eine Doppelgarage für den Leichenwagen. Abteilung II erstreckte sich links des Tores. Das Erdgeschoß wurde eingenommen von einer Folge von 25 Zimmern für die mit der Unterbringung, Verpflegung und Bekleidung der Mannschaft und der Häftlinge befaßte Verwaltung und Räumen für den Lageringenieur, der, wie Höß sich erinnerte, für die Wasserversorgung des Lagers, seine Kanalisation und Kläranlage, die Feuerwehr und die »Sicherheitseinrichtungen wie elektr. geladenes Drahthindernis, Innen- und Außenbeleuchtung des Lagers, der Mauern und Zäune, Scheinwerfer und Sirenen« zuständig war.[66] In dem Stockwerk darüber befanden sich 36 Zimmer für den Kommandanten. Diese

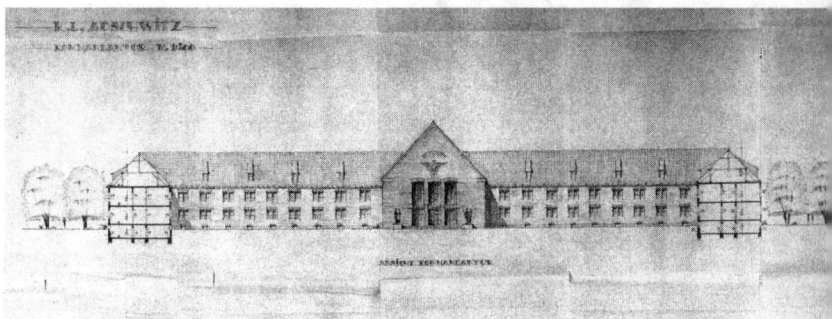

Ansicht des Hofes der projektierten Kommandantur. Architekt Georg Werkmann. In der Mitte der Haupteingang zur Kommandantur mit der großen Festhalle.

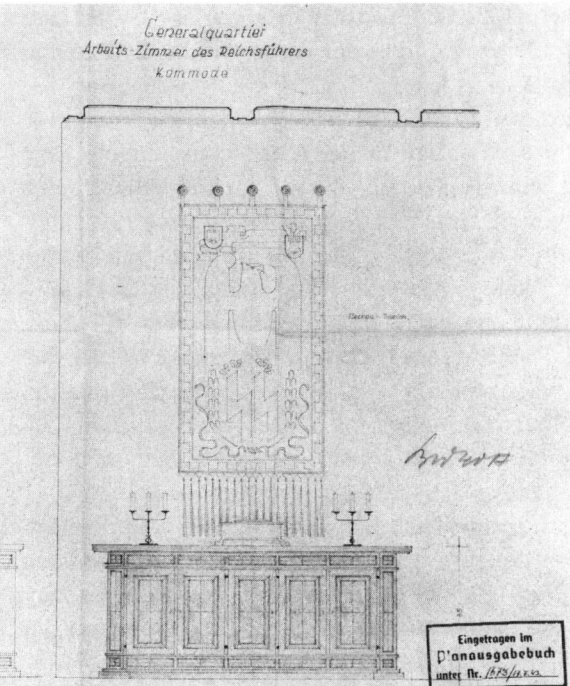

Entwurf eines Wandbehangs
für Himmlers Arbeitszimmer
in Auschwitz.

Die große Halle der
Kommandantur.

Suite umfaßte einen geräumigen Turmsaal, von wo er Ausblick auf den Verkehr am Haupteingang und in der Ferne auf die Schlote und Karbidtürme des Buna-Werkes hatte.

Abteilung III sollte die Südseite des Hofes einnehmen. Eine große Feierhalle für festliche Anlässe lag in der Mitte jenes Flügels. Eine Post- und Telexstelle, eine Bibliothek, Räume für die NSDAP-Orts-gruppe, eine Flucht von 18 Zimmern für die Verwaltung des Land-wirtschaftsbetriebs und 19 Räume für die Lagerfunkzentrale waren ebenfalls vorgesehen. Interessant ist die Feststellung, daß im Gegen-satz zu den 50 Quadratmetern, die Kammlers Richtlinien für diese Funktion vorsahen, die Suite in Auschwitz siebenmal so groß war. Die Abteilung IV, ebenso wie Abteilung V auf der Westseite des Hofes ge-legen, umfaßte SS-Führerwohnungen mit Wohn- und Schlafzimmer, Bad und Diele sowie eine sehr geräumige Suite mit speziell entworfe-nen Möbeln für Himmler.

Abteilung V, die von dem zusammenhängenden Komplex der an-deren vier Abteilungen getrennt war, sollte die beiden Inspektionen aufnehmen, welche die Lagerverwaltung und die Tätigkeit des zen-tralen Architekturbüros beaufsichtigten. Der Trennung zwischen der

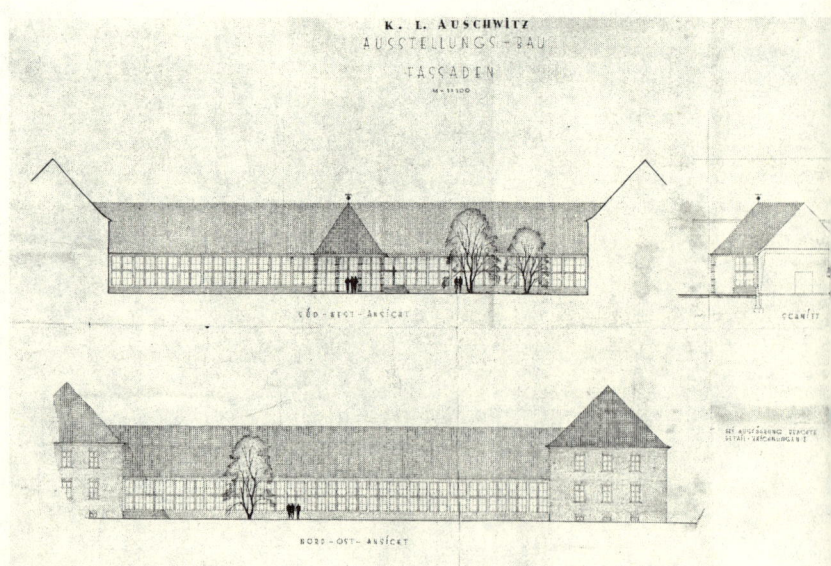

Entwurf des Ausstellungspavillons der Kommandantur.

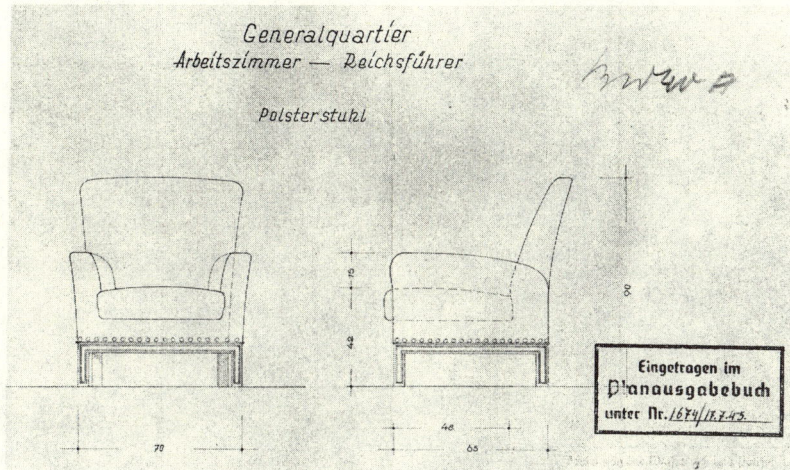

Entwurf eines Sessels für Himmlers Arbeitszimmer in Auschwitz.

von Abteilung I und Abteilung IV flankierten Nordseite des Hofes und dem Schutzhaftlager diente eine Baumgruppe und das vorhandene Theatergebäude, das in ein SS-Kasino umgewandelt werden sollte (und in den späten achtziger Jahren ein Karmeliterkloster wurde). Die Verbindungsstraße zwischen dem Lagertor und dem Eingang zum Schutzhaftlager verlief zwischen den Abteilungen IV und V. Diese Straße passierte ein weiteres fünfbogiges Tor, das zu der Abteilung VII gehörte, wo SS-Mannschaften und unverheiratete SS-Unterführer wohnen sollten. Am Ende dieses Flügels befand sich ein Platz mit einem Heizwerk. Der monumentale Eingang zu dem Häftlingslager mit einem mächtigen Turm für den Schutzhaftlagerführer, den Büros für die Häftlingsarbeitsabteilung und den Räumen für die Lager-Gestapo befand sich auf der gegenüberliegenden Seite des Platzes. Schließlich projektierten die Architekten zwischen den Abteilungen V und VII für die Abteilung VI ein eingeschossiges Gebäude, das den Platz innerhalb der Kommandantur mit der Straße verband, die zum Bahnhof und zum Eingang des Schutzhaftlagers führte. Abteilung VI, eine heitere Fachwerkgalerie, war für eine Dauerausstellung bestimmt, die Auschwitz-Besuchern den bedeutenden Beitrag des Lagers zur Zukunft des deutschen Ostens vor Augen führen sollte.

Erweiterungsarbeiten am Stammlager. Im Hintergrund Häftlingsunterkünfte, im Vordergrund eines der fünf Werkstattgebäude am Rande des geplanten Appellplatzes (siehe Seite 248/249, Position 5).

Himmler, Höß und die SS-Architekten in Auschwitz und Berlin gingen davon aus, daß diese grandiosen Entwürfe und viele weitere ebenso monumentale Pläne für die Stadt, die SS-Siedlung und das Lager mit der finanziellen und materiellen Hilfe der IG Farben und der Sklaven-arbeit der KZ-Häftlinge gebaut werden würden. Zudem hatte Ambros in der Konferenz vom 7. April betont, »es entspricht den Planungen des RWA [Reichsamt für Wirtschaftsaufbau], RWiM [Reichsministerium für Wirtschaft] und OKW [Oberkommando der Wehrmacht], daß als erster Bauabschnitt mit aller Beschleunigung die Bunafabrik erstellt wird«.[67] Damit das Werk rasch gebaut werden konnte, mußte das Lager ver-größert werden, und damit das Werk effizient arbeiten konnte, muß-ten die deutschen Arbeiter in der Stadt angemessen untergebracht werden. Schnelles Handeln war sowohl geboten als auch erwünscht, und dies führte zu unglaublicher Gewalttätigkeit. Rudolf Vrba, der im Juni 1942 nach Auschwitz gebracht wurde, äußerte, daß es auf dem Buna-Gelände nur zweierlei Arbeiter gab: schnelle und tote.

Männer rannten und stürzten, wurden getreten und erschossen. Wild drein-
blickende Kapos bahnten ihren blutbefleckten Weg durch Gefangenen-
pulks, während SS-Männer aus der Hüfte schossen, wie Cowboys im Fern-
sehen, die sich irgendwie in einen grotesken, endlosen Horrorfilm verirrt
hatten; und, eine gräßliche Note des Mißklangs dem Chaos hinzufügend,
suchten sich Gruppen stiller Männer in untadeliger Zivilkleidung ihren Weg
zwischen Leichen, die sie nicht sehen wollten, maßen Balken mit leuchtend
gelben Zollstöcken und schrieben in Notizbücher mit schwarzem Lederein-
band, ohne das Blutbad wahrzunehmen. Niemals sprachen sie zu den Arbeitern, diese Männer in den stillen grauen Anzügen. Niemals sprachen sie
zu den Kapos, den Verbrechern. Nur gelegentlich murmelten sie einige
Worte zu einem SS-Unterführer, Worte, die eine weitere Explosion zündeten.
Der SS-Mann gab dann dem Kapo wütend einen Tritt und brüllte: »Bring
diese Schweine in Trab, du faules Stück. Weißt du nicht, daß bis um elf diese
Mauer fertig sein muß?« Der Kapo rappelte sich dann auf und schlug mit der
Peitsche auf die Häftlinge ein, schneller, schneller, schneller.[68]

Norbert Wollheim, ein deutscher Jude, mit seiner Ehefrau und seinem
dreijährigen Sohn 1943 nach Auschwitz verschleppt, sagte nach dem
Krieg aus, daß er nach der Trennung von Frau und Kind in ein Nebenlager in Monowitz gebracht wurde, wo man ihn aller seiner Habe
beraubte, entlauste, registrierte und mit der Nummer 107984 tätowierte. Am nächsten Tag wurde er in das Buna-Werk gebracht.

Es gab kaum Straßen. Die Gebäude waren mit Ausnahme derjenigen für
die Direktoren und Vorarbeiter zumeist noch nicht fertig. Anfangs erhielten
wir grundsätzlich nur die schwerste und anstrengendste Arbeit, etwa
Transport- und Ausschachtungsarbeit. Ich kam in das gefürchtete »Mord-
kommando 4«, dessen Aufgabe darin bestand, Zementsäcke oder Baustahl
abzuladen. Wir mußten den ganzen Tag lang im Laufschritt Zementsäcke
von eingetroffenen Lastwagen abladen. Häftlinge, die zusammenbrachen,
wurden sowohl von den deutschen IG-Vorarbeitern als auch von den Kapos geschlagen, bis sie entweder weiterarbeiteten oder tot liegenblieben.
Ich sah selbst solche Fälle ...
Auch bemerkte ich wiederholt, insbesondere zu der Zeit, als die SS unser
Arbeitskommando selbst begleitete, daß die deutschen IG-Vorarbeiter die
SS an Brutalität zu überbieten suchten.[69]

Sergeant Charles J. Coard, einer von 1200 britischen Kriegsgefangenen, die auf dem Gelände arbeiteten, bestätigte Wollheims Aussage
hinsichtlich der Brutalität sowohl der Kapos als auch der IG Farben-
Aufseher.»Einmal sah ich, wie mehrere zivile Angestellte der Farben-

Firma sechs in der Fabrik arbeitende Häftlinge schlugen, während drei oder vier andere Zivilisten zusahen. Sie schlugen sie mit Eisen- und Holzstücken, weil sei ihre Arbeit nicht ordentlich verrichteten. Sie wurden übel zugerichtet und blieben auf dem Fußboden liegen.« Die Lagerinsassen wurden zu Bauarbeiten aller Art herangezogen. Unter- ernährt und von Krankheiten und Beschwerden geplagt, schufteten sie weiter, und zwar schnell, denn sie wußten genau, daß sie ande- renfalls noch größere Leiden erdulden müßten. »Sie versuchten, die Arbeit zu verrichten, obwohl sie mehr Kraft erforderte, als sie hatten. Sie konnten nicht langsamer arbeiten, denn der Vorarbeiter und der Kapo waren immer in der Nähe ... Bei vielen, vielen Gelegenheiten sah ich, wie Zivilisten und Kapos einen Häftling mit einem Stück Holz niederschlugen und ihn dann traten. Sie ließen ihn einfach da lie- gen – manchmal den ganzen Tag.«[70]

Zwar verursachten die Schläge Verletzungen, doch waren sie noch nicht mit Absicht tödlich. Aber Mord ließ nicht lange auf sich warten. Der Zusammenhang zwischen dem Konzentrationslager in Auschwitz, dem Bauplatz in Monowitz und den Gaskammern in Birkenau ergab sich aus Himmlers Entschluß, die Arbeitskraft der Häftlinge auszubeu- ten, und die einzelnen Teile dieses verhängnisvollen Dreiecks zeichne- ten sich am Ende des ersten Baujahres ab. Häftlinge, die nicht mehr die von der SS geforderte Leistung erbrachten, wurden zur Tötung selek- tiert. Dieser unmittelbare Zusammenhang zwischen dem Drängen der IG Farben auf den Beginn der Buna-Erzeugung und dem Mord an Häft- lingen, die unter dem verlangten Arbeitstempo zusammenbrachen, wurde von Paul M. Hebert, einem der Richter im Nachkriegsprozeß ge- gen die IG Farben, deutlich formuliert. »Es war das Drängen der IG Far- ben auf Tempo beim Bau von Auschwitz, das indirekt dazu führte, daß Tausende von Häftlingen durch die SS zur Vernichtung selektiert wur- den, wenn sie nicht mehr arbeitsfähig waren. Es ist erwiesen, daß die Angst vor Vernichtung benutzt wurde, um die Häftlinge zu größeren Anstrengungen anzutreiben, und daß sie infolge dieser Angst Arbeiten auf sich nahmen, die ihre Körperkraft überstiegen. Auch geht aus der Beweislage klar hervor, daß verletzte oder erkrankte Häftlinge häufig nicht um medizinische Behandlung nachsuchten, weil sie fürchteten, zur Vernichtung in die Gaskammern von Birkenau geschickt zu wer- den.«[71] Damit bekundete Richter Hebert seine *abweichende* Auffas- sung. In seiner Mehrheit akzeptierte das Gericht das an den Haaren herbeigezogene Argument der Verteidigung, der Rückgriff der IG Far- ben auf Sklavenarbeit sei im Rahmen grausamer und unmenschlicher,

Das Buna-Werk in Oswiecim nach dem Krieg.

jedoch von der die Reichsregierung aufgezwungener Bestimmungen erfolgt.

Für die Häftlinge war es belanglos, wer das Arbeitstempo bestimmte. Es zählte einzig die alle verzehrende Sklavenarbeit in den Bautrupps. »Der Karbidturm, der sich in der Mitte von Buna erhebt und dessen Spitze im Nebel kaum sichtbar ist, wurde von uns gebaut«, schrieb der Auschwitz-Überlebende und Schriftsteller Primo Levi in seinem autobiographischen Werk »Ist das ein Mensch?« »Seine Backsteine hießen Ziegel, Briques, Tegula, Cegli, Kamenny, Mattoni, Téglak, und sie wurden mit Haß gemauert; mit Haß und Zwietracht, wie der Turm zu Babel, und so nannten wir ihn: Babelturm, Bobelturm; und in ihm hassen wir den wahnsinnigen Traum unserer Herren von Größe, ihre Verachtung für Gott und die Menschen, für uns Menschen.« Ironisch genug, war der Karbidturm für die Deutschen nicht nützlicher als der Turm zu Babel für die Babylonier. »Die Buna-Fabrik«, erinnert oder, besser: beruhigt uns Levi, »mit der sich die Deutschen vier Jahre lang beschäftigten und für die Unzählige von uns litten und starben, erzeugte niemals ein Pfund synthetischen Kautschuks.«[72]

So klar Primo Levis Prosa sein mag, die Ironie, auf die er verweist, ist letztlich unerheblich. Und was wäre, wenn eine Million Pfund Buna erzeugt worden wären?

8
BIRKENAU

Die Errichtung des Buna-Werkes in Monowitz, die Vergrößerung der
Stadt Auschwitz und die Erweiterung des Konzentrationslagers waren
eng zusammenhängende und einander bedingende Projekte. Zwischen der IG Farben, Himmler, Göring und den Provinzbehörden
Oberschlesiens herrschte hinsichtlich dieser Programme völliges Einvernehmen. Doch standen sie vor dem Problem, wie angesichts der
durch kriegsbedingte Vorschriften, Beschränkungen und Stockungen
verursachten Zwänge vorzugehen wäre.

Laut einer Sonderverordnung vom Dezember 1940 konnten die
Kommunal- und Provinzverwaltungen in vom Krieg in Mitleidenschaft
gezogenen Gebieten solche bürokratischen Hindernisse umgehen.
Obzwar Oberschlesien bisher vom Krieg unberührt geblieben war,
wandten sich die Provinzbehörden dennoch an den deutschen Innenminister Wilhelm Frick. Angesichts der vereinten Macht der IG
Farben, Görings und Himmlers schlug Frick vor, die Verordnung auf
Ostoberschlesien auszudehnen, da die Provinz *quasi* Kriegsschäden
erlitten hätte. Mit dem Argument, »die Wirtschaft der Provinz [könne] zu
einem Leistungsstand, wie er nach den naturgegebenen wirtschaftlichen Bedingungen und der geopolitischen Lage erreichbar wäre, erst
gelangen, wenn der arbeitende Mensch in allen Teilen der Provinz die
gleichen Lebens- und Arbeitsbedingungen vorfindet«, gelangte Frick zu
dem Schluß, daß zur Verbesserung der sozialen und kulturellen Verhältnisse in Ostoberschlesien radikale Eingriffe erforderlich wären.[1]
Solche ließen sich nur vornehmen, wenn Oberpräsident Bracht die in
der Verordnung vom Dezember 1940 vorgesehenen Sondervollmach-
ten erhielt. Um die Dringlichkeit der Lage jedermann deutlich vor Augen zu führen, betonte Frick, daß für dieses ausgezeichnete, wichtige
und wertvolle Industriegebiet zur Erreichung seines vollen Kriegspro-
duktionspotentials rascher Wiederaufbau geboten wäre.[2]

Fricks Argument widerspiegelte Befürchtungen, die nach Errichtung der neuen Provinz in der Presse laut geworden waren. Zum Beispiel hatte die Illustrierte *Die Woche* am 16. April 1941 die problemati-

sche Struktur Oberschlesiens anhand einer Karte verdeutlicht, die nicht weniger als sieben verschiedene Bezirke unterschiedlichen Standes der politischen, sozialen und wirtschaftlichen Entwicklung zeigte. Während es wichtig war, diesen Flickenteppich insgesamt zu vereinheitlichen, erforderte die Stadt Auschwitz, »alter deutscher Siedlungsboden«, besondere Aufmerksamkeit. »Seine Wiedereindeutschung stellt eine der notwendigsten Kultur- und Verwaltungsaufgaben des neuen Reichsgaues Oberschlesien dar.«[3]

Während für die Massenpresse die Entwicklung von Oberschlesien ein Thema mit Neuigkeitswert war, hielt die Fachpresse sie für ein potentielles Problem. Wie der Chefplaner für Oberschlesien, Gerhard Ziegler, in einer Sondernummer von *Raumforschung und Raumordnung*, der Monatszeitschrift von Konrad Meyers Reichsarbeitsgemeinschaft für Raumforschung, mitteilte, war das Gebiet um Auschwitz zur Neubauzone erklärt worden; damit war es amtlich als ein Gebiet anerkannt, das gänzlich wiederaufgebaut werden mußte. Ziegler verglich diese Aufgabe mit der, die sich 600 Jahre zuvor den deutschen Siedlern gestellt hatte. »Erst bei solcher Betrachtung wird man sich der Verantwortung und Verpflichtung, die einem eine solche Aufgabe auferlegt, bewußt. So wie wir heute auf die totale Umwandlung der schlesischen Landschaft im 12. und 13. Jahrhundert zurückblicken, werden unsere Nachfahren einmal auf unsere Zeit blicken und feststellen können, ob es uns gelungen ist, zu Lösungen zu kommen, die unserer Zeit würdig sind.«[4] Auschwitz, so Ziegler, war ein idealer Platz für den Anfang des städtischen Wiederaufbaues Oberschlesiens, weil es, obschon in einer Neubauzone gelegen, dort vieles Erhaltenswertes gab, während die meisten Städte im früher österreichischen Teil der neuen Provinz nicht mehr zu retten waren. »Eine Ausnahme davon bilden allerdings diejenigen Städte, deren von deutschen Einwohnern und Baumeistern geformtes Gesicht noch heute durch das seither gewordene hindurchleuchtet.«[5] Entsprechend war Auschwitz in einer beigegebenen Skizze der projektierten Entwicklung der Region der einzige Fixpunkt unter zwölf möglichen Standorten für neue Städte.

Frick erlangte von den zahlreichen beteiligten Behörden und Ministerien die Genehmigung zur Anwendung der Sonderverordnung vom Dezember 1940 auf Oberschlesien. Bezeichnend ist, daß der abschließende Bescheid dieses Vorgehen nicht nur mit den bereits angegebenen Gründen rechtfertigte, sondern auch mit dem Hinweis, daß »eine Neuordnung ... auch durchgeführt werden [kann], um ...

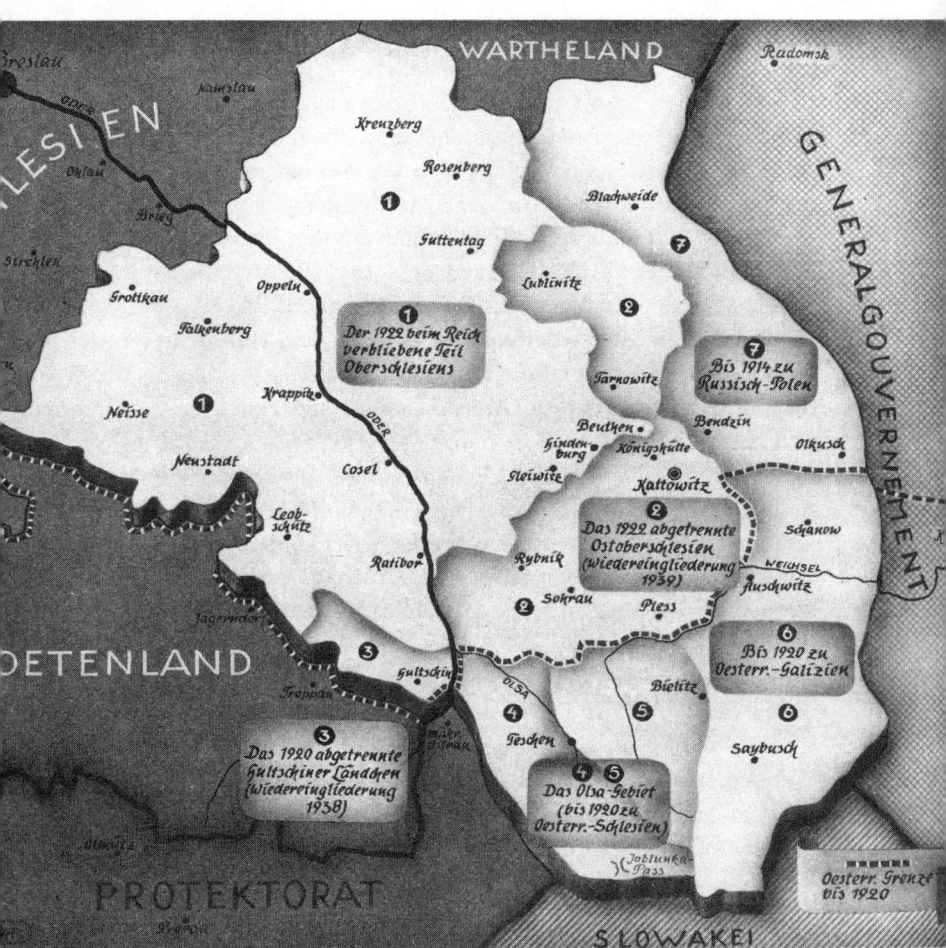

Die Zersplitterung der Provinz Oberschlesien. *Die Woche* (1941). Oberschlesien ist ein Flickenteppich
von Regionen mit unterschiedlicher Geschichte und Infrastruktur.

den Raum der Provinz entsprechend den Erfordernissen der Festigung deutschen Volkstums zu gestalten.«[6]

Angesichts dieses außerordentlichen Zusammentreffens mächtiger Interessen überrascht es nicht, daß der Neubau der Stadt Auschwitz trotz des herrschenden Krieges in Angriff genommen wurde. Sorgfältige Analyse zeigt, daß die errichteten Bauten und erhaltenen Pläne die Ideologie des Nationalsozialismus und die Mythologie des deutschen Ostens bloßlegen, strukturierten und formten sie doch die deutsche Sicht von Auschwitz. Sie zeigen, daß Himmler sein der IG Farben gegebenes Versprechen, Auschwitz zum Vorbild für die Siedlung in den annektierten Gebieten zu machen, nach bestem Vermögen einlöste.

Himmler hatte von den Qualitäten und Merkmalen einer idealen nationalsozialistischen Stadt feste Vorstellungen, die auf Theoretiker wie Walter Christaller, Gottfried Feder, Josef Umlauf und Karl Neupert zurückgingen. Zum Beispiel war es Christaller, der Himmlers Auffassung von der angemessenen Beziehung zwischen einer Stadt und ihrem Umland prägte.[7] Wie viele andere in Hitlers Reich ließ sich Christaller von den mittelalterlichen Siedlungsmustern inspirieren, in denen Stadt und Land in gesunder Symbiose koexistierten. Die industrielle Revolution hatte jenen Einklang zerstört, das Land hatte die Wertschätzung der Stadt und diese daher ihre Identität verloren. Den Idealen der Artamanen folgend, plädierte Christaller für die Wiederherstellung der ursprünglichen Beziehung zwischen Land und Stadt, was bedeutete, daß letztere aus ländlicher Perspektive gesehen werden mußte. Sein Ziel war die Errichtung einer sozialen, politischen und wirtschaftlichen Hierarchie, die das kleinste mit dem größten Element, also den Haushalt oder Hof mit der Stadt, verband.[8] Sich auf ein Sechseckraster als Grundstruktur stützend, schlug Christaller vor, daß die Bedürfnisse von sechs Dörfern durch die kleinste Stadt, den Marktflecken, gedeckt werden sollten; das Landstädtchen sollte sechs Marktflecken und die zu ihnen gehörigen Dörfer versorgen; die Kreisstadt sechs Landstädtchen usw.

Konrad Meyer fand an Christallers Programm Gefallen und sorgte dafür, daß er zu Himmlers Planungsberater ernannt wurde. In Zusammenarbeit mit Meyer begann Christaller sein von süddeutschen Vorbildern abgeleitetes Wabenmuster an den empirischen Gegebenheiten des deutschen Ostens zu erproben. Dies hatte zur Folge, daß er sein System modifizierte. Die kleinste Einheit im Osten sollte das

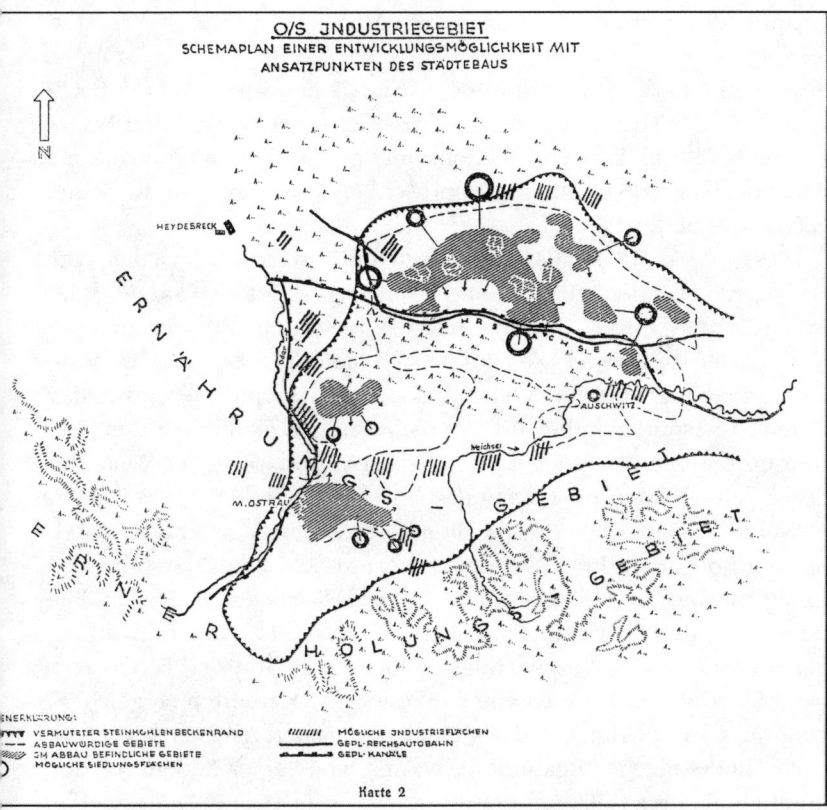

Planskizze für das künftige Oberschlesien. *Raumforschung und Raumordnung* (1941).

Gruppendorf sein. Im Zentrum dieser Ansammlung von sieben Dörfern schwebte ihm ein Hauptdorf vor, das diverse Dienstleistungen erbringen und der NS-Ortsgruppe als Sitz dienen sollte. Auf der nächsten Stufe der Hierarchie schlug Christaller einen Verwaltungsbezirk mit einer Verwaltungsstadt als Zentrum vor, darüber einen Bezirk mit einer Bezirksstadt als Hauptort und schließlich einen Gau mit seiner Gauhauptstadt.

Dieses Modell als Maßstab benutzend, schloß Christaller, der Hauptgrund für den »kulturellen Niedergang im Osten« wäre der Mangel an lebensfähigen Dörfern. Städte bildeten zur Zeit die unterste Sprosse der Hierarchie. Dies müßte sich natürlich ändern. »Eine sorgfältige Planung und liebevoller Ausbau der ›Hauptdörfer‹ im neuen Osten ist besonders dringend, um die künftigen Siedler aus dem Westen und Süden des Reiches zu verwurzeln und sie in der Weite des Ostens eine neue Heimat zu finden lassen.«[9]

Während Christaller die zu Hauptdörfern auszubauenden Marktflecken und die in Bezirksstädte zu verwandelnden Kleinstädte ausfindig machte, beschäftigten sich andere Mitarbeiter in Meyers Planungsabteilung mit der Erstellung von Richtlinien für den Entwurf der eigentlichen Städte. Ihre wichtigste Quelle war Gottfried Feders »Die neue Stadt«. Feder hatte eine bemerkenswerte Karriere hinter sich. Er gehörte zu den Gründern der kleinen Deutschen Arbeiterpartei, und nach Hitlers eigener Bekundung war es eine seiner Reden, die den künftigen Führer 1919 zum Beitritt bewog.[10] Hitler und Feder wurden Freunde, und Feder blieb Hitlers Mentor. Während der zwanziger Jahre galt Feder als einer der intellektuellen Führer der Bewegung und als prominentes Mitglied der Nationalsozialistischen Reichstagsfraktion. Sein Einfluß begann zu schwinden, als er in den dreißiger Jahren mit dem Ziel massiver Neubesiedlung des deutschen Ostens durch Bauern einen Gesetzentwurf zur Enteignung von unprofitablem ostelbischem Landbesitz einbrachte. Zu jener Zeit bemühte sich Hitler um die Unterstützung der Junker, welche ihm nahelegten, von Feder abzurücken. Dies fiel Hitler nicht schwer, und 1934 schob er seinen einstigen Mentor als Reichskommissar für das Siedlungswesen in den Vorruhestand ab, um ihn 1936 auf einen Lehrstuhl für Städtebau an der Technischen Hochschule Berlin und damit in die politische Wildnis zu verbannen. Dies gab Feder Gelegenheit zur Entwicklung einer umfassenden, radikalen nationalsozialistischen Theorie der Stadtplanung, die nach 1933 in Himmlers Vision vom städtischen Neuaufbau in den annektierten Gebieten ihr Gegenstück fand.

Feder erklärte, nur eine mittelgroße Stadt von etwa 20 000 Einwohnern könnte die geeignete Umgebung für eine wahrhaft nationalsozialistische Gemeinschaft abgeben. Solche Städte, so Feder, vermieden Großstadtprobleme wie niedrige Geburtenraten, mobile
Bevölkerungen und Verkehrsstaus ebenso wie die Beschränkungen
des dörflichen Lebens mit seinem Mangel an kulturellen und politischen Einrichtungen und seiner unterentwickelten Ökonomie. Ferner
böten mittelgroße Städte die Vorteile von Großstädten wie Verwal-
tungsbüros, Industrie, Handel, Kultur, Massenverkehr, ein Gefühl der
Teilnahme am öffentlichen Leben und Wahl der Berufslaufbahn,
während sie zugleich die Vorzüge des Dorfes bewahrten: die Nähe zu
Natur und Boden, wirtschaftliche Selbstgenügsamkeit und gesunde
Umwelt.

Feder formulierte vier praktische Fragen, die der Stadtplanung als
Basis dienen sollten: »I. Was gehört in eine Stadt oder eine Groß-
siedlung hinein an öffentlichen Gebäuden, an wirtschaftlichen und
kaufmännischen Betrieben, an Versorgungsbetrieben, an Wohnhäu-
sern, Einfamilienhäusern, Garagen, Tankstellen usw.? II. Wieviel Einrichtungen und Bauten der unter I. genannten Art sind notwendig?
III. Wohin gehören diese Einrichtungen, damit die Berufswege von
der Wohnstätte zur Arbeitsstätte und die Einkaufswege der Hausfrau
nicht zu lang werden? IV. Wie groß müssen die einzelnen unter I. beschriebenen Einrichtungen sein?«[11] Für eine Stadt von 20 000 Einwohnern lieferte er eine detaillierte Antwort. Sie benötigte 52 verschiedene Arten öffentlicher Gebäude, die er im einzelnen im Hinblick auf
ihre Größe, Anzahl und Lage analysierte.[12] Feder führte auch die kaufmännischen Betriebe an, die vorhanden sein müßten, sollten, dürften
und in ganz besonderen Fällen vorhanden sein könnten. Schließlich
berechnete er die erforderlichen Investitionsmittel für die Schaffung
der idealen nationalsozialistischen 20 000-Einwohner-Stadt. Die Summe
belief sich auf 50 Millionen RM oder 2500 RM pro Person. Das war
wirklich preiswert.[13]

Politisch verkörperte Feders Stadt annähernd die hierarchische
Struktur der NSDAP mit ihrer Stufenfolge von der Hausgruppe über
Block, Zelle, Ortsgruppe und Kreis bis hinauf zum Gau. »Wenn nun
die an einer Wohnstraße wohnende Straßengemeinschaft zugleich
einen Block darstellt und die um einen Unterkern wohnenden
Straßengemeinschaften oder Blöcke dem Begriff der Zelle entsprechen und 3-5 Unterkerne oder Zellen einen Kern oder eine Ortsgruppe mit 2000 bis 3000 Menschen bilden und wiederum 6–10 Orts-

Grafik aus Feders »Die neue Stadt«, 1939. Eine Stadt von 20 000 Einwohnern benötigt 2 780,84 Hektar, davon 1 132,66 Hektar Wald, 1 036,55 Hektar landwirtschaftliche Fläche und 375,2 Hektar bebautes Gebiet.

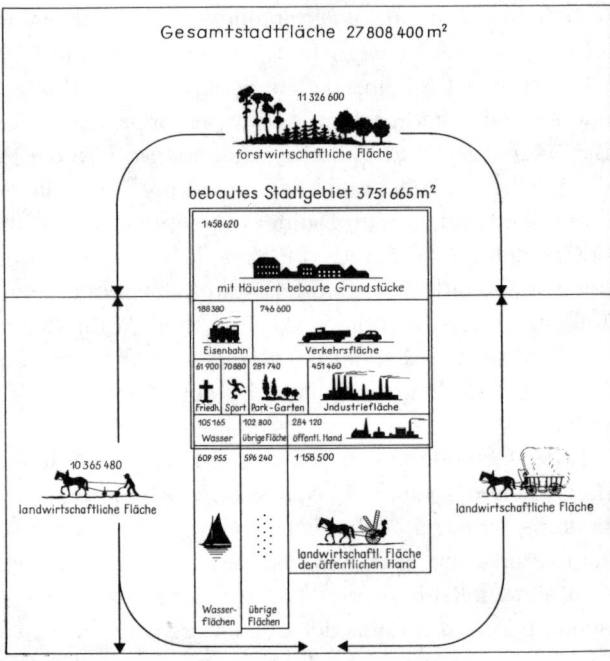

Diese Grafik aus Feders Buch von 1939 zeigt, aufgeschlüsselt nach Anzahl und Typ, genau die benötigten Einrichtungen, Bediensteten, Flächen usw. Feder widmete drei Seiten seines Werkes der Übersicht der staatlichen Einrichtungen seiner Stadt und weitere drei Seiten der Darstellung des Wirtschaftslebens. Auf dieser Seite dargestellt sind seine Statistiken für (1) die Justiz, (2) das Finanzamt, (3) das Arbeitsamt, (4) das Landratsamt und die Kreissparkasse, (5) die NSDAP, (6) ein Gemeinschaftshaus, (7a, b) den Personen- und den Güterbahnhof, (7c) einen eventuellen Flugplatz, (8) das Postamt, (9) das Rathaus, (10) die Polizei, (11) das Wasserwerk, (12) das Elektrizitätswerk, (13) das Gaswerk und (14) den städtischen Wirtschaftshof.

	Symbol	👤 = 5 Beschäftigte	Grundstücks-größen	beb. Fläche ungefähre Baumaße Fläche aller Geschosse (einschl. Nebenräume) (Jeder der Einzelquadern bedeckt eine Fläche von 100 m²)	Besonderes	Bemerkungen
...tungen höherer Ordnung						
...ude *		70	5000 m²	Schwankt nach Geschoßzahl * 4550 m²	Personalzahl des Landgerichts: etwa 32	* Amtsgericht, Landgericht und Gerichtsgefängnis zusammen (darunter 2—3 Säle von rd. 200 m²)
...cht		37—38	4000 m²	600 m² 1680 m²		
...mt		58	2800 m²	700 m² * 1700 m²	Einwohnerzahl des erfaßten Bezirks: durchschnittlich 71000	* reine Nutzfläche: 1250 m²
...mt		48	1400 m²	720 m² 1450 m²	Zahl der Arbeitnehmer: 44000 Zahl der Arbeitgeber: 9400	
...amt ...kasse		a) 60 b) 33	4100 m²	800 m² 1950 m²	b) Einwohnerzahl des Kreises: etwa 71000	
		hauptamtlich * 5—6 NS.-Schwestern 6—7	1900 m²	550 m² 1100 m²	Kreisleitung, Leitung der NSV., NS.-Wohlfahrts-, NS.-Jugendamt, Verwaltung der DAF., Hauptbüro von KdF., NS.-Schwesternheim	* dazu kommen zahlreiche ehrenamtliche Angestellte
...afts-		Bewirtschaftung an Unternehmer verpachtet	4800 m²	1600 m² 2400 m²	Anzahl der Sitz- und Stehplätze: etwa 3000	
...n- ...of		225	zusammen 160000 m²	1300—1500 m² *		* Empfangsgebäude
...nhof				1100—1200 m² **	Länge des Ladegleises: 2500 m** vorzusehen	* Güterschuppen ** davon ausgebaut: anfangs nur 2000 m
...z *		unbestimmbar	100 × 13500 = 1350000 m²	unbestimmbar		
...ost		124	2500 m²	a) 870 m² b) 280 m² 2460 m²	Beförderte Briefe: 7000000 Beförderte Pakete: 290000 Ein- und Auszahlungen: 10900000 RM.	a) Hauptgebäude b) Nebengebäude
...unale Verwaltungen und Sicherheit						
...s		81—91	3000 m²	960 m² 2600 m²		mit Polizei, Feuerwehr und Rettungswache
...*		30	1000 m²	285 m² 285 m²	Einwohnermeldeamt: Nutzfläche: etwa 45 m² Personal: 3	* meist im Rathaus
...rgung						
...erk		10	30—32000 m²	800 250 m²	Wasserabnahme je Kopf der Bevölkerung: 35 m³/i. J. Gesamtförderung: 700000/i. J. Angeschlossene Haushalte: 6300 Leitungslänge: 50000 m	2 Hochbehälter mit je 400 m³ Inhalt
...äts-		* 35	5—6000 m²	250 m² ** 1200 m² 500 m² 1200 m²	Stromabgabe je Kopf der Bevölkerung: 103 kWh/i. J. Angeschlossene Haushalte: 6000	* davon 15 Lohnempfänger ** Verwaltungsgebäude im Obergeschoß Wohnungen
...k		* 30	8900 m²	2300 m² ** 250 m²	Gasabgabe pro Kopf der Bevölkerung: 61.5 m³ Angeschlossene Haushalte: 4130 Rohrlänge: 45000 m	* davon 20 Lohnempfänger ** Verwaltungsgebäude (bebaute Fläche)
...er ...hof	WIRTSCHAF...	Bei dem städtischen Verwaltungspersonal inbegriffen	4500 m²	800 m² 1000—1100 m²		

gruppen oder Kerne einen Kreis und zugleich eine Stadt aufbauen, so ergibt sich hier eine erfreuliche Übereinstimmung zwischen versorgungsmäßigem, verwaltungsmäßigem, organisatorischem und verkehrsmäßigem Aufbau. Man kann also sagen, unsere Stadt ist in jeder Hinsicht total.«[14]

Für Feder war diese Parallelität ein erfreuliches Ergebnis seiner Studien gewesen, aber er hatte sie nicht explizit zum Prinzip seiner Stadtplanung erhoben. Doch einer seiner Studenten versuchte, die räumlichen Implikationen von Feders Anregungen in einen Stadtplan umzusetzen. Das Ergebnis, obschon unbefriedigend, ließ vermuten, daß ein fähiger Architekt mit Feders Werkzeugen ein durchführbares Planwerk zustande bringen könnte. Viele ehrgeizige Planer nahmen die Herausforderung mit mehr oder weniger Erfolg an.[15] Das umfassendste System der Stadtplanung auf der Grundlage der NSDAP-Hierarchie entwickelte Carl Culemann, Stadtarchitekt von Marienburg und später von Danzig. Er erklärte, im Gegensatz zu den Architekten hätten die Parteiorganisatoren das Problem der Organisierung großer Massen dadurch gelöst, daß sie jede größere Einheit sorgfältig in eine Anzahl kleinerer Einheiten, bis hinab zum Haushalt, unterteilten.»Das Gefühl der Masse, das durch die zahlenmäßige Unbegrenztheit und Nichtfaßbarkeit entsteht, wird an seinem Ursprung zerstört«, führte er aus.[16]

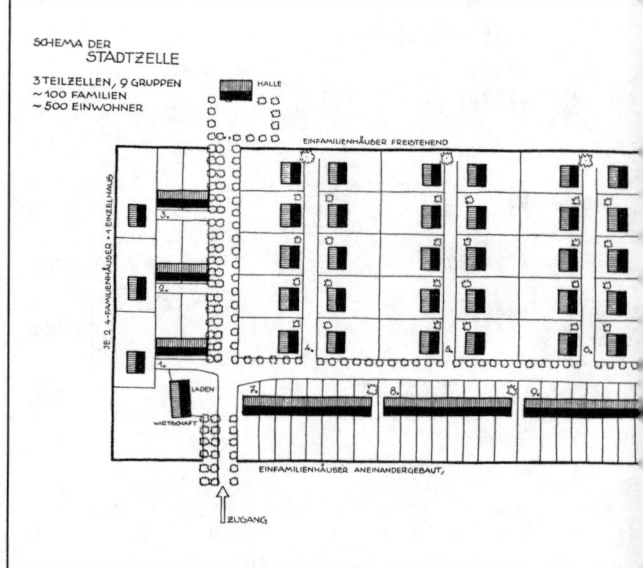

Culemanns Vorschlag
für eine Stadtzelle.
*Raumforschung und
Raumordnung* (1941).
Die Zelle als Grundbaustein
der Stadt besteht aus 33
frei stehenden Einfamilienhäusern, 24 Reihen-
Einfamilienhäusern,
24 Mehrfamilienhäusern,
einigen Ladengeschäften,
einer Schule und einer
Gemeinschaftshalle.

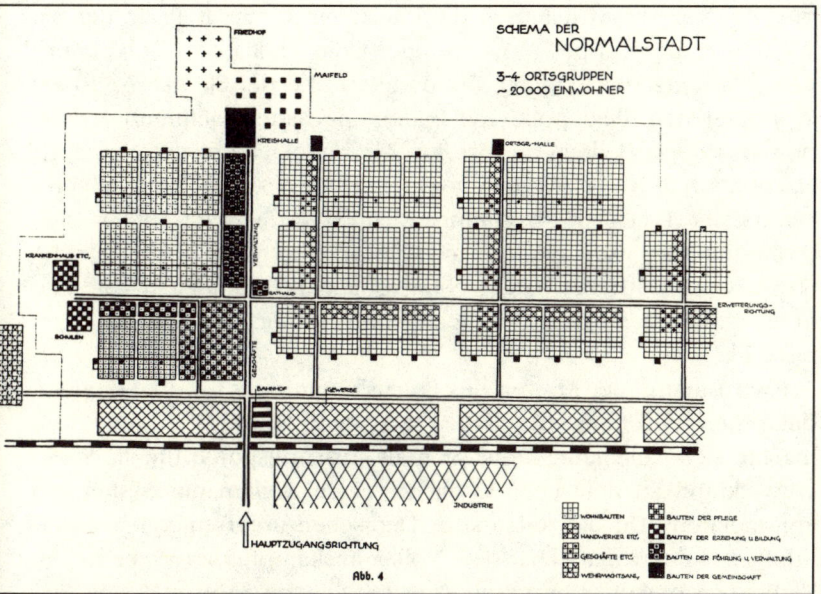

Culemanns Vorschlag für eine Stadt mit 20 000 Bewohnern. *Raumforschung und Raumordnung* (1941). Die Stadt besteht aus drei bis vier lokalen Gruppen mit je 1 000 Häusern; sie ist in jeweils 300 bis 400 Häuser zählende Stadtbezirke unterteilt, die sich ihrerseits in drei oder vier Stadtzellen mit je 100 Häusern gliedern.

Culemann war sich dessen bewußt, daß die Parallelität nur funktionieren könnte, wenn sie unmittelbar sichtbar wäre. Den Standpunkt vertretend, dies sei mit einer Hierarchie erreichbar, in der jede folgende städtische Einheit drei- bis viermal größer als die vorangehende war, rechtfertigte Culemann sein Drei-Vier-System mit dem Organisationsprinzip der deutschen Wehrmacht. Ein ähnlicher Multiplikationsfaktor strukturierte die Beziehungen zwischen kleineren und größeren militärischen Einheiten: Mann; Rotte/Trupp (3–4 Mann); Gruppe (10 Mann); Zug (3 Gruppen); Kompanie (3 Züge); Bataillon (3–4 Kompanien); Regiment (3–4 Bataillone). Nach seiner Auffassung hatte in der Hierarchie des Heeres jede zweite Stufe (Gruppe, Kompanie, Regiment) eine besondere Bedeutung für die Herstellung und Erhaltung der Befehlskette, während die Zwischenstufen dazu dienten, jeder der Einheiten innerhalb der größeren Struktur ein Gefühl für ihren Ort zu sichern.[17] Mit einigen Anstrengungen gelang es ihm, die Hierarchie der NSDAP in seine numerische Zwangsjacke zu pressen. Von dieser leitete er die Bausteine der Stadt ab, in der die Wohnung, die Gruppe (10 Wohnungen), die Stadtzelle (100 Wohnungen), die Ortsgruppe (1000 Wohnungen) und der Stadtkreis (10 000 Wohnungen) primär politische Bedeutung hatten, während er eine primär soziale Bedeutung an den Zwischenelementen festmachte: Nachbarschaft (3–4 Wohnungen), Teilzelle (30–40 Wohnungen), Stadtbezirk (300–400 Wohnungen) und Normalstadt (3000–4000 Wohnungen).[18] Nachdem er so die ideale nationalsozialistische Struktur ausgearbeitet hatte, schlug Culemann schließlich vor, jede Ebene solle ihrer Größe entsprechende kommerzielle Einrichtungen haben.[19]

Josef Umlauf, der im Amt des Reichskommissars für die Festigung deutschen Volkstums für Fragen der Stadtplanung zuständig war, machte sich Culemanns Prinzipien als Ausgangspunkt für die Stadtentwicklung im deutschen Osten zu eigen. Culemanns System, so argumentierte Umlauf, erlaube es Deutschen unterschiedlicher Herkunft, »inmitten des schärfsten Volkstumskampfes zu einer neuen Einheit zusammen[zu]wachsen.«[20] Es paßte auch zu dem Modell mittelalterlicher Stadtentwicklung im deutschen Osten – als wachsende Bevölkerungen nicht in Vorstädten, sondern in neuen, der bestehenden Stadt benachbarten Städten untergebracht wurden.[21] In dem im 20. Jahrhundert stattfindenden Wiederaufbau des deutschen Ostens würde die Ortsgruppe der Grundbaustein der neuen Städte sein, und das Wachstum würde von Einheit zu Einheit fortschreiten.[22]

Umlaufs Architekten verknüpften Culemanns System der Stadtentwicklung, Christallers Hierarchie der Dörfer und Städte und die Geschichte des mittelalterlichen deutschen Stadtbaues im Osten. Sie standen damit nicht allein. Auf der Suche nach einer Rolle in dem Neubauprogramm entwickelten Karl Neupert und seine Architekten im Reichsheimstättenamt der Deutschen Arbeitsfront analoge Vorschläge, die sie ausdrücklich als Wiederbelebung des Weichbildes des Mittelalters bezeichneten. »Das Siedlungsbild des Mittelalters«, erklärte Neupert 1941, »[gab] dem deutschen Menschen über alle inneren Wirren hinweg den reinen Begriff der Heimat.« Grundlage des Weichbildes war, wie seine Lebensfähigkeit bewies, »die innige Verbindung mit den Grundlagen des völkischen und politischen Lebens«.[23] Zuversichtlich verkündete er, seine Kollegen und er wären imstande, mit dem »Ziel der Schaffung einer neuen deutschen Heimatlandschaft ... in der Erfassung aller modernen Erfordernisse unserer Zeit einen Ausdruck zu gestalten, der den Schöpfungen des frühen

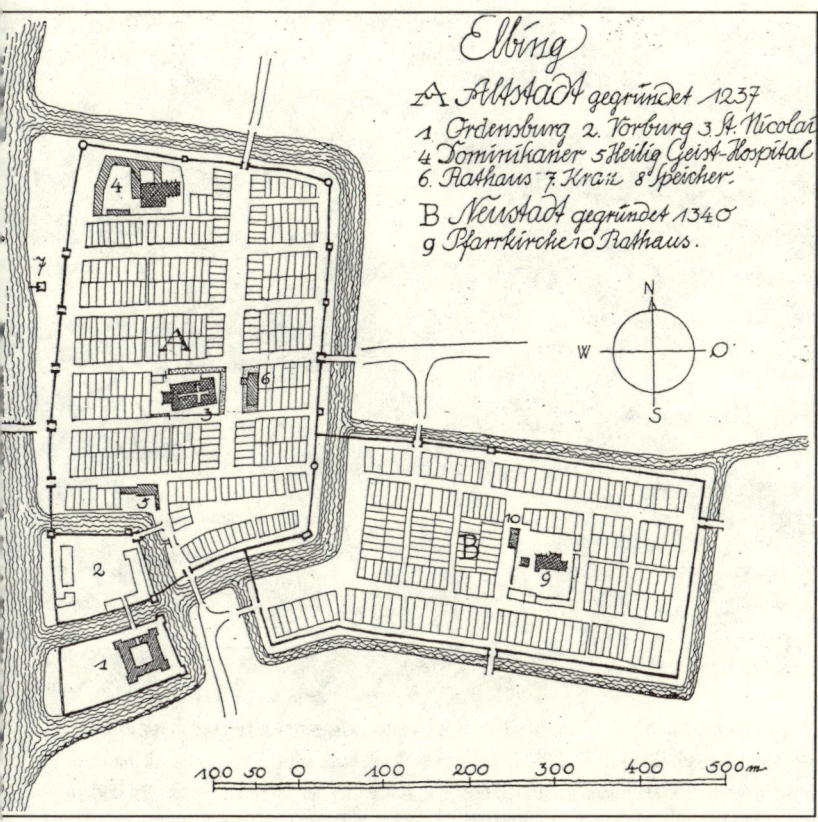

Elbing in Ostpreußen. Himmlers Architekten ließen sich davon inspirieren, daß im deutschen Osten des Mittelalters die Städte das Bevölkerungswachstum durch Wiederholen der ursprünglichen Stadtanlage neben der bestehenden Stadt auffingen. Die neue Stadt war selbständig und verfügte mit Markt, Kirche und Rathaus über alle damals nötigen öffentlichen Einrichtungen. Bekannte Doppelstädte waren Berlin, Breslau, Thorn und Elbing. Es gab Dreifachstädte wie Rostock und Königsberg, und Danzig war eine Vierfachstadt, die aus der ursprünglichen Siedlung (locatio), der Stadt des Deutschen Ordens (1330), der Neustadt (1343) und der Vorstadt (1360) bestand.

Mittelalters nicht nur gleich kommt, sondern diese übersteigt«.[24] Die Architekten gingen sogar so weit, ihren Entwürfen strategische Bedeutung beizulegen. »Die Geschichte des deutschen Volkes hat gezeigt, daß eine Durchdringung eines Siedlungsraumes nur dann von Bestand war, wenn dieser Raum seine Durchgestaltung von dem Bewußtsein und dem Willen des ganzen Volkes erfuhr«, machte ein Planungsheft des Reichsheimstättenamtes geltend.[25] Darin lag das Ge-

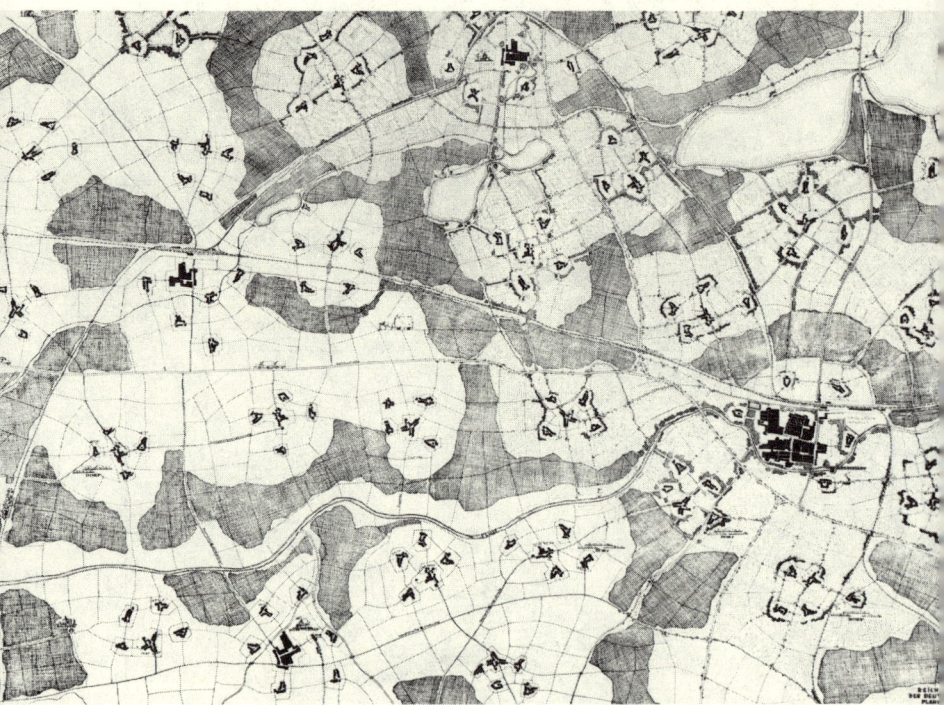

Neupert »Heimatlandschaft«. Neupert schlug eine hierarchisch geordnete Landschaft vor, in der die größte städtische Einheit die 20 000 Einwohner zählende Stadt war (rechts), unterteilt in vier Ortsgruppen zu 5 000 Personen und umgeben von in konzentrischen Kreisen angeordneten Dörfern sowie 5 000 Einwohner zählenden Marktflecken, die ihrerseits Mittelpunkt eines Kreises von Satellitendörfern sind.

heimnis, warum entgegen aller Wahrscheinlichkeit Ostpreußen sowohl 1466 als auch 1919 deutsch geblieben war.

Himmlers zehnseitige, von Umlauf entworfene allgemeine Weisung »Richtlinien für die Planung und Gestaltung der Städte in den eingegliederten deutschen Ostgebieten« machte bei Umlauf und Christaller, Culemann und Neupert ausgiebige Anleihen. Das Ziel der Bautätigkeit im deutschen Osten, so erklärten die Richtlinien, war »die Festigung und Mehrung eines blutlich hochstehenden deutschen Volkstums«. Daher war »eine gesunde Verbindung von Land und Stadt« erforderlich, um zu gewährleisten, daß »das politische, wirtschaftliche und kulturelle Leben der neuen Ostgebiete auf den Stand germanisch-deutscher Kulturlandschaften« gehoben werden kann.[26] Städte waren

Teil einer Siedlungshierarchie, welche die kleinste Einheit logisch mit
der größten verknüpfte. Die Stadt von 20 000 Einwohnern und »die organische Verbindung von Stadt und Land« sollten das Rückgrat des
deutschen Ostens bilden.[27] Himmlers Richtlinien räumten jedoch ein,
daß Großunternehmen der Dienstleistungen volkreicherer Zentren
bedürften; Städte von 50 000 Einwohnern würden den geeigneten
Kompromiß zwischen den wirtschaftlichen und technischen Realitäten und den sozialen und politischen Bestrebungen bilden.[28]

Der neuernannte Architekt für die Vergrößerung von Auschwitz,
Hans Stosberg, teilte diese Bewunderung für mittelalterliche Vorgänger, die »Stadtplaner kühnster Statur mit einer umfassenden, vi-
sionären, Jahrhunderte vorausschauender Sicht gewesen waren«.[29]
Der Neubau der Stadt war ein anspruchsvolles Vorhaben: Der zur
Verfügung stehende Raum drängte sich zwischen den landwirtschaftlichen Flächen des Konzentrationslagers im Westen, dem Buna-Werk
im Osten und den Überschwemmungsgebieten von Sola und Weichsel im Süden und Norden. Doch Stosberg machte das Beste daraus.
(Siehe Tafel 9) In einer Erläuterung zu seinem ersten Entwurf beschreibt er den Standort – »inmitten der fruchtbaren Lößlandschaft,
welche sich zwischen den Beskiden im Süden und der oberschlesischen Hügellandschaft im Norden erstreckt« und »im ungefähren
Schwerpunkt zwischen dem mährischen, dem oberschlesischen und
dem polnischen Industriegebiet« – als ausgezeichnet, und er zollte der
Vernunft seiner Vorgänger aus dem 13. Jahrhundert dafür Beifall, daß
sie die deutsche Stadt auf einer zur Verteidigung geeigneten Land-
zunge errichtet hatten.[30]
    Stosberg plante die Errichtung einer neuen Stadt für 35 500 Ein-
wohner, die in Verwaltung, Handel, Handwerk, Leichtindustrie und
Dienstleistungssektor, in dem Buna-Werk und anderen Industrien sowie bei der Eisenbahn, der SS und in anderen Wirtschaftsunterneh-
men Beschäftigung finden würden.[31] Wohnen würden sie in dem mittelalterlichen Zentrum, in einem neuen Bezirk zwischen der Altstadt
und dem IG Farben-Werk und in einem neuen Bezirk, der in Zasole
liegen sollte. Weitere 11 500 Personen würden in den Satellitendörfern
Stare-Stawy und Zaborze Wohnung finden. Stosberg projektierte eine
Bevölkerungsdichte von 115 Einwohnern pro Hektar, was generell
zweigeschossige Bebauung erforderte, während dreigeschossige
Bauten die Hauptstraßen säumen sollten. Grüngürtel dienten der
Trennung der Ostbezirke von dem Buna-Werk, der Siedlung nahe

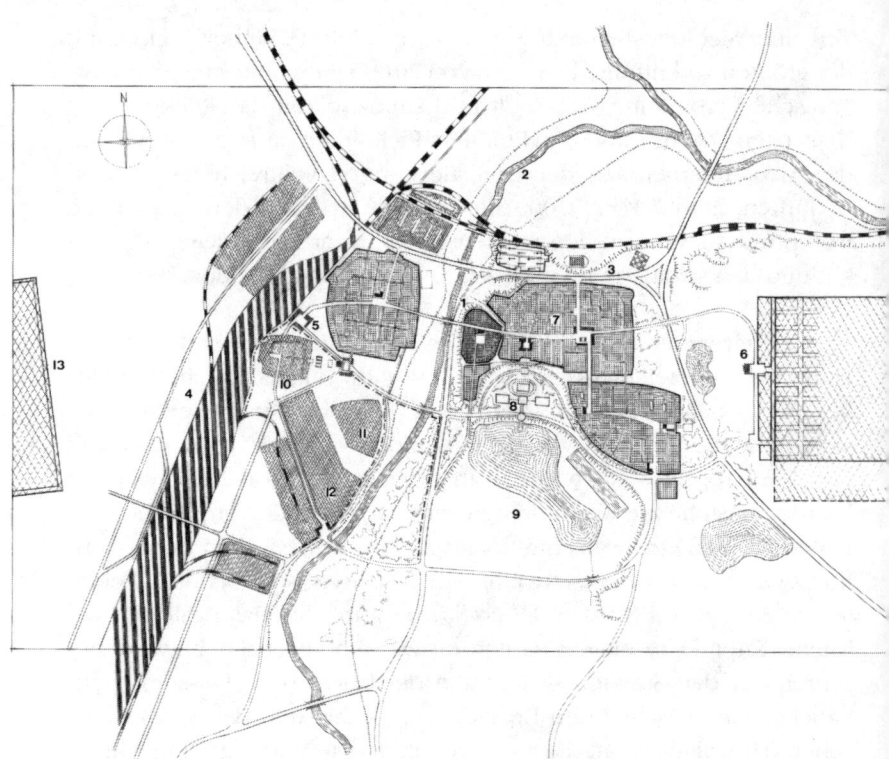

Zweiter Bebauungsplan für die Erweiterung von Auschwitz des Stadtarchitekten Hans Stosberg,
Frühjahr 1941. Die Altstadt von Auschwitz (1) liegt am Übergang der Hauptstraße Gleiwitz-Zator (3)
über die Sola (2). Eine Hauptstraße verbindet die Altstadt einerseits mit dem Personenbahnhof (5)
und dem Güterbahnhof (4) und andererseits mit dem von der IG Farben auszubauenden Industriegebiet (6). Die Neustadt (7) wird auf dem hochgelegenen Gelände zwischen Altstadt und Buna-Werk
errichtet. Das tiefer liegende Gebiet südlich der Stadt ist für Freizeiteinrichtungen wie Sportplätze (8)
und eine Wassersportanlage (9) vorgesehen. Südlich des Bahnhofs das SS-Dorf (10), die SS-Kaserne
(11) und das Konzentrationslager (12). Die durch die punktierte Linie umgrenzte Fläche ist das
Interessengebiet des Konzentrationslagers. Birkenau (13) im Westen fehlt auf Stosbergs Originalzeichnung.

dem Bahnhof von der SS-Kaserne und der SS-Kaserne vom eigentlichen Konzentrationslager. Als Rückgrat der Stadt war eine Allee vorgesehen, die vom Bahnhof über die vorhandene Solabrücke durch
die Altstadt, den östlichen Bezirk und den Grüngürtel zum Haupttor
des Buna-Werkes führen sollte.[32]

Im Februar 1941 gezeichnet, diente Stosbergs ursprünglicher Plan in
den folgenden beiden Jahren als Entwurfsgrundlage. (Siehe Tafel 10)
Nur ein Teil der Projekte wurde gebaut, doch erhellen, wie gezeigt, allein schon die Entwürfe die Ideologie der Männer, die sich dem Plan
ihrer Vorfahren verschrieben hatten, und auf die Politiken der Stadtentwicklung im nationalsozialistischen deutschen Osten. Die Pläne und
ihre Begleitdokumente enthüllen zum Beispiel, daß Stosberg, der
Forderung der IG Farben nach einer eigenen Werkssiedlung für 6000
Bewohner nachkommend, ein Modell für die Stadtplanung im neuen
deutschen Osten entwickelte. Es hatte genau die Größe einer Partei-
ortsgruppe, die einen Grundbaustein für die Stadtentwicklung bildete. Stosberg folgte Feders und Culemanns Empfehlungen und legte
fest, daß diese städtische Einheit von einer Hebamme, zwei Gaststät-
ten, drei Ärzten, vier Fleischern, Bäckern und Friseuren, fünf Schuh-
machern, sieben Lebensmittelhändlern usw. versorgt werden sollte.[33]
Sowohl den Richtlinien der IG Farben als auch Himmlers Vision vom
Recht des Industriearbeiters auf Teilnahme an den Mysterien von
»Blut und Boden« folgend, sah Stosberg für jedes Haus einen Garten
und in den Grüngebieten in der Umgebung der Siedlung die Zuteilung eines Gartens an jede Wohnung vor.[34] »Die organische Gestaltung des Raumes [darf] nicht an den Siedlungsgrenzen halt machen,
sondern muß darüber hinaus die ganze weitere Stadtlandschaft umfassen«, schrieb er in einer Sprache, die von Himmlers allgemeiner
Richtlinie geprägt war. Das neue Auschwitz sollte »ein Stück verstepp-
ter Erdoberfläche zu einer wirklichen Kulturlandschaft ... gestalten«.[35]

Stosberg fiel es schwerer, für andere Teile von Auschwitz ideologische Reinheit zu erreichen. Zwar mochte die 3206 Einwohner
zählende Altstadt ein »Wahrzeichen mittelalterlichen deutschen Sied-
lergeistes« und ein »wichtiges Denkmal einer alten deutschen Stadtge-
schichte«[36] sein, doch war sie zu klein, um als Basis für eine Ortsgruppe von 6000 Parteigenossen dienen zu können. Die für 13 600
Einwohner geplante Neustadt Ost war dafür zu groß, doch gab es
genügend Raum, um sie in zwei deutlich miteinander verbundene
städtische Gruppen zu teilen. Dennoch versuchte Stosberg, seinen
Plan den Prinzipien Feders und Culemanns anzupassen. Er entwarf

Stosbergs Entwurf für den Bahnhof von
Auschwitz, 1942.

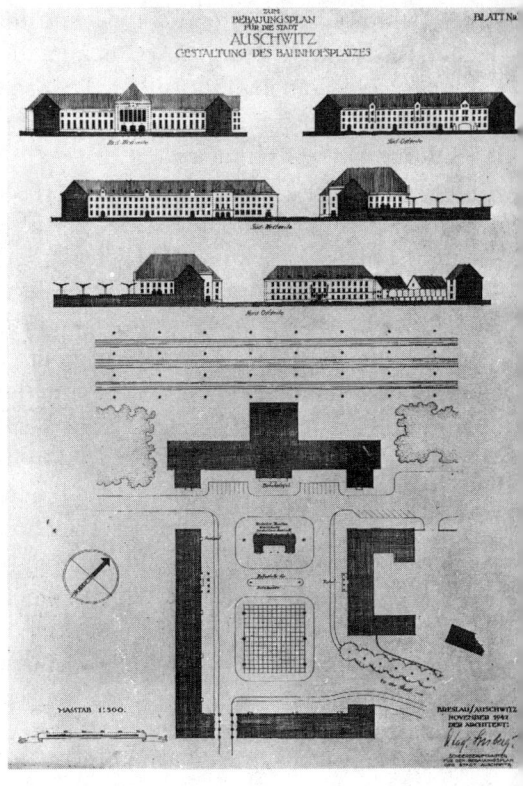

ein Stadion, Paradeplätze und sechs andere Sportanlagen und – auf
dem Papier – sah er am Rande der einzelnen Viertel 20 Spielplätze,
sechs Kindertagesstätten und sechs Grundschulen sowie zwei Mittel-
schulen, zwei Gymnasien und drei Berufsschulen vor. In der Erwartung, das neue Auschwitz werden Touristen anlocken, projektierte
Stosberg ein Hotel am Bahnhof, ein weiteres am Ufer der Sola und ein
drittes nahe dem Buna-Werk.[37]

Bei der Entwicklung seines Entwurfs wurde Stosberg durch das
Stammlager in Zasole und die Ansprüche behindert, die die SS in
ihrem Bebauungsplan vom Juni 1941 auf ein Gelände für eine SS-
Siedlung erhob. Stosberg wollte jenes Gelände für seine Neustadt
West, aber Kammler gab nicht nach und beauftragte den ihm unter-
stellten Stadtplaner Lothar Hartjenstein, einen neuen Bebauungsplan
für eine SS-Siedlung zwischen der Eisenbahnlinie und der Sola auszuarbeiten.[38] (Siehe Tafel 11) Bei Stosberg, der das Gelände immer noch

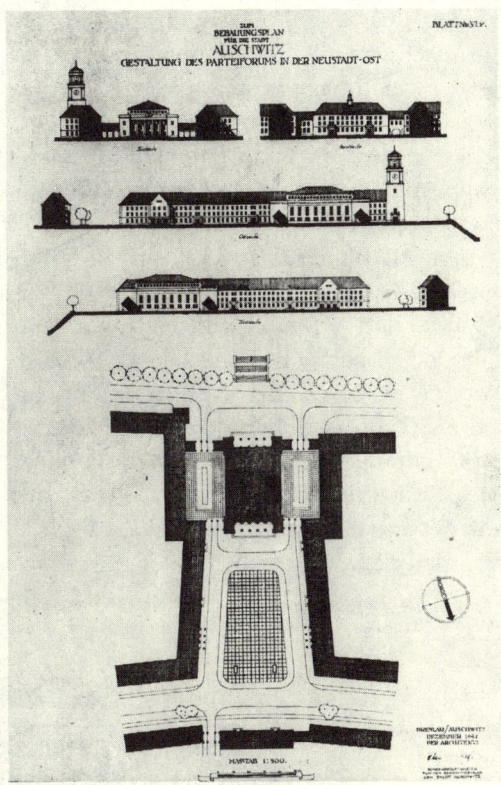

Stosbergs Entwurf für das Parteiforum
in Auschwitz, 1942. Das Forum liegt an der
breiten Verbindungsstraße vom Bahnhof
zum IG Farben-Werk. Zwischen dem Forum
und den ausgedehnten Sportanlagen im
Süden die große Versammlungshalle,
die der neoklassizistischen Ästhetik der
nationalsozialistischen Monumental-
architektur folgt, die von Adolf Hitler
konzipiert, von Ludwig Troost entwickelt
und von Albert Speer vollendet wurde.

für die Südhälfte eines dichtbebauten, selbständigen Viertels für
Reichsbahnbedienstete verwenden wollte, stieß der Plan auf Ablehnung. Auch betonte Stosberg, der durch Hartjensteins Vorschlag seinen eigenen Plan auf einen »Torso« reduziert sah, die idyllischen, von
großen Gärten umgebenen Einfamilienhäuser der SS-Gartenstadt
widersprächen dem stark urbanen Charakter seines eigenen Entwurfs. Es gäbe zwei Lösungen für das Problem: Entweder müßte sich
die SS-Siedlung der städtischen Verdichtung des Stosberg-Planes an-
passen, oder die SS müßte die Gartenstadt an einen anderen Ort innerhalb ihrer Interessenzone verlegen. Stosberg fand die Unterstützung der Provinzbürokratie und ihres Planers Ziegler. Aber auch das
Lager hatte starke Unterstützer, zu denen nicht zuletzt Himmler
gehörte. In dem fast ein Jahr dauernden Streit zwischen den beiden
Parteien wurde die Grenze zwischen Stadt und Lager hin und her geschoben. Schließlich gab die SS der Stadtverwaltung nach, da Oswald

Pohl, der kaufmännische Leiter des SS-Imperiums, mit steigender Zahl der durch den Bahnhof Auschwitz rollenden Judentransporte zu der Ansicht gelangte, er könne es sich nicht leisten, die Provinz und die Stadt vor den Kopf zu stoßen und zugleich von ihnen zu fordern, die Augen vor dem zu verschließen, was im Lager geschah.[39] Hartjenstein wurde angewiesen, einen neuen Entwurf zu zeichnen, der für die SS-Siedlung einen anderen Standort vorsah.[40]

Hartjenstein stellte den neuen Plan am 12. November 1942 fertig, und Pohl genehmigte ihn am 5. Dezember. Zu jener Zeit zählten die Lager in Auschwitz und Birkenau 30 000 Häftlinge, davon 8200 Frauen. Was geschah mit ihnen, lebendigen menschlichen Wesen, während Pohl überlegte, was mit Hartjensteins papierenen Entwürfen geschehen sollte? In den 23 Tagen zwischen dem 12. November und 5. Dezember wurden 2000 Häftlinge vergast, 461 kranke Häftlinge mit Phenolinjektionen getötet, 25 wurden hingerichtet, zwei »auf der Flucht« erschossen, einer gehängt und einer zu Tode gefoltert. Weitere 837 Personen starben infolge »natürlicher« Ursachen – durch Verhun-

Ein Teil von Stosbergs Auschwitz, der tatsächlich gebaut wurde. Während Stosberg den Bebauungsplan entwarf, lieferte der Ludwigshafener Architekt Klemens Anders, der zuvor für die IG Farben tätig gewesen war, den Entwurf der Wohnbauten.

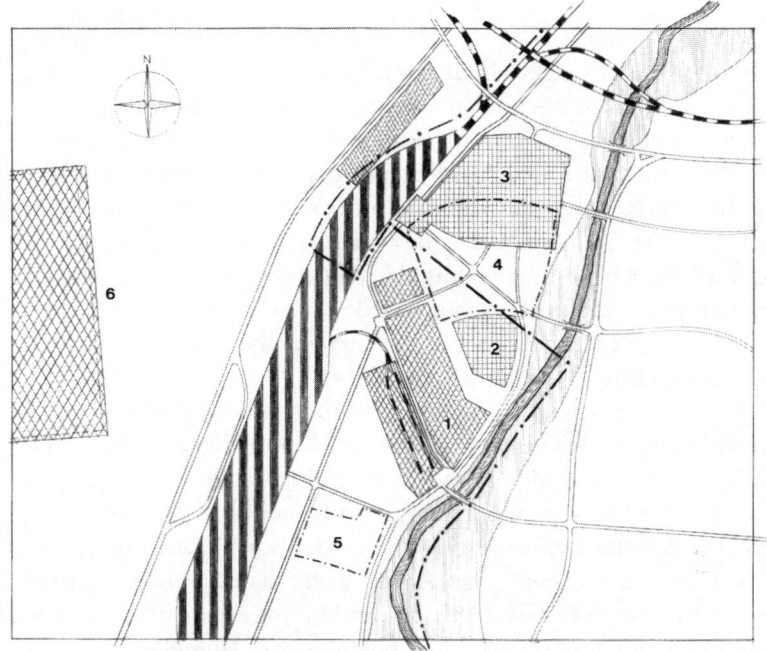

Die Karte zeigt die widerstreitenden Gebietsansprüche der SS und der Auschwitzer Stadtverwaltung.
1 = Konzentrationslager; 2 = SS-Kaserne; 3 = von Stosberg geplantes Wohngebiet; 4 = von Hartjenstein
geplante SS-Siedlung; 5 = endgültige Lage der SS-Siedlung; 6 = Birkenau.

gern, Erschöpfung oder eine Kombination beider. Dies ergab insgesamt 3327 ermordete menschliche Wesen. Die wahre Lage war noch
entsetzlicher, denn diese amtliche Statistik berücksichtigt nur die offiziell erfaßten Insassen. Während derselben 23 Tage wurden 13 000
Personen sofort nach der Ankunft in Birkenau in die Gaskammern der
Bunker 1 und 2 geschickt.[41]

Der Bau des Lagers in Birkenau, das bis Ende 1942 zu einem der
Hauptzentren für die Vernichtung der europäischen Juden geworden
war, stand in direktem Zusammenhang mit Himmlers Programm der
Umwandlung von Auschwitz in ein Muster für die deutsche Siedlung
im Osten. Um die IG Farben davon zu überzeugen, daß Auschwitz genau das war, was der Konzern brauchte, mußte Himmler über bloße
Versprechungen hinausgehen. Bei seinem ersten Besuch des Lagers
im März 1941 schlug er daher vor, nicht nur die Lagerkapazität auf

30 000 zu erhöhen, sondern auf der Fläche des Landwirtschaftsbetriebs auch ein riesiges Nebenlager für 100 000 Häftlinge zu errichten. Höß erinnerte sich: »Schon im Gelände hatte er davon gesprochen und den ungefähren Platz dafür bestimmt.« Während Himmler mit seinem Plan Höß nur überraschte, gab er der Provinzverwaltung Anlaß zu echter Sorge. Oberschlesien war arm an Wasser, und seine Behörden hatten die Feuchtgebiete um Birkenau als eine wichtige Quelle erkannt.[42] Auch war ihnen sofort klar, daß 100 000 Gefangene massive Abwasserprobleme verursachen würden. »Lächelnd tut Himmerl sie ab... ›Meine Herren, das wird errichtet, meine Gründe dazu sind wichtiger als Ihre Ablehnungsversuche!‹«[43]

Himmlers Besuch in Auschwitz und Birkenau und seine Befehle zum Bau dessen, was zum Friedhof für mehr als eine Million Juden werden sollte, war ein Ereignis, das sorgfältig inszeniert war, um Eindruck auf die Direktoren der IG Farben zu machen. Er beabsichtigte nicht, mit dem Bau sofort zu beginnen – der Befehl dazu erging mehr als sechs Monate später –, sondern er wollte damit sein Engagement für die Zukunft von Auschwitz bekunden. Indem er die Errichtung eines Lagers für 100 000 Häftlinge befahl, stellte Himmler sicher, daß die Arbeitskraft zur Verfügung gestellt würde, die, wie gezeigt, der Schlüssel zur Entwicklung der Region war. Auch war mit dem Einsatz von Häftlingen für städtische Projekte im Dezember 1940, als das Lager und die Stadt übereinkamen, Häftlingskolonnen zur Befestigung der Weichsel- und Soladeiche und zur Begradigung beider Flüsse einzusetzen, ein Präzedenzfall geschaffen worden; wenige Monate später wurden Häftlingskommandos zu Abrißarbeiten in der Stadt herangezogen.[44] Himmlers Geste in Birkenau sollte seiner Umgebung nachdrücklich klarmachen, daß das Lager imstande wäre, das Stadterneuerungsprojekt mit Arbeitskräften zu unterstützen. Alle Anwesenden – IG Farben-Offizielle, Oberpräsident Fritz Bracht und andere Beamte der Zivilverwaltung, der SS-Verbindungsmann zur IG Farben, Karl Wolff, und der SS-Chef für landwirtschaftliche Angelegenheiten, Heinrich Vogel, ebenso wie die Angehörigen der Lagerleitung – hörten Himmlers Ankündigung, die er ein Jahr später vor SS-Führern wiederholte. Der Einsatz einer riesigen Sklavenarmee war eine simple Notwendigkeit in dem Bemühen, ein stabiles Fundament für eine deutsche Zukunft im Osten zu legen, erklärte Himmler seinen Männern. »Wenn wir nicht die Ziegelsteine hier schaffen, wenn wir nicht unsere Lager mit Sklaven vollfüllen – in diesem Raum sage ich die Dinge sehr deutlich und sehr klar –, mit Arbeitssklaven, die ohne

Rücksicht auf irgendeinen Verlust unsere Städte, unsere Dörfer, unsere Bauernhöfe bauen, dann werden wir auch nach einem jahrelangen Krieg das Geld nicht haben, um die Siedlungen so auszustatten, daß wirklich germanische Menschen dort wohnen und in der ersten Generation verwurzeln können.«[45]

Womit sollte das Lager gefüllt werden? In früheren Besprechungen mit der IG Farben war die völlige Evakuierung aller jüdischen und polnischen Einwohner von Auschwitz zugesagt worden, so daß die Stadt »für die Belegschaft der Fabrik zur Verfügung stünde. Die Deportierten sollen in einem Lager »in unmittelbarer Nachbarschaft von Auschwitz inhaftiert und als Bauhilfsarbeiter eingesetzt werden«.[46] Doch die politische Lage hatte sich geändert, und Himmlers Ankündigungen über jüdische und polnische Zwangsarbeiter sollten seine wahren Absichten verschleiern. Am 1. März 1941 wußte Himmler – im Gegensatz zu den anderen – bereits, daß Hitler entschlossen war, im Frühjahr die Sowjetunion anzugreifen. Ihm war klar, daß sowjetische Kriegsgefangene ihm die Arbeitskräfte liefern würden, die er zum Neuaufbau des deutschen Ostens benötigte. Von den jüdischen und polnischen Einwohnern von Auschwitz war nur etwa die Hälfte zu wirklicher Arbeit imstande; die übrigen – Kinder und Alte – waren nutzlose Esser. Die sowjetischen Gefangenen hingegen waren relativ junge Männer. Wenn die sowjetischen Musterungskommissionen entschieden hatten, daß sie mit einem Gewehr umgehen könnten, nahm Hitler an, sie könnten auch mit einem Spaten umgehen.

Nachdem er die IG Farben in Birkenau beeindruckt hatte, kehrte Himmler nach Berlin zurück, und in den nächsten sechs Monaten dachte er nicht viel über den Neubau von Auschwitz nach. Während die Invasion der Sowjetunion unter dem Decknamen »Unternehmen Barbarossa« näherrückte, beschäftigte er sich mit anderen Dingen; die Stadt Auschwitz konnte warten. Am Sonntag, dem 22. Juni 1941, überraschte die deutsche Wehrmacht die Russen mit einem Angriff am frühen Morgen. Die Rechtfertigung war weder politisch noch praktisch, sondern rein ideologisch. Während der Krieg mit Polen das Unrecht von Versailles wiedergutmachen sollte, war der Angriff auf Rußland so nicht zu rechtfertigen. Die Sowjetunion hatte nach dem Weltkrieg keinen Quadratzentimeter deutschen Bodens gewonnen. Die Triebfeder für den Angriff war das geopolitisch motivierte Verlangen nach Eroberung von Lebensraum im Osten[47] und der Kampf, gegen die jüdisch-bolschewistische Verschwörung zur Beherrschung

der Welt. Der erste dieser Gründe war 1941 bereits ein fester Bestandteil des ideologischen Repertoires, der zweite gehörte zum Kernbe-
stand von Hitlers Weltanschauung. Die größte Mobilisierung der
Weltgeschichte, die zermalmende Wucht des Angriffs und die beispiellosen Anfangserfolge schmiedeten aus beiden Vorstellungen die
Begründung für einen neuen Kreuzzug.

Wenige Wochen nach dem Überfall schrieb Franz Lüdtke, der nationalsozialistische Historiker des deutschen Ostens, im Gefolge einer
phantastischen Siegesserie eine für Soldaten bestimmte Propagandaschrift, in der er den Krieg in einen europäisch-asiatischen Konflikt
umdeutete. »Da diese Zeilen geschrieben werden, geht es um die
letzte Entscheidung im europäischen Osten und damit um den Osten
überhaupt: um den Kampf gegen den Bolschewismus. In ihm halten
sich alle zerstörerischen Elemente des Raumes, der sich östlich unseres Volksbodens bis hinein nach Asien erstreckt, wie in einem Becken
gesammelt und strömen nun den Hauch der Vernichtung aus. Unter
dem Befehl des Führers ist Deutschland zum Retter nicht nur der
deutschen, sondern der abendländischen Kultur geworden.« Nach
Lüdtkes Ansicht machte der Krieg deutlich: »Deutscher Nationalsozialismus und jüdischer Bolschewismus konnten auf der gleichen Ebene
nicht leben. Einer mußte weichen... Der Osten des Jahrtausends steht
im Zeichen des Hakenkreuzes.«[48]

Lüdtkes Glaube, das Jahr 1941 markiere einen wahrhaft historischen Augenblick nicht nur deutscher, sondern auch europäischer
Geschichte, wurde von allen engagierten Nationalsozialisten geteilt,
so auch von dem 31jährigen Dichter Gerhard Schumann, Träger des
Nationalen Buchpreises 1936. In den frühen dreißiger Jahren NS-Stu-
dentenführer und Inhaber eines hohen SA-Ranges, gab Schumann die
Ansicht eines typischen SA-Mannes wieder, der, weder durch Erfahrung noch durch Mitleid gemäßigt, den Krieg mit der Sowjetunion auf
einen apokalyptischen Kampf zwischen kosmischen Mächten ver-
kürzte. »Es geht ja nicht nur darum, diesem Abendland das nackte Leben zu erhalten, die geschichtliche Führungskultur Europas... vor
der Wut der asiatischen Steppenhorden zu retten. Es geht darum, die
Würde des Menschen überhaupt mit flammenden Waffen zu verteidigen gegen den satanischen Vernichtungstrieb einer seelenlosen dä-
monischen Macht, die gewillt ist, die Welt in ihrem Blut zu ertränken,
den Sinn der bisherigen Geschichte auszulöschen und über den
Trümmern der heiligen menschlichen Welt eine Weltherrschaft des
Untermenschentums aufzurichten.«[49] Äußerungen wie diese verwan-

Der Schatten. *Der Stürmer,* 1937. In den frühen zwanziger Jahren gelangte Hitler zu der Überzeugung, die Russische Revolution wäre eine jüdische Revolution und der Bolschewismus jüdischer
Bolschewismus, d.h. ein Werkzeug der Juden zur Beherrschung der russischen Massen. In »Mein
Kampf« schrieb er: »Karl Marx war wirklich nur der eine unter den Millionen, der in dem Sumpfe
einer langsam verkommenen Welt mit dem sicheren Blick des Propheten die wesentlichen Giftstoffe
erkannte, sie herausgriff, um sie, einem Schwarzkünstler gleich, in eine konzentrierte Lösung zur
schnelleren Vernichtung des unabhängigen Daseins freier Nationen auf dieser Erde zu bringen.
Dieses alles aber im Dienste seiner Rasse.«[Mein Kampf. Zwei Bände in einem Band (München:
Franz Eher, 1936), S. 420] Das Ergebnis war eine Ideologie, die in völligem Gegensatz stand zu
Hitlers Überzeugung, daß die Träger höherer Kultur (sprich: die Deutschen) das Recht und die
Pflicht hätten, über Völker niederer Kultur (sprich: Slawen und Juden) zu herrschen.

Russische Kinder. Reichsführer SS,
»Der Untermensch« (1942). Die
Seite ist übertitelt: »Das sind die
Folgen der von Juden systematisch
zertrümmerten Familie! – dieses
Meer geweinter Kindertränen ver-
mögen auch Jahrhunderte nicht
auszutrocknen.«

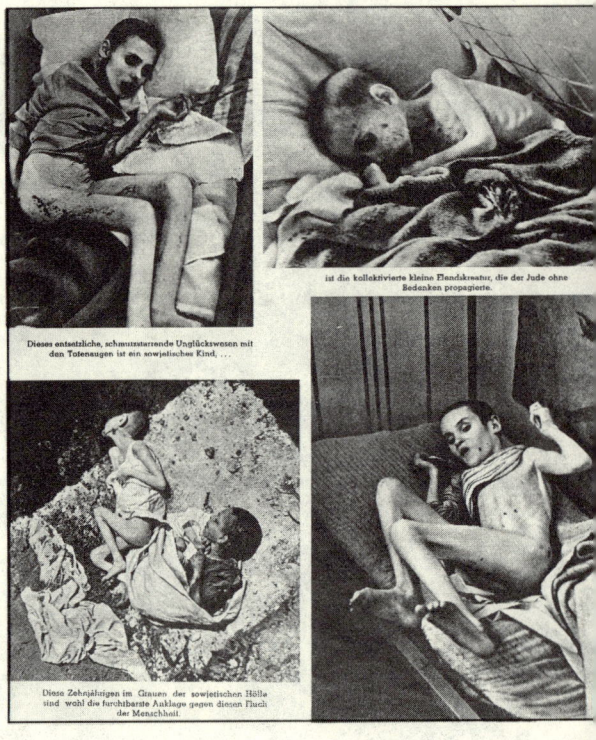

delten das Relative zum Absoluten und das Schlimme zum Bösen. Der
Mythos von der jüdisch-bolschewistischen Verschwörung, eine Generation zuvor von dem Parteiphilosophen Alfred Rosenberg formuliert,
erlangte jetzt sein volles Potential.

Doch die Propaganda befand sich nicht in erster Linie in der Hand
von Dichtern, gleichgültig, wie berühmt oder wie gut bekannt sie
als Stimmen des Nationalsozialismus sein mochten. Die Aufgabe, die
Werbekampagne für den Krieg zu orchestrieren, oblag dem Reichsminister für Volksaufklärung und Propaganda, und Josef Goebbels war
darauf gut vorbereitet. In einer Besprechung am 27. Juni 1941 wies
Goebbels seinen Stab an, den Kampf als einen Konflikt zwischen
ganz Europa (das inzwischen teilweise von Deutschen erobert war)
und Asien zu beschreiben. »Europa marschiert gegen den gemeinsamen Feind in einer einzigartigen Solidarität und steht gewissermaßen
gegen den Unterdrücker jeder menschlichen Kultur und Zivilisation
auf. Diese Geburtsstunde des neuen Europas vollzieht sich ohne Forderung und Zwang deutscherseits.«[50] Der deutsche Osten wurde jetzt

Überall das gleiche Mutterglück – in der Schweiz, ...

in den Niederlanden, ...

in Kroatien und in Dänemark

Kinder in Deutschlands Europa. Reichsführer SS, »Der Untermensch« (1942). Die Seite ist übertitelt: »Wir aber wissen, war wir an den Müttern der Nation haben. Wir verehren in ihnen die ewig fruchtbaren Quellen unvergänglichen Lebens. Wir wissen um die Mutterschaft als höchstes Glück dieser Welt und erkennen mit unendlicher Beruhigung, daß die weibliche Jugend der arisch-europäischen Völkerfamilie sich ihrer Sendung bewußt wurde.« Vier Bilder fröhlicher Mütter mit ihren Kindern illustrieren »überall das gleiche Mutterglück - in der Schweiz, in den Niederlanden, in Kroatien und in Dänemark.«

zum europäischen Osten. Goebbels wies die Medien an, in solchen Begriffen über den Krieg zu berichten. War Rußland bisher ein Vorposten Asiens gewesen, so wurde sein Schicksal jetzt zum Beispiel für das jedes europäischen Landes, das auf den Bolschewismus hereinfiel, den »größten Judenschwindel aller Zeiten«. In einer Propagandakampagne denunzierte Goebbels die sowjetische Gesellschaft als »ein gigantisches Betrüger- und Ausbeutersystem, in dem die Schaffenden durch blutigsten Terror in menschenunwürdigen Zuständen ein unbeschreiblich erbärmliches Dasein fristen müssen«. Er ließ keinen Zweifel daran aufkommen, wer die Verantwortung trüge für die erbärmlichen Hütten, verlausten Wohnungen, verkommenen Straßen und schmutzigen Dörfer: »In diesen unsagbaren Zustand tiefsten menschlichen Elends hat der Jude durch sein teuflisches System des Bolschewismus die Völker der Sowjetunion gestoßen.« Die deutsche Presse wurde angewiesen, die »menschenunwürdigen Zustände in der Sowjetunion gegenüber dem sozialen Fortschritt, dem kulturellen Hochstand und der gesunden Lebensfreude des arbeitenden Men-

Hunnisch-mongolische Reiter.
Reichsführer SS, »Der Untermensch« (1942). Diese Propagandaschrift des SS-Hauptamtes diente
Himmler zur Verbreitung seiner
Sicht der Geschichte als jahrhundertelanger Konflikt zwischen dem
europäischen Menschen und dem
Vorgänger des sowjetischen Untermenschen, des hunnischen und
mongolischen Reiters, die die Nationalsozialisten verwechselten und
verquickten. »Die Kampfansage des
Untermenschen begann mit den
furchtbaren Ritten Attilas [Hunne]
und Dschingis-Chans [Mongole]«,
erläutert der Text. »Auf häßlichen
kleinen Steppenpferden, fast mit
dem Fell ihrer Tiere verwachsen,
brausten hunnische Horden gegen
Europa, ihre geschlitzten Augen
glühten vor Mordlust und hinter
ihnen blieben Wüste, Mord, Brand
und Vernichtung.«

schen im nationalsozialistischen Deutschland« herauszustellen und
mittels »einer guten Bildauswahl, in der die vertierten bolschewistischen Typen dem freien und offenen Blick des deutschen Arbeiters,
die verdreckten Sowjetbaracken den deutschen Arbeitersiedlungen,
die grundlosen Morastwege den deutschen Reichsstraßen usw. gegenüber gestellt werden«, den Unterschied beider Systeme deutlich zu
machen.[51]

Von hier war es nur ein kleiner Schritt bis zur rhetorischen Ge-
genüberstellung des europäisch-germanischen *Menschen* und des
asiatisch-sowjetischen *Untermenschen*, des Russen in den Klauen des
jüdisch-asiatischen Bolschewismus. Dieselbe simple Polarisierung
wurde drastisch in »Der Untermensch« dargestellt, einer gleichzeitig in
15 Sprachen erschienenen SS-Schrift, die in ganz Europa Begeisterung
für den deutschen Kreuzzug im Osten erwecken sollte. Ein Sprach-
rohr für Himmlers Sicht der Geschichte, war das Heft nach einem

Spiegelbildprinzip strukturiert: So wurde etwa rechts die wunderbare Lage von unter deutschem Schutz stehenden Kindern gezeigt, links das Elend der Kinder in der Sowjetunion. Ein Foto sowjetischer Kriegsgefangener trug die Bildunterschrift: »Nun sind sie wieder da, die Hunnen, Zerrbilder menschlicher Gesichter, Wirklichkeit gewordene Angstträume, Faustschlag in das Gesicht alles Guten.«[52]

Von solcher Propaganda beeinflußt und auf den wachsenden Widerstand der Roten Armee reagierend, beschloß die deutsche Wehrmachtsführung, daß die durch Gewohnheit entstandenen und im Völkerrecht verankerten Regeln der Kriegführung für den Krieg im Osten nicht gelten sollten. Die berüchtigten »Richtlinien für die Behandlung politischer Kommissare«, bekannter als der von General Walter Warlimont unterzeichnete »Kommissarbefehl« vom 6. Juni 1941, schaffte den geltenden Schutz von Kriegsgefangenen ab. Den gefangenen Politischen Kommissaren der Roten Armee wurde der Kriegsgefangenenstatus verweigert; sie waren, »wenn im Kampf oder Widerstand

Sowjetische Kriegsgefangene. Reichsführer SS, »Der Untermensch« (1942). Die Bilderklärung folgte auf der Gegenseite (siehe Textkasten im Bild).

„Nun sind sie wieder da, die Hunnen. Zerrbilder menschlicher Gesichter, Wirklichkeit gewordene Angstträume, Faustschlag in das Gesicht alles Guten ..."

ergriffen, grundsätzlich sofort mit der Waffe zu erledigen«. Drei Wochen später traf die Wehrmacht eine Vereinbarung mit der SS, welche dieser erlaubte, in Kriegsgefangenenlagern Politkommissare, kommunistische Funktionäre aller Ränge, Agitatoren und fanatische Kommunisten und »alle Juden« auszusondern und zu exekutieren.[53] Die Haltung der Wehrmacht war klar und eindeutig. »Die besondere Lage des Ostfeldzuges verlangt daher besondere Maßnahmen (...) Während den bisherigen Vorschriften und Befehlen des Kriegsgefangenenwesens ausschließlich militärische Überlegungen zu Grunde lagen, muß nunmehr der politische Zweck erreicht werden, das Deutsche [sic] Volk vor bolschewistischen Hetzern zu schützen.«[54]

In den folgenden Monaten schwenkten hohe Offiziere auf die Parteilinie ein. Im Oktober befahl Generalfeldmarschall Walter von Reichenau, der Oberbefehlshaber der 6. Armee, seinen Soldaten »die völlige Zerschlagung der Machtmittel« des »jüdisch-bolschewistischen Systems« und »die Ausrottung des asiatischen Einflusses im europäischen Kulturkreis«. Die Truppen hätten »Aufgaben, die über das hergebrachte einseitige Soldatentum hinausgehen. Der Soldat ist im Ostraum nicht nur ein Kämpfer nach den Regeln der Kriegskunst, sondern auch Träger einer unerbittlichen völkischen Idee und der Rächer für alle Bestialitäten, die deutschem und artverwandtem Volkstum zugefügt wurden.«[55] Einige Wochen später erklärte Generaloberst Hoth seinen Männern, »daß hier im Osten zwei innerlich unüberbrückbare Anschauungen gegeneinander kämpfen: Deutsches Ehr- und Rassegefühl, Jahrhunderte altes deutsches Soldatentum gegen asiatische Denkungsart und ihre, durch eine kleine Anzahl, meist jüdischer Intellektueller aufgepeitschten primitiven Instinkte«. Ihre »Sendung« sei es, »die europäische Kultur zu retten vor dem Vordringen asiatischer Barbarei ... Dieser Kampf kann nur mit der Vernichtung des einen oder des anderen enden; einen Ausgleich gibt es nicht.«[56]

Drei wichtige internationale Abkommen – die Erste Haager Landkriegsordnung (1899), die Zweite Haager Landkriegsordnung (1907) und die Genfer Konvention (1929) – hatten Mindeststandards für die Behandlung von Kriegsgefangenen gesetzt. Daß die Genfer Konvention, die lediglich bestimmte Punkte klärte, nicht die Unterschrift der Sowjetregierung trug, diente der deutschen Wehrmachtsführung als Vorwand, um die Nichtanwendbarkeit aller dieser Konventionen zu erklären. Infolgedessen waren bis zum Frühsommer 1941 die Bedingungen in den Lagern für sowjetische Kriegsgefangene katastrophal

geworden. Die Bezeichnung »Lager« ist ein Euphemismus: Ein Lager
war einfach ein mit Stacheldraht umgebenes Gelände. Die Gefangenen mußten ihre Unterkünfte selbst bauen, doch wurde kein Baumaterial gestellt. Höß erinnerte sich nach dem Krieg, das oberschlesische
Lager Lamsdorf habe etwa 200 000 Gefangene gezählt, »zum größten
Teil im Planquadrat in Erdhütten, die sie sich selbst gebaut, hausend.
Die Verpflegung völlig unzureichend und auch unregelmäßig. Sie
kochten sich selbst in Erdlöchern.«[57] Über ein Lager mit 150 000 Gefangenen nahe der polnischen Stadt Chelm berichtet ein einheimi-
scher Augenzeuge:

> Der Mergel, auf dem das Lager stand, verwandelte sich nach Regen in
> dicken Schlamm, in dem die Gefangenen schlafen müssen, ohne daß
> ihnen auch nur eine Handvoll Stroh zur Verfügung steht. Die Verpflegung
> ist schlechter als dürftig. Die Gefangenen sterben buchstäblich Hungers
> und essen Gras, Stroh und gelegentlich Brocken vom Abfallhaufen. Eine
> Ruhrepidemie breitet sich mit erschreckender Geschwindigkeit unter
> ihnen aus. Sie starren vor Schmutz und werden von Läusen aufgefressen.
> Es gibt keine medizinische Versorgung. Ihre Behandlung ist barbarisch.
> Die deutschen Wachmannschaften quälen sie, schlagen sie mit Gewehr-
> kolben oder Peitschen und stechen nach ihnen mit Bajonetten. Die Greuel
> geschehen bei hellem Tageslicht, vor den Augen der Anwohner des Lagers.
> Nackte Gefangene werden so an den Lagerzaun gebunden, daß sie auf den
> Zehenspitzen stehen müssen. Ihre auf dem Rücken gefesselten Hände sind
> am Zaun festgebunden. Ihnen wird eine Schnur um den Hals gelegt und
> am Zaun festgemacht. Niemand kann sich lange in solcher Stellung auf-
> recht halten: Allmählich sinkt er zusammen, seine Arme werden herumge-
> kugelt, und die Schnur um seinen Hals zieht sich fest und erwürgt ihn lang-
> sam. Solche Szenen können täglich beobachtet werden.[58]

In tiefster Verzweiflung verloren viele Gefangene die letzte Beherrschung. Ihre Bewacher sahen sich dadurch in ihren Vorurteilen bestätigt. So fragte sich einer von ihnen in einem Brief an einen Freund,
welches Schicksal Deutschland wohl erleiden würde, wenn es den
Russen gelänge, Deutschland zu erobern. Und er drückte seine Erleichterung darüber aus, das »der Führer« das verhindert habe.[59]
   Für Himmler waren die sowjetischen Kriegsgefangenen ein Ge-
schenk des Himmels. Um seine Versprechungen an die IG Farben ein-
lösen zu können, brauchte er sie als Zwangsarbeiter. Die Entwicklung
in Auschwitz verlief nicht günstig. Ambros und Dürrfeld waren zunehmend pessimistisch. »Das Werk wird gebaut auf ehemals galizi-

Fritz Ertl, 1938.

schem Boden mit einem für reichsdeutsche Begriffe niedrigsten zivili-
satorischen und kulturellen Niveau. Keine Wasserversorgung, keine
geordnete Fäkalbeseitigung, kein Gasthof, keine Bildungsstätte, kein
deutsches Kino in der ›Stadt‹ Auschwitz! ... Diese Tatsache erschwert
den Einsatz und die Umsiedlung reichsdeutscher Kräfte ungeheuer-
lich.«[60] Sofortiges Handeln war geboten. »Unter Berücksichtigung dessen, daß für jeden Mann der Betriebsbelegschaft eine Wohnung gebaut werden muß, ist im laufenden Baujahr die Erstellung von 10 000
Wohnungen zumindest zur Unterbringung der aus dem Westen und
aus Mitteldeutschland anzusiedelnden qualifizierten Kräfte notwendig. Zur Versorgung und Betreuung der Deutschen müssen etwa zehn
deutsche Kaufläden, ein Gasthaus und ein Krankenhaus in Auschwitz
eingerichtet werden.«[61] Himmler war ihre Unzufriedenheit bekannt,
und ihm war klar, daß die Rettung seines Projekts rasches Handeln erforderte. Er wandte sich an die Wehrmacht mit dem Angebot, 100 000
sowjetische Gefangene zu übernehmen. Die Generäle willigten hocherfreut ein.[62]

Als Anfang Oktober 10 000 sowjetische Kriegsgefangene in Auschwitz
eintrafen, gab es in Birkenau noch kein Lager für sie. Am Tag ihrer Ankunft, am 7. Oktober, zeichnete der neuernannte Bauleiter Bischoff den
ersten Bauplan des 33jährigen Bauhaus-Absolventen Fritz Ertl ab.[63] Ertl
schlug ein zweiteiliges Lager für eine projektierte Zahl von 97 000 Ge-

fangenen vor. (Siehe Tafel 12.) Der kleinere Teil, Bauabschnitt I (BA I) für nahezu 17 000 Gefangene ausgelegt, war ein Quarantänelager; BA II und BA III bildeten das reguläre Lager. Die beiden Sektoren waren durch eine »neutrale Zone« getrennt. Bei einer Besprechung Mitte Oktober wurde dieser Plan geändert, und die zweite Fassung wurde zur Grundlage für das 14seitige Begleitdokument zur Erläuterung des Entwurfs.[64] Die wichtigste Änderung im Oktober war die Erweiterung der Lagerkapazität von 97 000 auf 125 000 Gefangene. Eine der Zeichnungen, eine Schnittdarstellung der zum Bau vorgesehenen Standardbaracke, macht absolut klar, daß diese Vergrößerung einfach dadurch erreicht wurde, daß in denselben Raum eine größere Zahl von Gefangenen gepfercht werden sollte. Die von Bischoff am 8. Oktober signierte Originalzeichnung gibt eine Kapazität von 550 Mann an. Eine Woche später strich Bischoff die »550« durch und ersetzte sie durch »744«.[65] (Siehe Tafel 13.) Das war die einzige Änderung. Vielleicht hatte die Ankunft der ersten Kriegsgefangenen Bischoffs Entscheidung beeinflußt. Wie so viele andere Deutsche, betrachtete er die ausgehungerten, kranken und ausgemergelten Männer als Untermenschen, die auf noch weniger Unterkunftsraum Anspruch hatten, als er ihnen ursprünglich zugeteilt hatte. Doch wenn er sie auch verachten mochte, so fürchtete er sie zugleich. Vorstellungen von Anarchie führten zu einer weiteren Änderung. Das Hauptlager (BA II und BA III) wurde jetzt in zwölf kleinere, selbständige »Lager« unterteilt. Diese Anordnung, die an Culemanns Prinzipien in seinem Entwurf städtischer Wohnblöcke erinnerte, sollte alle folgenden Änderungen überdauern. Schließlich wurde zum direkten Anschluß an den knapp zwei Kilometer östlich gelegenen Bahnhof ein Gleis vorgesehen. Künftig sollten die Gefangenen per Eisenbahn antransportiert werden.

In der Eile der Arbeit hatte sich Bischoff nicht mit Berlin ins Benehmen gesetzt und wußte daher nicht, wieviel Geld zur Verfügung stünde. Vom SS-Hauptamt Haushalt und Bauten darauf hingewiesen, daß er nur bei Einhaltung des üblichen Verfahrens mit der Finanzierung seiner Entwürfe rechnen könne, erstellte er rasch die geforderten Unterlagen.[66] Der Etat solle insgesamt 8,9 Millionen RM betragen, und BA I sei bereits im Bau und würde in 14 Tagen fertiggestellt, erklärte Bischoff in seinem Begleitschreiben. Es war nicht das letzte Mal, daß Bischoff im Hinblick sowohl auf Geld als auch auf den Baufortschritt allzu optimistisch war. Die sowjetischen Gefangenen waren, wie Höß bemerkte, »willig zur Arbeit... – aber sie konnten vor Entkräftung nichts leisten... Der ganze Organismus war fertig, nicht

Vogelperspektive des zweiten Entwurfs für Auschwitz-Birkenau, Oktober 1941. Südlich der
Eisenbahnrampe das Quarantänelager mit zwei Entlausungsstationen, zwei Küchen, 30 Baracken
für je 744 Häftlinge, fünf Latrinenbaracken und fünf Waschbaracken. Nördlich der Rampe
zwölf gesonderte Lager mit jeweils zwölf Wohnbaracken, einer Küche, einer Latrinenbaracke
und einer Waschbaracke. Das Quarantänelager wurde plangemäß gebaut; das Hauptlager wurde
vergrößert und weiter verändert infolge Hans Kammlers Entscheidung, die Backsteinbaracken
durch vorgefertigte hölzerne Pferdeställe zu ersetzen.

mehr funktionsfähig.«[67] In Berlin sah man die Sache anders. Das
Hauptamt Haushalt und Bauten strich die Gesamtkosten von 8,9 Millionen RM auf 7,7 Millionen RM zusammen, da der normale Satz für
Arbeitskosten nicht anwendbar wäre; die Gefangenen sollten das Lager selbst bauen, natürlich kostenlos.

Die Entwürfe illustrieren die Ideologie, die auch in Bischoffs Feder-
strich durch die Zahl 550 und ihre Ersetzung durch 744 zum Ausdruck
kam. Die deutsche Gleichsetzung von Sowjetsoldat mit *Untermensch*
wurde ins Architektonische übersetzt. Die Gefangenen sollten in 174
Baracken untergebracht werden, von denen jede in 62 *Boxen* mit je
drei *Rosten* unterteilt war. Ein Rost sollte ursprünglich drei Gefangenen Platz bieten, aber Bischoffs Rechenkunst erhöhte die Kapazität
auf vier. Zum Schlafen, Sitzen und Aufbewahren seiner Habe erhielt
jeder Gefangene jetzt einen »privaten« Raum, welcher der Fläche eines
großen Sarges oder dem Volumen eines flachen Grabes entsprach.
Die Kosten pro Baracke sollten 12 400 RM oder 16,67 RM pro Gefangenen betragen.

Den Insassen wurde der existentiell erforderliche Mindestraum vor-
enthalten. Tadeusz Borowski, der 1943 als Gefangener Nummer
119198 interniert wurde, nennt die Zustände in dem Lager entsetzlicher als mittelalterliche Höllenphantasien:

Wenn die Barackenwände plötzlich wegfielen, würden Tausende von
Menschen, zusammengestopft, eng in ihre Kojen gepfercht, in der Luft
schweben bleiben. Solch ein Anblick wäre schauriger als die mittelalterlichen Bilder vom Jüngsten Gericht. Denn einer der häßlichsten Anblicke
für einen Menschen ist der eines anderen Menschen, der auf seinem winzi-

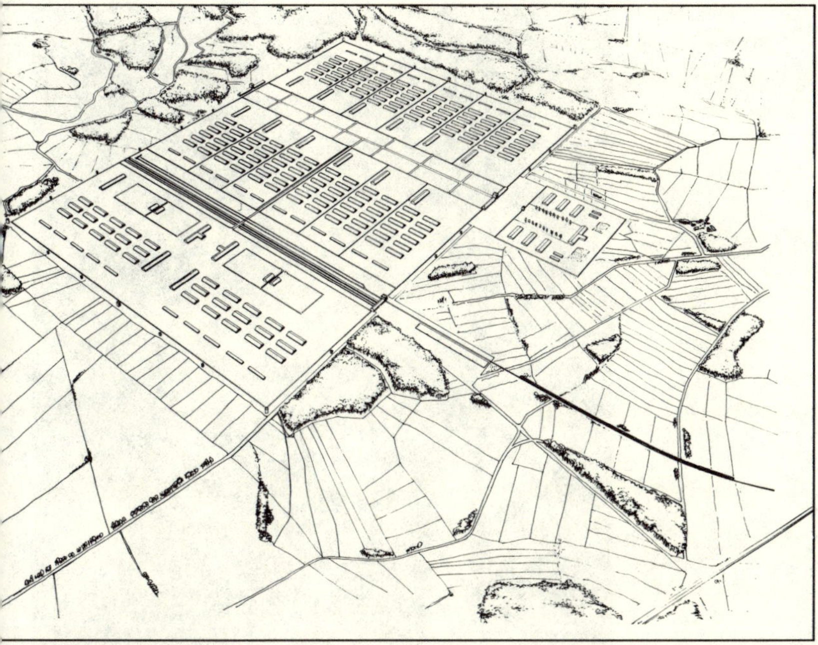

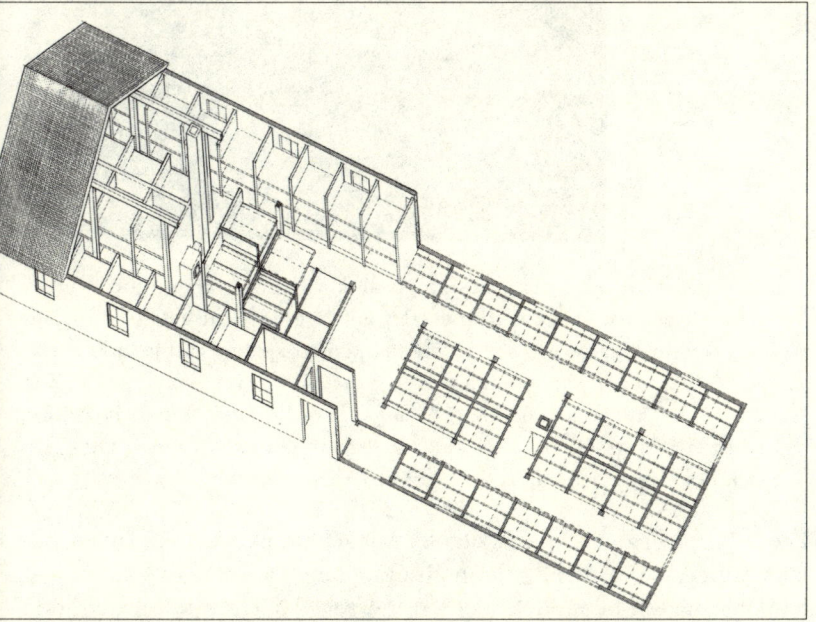

Eine Backsteinbaracke in Auschwitz-Birkenau. (Anmerkung: Diese axonometrische Zeichnung beruht auf der exakten Vermessung der Längen und Winkel auf der Originalzeichnung. Siehe Tafel 13.)

Postkarte. Inneres einer
Baracke in Birkenau nach der
Befreiung durch die Rote
Armee, Frühjahr 1945.

gen Stück der Koje schläft, des Raumes, den er einnehmen muß, weil er
einen Körper hat – einen Körper, der aufs äußerste ausgebeutet ist: Mit
einer Nummer tätowiert, um Hundemarken zu sparen, mit gerade genügend Schlaf in der Nacht, um am Tage zu arbeiten, und gerade genug Zeit
zum Essen. Und gerade genug Nahrung, um nicht durch seinen Tod einen
Verlust zu verursachen. Für wirkliches Leben gibt es nur einen Ort – ein
Stück Koje. Der Rest gehört dem Lager, dem Vaterland.[68]

Diese Planung zeugt von eklatanter Mißachtung völkerrechtlicher Bestimmungen zum Schutze von Kriegsgefangenen, die wie deutsche
Soldaten hätten behandelt werden müssen.[69] Nicht nur wurde ihnen
die Gleichbehandlung mit deutschen Soldaten verweigert, sie waren
nicht einmal deutschen KZ-Häftlingen gleichgestellt. Ein Vergleich des

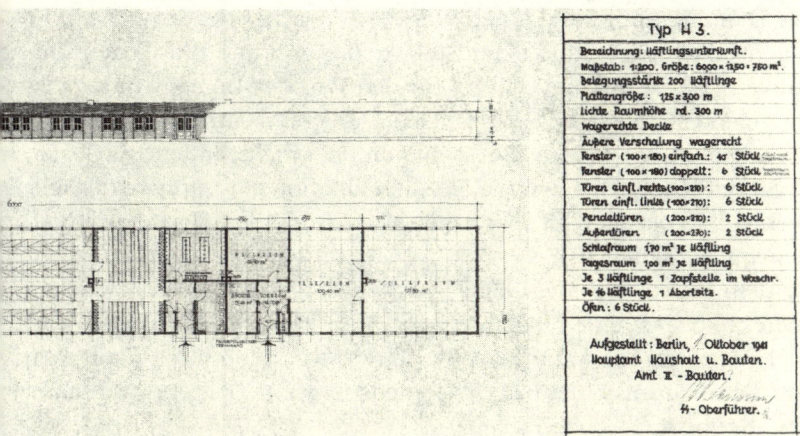

Typenblatt für eine Baracke. Dieses Typenblatt für Häftlingsbarracken vom Typ 3 ist eines der 25 Typenblätter, die Hans Kammler im Herbst 1941 zur Standardisierung der Planung von Konzentrationslagern herausgab. Eine Baracke war zur Unterbringung von insgesamt 200 Gefangenen in zwei Abteilungen vorgesehen. Jede Abteilung bestand aus einem Aufenthaltsraum, einem Schlafraum, einem Waschraum und einem Toilettenraum.

Ertl-Bischoff-Planes mit den im gleichen Monat von Kammler erlassenen amtlichen SS-Standards für KZ-Baracken zeigt, daß dem KZ-Häftling fast sechsmal soviel Raum wie dem sowjetischen *Untermenschen* zugestanden wurde.[70] Die normale KZ-Baracke sah 18mal so viel Licht vor. In Ertls Entwurf für Birkenau waren die Toiletten und Waschräume in 16 Waschbaracken und 18 Latrinen untergebracht, was einer Waschbaracke pro 7800 Gefangenen und einer Latrinenbaracke pro 7000 Gefangenen entsprach, während die Zahlen für KZ-Häftlinge 20mal bzw. zwölfmal großzügiger bemessen waren.

Der Entwurf der Waschbaracken und der Toiletten war in der Tat tödlich. Terrence Des Pres behauptet, der deutsche »Fäkalangriff« auf die Gefangenen wäre das Ergebnis einer bewußten Politik der Zerstörung letzter Spuren von Selbstachtung der Gefangenen. Mit ihrer bloßen Tötung hätte man sich nicht zufriedengegeben. Getötet werden sollten sie erst, wenn sie total gebrochen waren. Erst wenn die Gefangenen zermalmt wären, würde die SS »den orgasmischen Höhepunkt ihrer potentiellen Herrschaft erreichen ... Die geistige Vernichtung wurde zum Selbstzweck, ganz unabhängig von den Erfordernissen des Massenmordes.«[71] Des Pres hat Unrecht mit seiner Auffassung, die Demütigung wäre das Ergebnis des Wunsches der SS nach totaler Machtausübung. Schuld daran sind Architekten und Bürokraten: Der Entwurf war unzulänglich, und für den Bau des Lagers wurde nicht genügend Material und Geld zugeteilt. Aber ob die Architekten die Erniedrigung der Gefangenen einplanten oder nicht, änderte nichts am Ergebnis: Angesichts der von Fäkalien überfluteten Latrinen, der sehr wenigen Zapfstellen für sehr wenig Wasser und des allgegenwärtigen Schlammes sahen sich die Gefangenen auf einen Zustand reduziert, in dem ihnen jegliches Mittel zur Wahrung von äußeren Zeichen menschlicher Würde fehlte. Zu Recht stellt Des Pres die Frage: »Wieviel Selbstachtung kann man bewahren, wie bereitwillig kann man auf die Bedürfnisse des nächsten eingehen, wenn beide von Schlamm und Kot bedeckt sind?«[72]

Waren die Architekten einfach unfähig? Die für 7000 Gefangene bestimmte Toilette war ein Schuppen mit einem einzigen offenen Abwasserkanal aus Beton und viel zuwenig Spülwasser, ohne Sitze, ohne Sichtblenden und mit einem langen Balken als Rückenlehne. Das Ergebnis war katastrophal. Gisella Perl, Insassin von BA I, nachdem dieser zum Frauenlager von Birkenau geworden war, beschreibt die Lage der Gefangenen in knappen Worten. »Für 30–32000 Frauen gab es eine einzige Latrine, und wir durften sie nur zu bestimmten Stunden des Tages aufsuchen. Am Eingang dieses winzigen Gebäudes standen wir Schlange, knietief in menschlichem Kot. Da wir alle an Ruhr litten, konnten wir es kaum erwarten, an die Reihe zu kommen, und verunreinigten unsere zerlumpte Kleidung, die wir niemals ablegten, so daß der schreckliche, uns wie eine Wolke umgebende Gestank das Grauen unserer Existenz noch steigerte.« Allein schon die Konstruktion verhöhnte jede menschliche Würde. »Die Latrine bestand aus einem tiefen Graben, über den in gewissen Abständen Bretter gelegt waren. Wir hockten auf diesen Brettern wie Vögel auf einem Telegraphendraht, so eng beieinander, daß gegenseitiges Beschmutzen unvermeidlich war.«[73] Ertls und Bischofs Bauwerk erfüllte den Tatbestand der Körperverletzung und war eine biologische Katastrophe.

Die Sorgfalt, welche die Auschwitzer Architekten dem Entwurf der Latrinen verweigerten, verwandten sie auf das Krematorium. Kurz nachdem Bischoff im Oktober 1941 seine Arbeit an Birkenau aufgenommen hatte, wurde ihm klar, daß das vorhandene Krematorium des Konzentrationslagers (später als Krematorium I bezeichnet), das für 10000 Häftlinge ausgelegt war, für das Kriegsgefangenenlager nicht

ausreichen würde. Er bat um den Besuch von Kurt Prüfer, des Ingeni-
eurs der Firma Topf, der die Einäscherungsöfen des Krematoriums im
Stammlager geliefert hatte.[74] Am Dienstag, dem 21. Oktober, zu einer
zweitägigen Planungsbesprechung in Auschwitz eingetroffen, schlug
Prüfer den Einsatz von Öfen mit drei Muffeln (Verbrennungskam-
mern) vor. Da Birkenau ein zeitlich befristetes Lager sein sollte, wäre
es eine Geldverschwendung, einen kostenaufwendigen Bau wie ein
Krematorium an einem Standort zu errichten, der einige Jahre später
wieder landwirtschaftlicher Nutzung zugeführt werden sollte.[75] Daher
sollte das Krematorium im Stammlager gegenüber dem Verwaltungsgebäude und neben dem vorhandenen Krematorium gebaut werden.

Prüfer konnte Bischoff hinsichtlich der technischen Seite des Projektes beraten. Im Hinblick auf die architektonischen Aspekte verließ
sich Bischoff auf Kammlers maschinengeschriebene Blätter. Wie erwähnt, hatte Kammler die von ihm entwickelten Musterentwürfe »für
die behelfsmäßigen und festen Krematorien, Verbrennungsstätten
und Exekutionsanlagen verschiedener Art« vorgesehen.[76] Das von Bischoff benutzte Modell entsprach den zivilrechtlichen Vorschriften
über Krematorien und umfaßte auf der einen Seite der großen Einäscherungshalle einen Kohlevorratsraum und auf der anderen einen
Obduktionsraum. (Siehe Tafeln 14 und 15.) Im Tiefgeschoß unter dem
Obduktionsraum befanden sich, an einen Vorraum anschließend, drei
Leichenkammern. Ein doppeltüriger Aufzug, der sich sowohl zum
Obduktionsraum als auch zu der Einäscherungshalle hin öffnete,
stellte die Verbindung zu dem Vorraum im Tiefgeschoß her, womit
der Leichentransport zwischen den Stockwerken vereinfacht wurde.[77]

Auf der Grundlage von Prüfers Berechnungen und Kammlers maschinenschriftlichen Richtlinien entwickelte Werkmann Vorentwürfe,
die, von Kammler genehmigt, am 20. November nach Auschwitz gesandt wurden. Bischoffs Büro, das seine Zuständigkeit erweitert hatte
und jetzt den Namen »Zentralbauleitung der Waffen-SS und Polizei,
Auschwitz O/S«, trug, erstellte auf der Grundlage von Werkmanns Entwurf acht Zeichnungen für ein neues Krematorium.[78] (Siehe Tafel 16.)

Während die Architekten diese Pläne ausarbeiteten, war Prüfer damit beschäftigt, die Weiterungen seines Vorschlags der Errichtung von
Dreimuffelöfen zu berechnen. Das Problem erwies sich als schwierig.
Prüfer hatte mit Dreimuffelöfen keine Erfahrung; zudem hatte er das
Volumen der einzelnen Muffeln vergrößert. Ferner wurden neue Luft-
führungssysteme benötigt. Für das Zwangsbelüftungssystem zum Anfachen der Flammen im Einäscherungsofen wurde mehr Leistung

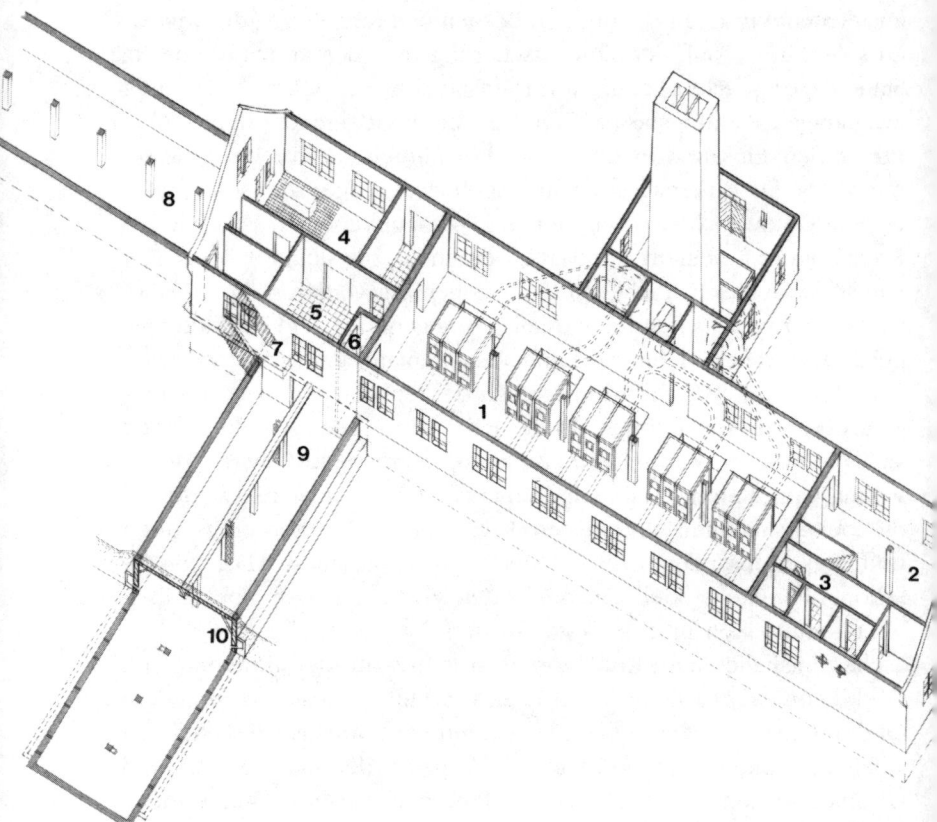

Das Krematorium, ursprünglich für das Stammlager entworfen, aber letztlich in Auschwitz-Birkenau als Krematorium II errichtet. Die Einäscherungshalle mit den fünf Dreimuffelöfen in der Gebäude-mitte (1). Rechts das Brennstofflager (2) und die Räume für die in der Anlage arbeitenden Gefangenen (3); links die beiden Autopsieräume (4 und 5) und der Aufzug (6) mit Türen zur Einäscherungshalle und zum ersten Autopsieraum. Im Tiefgeschoß wird der Vorraum des Aufzugs außerdem durch zwei Treppen und eine Leichenrutsche (7) erschlossen. Die zwei großen Leichenkeller (8 und 9) reichen weit über die sichtbare Baumasse hinaus. Einer der Leichenkeller ist mit einem doppelten Lüftungssystem (10) zum Ansaugen von Frischluft und Absaugen übler Gerüche ausgerüstet. Dieses Luftkanalsystem ermöglichte die wenig aufwendige Umwandlung des Leichenkellers in eine Gaskammer.
(Anmerkung: Diese axonometrische Zeichnung beruht auf der exakten Vermessung der Längen und Winkel auf der Originalzeichnung. Siehe Tafel 16.)

benötigt; der Ofenraum, die Obduktionsräume und der größte der drei Leichenkeller erforderten eine Anlage zur Abführung der warmen, stickigen Luft, und die zweitgrößte Leichenkammer sollte auch eine Frischluftzufuhr haben.[79]

Nichts deutet darauf hin, daß Bischoff oder Prüfer für diese Räume und Maschinen ein Gebrauch als Tötungsinstrumente vorschwebte, aber von Beginn an belastete das eingeplante leistungsfähige Lüftungssystem den Entwurf mit einem für den Genozid mobilisierbaren Potential, das zur Verwirklichung nur geringer Änderungen bedurfte.[80]

Von dem Zeitpunkt ihrer Ankunft an waren die sowjetischen Kriegsgefangenen schneller gestorben, als die SS erwartet hatte. Wie Höß sich erinnerte, wurde es »ganz schlimm ... während der Schlammperiode des Winters 1941/42. Kälte konnten sie noch eher vertragen, aber die Nässe, das Nicht-mehr-trocken-Werden, noch dazu in den halbfertigen, primitiven, schnell zusammengeschmierten Steinbaracken im Anfang von Birkenau, tat das Übrige, um die Todesziffer ständig steigen zu lassen.«[81] Ende November setzte Schneefall ein. Höß berichtete nach Berlin, es habe sich eine katastrophale Lage entwickelt. Daraufhin rief Kammler am 3. Dezember Bischoff an und forderte einen vollen Bericht innerhalb von 24 Stunden. Bischoffs Anwort leitete die schlechten Nachrichten mit einigen Statistiken ein, die seinen Vorgesetzten in Berlin mit der vielen von ihm erledigten Arbeit beein-

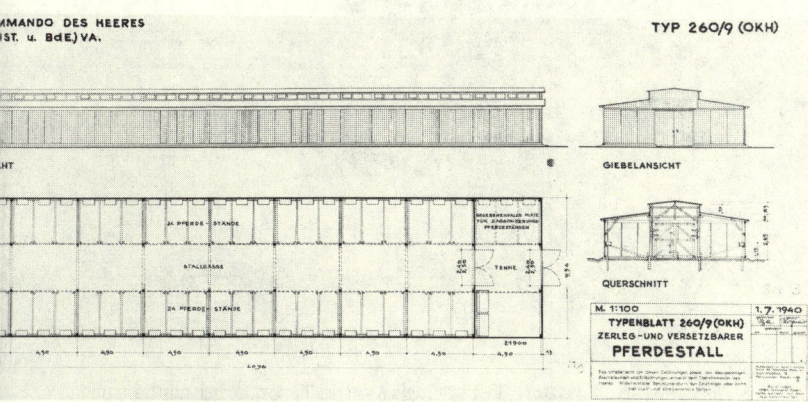

Entwurf des Standard-Pferdestalls des deutschen Heeres. Der als Bausatz gelieferte Pferdestall ließ sich leicht aufstellen und abbauen.

drucken sollten: In wenig mehr als einem Monat waren 4000 Kubikmeter Boden bewegt, 1600 Betonfundamente gegossen und mit 1,1
Millionen Backsteinen 245 Kubikmeter Mauerwerk errichtet worden.
Ferner waren 600 Betonpfosten für den Zaun gesetzt und 30 000 Meter
Stacheldraht angebracht worden. Die schlechte Nachricht war, daß nur
zwei der Baracken in BA I fertiggestellt und zwölf weitere teilweise errichtet waren, daß in sieben Baracken die Arbeit an den Trägern beginnen konnte und in neun Baracken die Wände im Bau waren. [82]

Ein Hauptgrund für diesen langsamen Fortgang, erläuterte Bischoff,
war darin zu suchen, daß den Russen kein Baumaterial geliefert wurde.
Laut seiner eigenen Projektbeschreibung vom Oktober werden die Baracken »zum größten Teil in massiver Bauweise ausgeführt, da kein
Holz vorhanden ist und das Material teilweise durch Abbruch der Ort-
schaft Birkenau beschafft wird«. [83] Aber die SS-Aufseher hatten den Russen keine Werkzeuge gegeben, mit denen sie die Häuser in Birkenau
hätten ausschlachten können. Sie mußten sie mit bloßen Händen niederreißen, und mit bloßen Händen errichteten sie die Baracken. Dies
war eine der Ursachen für ihre hohe Sterblichkeit; im Oktober waren
1255 sowjetische Gefangene gestorben. Bei der SS-Führung in Berlin,
welche die Gefangenen zu ihren Aktiva rechnete, erregten solche

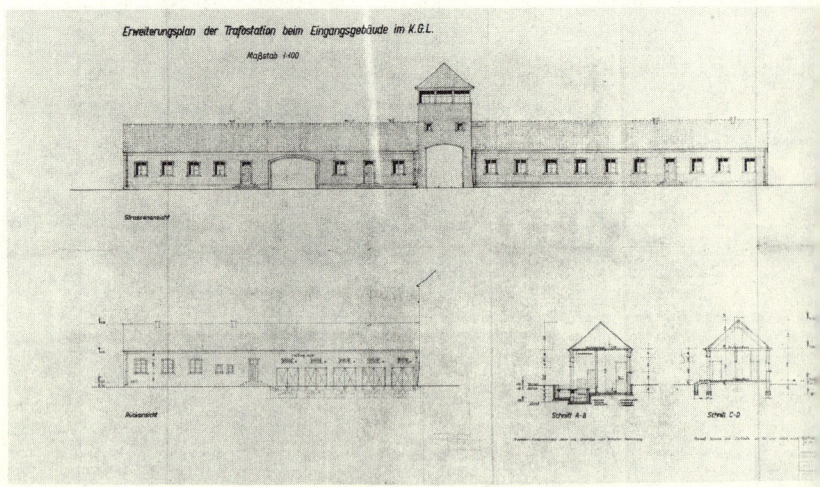

Aufriß des Tors zum Lager Birkenau, 1943. Ursprünglich war das Tor asymetrisch mit Turm und
Bahndurchfahrt am Nordende des Gebäudes. Ende 1943 wurde es zur Aufnahme einer Umspannstation
nach Norden hin erweitert.

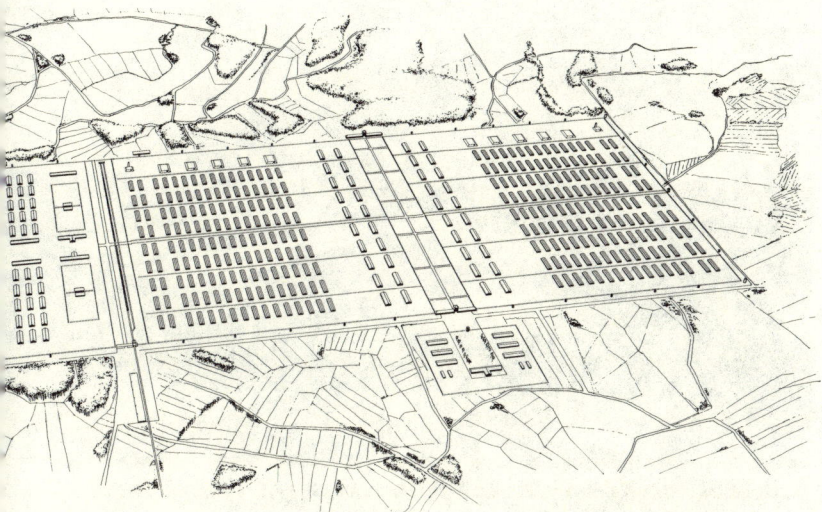

Vogelperspektive des dritten Entwurfs für Auschwitz-Birkenau, Januar 1942. Südlich der Eisenbahnrampe das Quarantänelager mit zwei Entlausungsstationen, zwei Küchen, 30 Baracken für je
744 Gefangene, fünf Latrinenbaracken und fünf Waschbaracken. Nördlich der Rampe zehn gesonderte
Lager, davon acht mit 28 hölzernen Pferdeställen als Wohnbaracken, zwei Küchenbaracken, zwei
Lagerbaracken, zwei hölzernen Latrinenbaracken und zwei hölzernen Waschbaracken; die beiden
restlichen Lager sind von halber Größe. Westlich des Lagerwohnbereichs zwei Streifen mit je zwei
Krankenbaracken, fünf Leichenhallen und einem Reservekrematorium. Beide Krematorien wurden
von Kammler am 27. Februar 1942 gestrichen.

Nachrichten Besorgnis. Kammler teilte Birkenau 253 hölzerne Fertigbaracken zu, die, als Pferdeställe für das Heer konstruiert, jeweils 400 Gefangene aufnehmen sollten.[84] Sie ließen sich unter Anleitung eines
Zimmermanns von einer Mannschaft aus 30 Ungelernten in weniger als
einem Tag errichten, ohne daß jemand dabei zu Tode kam.

Bischoff wies sein Personal an, einen neuen Bebauungsplan für
Birkenau auszuarbeiten, der anstelle der Backsteinbaracken in BA II
und BA III die Fertigbaracken vorsah; er wurde ordnungsgemäß erstellt.[85] Da die Holzbaracken weniger Gefangenen Platz boten als die
Steinbauten, wurde die Zahl der Wohnbaracken pro Lagerabschnitt
von 12 auf 28 erhöht. Doch Latrinen und Waschräume lagen nach wie
vor am Ende, so daß die Gefangenen in den weitest entfernten Baracken zur Toilette oder zum Waschen einen langen Weg zurücklegen

Ansicht der als Baracken dienenden Pferdeställe in Bauabschnitt II, 1943.

Postkarte. Innenansicht eines der als Baracken
dienenden Pferdeställe im Bauabschnitt II nach der
Befreiung durch die Rote Armee, Frühjahr, 1945.
In der Mitte ein Heizkanal, der die an beiden Enden
postierten kleinen Öfen verbindet. Theoretisch sollte
diese Einrichtung den Raum gleichmäßig durch-
wärmen. Das System funktionierte nicht.

mußten. Schlechte Planung? Unzulänglicher Entwurf? Unfähigkeit? Kriminelle Fahrlässigkeit? Was immer der Grund gewesen sein mag, das Ergebnis war verheerend.

Kammlers Zuteilung traf erst im Frühsommer 1942 ein, und inzwischen starben die sowjetischen Gefangenen weiter: Anfang März 1942 lebten nur noch 945 der 10 000 im Herbst eingelieferten Kriegsgefangenen. Die Architekten erkannten die katastrophalen Zustände im Lager. Am Westrand von BA II und BA III wurde eine neue Zone markiert, die zwei Hilfskrematorien und zehn Leichenkeller aufnehmen sollte. Dies versechsfachte die Leichenlagerkapazität, so daß bei Auffüllung von Auschwitz-Birkenau auf seine projektierte Gefangenenzahl von insgesamt 155 000 für das Lager dieselbe Quote erreicht würde, die für andere Konzentrationslager galt. Nahm jedoch die Gefangenenzahl ab, so würden die Tageskapazitäten für Lagerung und Einäscherung der Leichen steigen.

Es trafen keine weiteren sowjetischen Kriegsgefangenen ein. Während immer deutlicher wurde, daß das »Unternehmen Barbarossa« als Blitzkrieg gescheitert war, mußte Deutschland alle seine Hilfsmittel zur Fortsetzung des Krieges mobilisieren. Angesichts der wachsenden Zahl der zum Kriegsdienst Einberufenen und des steigenden Bedarfs der deutschen Industrie – insbesondere der Rüstungsindustrie – wurden sogar die sowjetischen Kriegsgefangenen zu einer Ressource, die zu kostbar war, um verschwendet zu werden. »Der Mangel an Arbeitern wird zu einem zunehmend gefährlichen Hindernis für die Zukunft des deutschen Krieges und der Rüstungsindustrie«, teilte Feldmarschall Keitel am 31. Oktober mehreren Militärbehörden und Ministerien mit. »Der Führer hat jetzt angeordnet, daß auch die Arbeitskraft der russischen Kriegsgefangenen durch ihren Großeinsatz für die Bedürfnisse der Kriegswirtschaft weitgehend auszunutzen ist.«[86] Eine Woche später verkündete Reichsmarschall Hermann Göring, die russischen Kriegsgefangenen würden hauptsächlich im Bergbau, bei der Instandhaltung der Eisenbahnen, in der Rüstungsindustrie und der Landwirtschaft eingesetzt. Die Bautätigkeit erhielt geringe Priorität.

Göring beauftragte die Abteilung Arbeitskräftezuteilung des Amtes des Bevollmächtigten für den Vierjahresplan mit der Schaffung und Durchführung einer Politik zur Ausbeutung des Arbeitspotentials der sowjetischen Gefangenen. Am 8. Januar erließ die Abteilung eine Verordnung. Sämtliche Kriegsgefangenen wurden der Rüstungsindustrie

und einer ausgewählten Anzahl anderer Bereiche zugeteilt, wie Land-
und Forstwirtschaft sowie Bergbau. Für Bauarbeiten durfte keiner beschäftigt werden.[87]

Die Verordnung vom 8. Januar setzte Himmlers Plan der Ansamm-
lung einer großen sowjetischen Arbeitsarmee zum Bau der Stadt
Auschwitz ein Ende. Er mußte sich anderswo umsehen, und sein
Blick fiel auf die Juden.

9
SOMMER 1941

Oswiecim war »Jahrtausende lang vom Leben gemieden worden, da der Tod dort Wache hielt«, erklärte der polnische Richter Jan Sehn in seinem 1945 verfaßten amtlichen Bericht über die deutschen Verbrechen in Auschwitz. Die Kultur war vorbeigegangen »an der kleinen polnischen Provinzstadt Oswiecim ... abseits der Haupteisenbahnzentren und der wichtigeren Verkehrswege«. Die Deutschen, erklärte Sehn, hatten sich »sowohl das Klima als auch den geographischen Charakter von Oswiecim mit Vorbedacht für ihre verbrecherischen Pläne« zunutze gemacht.[1]

Sehns Auffassung, die Stadt Oswiecim wäre irgendwie dazu verdammt gewesen, ein deutsches Vernichtungslager aufzunehmen, und die SS habe jenes Schicksal bewußt herbeigeführt, ist in der populären und sogar in der wissenschaftlichen Literatur über Auschwitz zum Gemeinplatz geworden. Bei unterschiedlichem Grad der Subtilität läuft die Argumentation stets darauf hinaus, daß die im Kriege in Auschwitz verübten Greuel an jenem gottverlassenen, trostlosen, abgelegenen Ort im hintersten Polen geschehen mußten. Einer der wenigen, die der Versuchung widerstanden, die Errichtung eines Vernichtungslagers als an irgendeine unabwendbare Vorbedingung geknüpft zu verstehen, war der ehemalige Häftling Tadeusz Borowski. »Wo heute Auschwitz steht, waren vor drei Jahren Dörfer und Bauernhöfe«, schrieb er im selben Jahr, in dem Sehn seinen Bericht vorlegte. »Es gab saftige Wiesen, schattige Landstraßen, Apfelplantagen. Es gab Menschen, die nicht besser oder schlechter als andere Menschen waren. Und dann kamen wir. Wir vertrieben die Menschen, rissen ihre Häuser nieder, planierten den Boden, kneteten ihn zu Schlamm. Wir bauten Baracken, Zäune, Krematorien. Wir brachten Skorbut, Phlegmone und Läuse.«[2]

Anders als Sehn erinnerte sich Borowski, daß es vor den ersten zu Tode geprügelten Polen in Zasole, vor der Vergasung der ersten sowjetischen Kriegsgefangenen im Krematorium I und vor der Selektion des ersten Judentransports in Birkenau keineswegs feststand, daß Auschwitz letztlich in ein Vernichtungslager verwandelt werden würde. Besser als Sehn begriff Borowski das jeder historischen Schilderung zugrunde liegende Paradoxon: daß, »Geschichte« auf einem bekannten Abschluß beruht, der eine anderenfalls langweilige Chronik mit Vorzeichen und Bedeutungsgehalt auflädt, während sich im täglichen Leben jeder Moment ohne Gewißheit des Ausgangs entfaltet.[3] »Auschwitz war einmal eine normale Stadt«, schrieben wir zu Beginn unserer Schilderung, und das Ende war da, unsichtbar, aber präsent. Wäre Auschwitz keine anomale Stadt geworden, würde es niemanden kümmern, daß es einmal eine normale Stadt war. Das Ende gibt der vergangenen Normalität der Stadt Wert, Sinn und Bedeutung. Jedes Stück Information, das in den Bericht aufgenommen wird, kann nur zur Ankündigung des erwarteten Endes werden. Ob wir wollen oder nicht, das Elend von Auschwitz beherrscht unser Verständnis seiner Geschichte, die jenem Bösen voranging.

Aber das Böse geschah nicht zwangsläufig. Menschen, einzelne und Gruppen, in der Mehrzahl deutsche Männer, inszenierten jenes Böse, verursachten jenes Elend. Kurz, die Geschichte von Auschwitz hätte anders verlaufen können. Wie Robert Musil in »Der Mann ohne Eigenschaften« bemerkt, entsteht Geschichte größtenteils ohne Autoren und nicht von einem Zentrum her, sondern von der Peripherie, aus kleinen Ursachen. »Es liegt im Verlauf der Weltgeschichte ein gewisses Sich-Verlaufen.«[4]

Wann hat sich die Geschichte von Auschwitz »verlaufen«? Laut Rudolf Höß diskutierte Himmler die Umwandlung von Auschwitz in einen Ort der Vernichtung bereits im Juni 1941. Trifft dies zu? Hatte Höß im Juni 1941 eine Unterredung mit Himmler? Falls ja, sprachen sie über den Bau von Tötungsanlagen in Auschwitz? Und wenn ja, hatte Himmler im Juni 1941 vor, diese Mordmaschine gegen die Juden einzusetzen?

Die Aussagen von Höß über Himmlers Entschluß, Auschwitz zum Vernichtungslager zu bestimmen, sind hierfür unsere einzige direkte Informationsquelle. Nach fast einjähriger Jagd fingen die Briten Höß am 11. März 1946 in Norddeutschland. Sie brachten ihn nach Nürnberg, wo er drei Tage lang einem amerikanischen Vernehmer, Whitney R. Harris, ausführlich Rede und Antwort stand.[5] In der eidesstattlichen Erklärung, die Harris dann entwarf und die Höß las, korrigierte und unterzeichnete, erklärte Höß: »Ich hatte im Juni 1941 den Befehl erhalten, in Auschwitz Vernichtungsmöglichkeiten einzurichten.« Minde-

Rudolf Höß nach der
Gefangennahme.

stens 2,5 Millionen wurden »dort durch Vergasung und Verbrennen
hingerichtet und ausgerottet . . .; mindestens eine weitere halbe Million
starb durch Hunger und Krankheit, was eine Gesamtzahl von ungefähr
3 000 000 Toten ausmacht.«[6]

Gustave M. Gilbert, der Gefängnispsychologe beim Nürnberger
Prozeß, untersuchte Höß. »Er bestätigte bereitwillig, daß etwa 2,5 Millionen Juden unter seiner Leitung vernichtet worden waren«, schrieb
Gilbert in seinem Tagebuch. Als Anwort auf Gilberts Frage, wie Höß
auf den Befehl, ein Massenmörder zu werden, reagiert hätte, erläuterte er seine früheren Aussagen. »Im Sommer 1941 ließ mich Himmler
kommen und erklärte: ›Der Führer hat die »Endlösung« der Judenfrage
befohlen – und wir haben diese Aufgabe durchzuführen. Aus Trans-
port- und Absperrungsgründen habe ich dafür Auschwitz gewählt. Sie
haben jetzt die schwere Aufgabe, dies durchzuführen.‹ Zur Begründung dafür sagte er dem Sinne nach, dies müsse jetzt geschehen,
weil, wenn es nicht jetzt geschähe, der Jude später das deutsche Volk
vernichten würde. Aus diesem Grunde hätte man alle menschlichen
Erwägungen zurückzustellen und nur die Aufgabe ins Auge zu fassen – oder etwa in diesem Sinne.« Und Höß erklärte Gilbert: »Ich hatte
nichts zu sagen; ich konnte nur ›Jawohl!‹ sagen.«[7]

Im Zeugenstand wiederholte Höß seinen Bericht über die Anfänge von Auschwitz als zentralem Ort des Holocaust. »Im Sommer 1941 wurde ich zum persönlichen Befehlsempfang zum Reichsführer SS, Himmler, nach Berlin befohlen. Dieser sagte mir dem Sinne nach, ich kann das nicht mehr wörtlich wiederholen, der Führer hat die »Endlösung« der Judenfrage befohlen. Wir, die SS, haben diesen Befehl durchzuführen. Wenn jetzt zu diesem Zeitpunkt dies nicht durchgeführt wird, so wird später das jüdische Volk das deutsche vernichten.« Laut Höß hatte Himmler Auschwitz ausgewählt, weil es bahntechnisch am günstigsten lag und weil das ausgedehnte Gelände für Absperrmaßnahmen Raum bot. Es handele sich um eine geheime Reichssache; »diese Besprechung wäre nur für uns beide, und ich hätte strengstes Stillschweigen jedermann gegenüber zu bewahren.«[8]
Höß' Nürnberger Geständnisse schienen die Frage der Ursprünge von Auschwitz als Vernichtungslager ein für allemal zu beantworten. Aber innere Widersprüche seiner Aussagen sowie weitere indirekte, aber relevante Beweise lassen vermuten, daß Höß Ereignisse, die tatsächlich geschehen waren, im Lichte späterer Folgen uminterpretierte. Vermutlich hatte er mit Himmler im Juni 1941 eine Unterredung. Vermutlich sprachen sie über die Errichtung von Vernichtungsanlagen in Auschwitz. Aber vermutlich waren im Juni 1941 jene Anlagen nicht für den Massenmord an Europas Juden bestimmt.

Betrachten wir Höß' Aussagen näher. In seiner eidesstattlichen Erklärung, nach der er »im Juni 1941 den Befehl erhalten [hatte], in Auschwitz Vernichtungsmöglichkeiten einzurichten«, behauptete er auch: »Zu jener Zeit gab es im Generalgouvernement schon drei weitere Vernichtungslager: Belzek, Treblinka und Wolzek [Sobibor].«[9] Doch diese Lager gingen erst 1942 in Betrieb. In einer detaillierten Darstellung der Rolle von Auschwitz beim Genozid an den Juden, die Höß später in jenem Jahr schrieb, brachte er Auschwitz wieder mit den anderen Tötungsstätten in Verbindung, wobei er wiederum falsche Daten nennt. »[Himmler] eröffnete ... mir: Der Führer hat die »Endlösung« der Judenfrage befohlen, Wir – die SS – haben diesen Befehl durchzuführen. Die bestehenden Vernichtungsstellen im Osten sind nicht in der Lage, die beabsichtigten großen Aktionen durchzuführen. Ich habe daher Auschwitz dafür bestimmt.«[10] Im Juni 1941 gab es keine »bestehenden Vernichtungsstellen im Osten«.

Da Höß bei verschiedenen Gelegenheiten darauf bestand, daß die Besprechung 1941 stattfand, er sich allerdings nicht mehr an den genauen Wortlaut erinnern könnte, erscheint es plausibel, daß im Juni

1941 eine Besprechung stattfand und daß er Befehl erhielt, »Vernichtungsmöglichkeiten einzurichten«. Aber wie groß sollten diese sein,
und für wen waren sie bestimmt? Wie in Kapitel 7 angegeben, besuchte Höß die SS-Führung in Berlin Mitte Juni, um den neuen Bebauungsplan für Auschwitz, der in der Euphorie über die Unterstützung durch die IG Farben erstellt worden war, zu erörtern. Auch
Himmler befand sich zu jener Zeit in Berlin, um den fünften Jahrestag
seiner Ernennung zum Chef der deutschen Polizei zu feiern. Angesichts seines persönlichen Interesses an der Zukunft von Auschwitz
ist es wahrscheinlich, daß er anläßlich der Fertigstellung des ersten
Bebauungsplans eine Unterhaltung mit Höß hatte. Doch ist es unwahrscheinlich, daß sie über einen Beschluß zur Liquidierung der europäischen Juden konferierten; die meisten Holocaust-Historiker
stimmen darin überein, daß diese Politik sich erst später in jenem
Sommer herauskristallisierte. Aber die Tatsache, daß sie einen geplanten Genozid nicht diskutierten, bedeutet noch nicht, daß der Bau irgendeiner Vernichtungseinrichtung in Auschwitz Inhalt ihres Gesprächs
war. Wie ebenfalls erwähnt, entwickelte das SS-Hauptamt Haushalt und
Bauten 1941 »Richtzeichnungen ... für die behelfsmäßigen und festen
Krematorien, Verbrennungsstätten und Exekutionsanlagen verschiedener Art«, und es ist durchaus möglich, daß Himmlers Befehl sich auf ein
spezielles Entwurfsproblem bezog, das bei der Durchsicht des neuen
Bebauungsplans auftauchte, oder auf eine allgemeine Politik der Ausrüstung von Konzentrationslagern mit Tötungseinrichtungen, die
größere Opferzahlen bewältigen konnten.

Die Durchsicht des neuen Bebauungsplanes läßt einige sonderbare
Entwurfsentscheidungen sichtbar werden. Die Architekten hatten als
Standort für ein neues Krematorium eine entlegene Ecke des Geländes hinter dem Lagergefängnis mit dem Hinrichtungshof und relativ
nahe dem Krankenhaus gewählt. Wären alle, die in dem Lager starben, Lagerinsassen gewesen, wäre diese Gebäudeanordnung sinnvoll
gewesen. Aber Auschwitz diente auch der Kattowitzer Gestapo als
Hinrichtungsstätte, und gemäß dem Plan hätte der Verurteilte das
ganze Lager durchqueren müssen. Irgend jemand widersetzte sich
dieser Anordnung: Auf dem nächsten Bebauungsplan ist das neue
Krematorium unmittelbar neben dem alten und in bequemer Nähe
zum hinteren Lagertor. Jener »Jemand« könnte Himmler gewesen sein.

Die vorhandenen Tötungseinrichtungen selbst könnten Anlaß zur
Diskussion modernerer Anlagen gewesen sein. Auf Hitlers Verlangen
war der Behinderten- und Krankenmord auf Häftlinge der Konzentra-

tionslager ausgedehnt worden, und Ende Mai war ein Ärzteteam in Auschwitz eingetroffen, um kranke Häftlinge zu selektieren. Nach den Richtlinien für die neue Aktion 14f13 (14f bezog sich auf die Inspektion der Konzentrationslager und 13 auf »die Sonderbehandlung kranker und gebrechlicher Häftlinge«) wurden Geisteskranke, chronisch Kranke und invalide jüdische Häftlinge automatisch der »Sonderbehandlung« zugeführt, während in anderen Fällen die letzte Entscheidung der Zentrale in der Tiergartenstraße 4 vorbehalten war. Schließlich wurden 575 Häftlinge zur Tötung freigegeben. Da es unmöglich war, die Häftlinge ohne Erregung großen Aufsehens im Lager zu liquidieren, wurden die 575 Mann per Bahn Hunderte von Kilometern nach dem sächsischen Sonnenstein transportiert, wo sie eine T4-Gaskammer erwartete.[11] Höß' Besuch in Berlin fand aber nach der Selektion, jedoch vor der Organisierung des Transports statt, und die Unfähigkeit des Lagers zur Durchführung des institutionalisierten Massenmordes gemäß der Aktion 14f13 muß ein Diskussionspunkt gewesen sein, insbesondere, da Höß und Himmler wußten, daß diese Selektionen zur Routine des Lagerlebens werden sollten.

Schließlich hatten die Deutschen im Juni 1941 einen weiteren Grund, um ein Konzentrationslager mit einer moderneren Einrichtung zur Massenvernichtung auszurüsten. Am 22. Juni sollte das »Unternehmen Barbarossa« beginnen und damit der Krieg zu einem globalen Konflikt ausgeweitet werden. Die Erinnerung an den angeblichen »Dolchstoß in den Rücken« im Ersten Weltkrieg spielte eine große Rolle und wurde ernst genommen. So schrieb Hitler in »Mein Kampf« in voller Überzeugung: »Hätte man zu Kriegsbeginn und während des Krieges einmal zwölf- oder fünfzehntausend dieser hebräischen Volksverderber so unter Giftgas gehalten wie Hunderttausende unserer allerbesten deutschen Arbeiter aus allen Schichten und Berufen es im Felde erdulden mußten, dann wäre das Millionenopfer der Front nicht vergeblich gewesen. Im Gegenteil: Zwölftausend Schurken zur rechten Zeit beseitigt, hätte vielleicht einer Million ordentlicher, für die Zukunft wertvoller Deutschen das Leben gerettet.«[12]

Nachdem die deutsche Wehrmacht ihren Angriff auf die Sowjetunion begonnen hatte, vertraute Hitler seinem inneren Zirkel an, daß alles getan werde, um eine Wiederholung von 1918 zu verhindern. Die Soldaten an der Ostfront brauchten keine Sorge zu haben. Der Dolchstoß in den Rücken, der 1918 das Heer besiegt hatte, werde sich nicht wiederholen. »Ich habe dem Reichsführer SS Weisung gegeben, falls einmal mit inneren Unruhen zu rechnen sein sollte, alles aus der Welt zu räu-

men, was sich in den Konzentrationslagern findet; damit ist der Masse
die Anführerschaft genommen.« Weiter versicherte Hitler seiner Tisch-
gesellschaft: »Wenn heute irgendwo im Reich eine Meuterei ausbreche,
so würde er sie mit Sofortmaßnahmen beantworten. Als erstes würde er
a) noch am Tage der ersten Meldung alle leitenden Männer der gegne-
rischen Strömungen (…) aus ihren Wohnungen heraus verhaften und
exekutieren lassen; b) alle Insassen von KZs würde er innerhalb von
drei Tagen erschießen lassen…« Die sittliche Rechtfertigung dieser Er-
schießungen leite er aus der Tatsache ab, daß alle deutsche Idealisten
(…) an der Front ihr Leben einsetzten.[13] Hitler wiederholte diesen Gedanken bei mindestens einer weiteren Gelegenheit: »Wenn man Revo-
lutionen vorbeugen wolle, müsse man daher – sobald die Lage kritisch
werde – das ganze [in den Konzentrationslagern inhaftierte] asoziale
Gezücht totschlagen.«[14]

Als Himmler mit Höß in Berlin zusammentraf, bereitete Heydrich
bereits den Massenmord potentieller Anstifter einer Revolution unter
den sowjetischen Kriegsgefangenen vor. Himmler hatte Heydrich angewiesen, mit dem Oberkommando der Wehrmacht die Erlaubnis für
seine Sicherheitspolizei auszuhandeln, die Kriegsgefangenenlager
nach »bolschewistischen Triebkräfte« zu durchkämmen und diese zu
liquidieren. Später in jenem Monat wurde darüber eine Vereinbarung
erzielt. Diese »besonderen Maßnahmen«, so erklärte das OKW, waren
wegen der »besonderen Lage« im Osten gerechtfertigt. »Während den
bisherigen Vorschriften und Befehlen des Kriegsgefangenenwesens
ausschließlich militärische Überlegungen zu Grunde lagen, muß nun
der politische Zweck erreicht werden, das Deutsche Volk vor bolschewistischen Hetzern zu schützen und das besetzte Gebiet alsbald
fest in die Hand zu nehmen.«[15]

Himmlers Befehl an Höß war vermutlich eine Folge von Hitlers Befehl an Himmler. Hitler hatte klargemacht, daß im Falle eines Revolu-
tionsversuchs während dieses Krieges ähnlich dem gegen Ende des
letzten Krieges die Teilnehmer und Lagerinsassen in Vernichtungsanlagen in den Konzentrationslagern umgebracht werden sollten. Hitlers Wünschen zuvorkommend, wartete Himmler nicht ab, bis es
wirklich zu Unruhen kam. Erste Zielgruppe waren die sowjetischen
Kriegsgefangenen, und Heydrich beschäftigte sich schon mit diesem
Problem. Die Frage war: Wo sollten sie getötet werden? Auschwitz
war eine günstige Wahl. Mit dem landwirtschaftlichen Betrieb kontrollierte Himmler eine Fläche von etwa 40 qkm, auf der er insgeheim
alles tun konnte, was er wollte, während keines der anderen größeren

Nach einer tatsächlichen Szene von A. Tippmann gezeichnet: Revolutionäre Soldaten in München,
November 1918. *Illustrierte Zeitung*, Nr. 3935 (1918).

Lager, über die er zu jener Zeit verfügte, ihm soviel Raum bot. Auch
befand sich in Auschwitz die Bevölkerung im Umbruch. Wegen der in
der Region betriebenen ethnischen Säuberung war die Erledigung
unappetitlicher Angelegenheiten in Auschwitz einfacher als etwa in
dem nahe München gelegenen Dachau oder in dem Berlin benachbarten Sachsenhausen. Ferner war im Juni 1941 Auschwitz eines der
wenigen Lager, die zu rascher Erweiterung vorgesehen und anscheinend durch finanzielle Hilfe seitens des Staates und der Wirtschaft be-
günstigt waren. Himmler rechnete für Auschwitz mit Millionenbeträ-
gen und von Baumaterial im Überfluß, und eventuell hielt er es für
möglich, in das von der IG Farben geförderte Programm eine Vernichtungsanlage irgendwelcher Art aufzunehmen.

Die gefürchtete Dolchstoß-Opposition kam nie zustande, aber der
Gedanke der Nutzung von Konzentrationslagern als Hinrichtungsstät-
ten für unerwünschte, durch ihre bloße Existenz staatsbedrohende
Elemente trug Früchte. Am 18. Juli trafen einige hundert sowjetische
Kriegsgefangene in Auschwitz ein. Sie wurden in Block 11 einge-

sperrt. Da noch keine Vernichtungsanlage gebaut war, folgte ihre
Liquidierung dem eingefahrenen Muster: »durch Erschießen in der
Kiesgrube ... oder im Hof von Block 11«, erinnerte sich Höß.[16] Nach
der Ankunft des ersten Sowjettransports und dem Abtransport der Gefangenen zur Tötung im Rahmen der Aktion 14f13 begannen die La-
gerärzte mit Versuchen eher klinisch fundierter Mordmethoden. Den
Gefangenen wurden Phenol, Benzin, Wasserstoffperoxid, Äther und
andere Substanzen injiziert, und in zahlreichen Versuchen erwiesen
sich Phenolinjektionen ins Herz als am wirksamsten.[17]

Kehren wir zu der von Höß in seinen Aussagen nach dem Krieg konsequent behaupteten Verbindung zwischen der Errichtung von Vernichtungsanlagen in Auschwitz und der »Endlösung« der Judenfrage
zurück. Bedeutet sie, daß Himmler bereits im Juni 1941 entschlossen
war, Auschwitz zu dem zu machen, was es ein Jahr später wurde?
Oder anders formuliert: Wie kam die »Endlösung« Himmlers Bedürfnissen entgegen, wie paßte sie in seine hochfliegenden Pläne, oder
wie war sie seiner Karriere förderlich?
    Während der 21 Monate seit Kriegsbeginn war sich Himmler stets
dessen bewußt gewesen, daß Deportation, Siedlung und territoriale
Herrschaft Hand in Hand gingen. Herrschaft über das Siedlungsprogramm hieß Kontrolle über das zu besiedelnde Gebiet, und Herrschaft über die Deportationen bedeutete Kontrolle des Zielgebiets der
zu Deportierenden. 1939 hatte Himmler die stillschweigende Territorialherrschaft über den Bezirk Lublin erlangt, der als dem Reichssicherheitshauptamt unterstehendes Judenreservat dienen sollte. 1940
hatte er sie verloren, als Generalgouverneur Hans Frank den eigenen
Anspruch durchsetzte. Neuerliche Aussichten auf die Gewinnung von
Territorialherrschaft hatte Himmler 1940 aufgrund des RSHA-Planes
zur Schaffung eines jüdischen *homeland* in Madagaskar, und wiederum zerschlugen sie sich. Kurz gesagt, obschon keiner der beiden
früheren Versuche einer territorialen Lösung der Judenfrage von Erfolg gekrönt waren, verhießen beide territoriale Machtbefugnisse.
    Im Frühjahr 1941 gewann die Kontrolle über Land zentrale Bedeu-
tung für Himmler. 1939 hatte die Aufstellung der Einsatzgruppen zur
Unterwerfung des eroberten Polen durch Festnahme und Hinrichtung
politischer Gegner der Deutschen seinen Anspruch auf den Posten des
Reichskommissars für die Festigung deutschen Volkstums untermau-
ert. Als Hitler sich zum Überfall auf Rußland entschloß, erwartete
Himmler, daß sich in dem neuen Feldzug dasselbe Muster in größerem

Maßstab wiederholen könnte. Wie 1933 würde er die eroberten Gebiete mit seinen Einsatzgruppen terrorisieren, und ebenso wie damals
würde er dafür mit der Zuständigkeit für die deutsche Besiedlung des
Landes belohnt werden. War in Polen sein Traum die Erneuerung
deutscher mittelalterlicher Dörfer und Städte, so hoffte er in Rußland
an die Geschichte der Goten anzuknüpfen, die dort im 4. Jahrhundert
ein germanisches Reich errichtet hatten.

Hitler und Himmler kamen im Februar überein, daß die Einsatzgruppen hinter der Front eingesetzt werden sollten, und die Generäle
stimmten dem zu. In Erwartung des Sieges über Rußland in höchstens
zwei Monaten und nach Erhalt der Zusicherung, daß Himmlers Einheiten nur während der Kampfhandlungen tätig würden, waren sie
bereit, diesen Einbruch in ihre Domäne hinzunehmen, um das Verhältnis zwischen Wehrmacht und Führer nicht zu belasten.[18] »Im Ope-
rationsgebiet des Heeres erhält der Reichsführer SS zur Vorbereitung
der politischen Verwaltung Sonderaufgaben im Auftrage des Führers,
die sich aus dem endgültig auszutragenden Kampf zweier entgegengesetzter politischer Systeme ergeben«, instruierte Feldmarschall
Keitel am 13. März seinen Stab. »Im Rahmen dieser Aufgaben handelt
der Reichsführer SS selbständig und in eigener Verantwortung.«[19]

Himmler, Heydrich, die Bürokraten des Reichssicherheitshauptamtes und die Wehrmacht vereinbarten, daß vier Einsatzgruppen in Ba-
taillonsstärke sowohl im Frontgebiet als auch in den rückwärtigen
Gebieten operieren durften und daß »die Durchführung besonderer
sicherheitspolizeilicher Aufgaben außerhalb der Truppe ... den Einsatz
von Sonderkommandos der Sicherheitspolizei (SD) im Operationsge-
biet erforderlich« mache. Diese »Sonderkommandos sind berechtigt,
im Rahmen ihres Auftrages in eigener Verantwortung gegenüber der
Zivilbevölkerung Exekutivmaßnahmen zu treffen«.[20] Bezeichnenderweise ist in der Vereinbarung nicht von Juden die Rede. In einer ersten Weisung vom 2. Juli unterstrich Heydrich, daß extremistische Elemente wie Saboteure, Heckenschützen und Agitatoren, hohe und
mittlere kommunistische Parteifunktionäre und »Juden im Partei- oder
Staatsdienst« zu exekutieren seien. Ferner »seien keine Schritte zu
unternehmen, um sich in »Säuberungen« einzumischen, die von anti-
kommunistischen oder antijüdischen Elementen in den neu eroberten
Gebieten eingeleitet werden könnten. Diese seien insgeheim zu
unterstützen.[21] Nach Auffassung des Schweizer Historikers Philippe
Burrin ähnelten diese Weisungen den Befehlen vom September 1939,
als die Einsatzgruppen vor allem die Liquidierung der polnischen

herrschenden Klassen betrieben. Heydrichs Direktive zum Schüren von Pogromen läßt zudem vermuten, daß es noch keinen Generalplan für die Vernichtung gab. »Zwischen dem, was wenig später die rationelle und geheime Organisation des Völkermords werden sollte, und der Nutzbarmachung von bestialischer und ganz offener Gewalt liegen Welten«, bemerkt Burrin. »Die Pogrome konnten Fluchtbewegungen nur steigern; ein paar Monate später, als die Vernichtung begonnen hatte, griffen Heydrichs Männer ganz im Gegenteil zur List, um die jüdische Bevölkerung zu beruhigen, damit sie bleibe oder gar zurückkehre, damit sie vollständiger vernichtet werden könne.«[22]

Während er seine Männer auf die rücksichtslose Unterjochung der russischen Länder vorbereitete, wartete Himmler vergebens auf die als gerechte Belohnung erhoffte Ernennung. Hitler dehnte Himmlers Vollmacht als Reichskommissar für die Festigung deutschen Volkstums nicht auf Rußland aus, vermutlich, weil er Göring nicht brüskieren wollte, der als Bevollmächtigter für den Vierjahresplan die Kontrolle über den Reichtum jenes Gebietes beanspruchte. 1939 hatte Himmler das Land genommen und Göring die Industrien, doch 1941 stand diese Lösung nicht zur Wahl. In der nationalsozialistischen Neuen Ordnung sollte der Osten zur Kornkammer Europas werden, und seine Industrieanlagen waren zu demontieren. Die Teilung der Beute, die 1939 funktioniert hatte, ließ sich 1941 nicht wiederholen.

Vielleicht um das Machtgleichgewicht zwischen Himmler und Göring zu wahren, wandte sich Hitler an Alfred Rosenberg, den Balten, der 20 Jahre zuvor sein Mentor in russischen Angelegenheiten gewesen war und der inzwischen keine politische Bedeutung mehr hatte. Rosenberg und Hitler trafen am 2. April zusammen, um die zukünftige Zivilverwaltung der eroberten Gebiete im Osten zu diskutieren, und Hitler erklärte seinem alten Mentor, daß er ihn »als politischen Berater entscheidend einschalten werde«.[23] Das von Rosenberg sogleich entworfene Programm umfaßte die Vernichtung des »jüdischen Bolschewismus« und die Regermanisierung des ehemaligen Livland; für alle übrigen Gebiete eröffnete sich die Möglichkeit, »das moskowitische Rußland als Abschubgebiet für unerwünschte Bevölkerungselemente ... zu benutzen«.[24] Auch machte er Personalvorschläge für die Verwaltung der eroberten Territorien, an deren Spitze ein »Generalprotektor des Deutschen Reiches für die besetzten Ostgebiete« stehen sollte.[25] Himmler fand keine Erwähnung.

Hitler war einverstanden, und am 20. April beauftragte er Rosenberg mit der Errichtung einer Abteilung zur Behandlung von Ostfra-

Alfred Rosenberg.

gen. Rosenberg festigte seinen Anspruch mit einem weiteren Plan vom 29. April, in dem er »eine allgemeine Behandlung ... [der] Judenfrage« forderte.[26] Eine Denkschrift vom 7. Mai ging mehr ins Detail. »Die Judenfrage wird nach der selbstverständlichen Ausscheidung der Juden aus allen öffentlichen Stellen eine entscheidende Lösung erfahren durch Einrichtung von Ghettos *oder Arbeitskolonnen*. Arbeitszwang ist einzuführen.«[27]

Rosenberg war entschlossen, an Himmler so wenig Befugnisse wie möglich abzutreten. Als Reichsführer SS und Chef der deutschen Polizei konnte Himmler in Rosenbergs Amt einen ständigen Vertreter – ohne Weisungsbefugnis – entsenden. Als Reichskommissar für die Festigung deutschen Volkstums konnte er einen Verbindungsmann ernennen – der unter unmittelbarer Aufsicht von Rosenbergs Amt arbeiten würde.[28] Himmler war wütend. Er erkannte nur allzu klar, daß Rosenberg die Kontrolle über die Besiedlung der Ostgebiete beanspruchte, und er weigerte sich, seinen eigenen Anspruch aufzugeben. Die beiden Rivalen wandten sich an Hitler.[29]

Himmlers Verbündeter Martin Bormann versuchte, bei Hitler zugunsten seines Freundes zu intervenieren. Als ihm dies nicht gelang, wurde sich Himmler bewußt, daß drastischere Maßnahmen erforder-

lich waren. Spätere Ereignisse lassen vermuten, daß es Himmler klar
war, daß er als der brutalere und tüchtigere von beiden erscheinen
müßte, wollte er sich Rosenberg gegenüber durchsetzen. In einer entsprechend inszenierten Situation könnte Himmler seinen Rivalen als
moralischen Feigling in der Judenfrage blamieren. Rosenbergs Vorschlag, Gettos zu errichten und Arbeitskolonnen zu schaffen, war in
Polen erprobt worden, doch mit geringem Nutzen für die Deutschen.
Schlüge Himmler zur Lösung des Problems der europäischen Juden
einen Plan vor, der eine echte »Endlösung« bedeutete, könnte er über
Rosenbergs Engstirnigkeit triumphieren. Dies erforderte nicht unbedingt den Mord an den elf Millionen Juden Europas. Zu diesem
Zeitpunkt schwebte Himmler vermutlich ein von der SS verwaltetes
Reservat in Rußland vor, ähnlich den gescheiterten Nisko- und Mada-
gaskar-Projekten. Teil dieses Plans könnte gewesen sein, jene umzu-
bringen, die dem Transport über Tausende von Kilometern nicht gewachsen waren. Auschwitz war eine ideal gelegene Zwischenstation
auf den Eisenbahnlinien vom Westen Europas in den Osten, nach Rußland, in das Gebiet, dessen Kontrolle er anstrebte, und Standort des
geplanten Reservats. Die Deutschen hatten bereits Erfahrung mit Deportationen per Bahn. Vielleicht sollte die Anlage in Auschwitz dazu
dienen, die Überreste der unterwegs Verstorbenen zu beseitigen und
diejenigen aufzunehmen, die zu schwach waren, um den Rest der
Reise zu überleben. Die Zahl der zu Transportierenden zu verringern,
bedeutete einen effizienten Einsatz des rollenden Materials. Höß' wiederholte Behauptungen in seinen Aussagen nach dem Krieg, daß
Himmler eine Vernichtungsanlage zur Tötung von Juden gefordert
hatte und daß er, Höß, darüber strengstes Stillschweigen sogar gegenüber seinen Vorgesetzten wahren mußte, mögen durchaus zutreffen.

Spätere Entwicklungen in Auschwitz legen diese Deutung nahe.
Adolf Eichmann, Fachmann für jüdische Auswanderung mit Wien und
Prag als ehemaligen Operationszentren, war Chef des Referats für Judenangelegenheiten des Reichssicherheitshauptamtes in Berlin. Seine
Aufgabe war, überall in Europa die Juden zu erfassen und Programme
zu ihrer Entfernung aus Deutschland und den von den Deutschen
besetzten Gebieten zu ersinnen; in dieser Eigenschaft erhielt er die
Zuständigkeit für den Eisenbahntransport. Als im September die Vorbereitungen für die Massendeportation deutscher Juden nach Rußland
begannen, entsandte Himmler Eichmann nach Auschwitz zu einem
Besuch bei Höß. Einige Wochen später war die Vernichtungsanlage
betriebsbereit. Doch die deutschen Juden wurden nicht, wie erwartet,

deportiert, denn die Gebiete, die Himmler als Judenreservat zu nutzen gehofft hatte, blieben unter sowjetischer Kontrolle. Während der nächsten fünf Monate blieb das Krematorium unbenutzt.

Höß' Aussage in den Nürnberger Prozessen zum Ablauf des Holocaust trifft so nicht zu. Doch 1946 dürfte Höß in voller Kenntnis der Tatsache, daß Auschwitz zu einem zentralen Ort des Judenmords geworden war, jenen wenigen Monaten kaum große Bedeutung beigemessen haben. Für diejenigen aber, die nach einem Verständnis dessen streben, was im Kontext der nicht realisierten Möglichkeiten geschah, ist die Erkenntnis wichtig, daß es keinen unmittelbaren Kausalzusammenhang zwischen der Unterredung Himmlers mit Höß im Juni 1941, Eichmanns Besuch im August und dem Beginn der Massenvernichtung von Juden in Auschwitz im Frühjahr 1942 gibt. Wie wir sehen werden, folgten jene Morde an Juden aus einer anderen Konstellation spezifischer früherer Umstände.

Himmlers Weisung an Höß, in Auschwitz eine Vernichtungsanlage zu bauen, war Teil seiner Kampagne zur Ausdehnung seiner Macht auf die Ostgebiete. Sie war nicht sein einziger Zug. Eine Woche vor dem Überfall erhob er Ulrich Greifelts Amt des Reichskommissars in den Rang eines SS-Hauptamtes. Als Stabshauptamt beim Reichskommissar für die Festigung deutschen Volkstums war Greifelts Büro Heydrichs Reichssicherheitshauptamt gleichgestellt und gewann innerhalb des SS-Imperiums weitreichende Macht. Die Besiedlung der russischen Länder würde beispiellose Anstrengungen erfordern, und Greifelt verfügte jetzt über das dafür erforderliche Personal. Wenn gerufen, stünde er bereit.

Zur selben Zeit bestellte Himmler bei Konrad Meyer den Entwurf eines »Generalplanes« für den Osten als Alternative zu Rosenbergs Programm. Meyer arbeitete an seinem nicht überlieferten Vorschlag bis zum 15. Juli.[30] Einer langen, kritischen Stellungnahme von Dr. Erhard Wetzel, einem Berater Rosenbergs, läßt sich entnehmen, daß nach Meyers Berechnung das zu besiedelnde Gebiet von 45 Millionen Nichtdeutschen bewohnt war: von Esten, Letten, Litauern, Polen, Weißrussen, Westukrainern und Juden. Von diesen sollten 31 Millionen innerhalb von 30 Jahren deportiert und an ihrer Stelle 10 Millionen Deutsche angesiedelt werden.[31]

Meyer unterbreitete eine zweite, vollständigere Fassung seines Vorschlags im Juni 1942, die, vermutlich wie der frühere Entwurf, Himmlers Machtanspruch in Rußland bekräftigte und substantiierte. Der erste Satz des Projektüberblicks bestätigte Himmlers Machtstellung als

Reichskommissar für die Festigung deutschen Volkstums in den eingegliederten Gebieten (Danzig-Westpreußen, Wartheland und Oberschlesien); der zweite präsentierte den logischen Schluß, daß diese
Vollmacht für speziell bezeichnete Siedlungsgebiete in Rußland galt.
Diese sogenannten Siedlungsmarken würden unter der »ausschließlichen Kontrolle des Reichsführers SS als Reichskommissar für die
Festigung deutschen Volkstums stehen«.[32] »Ausschließlich« ist wort-
wörtlich zu verstehen: In den von Deutschen zu besiedelnden Gebieten Rußlands sollte es keine Einmischung durch Reichsstatthalter,
Befehlshaber der Wehrmacht, Görings Beauftragte oder Rosenberg
geben.

Der Überfall auf die Sowjetunion begann am 22. Juni 1941, und
Himmlers Einsatzgruppen folgten dem vorrückenden Heer. Die Sicherheitspolizei hielt sich im Hinblick auf antijüdische Maßnahmen
anfangs zurück; »spontanen« Pogromen der ansässigen Bevölkerung
sah sie tatenlos zu. Ihre Tätigkeit beschränkte sich auf das Erschießen
jüdischer Männer, die zum Beispiel des Plünderns verdächtigt wurden, und, wie Burrin unterstreicht, wurden »in den ersten Wochen die
Opfer nach den Regeln des Standrechts erschossen«.[33] Später wurden
militärische Verfahren zugunsten der wirksamsten Form der Massen-
schlächterei aufgegeben. Maschinenpistolen waren jetzt das beliebte-
ste Mittel für die Liquidierung, und ab Anfang August wurden auch
Frauen und Kinder getötet.
    Sowohl mit dem Verzicht auf herkömmliche Standgerichtsverfah-
ren als auch mit der Einbeziehung jener, die nicht der mindesten
Schuld, es sei denn der ihrer Existenz, verdächtigt werden konnten,
gingen die Einsatzgruppen zum Genozid an allen russischen Juden
über. Zwei Faktoren haben dabei offenbar eine Rolle gespielt. Erstens
begann Anfang Juli, als die Deutschen Sieg auf Sieg errangen, Hitler
immer brutalere Erklärungen abzugeben, in denen er sich zum Beispiel den Robert Koch der Politik nannte. Kraft seiner Allmacht
könnte und würde er den Bazillus ausrotten und den gesunden Körper des deutschen Volkes verteidigen. Zweitens hatte Himmler, Hitlers treuester Vasall, gelernt, die Wünsche des Führers vorwegzuneh-
men, und Hitlers neue Sprache könnte ihm nahegelegt haben, daß
der Führer zum erbarmungslosen Handeln bereit war gegen jenen vi-
rulentesten Bakterienstamm, die jüdischen Bolschewisten – d. h. die
russischen Juden. Und am 16. Juli mußte Himmler drastisch handeln,
um Hitler zu beeindrucken und seine Sache voranzubringen.

An jenem verhängnisvollen Tag im Juli kamen Hitler, Rosenberg, Reichsminister Lammers, Feldmarschall Keitel, Reichsmarschall Göring und der Leiter der Parteikanzlei, Martin Bormann, zusammen, um, wie das Protokoll Hitlers Worte vermerkt, »den riesenhaften Kuchen handgerecht zu zerlegen«.[34] In einem langen, leidenschaftlichen Monolog forderte Hitler: »Aus den neugewonnenen Ostgebieten müssen wir einen Garten Eden machen.« Er forderte die Annexion und Germanisierung von Livland, der volksdeutschen Gebiete an der Wolga, auf der Krim und erdölreicher Gebiete um die transkaukasische Stadt Baku. Die Runde stritt sich darüber, wer für die Zivilverwaltung Rußlands zuständig sein sollte. Laut Protokoll erwähnte jemand Himmlers Rolle in den zu germanisierenden Gebieten, aber niemand trat für ihn ein: Am Ende kamen die Teilnehmer überein, »Himmler solle ... keine andere Zuständigkeit bekommen, als er sie im Reich habe; dies aber sei unbedingt notwendig.«[35] Im Reich war Himmlers Zuständigkeit auf die Polizei beschränkt, und in Rußland sollte er für Sicherheit zuständig sein – nicht weniger und gewiß nicht mehr. Hitler bestätigte diese umschriebene Rolle am nächsten Tag, als er Rosenberg zum Reichsminister für die besetzten Ostgebiete ernannte. Er sollte seine Maßnahmen mit den Militärkommandeuren, mit Göring als Bevollmächtigten für den Vierjahresplan und mit Himmler als Chef der deutschen Polizei koordinieren. Hitlers Erlaß erwähnte nicht Himmlers Zuständigkeit als Reichskommissar, stellte aber auch nicht ausdrücklich fest, daß Rosenberg für Siedlung zuständig sein sollte. Die Frage, wer Rußland germanisieren sollte, blieb ungelöst.

Die Sitzung vom 16. Juli und Rosenbergs anschließende Ernennung bedeuteten für Himmler eine taktische Niederlage. Er protestierte nicht. Wie sich Albert Speer nach dem Krieg erinnerte, erhob Himmler niemals Einspruch gegen Hitler Beschlüsse. »Geduldig lag er auf der Lauer und konnte dann plötzlich äußerst aktiv werden, wenn er eine Chance in seiner Richtung sah.«[36] Im Juli 1941 wartete Himmler nicht einfach geduldig ab. Um Hitler zu zeigen, daß er auf die Ernennung immer noch vorbereitet war, traf er Anstalten, um Meyers ersten Generalplan Ost in Gebieten durchzuführen, die nicht seiner Zuständigkeit unterstanden, in denen aber seine Leute die Polizeikräfte stellten. Der Bezirk Lublin lag strategisch günstig auf halbem Wege zwischen den bereits von Himmler kontrollierten annektierten Gebieten und dem entferntesten zur Besiedlung vorgesehenen russischen Gebiet, dessen Kontrolle Himmler anstrebte. Ferner war sein vertrauter Freund Odilo Globocnik der SS- und Polizeiführer von Lublin. An dem Tag, an dem

Rosenberg sein Ministeramt erhielt, wies Himmler Globocnik an, im Generalgouvernement und im besetzten Rußland in der Umgebung bestehender und geplanter SS-Polizeiposten deutsche Siedlungsgebiete zu organisieren. Himmler besuchte Globocnik drei Tage später in Lublin. Sein Besuch dort war eine Inszenierung, mit der er Berlin beeindrucken wollte, aber er hatte dort auch einige praktische Geschäfte zu erledigen. Sein Ziel war, Lublin zur Hauptnachschubbasis für die Kolonisierungstätigkeit der SS in Rußland zu machen. Zu diesem Zweck wies er Globocnik an, die bestehenden, von jüdischer Zwangsarbeit abhängigen SS-Unternehmen zu vergrößern, und um eine ununterbrochene Versorgung mit Arbeitskräften sicherzustellen, befahl er ihm, in dem Lubliner Vorort Majdanek ein Konzentrationslager für 50 000 Häftlinge zu errichten.[37]

Während Himmler den Mittelabschnitt seiner projektierten neuen Siedlungszone bereiste, kümmerte sich Heydrich um das Hinterland und begann, seinen Teil des Anspruchs geltend zu machen. Gemäß dem von ihnen festgelegten Muster konzentrierte sich Himmler auf Kolonisierung, während Heydrich die Aussiedlung besorgte. Dies nun machte einen Besuch bei Göring erforderlich. 1941 war Göring offiziell für »Judenangelegenheiten« zuständig, doch hatte er 1939 Heydrich die Aufgabe übertragen, die Auswanderung oder Vertreibung aller deutschen Juden vorzubereiten. Mit der Eroberung Rußlands stand Raum für ein neues Judenreservat zur Verfügung. Heydrich nahm zu Recht an, daß eine bloße Ausdehnung der ihm 1939 erteilten Vollmachten Himmlers Anspruch auf territoriale Machtbefugnisse im Osten stärken könnten, und Ende Juli ließ er Eichmann ein Schreiben entwerfen, mit dem Göring ihn mit einer »Endlösung« der Judenfrage in Europa beauftragen sollte.

In Ergänzung der Ihnen bereits mit Erlaß vom 24.1.1939 übertragenen Aufgabe, die Judenfrage in Form der Auswanderung oder Evakuierung einer den Zeitverhältnissen entsprechend möglichst günstigsten Lösung zuzuführen, beauftrage ich Sie hiermit, alle erforderlichen Vorbereitungen in organisatorischer, sachlicher und materieller Hinsicht zu treffen für eine Gesamtlösung der Judenfrage im deutschen Einflußgebiet in Europa.
Sofern hierbei die Zuständigkeiten anderer Zentralinstanzen berührt werden, sind diese zu beteiligen.
Ich beauftrage Sie weiter, mir in Bälde einen Gesamtentwurf über die organisatorischen, sachlichen und materiellen Vorausmaßnahmen zur Durchführung der angestrebten Endlösung der Judenfrage vorzulegen.[38]

Ebenso wie der frühere Plan zur Lösung der Judenfrage eine territoriale Dimension und daher Territorialmacht umfaßt hatte, wünschte Himmler, daß dieser »Gesamtplan« ähnliche Vollmachten mit sich brächte. Heydrich suchte Göring am 31. Juli auf, und dieser unterzeichnete das Schreiben.

Himmlers erster Einsatz bei dem Machtkampf, der die Ermordung der Juden begleitete, erfolgte in Rußland. Kaum hatte Göring seine Unterschrift unter Heydrichs Schreiben gesetzt, das Himmlers letztliche Exekutivvollmacht für die Lösung der Judenfrage bestätigte, begannen die Einsatzgruppen jüdische Männer, Frauen und Kinder unterschiedslos zu massakrieren. Das Heer, die einzige Macht, die dem Morden hätte Einhalt gebieten können, stand untätig beiseite.[39] Die militärischen Planungen waren gescheitert. Spätestens Anfang August mußten die Generäle eingestehen, daß sie die Flexibilität und Tüchtigkeit der Sowjetarmee, die Größe des Kriegsschauplatzes und die durch schlechte Straßen bedingten Schwierigkeiten unterschätzt hatten. Bei der Planung des »Unternehmens Barbarossa« hatte der Drang nach Lebensraum sie für die zu erwartenden Probleme blind gemacht.[40] Als technische Pannen und Versorgungsprobleme den Vormarsch der mechanisierten deutschen Einheiten behinderten, stellte die Sowjetunion rasch neue Divisionen auf.[41] Die deutschen Generäle, gegenüber ihrem Zeitplan um Wochen im Rückstand, wußten, würde die Rote Armee nicht innerhalb von zwei Monaten geschlagen, würde der Feldzug scheitern und Deutschland sich in einem dauerhaften Zweifrontenkrieg befinden.[42] In einer Lage zunehmender Frustration und Wut gab das Heer den Einsatzgruppen freie Hand zum Massenmord an den Juden.

Innerhalb eines Monats unternahm Himmler Schritte, um die Deportation deutscher und tschechischer Juden nach Rußland aufzunehmen. Wie uns bekannt, reiste Eichmann Ende August nach Auschwitz, das, wie wir meinen, als Durchgangslager zwischen Deutschland, Böhmen und dem projektierten Reservat im Osten dienen sollte. Eichmann diskutierte mit Höß den Entwurf einer Vernichtungsanlage, und sie einigten sich auf den Einsatz von Gas. Auch stimmten sie darin überein, daß die Kohlenmonoxidkammern der Aktion T4 nicht geeignet wären: Das System war zu komplex und das Flaschengas zu teuer.[43]

Das Personal von Auschwitz wußte eine ganze Menge über Zyanwasserstoff. Im Sommer 1941 hatte der Bau von Entlausungseinrichtungen höchste Dringlichkeit erhalten, und das tödliche Potential

von Zyklon B war Gemeinwissen. Höß beauftragte Lagerführer Karl
Fritzsch, zuständig für die Liquidierung der sowjetischen Kriegsgefangenen sowie für die Ausräucherung des Lagers und das Desinfekti-
onsverfahren in den vorhandenen Gaskammern in Block 3 und 26,
mit der Durchführung eines Pilotversuchs. Fritzsch kam dem nach, indem er einen Transport sowjetischer Kriegsgefangener im Keller von
Block 11 in eine Zelle sperrte und dann Zyklon B in den Raum warf.
Alle Gefangenen starben.

Von seinem Erfolg ermutigt, führte Fritzsch am 3. September die erste Massenexekution mit Zyklon B durch. Wojciech Barcz, ein als
Krankenpfleger eingesetzter Häftling, erinnerte sich, daß er wenige
Monate nach Beginn des Krieges gegen die Sowjetunion den Befehl
erhielt, schwerkranke Häftlinge in die Kellerzellen von Block 11 zu
schaffen.

> In diesen Zellen wurden sie eingeschlossen. Etwa um zehn Uhr abends ver-
> nahmen wir, wie von SS eine große Gruppe in die Richtung der Bunker ge-
> trieben wurde. Wir hörten Schreie in russischer Sprache, Befehle der SS-ler
> und harte Schläge. Drei Tage später erhielten wir Pfleger mitten in der Nacht
> den Befehl, in den Block 11 zu gehen. Wir mußten dort die Leichen aus den
> Bunkerzellen herausräumen. So haben wir sehen können, daß man eine
> große Gruppe von russischen Häftlingen zusammen mit den Kranken, die
> wir dorthin gebracht hatten, einfach in diesen Zellen vergast hat. Der An-
> blick, der sich uns bot, als wir die Zellentüren aufmachten, war ungefähr
> der, wie wenn man einen prallgefüllten Koffer öffnet. Die Leichen fielen uns
> entgegen. Ich schätze, daß bis zu 70 Leichen in einer kleinen Zelle zusam-
> mengepfercht waren, so eng, daß sie auch als Tote nicht umfallen konnten,
> sondern standen… Alle Anzeichen eines furchtbaren Todeskampfes waren
> noch zu sehen.[44]

Die Deutschen waren nicht zufrieden. Einige Gefangene überlebten
das Martyrium, das Verfahren nahm zu viel Zeit in Anspruch, die Leichen mußten zu dem Krematorium auf der anderen Seite des Lagers
transportiert werden, und für das Auslüften des Gebäudes wurden
zwei Tage benötigt. Der Keller von Block 11 war keine ideale Gaskammer, aber jene ersten Proben hatten bewiesen, daß sich jeder
beliebige Raum leicht in eine Zyklon-B-Gaskammer umwandeln ließ.
Anders als die Kohlenmonoxid-Gaskammer mit ihrem System aus
Rohren, lochblechverkleideten Abzügen und sperrigen Gaszylindern
erforderte die Zyanwasserstoff-Gaskammer nur eine kleine Luke, vorzugsweise in der Decke, zum Einwerfen der Zyklon-B-Kristalle.

Fritzsch fiel ein, daß die Leichenkammer des Krematoriums im Stammlager ein Flachdach hatte, in dem sich ohne Schwierigkeit eine oder mehrere Öffnungen anbringen ließen. Er wußte auch, daß vor etwa einem Monat die Leichenkammer mit einem neuen, leistungsstarken Lüftungssystem ausgerüstet worden war. Wie wir sahen, hatte die politische Abteilung begonnen, die Leichenkammer als Hinrichtungsstätte für die vom Gestapo-Standgericht Verurteilten zu nutzen. Von Anfang an hatten die Exekutionskommandos über den Übelkeit erregenden Gestank geklagt, diente der Raum doch auch der Lagerung der Leichen verstorbener Häftlinge. Maximilian Grabner, Chef der Politischen Abteilung, hatte Schlachter dazu bewegt, ein moderneres Lüftungssystem zu installieren, das nicht nur die schlechte Luft absaugte, sondern auch Frischluft zuführte.[45] Fritzsch war klar, daß sich mit einem solchen Lüftungssystem das Giftgas absaugen ließ.

Fritzschs Leute stemmten in das Dach der Leichenhalle drei quadratische Öffnungen und verschlossen sie mit dichtsitzenden Holzdeckeln.[46] Die neue Gaskammer wurde wahrscheinlich am 16. September mit dem Mord an ungefähr 900 sowjetischen Kriegsgefangenen eingeweiht.[47] »Der ganze Transport ging gerade genau in den Leichenraum«, erinnerte sich Höß. »Die Tür wurde zugeschlossen und das Gas durch die Öffnungen hineingeschüttet. Wie lange diese Tötung gedauert hat, weiß ich nicht. Doch war eine geraume Weile das Gesumme noch zu vernehmen. Beim Einwerfen schrien einige ›Gas‹, darauf ging ein mächtiges Brüllen los und ein Drängen nach den beiden Türen. Diese hielten aber den Druck aus.«[48] Einige Stunden später wurden die Lüfter eingeschaltet und die Türen geöffnet. »Über die Tötung der russischen Kriegsgefangenen an und für sich machte ich mir damals keine Gedanken«, bekannte Höß 1946. »Es war befohlen, ich hatte es durchzuführen. Doch ich muß offen sagen, auf mich wirkte diese Vergasung beruhigend, da ja in absehbarer Zeit mit der Massenvernichtung der Juden begonnen werden mußte.«[49]

Die erwarteten Kriegsgefangenentransporte nach Auschwitz blieben aus, da die Russen nicht besiegt wurden. Doch an anderer Stelle wurde die Judenvernichtung dadurch eingeleitet, daß deutsche und tschechische Juden in riesiger Zahl nach dem Osten transportiert wurden. Himmler informierte Greiser, den Gauleiter des Warthelandes, am 18. September von seiner Absicht, 60 000 deutsche, österreichische, luxemburgische und tschechische Juden in das Lodzer Getto zu schicken. Da es in Auschwitz nicht genügend Kasernengebäude für die Aufnahme so vieler Personen gab, war das Lager kein geeignetes Durchgangslager, und die Juden sollten in Lodz bis zum Frühjahr 1942 verbleiben, um dann nach Rußland weitertransportiert zu werden. Der erste Transport mit Juden aus Wien traf am 16. Oktober in Lodz ein, und in den nächsten 18 Tagen wurden insgesamt 2000 Juden aus Prag, Luxemburg, Trier und Berlin in das bereits überfüllte Getto gestopft. Von Panik ergriffen, wies Greiser den örtlichen SS- und Polizeiführer Wilhelm Koppe an, etwas zu unternehmen. Koppe enttäuschte ihn nicht. Er hatte, wie er später schriftlich behauptete, eine wahrhaft historische Sicht der Lage. Er glaubte, daß das Zweite Reich (1871 – 1918) den völkischen Krieg in den östlichen Marken verloren hatte, weil es dort, wo die Gesetze des Krieges hätten gelten sollen, den Sieg liberaler Prinzipien zugelassen hatte. »Wir Nationalsozialisten«, schrieb Koppe, »haben aus den Fehlern der Vergangenheit und den bitteren Erfahrungen während der Zeit der deutschen Machtlosigkeit gelernt.« Nur die rücksichtslose Beseitigung aller nichtdeutschen »Eindringlinge« würde dem Wartheland wieder zu seiner historischen Aufgabe verhelfen: »als Ausgangsstellung für die volkstumsmäßige Durchdringung der Gebiete des weiteren Ostens«.[50]

Koppe war nicht allein Bismarcks Scheitern, sondern auch Herbert Langes Erfolg in Erinnerung. Lange hatte in Ostpreußen, Danzig-Westpreußen und im Wartheland mit Tötungen durchgeführt. Koppe entsandte Langes Sonderkommando von Posen in das Dorf Chelmno, von den Deutschen Kulmhof genannt, das er als den idealen »Siedlungsplatz« für die Lodzer Juden erkannte. Koppe und Lange einigten sich auf Transporte von jeweils 100 bis 150 Juden per Lkw zu einem Kulmhofer Schloß, das von einem hohen Zaun umgeben war. »Die beladenen Lastkraftwagen fuhren auf das Lagergelände und hielten vor dem Haus, wo ein Vertreter des Sonderkommandos die Neuankömmlinge mit den Worten begrüßte, sie würden zur Arbeit im Osten eingesetzt werden, und ihnen anständige Behandlung und gute Verpflegung versprach«, erklärte Richter Wladyslaw Bednarz in seinem Bericht von 1945.

Er sagte ihnen auch, daß sie zunächst baden und ihre Kleidung zur Desinfektion abgeben müßten. Vom Hof wurden sie in das Haus geführt, in einen beheizten Raum im ersten Stock, wo sie sich entkleideten. Dann kamen sie im Erdgeschoß in einen Flur, dessen Wände Aufschriften trugen: »Zum Arzt« oder »Zum Bad«, letztere mit einem zur Haustür weisenden Pfeil. Beim Hinausgehen wurde ihnen gesagt, daß sie in einem geschlossenen Wagen zum Badehaus gebracht würden.

Vor der Tür des Landhauses stand ein großer LKW mit Hecktür in solcher
Position, daß er mit Hilfe einer Leiter direkt bestiegen werden konnte.
Die zum Beladen zugemessene Zeit war sehr kurz, und Gendarmen im
Flur trieben die armen Opfer mit Rufen und Schlägen zur Eile an.
Wenn ein ganzer Trupp in den LKW gepfercht war, wurde die Tür zuge-
schlagen und der Motor angelassen, und die Eingeschlossenen wurden mit
den Auspuffgasen vergiftet. Nach vier oder fünf Minuten war der Vorgang
gewöhnlich beendet, und dann fuhr der LKW zu dem etwa 4 km entfernten
Wald von Rzuchów, wo die Leichen abgeladen und verbrannt wurden.[51]

Sobald der Gaswagen von dem Landhaus abgefahren war, traf eine
weitere LKW-Ladung Juden ein, die keine Ahnung hatten, was mit der
früheren Gruppe geschehen war. Im Unterschied zu den späteren Lagern in Belzec, Sobibor, Treblinka und Auschwitz, wo die meisten
beim Verlassen des Zugs vermuten konnten, daß etwas höchst ver-
dächtig war, wurden sich die nach Kulmhof Gebrachten erst dann des
Täuschungsmanöver der Deutschen bewußt, nachdem sie den Gaswagen bestiegen hatten – und dann war es zu spät. Für die Deutschen
war Kulmhof ein großer Erfolg: Zwischen dem 8. Dezember 1941 und
dem 9. April 1943 wurden dort etwa 150000 Juden umgebracht. Nur
zwei überlebten: Simon Srebnik und Mordechai Podchlebnik.

Im Herbst 1941 war es Himmler klar, daß Hitler über seine Politik
der Deportation deutscher Juden nach Rußland erfreut war. Seine öffentliche Prophezeiung, daß im Kriegsfall die Juden aus Europa
verschwinden würden, war im Begriff, sich zu erfüllen, erklärte Hitler
am 25. Oktober gegenüber Himmler und Heydrich. Ihn plagten keinerlei Skrupel. »Diese Verbrecherrasse hat die zwei Millionen Toten des
Weltkrieges auf dem Gewissen, jetzt wieder Hunderttausende. Sage
mir keiner: Wir können sie doch nicht in den Morast schicken! Wer
kümmert sich denn um unsere Menschen?«[52] Auch war deutlich, daß
die damit einhergehende Tötung von Russen, Polen und inzwischen
auch deutschen Juden den Führer nicht im mindesten kümmerte.
Selbst bevor das Vernichtungslager in Kulmhof in Betrieb gegangen
war, belustigte Hitler sein Gefolge mit einem Ausspruch seines alten
Lehrers Dietrich Eckart. »Dietrich Eckart hat mir einmal gesagt, er
habe nur einen anständigen Juden kennengelernt«, sinnierte Hitler,
»den Otto Weininger, der sich das Leben genommen hat, als er dies erkannte«.[53]
    Bis Ende November ergriffen viele Einzelpersonen und Ämter In-
itiativen zum Töten von Juden: Koppe hatte in Kulmhof seine eigene

Hans Kammler. Höß erinnerte sich an ihn als einen unermüdlichen Arbeiter. Er war »ideenreich und stand mitten in der Wirklichkeit. (...) Er hoffte auch das Unwahrscheinliche zu erzwingen und mußte am Ende des Krieges einsehen, daß der Krieg stärker war als er. Persönlich lebte er sehr einfach und bescheiden und in guten Familien-verhältnissen.«

Vernichtungsanlage installiert, und Erhard Wetzel und seine Kollegen in Rosenbergs Ministerium für die besetzten Ostgebiete verhandelten mit T4-Spezialisten über den Transfer ihrer Fachkenntnisse nach Riga und Minsk. Es war an der Zeit, ein für allemal klarzumachen, daß Himmler das Sagen hatte.

Zu diesem Zweck lud Heydrich leitende Beamte der Reichskanz-lei, der Ministerien für Justiz, Inneres, Auswärtige Angelegenheiten und die Ostgebiete, des Amtes für den Vierjahresplan, des General-gouvernements, der Partei-Kanzlei und verschiedener SS-Ämter, dar-unter des Rasse- und Siedlungshauptamtes und des Stabshauptamtes beim Reichskommissar für die Festigung deutschen Volkstums, zu einer Konferenz ein, die am 9. Dezember im Gästehaus des Chefs der Sicherheitspolizei und des SD, am Großen Wannsee 56-58, abgehal-ten werden sollte. Als Zweck nannte er die Erzielung »einer gleichen Auffassung bei den in Betracht kommenden Zentralinstanzen an der übrigen mit dieser Endlösung zusammenhängenden Arbeit«. Die Konferenz war besonders dringend, »zumal seit dem 15. 10. 1941 be-reits in laufenden Transporten Juden aus dem Reichsgebiet ein-schließlich Protektorat Böhmen und Mähren nach Osten evakuiert werden«.[54] Jeder Einladung legte Heydrich eine Fotokopie der am 31. Juli von Göring erteilten Vollmacht bei.

Fünf Jahre lang hatte Himmler auf das Arbeitspotential der KZ-Häft-linge zurückgegriffen, und sollte die geplante Wannsee-Konferenz

die uneingeschränkte Gefolgschaft der Ministerialinstanzen hinsichtlich der »Endlösung« der Judenfrage bestätigen, gab es keinen Grund,
die Arbeitskraft der Juden nicht als integralen Bestandteil jener Lösung zu nutzen. Auf Verlangen Himmlers entwickelte Hans Kammler,
der Leiter des SS-Bauwesens, ein »vorläufiges Friedensbauprogramm«
für die Waffen-SS und die deutsche Polizei, das jüdische Arbeitskraft
erforderte. Kammler glaubte, der einzige Weg, auf dem die SS ihren
Anteil an den künftig für Baumaßnahmen vorzusehenden begrenzten
Ressourcen erlangen könnte, bestehe im Vorschlag eines kühnen Planes, der voraussetzte, daß der SS in gleicher Weise wie den Wehr-
machtsgattungen Geld und Baustoffe zugeteilt würden. Kammler
legte einen Haushaltsanschlag von etwas über 13 Milliarden RM vor,
wovon etwa 10 Prozent in den annektierten Gebieten ausgegeben
werden sollten, und zur Untermauerung des Vorschlags ließ er Entwürfe für verschiedene Projekte ausarbeiten.[55]

Himmler hielt Kammlers Vorschlag für nicht umfassend genug und
verlangte weitere 10 bis 12 Milliarden RM. Zwei Monate später war er
zu dem Schluß gekommen, daß auch dieser Betrag entschieden zu
gering angesetzt war. Allein die SS-Bauprojekte in den annektierten
Gebieten würden 80 Milliarden RM erfordern, also das Sechzigfache
des ursprünglich von Kammler angesetzten Betrags. Himmler ging
davon aus, daß SS-Firmen wie die DESt ihm Steine, Ziegel, Kalk und
Zement liefern würden; er rechnete mit einer Sondervereinbarung mit
den Hermann-Göring-Werken über Stahl, und Holz sollte aus den
russischen Wäldern geholt werden. Doch keiner dieser Baustoffe ließ
sich ohne Arbeitskraft herstellen. Überdies erforderte die Bauarbeit
Fachkräfte, die kaum verfügbar sein würden. Himmler wies Pohl an,
Berufsbildungsmaßnahmen für KZ-Häftlinge einzuführen. »Tun wir
das nicht, so werden wir weder anständige Kasernen, Schulen,
Dienstgebäude bekommen, noch werden wir Wohnungen für unsere
SS-Männer im Altreich haben, noch werde ich als Reichskommissar
für die Festigung deutschen Volkstums die Riesensiedlungen hinstel-
len können, mit denen wir den Osten deutsch machen.«[56]

Kammler schlug für das provisorische Friedensprogramm die
Schaffung von mobilen SS-Baubrigaden vor. Jede Brigade würde aus
zwei Regimentern mit jeweils drei Bataillonen bestehen. Das erste Bataillon würde den Bauplatz vorbereiten, das Gelände planieren, Straßen anlegen und Ausschachtungen für Fundamente vornehmen, Ab-
wasserkanäle graben und Brunnen bohren; das zweite würde den
Rohbau erstellen; und das dritte wäre für Malerarbeiten, Elektroinstal-

lation, Heizung und Sanitäreinrichtungen zuständig. Kammler berechnete, daß er mit allen ihm zur Verfügung stehenden Ressourcen aus den Konzentrationslagern nicht einmal eine Brigade von 4000 Mann aufstellen konnte. Zur Durchführung des SS-Bauprogramms für 1942 würde er 175 000 Arbeiter benötigen – »Häftlinge, Kriegsgefangene, Juden usw«.[57]

In dem SS-Imperium war eine widersprüchliche Situation entstanden. Für Heydrich, den Chef des Reichssicherheitshauptamtes, waren die Juden lästige Elemente, die deportiert werden mußten, während für Kammler, den Chef des SS-Bauwesens, arbeitsfähige Juden eine wertvolle Ressource waren – und ihr Wert stieg sprunghaft an, als deutlich wurde, daß Himmler kaum die weiteren 90 000 sowjetischen Kriegsgefangenen bekommen würde, zu deren Überstellung sich das Heer verpflichtet hatte. Heydrich und Kammler verdeutlichten den Konflikt, der Ende 1941 Himmler belastete. In dem deutschen Utopia, das er schaffen wollte, war für Juden kein Platz, aber er konnte es nicht ohne die Juden verwirklichen. Diese offensichtlich einander ausschließenden Forderungen wurden auf der nunmehr für den 20. Januar 1942 angesetzten Wannsee-Konferenz miteinander in Einklang gebracht.

Heydrich, der den Vorsitz hatte, eröffnete sie mit einem Hinweis auf Görings Schreiben vom Juli, um gleich darauf sein zentrales Ziel herauszustreichen. »Die Federführung bei der Bearbeitung der »Endlösung« der Judenfrage liegt ohne Rücksicht auf geographische Grenzen zentral beim Reichsführer SS und Chef der deutschen Polizei (Chef der Sicherheitspolizei und des SD)«, erklärte er kategorisch.[58] Es erhob sich kein Protest. Er hatte sich durchgesetzt, und innerhalb von 90 Minuten brachte er die Konferenz zu Ende. Allzu wenige Juden waren zwischen 1933 und 1939 ausgewandert, und in Europa waren elf Millionen verblieben. »Unter entsprechender Leitung sollen nun im Zuge der Endlösung die Juden in geeigneter Weise im Osten zum Arbeitseinsatz kommen«, verkündete er. »In großen Arbeitskolonnen, unter Trennung der Geschlechter, werden die arbeitsfähigen Juden straßenbauend in diese Gebiete geführt, wobei zweifellos ein Großteil durch natürliche Verminderung ausfallen wird. Der allfällig endlich verbleibende Restbestand wird, da es sich bei diesem zweifellos um den widerstandsfähigsten Teil handelt, entsprechend behandelt werden müssen, da dieser, eine natürliche Auslese darstellend, bei Freilassung als Keimzelle eines neuen jüdischen Aufbaues anzusprechen ist. (Siehe die Erfahrung der Geschichte).«[59] Hinsichtlich des provisorischen Friedensprogramms und der Diskussionen über den Ein-

satz von Juden in Baubrigaden meinte Heydrich offenbar das, was er
sagte, wenn er über Arbeitskolonnen sprach.

Vier Tage nach der Wannsee-Konferenz traf Himmler mit Hitler zusammen. Ein Protokoll über ihre Unterredung gibt es nicht, aber am
folgenden Tag machte Hitler Andeutungen über den Inhalt ihres Gesprächs. »Wenn ich 150000 Wolhyniendeutsche herausziehe, so ist das
auch mit Härten verbunden wie die Räumung von Südtirol. Wenn ich
heute den Juden herausnehme, dann wird unser Bürgertum unglück-
lich: Was geschieht denn mit ihm? Aber haben sich die gleichen
darum gekümmert, was aus den Deutschen werden würde, die aus-
wandern mußten?« 1942 war dies natürlich nur noch pure Einbildung.
Wenn es ein solches Bürgertum jemals gegeben haben sollte, hatte es
jedenfalls seit mindestens einem Jahrzehnt seine Stimme nicht zugunsten der Juden erhoben. Aber solche Tatsachen interessierten Hitler
gar nicht. »Der Jude muß aus Europa heraus. Wir kriegen sonst keine
europäische Verständigung. Er hetzt am meisten überall. Letzten Endes: Ich weiß nicht, ich bin kolossal human«, erklärte er seinen La-
kaien. »Ich sage nur, er muß weg. Wenn er dabei kaputtgeht, da kann
ich nicht helfen. Ich sehe nur eines: die absolute Ausrottung, wenn sie
nicht freiwillig gehen.« Juden waren eine Gefahr und eine Bedrohung.
Sie waren die Vorhut jener, die zum Dolchstoß in Deutschlands
Rücken bereit waren. »Warum soll ich einen Juden mit anderen Augen
ansehen als einen russischen Gefangenen? Im Gefangenenlager sterben viele, weil wir durch die Juden in diese Lage hineingetrieben
sind. Aber was kann denn ich dafür? Warum haben die Juden denn
den Krieg angezettelt?«[60]

Drei Tage später sandte Himmler ein Telegramm an Richard
Glücks, den Inspektor der Konzentrationslager. »Nachdem russische
Kriegsgefangene in der nächsten Zeit nicht zu erwarten sind, werde
ich von den Juden und Jüdinnen, die aus Deutschland ausgewandert
werden, eine große Anzahl in die Lager schicken. Richten Sie sich darauf ein, in den nächsten vier Wochen 100000 männliche Juden und
bis zu 50000 Jüdinnen in die KL aufzunehmen. Große wirtschaftliche
Aufträge und Aufgaben werden in den nächsten Wochen an die Konzentrationslager herantreten«.[61]

Nachdem Himmler nunmehr die ungeteilte Zuständigkeit für die
»Endlösung« und damit für alle Juden Europas besaß, stand es ihm jetzt
frei, in den Konzentrationslagern die ausbleibenden sowjetischen
Kriegsgefangenen durch Juden zu ersetzen. Zwar gab er nicht an, um
welche Lager es sich handeln sollte, doch es gab nur zwei, in denen

sowjetische Gefangene einen wesentlichen Teil der geplanten Belegung ausmachen sollten: Auschwitz und Majdanek. Aber während der
Gedanke, Kriegsgefangene durch Juden zu ersetzen, im Prinzip funktionierte, war Himmlers anfänglicher Plan, die deutschen Juden zu jenem Zweck sofort abzuschieben, nicht praktikabel. Wie sich heraus-
stellte, stieß die sofortige Deportation von 150 000 Juden aus dem
Reich und dem Protektorat Böhmen und Mähren auf organisatorische
Schwierigkeiten.[62] Auch gab es Verzögerungen aufgrund der amtlichen Verfahren zur Übertragung des Vermögens deutscher Juden auf
das Reich. Himmlers Telegramm war verfrüht. Deutsche Juden konnten nicht die Stellen sowjetischer Gefangener einnehmen. Wenn eine
rasche Lösung von Himmlers Problem in Auschwitz gefunden werden
sollte, müßte er eine andere Gruppe von Juden ausfindig machen, die
schneller zusammengefaßt und transportiert werden könnten und die
nicht die Aufmerksamkeit deutscher Bürokraten verdiente.

Die Juden im Satellitenstaat Slowakei unter der Herrschaft des kleri-
kal-faschistischen Monsignore Dr. Josef Tiso und des nationalsozialistischen Professor Vojtech Tuka waren dafür geeignet. Wie der
Holocaust-Historiker Yehuda Bauer erläutert hat, hatte die deutsche
Regierung 1940 mit Tuka vereinbart, dem Reich 120 000 slowakische
Arbeiter zur Verfügung zu stellen. Die Slowaken, über diese Vereinbarung alles andere als glücklich, ließen die Sache schleifen. Schließlich
verlangten im Spätsommer 1941 die Deutschen die sofortige Überstellung von 20 000 Arbeitern. Gefragt, ob sie 20 000 slowakische Juden
nehmen würden, lehnten die Deutschen ab. Sie waren gerade dabei,
die Deportation aller im Reich verbliebenen Juden anlaufen zu lassen.[63] Tiso und Tuka gaben immer noch nicht nach. In der Hoffnung,
die Deutschen würden sich doch noch dazu bereit erklären, Juden statt
Christen zu nehmen, konzentrierten sie Tausende junger slowakischer
Juden in drei Arbeitslagern. Im Januar 1942 boten sie dem deutschen
Arbeitsministerium erneut 20 000 kräftige junge Juden zur Arbeit in
Deutschland an. Innerhalb von Tagen kam eine Antwort in Gestalt von
Dieter Wisliceny. Offiziell Attaché an der Deutschen Botschaft in Brati-
slava, war Wisliceny tatsächlich Eichmanns dortiger Agent. Er hatte von
Eichmann erfahren, daß Himmler als Ersatz für die sowjetischen
Kriegsgefangenen in Auschwitz Juden benötigte, und er erhielt Anwei-
sung, im Namen Deutschlands das slowakische Angebot von 20 000 ar-
beitstauglichen Juden anzunehmen: 10 000 sollten nach Auschwitz und
10 000 nach Majdanek geschickt werden. Am 16. Februar war der Han-

del perfekt. »Im Zuge der Maßnahmen zur Endlösung der europäischen Judenfrage ist die Reichsregierung bereit, sofort 20 000 junge kräftige slowakische Juden abzunehmen und nach dem Osten zu verbringen, wo Arbeitskräftebedarf besteht«, kabelte Martin Luther, Unterstaatssekretär im Auswärtigen Amt, an die Deutsche Gesandtschaft in Bratislava.[64] Tiso und Tuka waren hoch erfreut.

»Der Befehl kam vier Wochen vor Ende März«, erinnert sich Helen Tichauer-Spitzer, eine der betroffenen 20 000 Juden und Jüdinnen. »Ende Februar. Sie druckten große Plakate, die an die Kioske geklebt wurden. Keine schriftliche Einladung. Sie machten bekannt, daß sich ledige jüdische Mädchen und Frauen, ich denke zwischen 15 oder 16 Jahren und 45 oder 50, an einem bestimmten Tag versammeln müßten. Ich erinnere mich, es war der 21. März, ein Montag.«[65]

Helen war klar, daß dies nichts Gutes verhieß, aber »der Befehl besagte, daß für alle diejenigen, die nicht erschienen, die Eltern herhalten müßten. Daher war die Sache ziemlich vertrackt. Keine wollte ihre Eltern opfern. Hätte ich versucht, in ein Nachbarland zu entfliehen, wären an meiner Stelle die Eltern genommen worden.«

Helen schien sich jedoch eine andere Möglichkeit zu bieten. Sie war Schildermalerin, und ihr »Arbeitgeber, der Deutscher war, beschloß, um Freistellung einzukommen, denn in dem Beruf herrschte Mangel an Arbeitskräften«. Ihr Arbeitgeber hatte Erfolg; die Freistellung »wurde ausgefertigt; sie lag bereit«. Aber »jener verdammte Montag war der Wendepunkt in meinem Leben. Ich mußte früh am Morgen, vor der Bürozeit, zu dem Sammelpunkt aufbrechen, so daß ich nicht zu meinem Arbeitgeber gehen und die Genehmigung abholen konnte. Ich mußte unbedingt hingehen, denn wenn ich nicht an dem Sammelpunkt erschienen wäre, hätten sie meine Eltern abgeholt. Es war eine höchst vertrackte Sache. Es war ein Unglück. Einen Tag mehr, und ich hätte bleiben können.«[66]

Helen meldete sich an dem »Sammelpunkt, einer leeren Munitionsfabrik nahe dem Bahnhof«, wo man sie bis zum Samstagmorgen warten ließ. Als weitere 999 Personen versammelt waren, luden die slowakischen Hlinka-Garden sie in einen Zug, genauer gesagt: Sie pferchten sie in Viehwagen zusammen. »Die Reise dauerte einen Tag und eine Nacht und am späten Nachmittag des nächsten Tages kamen wir an. Es war ein Sonntag.« Der Zug hielt »auf einem offenen Feld vor dem Bahnhof [von Auschwitz]. Wir mußten alles zurücklassen. Sie ließen uns durch das Haupttor marschieren. Ich ging durch das Tor mit der Aufschrift *Arbeit macht frei*.«[67]

Die slowakischen Frauen waren für Birkenau bestimmt, aber die
Deutschen waren mit ihrem Bauprogramm im Verzug. Birkenau hatte
den offiziellen Betrieb Anfang März aufgenommen, als die verbliebenen sowjetischen Kriegsgefangenen, eine Gruppe deutscher Krimi-
neller und 1200 kranke männliche Häftlinge aus dem Krankenbau nach
BA I, dem für die Frauen vorgesehenen Bereich, verlegt worden waren.
Die Verlegung der Frauen nach Birkenau mußte warten; inzwischen
wurden sie im Stammlager Auschwitz in zehn Kasernengebäuden untergebracht, die mit besonderen Mauern abgeschirmt waren.

»Sie waren nicht auf uns vorbereitet«, erinnert sich Helen Tichauer-
Spitzer. »Sie wußten nicht, was sie mit uns anfangen sollten. Alles passierte in solcher Eile. Sie schossen so schnell. Als wir ankamen,
stießen sie uns in eine Baracke, und am nächsten Tag schoren sie uns
kahl und steckten uns in irgendwelche alte russische Uniformen.«[68]

Bis Ende April trafen zehn slowakische Transporte ein, und es wurden 9655 slowakische Juden registriert. Keiner dieser Transporte
brachte alte Personen oder kleine Kinder, und es gab keine Selektionen an der Rampe.

Während zwischen dem deutschen Auswärtigen Amt und der slowakischen Regierung Verhandlungen geführt wurden, war Auschwitz
bereits zum Zielort für eine besondere Gruppe von Juden aus dem
Reich geworden: Jene, die im Rahmen der sogenannten Organisation
Schmelt als untauglich für die Arbeit befunden wurden. Albrecht
Schmelt, SS-Brigadeführer und Polizeipräsident von Breslau, hatte
1941 eine Sonderorganisation gegründet, welche die Zwangsarbeit
der nach Einstellung der Deportationen ins Generalgouvernement in
Oberschlesien verbliebenen Juden monopolisierte.[69] Schmelt beschäftigte etwa 50 000 Juden, und er war der Meinung, sein Programm
sei durch zu viele unnütze Esser belastet. Er hatte Kenntnis von den
Hinrichtungen des Gestapo-Standgerichts in Auschwitz, und Mitte Februar transportierte er etwa 400 ältere Juden in das Lager.

Der Leichenraum des Krematoriums im Stammlager war im September 1941 in eine funktionierende Gaskammer umgewandelt worden, die 900 Personen faßte, so daß genügend Raum vorhanden war,
um die älteren Juden problemlos zu töten. Kurz vor ihrer Ankunft
sperrte die SS die Straßen und räumte die Büros, die Sicht auf das Krematorium hatten. »Ein trauriger Zug [bewegt sich] durch die Straßen
des Lagerbereichs«, erinnerte sich Perry Broad nach dem Krieg. »Alle
tragen große gelbe Judensterne an der armseligen Kleidung. Ihren

verhärmten Gesichtern sieht man an, daß sie schon vieles durchgemacht haben.«[70]

Aus der Sicht der Lagerleitung war es keine ideale Situation, bemerkt Broad. Die Benutzung des Krematoriums als Tötungsstation für einen Transport alter Menschen störte das Lagerleben. Broads Vorgesetzter, Maximilian Grabner, Leiter der gesamten Aktion, mußte sogar einen Lkw-Motor laufen lassen, um die Todesschreie der Opfer zu übertönen. Während die Deutschen es nicht für notwendig befunden hatten, die Hinrichtung von »ordnungsgemäß« durch ein Gericht verurteilten polnischen Geiseln oder Widerstandskämpfern zu tarnen, war der Mord an alten Juden etwas anderes. Er diente nicht der Abschreckung vor Widerstandshandlungen.

Inzwischen war den Slowaken klargeworden, daß viele Familien keinen Ernährer haben und der slowakischen Wirtschaft zur Last fallen würden, wenn die 20 000 jungen Juden, zu deren Übernahme sie die Deutschen überredet hatten, das Haus verließen. Eichmann weigerte sich anfänglich, die Angelegenheit auch nur zu erörtern, aber nach der erfolgreichen »Sonderbehandlung« der älteren oberschlesischen Juden schloß er, dieselbe Lösung wäre auf arbeitsunfähige slowakische Juden anwendbar.

Die Deutschen hatten einige praktische Probleme zu lösen. Da die slowakischen Juden nach Birkenau und nicht nach Auschwitz gebracht werden sollten und da ihre Tötung im Krematorium I das Leben im Stammlager stören würde, erwogen sie den Bau einer Vernichtungsanlage nahe dem neuen Nebenlager. Am Donnerstag, dem 27. Februar, traf Hans Kammler in Auschwitz zu einer Besprechung mit Höß und Bischoff ein. Zwar gibt es kein Protokoll, doch läßt sich ihr Inhalt aus einem Schreiben erschließen, das Bischoff eine Woche später an die Firma Topf richtete. Kammler hatte beschlossen, die in dem Birkenau-Plan vom 6. Januar vorgesehene Bestellung von Reserve-Einäscherungsöfen zu stornieren, erklärte Bischoff. Das große Krematorium mit fünf Dreimuffelöfen, das für das Hauptlager bestimmt gewesen war, sollte statt dessen nach Birkenau gehen.[71] Offensichtlich wünschte Kammler, daß die Errichtung schnell vonstatten gehen solle. Jene Öfen waren fast vier Monate zuvor bestellt worden, und er rechnete damit, daß sie bald verfügbar wären.[72] Ferner waren die Entwürfe für das Krematorium, das diese Einäscherungsöfen aufnehmen sollte, fertiggestellt und genehmigt. Zumindest auf dem Papier war für das im vergangenen Oktober vereinbarte Krematorium alles bereit. Eine Zeichnung des Kriegsgefangenenlagers zeigt, daß

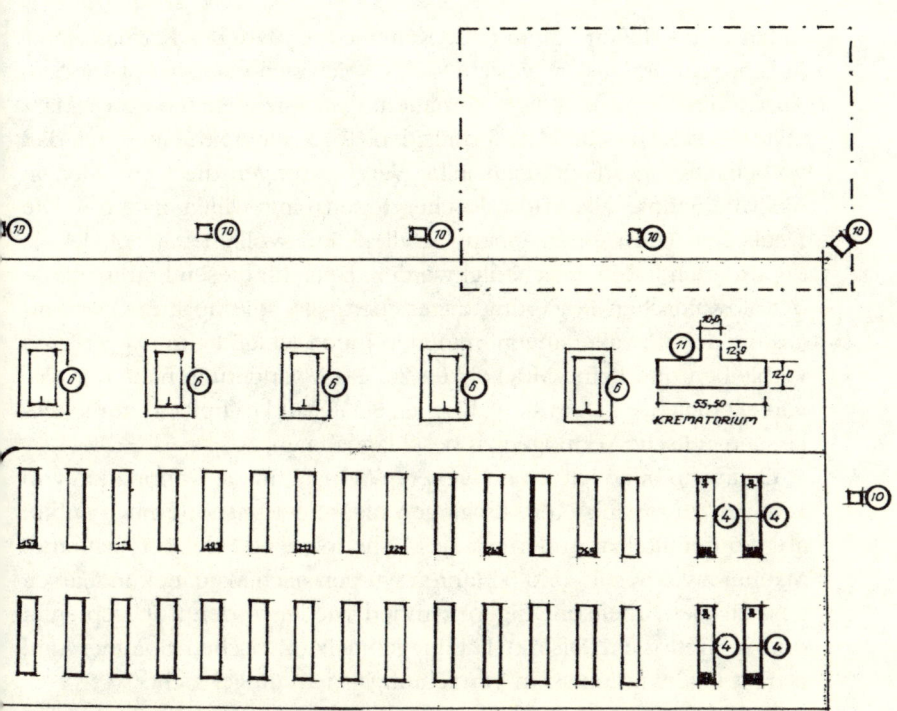

Teil einer geänderten Fassung des dritten Entwurfs für Auschwitz-Birkenau, Anfang März 1942.
In dieser vom 6. Januar 1942 datierten Version des ursprünglichen Entwurfs (siehe Seite 301) sind
die beiden als Reserve vorgesehenen Einäscherungsanlagen gestrichen, und Krematorium II ersetzt
die Einäscherungsanlage an der Nordwestecke des Lagers. Der 1943 abgerissene Bunker 1 dürfte
sich in dem Bereich befunden haben, der durch die (von den Autoren hinzugefügte) strichpunktierte
Linie begrenzt wird. Die mit 4 bezeichneten Bauten sind Wasch- bzw. Latrinenbaracken, 6 sind
Leichenhallen, 10 sind Wachtürme, und 11 ist Krematorium II.

Kammler als Standort für das neue Krematorium die Nordwestecke
von Birkenau bestimmte, in deren Nähe ein verlassenes Gehöft lag,
das einem polnischen Bauern namens Wiechuja gehört hatte.[73] Das
Innere dieses sogenannten »kleinen roten Hauses« wurde innerhalb
weniger Wochen zu zwei Gaskammern umgebaut, die am 20. März
als »Bunker 1« in Betrieb gingen.[74] Die erste Gruppe von Opfern war
ein weiterer Transport »arbeitsunfähiger« Schmelt-Juden.[75]
    Es besteht kein Zweifel, daß Kammlers Besuch die Deutschen dazu
veranlaßte, ihren Beschluß über die Massendeportation slowakischer

Juden zu revidieren. Kaum hatte Kammler den Bau des Krematoriums in Birkenau organisiert, gestattete das Reichssicherheitshauptamt dem Auswärtigen Amt, ernsthafte Verhandlungen aufzunehmen. Am 3. März teilte der slowakische Ministerpräsident Tuka seinem Kabinett mit, daß vorbehaltlich gewisser finanzieller Vereinbarungen die Deutschen in die Übernahme aller slowakischer Juden eingewilligt hatten.[76] Die Deutschen taten ihnen einen Gefallen und wollten mit 500 RM je deportierten Juden entschädigt werden. Doch für diesen Betrag wurde der slowakischen Regierung zugesichert, daß »die im Zuge der Entjudung der Slowakei angenommenen Juden endgültig in Ostgebieten verbleiben und keine Möglichkeit zur Rückwanderung nach der Slowakei erhalten«.[77] Dem slowakischen Staat stand es frei, das zurückgelassene jüdische Vermögen zu beschlagnahmen.

Eichmann benötigte einen weiteren Monat, um die Deportation von Familien zu organisieren. Es gingen mehrere Transporte nach Lublin ab, wo unmittelbar außerhalb des Bahnhofs eine Selektion stattfand. Männer zwischen 15 und 50 Jahren wurden nach Majdanek in Marsch gesetzt; die »Arbeitsunfähigen« wurden wieder in den Zug gepfercht und in Gettos im Distrikt Lublin gebracht. Zwischen Sommer und Herbst 1942 wurden sie in Vernichtungslagern umgebracht.

Im Mai wurden im Bunker 1 in Birkenau keine slowakischen Juden getötet. Am 20. Juni 1942 wurden aus einem slowakischen Transport 341 Menschen vergast. Alle anderen Opfer waren oberschlesische Juden oder kranke Häftlinge. Mit ihrer Vernichtung wurde der Massenmord zu einer festen Einrichtung des Lebens in Auschwitz, war aber immer noch nicht der Hauptzweck des Lagers. Die Geschichte von Bunker 1 hatte ihre Wurzeln in der gut eingespielten Funktion des Lagers als Hinrichtungsstätte für von dem Kattowitzer Gestapo-Gericht Verurteilte. Die Deportation von Schmelt-Juden nach Auschwitz stand in keinem Zusammenhang mit den von Eichmann organisierten Massendeportationen. Sie war und blieb eine regionale Angelegenheit. Bunker 1 wurde auch zur Tötung kranker Häftlinge benutzt, und auch hier entwickelte sich seine Mordfunktion aus früheren Praktiken: aus der Aktion 14f13. Sobald Bunker 1 in Betrieb genommen war, entfiel die Notwendigkeit, die zur Vergasung bestimmten Opfer über Hunderte von Kilometern zu transportieren; eine kurze Lkw-Fahrt nach Birkenau genügte. Regelmäßig mit Neuankömmlingen aus dem Stammlager aufgefüllt, wurde die am 13. März eingerichtete »Isolierstation« zu einem vielbenutzten Gefängnis. Selektionen der Insassen der Isolierstation wurden am 4. Mai eingeführt, und eine unbekannte

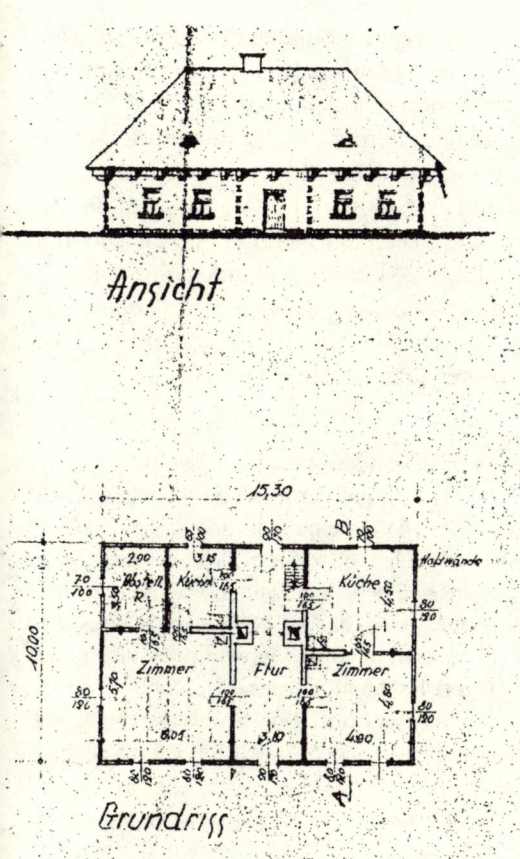

Haus 647, Budy, ca. 1942. Die zu den Bunkern 1 und 2 umgewandelten Bauernhäuser dürften diesem Haus in Budy geglichen haben. 1943 für die Zentralbauleitung Auschwitz von dem Gefangenen 23046 gezeichnet.

Anzahl kranker Häftlinge wurde auf Lastkraftwagen geladen, zum Bunker 1 gefahren und dort getötet. Von da an brachten periodische Selektionen in der Isolierstation bis zu 90 Prozent ihrer Insassen den Tod in der Gaskammer.[78]

Bunker 1 war nicht sehr leistungsfähig, und irgendwann im Juni begann Höß die Umwandlung eines zweiten Gehöfts, des »kleinen weißen Hauses«, zu dem zu planen, was als »Badeeinrichtung für Sonderaktionen« bekannt wurde.[79] Laut Jean-Claude Pressac versuchte Bischoff, die Wirksamkeit dieser Gaskammer dadurch zu verbessern, daß er die in der Degesch-Schrift über den Entwurf von Zyklon-B-Entlausungskammern angegebenen Ratschläge anwandte, doch die erforderliche Ausrüstung konnte er nicht auftreiben. Der architektonischen Anweisung der Degesch-Entlausungskammern folgend, teilte

Bischoff das Bauernhaus in vier lange, schmale parallele Räume mit einer Tür an jeder Seite. Dies gestattete ausgiebige Querbelüftung, nachdem das Zyklon B seine Wirkung entfaltet hatte.[80]

Bunker 2 ging Ende Juni 1942 in Betrieb. Am 4. Juli wurde zur Bedienung der Tötungsanlage ein jüdisches Sonderkommando gebildet.[81] Am selben Tag wurde ein Transport von 1000 Juden bei der Ankunft einer Selektion unterzogen. Die Deutschen ließen die Juden in einer Reihe antreten und wählten 264 kräftige Männer und 108 kräftige Frauen aus. Die übrigen 628 Personen wurden in die neuen Gaskammern gebracht. André Lettich, ein zur Arbeit in Bunker 2 gezwungener französisch-jüdischer Arzt, beschrieb ihn als ein »friedlich aussehendes Wohnhaus«.

Mehr als fünfhundert Meter weiter standen zwei Baracken: Die Männer standen auf der einen Seite, die Frauen auf der anderen. Sie wurden sehr höflich und freundlich begrüßt: »Sie haben eine Reise hinter sich. Sie sind schmutzig. Sie werden ein Bad nehmen. Ziehen Sie sich rasch aus.« Handtücher und Seife wurden ausgegeben, doch dann erwachten plötzlich die Bestien und zeigten ihr wahres Gesicht: Die Menschen, Männer und Frauen, wurden mit heftigen Schlägen hinausgetrieben und sommers wie winters gezwungen, die wenigen 100 Meter zu dem »Duschraum« zu gehen. Über der Eingangstür stand die Aufschrift »Dusche«. Es waren sogar in die Decke zementierte Brauseköpfe zu sehen, durch die jedoch niemals Wasser floß.

Diese armen Unschuldigen wurden zusammengepfercht, gegeneinander gedrängt. Dann brach Panik aus, denn endlich wurde ihnen klar, welches Schicksal sie erwartete. Aber Schläge mit Gewehrkolben und Revolverschüsse stellten die Ordnung schnell wieder her, und schließlich betraten sie alle die Todeskammer. Die Türen wurden geschlossen, und 10 Minuten später war die Temperatur hoch genug für die Verdampfung von Zyanwasserstoff, denn dies war es, womit die Verdammten vergast wurden. Dies war das sogenannte »Zyklon B«, mit 20 Prozent Zyanwasserstoff getränkte Kieselerdekörner, die von den deutschen Barbaren benutzt wurden.

Dann warf SS-Unterscharführer Moll das Gas durch die kleine Öffnung ein. Man konnte angstvolle Schreie hören, aber wenige Augenblicke später herrschte völlige Stille. 20 bis 25 Minuten später wurden Türen und Fenster geöffnet, um die Räume zu durchlüften.[82]

Die Leichen dieser 628 slowakischen Juden, denen ihr Präsident, Monsignore Tiso, ein Leben in der Landwirtschaft versprochen hatte, wurden in der benachbarten Wiese verscharrt.

10
DER HOLOCAUST

Kaum zwei Wochen nachdem der erste Judentransport in Auschwitz selektiert worden war, spazierte Himmler fröhlich in das Dienstzimmer seines Intimus und persönlichen Masseurs Felix Kersten. »Es ist der glücklichste Tag meines Lebens. All das, was ich gedacht und im Kleinen bereits geplant habe, kann nun Gestalt gewinnen. Mit eiserner Energie werde ich jetzt im Großen beginnen. Sie kennen mich ja, wenn ich einmal etwas anpacke, dann wird es geschafft, auch wenn die Schwierigkeiten noch so gewaltig sein sollten«.[1] Himmler war so aufgeräumt, weil nach genau einem Jahr des Wartens und der Arbeit Hitler ihm praktisch gesagt hatte, er würde Vollmacht für den Siedlungsbeginn in Rußland erhalten.

Himmler war bereit. Konrad Meyer hatte seinen zweiten und endgültigen Generalplan Ost fertiggestellt, der Vorschläge für die Siedlung im Osten – in den besetzten Gebieten, im Generalgouvernement und in Rußland – enthielt und die finanziellen und demographischen Weiterungen dieser Projekte behandelte.[2] Der Generalplan Ost diente der Angabe und Beschreibung der zu ergreifenden Maßnahmen und erforderlichen Ressourcen für die Durchführung der im Herbst 1939 begonnenen Germanisierung der besetzten Gebiete. Meyer unterbreitete ein Budget von 500 Millionen RM zur Anschubfinanzierung eines massiven Programms der Wiederaufforstung von Wäldern, der Entwässerung und des Schutzes landwirtschaftlicher Flächen, der Verbesserung der Energie- und Verkehrsinfrastruktur, der Errichtung von landwirtschaftlichen Betrieben, Dörfern usw. entsprechend früheren Richtlinien, des Ausbaus der industriellen Beschäftigung und der Verbesserung städtischer Gebiete.[3] Der von ihm auf 45,7 Milliarden RM geschätzte Gesamtbetrag für die Finanzierung dieser Arbeiten sollte von privater Seite, dem Staat, einem vom Reichskommissar für die Festigung deutschen Volkstums zu verwaltenden Sonderfonds, den Kommunen, der Industrie und der deutschen Reichsbahn kommen.[4]

Meyer betonte, daß ganze Unternehmen hänge von Zwangsarbeit ab; nur »durch kolonnenweisen Einsatz von Kriegsgefangenen und sonstigen fremdvölkischen Arbeitskräften«, worunter im Mai 1942 Juden zu verstehen waren, konnte es erfolgreich in Angriff genommen werden.[5] In der Annahme, daß nach dem Krieg einige Jahre lang Sklaven reichlich zur Verfügung stünden, daß aber danach sich ihr Reservoir rasch erschöpfen würde, konzentrierte er einen großen Teil der durchzuführenden Arbeiten auf die ersten zehn Jahre. Ausgehend von einer Armee von 450000 Arbeitssklaven, gründete Meyer seinen Plan auf den Einsatz von 300000 in der dritten Fünfjahresperiode, 150000 in der vierten und 90000 in der fünften. Da Himmler sich dafür einsetzte, noch vor den Städten als erstes die ländlichen Gebiete zu germanisieren, und da, vom praktischen Standpunkt gesehen, sich Zwangsarbeit am leichtesten unter ländlichen Bedingungen einsetzen ließ, konzentrierte sich Meyer während des ersten Zehnjahreszeitraums auf Forsten, landwirtschaftliche Flächen, Straßen, Gehöfte und Dörfer.[6]

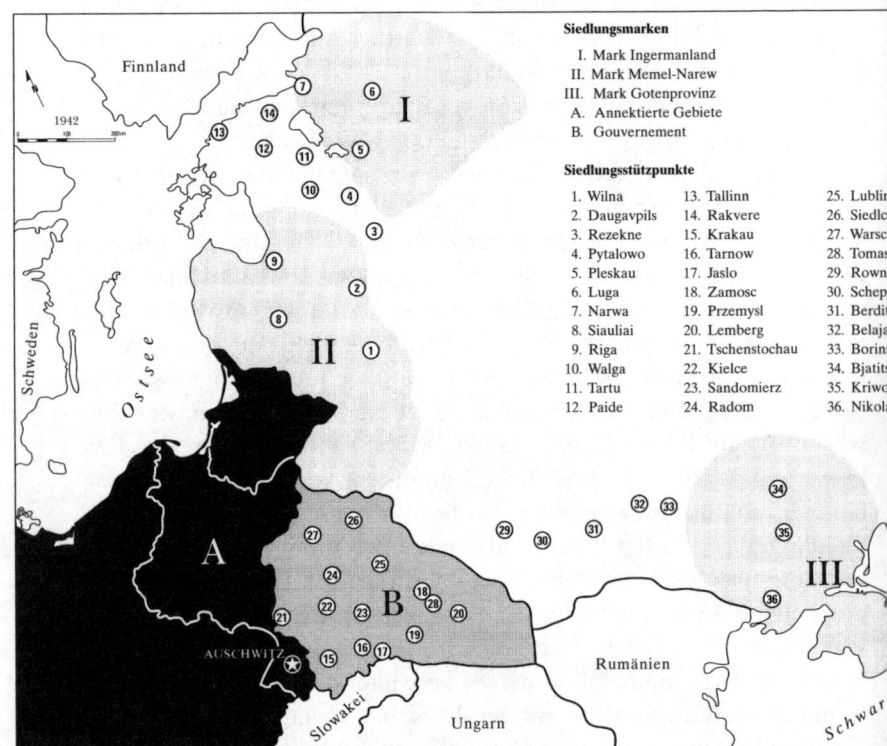

Meyers Generalplan Ost.

Bei seiner Erörterung der Germanisierung der besetzten Gebiete bekräftigte Meyer ausdrücklich die zentrale Rolle von Zwangsarbeit für den Wiederaufbau des deutschen Ostens. Himmlers Projekte für den ländlichen und städtischen Wiederaufbau in Auschwitz während der jüngst vergangenen 20 Monate wurden jetzt als Modell für eine allgemeine Politik übernommen. Der Reichsführer SS stimmte voll und ganz zu. »Es ist aber notwendig«, verkündete er in einer Rede über den Plan vor SS-Führern am 9. Juni, »daß wir zu unserer seit 1500 Jahren erfahrenen deutschen Geschichte, die strahlende Höhepunkte und unendliche Schwächen und Tiefen hat, endlich einmal ein ganz solides Fundament legen, auf welchem einzelne, die einmal in 50, 80, 100 oder 200 Jahren nach uns kommen, Schwächen und Eseleien begehen können, ohne daß deswegen das germanische Imperium auch nur in seiner Grundlage und in seinem Kern berührt wird. Das müssen wir aber noch machen, meine Herren, wenn … wir nicht unsere Lager mit Sklaven vollfüllen …, mit Arbeitssklaven, die ohne Rücksicht auf irgendeinen Verlust unsere Städte, unsere Dörfer, unsere Bauernhöfe bauen, dann werden wir auch nach einem jahrelangen Krieg das Geld nicht haben, um die Siedlungen so auszustatten, daß wirklich germanische Menschen dort wohnen und in der ersten Generation verwurzeln können.«[7]

Über Meyers Plan für die besetzten Gebiete war Himmler hoch erfreut. Geradezu elektrisiert aber war er von dem zweiten Teil seines Vorschlags, der von der Festigung deutschen Volkstums weiter östlich in drei »Siedlungsmarken« und 36 kleineren »Siedlungsstützpunkten« handelte. Die Kosten dieses Projekts, das die Ostwanderung von 3 345 800 Siedlern germanischer Abstammung vorsah, veranschlagte er auf 20,9 Milliarden RM.[8] Obschon nicht einmal halb so kostspielig wie das Programm für die besetzten Gebiete, stellte das Projekt der drei Marken und 36 Klein- und Großstädte für Himmler die Verwirklichung seiner ältesten Pläne und Träume dar. In den besetzten Gebieten schränkten viele konkurrierende Ministerien und Ämter seine Macht als Reichskommissar für die Festigung deutschen Volkstums ein, während der Generalplan Ost feststellte, daß für die vorgesehene 25jährige Entwicklung der Reichsführer SS als Reichskommissar für die Festigung deutschen Volkstums die ausschließliche gesetzgebende, vollziehende und richterliche Gewalt in den Marken und Stützpunkten innehaben sollte.[9] Mit anderen Worten: Himmler würde dort wie der Askanier Albrecht der Bär in Brandenburg oder wie der Großmeister der Deutschordensritter in Preußen herrschen. Mit dieser Macht,

Entwurf eines großen
Bauernhofs für den Osten.

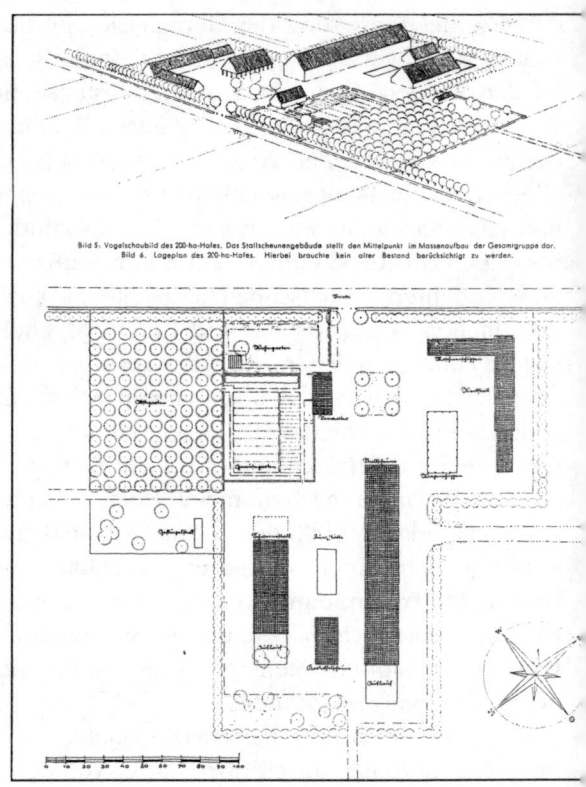

Bild 5: Vogelschaubild des 200-ha-Hofes. Das Stallscheunengebäude stellt den Mittelpunkt im Massenaufbau der Gesamtgruppe dar.
Bild 6. Lageplan des 200-ha-Hofes. Hierbei brauchte kein alter Bestand berücksichtigt zu werden.

diesem Ausmaß an Kontrolle konnte er die Germanisierung der Marken in fünf Jahren und die der Klein- und Großstädte in eineinhalb
Jahrzehnten bewältigen. Angesichts dieser Zukunftsaussicht gelang
es Himmler ohne weiteres, vor den täglichen Realitäten der Germanisierung der besetzten Gebiete die Augen zu verschließen: vor den un-
aufhörlichen Kämpfen um Boden, vor dem Gauleiter von Danzig-
Westpreußen und seiner Ansicht, die meisten Polen in seiner Provinz
wären eigentlich deutschen Blutes und somit »rückdeutschungsfähig«,
oder vor dem Gauleiter von Oberschlesien, der ununterbrochener
Industrieproduktion den Vorzug vor der Säuberung von »fremdvölkischen Elementen« gab. Konnte Hitler zur Annahme von Meyers Plan
bewegt werden, so wäre Himmler aller Probleme und Kontrahenten
ledig und könnte ohne Einmischung von dritter Seite einen Neuanfang machen.

Felix Kerstens Tagebuch läßt vermuten, daß Himmler Mitte Juli 1942
Hitlers Zustimmung erlangte.[10] Kersten war ein Balte, der 1918 in

Finnland unter General von der Goltz und in Livland in einem baltisch-finnischen Freikorps gekämpft hatte. Inzwischen besaß er als Masseur einen ausgezeichneten Ruf wegen seiner Fähigkeit, Nervenschmerzen zu lindern; seit 1939 war Himmler sein Patient, und seit 1940 behandelte Kersten ihn ständig. Während der Massage redete Himmler, und anschließend machte sich Kersten Notizen. Zweifellos sind Kerstens Memoiren von Eigeninteresse diktiert und übertrieben, insofern sie seinen mäßigenden Einfluß auf Himmler behaupten. Aber nach sorgfältiger Analyse ist der Holocaust-Forscher Yehuda Bauer zu dem Schluß gekommen, daß seine Berichte im wesentlichen zutreffen: »Um zum Kern zu gelangen, muß man Kerstens bunte Zusätze abschälen.«[11]

Im Juli begab sich Himmler zu Hitler in dessen Hauptquartier in Winniza und er erzählte Kersten, der Führer sei sich absolut sicher, daß die Sowjetunion bis Weihnachten besiegt wäre. Alle waren wieder im Begriff, den russischen Kuchen zu teilen. Am 16. Juli gewann Himmler schließlich Hitlers ungeteilte Aufmerksamkeit. »Der Führer hat mich nicht nur angehört und nicht, wie seine Gewohnheit, ständig dazwischengeredet, sodaß man völlig aus dem Konzept kommt und einem der Führer dann den Vortrag hält, den man ihm halten wollte«, erfuhr Kersten von Himmler. »Er hat das, was ich ihm vorgetragen habe, auch gebilligt, Zwischenfragen gestellt, mich auf wichtige Einzelheiten aufmerksam gemacht, die mir noch gar nicht aufgegangen waren und die ich noch weiter durchdenken muß.« Es sei der glücklichste Tag seines Lebens, wiederholte Himmler. Bisher habe er Siedlung nur in kleinem Maßstab durchführen können. »Mit eiserner Energie werde ich jetzt im Großen beginnen«, sagte er.[12]

Mit diesen Worten begann Himmler eine enthusiastische Darstellung von Meyers Generalplan Ost und erläuterte Kersten anhand der Karten und architektonischen Pläne, die er soeben Hitler vorgeführt hatte, die Idee der Wehrbauerndörfer im deutschen Osten, die jetzt in Rußland zu gründen wären. »Es ist die größte Siedlungstat, die die Welt je gesehen haben wird, zugleich verbunden mit der höchsten und notwendigsten Aufgabe, dem Schutz der abendländischen Welt vor dem asiatischen Einbruch. Adolf Hitlers Name wird, wenn er das durchführt, der größte in der germanischen Geschichte sein, und mich hat er mit der Aufgabe beauftragt.«[13] Triumphierend und frohlockend begab er sich auf eine einwöchige Reise in den Osten, um in Lublin einen neuen Anfang zu machen und in Auschwitz einige Lücken zu schließen.

Siedlungsmarken und Siedlungsstützpunkte	1.-5. Jahr			6.-10. Jahr			11.-15. Jahr		
	Siedler in 1000		Kosten in Mio. RM	Siedler in 1000		Kosten in Mio. RM	Siedler in 1000		Kos Mio
	Stadt	Land		Stadt	Land		Stadt	Land	
Ingermanland	80,0	150,7	1442.2	80,0	–	500,0	40,0	–	
Memel-Narew-Gebiet	76,0	522,3	3739,6	76,0	–	475,0	38,0	–	
Gotenprovinz	130,0	600,1	4563,4	130,0	–	813,0	65,0	–	
Siedlungsmarken insgesamt	286,0	1273,2	9745,3	286,0	–	1787,5	143,0	–	
Wilna	21,0	–	131,2	10,5	3,9	91,4	10,5	1,9	
Daugavpils	4,5	–	28,1	2,2	3,9	38,5	2,2	1,9	
Rezekne	–	–	–	1,3	3,9	32,6	1,3	1,9	
Pytalowo	–	–	–	0,1	3,9	25,2	0,1	1,9	
Pleskau	6,0	–	37,4	3,0	3,9	43,2	3,0	1,9	
Luga	2,6	–	16,4	1,3	3,9	32,6	1,3	1,9	
Narwa	2,3	–	14,7	1,1	3,9	31,5	1,1	1,9	
Siauliai	2,5	–	15,6	1,2	3,9	31,9	1,2	1,9	
Riga	38,5	–	140,6	19,2	3,9	144,5	19,2	1,9	
Walga	–	–	–	1,1	3,9	31,1	1,1	1,9	
Tartu	6,0	–	36,8	3,0	3,9	42,6	3,0	1,9	
Paide	–	–	–	0,3	3,9	26,3	0,3	1,9	
Tallinn	14,0	–	87,5	7,0	3,9	66,8	7,0	1,9	
Rakvere	–	–	–	1,0	3,9	30,4	1,0	1,9	
Krakau	24,2	–	151,2	12,1	4,6	104,2	12,1	2,3	
Tarnow	4,5	–	28,2	2,2	4,6	42,6	2,2	2,3	
Jaslo	–	–	–	1,0	4,6	34,8	1,0	2,3	
Zamosc	2,5	–	15,6	1,2	4,6	36,4	1,2	2,3	
Przemysl	5,1	–	31,9	2,5	4,6	44,6	2,5	2,3	
Lemberg	31,7	–	198,2	15,8	4,6	127,7	15,8	2,3	
Tschenstochau	13,3	–	83,1	6,6	4,6	70,2	6,6	2,3	
Kielce	5,8	–	36,4	2,9	4,6	45,7	2,9	2,3	
Sandomierz	–	–	–	0,8	4,6	34,0	0,8	2,3	
Radom	7,7	–	48,7	3,8	4,6	53,0	3,8	2,3	
Lublin	11,6	–	70,6	5,8	4,6	64,8	5,8	2,3	
Siedlce	4,0	–	25,0	2,0	4,6	41,2	2,0	2,3	
Warschau	123,2	–	770,0	61,6	4,6	413,5	61,6	2,3	
Tomaszow	3,8	–	23,8	1,9	4,6	40,5	1,9	2,3	
Rowno	3,5	–	15,6	1,2	5,5	42,1	1,2	2,7	
Schepjetowka	–	–	–	1,6	5,5	44,5	1,6	2,7	
Berditschew	6,6	–	41,2	3,3	5,5	55,0	3,3	2,7	
Bjelaja Zerkow	4,6	–	28,8	2,3	5,5	48,7	2,3	2,7	
Bobrinskaja	–	–	–	1,7	5,5	45,0	1,7	2,7	
Bshatitschatka	–	–	–	0,8	5,5	39,4	0,8	2,7	
Kriwoj Rog	10,1	–	63,1	5,0	5,5	65,9	5,0	2,7	
Nikolajew	10,1	–	62,5	5,0	5,5	65.5	5.0	2.7	
Siedlungsstützpunkte insgesamt	368,6	–	2302,2	191,1	162,5	2227,7	194,1	81,3	
Siedlungsmarken und Siedlungsstützpunkte	654,7	1273,2	12047,5	480,2	162,5	4015,2	337,2	81,3	

Auf seiner Tagesordnung für den Besuch in Lublin hatte Himmler zwei Punkte.[14] Der erste war der Fortgang der »Endlösung« in jenem Bezirk. 1941 hatte er Globocnik angewiesen, in dem Gebiet Vernichtungslager zu errichten, und zum Zeitpunkt seines Besuchs waren drei fertiggestellt. Belzec war seit Mitte März in Betrieb und Sobibor seit Mai, und am 16. Juli hatte Himmler Befehl gegeben, eine Woche später in Treblinka den Mordbetrieb aufzunehmen. Von Globocnik begleitet, besuchte er Sobibor und unterzeichnete am selben Tag das Todesurteil der polnischen Judenheit. »Ich ordne an, daß die Umsiedlung der genannten jüdischen Bevölkerung des Generalgouvernement bis

16.-20. Jahr		21.-25. Jahr		
r in 1 000	Kosten in Mio. RM	Siedler in 1 000		Kosten in Mio. RM
Land		Stadt	Land	
–	–	–	–	–
–	–	–	–	–
–	–	–	–	–
1,9	77,7	–	1,9	12,2
1,9	26,3	–	1,9	12,2
1,9	2,4	–	1,9	12,2
1,9	13,1	–	1,9	12,2
1,9	31,0	–	1,9	12,2
1,9	30,4	–	1,9	12,2
1,9	19,5	–	1,9	12,2
1,9	19,9	–	1,9	12,2
1,9	132,4	–	1,9	12,2
1,9	18,9	–	1,9	12,2
1,9	30,5	–	1,9	12,2
1,9	14,2	–	1,9	12,2
1,9	55,8	–	1,9	12,2
1,9	18,3	–	1,9	12,2
2,3	90,0	–	2,3	14,3
2,3	28,4	–	2,3	14,3
2,3	20,6	–	2,3	14,3
2,3	22,2	–	2,3	14,3
2,3	30,2	–	2,3	14,3
2,3	113,4	–	2,3	14,3
2,3	55,8	–	2,3	14,3
2,3	32,5	–	2,3	14,3
2,3	19,7	–	2,3	14,3
2,3	38,6	–	2,3	14,3
2,3	50,5	–	2,3	14,3
2,3	26,2	–	2,0	14,3
2,3	400,0	–	2,3	14,3
2,3	26,2	–	2,3	14,3
2,7	25,0	–	2,7	17,2
2,7	27,4	–	2,7	17,2
2,7	37,9	–	2,7	17,2
2,7	31,6	–	2,7	17,2
2,7	27,8	–	2,7	17,2
2,7	22,2	–	2,7	17,2
2,7	48,7	–	2,7	17,2
2,7	48,4	–	2,7	17,2
81,3	1721,2	–	81,3	508,1
81,3	1721,2	–	81,3	508,1

Tabelle 2. Bedarf an Finanzen und Siedlern in den fünf Siedlungsmarken und 36 Siedlungsstützpunkten. Für letztere sind die gegenwärtigen polnischen, estnischen, lettischen, litauischen bzw. ukrainischen Ortsnamen angegeben.

31. 12. 1942 durchgeführt und beendet ist«, verfügte Himmler. Entsprechend seinen Plänen für die Germanisierung des Ostens bedeutet die »Umsiedlung« der Juden den Mord an allen mit Ausnahme einer halben Million zur Sklavenarbeit fähiger. Der Gedanke eines Reservats in Rußland war nie mehr als ein vages Abstraktum gewesen, während Meyers Vorschlag konkret, detailliert und ideologisch einwandfrei war. Die Selektion Arbeitsfähiger konnte in den Gettos stattfinden, von wo sie fünf Sammellagern in Warschau, Krakau, Tschenstochau, Radom und Lublin überstellt werden konnten. Alle anderen würden getötet. »Diese Maßnahmen sind zu der im Sinne der Neuordnung Europas notwendi-

gen Scheidung von Rassen und Völkern sowie im Interesse der Sicherheit und Sauberkeit des deutschen Reiches und seiner Interessengebiete erforderlich.«[15] Die Liquidierung der polnischen Juden lief unter
dem Decknamen Aktion Reinhard zum Gedenken an Reinhard Heydrich, auf den am 27. Mai von Agenten der tschechischen Exilregierung geschossen worden war; am 4. Juni war er seinen Verletzungen
erlegen.

Die Juden in den Gettos des Generalgouvernements bekamen das
sofort zu spüren. Am 22. Juli schrieb Chaim Kaplan in sein Tagebuch: »Ich bin gebrochen, zerschmettert. Meine Gedanken gehen
durcheinander. Ich weiß nicht, wo ich beginnen oder aufhören soll.
Ich habe das jüdische Warschau in vierzig ereignisvollen Jahren gesehen, aber niemals bot sich mir ein solcher Anblick. Eine ganze Gemeinschaft von 400 000 Menschen ist zur Ausweisung verurteilt.«[16]
Am folgenden Tag erfuhr Kaplan die Details des Befehls. »Als nicht
betroffene Gruppen gelten: Juden, die in den deutschen Fabrikbe-
trieben und in den Ämtern des Judenrats und seiner sämtlichen Fi-
lialen arbeiten«, berichtete er. Kaplan zitierte wörtlich: »Alle Juden,
die arbeitsfähig sind, werden von der Deportation ausgenommen
und können im Getto verbleiben; jene Juden, die bisher nicht dem
Arbeitsbataillon angehörten, können jetzt aufgenommen werden.
Sie werden in Kasernen untergebracht, wo sie arbeiten werden.« Wie
viele andere Gettobewohner erkannte Kaplan, daß Aussiedlung
Ausplünderung bedeutete. »Silber, Gold und Schmuck können un-
beschränkt mitgenommen werden. Das heißt: all das wird gestohlen
werden ... Diese Taktik kennen wir schon.« Sie kündigte auch den
Tod an. »Die Aussiedler sind von Anfang an zur Tötung bestimmt. Sie
sind nicht arbeitsfähig.«[17] Niemandem war dies klarer als dem Vorsit-
zenden des Judenrates, Adam Czerniaków, der sich lieber das Leben
nahm, als den Ausweisungsbefehl zu unterzeichnen. Der Erlaß gelte
auch für Kinder, erklärte er in einem Schreiben an den Judenrat. »Ich
kann doch nicht wehrlose Kinder dem Tod ausliefern.«[18] Czerniaków
»hatte kein gutes Leben, aber einen schönen Tod«, war Kaplans Einschätzung. »Es gibt jene, die in einer einzigen Stunde Unsterblichkeit
gewinnen können. Der Vorsitzende, Adam Czerniaków, gewann
seine Unsterblichkeit in einem einzigen Augenblick.«[19]

Czerniakóws Unsterblichkeit war den Juden Warschaus keine Hilfe.
»Seit dem 22. Juli fährt täglich ein Zug mit je 5000 Juden von Warschau
über Malkinia nach Treblinka, außerdem zweimal wöchentlich ein
Zug mit 5000 Juden von Przemysl nach Belzec«, schrieb der Staatsse-

Die Stadt Jaslo unter polnischer und deutscher Verwaltung. *Das Generalgouvernement* (1944). Im Oktober 1944 äußerte Generalgouverneur Hans Frank im Vorwort einer Sondernummer des *Generalgouvernement*, fünf Jahre deutscher Wiederaufbauarbeit in Polen gereichten dem deutschen Namen zur Ehre. Er habe ein verrottetes Erbe in ein blühendes Land verwandelt, »würdig der Helden, mit deren Blut dieser Boden getränkt ist, würdig der Bauern, die ihn auf deutsche Art pflügten, und der Bürger, die vor Jahrhunderten, ein stolzes Kulturwerk schufen« Fotos zeigen den Gegensatz »Früher« und »Heute«. Eine deutsche Gründung des Mittelalters im Vorland der Beskiden an der Straße zwischen Breslau und Lemberg, war Jaslo wie Auschwitz polonisiert worden und sollte regermanisiert werden. Jaslo wurde einer von Meyers »Siedlungsstützpunkten«. Auf dem ersten Bild sehen wir den großen, von Bäumen umstandenen Marktplatz. Auf dem zweiten Bild sind diese Bäume verschwunden. »Aus Schmutz und Schlamm entstanden so allmählich überall nette saubere Städtchen...«, heißt es in der Bildunterschrift.

so im ganzen Lande darangegangen werden, nicht nur die Kriegsschäden zu beseitigen, sondern allmählich auch jene Zustände ..., die das Land dem europäischen Kulturkreis entrückt hatten. Der Vernachlässigung und Verwahrlosung wurde überall energisch ...alb gerückt. Arbeitskräfte waren infolge der herrschenden Arbeitslosigkeit allenthalben vorhanden. Aus Schmutz und Schlamm ...so allmählich überall nette saubere Städtchen, die dem Lande ein völlig neues Gesicht gaben. Ein Beispiel für viele: der Marktplatz in seinem früheren Zustande (im Bilde oben) und nach der Umgestaltung durch die deutsche Verwaltung (unten).

kretär im Reichsverkehrsministerium, Dr.-Ing. Ganzenmüller, dem Leiter des persönlichen Stabes von Himmler, SS-Obergruppenführer Karl Wolff, am 28. Juli.[20] In seiner Antwort dankte Wolff dem Staatssekretär »auch im Namen des Reichsführers SS«. Die Tüchtigkeit der Eisenbahn mache es möglich, »diese Bevölkerungsbewegung in einem beschleunigten Tempo durchzuführen«.[21]

Auch Globocnik schrieb an Wolff, um seinen Eifer hinsichtlich der

Umsiedlung von Deutschen zu bekunden. »Der Reichsführer SS war hier und hat uns so viel neue Arbeit gegeben, daß nun alle unsere geheimsten Wünsche damit in Erfüllung gehen.« Die Juden würden natürlich rasch ausgesiedelt, um Platz für das Germanisierungsprojekt zu schaffen. »Ich bin ihm so sehr dankbar dafür, denn das eine kann er gewiß sein, daß diese Dinge, die er wünscht, in kürzester Zeit erfüllt werden.«[22] Globocnik freute sich auf die erste Phase des Generalplans Ost, die Schaffung von »Siedlungsstützpunkten« um Zamosc. Im fruchtbaren Südosten des Bezirks Lublin gelegen, befand sich Zamosc in strategischer Position unweit von Lublin, einer Hauptoperationsbasis der SS, und auch unweit der Ukraine. Zamosc sollte innerhalb eines Jahres in einen Siedlungsstützpunkt verwandelt werden.[23]

Globocnik »versprach dem RfSS innerhalb eines Jahres 50 000 deutsche Umsiedler dort anzusiedeln als Musterbeispiel für die später geplanten deutschen Groß-Siedlungen im weiteren Osten. Die Mittel hierzu, das Vieh und die Maschinen wollte er in kürzester Frist beschaffen. Nun war aber das von ihm auserlesene Gebiet von polnischen Bauern bewohnt. Also fing er kurzerhand an auszusiedeln«, erinnerte sich Höß.[24] Mehr als 110 000 Polen wurden deportiert, die meisten in Sonderlager, die in dem Bezirk geschaffen wurden; Arbeitsfähige wurden nach Deutschland geschickt. Etwa 12 000 mutmaßliche Unruhestifter wurden in Majdanek eingesperrt; 2000 von ihnen wurden nach Auschwitz weitertransportiert.[25]

Auf seiner Reise von Hitler zu Globocnik machte Himmler einen Abstecher nach Auschwitz. Seit März 1941, als Auschwitz ihm eine einzigartige Gelegenheit zur Verwirklichung seiner Träume bot, hatte sich viel geändert. Im Juli 1942 war jener Zauber längst verflogen. Größeres und Besseres hatte er jetzt im Auge. In einem elementaren Sinne hatte der Krieg mit Rußland ihn vor Lebensraum trunken gemacht. Verglichen mit der Germanisierung der drei Siedlungsmarken und der 36 Siedlungsstützpunkte erschien das Auschwitz-Projekt in der Tat unbedeutend. Die Vergrößerung und Verbesserung der Stadt ging nur langsam voran; selbst wenn sie abgeschlossen würde, müßte er die Anerkennung dafür mit der IG Farben und dem Gauleiter von Oberschlesien teilen.

Nicht länger Gegenstand seiner Ambitionen und Träume, war Auschwitz für Himmler dennoch von Nutzen, brachte es doch seinem Imperium Geld ein und diente ihm dazu, seine eigenen politischen Absichten als notwendig durchzusetzen. Bereits früher in jenem Jahr war klargeworden, daß bis zum Kriegsende im Inland kaum Bauarbeiten genehmigt werden würden, und Himmler hatte Pohl angewiesen, das sich ständig ausdehnende Konzentrationslagersystem in die florierende Rüstungsindustrie zu integrieren. Diskussionen mit dem neuernannten Reichsminister für Bewaffnung und Munition, Albert Speer, führten zu der Vereinbarung, in Auschwitz und vier anderen Lagern 25000 Häftlinge für die Karabinerproduktion einzusetzen. Himmler befahl die Ausweitung von Birkenau auf 200000 Häftlinge und wies Eichmann an, das Lager mit arbeitsfähigen Juden zu füllen.[26]

Auschwitz war nicht mehr Himmlers Endzweck; vom 16. Juli 1942 an sollte es ihm nur noch als Mittel dienen. Und im Juli 1942 hatte Himmler Mittel einigermaßen nötig. Auf der Wannsee-Konferenz war seine Zuständigkeit für die »Endlösung« bestätigt worden, aber Heydrich, der Planer der Deportationen, war tot, und Himmler hatte persönlich die direkte Aufsicht über das Reichssicherheitshauptamt übernommen. An ihm lag es nun, dem Führer seine Kompetenz und seine Fähigkeiten zu beweisen. Er konnte, was Heydrich gekonnt hatte, nur besser. Mit diesem Vorsatz flog er nach Kattowitz, wo er von Fritz Bracht und Hans Kammler begrüßt wurde, mit denen er nach Auschwitz weiterfuhr. Laut Rudolf Vrba, der zwei Monate zuvor aus der Slowakei deportiert und über Majdanek nach Auschwitz gebracht worden war, wurde Himmlers Besuch mit großer Spannung erwartet. Nicht vorzeigbare kranke Häftlinge waren in die neuen Gaskammern geschickt worden, und jene, die man präsentieren konnte, erhielten neue Kleidung. Stunden vor der Ankunft des Reichsführers ließ man die Gefangenen vor den Blocks antreten, während am Tor das Orchester bereitstand. »Und dann passierte es«, erinnerte Vrba. »Die Katastrophe, die jeder Schauspieler fürchtet. Der Augenblick des Schreckens, dessen nur große Gelegenheit würdig sind.«

In der zehnten Reihe außerhalb unseres Blocks fand der Blockälteste den Yankel Meisel ohne die volle Zahl von Knöpfen an seiner Jacke.
Der Blockälteste brauchte einige Sekunden, die Schwere des Verbrechens zu begreifen. Dann fällte er Yankel mit einem Streich. Ein beklommenes Raunen durchlief die Reihen. Ich konnte sehen, wie die SS-Männer nervöse Blicke wechselten, und dann sah ich den Blockältesten mit zweien seiner Helfer Yankel in den Block schleppen. Außer Sicht handelten sie wie Männer, die beschämt und verraten worden waren. Sie schlugen und traten ihn zu Tode. Rasend trommelten sie auf ihn ein, in dem Versuch, ihn auszulöschen, ihn von der Szene zu wischen und aus ihrem Geist zu tilgen;

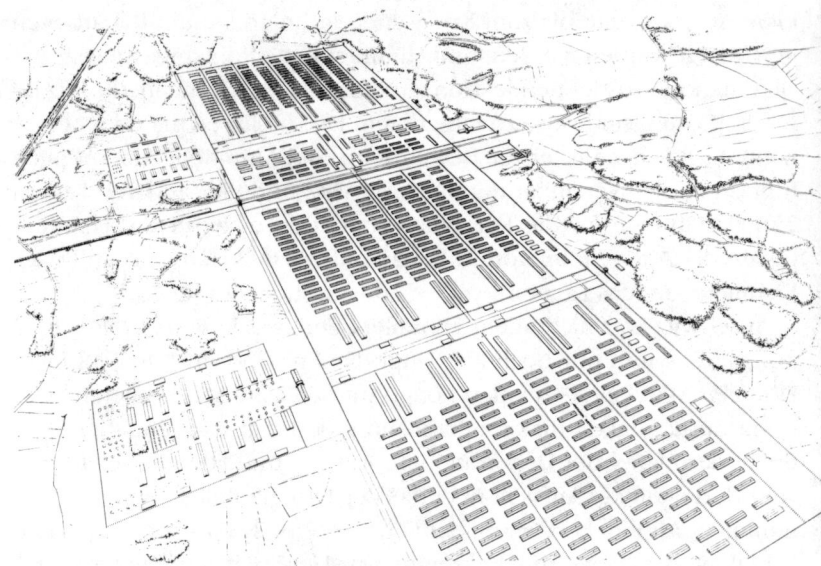

Vogelperspektive von Auschwitz-Birkenau nach Umstellung der Planung auf 200 000 Häftlinge,
Sommer 1942. Ansicht von Nordosten. Die Eisenbahnrampe in der neutralen Zone zwischen
Bauabschnitt I mit 20 000 Häftlingen (im Süden) und Bauabschnitt II mit 60 000 Häftlingen
(im Norden); im Vordergrund der für 60 000 Häftlinge geplante Bauabschnitt III und im Hintergrund
der neu projektierte Bauabschnitt IV, ebenfalls für 60 000 Häftling ausgelegt. Am Westende der
neutralen Zone die beiden Krematorien. An der Ostseite der Bauabschnitte II und III die SS-
Unterkünfte.

und Yankel, der vergessen hatte, seine Knöpfe anzunähen, besaß nicht
einmal den Anstand, schnell und ruhig zu sterben.
Er schrie. Es war ein kräftiger, nörglerischer Schrei, zerrissen in der heißen,
stagnierenden Luft. Dann wurde er plötzlich zu dem dünnen, klagenden
Heulen verlassener Dudelsäcke, ließ aber nicht so rasch nach. Das Heulen
dauerte fort und fort und fort, überflutete die Leere der Stille, schnappte
nach dem am kurzen Zügel gehaltenen Geist der Häftlinge und erfüllte sie
mit Panik, es stieg sogar über das häßliche Krachen der unregelmäßigen
Schläge. In jenem Augenblick, denke ich, haßten wir alle Yankel Meisel,
den kleinen, alten Juden, der alles verdarb, der uns mit seinem langen, ein-
samen, nutzlosen Protest Schwierigkeiten bereitete.[27]

Als Yankel Meisel starb, intonierte das Orchester mit dem Triumph-
marsch aus Verdis *Aida*. Himmlers Wagen bog ein und hielt vor dem
Orchester. »Himmler stieg aus, lächelnd, von der Musik offensichtlich
überrascht und erfreut. Er hielt inne, hörte einen Augenblick zu und
ging dann im Gespräch mit Höß auf unseren Block zu.« Vrba erinnerte
sich an die Erleichterung, die er verspürte, als er den Mann, den er
sich als »allmächtigen Menschenfresser«, als »zornigen, häßlichen But-
zemann, der unsere Knochen zermalmen würde«, vorgestellt hatte,
sich »mit der Grazie und dem ungezwungenen Charme eines Mit-
glieds des englischen Königshauses« bewegen sah, »sich in einer
Atmosphäre entspannend, die ebenso gütig war wie die einer englischen Gartengesellschaft.« Er schritt an Vrba vorbei, und am Ende
der Häftlingsreihe wandte er sich um, »die Gefangenen mit höflichem
Interesse betrachtend.«

> Wiederum schritt er dicht an mir vorbei, nahe genug, als daß ich ihn hätte
> berühren können, und einen Moment lang trafen sich unsere Blicke. Seine
> Augen waren kalt, unpersönlich und schienen wenig zu sehen; und den-
> noch ertappte ich mich bei dem Gedanken: »Wenn er herausbekommt, was
> hier vor sich geht, wird er vielleicht die Dinge zum Besseren wenden. Viel-
> leicht wird die Verpflegung besser. Vielleicht wird es nicht mehr so viele
> Schläge geben. Vielleicht … vielleicht werden wir zur Abwechslung ein-
> mal etwas Gerechtigkeit erleben.«
> Sehen Sie, ich hatte Yankel Meisel bereits vergessen. Und auch alle ande-
> ren hatten ihn bereits vergessen, denn Heinrich Himmler lächelte.[28]

»Anschließend ging es zur Bauleitung, wo Kammler an Hand von
Karten, Bauplänen und Modellen die beabsichtigten oder im Bau befindlichen Bauvorhaben erklärte«, erinnerte sich Höß. »Himmler
hörte interessiert zu, erfragte einige technische Details, war mit der
Gesamtplanung einverstanden«.[29] Vermutlich wurde Himmler über
den nur langsamen Fortgang der Bauarbeit an dem großen Krematorium unterrichtet. Das Lager hatte erst vor wenigen Tagen mit dem
Bauunternehmen Huta eine Vereinbarung über die Errichtung des
Rohbaus des Gebäudes für 133 756,65 RM getroffen, und am 10. August sollte die Arbeit beginnen.[30] Die Huta war nicht das einzige
Zivilunternehmen, das sich an der Errichtung von Krematorien in
Birkenau beteiligte. Letztlich steuerten elf weitere Firmen ihr Fach-
wissen bei: Topf baute die Öfen und die Lüftungssysteme, Köhler er-
richtete die Schornsteine, die Vedag dichtete die Gaskammer ab, die
Kontinentale Wasserwerks-Gesellschaft Falck und Triton kümmerten

sich um die Entwässerung der Gaskammern, Segnitz fertigte Dachteile, die Industrie-Bau-AG installierte das Dach, Riedel baute die Hülle der Krematorien IV und V, Kluge half Topf beim Bau der Öfen für die Krematorien IV und V, und die AEG besorgte die Elektroinstallation.

Himmler und seine Begleitung verließen das Büro der Lagerarchitekten zur Besichtigung des Geländes. Sie besuchten »die landwirtschaftlichen Höfe und Meliorationsarbeiten, den Dammbau, die Laboratorien und die Pflanzenzucht in Raisko«. Dann kamen sie in Birkenau an. »[Er] sah die ausgemergelten Seuchenopfer… Himmler sah weiter die – damals schon – überbelegten Baracken, sah die primitiven und nicht zureichenden Abort- und Waschanlagen. Er hörte von den Ärzten die hohen Kranken- und Todesziffern und vor allem deren Ursachen. Er ließ sich alles genauestens erklären, sah alles genau und richtig, kraß und wirklichkeitsgetreu – und schwieg dazu«.[31]

Die Gesellschaft begab sich zu dem Eisenbahngleis neben der Hauptlinie, wo er der Selektion eines Transports aus den Niederlanden zusah. »Der Reichsführer SS sah sich anläßlich seines Besuchs im Sommer 1942 den gesamten Vorgang der Vernichtung genau an, angefangen von der Ausladung bis zur Räumung von Bunker II. Zu der Zeit wurde noch nicht verbrannt. Er hatte nichts zu beanstanden«.[32] Der Reichsführer SS setzte sein Programm fort mit einem Besuch der IG Farben, die er beeindruckend fand, und des Standorts eines geplanten Klärwerkes. Das Trinkwasser für das oberschlesische Industriegebiet kam zum großen Teil aus der Auschwitzer Gegend, und die Orts- und Provinzverwaltungen waren besorgt über die Abwässer aus dem Lager, die unbehandelt in die Flüsse liefen. »Schon bei meiner seinerzeitigen Zustimmung zum Kz.-Lager hatte ich darauf aufmerksam gemacht, daß ein Kz.-Lager dieser Größenausdehnung in einem so ausgesprochen günstigen Industriestandort (auf Kohle, an einem großen Verkehrsschnittpunkt, am Zusammentreffen von drei Flüssen) zu Gunsten anderer Interessen oder der Allgemeinheit manche Bedingung wird aufsichnehmen müssen«, hatte der Provinzplaner Gerhard Ziegler einige Monate zuvor an Himmler geschrieben.[33] Der Reichsführer SS mochte in Auschwitz-Birkenau tun, was er wollte, aber er durfte nicht das Trinkwasser eines wichtigen Teils Oberschlesiens verunreinigen. Frühling und Sommer kamen und gingen, und das Lager dehnte sich weiter aus. Mehr und mehr Abwässer flossen ungeklärt in die Weichsel, und die Beziehungen zwischen der Stadt, der Provinz und dem Lager verschlechterten sich ständig. Während der Besichtigung des Standortes für das Klärwerk erinnerte Bracht den Reichsführer SS daran, daß eine Lösung gefunden werden mußte. Da er seitens der Provinz in den kommenden Monaten eine Menge an gutem Willen brauchte, versprach Himmler, »Kammler wird sich mit aller Energie dafür einsetzen«.[34]

Am nächsten Morgen diskutierte Himmler mit Bracht den Fortgang der Ansiedlung Volksdeutscher in Oberschlesien, danach kehrte er zu einer weiteren Besichtigungsrunde ins Lager zurück. Laut Höß war dies der Zeitpunkt, als er die neue Rolle von Auschwitz als Zielort für Europas Juden bestätigte. »Eichmanns Programm geht weiter«, verkündete Himmler, »und wird von Monat zu Monat gesteigert. Sehen Sie zu, daß Sie mit dem Ausbau von Birkenau vorwärtskommen. (...) Ebenso rücksichtslos vernichten Sie die arbeitsunfähigen Juden«.[35] Da der Bau der Stadt bis nach dem Krieg eingestellt war, würden arbeitsfähige Juden in andere Lager gebracht, um in der Rüstungsindustrie zu arbeiten. Mit anderen Worten: Auschwitz-Birkenau würde eine Selektionsstätte sein, eine Mordstätte für Arbeitsunfähige und eine Durch-

Heinrich Himmler und der IG Farben-Ingenieur Max Faust erörtern die Pläne für das Buna-Werk, 17. Juli 1942.

gangsstation für die Arbeitsfähigen. Himmler reiste erleichtert ab. Seine Ambitionen zielten jetzt in andere Richtung, und Auschwitz war von seinem Lieblingsprojekt zum Abfallhaufen seines Imperiums herabgesunken.

Die Lagerleitung machte sich daran, gemäß Himmlers Befehl das Abwasserproblem zu beheben. In schneller Folge entstanden Kläranlagen.[36] Ferner wurden die in Birkenau vergrabenen 107000 Leichen, deren Verwesung das Grundwasser verunreinigte, ausgegraben und auf speziell konstruierten Rosten verbrannt. Laut Vrba nannten die Kapos dies scherzend die wirkliche landwirtschaftliche Arbeit von Auschwitz. »Es war eine widerliche, gefährliche Arbeit« für die dieser Aufgabe zugeteilten 1400 Gefangenen. »Als die Gräber geöffnet wurden, war der Gestank zum Erbrechen. Die Gefangenen mußten, knietief in verfaulendem Fleisch stehend, von sturzbetrunkenen SS-Männer mit Peitschen angetrieben und mit Maschinengewehren bedroht, zerfallende Leichen meist mit bloßen Händen aus den Gruben zerren.« Jeder der diesem Kommando zugeteilten Wachmänner erhielt täglich eine Flasche Schnaps. »Sie trieben ihre Sklaven gnadenlos an, weil sie das schmutzige Geschäft schnell hinter sich bringen wollten; und während sie den Schnaps, ihr Betäubungsmittel, hinabstürzten, rissen die dünnen Fäden ihrer Skrupel, und sie erschossen oder erschlugen jene, die nach ihrer Meinung erlahmten.«[37] Von den anfänglichen 1400 Mann wurden 1100 während der Arbeit ermordet; die übrigen 300 wurden liquidiert, als die Arbeit beendet war.

Nachdem die Provinzbehörden besänftigt waren, stand es Höß und seinem Stab frei, das Lager weiter zu vergrößern. Bischoff zeichnete einen neuen Generalplan für die Umwandlung von Auschwitz-Birkenau in ein 200000 Insassen fassendes Arbeitskräftereservoir für die Rüstungsindustrie. Die Erweiterung wurde realisiert, indem südlich von BA I ein zusätzlicher Bausektor für 60000 Gefangene hinzugefügt wurde. Um mit der Sterblichkeit im Lager Schritt zu halten, wurde gegenüber dem ersten Krematorium auf der Westseite des Lager am Ende der neutralen Zone zwischen BA I und BA II ein zweites errichtet.

Diese beiden Krematorien mit den Nummern II und III (Krematorium I befand sich im Stammlager) hatten keine Zusatzkapazität zur Einäscherung der Vergasten aus den Bunkern, die außerhalb des eigentlichen Lagers Birkenau gelegen waren und administrativ zum Stammlager gehörten.[38] Bischoff zeichnete zwei kleinere Einäscherungsanlagen mit je zwei vereinfachten Dreimuffelöfen, wie sie im Januar geplant, aber im Februar fallengelassen worden waren. Krematorium IV sollte nahe dem »kleinen weißen Haus« und Krematorium V nahe dem »kleinen roten Haus« errichtet werden. Jedes sollte eine Einäscherungskapazität von 576 Leichen pro Tag haben.

Die Firma Topf schlug vor, die beiden Krematorien mit einem neuen Modell auszustatten, einem Doppel-Viermuffelofen (oder Achtmuffelofen), der für den Einsatz in Rußland entwickelt worden und bereits verfügbar war. Bischoff stimmte zu und ließ am 14. August Zeichnungen anfertigen.[39] Prüfer besuchte Auschwitz einige Tage später und reiste mit Aufträgen für fünf Dreimuffelöfen für Krematorium III und zwei Doppel-Viermuffelöfen für die Krematorien IV und V ab.[40]

Die Krematorien IV und V waren die ersten Gebäude, die mit funktionaler Abfolge von Gaskammer, Leichenkeller und Ofenhalle von Anfang an als Mordmaschinen arbeiten sollten.[41] (Siehe Tafel 18) Die Bunker 1 und 2, Krematorium I und, wie wir zeigen werden, die Krematorien II und III wurden sämtlich zu Vernichtungszentren umgewandelt. Vermutlich hatte Himmler bei seinem Besuch im Juli Höß geraten, in Treblinka, das von vornherein als Vernichtungszentrum geplant worden war, Anregung zu suchen. In seiner Nürnberger Aussage verglich Höß jedenfalls seine Arbeit mit der Globocniks, dessen Methoden er »für nicht sehr wirksam hielt«. Seine eigenen Gaskammern waren größer, und während die in Treblinka eintreffenden Opfer wußten, daß sie vernichtet werden sollten, erklärte Höß voller Stolz, daß »wir uns in Auschwitz bemühten, die Opfer zum Narren zu halten und sie im Glauben zu lassen, sie hätten ein Entlausungsverfahren durchzumachen«. Und er fügte hinzu: »Sehr häufig wollten Frauen ihre Kinder unter den Kleidern verbergen, aber wenn wir sie fanden, wurden die Kinder natürlich zur Vernichtung geschickt.«[42]

Die endgültige Umwandlung von Auschwitz in eine Tötungsstätte für Juden wurde am 26. September 1942 bestätigt, als Höß aus Berlin ausdrückliche Anweisungen über das Vermögen der vergasten Opfer erhielt. Solange Auschwitz ein »normales« Konzentrationslager gewesen war, wurde es unter der fiktiven Voraussetzung betrieben, daß im Prinzip alle Gefangenen freikommen könnten, und daher wurden ihre Sachen unter der Voraussetzung registriert und gelagert, daß sie zurückgegeben werden würden. Jetzt sollte die Mehrzahl der Ankömmlinge ihre Habe nie mehr einfordern. Oswald Pohl wies Höß an, deutsches Geld auf ein SS-Bankkonto einzuzahlen; Devisen, Wertsachen und

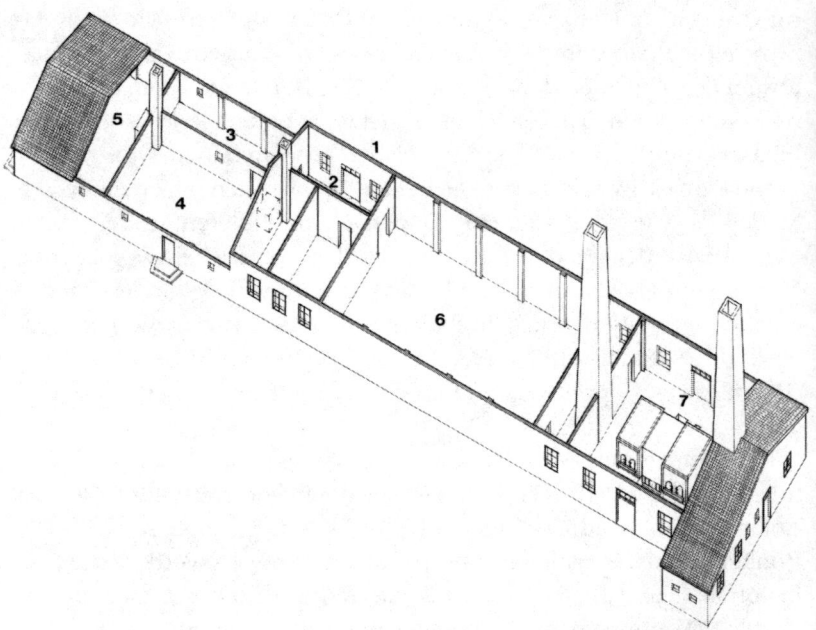

Krematorium IV. Die Anordnung ist einfach und funktional. Der Eingang auf der Nordseite (1) führt zu einem Vorraum (2) und ein Flur (3) zu zwei Gaskammern (4 und 5), die zur Vorheizung im Winter mit Öfen ausgestattet sind. Zwischen Vorraum und Einäscherungshalle die große Leichenhalle (6), die im Winter auch als Auskleideraum benutzt wurde. In der Mitte der Einäscherungshalle ein Doppel-Viermuffelofen (7) mit Anschluß an zwei Schornsteine. (Anmerkung: Diese axonometrische Zeichnung beruht auf der exakten Vermessung der Längen und Winkel auf der Originalzeichnung. Siehe Tafel 18.)

Die Holzbaracken von »Kanada«.

Edelmetalle waren an die SS-Führung in Berlin zu senden; Lumpen und
nicht mehr tragbare Kleidung sollen an das Reichsministerium für Wirtschaft zur Nutzung als Rohmaterial in der Industrieproduktion abgege-
ben werden, und alle tragbare Kleidung, Schuhe, Bettwäsche, Decken
und Haushaltsgeräte waren der volksdeutschen Mittelstelle zur Verteilung unter volksdeutschen Umsiedlern zu übergeben. Die Ausbeute
war enorm. In einem Zwischenbericht an Himmler vom 6. Februar 1943
vermerkte Pohl, daß 824 Viehwagen voller Güter von Auschwitz ab-
gegangen waren: 569 an das Reichsministerium für Wirtschaft, 211 an
die VOMI und 44 an andere Konzentrationslager, verschiedene andere
NS-Organisationen und die IG Farben-Werke am anderen Ende der
Stadt.[43] »Erst später entdeckte ich, wie klug [diese Sachen] verwendet
wurden«, erklärte Vrba, »nicht nur, um die Wirtschaft des Reiches zu
stützen, sondern auch, um über Schweizer Banken Devisenkurse zu
manipulieren, so daß die Volkswirtschaften der Alliierten leiden würden. Erst später erfuhr ich die Bedeutung dieser psychologischen Kriegführung an der Heimatfront. Zum Beispiel brauchte Baby in Berlin
Schuhe. Hitler fand Schuhe in Auschwitz; und Mama schrieb an Papa an
der Ostfront ein Lob auf den Retter mit dem schwarzen Schnurr-
bärtchen.«[44]

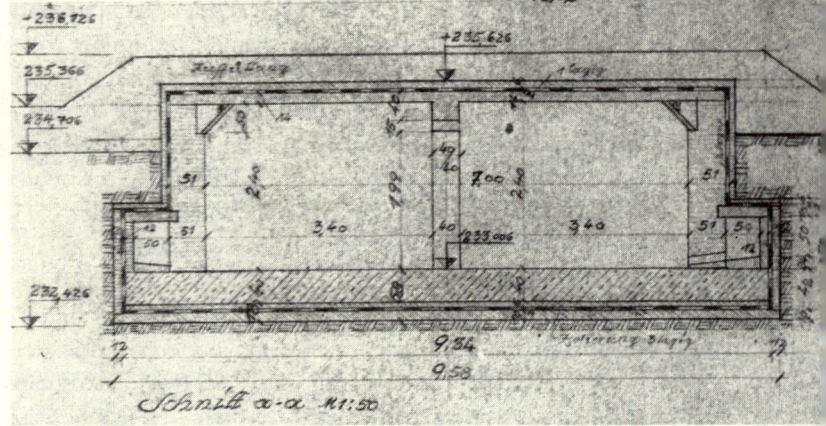

Schnittzeichnung der Leichenhalle im Krematorium II. Die Umwandlung dieses Leichenkellers in eine Gaskammer wurde durch das doppelte Lüftungssystem erleichtert, das in der Wand bzw. zwischen Wand und Decke eingebaut war.

Während die Architekten, Ingenieure und Bauunternehmer zwei größere Krematorien für ein Lager mit 200 000 Gefangenen und zwei kleinere Krematorien für die Gaskammern errichteten, standen die SS-Bürokraten in Berlin, welche die Lager zur Stütze der Rüstungsindustrie zu machen hofften, vor einer Katastrophe. Ende Dezember hatte Speer Hitler längst davon überzeugt, daß Himmler in dieser Hinsicht unfähig war. Die SS-Bürokratie war unbeholfen; in Pilotprojekten in Buchenwald oder Neuengamme war nichts zur Waffenerzeugung getan worden, erfuhr Hitler von Karl Otto Saur, einem Mitarbeiter von Speer. Es wäre einfacher, argumentierte Saur, vorhandene Industrien in Rüstungswerke umzuwandeln. »Ich fügte einige Sätze über die Unzulänglichkeit der bürokratischen SS-Wirtschaftsführung hinzu, die vor dem Kriege Hitler versprochen hatte, in kurzer Zeit Ziegelsteine und granitenes Werkmaterial für seine Bauten zur Verfügung zu stellen, ein Versprechen, das nur zum geringsten Teil erfüllt worden sei«, erinnerte sich Speer in den späten sechziger Jahren.[45]

Mit der Stornierung des Rüstungsgeschäfts entfiel die Notwendigkeit, in Birkenau 200 000 Gefangene zu konzentrieren, und es wurde ein neuer Generalplan für ein Lager mit 140 000 Insassen erarbeitet. Doch das zweite große Krematorium, das entsprechend der »normalen« Sterb-

Walther Dejaco.

lichkeit der früher projektierten Häftlingszahl ausgelegt worden war, wurde nicht storniert. Die plötzlich vorhandene überschüssige Einäscherungskapazität konnte im Rahmen der »Endlösung« genutzt werden. Während die Bauarbeiten vorangingen, bemühten sich Bischoff und Walther Dejaco genau darum, wobei sie an dem Entwurf nur minimale Änderungen vornahmen. Die Lösung war offensichtlich: Einer der beiden großen, bereits fertiggestellten Leichenkeller wurde mit einem leistungsstarken Lüftungssystem versehen.[46] Im September 1941 hatte sich genau ein solches System als entscheidend für die Umwandlung der Leichenhalle vom Krematorium in eine Gaskammer erwiesen. Dieses Verfahren konnte in den Krematorien II und III wiederholt werden. Dejaco änderte den Kellergrundriß. (Siehe Tafel 17) Er zeichnete eine Außentreppe ein, die von dem Hof neben dem Bahngleis zu einem Kellereingang zum Krematorium hinabführte. Hier sollten ein Vorraum, ein neuer Auskleideraum und die neue Gaskammer liegen. Er strich die geplante Leichenrutsche, die in den früheren Plänen der Haupteingang zu den Leichenkellern gewesen war. Lebendige menschliche Wesen steigen Treppen hinab. Leichen werden über ein Rutsche hinunterbefördert. Die Opfer würden ihrem Tod zu Fuß entgegengehen.[47]

In Auschwitz änderten Bischoff und Dejaco die im Bau befindlichen Krematorien. In Berlin beschloß die deutsche Führung, die »Endlösung« bis zur völligen Vernichtung der europäischen Juden fortzusetzen. 1941 hatten die Deutschen etwa 1,1 Millionen Juden ermordet, keinen davon in Auschwitz. 1942 wurden etwa 2,7 Millionen Juden vernichtet, davon 200 000 durch Vergasung in den Bunkern 1 und 2.[48] »Beginnend mit dem Reichsgebiet und überleitend auf die übrigen in die Endlösung einbezogenen europäischen Länder werden die Juden laufend nach dem Osten in große, zum Teil bereits vorhandene, zum Teil noch zu errichtende Lager transportiert, von wo aus sie entweder zur Arbeit eingesetzt oder noch weiter nach dem Osten verbracht werden«, erklärte ein unter Parteiführern umlaufender vertraulicher Bericht der NSDAP. Seine Empfänger verstanden, daß die Worte »weiter nach Osten« Gaskammern bedeuteten.[49]

Der Euphemismus, der die Mythologie des deutschen Ostens als Reich der Erlösung für das deutsche Volk beschwor, hielt sich hartnäckig. Sogar Himmler bediente sich seiner. Im Januar 1943 wies er seinen Chefstatistiker Richard Korherr an, einen Bericht über den Fortgang der »Endlösung« zusammenzustellen.[50] Korherrs erster Entwurf enthielt die zu jener Zeit gängigen gewöhnlichen und ungewöhnlichen Euphemismen. In einem Abschnitt über »die Aussiedlung der Juden« stellte Korherr fest, daß 1 449 692 polnische Juden aus Polen der »Sonderbehandlung« zugeführt worden waren – 1 274 166 in den Vernichtungslagern im Generalgouvernement (Belzec, Sobibor und Treblinka) und 145 301 in der Vernichtungsanlage im Wartheland (Kulmhof). Himmler wandte sich gegen den Ausdruck »Sonderbehandlung«. »Der Reichsführer SS hat Ihren statistischen Bericht über die ›Endlösung der europäischen Judenfrage‹ erhalten«, schrieb sein persönlicher Referent Rudolf Brandt an Korherr.

> Er wünscht nicht, daß die Worte „Sonderbehandlung von Juden" überhaupt verwendet werden. Auf Seite 9, Punkt 4, muß der Text wie folgt lauten: »Transportierung von Juden aus den Ostprovinzen nach dem russischen Osten: Es wurden durchgeschleust durch die Lager im Generalgouvernement [1 449 692]; durch das Lager im Warthegau [1 274 166].« Eine andere Formulierung darf nicht genommen werden. Ich sende das vom Reichsführer SS bereits abgezeichnete Exemplar des Berichtes zurück mit der Bitte, diese Seite 9 entsprechend abzuändern und es wieder zurückzusenden.[51]

Korherr brachte die geforderte Änderung an, und »russischer Osten« wurde die offizielle Tarnbezeichnung für ein Todeslager und »Durchschleusen« die für den Vorgang der Vernichtung. Himmler war so er-

freut, daß er Korherr mit der Zusammenstellung einer Übersicht für
Hitler beauftragte. Korherr kam dem nach, und am 19. April sandte er
die geforderte Aufstellung an Brandt. In seiner Schlußbemerkung, die
mit Unterstreichungen Hitlers Aufmerksamkeit erregen sollten, bemerkt Korherr zufrieden: »Insgesamt dürfte das europäische Judentum seit 1933, also im ersten Jahrzehnt der nationalsozialistischen
Machtentfaltung, bald die Hälfte seines Bestandes verloren haben.«[52]

Korherr verzeichnete auch, daß 4917 männliche und 932 weibliche
Juden nach Auschwitz eingewiesen worden waren; ein männlicher
Jude war freigelassen worden, 3176 männliche und 720 weibliche
Juden waren gestorben; somit waren 1200 männliche und 212 weib-
liche Juden übriggeblieben. Der penible Statistiker bemerkte, daß er
jene nicht gezählt habe, die »im Zuge der Evakuierungsaktion« nach
Auschwitz gebracht worden waren, das heißt alle jene, die »weiter öst-
lich« nach Birkenau gebracht worden waren.[53]

Das Auschwitz-Projekt, im Frühjahr 1941 mit Fanfarenstößen begonnen, fand Ende Januar 1943 seinen amtlichen Abschluß. Während weiter östlich bei Stalingrad das deutsche Heer der Niederlage entgegen-
ging, befahl Hitler die Einstellung aller Vorbereitungen für die Siedlung in Friedenszeiten. Der Auschwitzer Stadtarchitekt Hans Stosberg
schloß sein Büro. Vor dem Dienstantritt beim Heer archivierte er seine
Entwürfe und Unterlagen, so daß, falls er nicht zurückkehrte, ein
Nachfolger imstande wäre, das Projekt wiederaufzunehmen. Es sei
sein Wunsch, schrieb er in seinem Abschlußbericht, daß »die Arbeit
unserer Tage – begonnen in den schweren Jahren unseres Kampfes
um den Bestand unseres Volkes – weiter gedeihen möge, daß sie zur
Vollendung gelange und daß sich dieses Werk dann würdig an die
Seite stellen möge den Schöpfungen unserer Vorfahren, die diesen Boden bereits vor Jahrhunderten durch ihr Blut und ihren Schweiß ge-
weiht und unserem Tun den Weg bereitet haben«. In Anerkennung des
Opfers der Soldaten von Stalingrad widmete er ihnen seine Arbeit.[54]

Himmlers Siedlungsmarken und Siedlungsstützpunkte in Rußland
wurden gleichfalls auf Eis gelegt. Sein Traum, die Ansiedlung von Millionen Deutschen zu leiten, löste sich in Nebel auf. Von all seinen Plänen ließ sich jetzt nur einer realisieren: die Durchführung »Endlösung«
der Judenfrage. Früher war die »Lösung« ein Mittel zu einem Zweck
gewesen. Aussiedlung war wie Siedlung Teil seines Programms der
Säuberung von Fremdvölkischen gewesen, Teil seines Projekts zur
Schaffung eines reinrassigen, vereinigten deutschen Volkes, zur Ver-

wirklichung seiner Utopie von der Arbeit deutschen Blutes auf deutschem Boden. Doch jetzt war die Beseitigung der Juden, die Säuberung Europas von ihnen, zum Selbstzweck geworden. Nicht länger
Teil eines größeren Programms, war sie jetzt ein eigenes Projekt. Im
Januar 1943 gab sich Himmler nicht mehr der Täuschung hin,
Deutschland könnte den Krieg gewinnen, aber zumindest konnte er
die Juden beseitigen. Das war die eine gute Tat, die er verrichten
konnte. Auschwitz wurde von neuem zum Gegenstand seiner Sorge,
aber sein Schwerpunkt verlagerte sich von den IG Farben, der Stadt
und dem Landwirtschaftsbetrieb zu den Krematorien. Obwohl KZ-In-
sassen weiterhin am Aufbau des Buna-Werkes arbeiteten und Arbeitskommandos fortfuhren, den Boden zu verbessern und die Deiche in-
stand zu setzen, war ihre Arbeit für Himmler nicht mehr von Interesse.
Die einzigen Gefangenen, auf die es ankam, waren die Angehörigen
der »Sonderkommandos«. Ihre Aufgabe war es, unter den zur Ermordung ausgewählten Opfern die Ordnung aufrechtzuerhalten, nach
dem Töten die Gaskammern zu leeren, Goldzähne zu ziehen und
Frauenhaar abzuschneiden, die Leichen zu verbrennen, die Habe der

Häftlinge beim Bau der Decke des
unterirdischen Auskleideraumes
des Krematoriums II, Winter
1942/43.

Deportierten zu sortieren und zum Transport in das Reich vorzubereiten. Die Sonderkommandos bestanden jeweils nur kurze Zeit: Nach einigen Monaten wurden auch diese Häftlinge getötet, und jedes neue Kommando begann seinen Dienst mit der Verbrennung der Leichen seiner Vorgänger – jedes außer dem letzten, das sich im Oktober 1944 auflehnte und bis auf den letzten Mann niedergemacht wurde.

Während im Reich die Bautätigkeit zum Erliegen kam, taten Kammler, Bischoff, Dejaco und Prüfer alles, was in ihrer Macht stand, um die Krematorien fertigzustellen. Den ganzen Januar hindurch trafen Transporte aus dem Bezirk Bialystok, den Niederlanden, Berlin und Theresienstadt ein; die Bunker kamen kaum nach, und im Februar war Eichmann gezwungen, für Auschwitz vorgesehene Züge nach Sobibor und Treblinka umzuleiten.

Eichmann bestimmte dann die stolze, 2000 Jahre alte und 55000 Personen zählende sephardische Judengemeinde von Saloniki zur sofortigen Liquidierung. Saloniki und das übrige Nordgriechenland waren von deutschen Truppen besetzt, aber Südgriechenland war in italienischer Hand, und Ende 1942 hatten die Juden von Saloniki längst

Fertigstellung des Daches von Krematorium II, Winter 1942/43. Vorne rechts das teilweise frei liegende Ende der unterirdischen Gaskammer.

entdeckt, daß die Italiener nicht daran interessiert waren, die antisemitischen Maßnahmen ihres Verbündeten zu kopieren. Eine wachsende Zahl von Juden aus Saloniki suchte Zuflucht im Süden, und die
Italiener verweigerten ihre Herausgabe an die Deutschen. Eichmann
erkannte, daß rasches Handeln geboten war. Er wußte, daß die Tötungsstation in Auschwitz mit voller Kapazität arbeitete, aber er sah
auch, daß die Lager der Aktion Reinhard, die weder mit Krematorien
noch mit Einrichtungen für die Verwahrung jener Deportierten ausgerüstet waren, die nicht unmittelbar nach der Ankunft getötet werden konnten, die von ihm geplanten 3000-Personen-Ferntransporte
nicht bewerkstelligen konnten.

Eichmann fragte Kammler telefonisch, wann die Krematorien fertiggestellt würden. Nur von Bischoff unterrichtet, dem das Eingeständnis
widerstrebte, daß der Bau um zwei Monate hinter der Planung zurückgeblieben war, gab Kammler die damalige amtliche Prognose weiter:
Krematorium II würde am 31. Januar in Betrieb gehen, Krematorium IV
am 28. Februar und Krematorium III am 31. März.[55]

Vier der fünf Dreimuffelöfen in Krematorium II, Winter 1942/43.

Unerwartete Probleme mit der Elektrizitätsversorgung der Gebäude verursachten weitere Verzögerungen. Als Bischoff und Dejaco den Kellergrundriß der Krematorien II und III durch Einbeziehung einer Gaskammer änderten, hatten sie den voraussichtlichen Stromverbrauch des Gebäudes heraufgesetzt. Das Lüftersystem sollte jetzt zugleich das Zyklon B aus der Gaskammer absaugen und die Flammen der Verbrennungsöfen anfachen. Sie hatten Fühlung mit der AEG aufgenommen, dem Auftragnehmer für die elektrischen Anlagen, aber wegen der Rationierung war die AEG nicht in der Lage gewesen, die für das System erforderlichen hochbelastbaren Kabel und Schalter zu besorgen. Daher mußte Krematorium II mit einer provisorischen Elektroanlage ausgestattet werden; für Krematorium III war überhaupt nichts erhältlich. Zudem warnte der Kattowitzer AEG-Vertreter, Ingenieur Tomitschek, das Auschwitzer Bauamt, die Kapazität der provisorischen Anlage reiche nicht aus für gleichzeitige »Sonderbehandlung« und Einäscherung.[56]

Die fünf Dreimuffelöfen in Krematorium II wurden am 4. März mit der Einäscherung der Leichen von 50 in Bunker 2 getöteten Männern in Probebetrieb genommen. Mit 45 Minuten dauerte die Einäscherung länger als geplant: Prüfer vermutete, die Öfen wären nicht trocken genug. Sie sollten eine Woche lang im Leerlauf beheizt werden.[57] Inzwischen stellten seine Kollegen das Lüftungssystem für die Gaskammer fertig.[58] Am Samstag, dem 13. März, war die Maschinerie für einen Probelauf bereit, und 1492 Frauen, Kinder und Alte aus einem Transport von 2000 Juden aus dem Krakauer Getto selektiert, wurden in der neuen Gaskammer getötet und in den neuen Verbrennungsöfen eingeäschert.[59] Der Mord selbst dauerte fünf Minuten, aber die Verbrennung der Leichen nahm zwei Tage in Anspruch – die Verantwortlichen betrieben, um technischen Pannen vorzubeugen, die Einäscherungsöfen mit nur halber Leistung. In der irrigen Annahme, alle Krematorien wären voll betriebsbereit, setzte Eichmann Mitte März den ersten Transport von 3000 Juden aus Saloniki in Bewegung. Nach der Fahrt durch Südosteuropa über Skopje, Belgrad, Zagreb, Graz, Wien und Teschen traf der Zug am 20. März in Auschwitz ein. Die Krematorien III, IV und V waren noch im Bau, und Krematorium II war in der Probephase; die Architekten und Techniker hatten es der Lagerleitung noch nicht übergeben. Die an jenem Tag mit der Selektion befaßten Ärzte wiesen 417 Männer und 192 Frauen ins Lager ein; die übrigen 2191 Deportierten wurden zur sofortigen Liquidierung bestimmt. Sie würden durch Krematorium II »geschleust werden«, beschloß die La-

Krematorium IV, Sommer 1943. Die Gaskammern befinden sich in dem niedrigen Gebäudeflügel (links).

Krematorium III, Sommer 1943.

gerleitung.[60] Es wurde rasch klar, daß das Gebäude solche Zahlen nicht auf einmal bewältigen konnte. Das Töten war einfach, aber als die Deutschen die Öfen mit voller Leistung zu betreiben begannen (d. h. mit offiziell 1440 Leichen pro Tag, d. h. 96 pro Muffel und Tag bzw. im Mittel 4 Leichen pro Muffel und Stunde), mißachteten sie die Warnung des AEG-Ingenieurs Tomitschek, und die elektrische Anlage fing Feuer. Sowohl das die Flammen der Verbrennungsöfen anfachende Lüftungssystem als auch die Lüftungsanlage zur Absaugung des Zyanwasserstoffs wurden beschädigt. Die Deutschen machten weiter. Sie wollten die Anlage nicht zur Reparatur stillegen. Züge mit 2000 bis 3000 Deportierten verließen plangemäß Saloniki und konnten nicht aufgehalten werden. In Erwartung dieser Transporte übergaben die Architekten am 22. März Krematorium IV, ohne die Verbrennungsöfen erprobt zu haben.[61] Sie versuchten auch, Krematorium II zu reparieren, und, teilweise erfolgreich, übergaben sie am 31. März das angeschlagene System der Lagerleitung.

Nach zwei Wochen intensiven Betriebs im Rahmen der Saloniki-Aktion fiel der Doppel-Viermuffelofen in Krematorium IV aus, und nach diversen Reparaturversuchen wurde der Ofen im Mai außer Betrieb genommen. Prüfer erkannte, daß sein Versagen auf die überzentralisierte Struktur des Ofens zurückzuführen war, und er änderte den Einäscherungsofen für das noch im Bau befindliche Krematorium V, das offiziell am 4. April fertiggestellt wurde.[62] Krematorium II funktionierte anfangs recht gut, aber nach einem Monat begannen sich Teile des Innenfutters von Schornstein und Feuerzug zu lösen. Es wurde am 22. Mai zwecks einmonatiger Reparaturarbeit stillgelegt. Man hätte hoffen mögen, daß bei all diesen technischen Pannen das System sich als weniger tödlich erwiesen hätte, doch war dies nicht der Fall. Trotz der Ausfälle hatte das Lagerpersonal in nur zwei Monaten über 30 000 Mitglieder der Gemeinde von Saloniki und etwa 7000 jugoslawische, deutsche und polnische Juden liquidiert.

Am 24 Juni, als Saloniki längst »judenfrei« war, wurde Krematorium III der Lagerleitung übergeben.[63] Das Lager verfügte jetzt über eine offizielle tägliche Einäscherungskapazität von 4756 Leichen, und laut Vrba und Höß' Mitarbeiter Franz Hössler kam Himmler zu Besuch, um sein Werk zu besichtigen.[64] Alle vier Krematorien in Birkenau waren fertiggestellt, doch das genaue Datum des Besuchs ist nicht bekannt. Höß selbst erwähnte ihn niemals. Himmler traf um acht Uhr morgens in Auschwitz ein, und nach dem Frühstück sollte er um neun Uhr einer Vergasung beiwohnen, berichtet Vrba. Die Gaskammern waren

bereits mit polnischen Juden vollgestopft worden, aber aus irgendeinem Grunde zog sich das Frühstück bis elf Uhr hin. Schließlich
wandten sich Himmler und Höß den Geschäften zu. Sie fuhren zu
dem Krematorium, »stiegen aus und unterhielten sich eine Weile mit
den anwesenden höheren Offizieren. Himmler hörte aufmerksam zu,
während sie ihm in allen Einzelheiten das Verfahren schilderten. Er
trat zu der verschlossenen Tür und warf gleichgültig einen Blick
durch das kleine, dicke Beobachtungsfenster auf die sich drängenden
Körper im Innern und kehrte dann zu seinen Untergebenen zurück,
um einige weitere Fragen auf sie loszulassen.« Schließlich gab er die
Genehmigung zum Beginn. Während die Kinder, Frauen und Männer
drinnen starben, lugte Himmler wiederum durch das Fenster, stellte
einige weitere Fragen, rauchte eine Zigarette, lachte, scherzte und be-
obachtete die folgenden Prozeduren mit großem Interesse. »Himmler
wartete, bis sich der Rauch über den Schornsteinen verdichtete und
warf einen Blick auf seine Uhr. Es war ein Uhr. Also Essenszeit.«[65]

Die Transporte waren größer geworden, und sowohl die Zahl der zur
Arbeit ausgewählten Häftlinge als auch die der für die Gaskammer
Selektierten wuchs entsprechend. Birkenau hatte nur zwei relativ pri-
mitive Entlausungseinrichtungen. Diese Gebäude konnten so viele
Neuankömmlinge nicht gleichzeitig abfertigen, und gegen Ende des
Frühjahrs schlug Bischoff die Errichtung einer neuen, großen »zentra-
len Sauna« vor, die 2000 Personen Platz bot.[66] Das Gebäude, für den
Betrieb mit möglichst wenig Personal und größtmöglichen Wirkungs-
grad geplant, wurde im Dezember fertiggestellt.
      Die Sauna sollte nicht nur der Abfertigung der ankommenden
Transporte, sondern auch dem riesigen neuen Bauabschnitt III die-
nen, der die vorletzte der vielen Funktionen unterstützen sollte, die
Himmler dem Lager in den fünf Jahren seines Bestehens zuwies. Nach
den massiven militärischen Rückschlägen im Sommer 1943 zog die
Wehrmacht jetzt auch den letzten deutschen Mann ein, und die Rüstungsindustrie preßte jede verfügbare »freie« Person in ihre Fabriken.

Die Architekten von Auschwitz, 1943. Ein »Familienfoto« aller deutschen Architekten und Ingenieure
der Zentralbauleitung. In der Mitte Bischoff (im hellen Mantel), zu seiner Linken Dejaco. Der Dritte von
links in der zweiten Reihe ist Ertl.

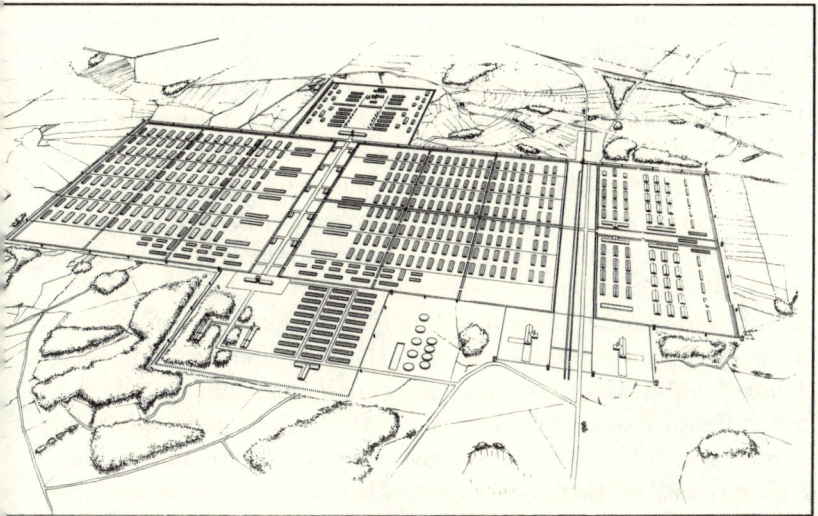

Vogelperspektive von Auschwitz-Birkenau nach der Planung vom Februar 1943. Ansicht von Westen.
Im Vordergrund von links nach rechts eine Abwasserkläranlage für Bauabschnitt III, das von Bäumen
umstandene Krematorium V, Krematorium IV, die 30 Baracken von »Kanada« und die zentrale
Sauna, eine weitere Kläranlage, Krematorium III und Krematorium II.

Jetzt wurden Sklaven für andere Industriearbeit sowie für die Bergwerke benötigt. Pohl verhandelte mit zahlreichen Firmen und willigte
schließlich ein, auf Industriegrundstücken ein System von 27 Nebenlagern zu errichten und zu unterhalten. Das erste davon war das im
November 1942 eingerichtete Buna-Lager in Monowitz; das Lager Ja-
wischowitz für den Betrieb der nahe gelegenen Bergwerke in Brzeszcze und ein kleines Lager zur Unterstützung der Bata-Schuhfabrik in
Chelmek folgten rasch. Fünf weitere Lager wurden 1943 eröffnet und
weitere 19 im Jahr 1944. Zu jener Zeit setzten die IG Farben in dem
im Lager Monowitz gelegenen Buna-Werk, auch als Auschwitz III
bekannt, 11 000 Gefangene ein, 7000 Häftlinge arbeiteten in anderen
chemischen Werken, 7000 in der Stahl- und Metallindustrie und 8000
in den Bergwerken. Insgesamt waren 33 000 Gefangene in Nebenlagern untergebracht; 4000 in Auschwitz einsitzende Häftlinge arbeiteten in einer Fabrik nahe dem Lager. SS-Unternehmen beuteten die Arbeitskraft weiterer 4500 Gefangener aus. Das Lager warf erkleckliche
Gewinne ab. Die Kommandantur erhielt pro Häftling täglich drei bis
sechs RM, während der Unterhalt der Gefangenen sich auf 1,34 RM
pro Kopf und Tag belief. Ende 1943 nahm Auschwitz durchschnittlich
2 Millionen RM pro Monat ein.[67]

Bauarbeiten an der zentralen Sauna.

Birkenau sollte zur Dienstleistungsstation für die Nebenlager werden, die zu klein waren, um eigene Krankenreviere zu unterhalten. In vier Unterabschnitte eingeteilt, sollte BA III in relativ geräumigen Baracken 14552 Häftlinge aufnehmen: 4088 Männer und 4088 Frauen in zwei Quarantänelagern sowie 3188 kranke Männer und 3188 kranke Frauen in zwei Krankenrevieren. Jedes der beiden Krankenreviere sollte mit einem aus sechs Baracken bestehenden Behandlungszentrum einschließlich Chirurgie, Röntgenabteilung und Pflegesälen ausgestattet werden. (Siehe Tafel 19)

Ein Drittel der geplanten Baracken wurde errichtet, keine davon fertiggestellt, und in keiner wurden die vorgesehenen Aufgaben verrichtet. Sobald die Dächer eingedeckt waren, wurden die Gebäude mit Deportierten vollgestopft, für die woanders kein Platz war. Es gab keine Fußböden, keine Betten, nicht einmal Roste. Die Gefangenen hatten außer Decken keine Kleider. Jemand meinte, sie sähen wie mexikanische Indianer aus, und BA III wurde unter dem Namen Mexiko bekannt.

Die vier neuen Krematorien wurden in Betrieb genommen, als der Holocaust seinen Höhepunkt bereits überschritten hatte. Die Ermordung der Juden hatte 1941 begonnen, und in jenem Jahr wurden etwa 1,1 Millionen Juden getötet, 1942 weitere 2,7 Millionen Juden. In dem Jahr, in dem die Krematorien von Auschwitz in Betrieb gingen, fiel die Zahl der Opfer auf 500000, wovon die Hälfte in Auschwitz getötet wurde.[68] Alle Juden, deren die Deutschen ohne Schwierigkeit habhaft werden konnten, waren in die Falle gegangen. Bis Herbst 1943 hatten die Deutschen die speziell zur Judenvernichtung gebauten Todeslager außer Betrieb gesetzt: Kulmhof (150000 Juden), Sobibor (200000 Juden), Belzec (550000 Juden) und Treblinka (750000 Juden). In diesen Lagern gab es kaum Selektion; die meisten Ankömmlinge wurden innerhalb von Stunden nach ihrem Eintreffen getötet. Hinsichtlich der Todesrate rangierte Auschwitz Ende 1943 hinter Treblinka und Belzec. Aber es war das einzige Lager, das übrigblieb, um Polen, Italien, Frankreich, die Niederlande und das übrige besetzte Europa von den Überresten seiner jüdischen Gemeinden zu säubern.

Während das Töten nachließ, sprach Himmler von der Aufgabe, die seit Januar sein einziger Beitrag zur Zukunft Europas geworden war. »Ein Grundsatz muß für den SS-Mann absolut gelten: ehrlich, anständig, treu und kameradschaftlich haben wir zu Angehörigen unseres

eigenen Blutes zu sein und zu sonst niemand«, erklärte Himmler auf
einer Konferenz von SS-Führern in Posen am 4. Oktober 1943. Es war
nunmehr an der Zeit, sich einer Angelegenheit zuzuwenden, die er
»auch ein ganz schweres Kapitel« nannte, das bisher mit »taktvollem«
Schweigen umgeben worden war. »Ich meine jetzt die Juden-
evakuierung, die Ausrottung des jüdischen Volkes«, erklärte er. »Von
euch werden die meisten wissen, was es heißt, wenn 100 Leichen bei-
sammen liegen, wenn 500 daliegen oder wenn 1000 daliegen. Dies
durchgehalten zu haben und dabei – abgesehen von Ausnahmen
menschlicher Schwächen – anständig geblieben zu sein, das hat uns
hart gemacht. Dies ist ein niemals geschriebenes und niemals zu
schreibendes Ruhmesblatt unserer Geschichte.« Die Liquidierung der
Juden hatte die Möglichkeit eines neuen Dolchstoßes in den Rücken
beseitigt. »Denn wir wissen, wie schwer wir uns täten, wenn wir heute
noch in jeder Stadt – bei den Bombenangriffen, bei den Lasten und
bei den Entbehrungen des Krieges – noch die Juden als Geheimsabo-
teure, Agitatoren und Hetzer hätten. Wir würden wahrscheinlich jetzt
in das Stadium des Jahres 1916/17 gekommen sein, wenn die Juden
noch im deutschen Volkskörper säßen.« Es war ein schweres Werk,
aber sie hatten es geschafft. »Insgesamt aber können wir sagen, daß
wir diese schwerste Aufgabe in Liebe zu unserem Volk erfüllt haben.
Und wir haben keinen Schaden in unserem Inneren, in unserer Seele,
in unserem Charakter genommen.«[69]

Bei durchschnittlich monatlich 6000 Zugängen nach Auschwitz zwischen Januar und April 1944 war die Mordrate im Vergleich zu den
Zahlen im Jahre 1943 merklich geringer. Die ungarischen Juden waren
die einzige noch verbliebene größere jüdische Gemeinschaft Europas,
und die Deutschen besetzten Ungarn im März. Der Arbeitskräftemangel war so akut geworden, daß Hitler Anfang April Himmler anwies,
sofort aus Ungarn 100 000 jüdische Sklavenarbeiter zu beschaffen.[70]
Auschwitz sollte jetzt seine letzte Aufgabe übernehmen, die – und dies
ist bemerkenswert – genau jene war, die drei Jahrzehnte zuvor zum
Bau des Stammlagers geführt hatte. Wiederum sollte es ein giganti-
scher Umschlagplatz für Arbeitskräfte werden. Ungarns Juden sollten
herantransportiert und Arbeitssklaven ausgesucht und dem der deutschen Industrie dienenden Netz von Konzentrationslagern im Reich
zugeführt werden. Die zur Arbeit in Deutschland Ausgesuchten sollten, bis Mittel für den Transport nach Westen verfügbar waren, in Quarantäne gehalten werden.

Für arbeitsunfähig befunde Juden sollten in den Krematorien getötet werden, und im Frühjahr 1944 erwarteten die Deutschen, daß viele, wenn nicht gar alle Neuankömmlinge für die deutsche Industrie ohne Nutzen wären. Die Krematorien wurden überholt. »Die Risse im Mauerwerk der Öfen wurden mit einer Spezialschamottmasse ausgefugt«, erinnerte sich Filip Müller, einer der sehr wenigen Überlebenden der frühen Slowakentransporte und Arbeiter in einem Sonderkommando. »In die Öfen wurden neue Roste eingesetzt und die sechs Schornsteine wurden von oben bis unten inspiziert und ausgebessert. Man vergaß auch nicht, die Ventilatoren von Elektrikern sorgfältig prüfen und warten zu lassen. Zum Schluß wurden die Wände der vier Auskleideräume und der acht Gaskammern frisch getüncht.«[71] Die Krematorien II und III erhielten auch neue Aufzüge, die die Gaskammer mit dem Einäscherungsraum verbanden, und die Gaskammern in Krematorium V wurden zur Beschleunigung des Vernichtungsprozesses mit einem neuen Belüftungssystem ausgestattet.

Nicht nur wurden die bestehenden Tötungs- und Einäscherungsanlagen komplett repariert; Bunker 2, jetzt Bunker 5 genannt, wurde ebenfalls reaktiviert. Hinter dem Krematorium V ließ der neuernannte Leiter der Krematorien, Otto Moll, Häftlingskolonnen zwei große Einäscherungsgruben ausheben. »Der Vernichtungsfachmann Moll lief, begleitet von seinen Spießgesellen, rastlos und ungeduldig auf der ausgedehnten Baustelle herum und ordnete an, wo die einzelnen Gruben, das Brennstoffdepot, der Platz, wo die Asche kleingestampft werden sollte und wo die übrigen der massenhaften Vernichtung und Beseitigung von Menschen dienenden Einrichtungen, die er sich ausgedacht hatte, hinkommen sollten.«[72] Nach Müllers Aussage war Molls genialste Erfindung ein leicht abschüssiger Kanal, »damit das Fett der Leichen, wenn sie in der Grube brannten, in zwei Auffangbehälter abfließen konnte«.[73] Schließlich »ließ Moll einen überdachten Lagerplatz errichten für Nadelbaumzweige, Abfallholz, Lumpen, Fässer mit Methanol, Schmierölrückständen und Chlorkalk…«[74]

Zur Vereinfachung des Systems wurden die Bahnlinien in das Lager verlängert. »Tag und Nacht waren viele hundert Gefangene damit beschäftigt, bis zu den Krematorien II und III Eisenbahngleise zu verlegen. Auf der Straße zwischen den Baustellen B I und B II war der Bau einer Lade- und Entladerampe, komplett mit einer dreispurigen Gleisanlage, im Gange, um eine direkte Verbindung zwischen den Todesfabriken, dem Bahnhof Auschwitz und der Außenwelt zu schaffen.«[75]

Der erste Transport von 1800 ungarischen Juden kam am 29. April in Auschwitz an und rollte über das neue Gleis durch das Tor in das Lager Birkenau. Einige Wochen später brüstete sich Himmler: »Zur Zeit allerdings fahren wir zunächst 100 000, später noch einmal 100 000 männliche Juden aus Ungarn in Konzentrationslager ein, mit denen wir unterirdische Fabriken bauen«.[76] Bis Ende Juni, also innerhalb von nur zwei Monaten, war die Hälfte der ungarischen Judenheit – 381 661 Seelen – in Auschwitz angelangt. Rechnet man dazu weitere 18 000 Juden, die während desselben Zeitraumes aus anderen Ländern herangebracht wurden, so nahm Auschwitz eine Rekordzahl von durchschnittlich 200 000 Deportierten pro Monat auf. Zu ihnen gehörte der 18jährige Alexander Ehrmann, der bis zum Frühjahr 1944 in der Stadt Kiralyhelmec gelebt hatte. Sein Transport rollte zur Nachtzeit in Birkenau ein.

Wir kamen gegen ein Uhr morgens auf einem Gelände mit Lampen, Scheinwerfern und Gestank an. Wir sahen Flammen, hohe Schornsteine. Wir wollten immer noch nicht wahrhaben, daß es Auschwitz war. Lieber war uns der Gedanke, wir wüßten es nicht, als zuzugeben, daß wir wirklich dort waren. Der Zug hielt. Draußen stank es, und wir hörten allerlei Geräusche, eine Sprache und Befehle, die wir nicht verstanden. Es war Deutsch, aber wir wußten nicht, was es bedeutete. Hunde bellten. Die Türen wurden geöffnet und wir sahen seltsam uniformierte Männer in gestreifter Kleidung. Sie begannen uns in dem Jiddisch polnischer Juden anzuschreien: »Schnell! Raus!« Wir fragten sie: »Wo sind wir?« Sie antworteten: »Raus, raus, raus!« Es gab Wachmannschaften mit Hunden, und sie schrien uns ebenfalls an. »Macht schnell!« Wir stiegen aus, und sie befahlen uns, in Fünferreihen anzutreten und alles Gepäck zurückzulassen. Wir fragten einen der Leute: »Sag mir, sag mir, wohin gehen wir?« »Dort, geht«, und er zeigte in Richtung der Flammen. Wir mußten weitergehen. So formierten wir uns nach alter Familientradition, die beiden Eltern, die älteste Schwester und die nächstälteste Schwester und das Kind an der Hand meiner Schwester. Meine Mutter bat sie: »Laß mich ihn tragen«, den Zweieinhalbjährigen. Sie sagte: »Nein, ich kümmere mich selber um meinen Sohn.« So marschierten die drei Schwestern und meine beiden Eltern in der einen Reihe und die beiden Jungen mit drei anderen Leuten in der nächsten. Wir kamen zu Mengele, dort hielten wir an. Er wies nach links, nach rechts. Meine Schwester war die erste mit einem Kind, und er zeigte nach rechts. Dann meine Mutter, die einen Bruch hatte, sie hatte einen dicken Bauch, als ob sie schwanger wäre. Daher vermute ich, daß sie deshalb auch nach rechts geschickt wurde. Mein Vater und meine beiden anderen Schwestern wurden nach links geschickt. Er fragte meinen Vater: »Alter, was machst du?« Er sagte: »Landarbeit.« Und dann kam die nächste Reihe, und uns beiden wurde befohlen, unserem Vater und den beiden Schwestern nachzugehen; doch er hielt inne und rief meinen Vater zurück. »Streck deine Hand aus!« So zeigte mein Vater ihm seine Hand, und Mengele schlug ihn ins Gesicht und stieß ihn auf die andere Seite. Und er fuhr fort: »Schnell!« Und die Wachen waren da und die Hunde, und wir mußten weitergehen, und das ist das Letzte, was ich von unseren Eltern und der Schwester und dem Neffen sah.

Es wurde langsam hell, und wir gingen weiter auf ein Gelände, das auf beiden Seiten mit Stacheldraht umgeben war. Wir gingen durch eine Gasse, wo ab und an ein Wachtposten stand. Wir gingen weiter, zu größerer Eile angetrieben. Man sagte uns: »Ihr kommt zu einem Bereich, wo ihr ein Bad nehmen und die Kleidung wechseln könnt, und man wird euch sagen, was ihr tun müßt. Wir gingen weiter, und jenseits der Stacheldrahtzäune gab es Haufen von Schutt und Ästen, Kiefernäste und brennenden Schutt, der vor sich hin gloste. Während wir vorbeigingen, schrien die Wachen dauernd: »Lauf! Lauf!«, und ich hörte ein Baby weinen. Das Baby weinte irgendwo in der Ferne, und ich konnte nicht anhalten und hinsehen. Wir liefen weiter,

Die Kinder der Familie Ehrmann, ca. 1931.

Ankunft eines Transports ungarischer Juden aus den Karpaten, Sommer 1944.

und es roch – ein schrecklicher Gestank. Ich wußte, daß sich in dem Feuer
Dinge bewegten, daß dort in dem Feuer Babys waren.[77]

Von den insgesamt 438 000 in Auschwitz ankommenden ungarischen
Juden wurden zwischen zehn und 30 Prozent als geeignet befunden,
ihren Beitrag zur deutschen Kriegswirtschaft zu leisten. Die meisten
von ihnen kamen nach Bergen-Belsen, Buchenwald, Dachau, Groß-
Rosen, Mauthausen, Neuengamme, Ravensbrück, Sachsenhausen
oder in eines der 378 anderen Lager in Himmlers Imperium. Alex
Ehrmann und sein 16jähriger Bruder wurden nach Warschau geschickt, wo sie in den Ruinen des früheren Gettos mit Abrißarbeiten
und Ziegelklopfen beschäftigt wurden.[78]

Zu keiner Zeit war Auschwitz als Tötungszentrum effizienter. Im
Mai und Juni überstieg die Zahl der Ermordete die Einäscherungskapazität von 132 000 Leichen pro Monat. Auch Molls Gruben fanden
Verwendung. Der rasende Taumel des Vergasens und Verbrennens
dauerte den Juli hindurch an. In zwei Monaten wurde ein Drittel aller

Opfer von Auschwitz ermordet und die Hälfte bis zwei Drittel aller 600 000 Juden, welche die Deutschen 1944 töteten. In den 32 Monaten vom März 1942 bis November 1944, in denen Auschwitz in erster Linie Vernichtungszentrum war, wurden hier eine Million bis 1,1 Millionen Menschen getötet, was einem Monatsmittel von 32 000 bis 34 000 entspricht. Während der Ungarn-Aktion überboten die Deutschen mit Eifer und Effizienz jenen Durchschnitt um das Fünf- bis Sechsfache.

Als im August 1944 die Ungarn-Aktion zu Ende ging und die Krematorien unbenutzt standen, wurden Sara Grossman-Weil, ihr Ehemann Menek, ihre Schwiegereltern Feigele und Wolf, ihr Schwager Adek, dessen Ehefrau Esther, ihre halbwüchsige Tochter Regina und ihr kleines Mädchen Mirka in Lodz, dem letzten von Hunderten von Gettos, welche die Deutschen errichtet hatten, um den deutschen Osten von Juden zu säubern, in einen Viehwagen gepfercht.

Das Getto von Lodz hatte auf Kosten der meisten seiner Einwohner als eine riesige Werkstatt überlebt. Der von den Deutschen ernannte Judenälteste, Chaim Rumkowski, hatte, politisch taktierend, das Getto zu einem unentbehrlichen Element der deutschen Kriegsanstrengung gemacht. Wenn Arbeit die Juden schon nicht frei machen konnte, sollte sie ihnen wenigstens das Überleben sichern. Die Deutschen willigten ein, allerdings unter einem Vorbehalt: Wenn das Getto eine riesige Werkstatt sei, dürften nur die Arbeitsfähigen bleiben. Es wurden Selektionen durchgeführt, und Sara legte Rouge auf ihre hohlen Wangen, um sich ein gesundes Aussehen zu geben. »Man versuchte ständig, in Ordnung, nicht krank zu erscheinen. Man ging nicht gebückt, denn dies hätte vermuten lassen, daß man zu der Arbeit, die man verrichtete, nicht fähig wäre. Man ging stets aufrecht, oder so gut, wie man konnte, um ihnen zu zeigen, daß man zu bleiben geeignet war.«[79]

Aber da waren jene, die alles Rouge und alle Haltung der Welt nicht retten konnten. Anfang September 1942 bestimmten die Deutschen, daß Arbeitsunfähige – Kinder unter zehn Jahren und Alte über 65 – gehen müßten. Rumkowski, seinen Judenrat und die jüdische Gettopolizei gemeinsam moralisch haftbar machend, verlangten die Deutschen die Ausführung des Befehls. Ihre Familien würden bleiben dürfen. Als der Erlaß bekanntgemacht wurde, schien es, als sei der Nadir der Verdammnis erreicht. »Der Himmel über dem Getto ... ist wolkenlos«, notierte Jozef Zelkowicz. »Wie gestern und vorgestern scheint die frühherbstliche Sonne. Sie scheint und lächelt herab auf unsere jüdische

Ankunft eines Transports ungarischer Juden, Sommer 1944. Im Hintergrund die Schornsteine der Krematorien II (links) und III (rechts).

Trauer und Todesqual, als trete jemand nur auf Ungeziefer, als hätte jemand ein Todesurteil für Wanzen unterzeichnet, als wäre das Jüngste Gericht für Ratten gekommen, die vom Antlitz der Erde getilgt werden müssen.«[80] Wie Jozef Zelkowicz und alle anderen Gettobewohner wurde Sara Zeuge von Razzien auf Babys, Kleinkinder und Grundschüler. »Die Kinder wurden mitgenommen, sie wurden auf den Wagen geworfen, buchstäblich geworfen. Wenn die Mutter protestierte, wurde sie entweder ebenfalls mitgenommen oder erschossen. Oder sie entrissen ihr das Kleid und ließen sie zurück. Und alle Kinder, kleine Kinder, ganz kleine, fünf-, sechs-, siebenjährige Kinder, wurden auf diesen Wagen geworfen, richtig geworfen. Die Schreie stiegen zum Himmel auf, aber es gab keine Hilfe, es gab niemanden, an den man sich hätte wenden können, den man hätte bitten können«[81] Mirka Grossman war eines der wenigen Kinder, welche die Selektion überlebten.

Mit der Aktion gegen Kinder und Alte hatte das Totengeläut der letzten jüdischen Gemeinde auf Reichsgebiet begonnen, und es sollte zwei Jahre anhalten. Es endete am Mittwoch, dem 2. August 1944, als der deutsche Bürgermeister von Lodz dem Judenältesten

Rumkowski mitteilte, das Getto würde Werkstatt für Werkstatt umgesiedelt. »Fabrikarbeiter reisen mit ihren Familien«, hieß es in Rum-
kowskis Bekanntmachung. Sara Grossman-Weil verließ Lodz mit der
Familie ihres Ehemannes. Sie wurden zum Bahnhof getrieben und in
Viehwagen verladen. »Man hätte keine Stecknadel zu Boden fallen
lassen können, so eng saß man mit seinen Bündeln aufeinander. Wir
waren in diesem Viehwagen eingepfercht und fuhren und fuhren
und fuhren. Es nahm kein Ende. Und die Kleine fragte auf Polnisch:
›Papa, ist es nicht besser, daß heute ein schlechter Tag ist, wenn es
dafür morgen besser wird?‹ Sie war fünf Jahre alt. Und ihr Vater antwortete: ›Das Heute zählt nicht, morgen wird es viel besser sein.‹«[82]
	Das Morgen bewies ihm, daß er sich irrte. Der Zug mit den Überle-
benden des Lodzer Gettos passierte Kattowitz und Myslowitz und
kreuzte die Weichsel bei Neu-Berun. Sie langten im Bahnhof von
Auschwitz an. Der Zug fuhr auf ein Rangiergleis und hielt. Bei Son-
nenuntergang setzte sich der Zug rückwärts in Bewegung, und durch
ein Tor fuhr er in das riesige Lager von Birkenau ein. Er kam zum Ste-

Selektion ungarischer Juden, Sommer 1944. Frauen (links) und Männer (rechts) müssen in Fünferreihen antreten, Sommer 1944. Die Selektion fand etwa in der Mitte der Rampe statt, so daß sich auf
dieser insgesamt vier Kolonnen bewegten. Die Mutter mit dem Kleinkind wurde gerade nach links
gewiesen (vom Betrachter aus: nach rechts); gleich wird sie das Gleis überqueren, sich nach rechts
wenden und zum Krematorium II oder III gehen.

hen. Die verriegelten Türen wurden geöffnet. Sara Grossman, ihre
Verwandten und die übrigen Passagiere wurden herausgezerrt, und
sie mußten in zwei Reihen antreten, auf der einen Seite die Männer,
auf der anderen Frauen und Kinder.

> Ich stand da und wußte nicht, was los war, die Menschenmenge um mich
> herum überwältigte mich, und ich konnte es nicht fassen, daß sie uns alle
> auf diese Art und Weise aus den Viehwaggons warfen. Wie sie drängten
> und stießen und schrien. Und vor uns diese SS-Männer mit Hunden. Ich
> konnte nicht mehr erkennen, was vor sich ging. Es ist verrückt. Und ich
> stand da mit meiner Schwiegermutter und meiner Schwägerin mit ihrer
> kleinen Tochter, als plötzlich jemand auf uns zukam und sagte: »Gebt das
> Kind der Großmutter.« Und meine Schwägerin gab ihr Kind meiner
> Schwiegermutter. Sie gingen nach links, wir nach rechts...[83]

Sara und die anderen für arbeitsfähig befundenen Frauen betraten das
Lager. »Als wir marschierten, sahen wir auf der anderen Seite in ent-

»Leichenverbrennung auf
Scheiterhaufen«, Postkarte, 1952.

Die Familie Grossman, Lodz, ca. 1924. 20 Jahre nach der Aufnahme dieses Fotos begleitete die Frau hinten links ihre Enkelin Mirka zur Gaskammer; ihre Schwiegertochter Esther konnte so überleben.

gegengesetzter Richtung Kolonnen von Frauen marschieren, halb nackt, die Köpfe geschoren, die Arme uns entgegengestreckt: ›Essen, Essen! Gib mir dein Brot!‹ Geschrei, Rufe. Ich war wie erschlagen. Ich dachte, ich wäre in einer Anstalt, in einem Irrenhaus, unter lauter Verrückten.« Dies war der Ort, von dem sie gehört hatte, stets nur im Flüsterton und stets voller Furcht. »Sie nannten es immer Auschwitz, aber wir wußten nicht, was das hieß.«[84]

Sie kamen zur Entlausungsstation, wurden registriert, geschoren und geduscht und erhielten einige Lumpen und Holzschuhe.

Von dort sammelten sie uns wieder in Kolonnen, in Lumpen, wie die Menschen, die ich eine Stunde zuvor in den in entgegengesetzter Richtung marschierenden Kolonnen gesehen hatte. Wir sahen genauso aus, nur daß wir nicht schrien. Wir sahen wie Irre aus, genau wie die übrigen. Wir wurden zu einer Latrine geführt, wo wir unser Bedürfnis verrichten mußten, und von dort gingen wir zu einer Baracke, die ab jetzt unsere Unterkunft war. In dieser Baracke erhielten wir eine Koje. Die Koje war nicht ganz so groß wie ein Doppelbett. Ich würde sagen, beträchtlich kleiner. Und auf

Mirka Grossman, ca. 1941.

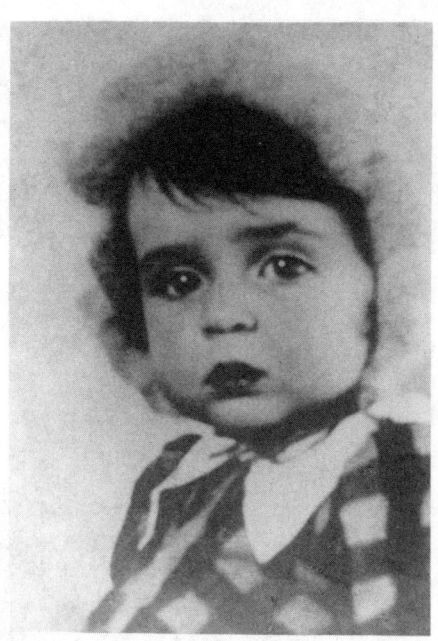

diesem Kojenbett mußten fünf Personen ihren Schlafplatz finden. Und das war unser neues Heim.[85]

Sara blieb zehn Tage in Birkenau und wurde dann mit einem anderen Transport zu einer Munitionsfabrik in Unterlüß, 30 km nordöstlich von Celle, gebracht. Die meisten Häftlinge waren ungarische Frauen. Sara erinnert sich, daß überall Schwefel war, »in der Luft und in dem Brot, das wir auf der Arbeit als Ration erhielten, und in unseren Mündern, Augen, an Händen und Fingern; alles wurde gelb. Und mir war übel von dem Geruch.«[86]

Die Produktion in Unterlüß wurde im März 1945 eingestellt. Das Nebenlager wurde geschlossen, und die Häftlinge wurden nach Bergen-Belsen gebracht, wo Sara mit Hunderten anderer Frauen in eine Baracke gesteckt wurde. »Draußen starben Hunderte von Frauen an Durst, Durst und nochmals Durst.«

Es war ein Anblick jenseits jeder Beschreibung, jeden Verstehens oder jeder Vorstellung. Du kannst es dir nicht vorstellen, denn wenn du Bilder von Leichen siehst, siehst du nur Bilder. Du siehst nicht die Körper, die Augen, die zu dir sprechen und dich um Wasser bitten. Du siehst nicht die Münder, die stumm versuchen, etwas zu sagen, und kein Wort herausbringen. Du siehst und du fühlst nicht wie ich damals die Todesangst dieser Menschen, für die der Tod ein Segen wäre. Sie sterben einfach und können nicht sterben.[87]

Überall im Lager waren Haufen von Körpern, und Sara wurde befohlen, Leichen in eine große Grube zu schaffen.

Diese Berge, die du auf manchen Bildern siehst, die über den Holocaust gezeigt werden, das waren wirkliche Menschen. Sie waren lebendige, atmende, essende, fühlende, denkende Menschen. Tausende und Abertausende. Mütter und Töchter und Kinder. Diese Bilder sind echt. Und ich habe es gesehen. Ich habe es gerochen, ich habe sie angefaßt. Sie waren sehr, sehr echt. Dies war Bergen-Belsen im März und Anfang April 1945.[88]

Sara überlebte und wurde an ihrem Geburtstag, dem 15. April, befreit.

Junge ungarische Jüdinnen beim Betreten des Frauenlagers (Bauabschnitt I) nach dem Entlausen in der zentralen Sauna, Sommer 1944.

In Auschwitz gab es keine Leichenberge. Dafür sorgten die Krematorien. »Und ich stand da mit meiner Schwiegermutter und meiner
Schwägerin mit ihrer kleinen Tochter, als plötzlich jemand auf uns zu-
kam und sagte: ›Gebt das Kind der Großmutter.‹ Und meine Schwägerin gab ihr Kind meiner Schwiegermutter. Sie gingen nach links, wir
nach rechts ... Und ich sagte: ›Warum?‹ Meine Schwiegermutter nahm
die Kleine und ging nach links.«[89] Keiner der Neuankömmlinge wußte,
was »links« bedeutete, und keiner, der nach links ging, überlebte, um
Zeugnis zu geben. Den Weg, den Feigele und Mirka gingen, können
wir nur aus den Erzählungen und Berichten der Sklaven oder Hilfs-
willigen und aus Dokumenten und Plänen nachzeichnen. Sie gingen
nach links, überquerten ein Gleis und kamen zu einer parallel zu den
Gleisen verlaufenden Straße, die von dem Torgebäude zu ihrer Linken zu zwei relativ großen Gebäuden zu ihrer Rechten verlief. Ein
SS-Mann wies sie nach rechts zu den beiden Gebäuden. Ein anderer
SS-Mann 500 Meter die Straße hinab befahl ihnen, nach links zu
schwenken in einen Komplex, der eines der beiden identischen
Backsteingebäude mit ihren eckigen, gedrungenen Schornsteinen
umgab. Sie wurden nicht zu dem großen Eingang unter dem Schornstein geführt, sondern gingen an dem Gebäude vorbei und betraten
dann jenseits eine 70 Meter lange Terrasse. Am Ende des asphaltierten
Weges wurden sie angewiesen, scharf nach links zu schwenken und
eine Treppe hinabzusteigen, die an einer Kellertür endete.

Heute, 1995, sind jener unterirdische Raum und ein mit ihm im
rechten Winkel verbundenes Gelaß flache, grasüberwachsene Gruben. 1944 diente dieser Ort, ursprünglich als Leichenhalle geplant, der
vorletzten Stufe in einem Prozeß der Vernichtung, der mit der Kenn-
zeichnung von Feigele und Mirka als Juden begonnen und sich mit
ihrer Einsperrung im Lodzer Getto, der Deportation nach Auschwitz
und ihrer Selektion an der Rampe fortgesetzt hatte. 1939 ihrer Wohnung und ihrer Geldmittel beraubt, ihres meisten sonstigen Besitzes
während der vier langen Jahre im Getto und ihrer Koffer am Bahnhof
von Auschwitz, sollten sie jetzt ihre letzte Habe übergeben: die Kleider, die sie am Leibe trugen. Der Keller, den sie betraten, diente als
Auskleideraum.

Sehr wenige der Hunderttausende von Menschen, die jenen Keller
betraten, haben überlebt. Einer davon war Filip Müller. »Auf einer Ta-
gel am Eingang zum Kellergeschoß konnte man in mehreren Sprachen lesen: ›Zum Bade- und Desinfektionsraum‹. Die Decke des Aus-
kleideraums wurde von Betonsäulen gestützt, an denen zahlreiche

Eine (vermutlich ältere) ungarische Jüdin und vier Kinder auf dem Wege zu den Krematorien II und III, Sommer 1944. Wir wissen nicht, ob sie verwandt waren, und auch das Alter der Frau kennen wir nicht.

Hinweisschilder angebracht worden waren. Auch sie hatten die Aufgabe, die arglosen, nichts Schlimmes ahnenden Menschen glauben zu machen, die bevorstehende Desinfektion sei für sie besonders wichtig. Parolen wie z.B. ›Durch Reinheit zur Freiheit‹ oder ›Eine Laus – dein Tod‹ dienten ebenso der Täuschung wie die an den beiden Längsseiten in einer Höhe von 1,50 Metern montierten Kleiderhacken, mit mit Nummern versehen waren.«[90]

Feigele, Mirka und die anderen Juden, die bis hierher die Mißhandlungen durch die Deutschen überlebt hatten, erhielten Befehl, sich zu entkleiden, und wurden dann in einen kleinen Vorraum gedrängt. Jemand wies nach rechts zu den Türen eines länglichen, weiß getünchten Raumes, der jenem ähnelte, den sie gerade verlassen hatten. Aber wie Filip Müller wußte, gab es einige wichtige sichtbare und sogar noch wichtigere unsichtbare Unterschiede zwischen den beiden Räumen: »Zwischen den Wänden der beiden Längsseiten standen Be-

Ungarische jüdische Frauen und Kinder beim Betreten des Krematoriums II, Sommer 1944.

tonsäulen, welche die Decke abstützten. Wer glaubte, die Säulen in diesem Raum würden nur diesem Zweck dienen, befand sich in einem Irrtum. Die Zyklon-B-Gas-Kristalle wurden nämlich durch Öffnungen in der Betondecke eingeworfen, die in der Gaskammer in hohle Blechsäulen einmündeten. Diese waren in gleichmäßigen Abständen durchlöchert, und in ihrem Innern verlief von oben nach unten eine Spirale, um für eine möglichst gleichmäßige Verteilung der gekörnten Kristalle zu sorgen. An der Decke waren auch zahleiche imitierte Duschen aus Schwarzblech montiert. Sie sollten Argwöhnische beim Betreten der Gaskammer glauben machen, daß sie sich in einem Duschraum befänden.«[91] Feigele, Mirka und die anderen wurden hineingedrängt, die Türen wurden geschlossen, und die Beleuchtung wurde ausgeschaltet.

Während Feigele und Mirka in den unterirdischen Raum getrieben wurden, dessen Decke das umgebende Gelände um etwa einen halben Meter überragte, parkte daneben ein Lkw mit dem Zeichen des Roten Kreuzes. Zwei »Desinfektoren« stiegen auf das Dach des Tiefgeschosses, wobei sie luftdicht verschlossene Blechkanister aus der Produktion der Firma Degesch trugen. Eine Zigarette rauchend, unterhielten sie sich in aller Ruhe. Auf ein Signal hin ging dann jeder zu einem 30 cm hohen Betonschacht, setzte seine Gasmaske auf, nahm den Deckel ab, öffnete den Kanister und schüttete seinen Inhalt an erbsengroßen Körnern in den Schacht. Sie schlossen die Deckel, nahmen ihre Masken ab und fuhren davon.

Müller erlebte alles aus nächster Nähe. »Nach einer Weile vernahm ich aus der Gaskammer durchdringende Schreie, Poltern gegen die Tür, aber auch Gejammer und Gestöhne. Die Menschen fingen an zu husten, ihr Gehuste wurde von Minute zu Minute stärker. Es zeigte an, daß das Gas begonnen hatte, seine Wirkung zu entfalten. Der anfänglich anschwellende und unüberhörbar werdende Lärm ließ von Minute zu Minute nach und ging bald in ein vielstimmiges, dumpfes Röcheln über, das hin und wieder noch von Gehuste übertönt wurde.«[92] Zehn Minuten später war alles still.

Ein SS-Mann befahl Müller und den anderen Mitgliedern des Todeskommandos, mit dem Aufzug in den Keller zu fahren. Dort warteten sie, bis die Lüftungsanlage das Gas aus dem Raum abgesaugt hatte, und nach etwa 20 Minuten wurden die Türen zu den Gaskammern entriegelt. Entgegen Höß' Behauptung, er habe sich für Zyklon B als Tötungsmittel entschieden, weil es einen leichten Tod brachte, zeigten die Opfer Anzeichen schrecklichen Kampfes. So töteten die Deutschen Feigele, Mirka und zahllose andere menschliche Wesen. Innerhalb von Stunden nach ihrer Ankunft in Auschwitz blieb von den Juden nichts als Rauch, Asche und unsere Erinnerung an sie. Ihre Leichen wurden mit demselben Aufzug, mit dem Müller in den Keller gefahren war, ins Erdgeschoß gebracht, und dort wurden sie im Zentrum des Krematoriums in einem der fünf Einäscherungsöfen mit je drei Muffeln verbrannt.

Heute wissen wir, wo Feigele und Mirka starben: in einer Stadt, welche die Deutschen stets Auschwitz nannten. Wir wissen, daß sie die Stadt 1270 erbauten und daß sie ein polnischer König 1457 erwarb. Wir wissen, daß die Stadt unter polnischer Herrschaft einen Niedergang erlebte. Wir wissen, daß sie, an einer Hauptbahnlinie gelegen, im 19 Jahrhundert eine bescheidene Existenz fristete. Wir wissen, daß die Region in den zwanziger Jahren zum Gegenstand deutschen Zornes wurde. Wir wissen, daß die Nationalsozialisten die Stadt 1939 in das Reich eingliederten. Wir wissen von ihrer Absicht, an die Pläne des Mittelalters anzuknüpfen.

Heute wissen wir, daß Feigele und Mirka in einem Lager starben, das ursprünglich als Arbeitsbörse errichtet wurde, dann dem polnischen Heer als Kasernen diente und von den Deutschen in ein Konzentrationslager verwandelt wurde, um eine lokale Bevölkerung zu terrorisieren, die zu nützlich war, um ausgesiedelt zu werden. Wir wissen, daß das Lager eine Funktion nach der andern annahm: Es wurde eine Produktionsstätte für Sand und Kies, eine Hinrichtungsstätte für die Kattowitzer Gestapo, das Zentrum eines großen landwirtschaftlichen Gutes zur Unterstützung umgesiedelter Volksdeutscher, ein Arbeitskräftereservoir für die Errichtung eines Kunstkautschukwerkes und einer neuen Stadt. Wir wissen, daß durch all diese Verwandlungen hindurch Auschwitz im Zentrum Himmlers hochfliegender Pläne zur Wiederanknüpfung an deutsche Geschichte in diesem einst deutschen Siedlungsgebiet stand. Wir wissen, daß Auschwitz zum Vernichtungszentrum wurde, als er das Interesse an Stadt und Region verlor, daß es auch als Herz eines Netzes von Nebenlagern zur Versorgung diverser Industrien in der Region diente und daß es schließlich wieder eine Arbeitsbörse wurde, nur daß diesmal die Arbeiter jüdische Sklaven waren.

Heute wissen wir, wer das Gebäude entwarf: Georg Werkmann, Karl Bischoff und Walther Dejaco. Wir wissen auch, wer die Öfen baute: die Firma Topf & Söhne in Erfurt. Wir kennen die Leistung des Lüftungssystems (etwa 115 000 Kubikmeter pro Stunde) für die Anfachung der Feuerungen. Wir kennen die offizielle Verbrennungskapazität (32 Leichen pro Muffel und Tag). Wir wissen, daß es Bischoff war, der die Entscheidung traf, die größere Leichenhalle in einen Auskleideraum und die kleinere in eine Gaskammer umzuwandeln. Wir wissen, daß Dejaco den Plan zeichnete, der eine Totenhalle in eine Todeskammer umwandelte. Wir kennen die technischen Daten des Belüftungssystems, das den Raum als Ort der Massenvernichtung betreibbar machte: 7 PS sind erforderlich, um in 20 Minuten den Zyanwasserstoff aus der Gaskammer abzusaugen. Wir wissen, daß das Gebäude am 13. März 1943 in Betrieb genommen wurde, als 1492 Frauen, Kinder und Alte vergast wurden. Wir wissen von den Problemen, die die Deutschen bewältigen mußten, bevor alles so funktionierte, wie sie es wünschten. Wir wissen, wer die Rechnungen bezahlte und wie hoch sie waren.

Alles das wissen wir. Aber wir verstehen sehr wenig von den vielen zentralen Problemen dieser Maschinerie des Todes. Die Erforschung der Regionalgeschichte, der Zukunftspläne für die Stadt, der Entwicklung des Lagers und der wechselnden Konstruktion der Krematorien waren nützlich, sind aber nicht die ganze Geschichte über den Holocaust in Auschwitz. Es sind die Fragen der Opfer und der Überlebenden, auf die es wirklich ankommt.

Als Sara Grossman im August 1944 nach der Ankunft in Auschwitz vor der Selektion stand,

> geriet mir aus dem Blick, was sich abspielte. Es war einfach verrückt. Und ich stand da mit meiner Schwiegermutter und meiner Schwägerin mit ihrem kleinen Mädchen, als jemand auf uns zuging und sagte: »Gib das Kind der Großmutter.« Und meine Schwägerin gab das Kind meiner Schwiegermutter. Sie gingen nach links und wir gingen nach rechts. *Und ich sagte: »Warum?«* Meine Schwiegermutter nahm die Kleine und ging nach links. Regina, Esther und ich gingen nach rechts. Links waren alle, die zu den Gaskammern geführt wurden, zum Krematorium, wie immer du es nennen magst.

»Gaskammern, Krematorium, wie immer du es nennen magst.« Ein halbes Jahrhundert später drückte Sara Grossman sich nicht präzise aus. Worauf es ankam, war, daß die Männer von den Frauen getrennt wurden und das Großmutter Feigele und die kleine Mirka nach links gingen, und die halbwüchsige Regina und die zwei Schwägerinnen Esther und Sara nach rechts. Und sie hat recht. Jener Vorgang der Selektion ist der Kern und der moralische Nadir des Schreckens des Holocaust: die Selektion und nicht die Gaskammern und Krematorien. Die Deutschen und ihre Verbündeten hatten sich die Macht angemaßt zu entscheiden, wer leben und wer sterben sollte. »Als ob Sie und Ihre Vorgesetzten das Recht gehabt hätten, zu entscheiden, wer die Erde bewohnen soll und wer nicht«, warf Hannah Arendt Eichmann vor.[93]

Mirka, Sara und Hunderttausende anderer Deportierter traten an zur Selektion durch einen Arzt. Hätte er allein gearbeitet, hätte er wenig Unheil angerichtet. Aber er arbeitet nicht allein. Seine Arbeit war nur ein kleiner Teil eines Systems, das von Ideologen erdacht, von Bürokraten organisiert, von Industriellen finanziert, von Technokraten gewartet, von normalen Menschen bedient und von Millionen Deutschen unterstützt wurde, deren tägliches Leben die für sie heim ins Reich transportierten Güter verbesserten.

Und Saras Frage bleibt: »Und ich sagte: Warum?«

EPILOG
AUSCHWITZ, ANERKANNT
UND VERLEUGNET

Auf dem Parkplatz des Museums Auschwitz-Birkenau drängen sich deutsche Luxuswagen. Die meisten europäischen und fast alle amerikanischen Touristen kommen per Bus von Krakau, und polnische Besucher benutzen öffentliche Verkehrsmittel, aber Oswiecim ist nur eine knappe Tagesstrecke von der deutschen Grenze entfernt, und die Deutschen kommen im Audi, Mercedes oder BMW. Sie stellen die größte Einzelgruppe ausländischer Besucher.

»Zu meiner Schulzeit war [der Holocaust] ein Tabuthema«, erklärte die deutsche Touristin Hanna Delius im Januar 1995 einem Journalisten der *New York Times*. Wie viele ihrer Landsleute entschloß sie sich, Auschwitz mit eigenen Augen zu sehen. »Ich war so voller Zorn und Wut, als ich hier gestern herumging. Die Sache war geplant. Sie war wirklich gut vorbereitet: Das sollte hier sein, jenes dort, dies da drüben. Ich kann nicht sagen, ich fühle mich schuldig, aber ich fühle mich irgendwie verantwortlich.«[1]

Ein halbes Jahrhundert nach der Befreiung des Lagers durch die Rote Armee spüren, gleich Hanna Delius, viele Deutsche das Bedürfnis, Auschwitz zu besuchen. Es ist, sagen sie, eine moralische Verpflichtung, der eigenen Geschichte ins Antlitz zu blicken, sich der historischen Verantwortung für die von deutschen Bürgern gegen andere in fremden Ländern begangenen Greuel zu stellen, sie anzuerkennen und schließlich zu akzeptieren. Sie fühlen sich irgendwie rechenschaftspflichtig für die Menschen, nicht für den Ort. Die Taten ihrer Väter und Großväter verbinden sie mit Auschwitz, nicht das Eigentum an einer deutschen Stadt im deutschen Osten. Geographisch ist Auschwitz wie Babi Yar in der Ukraine, Lidice in der Tschechischen Republik oder Oradour in Frankreich: Es ist eine fremde Stadt im Ausland. Sie denken an Auschwitz nicht als an eine von Deutschen gegründete Stadt mit 700jähriger deutscher Geschichte. Nur 50 Jahre nach dem Krieg fehlt ihnen davon jegliches Bewußtsein.

Die Deutschen, einst so erpicht darauf, die Stadt ihr eigen zu nennen, haben Auschwitz längst gänzlich verleugnet. Dies liegt zum Teil am Kalten Krieg. Im geteilten Deutschland der Jahre 1948 bis

1989 war die Geschichte des früheren deutschen Ostens und ihr
Verständnis der Erbauer von Auschwitz als politisch verwerflich verdammt. Generalsekretär Walter Ulbricht begrub das Problem in Phrasen über die brüderlichen Beziehungen zwischen seiner Deutschen
Demokratischen Republik und der Volksrepublik Polen, während es
Bundeskanzler Konrad Adenauer gelang, die Bundesrepublik als ein
neues, demokratisches Deutschland zu präsentieren, das nach Westen blickte.

Diese Haltung fiel Westdeutschland nicht immer leicht. Bei einem
Bevölkerungsanteil von 16,5 Prozent an Flüchtlingen und Vertriebenen aus dem deutschen Osten waren die Politiker versucht, sich bei
dem Bundesverband der Heimatvertriebenen und Entrechteten anzu-
biedern, der nach unversöhnlichem Widerstand gegen das Potsdamer
Abkommen rief, das alle deutschen Gebiete östlich der Oder-Neiße-
Linie unter polnische und sowjetische Verwaltung gestellt hatte.[2] Aber
in ihrer Mehrheit hielten es die Westdeutschen nicht für wert, wegen
Ostpreußen, Pommern oder Schlesien mit Paris, London oder Washington Streit vom Zaun zu brechen. Und bestimmt waren die Gebiete keinen Krieg mit der Sowjetunion wert. Wie der angesehene
Schriftsteller und spätere Verleger Wolf Jobst Siedler 1964 anmerkte,
waren die Nachkriegsdeutschen jedenfalls nicht willens, überhaupt
einen Gedanken auf die Ostgebiete zu verschwenden. Nicht nur rief
die Erinnerung an den deutschen Osten das Bild der Flüchtlingstrecks
gegen Ende des Krieges und der Vertreibung deutscher Bewohner in
den ersten Nachkriegsjahren wach, es beschwor auch das Schreckge-
spenst von Juden in Viehwagen, die in den Jahren zuvor unablässig in
die Gegenrichtung gerollt waren. Siedler rief die Deutschen auf, diesem bequemen Vergessen Widerstand zu leisten, so unangenehm dies
auch sein mochte. Es sei wichtig, sagte er, der verlorenen Städte zu gedenken und sich wieder an die vergessenen Lager zu erinnern.[3]

Trotz Siedlers Mahnung haben die renommierten deutschen Historiker, die bedeutende Beiträge zu einem ausgewogenen Verständnis
der Geschichte der Region zwischen Elbe und Bug leisteten, das Konzentrationslager in Auschwitz und seine Rolle in der Geschichte des
deutschen Ostens einfach ignoriert. So zum Beispiel der verstorbene
Walter Kuhn, der, nahe Auschwitz aufgewachsen und Autor einer Anzahl ausgezeichneter Werke über die mittelalterliche Entwicklung
Oberschlesiens im allgemeinen und von Auschwitz im besonderen,
das Lager in allen seinen Schriften nur zweimal erwähnte. 1941 unternahm er mit Studenten eine Exkursion nach Oberschlesien, schreibt

Der deutsche Osten, 1996.

er in seinen Memoiren. »In der Gegend von Auschwitz wollte ich meinen Studenten polnische Haus- und Siedlungsformen zeigen. Da
standen wir plötzlich vor einem großen eisernen Tor mit der Aufschrift ›Arbeit macht frei‹. Wir hatten, ohne es zu wissen, das Konzentrationslager erreicht und nahmen zutiefst bestürzt den Rückweg.«[4]
Kuhn beschränkte die Erörterung jenes anderen Auschwitz auf eine
kurze Klage in einem ausgezeichneten und gelehrten Aufsatz über
die mittelalterliche Besiedlung des Herzogtums Auschwitz, der erstmals 1975 erschien. »Im zweiten Weltkrieg ist der Name ›Auschwitz‹ zu
einer neuen, schrecklichen Bedeutung gekommen, welche die älteren geschichtlichen Vorstellungen über das Land, sofern sie überhaupt bestanden, weithin verdrängt hat.«[5]

Karte mit für die
deutsche Geschichte
im Osten Europas
wichtigen Orten.

Mit dem Fall der Berliner Mauer im Jahre 1989 und der Vereinigung
der beiden deutschen Staaten ist der deutsche Osten wieder zu einem
aktuellen Thema geworden. Unmittelbar nach Öffnung der Grenze
sagte der amerikanische Historiker Gordon Craig im *Spiegel* voraus,
daß mit der Wiedervereinigung »früher oder später… sich auch wieder jemand an die verlorenen Ostgebiete erinnern würde«.[6]

Craig behielt recht. Der deutsche Osten wurde rasch zu einem Sammelpunkt für deutsche Neonazis.[7] Auch sicherte er sich einen herausragenden Platz im deutschen Buchhandel. Ein wichtiges verlegerisches Unternehmen nach der Vereinigung, ist die Reihe »Deutsche Geschichte im Osten Europas«, herausgegeben von Wolf Jobst Siedler. Siedler betonte, daß die Bücher keinem politischen Ziel dienten und daß die deutsche Geschichte im Osten Europas unwiderruflich der Vergangenheit angehöre. Für Deutsche gibt es dort keinen Platz mehr und keine Funktion. »Die Überlebenden und die Nachfahren der Katastrophe [nämlich des Untergangs des deutschen Ostens, nicht des Holocaust] nehmen mit dem Mittel des Historikers Abschied von einem grandiosen und tragischen Jahrtausend deutscher Geschichte.«[8] Allein schon der Reihentitel zeugt von dem Versuch des Verlegers, zu einem politisch korrekten Gedenken an das beizutragen, was eine ältere Generation immer noch als den *deutschen* Osten glorifiziert. »Der Titel *Deutsche Geschichte im Osten Europas* macht zweierlei deutlich: daß sich in jenem historischen Raum *deutsche* Geschichte abgespielt hat, ohne daß Ostmitteleuropa uneingeschränkt in die deutsche Geschichte einbezogen werden könnte. Diese Welt kann in ihren Ursprüngen und in ihrer späteren Geschichte gewiß nicht allein als ›deutsch‹ verstanden werden, aber sie ist in ihrer historischen Eigenart ohne die Deutschen nicht zu begreifen.«[9]

»Der Schmerz des Verlustes der Heimat ist milder geworden, und die Empörung über die oft grausame Epoche deutscher Ostpolitik tritt zurück, wie sich an den Symposien deutscher, polnischer und russischer Historiker immer deutlicher zeigt. Beide Seiten versuchen einander und damit sich selber ausgewogener zu verstehen. Balten, Polen, Tschechen, Slowaken und Ungarn legen seit der Wendung aller Dinge entschieden Wert darauf, wieder Europa zu sein. So werden beide Seiten, Slawen und Deutsche, sich auch des gemeinsamen Erbes bewußt, das sie über Jahrhunderte verband.«[10] Die Juden, das von Deutschlands Ostpolitik in der Mitte des 20. Jahrhunderts am stärksten betroffene Volk, werden überhaupt nicht erwähnt. Nach dieser Geschichte zu urteilen, gab es in Ostmitteleuropa gar keine Juden.[11] Eine beigefügte Landkarte zeigt so wichtige Stätten deutschen geschichtlichen Wirkens wie Danzig, Reval (Tallinn) und Kiew, nicht aber Auschwitz. Rudolf Augstein verdichtet diese Haltung kritisch-ironisch zu dem Satz: »Ja, wenn da nicht das leidige Auschwitz wäre!«[12] Aber es war und es ist da, und der frömmlerischen Sentimentalität gemeinsamen Erbes zeigt es die kalte Schulter.

Der Autor des Schlesien-Bandes in Siedlers Reihe, Norbert Conrads, geht noch weiter, als nur die Juden aus der Geschichte des deutschen Ostens zu streichen: Er tilgt die *Deutschen.* »Nicht ohne Beklommenheit muß in einem Buch zur schlesischen Geschichte konkreter nachgefragt werden: War das im erweiterten Oberschlesien gelegene Auschwitz zur Zeit des Mordens gar ein Teil der schlesischen Geschichte, seiner letzten und unheilvollsten? Man darf die Frage sicheren Gewissen verneinen.«[13] Anderenfalls, so argumentiert Conrads, begäbe man sich auf den Standpunkt der deutschen Okkupanten, wonach angesichts der mittelalterlichen Geschichte von Auschwitz seine 1939 vollzogene Annexion rechtens war.

Während die Deutschen Auschwitz verleugnen, streiten Polen und Juden um das spirituelle Eigentum an dem Lager. Auschwitz ist die bedeutendste Gedenkstätte der Shoah und zugleich der wichtigste Ort der Erinnerung an polnisches Leid unter deutscher Herrschaft. Jeder Aspekt des Lagers ist Gegenstand des Streits und widersprüchlicher Deutung, sogar seine Form und Lage.

Was wir Auschwitz nennen, besteht aus vielen Einzelteilen, und während zahlreiche noch zu sehen sind, lassen sich andere nicht mehr erkennen. Auschwitz I, das Stammlager, bleibt am Rande der Stadt Oswiecim; Auschwitz II oder Birkenau, wenig westlich gelegen, grenzt an das Dorf Brzezinka. Dies sind die Orte, die besichtigt werden. Auschwitz III, Buna, ist verschwunden, obwohl das Kautschukwerk noch in Betrieb ist, und niemand besichtigt es heutzutage. Nur Steine markieren die Nebenlager in Rajsko, Chelmek, Brzeszcze-Jawiszowice, Trzebinia und an anderen Orten; gelegentlich überlebt ein Gebäude wie die Gewächshäuser und Labors in Rajsko, aber nichts zeigt an, daß sie Teil des Auschwitz-Komplexes waren.

Allein Auschwitz I erscheint intakt. Das Aussehen der Gebäude vermittelt ein Gefühl von greifbarer Aktualität, nicht von abstrakter Geschichte. Ehemalige Häftlinge führen Besucher durch das Gelände, aus gelebter Erinnerung schöpfend – wie man uns glauben macht. Denn Auschwitz I, obwohl anscheinend unverändert, ist gänzlich verschieden von dem Lager, das Sowjettruppen 1945 befreiten. Gegenwärtig präsentiert er sich im wesentlichen, wie es nach dem anfänglichen Programm von 1940-42 der Umwandlung der Arbeitsbörse in ein deutsches Konzentrationslager war. Doch wie wir sahen, wurde Auschwitz I mit dem Abschluß der ersten Abschnitte eines Plans zur Vervierfachung der Lagergröße weiter verändert; ein Zusatzprojekt schuf ein gesondertes Industriegebiet, das dreimal so groß wie das ursprüngliche Lager war. Die in diesem Bauprogramm errichteten Gebäude sind bis heute intakt. Die freundlichen, gelb verputzten Bauten, die der Besucher vom Parkplatz der Lagergedenkstätte aus sieht, gehörten zum Auschwitz der Shoah, doch weist nichts darauf hin. Zum Teil hinter Baumgruppen und einer Betonwand versteckt, werden diese früheren Werkshallen und Kasernen jetzt als Militärunterkünfte für die polnische Armee und als Sozialwohnungen genutzt. Dem Besucher ist der Zugang verwehrt. Doch waren sie Teil des Lagers, als dieses befreit wurde. Die Fehlinterpretation der Geschichte beginnt schon auf dem Parkplatz: Die Besucher meinen, sie stünden an der Peripherie von Auschwitz I; tatsächlich befinden sie sich schon mitten im Lager, wie es 1945 bestand.

Praktische und theoretische Überlegungen veranlaßten die Trennung der verputzten Kasernen von der Lagergedenkstätte. 1945 herrschte in Polen empfindlicher Wohnungsmangel, und diese Gebäude waren geräumig, solide gebaut, unversehrt und sofort bezugsbereit. Auch war es einfacher, das Lager in ein Museum mit spezifischer, kontrollierter ideologischer Botschaft zu verwandeln, wenn der Ort auf eine kleinere Fläche begrenzt war. Ferner hätten die hohe Qualität von Walther Dejacos Entwurf und die Stabilität der im Krieg gebauten Kasernen vermuten lassen, daß die Architekturgeschichte von Auschwitz komplexer war und mehr Schichten umfaßte, als unsere Vermutungen aus der unmittelbaren Nachkriegszeit uns glauben machten. Das Bild der schäbigen Pferdeställe in Birkenau war rasch zur kanonischen Darstellung deutscher Verachtung für KZ-Häftlinge geworden, und die Neubauten des Stammlagers paßten nicht in jenes Bild.

Es mag einen weiteren Grund gegeben haben, warum ein Teil des Lagers abgetrennt wurde, und dieser hat mit der Rolle zu tun, die das Tor mit dem Motto *Arbeit macht frei* spielt. Für die Nach-Auschwitz-Generation symbolisiert das Tor die Schwelle, welche die menschliche Gemeinschaft von dem Planeten Auschwitz trennt. Es ist ein Fixpunkt in unserem Kollektivgedächtnis und daher der kanonische Anfang des Lagerrundganges. Tatsächlich jedoch nahm der Torbogen in der Geschichte von Auschwitz keine zentrale Stellung ein. Im Genozid an den Juden spielte er keine Rolle. Überhaupt haben nur sehr wenige der nach Auschwitz verschleppten Juden das Tor jemals gesehen. Nahe dem Bahnhof Auschwitz an der sogenannten Judenrampe angekommen, mußten die Juden nach Birkenau marschieren oder

Frühere Häftlingsunterkünfte des Konzentrationslagers, jetzt vom polnischen Militär benutzt,
Oswiecim 1990.

Das Tor im Stammlager Auschwitz I, Oswiecim 1990.

wurden per Lkw dorthin gebracht; später wurde ein Nebengleis verlegt, und die Transporte gingen direkt nach Birkenau. Auch wurde das Tor, obwohl es 1940 und 1941 den Haupteingang zum Unterkunftsbereich von Auschwitz I bildete, im Zuge des Erweiterungsprogramms des Folgejahres zu einem internen Bauwerk, welches das ursprüngliche Lager von der Erweiterungsfläche trennte. Von 1942 bis 1945 befand sich der Haupteingang zu dem Unterkunftsbereich des Lagers genau an der Stelle, wo sich heute der Eingang zum Parkplatz befindet, an der heutigen Einfahrt, die eine Bude für den Parkwächter markiert. Wäre 1942 dem Lager mehr Baumaterial zugeteilt worden, würden die Besucher jetzt durch einen monumentalen zweigeschossigen Torkomplex eintreten, welcher der Bedeutung des Lagers im Rahmen der deutschen Pläne für die neue Ordnung angemessener wäre.

Doch unser Gedächtnis hängt an der Inschrift über dem Tor als der modernen Fassung von Dantes *Lasciate ogni speranza* (Laßt alle Hoffnung fahren) am Eingang zum Inferno. Vor jenem Punkt trägt nichts ein Schild oder eine Inschrift, und daher erfährt der Besucher von Auschwitz I nichts von dem vielleicht interessantesten Beweisstück, dem Empfangszentrum neben dem Parkplatz. Heute ist es ein Mehrzweckbau zur Befriedigung touristischer Bedürfnisse mit Restaurant, Cafeteria, Postamt, Wechselstube, Kino, Buchhandlung, Gastzimmern und Slawomir Staszaks galizischem Antiquariat. Die meisten Besucher halten es für einen Nachkriegsbau, obwohl es alles in Oswiecim nach 1945 gebaute an Qualität von Material und Verarbeitung weit übertrifft. Tatsächlich wurde es 1941 entworfen und zwischen 1942 und 1944 gebaut. Es diente als Häftlingsaufnahmegebäude und umfaßte eine Entlausungsanlage mit 19 Gaskammern für Kleidung, ein Badehaus für die Gefangenen, eine Wäscherei usw. Der Besucher, der heute das Gebäude links vom Restaurant aufsucht, tritt genau an der Stelle ein, wo, wie in Kapitel 7 berichtet, die Neuzugänge von Zivilpersonen aufgenommen wurden. Der kleine Vorraum ist nahezu unverändert, aber die heutigen Besucher werden durch einen neuen Flur längs der Nordostseite des Gebäudes geführt, der nach dem Krieg eingebaut wurde. Während des Krieges durchwanderte der Häftling eine Reihe großer Räume, die je einem speziellen Zweck dienten. Als verhaftete Zivilperson eingetreten, verließ der registrierte, tätowierte, ausgeplünderte, desinfizierte, geschorene und als Sträfling eingekleidete Gefangene das Gebäude durch den Vorbau gegenüber dem Tor mit der Inschrift *Arbeit macht frei*. Die mündlichen Zeug-

nisse und Erinnerungen der Überlebenden bestätigen den nieder-
schmetternden Eindruck dieser erniedrigenden Aufnahmezeremonie
in das Reich des Todes. Das Gebäude, in dem dies geschah, wäre
einer Gedenktafel wert, doch mangels einer solchen steht es jetzt un-
erkannt.

Die Architektur, die darauf ausgelegt war, die Verwandlung des
Menschen zum Untermenschen zu vollziehen, war bei der Befreiung
des Lagers durch Sowjettruppen unversehrt. Alle Spuren seines eigentlichen Zweckes wurden später beseitigt. Der in der Buchhandlung
ausliegende Führer erwähnt das Gebäude nicht einmal. Vielleicht
konnten die Männer und Frauen, die das Museum schufen, seine Implikationen nicht mit ihrer Ideologie von Widerstand vereinbaren: mit
einer Ideologie, die eine Reduktion auf die bloße Rolle des Opfers
leugnete. Vielleicht war es einfach eine Frage der Geldmittel und des
Bedarfs an touristischen Dienstleistungen. Ob aus doktrinären oder
praktischen Gründen, die Zerstörung der ursprünglichen Anlage innerhalb des gegenwärtigen Besucherempfangszentrums ist eine Ver-
nebelung aus der Nachkriegszeit und ein Verlust.

Das Lager, das die Russen 1945 vorfanden, erfuhr Veränderungen
sowohl durch Zusätze als auch durch Ausgrenzungen, und der Ver-
drängung, welcher der Häftlingsaufnahmebau anheimfiel, steht der
Wiederaufbau des Krematoriums I unmittelbar außerhalb der Nord-
ostgrenze des gegenwärtigen Lagermuseums gegenüber. Mit seinem
Schornstein und seiner Gaskammer dient das Krematorium als feier-
licher Abschluß für Lagerrundgänge. Den Besuchern wird nicht gesagt, daß das Krematorium vor ihren Augen weithin eine Rekonstruktion aus der Nachkriegszeit ist.

Als Auschwitz nach dem Krieg in ein Museum umgewandelt
wurde, beschloß man, die Geschichte des Gesamtkomplexes auf
einen seiner Bestandteile zu konzentrieren. Die berüchtigten Krematorien, in denen die Massenmorde stattgefunden hatten, lagen, drei
Kilometer entfernt, in Birkenau in Trümmern. Das Komitee war der
Meinung, als Abschluß der Gedenkfahrt wäre ein Krematorium
vonnöten, und so wurde Krematorium I wiederhergestellt, um von
der Geschichte der Einäscherungsöfen in Birkenau zu berichten. Dieses Programm unberechtigter Aneignung war recht detailliert. Ein
Schornstein, eigentliches Symbol von Birkenau, wurde nachgeschaf-
fen; im Dach installiert wurden vier Lukenöffnungen wie zum Ein-
schütten von Zyklon B in die darunterliegende Gaskammer, und zwei
der drei Öfen wurden unter Verwendung von Originalteilen wieder-

Empfangszentrum für Besucher, Oswiecim 1990.

Krematorium I, Oswiecim 1990.

aufgebaut. Keine Tafel weist auf diese Rekonstruktionen hin, die seinerzeit nicht schriftlich niedergelegt wurden, und die Führer erzählen
kein Wort davon, wenn sie Besucher durch dieses Gebäude leiten,
das die Touristen für den Ort halten, wo *es geschah.*

Das staatliche Museum Auschwitz-Birkenau zeigt dem Besucher nur
das Stammlager in Auschwitz. Er kann auch Birkenau besuchen, aber
nur ohne Führer. Zum normalen Rundgang gehört kein Besuch an der
Hauptstätte des Judenmordes, obwohl gerade dort die zahllosen
Transporte eintrafen und die vier Schornsteine rauchten. Nur Auschwitz I war zur Dauerausstellung vorgesehen. Wie stets gab es praktische Gründe. Birkenau war weitgehend abgebaut worden, als die
meisten der als Baracken benutzten transportablen Pferdeställe nach
dem Krieg nach Warschau gebracht wurden, um dort als Unterkünfte
für Bauarbeiter zu dienen. Aber es gab auch tiefere, zwingendere Mo-
tive für den Beschluß. Erstens hatte das Schicksal der Juden auf der
nationalen Tagesordnung im Nachkriegspolen keinen wichtigen
Platz. Und zweitens war Auschwitz I als das Instrument der Deutschen geschaffen worden, mit dem die Polen unter das Joch der Sklaverei gezwungen werden sollten, einer Sklaverei, welche die Polen zu

Pater Kolbes Zelle in Block 11, Oswiecim 1990.

Recht als den ersten Schritt zu einer »Lösung« eines polnischen Problems verstanden. Auschwitz I war ein in der polnischen Geschichte enorm bedeutsamer Ort, und das Gesetz, mit dem 1947 das Museum errichtet wurde, stellt ausdrücklich fest, der Ort diene der Erinnerung »an das Märtyrertum des polnischen Volkes und anderer Völker in Oswiecim«. Angesichts dieser Richtlinie war es sinnvoll, daß das Museum die mageren staatlichen Ressourcen auf den Teil von Auschwitz konzentrierte, wo polnische Widerstandskämpfer und Geiseln Leiden und Tod erfahren hatten.

Das Ergebnis dieser Kombination aus Zweckdienlichkeit und historischer Erfahrung ist eine Ausstellung, die auf den in Birkenau an den Juden begangenen Massenmord nur mit einigen geringfügigen Zeugnissen in den Blocks 4 und 5 von Auschwitz I verweist. In Block 4 sind zwei Räume einer Beschreibung des Vernichtungsvorgangs gewidmet, dem in dem Todeslager Juden – und keine Polen – ausgesetzt waren. In dem einen Raum wird die Geschichte von Birkenau anhand des großen Modells des Krematoriums II dargestellt, das in Kapitel 1 genannt wurde. Diese anschauliche, fast pornographische Darstellung eintretender, sich entkleidender und sterbender Menschen dient nicht der Information und soll ihr auch nicht dienen. Sein Zweck ist buchstäblich zu »re-präsentieren«, das Schicksal der Juden in Auschwitz I symbolisch wieder präsent zu machen. Jenes Ziel wird auch durch die Ausstellung von Haar, Brillen, Krücken, Koffern usw., die von Birkenau nach Block 5 in Auschwitz I geholt wurden. Sie machen die Geschichte der nahe gelegenen Mordmaschine dem Lagermuseum zum Vermächtnis.

Das Stammlager konservierte zu allererst und überwiegend polnische – nicht jüdische – Geschichte, und der Beschluß, Birkenau auf der Skala der Bedeutung nur auf den zweiten Platz zu setzen, widerspiegelt eine besondere Ideologie des Erinnerns, die von der kanadischen Soziologin Iwona Irwin-Zarecka so beschrieben wird: »Auschwitz ... ist für Polen kein Symbol jüdischen Leidens. Vielmehr ist es ein allgemeines Symbol der ›Unmenschlichkeit des Menschen gegenüber dem Menschen‹ und ein Symbol der Tragödie Polens in Nazi-Hand. Es ist eine machtvolle Mahnung an das Übel des *Rassismus* und nicht bloße Mahnung an den tödlichen Charakter des Antisemitismus. Im buchstäblichsten Sinne der an dem Ort wachgerufenen Erinnerungen ist es ein ›Auschwitz ohne Juden‹.«[14] Diese Ideologie erklärt die außerordentliche Bedeutung des von uns in Kapitel 6 beschriebenen Blocks 11 für die Polen. Zu Recht beanspruchen sie den »Todesblock«

Landschaft im Bauabschnitt I, Oswiecim-Brzezinka 1990.

Landschaft im Bauabschnitt II, Oswiecim-Brzezinka 1990.

als Stätte ihres Märtyrertums, und vor kurzem wurde er von der römisch-katholischen Kirche als solche anerkannt. Pater Maximilian Kolbe, die zentrale Gestalt in der Geschichte des Blocks 11, ging anstelle eines anderen Mannes, eines Familienvaters, freiwillig in den Tod. Kolbes moralische Entscheidung entspricht dem herkömmlichen Begriff von Märtyrertum, und sein Beispiel ist eines der wenigen Momente von Gnade in diesem Abgrund an Qualen. Aber sie ist auch fast unerheblich. Pater Kolbes Tod stellte eine Ausnahme dar, denn letztlich starb er als freier Mann, während nahezu alle die anderen Millionen von Opfern niemals überhaupt eine Wahl hatten. Auf eine grundlegende Weise entspricht sein Denkmal in Block 11 der konventionellen, ritterlichen Ideologie von einem Helden, der für einen anderen kämpft und stirbt. Durchgängig und beherrschend, spiegelt sich dieser Begriff von Heldentum in dem offiziellen Symbol des Lagermuseums, einem Schild mit zwei gezogenen Schwertern, und in der offiziellen Flagge, die in Auschwitz I über Block 11 und in Birkenau über dem Denkmal weht, dem roten Dreieck der nichtjüdischen politischen Häftlinge auf dem Sträflingskleidungsmotiv aus senkrechten blauen und weißen Streifen. Kein Platz ist in dieser Ideologie für Menschen wie Frau Zucker, die bei der Selektion in Birkenau am 22. August 1944 ein ihr bekanntes kleines Mädchen fest an der Hand hielt. Wie sich ihre damals 15jährige Tochter Esther erinnert. »Das war das letzte Mal, daß ich meine Mutter gesehen habe. Sie ging mit dem Kind des Nachbarn. Wenn wir von Helden sprechen, wohlgemerkt, das war eine Heldin: eine Frau, die ein vierjähriges Kind nicht alleinlassen wollte.«[15]

Die Besichtigung von Auschwitz I dauert ziemlich lange, und den ausländischen Besuchern, welche die Nacht zuvor in dem recht behaglichen Krakauer Holiday Inn verbracht haben, bleibt nach ihrer späten Ankunft in Auschwitz, dem Mittagessen und der Führung kaum Zeit für mehr als einen flüchtigen Besuch des riesigen Lagers Birkenau. Am späten Nachmittag setzen die Busse sie vor dem Tor ab, und die meisten Gruppen beschränken ihren Besuch auf einen Pilgerzug längs der Rampe zu dem Denkmal an deren Ende. Viele jüdische Besucher sind erleichtert; der Mangel an Information erspart ihnen zumindest den Schmerz der im Stammlager gelieferten amtlichen Deutung. Die Trostlosigkeit von Birkenau paßt zu der jüdischen Erinnerung an den Genozid als Shoah: totale Verwüstung und Untergang. Der Ort wurde nicht wie Auschwitz I von transponierten Objekten mit Beschlag belegt oder verfälscht. Die runde Bronzetafel

am Denkmal mit ihrer Darstellung gezogener Schwerter, die an einem
Mast aufgezogene Fahne mit dem roten Dreieck und das Kreuz vor
der Kommandantur, die von den Einwohnern von Brzezinka in eine
Pfarrkirche umgewandelt wurde, sind an einem Ort, wo Millionen
von Juden starben, gewiß fehl am Platze. Aber sie sind im Verhältnis
zu der überwältigenden Trostlosigkeit des Ortes materiell so unbedeutend, daß die meisten Besucher sie nicht einmal wahrnehmen.

Dennoch wird auch Birkenau immer wieder vereinnahmt, wenn
auch nur heimlich. Da die riesige Ausdehnung des Lagers auch großen
Massen mit Leichtigkeit Platz bietet, ist das Denkmal zum Brennpunkt
öffentlicher Zeremonien geworden. Ungenaue Anspielungen, Fetzen
von Desinformation und unangemessene, bei solchen Zusammen-
künften geäußerte Metaphern zeugen Geschichten, die die Geschichte
des Judenmordes zerstören. Die phantastischste dieser Geschichts-
revisionen geschah anläßlich des Besuchs des Papstes am 7. Juni
1979. Zu jener Zeit bildete die Kirche einen der beiden Pfeiler des polnischen Widerstandes gegen den Kommunismus (der andere war die
Gewerkschaft Solidarnosc), und ein Besuch von Papst Johannes Paul
II. in Auschwitz, jener Märtyrerstätte des polnischen Volkes, schien
der Kirchenführung opportun. In jenen Tagen der Begeisterung hofften viele, die Kirche würde geistige Führung zu einer Versöhnung der
polnischen und der jüdischen Geschichte anbieten. Sie tat dies nicht.
Angesichts der Ruinen der Krematorien, in denen drei Generationen
von Juden verbrannt worden waren, und vor einem Denkmal, das an
die »sechs Millionen« erinnerte, deutete der Papst die Inschrift in polnischer Sprache als »sechs Millionen Polen verloren im Zweiten Weltkrieg das Leben: ein Fünftel der Nation«.[16]

Der Papst sprach eine historische Wahrheit aus, doch der Ort zwischen den Ruinen der Krematorien II und III, den er dafür wählte, gab
ihr eine neue, unangemessene Bedeutung. Als Pole zu einem polnischen Publikum sprechend, gab der Papst dem Skandal des »Auschwitz ohne Juden« eine weitere Wendung. Wie Iwona Irwin-Zarecka
angemerkt hat, »zeugt das ständige Gedenken an sechs Millionen polnischer Opfer des Völkermordes – eine Zahl, die drei Millionen polnische Juden einschließt – von der Leichtigkeit, mit der die jüdischen
Toten zu eigenen Toten deklariert werden«. Doch, so fährt sie fort,

> bewirkt die Zahl von »sechs Millionen Polen« mehr als nur dies. Sie verleiht
> den toten Juden auch den Status von Polen, und dieses in einer post mor-
> tem erfolgten Akzeptierung der Zugehörigkeit des Juden zur Familie der

Polen. Und dies ergibt eine Deutung der Vergangenheit, welche die Vergangenheit unkenntlich macht. Nicht nur scheint in der Trauer der Jude gleichgestellt zu sein mit anderen – was er nicht war –, er scheint auch stets dazugehört zu haben, was auch nicht zutrifft. Die Vernichtung der Judenheit nimmt, wenn als Verlust an polnischen Leben vereinnahmt, eine Bedeutung von Trauma an, die sie nicht besaß. Zumindest nicht für die Mehrheit. Und das geteilte Leid trägt in Verbindung mit der ausschließlichen Schuldzuweisung an die Nazis dazu bei, Fragen über das Tun und Lassen der Polen im Verhältnis zu den Juden zu verdrängen.[17]

Das Problem unrechtmäßiger Aneignung ist keineswegs einfach. Als der Papst sich zum Besuch von Birkenau entschloß, begann der Prozeß der Vereinnahmung, ganz gleich, was er sagen würde. Der Beschluß, jenen Ort aufzusuchen, war der erste Schritt. Aber es gibt eine Hierarchie der Anmaßung und eine entsprechende Hierarchie der

Denkmal,
Oswiecim-Brzezinka 1990.

Kloster der Karmeliterinnen, gesehen vom Schutzhaftlagerteil des Stammlagers Auschwitz I,
Oswiecim-Brzezinka 1990.

Verantwortung. Die Grenzen eines Ortes oder den Zweck gewisser
Gebäude (wie in Auschwitz I) zu fälschen bildet ein bestimmtes Niveau der Aneignung, der Besuch des Papstes ein weiteres und seine
dort gesprochenen Worte ein drittes. Jedem kommt ein eigenes Maß
der Verantwortung zu. Wir sind weniger verantwortlich für einen ererbten Ort als für Worte, die wir dort mit Überlegung von uns gaben.
    Als direkte Antwort auf des Papstes Ruf nach einem Leuchtfeuer
der (katholischen) Frömmigkeit inmitten des Bösen von Auschwitz-
Birkenau beantragten und erhielten einige Karmeliterinnen die Erlaubnis, in einem Gebäude unmittelbar am Rande des Lagers, doch
nahe Block 11, ein Kloster zu gründen. Das Gebäude, das sie dafür
wählten, war vor dem Krieg ein Theater gewesen. Während der Be-
satzungszeit diente es als Lagerhaus; Pläne zur Umwandlung in ein
SS-Kasino und Zentrum der neuen Kommandantur wurden nie verwirklicht. Die Nonnen zogen ohne Aufsehen ein und gingen unauffällig
ihrem Geschäft nach. Andere Gebäude in der Umgebung des Lagers
werden für diverse Zwecke verwendet, und die Errichtung eines Klo-
sters war nicht besonders bemerkenswert, bis belgische Katholiken

sich die Situation zunutze machten. In einem Spendenaufruf zugunsten der Schwestern nannte die katholische Wohlfahrtsorganisation Aide à l'Eglise en Détresse das Kloster eine »spirituelle Festung und Garantie der Bekehrung verirrter Brüder aus unseren Ländern sowie als Beweis für unseren Wunsch, die so oft am Stellvertreter Christi begangenen Greueltaten zu löschen«.[18] Auftrumpfend in ihrer Prämisse, militant im Ton und beleidigend für die Juden, löste diese Zweckerklärung einen fünf Jahre währenden Kampf zänkischer Behauptungen, selbstgerechter Feststellungen, frömmlerischer Bekenntnisse, frivoler Erklärungen, unehrerbietiger Proteste und sogar Raufereien aus, die, soweit sie die Geschichte der Gedenkstätte Auschwitz angehen, von nur vorübergehender Bedeutung sind: 1993 gaben die Nonnen das geräumte Gebäude am Zaun wieder auf und bezogen ein neues Gebetszentrum, das in dem respektvollen Abstand von 500 Meter von der Lagergrenze errichtet wurde.

Diese schmerzliche Episode ließ ein ungelöstes Problem zurück: Das Erbe von Edith Stein und seine Rolle in der Gedenkstätte. Zum römisch-katholischen Glauben konvertiert, war Edith Stein unter dem

Tafel zum Gedenken an Edith Steins Tod im Bunker 2, Auschwitz-Birkenau, 1993.

Namen Schwester Benedicta vom Kreuz in ein Karmeliterkloster eingetreten. Doch für die Deutschen war Schwester Benedicta immer noch Jüdin. Sie wurde verhaftet und nach Birkenau transportiert, wo sie einige hundert Meter nordwestlich von dem jetzigen Denkmal getötet wurde. Sie war eines von Tausenden anderer Opfer der ersten Massenmorde an Juden in Birkenau im Sommer 1942, als in Bunker 2, einer Bauernhütte mit primitiven Gaskammern, Juden in Gruppen von jeweils 800 vernichtet wurden.

Edith Steins Tod war eine tragische Fußnote in der Geschichte Birkenaus, bis Johannes Paul II. seine Absicht kundtat, die Seligsprechung für »die Karmeliterschwester Benedicta vom Kreuz zu beginnen, ... die von einer jüdischen Familie aus Breslau abstammte«.[19] Stein hatte den Tod gefunden, weil sie als Jüdin geboren war, doch bei seinem Besuch im Jahre 1979 beanspruchte der Papst sie für die Kirche. Nach seiner Auffassung war sie als christliche Märtyrerin *und* als Tochter des jüdischen Volkes gestorben. Der bekannte katholische Theologe Joseph Kardinal Ratzinger gab dazu folgende Erklärung: »Wichtig ist die Feststellung, daß Edith Stein, eine Agnostikerin und Atheistin, sobald sie Katholikin geworden war, sagte: ›Jetzt fühle ich mich als zurückgekehrt zum wahren Judentum.‹ Denn nicht nur gewann sie den Glauben an Gott wieder, sondern indem sie zum Glauben an Christus fand, trat sie das volle Erbe Abrahams an ... Durch die Vereinigung mit Christus trat sie in das Herz des Judentums ein. Dem Gedanken des Heiligen Paulus folgend, können wir sagen, daß ich, indem ich Christ wurde, zum wahren Juden wurde.«[20] Kurz gesagt war Auschwitz ein neues Golgatha, und wie Johannes Paul II. in seiner Rede vom 1. Mai 1987 erklärte, waren die Juden dort mit dem Kreuze Christi auf ihren Schultern gestorben.[21]

Diese triumphierende Vereinnahmung jüdischen Leidens durch Christen ist rund um die Reste des Bunkers 2 deutlich manifestiert. Fromme Besucher pflanzten ein Kreuz in die Ruinen der Gaskammern, wo Juden, unter ihnen Edith Stein, ermordet worden waren. Darüber bestürzt, errichteten Juden einen Pfahl mit einem Davidstern. Es folgte eine Schlacht der Symbole und Vermehrung der Kreuze. Ein Stern wurde sogar an die Spitze eines zehn Meter hohen Strommastes genagelt. Dieser Krieg der Sterne und Kreuze endete, als eine Gruppe Warschauer Schulkinder ein großes Kreuz errichtete, an das ein Davidstern genagelt war. Den Kindern erschien es als passender Kompromiß. Doch leider widerspiegelt die Vereinigung der beiden Symbole ganz genau eine der triumphalistischen Doktrinen der Kirche: Die Bedeu-

tung des Todes der sechs Millionen (Juden) als Zeugen für die Wahrheit
Seines Kreuzes.

Die Gedenkfeiern zum 50. Jahrestag der Befreiung von Auschwitz
spiegelten die Fortdauer unvereinbarer Ansprüche auf Auschwitz wider. Der Zusammenbruch des Kommunismus hatte nichts dazu beigetragen, die Spannungen zwischen Polen und Juden um das spirituelle
Eigentum an dem Ort zu lösen. Unter Führung des Präsidenten Lech
Walesa weigerte sich die polnische Regierung anfänglich, bei den für
den 26. und 27. Januar 1995 angesetzten offiziellen Feiern des jüdischen Holocaust zu gedenken. Über diese überhebliche Bagatellisie-
rung des Leidens ihrer Glaubensbrüder erzürnt, veranstalteten jüdische Gruppen in Birkenau eine gesonderte Feier.[22]

Am 26. Januar versammelten sich in Birkenau etwa 1500 Juden zu
der Gedenkfeier. Zu ihnen gesellte sich Roman Herzog, deutscher
Bundespräsident und einziger Würdenträger, welcher der offiziellen
Feier in Krakau fernblieb. »Zwar wissen wir, daß Gott gnädig ist, doch
bitten wir dich, Gott, habe keine Gnade für jene, die diesen Ort
schufen«, betete Elie Wiesel, Auschwitz-Überlebender, Schriftsteller
und Nobelpreisträger. »Erinnere dich an die nächtliche Prozession von
Kindern, von mehr Kindern und noch mehr Kindern, so verängstigt, so
schön. Wenn wir nur einfach eines von ihnen erblicken könnten – unser Herz würde brechen. Doch es brach nicht das Herz der Mörder.«
Im 50 Kilometer entfernten Krakau klagte Walesa in der Jagiellonen-
Universität über die Versuche der Deutschen, »Polens intellektuelle
und geistige Stärke« zu vernichten. Die Juden erwähnte er nicht.[23]

Die Spannungen zwischen Juden und Polen nahmen im Verlaufe
des Tages zu. An jenem Abend traf sich Elie Wiesel privat mit Lech
Walesa. Sie hatten viel zu besprechen. Als 1988 der Solidarnosc-Füh-
rer am Verlassen des Landes gehindert wurde, hatte Wiesel ein ganzes
Flugzeug voller Nobelpreisträger einfliegen lassen, um den Arbeiterführer zu besuchen. Zusammen waren Wiesel und Walesa nach
Oswiecim gereist, und dort hatte Wiesel von Walesa gefordert, seine
Solidarität auf die Juden auszudehnen, die an jenem Ort gestorben
waren. Es war, so Wiesels Anregung, des neuen Nobelpreisträgers
Pflicht, Hüter des Andenkens der jüdischen Opfer in Oswiecim zu
sein. Walesa hatte diese Verantwortung auf sich genommen, und am
Donnerstag, dem 26. Januar 1995 mahnte ihn Wiesel an sein Versprechen.[24]

Am folgenden Tag begab sich Walesa nach Auschwitz I. Begleitet von der jüdischen Europa-Politikerin Simone Weil und von Elie Wiesel, betrat er, unter dem Motto *Arbeit macht frei* hindurchschreitend, das Lager und ging zum Block 11. Dort hielt er seine Ansprache. »Die Strecke, die wir von der Parole *Arbeit macht frei* bis zu diesem Haus des Todes gegangen sind, ist eine symbolische Reise. Eine Reise die Straße hinab, die für das Leiden vieler Völker, insbesondere des jüdischen Volkes, steht.« Der Zeremonie im Stammlager folgten Ehrungen in Birkenau. Es wurden Gebete für fünf Opfergruppen gesprochen, beginnend mit Kaddisch, dem jüdischen Totengebet, rezitiert vom Rabbiner von Warschau. Präsident Walesa sprach ein weiteres Mal, und diesmal erwähnte er ausdrücklich das Leiden der Juden und das Schicksal der Sinti und Roma.[25]

Der polnischen Regierung hätte es gelingen sollen, solch bittere Kontroverse von vornherein zu vermeiden. In Anerkennung der Komplexität des fortbestehenden Erbes von Auschwitz berief der damalige Premierminister Tadeusz Mazowiecki im Herbst 1989 eine Kommission für die Umwandlung der Lagergedenkstätte in einen für alle Beteiligten akzeptablen Ort. Bei einer internationalen Konferenz über »Die Zukunft von Auschwitz: Sollten die Reste erhalten werden?« stellte sich im Sommer 1993 heraus, daß die Kommission mit einer nahezu unlösbaren Aufgabe konfrontiert war. Die Ausstellungsobjekte in Auschwitz I gehen rasch zugrunde und die greifbaren Überreste von Auschwitz-Birkenau zerfallen. Die Museumskonservatoren setzten daher ganz praktische Fragen auf die Tagesordnung der Konferenz. Was soll mit dem Haar, den Koffern, den Bürsten geschehen? Soll der verrostende Stacheldraht in Birkenau ersetzt werden?

Die Teilnehmer fanden sich rasch in einem Netz vieler widersprüchlicher Funktionen und Bedeutungen von Auschwitz gefangen. Auschwitz ist ein Ziel des Massentourismus (allein 1989 besuchten 700 000 Personen aus 89 Ländern das Lager), ein polnisches Museum zur Bewahrung der physischen Überreste deutscher Verbrechen und Erziehung künftiger Generationen und ein Wallfahrtsort, ein Friedhof für Trauernde. Untrennbar verflochten, kollidieren diese drei Funktionen allerorts.

Das Personal des staatlichen Museums Auschwitz-Birkenau hörte den auswärtigen Gästen zu und präsentierte seine eigenen Pläne für den Bau eines Denkmals aus Glasplatten mit den Namen der in dem Lagerkomplex Getöteten. Diese Platten sollen zu Hunderten in der zentralen Sauna aufgestellt werden. Sollte es ausgeführt werden, würde das Denkmal ein einzigartiges architektonisches Zeugnis des nationalsozialistischen Systems der Entmenschlichung zerstören: die Einrichtung des zentralen Saunagebäudes. Hier zeigte sich deutsche Technik von ihrer leistungsfähigsten Seite; der Konstrukteur des Gebäudes war stolz darauf gewesen, daß es »wie ein Fließband« arbeitete.[26]

Wir schlugen vor, die Shoah-Ausstellung aus den Blocks 4 und 5 von Auschwitz I nach Birkenau zu verlegen, wo die Juden ermordet wurden. Auschwitz I sollte nach unserer Auffassung die Bedeutung des Lagers in der Geschichte der polnisch-deutschen Beziehungen herausstellen. Wir machten deutlich, daß das gegenwärtige Wiederaufleben ethnischer Konflikte, wie sie zur Annexion Danzigs, Pomerellens, Posens und Ostoberschlesiens durch Deutschland im Jahre 1939 beitrugen, einen kraftvollen Impuls für eine Neuorientierung der Ausstellung im Stammlager liefern, die auf Himmlers politische Maßnahmen als Reichskommissar für die Festigung deutschen Volkstums in den annektierten Gebieten eingehen sollte. Auch sprachen wir uns dafür aus, das jetzige Besucherempfangszentrum seiner touristischen Dienstleistungsfunktionen zu entkleiden und nach Wiederherstellung seiner ursprünglichen inneren Form als wichtiges Bauzeugnis des deutschen Regimes zu erhalten. Am wichtigsten jedoch erscheint uns, Auschwitz I als zentralen Ort für Christen im allgemeinen und Polen im besonderen anzuerkennen; erläuternde Inschriften und Informationstafeln dürfen die Geschichte von Auschwitz I nicht mit der von Auschwitz II vermengen.

Der Völkermord an den Juden und der Massenmord an sowjetischen Kriegsgefangenen sowie Sinti und Roma fand in Birkenau statt, für das noch kein Gedenkmuseum geplant wurde. Gegenwärtig betreten Besucher das Lager durch das bekannte Tor, um längs der Gleise zu dem Denkmal am Ende der Achse zu eilen, was von der Erkundung des übrigen Geländes abhält. Es wäre hilfreich, dem Besucher ein Gefühl von dem bloßen Ausmaß des Ortes und den größenwahnsinnigen Plänen der Deutschen zu vermitteln. Unser Vorschlag umfaßt eine Dauerausstellung von Zeugnissen der Shoah auf dem Gelände von »Kanada« wegen dessen spezieller Rolle, seiner Lage zwischen den drei Krematorien mit ihren Gaskammern und seiner moralischen Bedeutung.

Nach Verlassen der Ausstellung kann der Besucher längs der Kläranlage zu den Ruinen des Krematoriums III, dem Denkmal und den

Ruinen des Krematoriums II weitergehen. Erst dann wird er dem Eisenbahngleis folgen, aber entgegen der Fahrtrichtung der ankommenden Viehwagen in den vierziger Jahren. Dies entspricht dem Leitgedanken unseres Projekts, daß wir uns in das Schicksal der Opfer überhaupt nicht hineinversetzen können; bestenfalls können wir Zeugen ihres Leidens sein.

Eine hervorragende Lösung dieses Problems wurde vor Jahrzehnten formuliert. In den späten fünfziger Jahren reichte eine Gruppe polnischer Architekten und Bildhauer unter Leitung von Oskar und Zofia Hansen bei dem internationalen Wettbewerb um ein Denkmal in Auschwitz-Birkenau einen radikalen Vorschlag ein, welcher der unüberschreitbaren Kluft zwischen den 1,1 Millionen Toten und den Lebenden Form gab. Ihr Entwurf ließ keinen Raum für die Vereinnahmung der Lagerruinen durch andere. Er unterstellte nicht, daß die Lebenden den Schritten der Opfer nachgehen, ihre Erfahrungen verstehen oder ihr Gedächtnis teilen könnten.[27]

Die Architekten machten den Vorschlag, das berüchtigte Tor von Birkenau, durch das die Züge mit den Opfern an die Selektionsrampe gerollt waren, zu schließen. Niemand sollte jemals wieder jenes Tor passieren. Aber sie wußten, daß es unannehmbar, ja geschmacklos wäre, das Lager einfach zu verschließen, als sei es ein tödlich verseuchter Ort. Ohne Besucher würden das Gelände und das Ereignis in Vergessenheit geraten, und gerade das wollten die Architekten nicht. Ihr Ziel war es, die Lebenden mit dem Vergessen zu *konfrontieren*, sie vor die wesentliche Wahrheit des Ortes zu stellen: die Tatsache, daß letztlich kein Gedenken an Birkenaus Vergangenheit anknüpfen kann. Ihr Plan zwang den Besucher zu der traurigen Erkenntnis, daß er an dem Ereignis, das er zu begreifen hoffte, nur vorbeigeht.

Die Künstler schlugen vor, nördlich des Haupteingangs zu dem Lager den Stacheldraht auf einigen Metern zu entfernen und damit die Illusion zu erzeugen, Besucher müßten sich durch eine zufällige Lücke einschleichen. Den Erdboden aber sollten sie nicht betreten. Ein besonderer Steig aus Granit sollte, 60 Meter breit und 1000 Meter lang, das Raster des Lagers zu den Ruinen der Krematorien hin diagonal durchschneiden. Leicht erhöht, sollte er längs der Barackenreste über dem Lager schweben. Der Steig sollte sie nicht berühren und auch keine Andachtsstationen enthalten. Die einzigen Unterbrechungen der Granitstreifen sollten rechteckige Öffnungen gleicher Größe sein, die aus dem Boden geschnittenen Gräbern gleichen und die we-

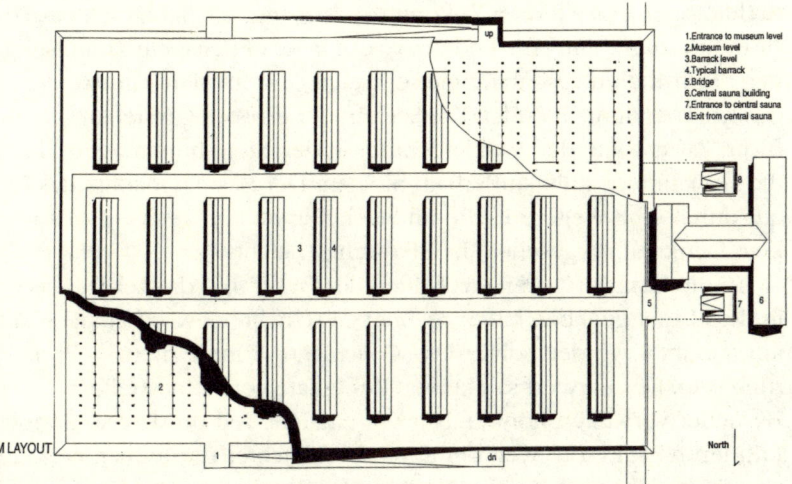

Plan für ein unterirdisches Museum, Auschwitz-Birkenau, 1993. Von Paul Backewich und Robert-Jan van Pelt. Nach außen zeigt das Museum eine Rekonstruktion der als Baracken verwendeten Pferdeställe von »Kanada«, die dem unterirdischen Ausstellungsraum als große Oberlichter dienen. Der Ausstellungsraum schließt den Besucher zwischen Boden- und Deckenfläche ein, die, normalerweise als selbstverständlich vorausgesetzt, hier mit besonderer Bedeutung aufgeladen sind. Die Baracken/Oberlichter sind von dem Raum darunter durch eine »Decke« in Form eines Eisengitters getrennt, auf dem, von unten sichtbar, Brillen, Krücken, Koffer und andere persönliche Habe gelagert sind, die nach dem Rückzug der Deutschen in »Kanada« gefunden wurden. Weitere wichtige Objekte und Informationen sind auf dem Boden unter den Füßen der Besucher deponiert. Das Zentrum der Ausstellung bildet einer der wichtigsten architektonischen Überreste in Birkenau, die zentrale Sauna.

nigen verbliebenen Barackenfragmente einrahmen sollten. Etwas größer als den Abmessungen der Baracken entsprechend, sollten diese Löcher (die man umgehen mußte) die Fundamente und Schornsteine einfassen, als wären sie kostbare Reliquien. Die Architekten planten nicht, die durch die Öffnungen in dem Granitsteig gerahmten Ruinen zu stabilisieren: Im Laufe der Zeit würden sie sich verändern. Zur Zeit ihres Entwurfs waren die meisten Baracken bereits entfernt worden, und nur ihre Schornsteine ragten noch auf, allerdings baufällig. Sie dienten als provisorisches Zugeständnis an unser Verlangen nach Symbolen; die Künstler rechneten damit, daß sie in Stücke fallen und die Trümmer von Gras überwachsen würden. Einige Zeit lang würde sogar dieses Gras auf den Ruinen von Erinnerung getränkt sein. Aber schließlich würde die Natur den Ort wieder in Besitz nehmen, es den

Archäologen einer fernen Zukunft überlassend, die Schichten der Historie auszugraben. Am Ende bliebe nur jener seltsame Granitsteig, der die früheren Eisenbahngleise kreuzt und an den Fundamenten des Krematoriums II endet. Die Szenen der größten Greuel kreuzte er nicht: Zwar sollte der Auskleideraum in den Steig hineinragen, doch die Gaskammer sollte außerhalb bleiben. Der Besucher sollte das Lager durch eine weitere Lücke im Stacheldrahtzaun verlassen. Es war kein Denkmal vorgesehen, keine Inschrift, nichts.

Für die Künstler waren das Leiden der Opfer und das Leben, das es in dem Lager gegeben hatte, zu einer Geschichte geworden, die nicht ausgegraben werden sollte: *Jene* Geschichte könnte niemals Erinnerung sein. Der Entwurf sah keinen Ruheplatz vor, keine Stelle, wo der Besucher verweilen könnte. Nur ein einziger Teil des Lagers könnte Erinnerung sein: die Welt der Täter. Viel leichter darstellbar, gehörte jene Welt nicht zu den tiefen Nischen der Geschichte, sondern rahmte immer noch aggressiv den Horizont der Lebenden. Die Architekten schlugen vor, die Wachtürme und anderen Bauten am Rande des Lagers zu erhalten. Mächtige Objekte in der Geographie unserer Welt, sollten sie intakt bleiben.

Der Vorschlag war kompromißlos. Er verweigerte sich der Illusion von Erinnerung. Es gab keine Steine, die man hätte berühren können, keinen Mittelpunkt, der den Zerstörungen der Zeit widerstanden hätte, keine Majestät oder Würde, keinen unheimlichen, aber schönen Nimbus. Keine Inschrift sollte an die sechs Millionen erinnern. Nur Stille und der bizarre Granitsteig sollten künftige Generationen fragen: Was geschah hier?

Der Vorschlag erhielt den ersten Preis, wurde aber nicht gebaut. Brillant konzipiert, hatte er unberücksichtigt gelassen, daß es Überlebende gab. Und sie hatte der Entwurf ausgelassen. Die Überlebenden protestierten, daß es für sie keinen Ort gab, und sie hatten recht. Sie wären aus ihrer eigenen Erfahrung ausgesperrt, das heißt auf ewig eingesperrt worden.

Diese Einwände wurden 15 Jahre nach der Befreiung erhoben, und zu jener Zeit trafen sie zu. Es wäre unziemlich, unangemessen und vor allem ungenau gewesen, ein Denkmal, eine Umsetzung von Geschichte in aus Granit geformtes Gedächtnis zu schaffen, ohne auf die Überlebenden Rücksicht zu nehmen. Doch in naher Zukunft wird die Situation nicht mehr dieselbe wie in den fünfziger Jahren sein. Wenn es keine Überlebenden mehr gibt, wird keine Erinnerung die Lebenden mit Birkenaus Vergangenheit verbinden. Vielleicht bald schon

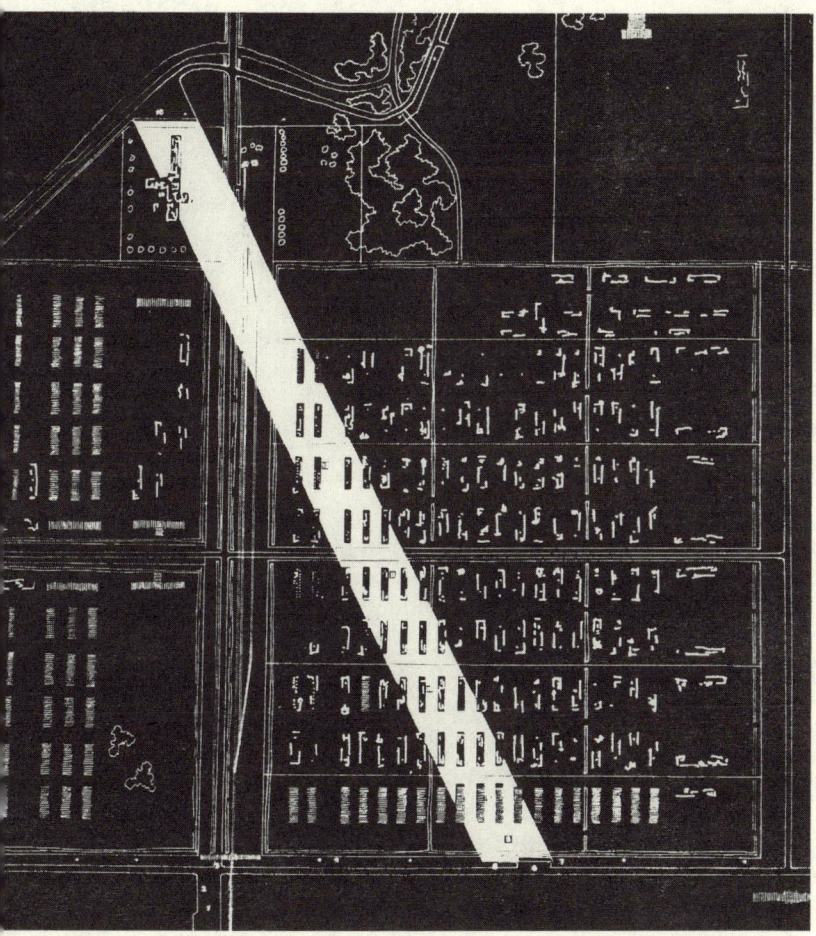

Entwurf für ein Denkmal in Birkenau. Forum (1959). Das weiße Band markiert den Granitsteig.

wird es passend, angemessen und korrekt sein, die Vision der Han-
sens von einem Denkmal mit einer Botschaft der Trostlosigkeit und
Trennung zu realisieren. Künftige Generationen mögen durch Birkenau gehen, aber, nicht zu dem Orte gehörig, werden sie gezwungen sein, über Birkenau hinwegzugehen. Ihr Los wird es sein, jenes
Gelände zu überschreiten, unfähig zum Begreifen der Geschehnisse
an der Mordstätte.

ANHANG

ANMERKUNGEN

Bemerkung zum Ortsnamen

In den ältesten Urkunden schwankt die Schreibung des Stadtnamens zwischen ›Ausswenznis‹, ›Auwswinczen‹, ›Ausswintzin‹ und anderen Formen. Zur Zeit der Stadtgründung gaben die Schreiber mit ›au‹ vermutlich den Vokal ›o‹ wieder. Daher dürfte die Aussprache ursprünglich ›Osswenznis‹, ›Owswinczen‹, ›Osswintzin‹ usw. gelautet haben. Dies würde den heutigen polnischen Namen Oswiecim erklären, der ›osvie~tsim‹ ausgesprochen wird. Einer recht absurden Theorie zufolge veränderte sich die Aussprache ›osvie~tsim‹ infolge der Unterbrechung der deutschen Besiedlung. Als mit einer neuen Einwanderungswelle deutsche Weber in die Nachbarstadt Bielitz kamen, gab es dort keine Deutschen mehr, die ihnen die korrekte Aussprache von ›au‹ als ›o‹ hätten vermitteln und sie vor der inkorrekten Aussprache von ›ss‹ als ›sch‹ hätten warnen können. Dies setzt natürlich voraus, daß die schwäbischen Weber zwar lesen, aber nicht hören konnten. Jedenfalls kam nach dieser Theorie für den Ortsnamen, den die Polen ›osvie~tsim‹ aussprachen, die deutsche Aussprache ›auschvintsim‹ auf, aus der allmählich ›auschvints‹ und schließlich ›auschvits‹ wurde. Somit deutet schon die Genealogie des Namens Auschwitz die mangelnde Kontinuität der deutschen Besiedlung an, was in den vierziger Jahren zu Himmlers Projekt der Regermanisierung der Stadt führen sollte. Siehe Rudolf Temple, »Herzog Kasimir von Auschwitz (Oswiecim)«, in: *Zeitschrift des Vereins für Geschichte und Alterthum Schlesiens,* Bd.14 (1878), 41; Napsal Prasek (»Es schrieb das Schweinchen«), *Dejiny knizetstoi Tesinskeho* (Opave 1894), 112f.

Abkürzungen

APMO	Archiwum Panstwowego Muzeum w Osciwiecimiu (Archiv des Staatlichen Museums Auschwitz-Birkenau)
BArch	Bundesarchiv Berlin-Lichterfelde
LO/S	Landesplanung Gau Oberschlesien
OAM	Osobyj Archiv Moskau (Zentralarchiv Moskau)
WAPK	Wojewodzkie Archiwum Panstwowe w Katowicach (Staatliches Wojewodschaftsarchiv in Kattowice)
USHRI	United States Holocaust Research Institute

EINLEITUNG

1. Frieda Menco-Brommet, Interview mit Debórah Dwork, Amsterdam, Niederlande, 18. Juni 1986, Transkript, 15f.
2. Josef Goebbels, »Der Osten als Erfüllung«, in: Heinrich Hoffmann und A. R. Marsani, *Deutscher Osten. Land der Zukunft* (München 1942), 4.

1   Eine normale Stadt

1. André Neher, *The Exile of the Word: From the Silence of the Bible to the Silence of Auschwitz*, übers. von David Maisel (Philadelphia, 1981), 143.
2. Hans Stosberg, »Zum Jahreswechsel 1941–1942«, WAPK, Bestand LO/S, Akte 467, 148–151. Susanne Heim und Götz Aly entdeckten Stosbergs Neujahrskarte und publizierten sie erstmals in ihrem bahnbrechenden Werk *Vordenker der Vernichtung: Auschwitz und die deutschen Pläne für eine neue europäische Ordnung* (Hamburg 1991). Indem sie das Wirken von Bürokraten, Planern, Beamten und anderen Bediensteten des Mittelbaues herausstellten, wiesen sie der Erforschung der »Endlösung« neue Wege.
3. Franz Lüdtke, *Ein Jahrtausend Krieg zwischen Deutschland und Polen* (Stuttgart 1941), 73.
4. Weisung des Reichspropagandaministeriums Pro 2110/41/50–4/11, 28. Januar 1941; WAPK, Bestand RK, Akte 6, 20.
5. SS-Hauptamt-Schulungsamt, »Der Kampf um die deutsche Ostgrenze« (Berlin 1941), 41ff.
6. Siehe zum Beispiel Willy Hoehm, *Wir Brandenburger!* (Berlin 1935), 69f.
7. Rudolf Kötzschke/Wolfgang Ebert, *Geschichte der ostdeutschen Kolonisation* (Leipzig 1937); Wilfried Krallert/Walter Kuhn/Ernst Schwartz, *Atlas zur Geschichte der deutschen Ostsiedlung* (Bielefeld, Berlin und Hannover 1958); *Die deutsche Ostsiedlung des Mittelalters als Problem der europäischen Geschichte*, hg. von Walter Schlesinger (Sigmaringen 1975); Charles Higounet, *Die deutsche Ostsiedlung im Mittelalter*, übers. von Manfred Vasold (Berlin 1986). Eine maßgebliche Darstellung der Besiedlung Oberschlesiens findet sich in Walter Kuhn, *Siedlungsgeschichte Oberschlesiens* (Würzburg 1954).
8. Ewald Liedecke, »Die Städte des deutschen Ritterordens in der Raumordnung der Gegenwart«, in: *Raumforschung und Raumordnung: Monatschrift der Reichsarbeitsgemeinschaft für Raumforschung*, 5 (1941), 159f.
9. Karlheinz Schmidt, »Deutsche Post Osten«, in: *Das Generalgouvernement* 1, Nr. 4 (1940–41), 30.
10. Zu Angaben zur Geschichte von Auschwitz siehe Gottlieb Biermann, »Zur Geschichte der Herzogthümer Zator und Auschwitz«, in: *Sitzungsberichte der kaiserlichen Akademie der Wissenschaften: Philosophisch-Historische Classe* 40 (1862), 594–631; Rudolf Temple, »Herzog Kasimir von Auschwitz (Oswiecim)«, *Zeitschrift des Vereins für Geschichte und Alterthum Schlesiens* 14 (1878): 41–50; Walter Kuhn, »Kastellaneigrenzen und Zehntgrenzen in Schle-

sien«, in: Walter Kuhn, *Neue Beiträge zur schlesischen Siedlungsgeschichte* (Sigmaringen 1984), 12–49, Walter Kuhn, »Siedlungsgeschichte des Auschwitzer Beskidenvorlandes«, in: ebd., 166–237; Elzbieta Skalinska-Dindorf, *Oswiecim: Zarys dziejow* (Oswiecim 1988); Andrzej Nowakowski, *Dzieje ustrojo i prawa ksietstw Oswiecimskiego i Zatorskiego*, Dissertationes Universitatis Varsoviensis, Band 363 (Warschau 1988).

11. Wilhelm Abel, *Die Wüstungen des ausgehenden Mittelalters* (Stuttgart 1955), 75ff.

12. Temple, »Herzog Kasimir von Auschwitz« (Anm. 10), 44, 48f. Biermann, »Zur Geschichte der Herzogthümer Zator und Auschwitz« (Anm. 10), 617ff. Nowakowski, *Dzieje ustrojo i prawa ksietstw Oswiecimskiego i Zatorskiego* (Anm. 10), 53ff.

13. Jan Ptaszkowski, *Opowiesci Spod Zamkowej Gory: karty zprzeszlosci Oswiecimia*, hg. von Jan Raszka (Teschen o.J.), Bd. 1, 45ff.

14. Lüdtke, *Ein Jahrtausend Krieg* (Anm. 3), 128.

15. Heinrich von Treitschke, *Politik*, 2 Bände (Leipzig 1898), Bd. 2, 102.

16. Zitiert nach Adolf Hitler, *My New Order*, hg. von Raoul de Roussy de Sales (New York 1941), 729.

17. *Im Dienste Europas: Fünf Jahre deutscherArbeit im Generalgouvernement*, hg. von Emil Gassner (Krakau 1944), 31.

2 Auschwitz und Preußen

1. Emil Ludwig, »Krieg gegen Preußen«, in: *Das Neue Tagebuch* (10. und 17. Februar 1940), zitiert nach Samuel Dickinson Stirk, *The Prussian Spirit: A Survey of German Literature und Politics, 1914–1940* (London 1941), 23f.

2. Stirk, *The Prussian Spirit* (Anm. 1), 7.

3. Julius Schmidhauser, *Der Kampf um das geistige Reich* (Hamburg 1933), 249f.

4. Zwei gute Einführungen in die preußische Geschichte bieten Hannsjoachim W. Koch, *Geschichte Preußens* (München 1980); Sebastian Haffner, *Preußen ohne Legende* (München 1990).

5. Eine neuere Geschichte des Deutschen Ordens bietet Hartmut Boockmann, *Der Deutsche Orden: Zwölf Kapitel aus seiner Geschichte* (München 1981); ferner Eric Christiansen, *The Northern Crusades: The Baltic und the Catholic Frontier 1100–1525* (London 1980).

6. Eine scharfsinnige Analyse der Bedeutung des Erwerbs von Preußen durch die Dynastie der Hohenzollern findet sich in Heinrich von Treitschkes maßgebender und extrem parteilicher *Deutsche Geschichte im 19. Jahrhundert*, 5 Bände (Leipzig 1879–1894).

7. William John Rose, *The Drama of Oberschlesien: A Regional Study* (Brattleboro, VT., 1935), 76ff.

8. Zitiert nach A.O. Meyer, »Die neuere Entwicklung Schlesiens, insbesondere Oberschlesiens«, in: *Deutschland und Polen*, hg. von Albert Brackmann, (München, Berlin 1934), 165.

9. Eine gedrängte Beschreibung findet sich in Hans-Georg Aschoff, »Die Kolonisation«, in *Panorama der Fridericianischen Zeit: Friedrich der Große und seine Epoche – Ein Handbuch,* hg. von Jürgen Ziechmann (Bremen, 1985), 386 ff. Ferner Udo Froese, *Das Kolonisationswerk Friedrichs des Großen: Wesen und Vermächtnis* (Heidelberg Berlin, 1938).

10. Gustav Freytag, »Bilder aus der deutschen Vergangenheit«, in: *Gesammelte Werke,* 2. Reihe, 7 Bände (Leipzig, Berlin 1920), Bd.7, 279f.

11. Ebd., 280f.

12. Siehe William W. Hagen, *Germans, Poles, und Jews: The Nationality Conflict in the Prussian East, 1772–1914* (Chicago, London 1980).

13. Klaus Zernack, *Preußen–Deutschland–Polen,* hg. von Wolfram Fischer, Michael G. Müller (Berlin 1991), 67.

14. Gotthold Rhode, »Staatliche Entwicklungen und Grenzziehungen«, in: *Die Ostgebiete des Deutschen Reiches,* hg. von Gotthold Rhode (Würzburg 1956), 116f.

15. Siehe J.J. Kulczycki, *School Strikes in Prussian Poland, 1901–1907: The Struggle over Bilangual Education,* East European Monographs 82 (New York 1981), 218.

16. Rhode, »Staatliche Entwicklungen« Anm. 14, 152.

17. Max Weber, »Der Nationalstaat und die Volkswirtschaftspolitik«, in: Max Weber, *Gesammelte Politische Schriften,* hg. von Johannes Winckelmann (Tübingen 1971), 6ff.

18. Siehe Jack Wertheimer, *Unwelcome Strangers: East European Jews in Imperial Germany* (New York, Oxford 1987), 11.

19. Ebd., 13.

20. Ebd., 93ff.

21. Mary Antin, *The Promised Land* (Boston, New York 1912), 174f.

22. Ebd., 177.

23. Bonnie Mendes Kahn, *Cosmopolitan Culture: The Gilt-Edged Dream of a Tolerant City* (New York 1987), 95.

24. Die förmliche Autonomie des Herzogtums Oswiecim und Zator war nach dem Ende der Napoleonischen Herrschaft für die internationale Gemeinschaft von einiger Bedeutung. 1818 schlug der österreichische Kanzler Metternich aus sehr praktischen Gründen Oswiecim und Zator, nicht aber das übrige Österreichisch-Polen, dem Deutschen Bund zu. Auf dem Wiener Kongreß hatten Rußland, Preußen und Österreich vereinbart, die von allen drei Mächten begehrte, strategisch wichtige Festung Krakau zu einem neutralen, nominell unabhängigen Territorium zu erklären. Um diesen Kleinstaat wirtschaftlich lebensfähig zu machen, sprachen sie ihm ein längs der Weichsel gelegenes Gebiet von etwa 1 180 km² zu. Metternich war sich dessen bewußt, daß ein unabhängiges Krakau zum Treibhaus des polnischen Nationalismus werden würde. Um sich für den Fall von Unruhen einen strategischen Vorteil zu sichern, schuf er eine gemeinsame Grenze zwischen Krakau und dem österreichischen Teil des Deutschen Bundes. Dies sollte ihm erlauben, etwaige Unruhen als Bedrohung des Deutschen Bundes zu interpretieren und mit deutscher Rückendeckung die österreichische Armee einmarschieren zu lassen. Da Krakau vom österreichischen Teil des Deutschen Bundes durch das

Herzogtum Oswiecim und Zator getrennt war, bezog Metternich das Herzogtum formell in den Deutschen Bund ein und schuf damit eine etwa 30 km lange gemeinsame Grenze mit der Freien Stadt. Metternichs Entschluß zur Grenzverschiebung zahlte sich aus, als er ihm 1846/47 die Handhabe bot, die Republik Kraukau zu erobern und aufzulösen. Mit der Eingliederung Krakaus in das Königreich Galizien und Lodomerien entfiel die Notwendigkeit, Oswiecim und sein Umland im Deutschen Bund zu belassen, und das Gebiet wurde 1850 von diesem getrennt und mit Galizien vereinigt.

25. Übersichten über die wirtschaftliche, soziale und politische Lage im Galizien des 19. Jahrhunderts finden sich in United Kingdom, Foreign Office, *Austrian Poland* (London 1920); Francis Bujak et al, »Galicia and Silesia of Cieszyn«, in: *Polish Encyclopaedia*, 3 Bände, hg. vom Committee for the Polish Encyclopedic Publications at Fribourg, (Genf 1921–22), Bd. 3, 237ff.; Stefan L. Zaleski, »General Demography of Poland«, in: ebd., Bd. 2, 75ff.

26. Jan Ptaszkowski, *Opowiesci Spod Zamkowej Gory: karty zprzeszlosci Oswiecimia*, Bd. 2, hg. von Jan Raszka (Teschen o.J.), 17f.

27. Andreas Mytkowicz, *Ausländische Wanderarbeiter in der deutschen Landwirtschaft*, Diss. Univ. München, 1914 (Posen 1914), 91f.; siehe auch Johannes Nichtweiss, *Die ausländischen Saisonarbeiter in der Landwirtschaft der östlichen und mittleren Gebiete des Deutschen Reiches: Ein Beitrag zur Geschichte der preußisch-deutschen Politik von 1890 bis 1914* (Berlin 1959), 88, 193ff.

28. Ptaszkowski, *Opowiesci Spod Zamkowej Gory*, (Anm. 26), Bd. 2, 93ff. Bericht des Gewerbevereins Oswiecim, 14. Januar 1918, Stadtarchiv Oswiecim.

29. Ludwik Stasiaski, »Oswiecim«, in: *Nowej Reformy* (1920), zitiert nach Ptaszkowski, *Opowiesci Spod Zamkowej Gory*, (Anm. 26), Bd. 2, 51.

30. Max Nordau, *Degeneration*, (Lincoln, London 1993), Bd. 2, 537; (dt. Erstausgabe: Max Nordau, *Entartung*, 2 Bände (Berlin 1893); Hans-Walter Schmuhl, *Rassenhygiene, Nationalsozialismus, Euthanasie: Von der Verhütung zur Vernichtung »lebensunwerten Lebens«, 1890–1945* (Göttingen 1987), 76f.

31. Ernst Haeckel, *Natürliche Schöpfungsgeschichte: Gemeinverständliche wissenschaftliche Vorträge über die Entwicklungslehre im Allgemeinen und diejenige von Darwin, Goethe und Lamarck im Besonderen* (Berlin 1874[5]), 152f.

32. Ebd., 155.

33. Alfred Ploetz, *Die Tüchtigkeit unserer Rasse und der Schutz der Schwachen* (Berlin 1895), 144f.

34. Alfred Hoche, »Ärztliche Bemerkungen«, in: Karl Binding und Alfred Hoche, *Die Freigabe der Vernichtung lebensunwerten Lebens: Ihr Maß und ihre Form* (Leipzig 1920), 55.

35. Ebd., 62f.

36. Adolf Hitler, *Mein Kampf*, 2 Bände in einem Band (München 1936[181/82]), 279.

37. Adolf Hitler, *Hitlers zweites Buch,* eingeleitet und kommentiert von Gerhard L. Weinberg (Stuttgart 1961), 56f.

3   Deutschlands Wendung nach Osten

1. Erich Ludendorff, *Meine Kriegserinnerungen, 1914–1918* (Berlin 1920⁵), 44f.;
   John W. Wheeler-Bennett gibt an, daß Oberstleutnant Max Hoffmann, der den
   überwiegenden Anteil an der Planung der Schlacht hatte, Ludendorff dazu anregte, Tannenberg zur symbolischen Stätte der Schlacht zu erheben. Siehe
   John W. Wheeler Bennett, *The Wooden Titan: Hindenburg in Twenty Years of
   German History 1914–1934* (London, Hamden 1963), 28.
2. Walter Flex, »Ostmarkenlied«, in: Walter Flex, *Gesammelte Werke*, 2 Bände
   (München 1936), Bd. 1, 84.
3. »Kriegsziel-Eingabe der sechs großen Wirtschaftsverbände an den Reichskanzler vom 20. Mai 1915«, in: *Weltherrschaft im Visier: Dokumente zu den
   Europa- und Weltherrschaftsplänen des deutschen Imperialismus von der
   Jahrhundertwende bis Mai 1945*, hg. von Wolfgang Schumann/Ludwig Nest-
   ler (Berlin 1975), 109; »Petition an den Reichskanzler, 20. Juni 1915«, zitiert
   nach S. Grumbach, *Das annexionistische Deutschland: Eine Sammlung von
   Dokumenten, die seit dem 4. August 1914 in Deutschland öffentlich oder geheim verbreitet wurden* (Lausanne 1917), 135f.
4. Denkschrift Ludendorffs vom 9. September 1916; zitiert nach Robert Stup-
   perich, »Siedlungspläne im Gebiet des Oberbefehlshabers Ost (Militärverwal-
   tung Litauen und Kurland) während des Weltkrieges«, in: *Jomsburg* 5 (1941),
   356f.
5. [Paul Nikolaus Cossmann], »Die Ostjuden«, in: *Süddeutsche Monatshefte* 13
   (1915/16), 673; siehe auch Julius Berger, »Deutsche Juden und polnische Juden«, in: *Der Jude* 1 (1916/17), 137–149.
6. Siehe Georg Fritz, *Die Ostjudenfrage: Zionismus und Grenzschluß* (München,
   1915); Wolfgang Heinze, »Ostjüdische Einwanderung«, in: *Preußische Jahr-
   bücher* 162 (1916), 98–117; ders., »Internationale jüdische Beziehungen«, in:
   ebd., 169 (1917), 340–366, und in: ebd. 170 (1917), 65–81.
7. Wolfgang Siegfried, »Siedlungsgedanken«, *Deutschlands Erneuerung*, Bd. 2
   (1918), 33ff.; ders., Die Notwendigkeit und Möglichkeit eines großen deutschen Siedlungswerkes im Osten«, in: ebd., 521ff.
8. Siehe G. Jenny, «Der Friede im Osten«, in: *Die Woche* 20 (16. März 1918),
   257–260; Rudolf Strass, »Des Baltenlandes deutsche Stunde«, in: ebd. (23. März
   1918), 283–286.
9. Adolf Hitler, *Mein Kampf*, 2 Bände in einem Band (München 1933¹⁸¹/⁸²), 223f.
10. Paul von Hindenburg , »Erklärung vor dem Parlamentarischen Untersuchungs-
    ausschuß am 18.11.14«, in: *Ursachen und Folgen: Vom deutschen Zusammen-
    bruch 1918 bis 1945 bis zur staatlichen Neuordnung Deutschlands in der Ge-
    genwart*, 26 Bände, hg. von Herbert Michaelis/Ernst Schaepler (Berlin 1960),
    Bd. 4, 8.
11. Ernst Jünger, »Die totale Mobilmachung«, in: *Krieg und Krieger*, hg. von Ernst
    Jünger (Berlin, 1930), 28.
12. Siehe Rüdiger Graf von der Goltz, *Als Politischer General im Osten (Finnland
    und Baltikum) 1918 und 1919* (Leipzig, 1936).

13. Gustav Noske, *Von Kiel bis Kapp: Zur Geschichte der deutschen Revolution* (Berlin 1920), 177f.

14. Ernst von Salomon, *Die Geächteten*, (Berlin 1931), 110f.

15. Edwin Erich Dwinger, *Der letzte Traum: Eine deutsche Tragödie* (Jena 1934), 9, 19.

16. Zitiert nach Josef Ackermann, *Heinrich Himmler als Ideologe* (Göttingen, 1970), 198.

17. *Die Juden in Deutschland*, hg. vom Institut zur Erforschung der Judenfrage (München 1939), 111.

18. Ebd., 112.

19. Carl Lange, »Ehre der Nation, deutsches Volkstums und Würde des Menschentums«, *Deutscher Geist 1935,* hg. von Carl Lange / Ernst Adold Dreyer (Leipzig 1934), 273.

20. Vgl. Adolf Hitler, *Mein Kampf* (Anm. 9). Die Widmung befindet sich zwischen Vorwort und Band 1.

21. In der offiziellen SS-Historiographie markiert Himmlers Ernennung den eigentlichen Beginn der SS; siehe Gunther d'Alquen, »Die SS: Geschichte, Aufgabe und Organisation der Schutzstaffeln der NSDAP«, in: *Wehrhaftes Volk: Der organisatorische Aufbau, Teil II*, hg. von Paul Meier-Benneckenstein, Bd. 2 von *Das Dritte Reich im Aufbau* (Berlin 1939), 204.

22. Zitiert nach Herbert F. Ziegler, *Nazi Germany's New Aristocracy: The SS Leadership, 1925– 1939* (Princeton 1989), 38.

23. Zitiert nach Bernd Wegner, *Hitlers politische Soldaten: Die Waffen-SS 1933– 1945*, (Paderborn 1982), 42.

24. Christopher Browning, »Beyond ›Intentionalism‹ and ›Functionalism‹: A Reassessment of Nazi Jewish Policy from 1939 to1941,« in *Reevaluating the Third Reich*, hg. von Thomas Childers / Jane Caplan (New York 1993), 216.

25. D'Alquen, »Die SS« (Anm. 21), 205.

26. Ebd., 206.

27. Eine gute Einführung in Geschichte und Ideologie der Artamanen findet sich in Klaus Bergmann, *Agrarromantik und Großstadtfeindschaft*, der Marburger Abhandlungen zur Politischen Wissenschaft Bd. 20 (Meisenheim am Glan 1970) 247ff.; ferner Michael H. Kater, »Die Artamanen – Völkische Jugend in der Weimarer Republik«, in: *Historische Zeitschrift* 213 (1971), 577ff.

28. Rudolf Höß, *Kommandant in Auschwitz: Autobiographische Aufzeichnungen*, hg. von Martin Broszat, (München 1994¹⁴), 76.

29. Zitiert nach *Zurück, o Mensch, zur Mutter Erde: Landkommunen in Deutschland 1890– 1933*, hg. von Ulrich Linse (München, 1983), 331.

30. Wilhelm Kotzde in einem Bericht über den Anfang praktischer Arbeit der Artamanen in: *Der Falke* 5 (1924), 107.

31. Siehe Anne Bramwell, *Blood and Soil: Walther Darré and Hitler's »Green Party«* (Bourne End 1985).

32. Richard Walther Darré, *Das Bauerntum als Lebensquell der nordischen Rasse* (München 1929).

33. Richard Walther Darré, »Vorwort«, in: Heinrich Bauer, *Geburt des Ostens: Drei Kämpfer um eine Idee* (Berlin 1933), 5.

34. Zitiert nach Barbara Miller Lane/Leila J. Rupp, *Nazi Ideology before 1933* (Manchester 1978), 133.

35. A. Hillen-Ziegfeld, »Deutscher Lebensraum«, in: *Deutscher Geist 1935*, hg. von Carl Lange/Ernst Adold Dreyer (Leipzig 1934), 71f.

36. Hans Weigert, *Generals and Geographers: The Twilight of Geopolitics* (New York 1942), 95.

37. Das maßgebende Werk über Haushofer ist Hans-Adolf Jacobsen, *Karl Haushofer: Leben und Werk*, 2 Bände, Schriften des Bundesarchivs 24/I , 24/II (Boppard am Rhein 1979).

38. Hitler, *Mein Kampf,* (Anm. 9) 154, 742.

39. A. Hillen-Ziegfeld »Deutscher Lebensraum« (Anm. 35), 72f.

40. Rudolf Kötzschke, Wolfgang Ebert, *Geschichte der ostdeutschen Kolonisation* (Leipzig 1937), 19.

41. Ebd., 10.

42. United States Department of State, *The Treaty of Versailles and After: Annotations of the Text of the Treaty*, Conference Series 92, Publication 2724 (Washington D.C. 1947), 258ff.

43. William Harbutt Dawson. *Germany under the Treaty* (Freeport, 1972), 175.

44. Ebd., 222f.

45. Fritz Arlt, *Siedlung und Landwirtschaft in den eingegliederten Gebieten Oberschlesiens* (Berlin 1942), 31ff.; siehe auch Günther Saath, *Die Industrie der eingegliederten oberschlesischen Ostgebiete* (Berlin, Prag, Wien 1942), 29ff.; Walter Kuhn, *Siedlungsgeschichte Oberschlesiens* (Würzburg 1954), 186f., und William John Rose, *The Drama of Oberschlesien: A Regional Study* (Brattleboro 1935), 96.

46. Arlt, *Siedlung und Landwirtschaft* (Anm. 45), 36.

47. Siehe Robert Donald, *The Polish Corridor and the Consequences* (London 1929), 186.

48. Siehe J. Weinstein, *Oberschlesien: A Country of Contrasts* (Paris 1931).

49. Salomon, *Die Geächteten* (Anm. 14), 239ff.

50. Walther Rathenau, zitiert nach ebd., 236.

51. Statistische Angaben nach *Die Ostgebiete des Deutschen Reiches*, hg. von Gotthold Rhode (Würzburg 1956), 82f., 122ff., 154.

52. Zitiert nach Wolfgang J. Mommsen, *Max Weber und die deutsche Politik 1890–1920,* (Tübingen 1974), 337.

53. Dawson, *Germany under the Treaty*, 382ff.

4   Das Dritte Reich

1. John W. Wheeler Bennett, *The Wooden Titan: Hindenburg in Twenty Years of German History 1914–1934* (London, Hamden 1963), 311ff.

2. Schreiben des Reichspräsidenten Hindenburg an Reichskanzler Hermann

Müller, 18. März 1930, zitiert nach *Ursachen und Folgen: Vom deutschen Zu-sammenbruch 1918 bis 1945 bis zur staatlichen Neuordnung Deutschlands in der Gegenwart*, 26 Bände, hg. von Herbert Michaelis/Ernst Schraepler (Berlin 1960), Bd. 8, 488.

3. Zitiert nach Francis Ludwig Carsten, *A History of the Prussian Junkers* (Aldershot 1989), 167.
4. Text bei Michaelis/Schraepler, *Ursachen und Folgen* (Anm. 2), Bd. 505–507.
5. Rede des Reichskanzlers von Schleicher, 15. Dezember 1932; zitiert nach ebd., 725f.
6. »Verordnung des Reichspräsidenten zum Schutz von Volk und Staat«, in: *Reichsgesetzblatt*, 28. Februar 1933, 83.
7. *The Nazi Primer: Official Handbook for Schooling the Hitler Youth*, hg. von Harwood L. Childs (New York, London 1938), 69f.
8. Hans-Walter Schmuhl, *Rassenhygiene, Nationalsozialismus, Euthanasie: Von der Verhütung zur Vernichtung »lebensunwerten Lebens«, 1890–1945* (Göttingen 1987), 175.
9. Karl Ludwig Rost, *Sterilisation und Euthanasie im Film des »Dritten Reiches«* (Husum 1987), 67ff.
10. Ebd., 234.
11. Ebd., 237.
12. Zitiert nach Max Domarus, *Hitler: Reden und Proklamationen 1932–1945*, Bd. 1,1 (Wiesbaden 1962), 262.
13. Joachim Haupt, *Neuordnung im Schulwesen und Hochschulwesen* (Berlin 1933), 94.
14. Will Decker, *Der deutsche Arbeitsdienst: Ziele, Leistungen und Organisation des Reichsarbeitsdienst* (Berlin 1937), 11ff.
15. Fritz Edel, *German Labour Service* (Berlin 1937), 18; zu einer weiteren Einschätzung Friedrichs des Großen als Kolonisator und Vorläufer der nationalsozialistischen Siedlungspolitik siehe Udo Froese, *Das Kolonisationswerk Friedrichs des Großen: Wesen und Vermächtnis* (Heidelberg, Berlin 1938), 55ff., 113ff.
16. Zitiert nach *Führer befiehl... Selbstzeugnisse aus der »Kampfzeit« der NSDAP*, hg. von Albrecht Tyrell (Düsseldorf 1969), 282.
17. Werner Schäfer, *Konzentrationslager Oranienburg: Das Anti-Braunbuch über das erste deutsche Konzentrationslager* (Berlin 1934), 25.
18. Ebd., 41.
19. Ebd., 229.
20. Ernst Klee, *»Euthanasie« im NS-Staat: Die »Vernichtung lebensunwerten Lebens«* (Frankfurt/M. 1983), 38ff.
21. Zitiert nach Martin Broszat, »Nationalsozialistische Konzentrationslager 1933–1945«, in: Helmut Krausnick/Hans Buchheim/Martin Broszat/Hans-Adolf Jacobsen, *Anatomie des SS-Staates*, 2 Bände (München 1994⁶), Bd. 2, 388f.
22. Rede Greifelts, Januar 1939, Nürnberger Dokumente NO-5591, 10.
23. Heinrich Zillich, »Deutsches Volk und Buch in der Welt«, in: *Das Innere Reich* 3 (1936), 1080f.

24. Siehe Hans-Adolf Jacobsen, *Karl Haushofer: Leben und Werk*, 2 Bände, Schriften des Bundesarchivs 24/I, 24/II (Boppard am Rhein 1979), Bd. 1, 279ff.
25. Siehe Waldis O. Lumans, *Himmler's Auxiliaries: The Volksdeutsche Mittelstelle and the German National Minorities of Europe, 1933–1945* (Chapel Hill, London 1993), 38f.
26. Ebd., 51.
27. Ulrich Greifelt, Dokument 2, in: *Diktierte Option: Die Umsiedlung der Deutsch-Balten aus Estland und Lettland*, hg. von Dietrich A. Loeber (Neumünster 1972), 6.
28. Karl Stuhlpfarrer, *Umsiedlung Südtirol 1939–1940*, 2 Bände (Wien, München 1985), Bd. 2, 618.
29. William Shirer, *The Rise and Fall of the Third Reich* (New York 1960), 453.
30. Jan Karski, *Story of a Secret State* (Boston 1944), 3ff.
31. Ebd., 6f.
32. Zitiert nach Shirer, *The Rise and Fall of the Third Reich* (Anm. 29), 589.
33. Karski, *Story of a Secret State* (Anm. 30), 7; siehe auch I. Thomas Wood/Stanislaw M. Jankowski, *Karski* (New York 1994).
34. Franz Lüdtke, *Ein Jahrtausend Krieg zwischen Deutschland und Polen* (Stuttgart 1941), 191.
35. Die ursprüngliche Vereinbarung vom 23. August 1939 legte als Grenze zwischen dem Deutschen Reich und der Sowjetunion die Weichsel fest. Lublin und andere Städte sollten Stalin zufallen, während Hitler Litauen erhalten sollte. In dem Vertrag vom 28. Sptember 1939 tauschte Deutschland seinen Anspruch auf Litauen gegen das Gebiet zwischen Weichsel und Bug, aus dem der Distrikt Lublin gebildet wurde und in dem das Nisko-Projekt realisiert werden sollte.
36. Hermann Seifert, *Der Jude an der Ostgrenze* (Berlin 1940), 8f.
37. Ebd., 16.
38. Ebd., 29.
39. »Selbsterlebte Geschichte in den Feldpostbriefen des Reichsinstituts für Geschichte des neuen Deutschlands 1939/40«, in: *Reich und Reichsfeinde* (Hamburg 1941), Bd. 14, 17.
40. »Polnische Juden auf ›Bienen‹-Jagd«, in: *Illustrierter Beobachter* 14 (19. Oktober 1939), 1152f.
41. Zitiert nach Christopher R. Browning, »Genocide and Public Health: German Doctors and Polish Jews, 1939–1941«, in: *Holocaust and Genocide Studies* 3 (1988), 23.
42. »Auswurf der Ghettos«, in: *Das Schwarze Korps* 6 (2. Mai 1940), 8.
43. Ebd., 8.
44. »Gräßliche Zumutung«, in: *Das Schwarze Korps* 6 (16. Mai 1940), 3.
45. »Die Juden müssen arbeiten!«, in: *Illustrierter Beobachter* 14 (12. Oktober 1939), 1546f.
46. Zitiert nach Poland, Ministry of Information, *The Black Book of Poland* (New York 1942), 232.
47. Ebd., 233.
48. *Der großdeutsche Freiheitskampf: Reden Adolf Hitlers* (München o. J.), 82.

49. Zitiert nach Stuhlpfarrer, *Umsiedlung Südtirol* (Anm. 28), Bd. 2, 631.

50. Lageplan. Dezember 1939, APMO, Bestand BW 2/1, Akte 2/1.

51. Augenzeugenaussage 24, »Expulsion from the Town of Auschwitz«, in: *Jewish Responses to Nazi Persecution: Collective and Individual Behavior in Extremis*, hg. von Isaiah Trunk (New York 1979), 174.

52. *Das Eichmann-Protokoll: Tonbandaufzeichnungen der israelischen Verhöre*, hg. von Jochen von Lang/Claus Sibyll (Berlin 1982), 57.

53. Zitiert nach Poland, Ministry of Information, *The Black Book of Poland* (Anm. 46), 239f.

54. Raul Hilberg, *Die Vernichtung der europäischen Juden*, 3 Bände (Frankfurt /M., 1990), Bd. 2, 416f.

55. Browning, »Genocide and Public Health (Anm. 41), 24.

56. Zitiert nach *Nazism 1919–1945*, 3 Bände, hg. von Jeremy Noakes/Geoffrey Pridham (Exeter 1983–1988), Bd. 3, 1065.

57. *Buch der Agonie: Das Warschauer Tagebuch des Chaim A. Kaplan*, hg. von Abraham I. Katsh, übers. von Harry Moor (Frankfurt 1965), 264.

58. Ebd., 225.

59. Ebd., 226.

60. Sara Grossman-Weil, Interview mit Debórah Dwork, Malverne, NewYork, 29. und 30. April 1987, Transkript, 22; Debórah Dwork, *Kinder mit dem gelben Stern: Europa 1933–1945*, übers. von Gabriele Krüger-Wirrer (München 1994), 202.

61. Zitiert nach *Nazism 1919–1945* (Anm. 56), Bd. 3, 1069.

62. Zitiert nach ebd., 1008.

63. Christopher R. Browning, *Fateful Months: Essays on the Emergence of the Final Solution*, (New York, London 1991), 58ff.

64. Zitiert nach *Nazism 1919–1945* (Anm. 56), Bd. 3, 1010f.

65. Zitiert nach ebd., 1019.

66. Ernst Klee, »*Euthanasie*« im NS-Staat (Anm. 20), 207.

67. Zitiert *Nazism 1919–1945*, Bd. 3, 1025f.

68. Zitiert nach ebd., 1028.

69. Browning, *Fateful Months* (Anm. 63), 59.

70. Zitiert nach *Nazism 1919–1945* (Anm. 56), Bd. 3, 1040.

71. Zitiert nach ebd., 1042.

5 Ein Paradies aus Blut und Boden

1. Hanns Johst, *Ruf des Reiches – Echo des Volkes: Eine Ostfahrt* (München 1940), 21ff.

2. Ebd., 28f.

3. Ebd., 29f.

4. Erhard Kroeger, »Dokument 314«, in: *Diktierte Option: Die Umsiedlung der Deutsch-Balten aus Estland und Lettland*, hg. von Dietrich A. Loeber (Neumünster 1972), 648.

5. Ebd., 649ff.

6. Ebd., 651f.
7. »Dokument 41«, ebd., 46.
8. Siehe Helmut Krausnick, *Hitlers Einsatzgruppen: Die Truppe des Weltanschauungskrieges 1938–1942* (Frankfurt/M. 1989), 26ff.
9. Zitiert nach ebd., 18f.
10. Zitiert nach Hans Buchheim, »Die SS – Das Herrschaftsinstrument«, in: Helmut Krausnick/Hans Buchheim/Martin Broszat/Hans-Adolf Jacobsen, *Anatomie des SS-Staates*, 2 Bände (München 1994[6]), Bd. 1, 72 .
11. Zitiert nach *Verfolgung, Vertreibung, Vernichtung: Dokumente des faschistischen Antisemitismus 1933–1942*, hg. von Kurt Pätzold (Frankfurt/M. 1984), 234.
12. Zitiert nach *Nazism 1919–1945*, 3 Bände, hg. von Jeremy Noakes/Geoffrey Pridham (Exeter 1983–1988), Bd. 3, 929.
13. Zitiert nach ebd., 929f.
14. Zitiert nach ebd., 1053.
15. Zitiert nach ebd., 927.
16. Robert Lewis Koehl, *RKFDV: German Resettlement and Population Policy, 1939–1945. A History of the Reich Commission for the Strengthening of Germandom* (Cambridge 1957), 28, 54.
17. Ebd., 50.
18. »Erlass des Führers und Reichskanzlers zur Festigung deutschen Volkstums vom 7. Oktober 1939«, Barch, R 49/2, Akte 2, 3ff.
19. Rede Himmlers vor SS-Führern in Posen, 24. Oktober 1939, zitiert nach Rolf–Dieter Müller, *Hitlers Ostkrieg und die deutsche Siedlungspolitik* (Frankfurt/M. 1991), 119f.
20. Ebd., 120.
21. Ebd., 121.
22. »Erste Anordnung«, BArch, R 49/4, 11-12.
23. »Erlass des Führers und Reichskanzlers zur Festigung deutschen Volkstums vom 7. Oktober 1939«, BArch, R 49/2, 3ff.
24. »Aktenvermerk über die Besprechung zwischen SS-Gruppenführer Pancke und dem Reichsbauernführer Walther Darré«, BArch, NS 2/138; zitiert nach Müller, *Hitlers Ostkrieg* (Anm. 19), 118.
25. Ebd., 117.
26. »Erlass des Führers und Reichskanzlers zur Festigung deutschen Volkstums vom 7. Oktober 1939«, BArch, R 49/2, 3ff.
27. Planungshauptabteilung, Der RFSS-RKfdFdV, »Planungsgrundlagen für den Aufbau der Ostgebiete«, BArch, R 49/157, 3.
28. Ebd., 4f.
29. Ebd., 9.
30. Ebd., 10.
31. Ebd., 13.
32. Ebd., 10, 12, 14.
33. Ebd., 10f., 13f.
34. »Vermerk betr. Umsiedlung«, BArch, R 113/129.

35. »Erste Anordnung«, BArch, R 49/4, 11.

36. Zitiert nach *Nazism 1919–1945* (Anm. 12), Bd. 3, 1056.

37. Koehl, *RKFDV* (Anm. 16), 105ff.

38. Reinhard Heydrich, »Ausführungen zu dem Problem der notwendig gewordenen Rückführung der Volksdeutschen aus Estland und Lettland«, in: *Diktierte Option* (Anm. 4), 123ff.

39. »Bemerkungen für die Behandlung der Balten-Frage in der deutschen Presse«, in: *Diktierte Option* (Anm. 4), 140f.

40. »Aus Baltenbriefen zur Rückkehr ins Reich«, in: *Soldatenblätter für Feier und Freizeit* (Juli 1940), 155.

41. Otto Engelhardt-Kyffhäuser, »Der Film ›Heimkehr‹ wird gedreht«, in: *Das General-Gouvernement*, Bd. 1, Nr. 6 (1941), 34ff.

42. Johst, *Ruf des Reiches* (Anm. 1), 126f.

43. Walter Geisler, *Der deutsche Osten als Lebensraum für alle Berufstände* (Berlin, Prag, Wien 1942), 12.

44. »Allgemeine Anordnungen und Richtlinien des Reichskommissars für die Festigung deutschen Volkstums«, BArch, R 49/4, 43.

45. »Anordnung 1/II«, BArch, R 49/2, 10.

46. Zitiert nach Poland, Ministry of Information, *The Black Book of Poland* (New York 1942), 184.

47. Ebd., 198f.

48. Ebd., 210f.

49. Josef Umlauf, »Die geplante Verteilung der Bevölkerung in den eingegliederten Ostgebieten«, BArch, R 49/990, 9f.

50. Ebd., 23.

51. Zitiert nach Poland, Ministry of Information, *The Black Book of Poland* (Anm. 46), 185.

52. M. Klawan, »Ein neues Leben beginnt«, in: *Soldatenblätter für Feier und Freizeit* (Juli 1940), 158.

53. »Deutscher Bauer aus Wolhynien und Galizien!«, BArch, R 49/40a, 1.

54. Klawan, »Ein neues Leben beginnt« (Anm. 52), 159f.

55. Vermerk Himmlers, 24. Juni 1940, BArch, NS 19/3282, 1.

56. Ebd., 6.

57. Reichsführer SS, Reichskommissar für die Festigung deutschen Volkstums, »Allgemeine Anordnung Nr. 7/II vom 26. November 1940: Grundsätze und Richtlinien für den ländlichen Aufbau in den neuen Ostgebieten«, in: *Gestaltung der neuen Siedlungsgebiete* (Berlin 1943), 10.

58. Ebd., 10.

59. Ebd. 8f.

60. »Notiz über einen Ideenwettbewerb für Entwürfe zu neuen Dörfern in den Ostgebieten«, 14. Februar 1941, BArch, R 49/711a.

61. Reichskommissar für die Festigung deutschen Volkstums, Stabshauptamt, Hauptabteilung: Planung und Boden, *Planung und Aufbau im Osten: Erläuterungen und Skizzen zum ländlichen Aufbau in den neuen Ostgebieten* (Berlin 1941).

62. Siehe Schriftwechsel und Vermerke in BArch, R 113/7; ferner Gert Gröning/Joachim Wolschke-Bulmahn, *Die Liebe zur Landschaft* Teil III, »Der Drang nach Osten (München 1987), 163ff.
63. Fritz Todt, »9. Anordnung: Betrifft Neubauverbot«, BArch, R 49/40a, 23.
64. Johst, *Ruf des Reiches* (Anm. 1), 86ff.

6   Ein Konzentrationslager

1. Fritz Gerlach, »Bekenntnis zum deutschen Osten«, BArch, R 69/689.
2. RSHA Statistische Tabellen, BArch, NS 19/3979, 3, 11.
3. Fritz Bracht, »Zur Tätigkeit der Dienststelle«, in Oberschlesien, Amt des Gauleiters als Vertreter des RFSS-RKfdFdV, *Entwicklung, Organisation, Arbeitsleistung der Dienststelle des Gauleiters und Oberpräsidenten als Beauftragter des Reichsführers SS – Reichskommissar für die Festigung deutschen Volkstums in Oberschlesien vom Sept. 1939 bis Jan. 1943* (Kattowitz 1943), 1. – Interessant ist, daß aus genau denselben praktischen Gründen, aus denen die Deutschen 1939 von der Deportation polnischer Industriearbeiter absahen, die Polen nach 1945 deutsche Industriearbeiter aus Oberschlesien von der Vertreibung ausnahmen. Daher zählten 1989 die Wojewodschaften Opole und Katowice 300000 bis 400000 deutschstämmige Einwohner.
4. Oberschlesien, *Entwicklung, Organisation, Arbeitsleistung* (Anm. 3), 59.
5. Ebd., 2.
6. Nürnberger Dokumente NO-5148.
7. Alfred Konieczny, »Bemerkungen über die Anfänge des KL Auschwitz«, in: *Hefte von Auschwitz*, Bd. 12 (1971), 5ff.; Danuta Czech, »Konzentrationslager Auschwitz: Abriß der Geschichte«, in: *Auschwitz. Geschichte und Wirklichkeit des Vernichtungslagers*, hg. von Jozef Boszko/Wanda Michalak (Reinbek 1980), 15ff.
8. Danuta Czech, *Kalendarium der Ereignisse im Konzentrationslager Auschwitz-Birkenau 1939–1945*, übers. von Jochen August/Nina Kozlowski/Silke Lent/Jan Parcer (Reinbek 1989), 30.
9. »Baubericht über den Stand der Bauarbeiten für Bauvorhaben K.-L. Auschwitz«, 10. August 1941, OAM, Bestand 502/1, Akte 219, 2f. (USHRI, Mikrofilm RG 11.001M.03, Spule 34).
10. OAM, 502/1, Akte 214, 91–100 (USHRI, Mikrofilm RG 11.001M.03, Spule 34).
11. Schreiben Schlachters an Höß, 30. August 1940, OAM, Sammlung 502/1, Akte 214, 91f. (USHRI, Mikrofilm RG 11.001M.03, Spule 34).
12. OAM, Sammlung 502/1, Akte 214, 85 (USHRI, Mikrofilm RG 11.001M.03, Spule 34).
13. OAM, Sammlung 502/1, Akte 215, 38 (USHRI, Mikrofilm RG 11.001M.03, Spule 34).
14. Enno Georg, *Die wirtschaftlichen Unternehmungen der SS* (Stuttgart 1963), 51.
15. Siehe Martin Broszat, »Nationalsozialistische Konzentrationslager 1933–45«,

in: Helmut Krausnick/Hans Buchheim/Martin Broszat/Hans-Adolf Jacobsen, *Anatomie des SS-Staates*, 2 Bände (München 1994⁶), Bd. 2, 64.

16. Hermann Kaienburg »*Vernichtung durch Arbeit*« *Der Fall Neuengamme: Die Wirtschaftsbestrebungen der SS und ihre Auswirkungen auf die Existenzbedingungen der KZ-Gefangenen* (Bonn 1990), 102.

17. Siehe Gordon J. Horwitz, *In the Shadow of Death: Living Outside the Gates of Mauthausen* (New York 1990), 23ff.

18. Eugen Kogon, *Der SS-Staat. Das System der deutschen Konzentrationslager,* (München 1988¹⁸), 118f.

19. Zu den Mittelzuweisungen siehe »Baubericht über den Stand der Bauarbeiten für Bauvorhaben K.-L. Auschwitz«, 10. August 1941, OAM, Bestand 502/1, Akte 219 (USHRI, Mikrofilm RG 11.001M.03, Spule 34).

20. Pery Broad, »KZ Auschwitz. Erinnerungen eines SS-Mannes der Politischen Abteilung in dem Konzentratinslager Auschwitz«, in: *Hefte von Auschwitz* 9 (1966), 29.

21. Wieslaw Kielar, *Anus Mundi: Fünf Jahre Auschwitz*, übers. von Wera Kapkajew (Frankfurt/M. 1979), 204f.

22. Ebd., 62, 68.

23. 58, 74ff.

24. Schreiben der Firma Topf an die SS-Neubauleitung, 20. Juni 1940, OAM, Bestand 502/1, Akte 326 (USHRI, Mikrofilm RG 11.001M.03, Spule 42).

25. Schreiben der SS-Neubauleitung an die Firma Topf, 7. November 1940, OAM, Bestand 502/1, Akte 312 (USHRI, Mikrofilm RG 11.001M.03, Spule 41).

26. Schreiben der SS-Neubauleitung an das Hauptamt Haushalt und Bauten, Amt IIC.2, 22. November 1940, OAM, Bestand 502/1, Akte 327 (USHRI, Mikrofilm RG 11.001M.03, Spule 42).

27. Telegramm der SS-Neubauleitung an die Firma Topf, 11. November 1941, OAM, Bestand 502/1, Akte 312 (USHRI, Mikrofilm RG 11.001M.03, Spule 41).

28. Czech, *Kalendarium* (Anm. 8), 126ff.

29. Ebd., 137.

30. Ebd., 137f.

31. Broad, »KZ Auschwitz« (Anm. 20), 20.

32. Schreiben Grabners vom 7. Juni 1941, OAM, Bestand 502/1, Akte 312 (USHRI, Mikrofilm RG 11.001M.03, Spule 41).

33. Filip Müller, *Sonderbehandlung, Drei Jahre in den Krematorien und Gaskammern von Auschwitz*, deutsche Bearbeitung von Helmut Freitag (München 1979) 26ff.

34. »Bericht 1. Betrifft: Zusammenarbeit zwischen dem Reichskommissar für die Festigung deutschen Volkstums und dem Leiter der Reichstelle für Raumordnung etc.« BArch, R 49/902.

35. Oberschlesien, *Entwicklung, Organisation, Arbeitsleistung* (Anm. 3), 59.

36. Ebd., 56.

37. Schreiben des Grafen von der Schulenberg an Himmler, 20. Mai 1940, BArch, R 49/902.

38. Schreiben Gerhard Zieglers an Konrad Meyer, 28. Juni 1940, BArch, R49/902.

39. Schreiben Konrad Meyers an Gerhard Ziegler, 5. Juli 1940, BArch, R 49/902.
40. Oberschlesien, *Entwicklung, Organisation, Arbeitsleistung* (Anm. 3), 35ff.
41. Ebd., 55f.
42. Siehe Gert Gröning/Joachim Wolschke-Bulmahn, *Die Liebe zur Landschaft,* Teil III: »Der Drang nach Osten« (München 1987), 58f.
43. Schreiben von den Bach-Zelewskis an mehrere Provinzbehörden, 5. August 1940, WAPK, Bestand OPK, Akte 1810, 10f.
44. Ulrich Greifelt, »Vermerk [Siedlungszone I]«, 8. August 1940, BArch, R 49/902, 2.
45. Ebd., 8–10.
46. Ulrich Greifelt, »Vermerk… Besprechung«, 11. Sept. 1940, BArch, R 49/902.
47. »Vermerk über eine Sitzung am 10.10.40 in Kattowitz«, 14. Oktober 1940, BArch, R 49/902.
48. Schreiben Greifelts an den Oberpräsidenten der Provinz Schlesien, 23. November 1940, BArch, R 49/902.
49. »Betrifft: Besprechung über die bevorstehende Evakuierungsaktion in Saybusch«,11. September 1940, WAPK, Bestand RK 4086, 5f.
50. Ebd.
51. »Richtlinien zur Durchführung der Evakuierungsaktion im Kreise Saybusch«, 14. September 1940, WAPK, Bestand RK, Akte 4086, 7ff.
52. »Erfahrungsbericht über den Einsatz der 2. Kompanie bei der Umsiedlungsaktion«,17. Januar 1941, WAPK, Bestand RK, Akte 4087, 72ff.
53. »The tragedy of the peasants in the Zywiec county«, in Poland, Ministry of Information, *The Black Book of Poland* (New York 1942), 199f.
54. Ebd.
55. Schreiben Arlts an Bracht, 6. Juni 1941, WAPK, Bestand OPK, Akte 1810, 185ff.
56. Zitiert nach Poland, Ministry of Information, *The Black Book of Poland* (Anm. 3), 211.
57. Fritz Arlt, *Siedlung und Landwirtschaft in den eingegliederten Gebieten Oberschlesiens* (Berlin 1942), 14ff.
58. Zitiert nach Rolf-Dieter Müller, *Hitlers Ostkrieg und die deutsche Siedlungspolitik* (Frankfurt/M. 1991), 120.
59. Planungshauptabteilung, Der RFSS-RKfdFdV, »Planungsgrundlagen für den Aufbau der Ostgebiete«, BArch, R 49/157, 19.
60. Arlt, *Siedlung und Landwirtschaft* (Anm. 57), 57.
61. Unter den vielen faszinierenden Forschungswegen, die Arno J. Mayer in seinem provozierenden Werk *Why did the heavens not darken?* andeutete, erwies sich die kurze Erörterung der Beziehungen zwischen der Entwicklung von Auschwitz und Himmlers Rolle als Reichskommissar für die Festigung deutschen Volkstums als besonders wertvoll. Siehe Arno J. Mayer, *Why did the heavens not darken?: The »final solution« in history* (New York 1988), 356f.; siehe auch Arlt, *Siedlung und Landwirtschaft* (Anm. 57), 58. Siehe auch Arno J. Mayer *Der Krieg als Kreuzzug. Das Deutsche Reich, Hitlers Wehrmacht und die »Endlösung«,* übers. von Karl Heinz Sieber (Reinbeck 1989), 532[?].
62. Rudolf Höß, *Kommandant in Auschwitz. Autobiographische Aufzeichnungen,* hg. von Martin Broszat, (München 1994¹⁴), 269.

63. Ebd., 269f.
64. »Anhang zum Aktenvermerk vom 29. März 1941. Betreff: Arbeitseinsatz für das neuerstehende Buna-Werk Auschwitz«, OAM, Bestand 502/1, Akte 280 (US-HRI, Mikrofilm RG 11.001M.03, Spule 38).
65. »Vermerk. Betr.: Lager Auschwitz«,12. Dezember 1940, WAPK, Bestand LO/S, Akte 467, 308.
66. Schreiben Zieglers an Höß,23. Dezember 1940, WAPK, LO/S, Akte 467, 304.
67. »Vermerk. Betr.: KZ-Auschwitz. Vortrag beim Gauleiter-Stellvertreter«,7. Januar 1941, WAPK, Bestand LO/S, Akte 467, 302.
68. »Gutachten betreffend Verbesserung der wasserwirtschaftlichen Verhältnisse des Auschwitzer Siedlungsgebietes«, APMO, Bestand BW 29/2, Akte 29/11.
69. »Schnellentwurf zur Regelung der Wasserwirtschaft auf dem Interessengebiete des K.L. Auschwitz«, APMO, Bestand BW 29/2, Akte 29/11.
70. Zur Erleichterung der Arbeit in dem Landwirtschaftsbetrieb errichtete die SS in den nahe Birkenau gelegenen Dörfern Rajsko, Harmense, Budy, Plawy und Babitz Nebenlager. Siehe Anna Zieba, »Wirtschaftshof – Budy«, in: *Hefte von Auschwitz* 10 (1967): 67–85; Anna Zieba, »Die ‹Geflügelfarm Harmense‹«, in: *Hefte von Auschwitz* 11 (1970): 39–72; Anna Zieba, »›Wirtschaftshof Babitz‹ Nebenlager beim Gut Babice«, in: *Hefte von Auschwitz* 11 (1970): 73–87.
71. Kitty Hart, *Return to Auschwitz: The remarkable story of a girl who survived the Holocaust* (London 1981), 70.
72. Magda Somogyi, von Debórah Dwork aufgezeichnete Aussage einer Zeitzeugin, Budapest, Ungarn, 19. Juli 1987, Transkript, 9.
73. Hart, *Return to Auschwitz* (Anm. 71), 73, 76.
74. Hannah Kent-Sztarkman, von Debórah Dwork aufgezeichnete Aussage einer Zeitzeugin, Stamford, Connecticut, USA, 13. Dezember 1985, Transkript, 22f., 37, und 15. Juli 1995, Transkript, 15–16.
75. Debórah Dwork und Robert Jan van Pelt, »Women‹s Work at Auschwitz: History, Gender, and Interpretation«, in: *Contemporary Jewry*, 1996.

7   IG Farben

1. Zeugenaussage Ambros, zitiert nach Nuernberg Military Tribunals, *Trials of War Criminals*, 15 Bände (Washington D.C. 1952), Bd. 8 (Case 6: U.S. versus Krauch – »The I.G. Farben Case«), 734f.
2. IG Farben ist die Abkürzung für *Interessengemeinschaft Farbenindustrie Aktiengesellschaft*. 1925 gegründet, umfaßte sie die sechs größten deutschen Chemieunternehmen (BASF, Bayer, Höchst, Agfa, Griesheim und Weiler-ter-Meer). Eine umfassende und erhellende Analyse der Beziehungen zwischen der Konzernleitung der IG Farben und der nationalsozialistischen Hierarchie findet sich in Joseph Borkin, *Die unheilige Allianz der I.G. Farben. Eine Interessengemeinschaft im Dritten Reich,* übers. von Bernhard Schulte (Frankfurt, New York 1990), ferner in Peter Hayes, *Industry and Ideology: IG Farben in the Nazi Era* (Cambridge 1987).

3. Zit. nach Louis L. Snyder, *Encyclopedia of the Third Reich* (New York 1989), 96.

4. Schreiben des Reichsministeriums für Wirtschaft an die IG Farben, 8. November 1940, Nürnberger Dokumente NI-11781.

5. Eine knappe Beschreibung der Buna-Technologie der IG Farben findet sich in Frederick Marchionna, *Butalastic Polymers: Their Preperations and Applications. A Treatise on Synthetic Rubbers* (New York 1946), 66ff.

6. Walter Greiff, »Raumordnung und Wirtschaftsplanung in Oberschlesien«, in: *Deutsche Monatshefte* 8 (1941–42), 428ff.

7. Günther Saath, *Die Industrie der eingegliederten oberschlesischen Ostgebiete* (Berlin, Prag, Wien 1942), 34f.

8. Distrikt Cosel: Heydebreck (60 000); Distrikt Ratibor: Ratiborhammer (15 000), Buchenau (12 000) Olsau (10 000); Distrikt Beuthen-Tarnowitz: Randsdorf (35 000); Distrikt Tost-Gleiwitz: Haselgrund(15 000), Laband (20 000), Peiskretscham (30 000); Distrikt Tarnowitz: Tarnowitz (55 000); Distrikt Bendsburg: Zombkowitz (50 000); Distrikt Teschen: Freistadt (40 000), Trzeinietz (20 000), Oderberg (65 000); Distrikt Rybnik: Rybnik (60 000), Loslau (20 000); Distrikt Bielitz: Auschwitz (50 000); Distrikt Pless: Tichau (150 000). »Grundlagen für Raumordnung und Verkehr«, BArch, R 49/2394, 8f.

9. Schreiben der Mineralöl-Baugesellschaft an Ambros,11. Januar 1941; Dokument NI-11783, zitiert nach *Trials of War Criminals*, Bd. 8 (Anm. 1), 334f.

10. Aktenvermerk über eine Besprechung zwischen Ambros und Krauch, 6. Februar 1941, zitiert nach ebd., 350.

11. Schreiben des Auschwitzer Bürgermeisters Gutsche an die IG Farben, 9. Januar 1941, zitiert ebd., 333.

12. Arlt, »Übersicht über die oberschlesische Bevölkerungsstruktur«, BArch, R 49/902, 6.

13. »Vermerk! Betrifft: 3. Nahplan«, 10. Januar 1941, BArch, R 49/34, 8.

14. Ebd., 7f.

15. Bericht über die Konferenz zwischen Vertretern der IG Farben und der Schlesien-Benzin, 18. Januar 1941, zitiert nach Nürnberger Dokumente NI-11784.

16. IG Farbenindustrie Aktiengesellschaft Proko Büro, *Erzeugnisse unserer Arbeit* (Frankfurt/M. 1938), 208ff.

17. Denkschrift zur Erkundung möglicher Standorte für das Buna-Werk in Schlesien, 10. Februar 1941, Nürnberger Dokumente NI-11785.

18. Aktenvermerk über eine Besprechung zwischen Ambros und Krauch, 6. Februar 1941, Nürnberger Dokumente NI-11113.

19. Denkschrift von Kurt Eisfeldt, »Projekt Buna-Fabrik – Standort Auschwitz«, 13. Februar 1941, Nürnberger Dokumente NI-11782.

20. Schreiben Krauchs an die IG Farben, 25. Februar 1941, zitiert nach *Trials of War Criminals*, Bd. 8, (Anm. 1), 359.

21. Schreiben Görings an Himmler, 18. Februar 1941, Nürnberger Dokumente NI-1240.

22. »Anhang zum Aktenvermerk vom 29. März 1941. Betreff: Arbeitseinsatz für das neuerstehende Buna-Werk Auschwitz«, OAM, Bestand 502/1, Akte 280 (US-HRI, Mikrofilm RG 11.001M.03, Spule 38).

23. Schreiben Krauchs an Ambros,4. März 1941, Nürnberger Dokumente NI-11943.

24. BArch, NS 19/400.

25. »Zur Gründung des Werkes Auschwitz; Niederschrift über die Gründungssitzung am 7. April 1941 in Kattowitz«, OAM, Bestand 502/5, Akte 6, 40 (USHRI, Mikrofilm RG 11.001M.03, Spule 71).

26. Rudolf Höß, *Kommandant in Auschwitz. Autobiographische Aufzeichnungen*, hg. von Martin Broszat, (München 1994[14]), 270ff.

27. Protokoll der Baubesprechung des IG-Farben-Werkes Auschwitz, 24. März 1941, zitiert nach *Trials of War Criminals*, Bd. 8 (Anm. 1), 380.

28. Schreiben Kammlers an die Bauleitung KL Auschwitz, 27. Juni 1941, OAM, Bestand 502/1, Akte 215 (USHRI, Mikrofilm RG 11.001M.03, Spule 34).

29. Besuchsbericht, zitiert nach *Trials of War Criminals*, Bd. 8 (Anm. 1), 373.

30. Ebd., 374f.

31. Besuchsbericht, Dokument NI-15148. Diese Abschnitte sind in der in *Trials of War Criminals*, Bd. 8 (Anm. 1), 373, abgedruckten Fassung ausgelassen; sie können in dem für das Office of Chief of Consel for War Crimes erstellten maschinenschriftlichen Fassung eingesehen werden.

32. Das Protokoll dieser Konferenz wurde teilweise in *Trials of War Criminals*, Bd. 8 (Anm. 1), 383–388, abgedruckt. Hinsichtlich des fehlenden Teils beziehen wir uns auf ein vollständiges Exemplar des Protokolls im OAM, Sammlung 502/5, Akte 6 (USHRI, Mikrofilm RG 11.001M.03, Spule 71).

33. Protokoll der Gründungsversammlung des Werkes Auschwitz der IG Farben, 7. April 1941, zitiert nach *Trials of War Criminals*, Bd. 8 (Anm. 1), 384.

34. Ebd., 385.

35. Ebd., 386.

36. Protokoll der Gründungsversammlung des Werkes Auschwitz der IG Farben, 7. April 1941, OAM, Bestand 502/5, Akte 6, 11 (USHRI, Mikrofilm RG 11.001M.03, Spule 71).

37. »Skizze Generalbebauungsplan Auschwitz«, Juni 1941, APMO, Bestand BW 2/1, Akte 2/11.

38. Schreiben Kammlers an Höß, 18. Juni 1941, APMO, Bestand BW 1/2, Akte 1/9; ferner OAM, Bestand 502/1, Akte 215 (USHRI, Mikrofilm RG 11.001M.03, Spule 34).

39. Ebd.

40. Schreiben Schlachters an das Hauptamt Haushalt und Bauten, Amt IIB, 11. August 1941, OAM, Bestand 502/1, Akte 215 (USHRI, Mikrofilm RG 11.001M.03, Spule 34).

41. Rudolf Höß, *Death dealer: The memoirs of the SS Kommandant at Auschwitz*, hg. von Steven Paskuly (Buffalo 1992), 293. Dieses Zitat ist nicht in der von Martin Broszat herausgegebenen deutschen Ausgabe der Aufzeichnungen von Höß (Anm. 26) enthalten.

42. Ebd., 235; vgl. Anm. 41.

43. »Kostenüberschlag für das Bauvorhaben: SS-Unterkunft und Konzentrationslager Auschwitz«, OAM, Bestand 502/1, Akte 216 (USHRI, Mikrofilm RG 11.001M.03, Spule 34).

44. Protokoll der 13. Baubesprechung, 19. November 1941, Nürnberger Dokumente NI-11129.
45. Wochenbericht Nr. 30 des IG Farbenwerkes Auschwitz, (15.–21. December 1941), Nürnberger Dokumente NI-15273.
46. Siehe »Erläuterungsbericht zum prov. Ausbau des Konzentrationslagers Auschwitz O/S«, OAM, Bestand 502/1, Akte 223 (USHRI, Mikrofilm RG 11.001M.03, Spule 34).
47. Siehe »Erläuterungsbericht zum Bauvorhaben Konzentrationslager Auschwitz O/S«, OAM, Bestand 502/1, Akte 222 (USHRI, Mikrofilm RG 11.001M.03, Spule 34).
48. »K.L. Auschwitz, Lageplanskizze«, APMO, Bestand BW 2/2, Akte 2/17.
49. Kammler, »Bericht des Amtes II – Bauten des Hauptamtes Haushalt und Bauten über die Arbeiten im Jahre 1941«, OAM, Bestand 502/1, Akte 13, 5 (USHRI, Mikrofilm RG 11.001M.03, Spule 19.
50. APMO, Bestand BW 3/3a, Akte 3/5.
51. Kammler, »Bericht des Amtes II – Bauten des Hauptamtes Haushalt und Bauten über die Arbeiten im Jahre 1941«, OAM, Bestand 502/1, Akte 13, 4 (USHRI, Mikrofilm RG 11.001M.03, Spule 19.
52. Jean-Claude Pressac, *Auschwitz: Technique and operation of the gas chambers*, übers. von Peter Moss (New York 1989), 16ff.
53. Ebd., 20.
54. Wochenbericht vom 12. Juli 1940, OAM, Bestand 502/1, Akte 214; (USHRI, Mikrofilm RG 11.001M.03, Spule 34); Höß, *Kommandant in Auschwitz* (Anm. 26), 135.
55. Andrzej Rablin, Zeugenaussage vom 2. Februar 1961, zitiert nach Pressac, *Auschwitz* (Anm. 52), 25.
56. G. Peters/E. Wüstinger, *Entlausung mit Zyklon-Blausäure in Kreislauf-Begasungskammern* (Berlin 1940), 6f.
57. Schreiben Heerdt-Lingers an die SS-Neubauleitung Auschwitz, 1. Juli 1941, OAM, Bestand 502/1, Akte 322 (USHRI, Mikrofilm RG 11.001M.03, Spule 42); Schreiben Kammlers an Höß, 18. Juni 1941, APMO, Bestand BW1/2, Akte 1/9.
58. »Kostenüberschlag für das Bauvorhaben: SS-Unterkunft und Konzentrationslager Auschwitz«, OAM, Bestand 502/1, Akte 216, 2 (USHRI, Mikrofilm RG 11.001M.03, Spule 34).
59. »Erläuterungsbericht zum Bauvorhaben Konzentrationslager Auschwitz O/S«, OAM, Bestand 502/1, Akte 222, 13 (USHRI, Mikrofilm RG 11.001M.03, Spule 34).
60. Siehe Material in APMO, Bestand BW 160/1, Akte 160/7.
61. Sherry Weiss-Rosenfeld, Interview mit Debórah Dwork, Southfield, Mich., 26. Januar 1987, Transkript, 20.
62. Hannah Kent-Starkman, Interview mit Debórah Dwork, Stamford, Conn., 13. Dezember 1985, Transkript, 26.
63. Alexander Ehrmann, Interview mit Debórah Dwork, West Bloomfield, Mich., 15. November und 13. Dezember 1986 sowie 24. Januar 1987, Transkript, 36.

64. Mania Salinger-Tenenbaum, Interview mit Debórah Dwork, Bloomfield, Mich., 10. und 21. Januar 1987, Transkript, 33f.

65. »Raumprogramm Kommandantur – Gebäude für ein Großlager (ca. 30 – 35 000)«, APMO, Bestand BW 173/7, Akte 173/33, 31.

66. Höß, *Death Dealer*, (Anm. 41), 216.

67. Internationaler Militärgerichtshof Nürnberg, *Der Prozeß gegen Hauptkriegsverbrecher*, 46 Bände (Nürnberg, 1949), Bd. 11, 117.

68. Rudolf Vrba/Alan Bestic. *Ich kann nicht vergeben*, übers. von Werner von Grünau (München 1964), 125.

69. Erklärung unter Eid von Norbert Wollheim, zitiert nach *Trials of War Criminals*, Bd. 8 (Anm. 1), 590.

70. Erklärung unter Eid von Charles J. Coward, zitiert nach ebd., 607.

71. Paul M. Hebert, »Dissenting Opinion on Count Three of the Indictment« vom 28. Dezember 1948, zitiert nach ebd., 1321.

72. Primo Levi, *Ist das ein Mensch?*, übersetzt von Heinz Riedt (Frankfurt/M. 1961), 156.

8 Birkenau

1. Schreiben Fricks an Göring, Lammers, Himmler u.a., 22. Juli 1941, BArch R 113/730, 2f.

2. Ebd., 4f.

3. Günter Pahl, »Das größere Oberschlesien«, in: *Die Woche* (16. April 1941), 6.

4. Gerhard Ziegler, »Grundlagen des künftigen Städtebaus in Oberschlesien«, in: *Raumforschung und Raumordnung: Monatsschrift der Reichsarbeitsgemeinschaft für Raumforschung* 5 (1941), 156.

5. Ebd., 155.

6. »Verordnung zur Ergänzung der Verordnung über Neuordnungsmaßnahmen zur Beseitigung von Kriegsfolgen«, in: *Reichsgesetzblatt* (22. Febr. 1942), 97.

7. Siehe Mechtild Rössler, »*Wissenschaft und Lebensraum: Geographische Ostforschung im Nationalsozialismus* (Berlin, Hamburg 1990), 146ff.

8. Walter Christaller, »Land und Stadt in der deutschen Volksordnung«, in: *Deutsche Agrarpolitik* 1 (1942–43), 53f.

9. Walter Christaller, «Die Kultur- und Marktbereiche der zentralen Orte im deutschen Ostraum und die Gliederung der Verwaltung«, in: *Raumforschung und Raumordnung: Monatsschrift der Reichsarbeitsgemeinschaft für Raumforschung* 4 (1940), 500.

10. Adolf Hitler, *Mein Kampf*, 2 Bände in einem Band (München 1936[181/82]), 228, 237.

11. Gottfried Feder/Fritz Rechenberg, *Die neue Stadt: Versuch der Begründung einer neuen Stadtplanungskunst aus der sozialen Struktur der Bevölkerung* (Berlin 1939), 1.

12. Ebd., 73.

13. Ebd., 477.

14. Ebd., 468.

15. Hans Reichow, »Grundsätzliches zum Städtebau im Altreich und im neuen deutschen Osten«, in: *Raumforschung und Raumordnung: Monatsschrift der Reichsarbeitsgemeinschaft für Raumforschung* 5 (1941), 225–230; Wilhelm Wortmann, »Der Gedanke der Stadtlandschaft«, in: ebd., 15–17.

16. Carl Culemann, »Die Gestaltung der städtischen Siedlungsmasse«, in: *Raumforschung und Raumordnung: Monatsschrift der Reichsarbeitsgemeinschaft für Raumforschung* 5 (1941), 123.

17. Ebd., 124.

18. Ebd.

19. Ebd., 126.

20. Josef Umlauf, »Zur Stadtplanung in den neuen deutschen Ostgebieten«, in: *Raumforschung und Raumordnung: Monatsschrift der Reichsarbeitsgemeinschaft für Raumforschung* 5 (1941), 107.

21. Ebd., 112ff.

22. Ebd., 108.

23. Karl Neupert, »Die Gestaltung der deutschen Besiedlung«, in: *Raumforschung und Raumordnung: Monatsschrift der Reichsarbeitsgemeinschaft für Raumforschung* 5 (1941), 63.

24. Ebd., 68.

25. Reichsheimstättenamt der Deutschen Arbeitsfront, *Siedlungsgestaltung aus Volk, Raum und Landschaft, 5. Planungsheft: Das deutsche Siedlungsbild im Osten* (Berlin 1941), 11.

26. Reichsführer SS, Reichskommissar für die Festigung deutschen Volkstums, »Allgemeine Anordnung Nr. 13/II vom 30. Januar 1942: Richtlinien für die Planung und Gestaltung der Städte in den eingegliederten deutschen Ostgebieten«, in: *Gestaltung der neuen Siedlungsgebiete* (Berlin 1943), 12.

27. Ebd., 14

28. Ebd., 15.

29. Hans Stosberg, *Brückenkopf Breslau*, Diss., Technische Universität Hannover, 1933 (Breslau 1935), 97.

30. Hans Stosberg, »Auschwitz: Erläuterung zur Raumordnungsskizze«, WAPK, Bestand LO/S, Akte 467, 1f.

31. Ebd., 3.

32. Ebd., 4ff.

33. Hans Stosberg, »Zum Bebauungsplan der Stadt Auschwitz. Eigenbedarf und öffentliche Anlagen in der I.G.Bereitschaftssiedlung«, Archiv Niels Gutschow, Absteinach. Niels Gutschow diskutierte Stosbergs Tätigkeit als Auschwitzer Stadtarchitekt in zwei wichtigen Werken über deutsche und polnische Pläne für den Stadtumbau während des Krieges und danach. Siehe Werner Durth/Niels Gutschow, *Träume in Trümmern: Stadtplanung 1940–1950* (München 1993); Niels Gutschow/Barbara Klain, *Vernichtung und Utopie: Stadtplanung Warschau 1939–1945* (Hamburg 1994), 87ff.

34. Umlauf, »Zur Stadtplanung in den neuen deutschen Ostgebieten« (Anm. 20), 111.

35. Hans Stosberg, »Erläuterungsbericht zum Bebauungsplan für die Stadt Auschwitz O/S«, Archiv Niels Gutschow, Absteinach, 1.
36. Ebd.
37. Hans Stosberg, »Verteilung der öffentlichen Gebäude (ohne Schulen)« und »Zum Bebauungsplan der Stadt Auschwitz: Verteilung der Schulen im Stadtgebiet«, Archiv Niels Gutschow, Absteinach.
38. »Konzentrationslager Auschwitz: Generalbebauungsplan–KL und Siedlung im Maßstab 1:20.000«, APMO Bestand BW 2/3, Akte 2/26.
39. »Vermerk betr.: KL-Auschwitz, Eisenbahn-, Siedlungs-, Grenz- u. Wasserfragen«, WAPK, Bestand LO/S, Akte 467, 96–99.
40. »Konzentrationslager Auschwitz – Generalbebauungsplan«, APMO, Bestand BW 2/3, Akte 2/25.
41. Danuta Czech, *Kalendarium der Ereignisse im Konzentrationslager Auschwitz-Birkenau 1939–1945*, übers. von Jochen August/Nina Kozlowski/Silke Lent/Jan Parcer (Reinbek, 1989), 337ff.
42. Schreiben Gerhard Zieglers an Himmler, 18. Februar 1942, WAPK, Bestand LO/S, Akte 467, 130.
43. Rudolf Höß, *Kommandant in Auschwitz: Autobiographische Aufzeichnungen*, hg. von Martin Broszat, (München 1994[14]), 271.
44. Schreiben des Regierungsbaurats Derpa an den Bürgermeister von Auschwitz, 3. Januar 1941, OAM, Bestand 502/1, Akte 76, 53 (USHRI, Mikrofilm RG-11.001M.03, Spule 23).
45. »Der Reichsführer SS vor den Oberabschnittsführern und Hauptamtchefs im Haus der Flieger in Berlin am 9. Juni 1942«, BArch, NS 19/4009, 18.
46. Bericht über eine Besprechung zwischen Vertretern der IG Farben und der Schlesien-Benzin in Ludwigshafen, 16. Januar 1941, und Denkschrift von Santo, 10. Februar 1941, Nürnberger Dokumente NI-11784, NI-11112.
47. Siehe die Aufzeichnung von Befragungen deutscher Kommandeure des Unternehmens Barbarossa in Frans Pieter ten Kate, *De Duitse aanval op de Sovjet-Unie in 1941: Een krijgskundige studie*, 2 Bände (Groningen 1968) Bd. 1, 91f.
48. Franz Lüdtke, *Ein Jahrtausend Krieg zwischen Deutschland und Polen* (Stuttgart 1941), 7f.
49. Gerhard Schumann, »Krieg–Bericht und Dichtung«, in: *Dichter und Krieger*, hg. von Rudolf Erckmann (Hamburg 1943), 70f.
50. Protokoll der Ministerkonferenz im Propagandaministerium, Berlin, am 27. Juni 1941, in: *Wollt Ihr den totalen Krieg? Die geheimen Goebbels-Konferenzen 1939–43*, hg. von Willi A. Boelcke (Stuttgart 1967), 182.
51. Protokoll der Ministerkonferenz im Propagandaministerium, Berlin, am 5. Juli 1941, ebd., 183.
52. Reichsführer SS, SS-Hauptamt, *Der Untermensch* (Berlin 1942), 4f.
53. Christian Streit, »The German Army and the Politics of Genocide«, in: *The Policies of Genocide: Jews and Soviet Prisoners of War in Nazi Germany*, hg. von Gerhard Hischfeld (London, Boston, Sydney 1986), 4.
54. Zitiert nach Christian Streit, *Meine Kameraden: Die Wehrmacht und die sowjetischen Kriegsgefangenen 1941–1945* (Stuttgart 1978), 90.

55. Zitiert nach Omer Bartov, *Hitlers Wehrmacht: Soldaten, Fanatismus und die Brutalisierung des Krieges* (Reinbek 1995), 196.
56. Ebd., 198.
57. Höß, *Kommandant in Auschwitz* (Anm. 43), 156.
58. Stanislaw Ploski, »German crimes against Soviet prisoners-of-war in Poland«, in Central Commission for the Investigation of German Crimes in Poland, *German Crimes in Poland*, 2 Bände (Warschau 1946–47), Bd. 1, 266.
59. Ebd., 270f.
60. Schreiben von Ambros and Dürrfeld an Krauch, 25. Oktober 1941, OAM, Bestand 502/5, Akte 6 (USHRI, Mikrofilm RG 11.001M.03, Spule 71).
61. Ebd.
62. Christian Streit, *Keine Kameraden* (Anm. 54), 217ff.
63. Unsere Diskussion des Baus von Birkenau ist eine Kurzfassung von Robert-Jan van Pelt, »A Site in Search of a Mission«, in: *Anatomy of the Auschwitz Death Camp*, hg. von Yisrael Gutman/Michael Berenbaum (Bloomington, Indianapolis 1994), 93–156.
64. »Erläuterungsbericht zum Vorentwurf für den Neubau des Kriegsgefangenenlagers der Waffen-SS, Auschwitz O/S«, OAM, Bestand 502/1, Akte 232 (USHRI, Mikrofilm RG 11.001M.03, Spule 35).
65. APMO, Bestand BW(B) 3a, Akte BW3a/1.
66. Telegramm des SS-Hauptstürmführers Sesemann an das Architekturbüro der Waffen-SS, Auschwitz, 25. Oktober 1941, OAM, Bestand 502/1, Akte 215 (USHRI, Mikrofilm RG 11.001M.03, Spule 34).
67. Höß, *Kommandant in Auschwitz* (Anm. 43), 157.
68. Tadeusz Borowski, *This way for the gas, Ladies and Gentlemen,* übers. von Barbara Vedder (New York 1967), 110f.
69. Zu den einschlägigen Bestimmungen der Haager Konvention von 1899 siehe Carnegie Endowment for International Peace, Division of International Law, Pamphlet 5: *The Hague Conventions of 1899 (II) and 1907 (IV) Respecting the Laws and Customs of War on Land* (Washington, D.C. 1915), 10f.; zu den einschlägigen Bestimmungen der Genfer Konvention von 1929 siehe United States Congress, Senate, *Treaties, Conventions, International Acts, Protocols and Agreements between the United States of America and Other Powers (1923–1937)*, 75th Congress, 3rd sess., 1938, S. Doc. 134, 5231.
70. APMO, Bestand BW (B) 3/3a, Akte 3/5.
71. Terrence Des Pres, *The Survivor: An Anatomy of Life in the Death Camps* (New York 1976), 60.
72. Ebd.
73. Gisella Perl, *I Was a Doctor in Auschwitz* (New York 1948), 33
74. Telegramm der Bauleitung, 11. Oktober 1941, OAM, Bestand 502/1, Akte 313 (USHRI, Mikrofilm RG 11.001M.03, Spule 41); Schreiben der Firma Topf, 14. Oktober 1941, ebd.
75. Plan des Stammlagers Auschwitz, 19. Februar 1942, APMO, Bestand BW 2/2, Akte 2/17.
76. Kammler, »Bericht des Amtes II – Bauten des Hauptamtes Haushalt und Bau-

ten über die Arbeiten im Jahre 1941«, OAM, Bestand 502/1, Akte 13, 4 (USHRI, Mikrofilm RG 11.001M.03, Spule 19).

77. OAM, Sammlung 502/1, Akte 313; (USHRI, Mikrofilm RG 11.001M.03, Spule 41); ferner Oswiecim, Box BW (B) 30/27 und BW (B) 30/34.

78. APMO, Bestand BW (B), Akte 30/1-7.

79. Schreiben der Firma Topf, 31. Oktober 1941, OAM, Bestand 502/1, Akte 312 (USHRI, Mikrofilm RG 11.001M.03, Spule 41); Schreiben der Firma Topf, 4. November 1941, OAM, Bestand 502/1, Akte 327 (USHRI, Mikrofilm RG 11.001M.03, Spule 42).

80. Überdies lassen Kapazitätsberechnungen für das Krematorium vermuten, daß dieses nicht von Beginn an für den Völkermord bestimmt war. Siehe van Pelt, »A Site in Search of a Mission« (Anm. 63), 140ff.

81. Höß, *Kommandant in Auschwitz* (Anm. 43), 158.

82. Schreiben Bischoffs an Kammler, 4. Dezember 1941, OAM, Bestand 502/1, Akte 219, 26–28 (USHRI, Mikrofilm RG 11.001M.03, Spule 34).

83. OAM, Bestand 502/1, Akte 232, 3 (USHRI, Mikrofilm RG 11.001M.03, Spule 35).

84. Schreiben Kammlers an die Auschwitzer Zentralbauleitung und andere Baubüros, 27. November 1941, APMO, Bestand BW1/2, Akte 1/9.

85. Plan von Auschwitz-Birkenau, 6. Januar 1942, APMO, Bestand BW (B), Akte 2/6.

86. Weisung Keitels, 31. Oktober 1941, zitiert nach *Trials of War Criminals*, Bd. 8 (Anm. 1), 399.

87. Siehe Streit, *Keine Kameraden* (Anm. 53), 209.

9 Sommer 1941

1. Jan Sehn, »Concentration and Extermination Camp Oswiecim (Auschwitz-Birkenau)«, in Central Commission for the Investigation of German Crimes in Poland, *German Crimes in Poland*, 2 Bände (Warschau, 1946–47), 1, 27f.

2. Tadeusz Borowski, *This Way for the gas, Ladies and Gentlemen*, übers. von Barbara Vedder (New York 1967), 112f.

3. Jean-Paul Sartre diskutierte dieses Phänomen recht ausführlich in *Der Ekel* (Stuttgart 1952), 60ff.

4. Robert Musil, *Der Mann ohne Eigenschaften*, 2 Bde. (Reinbek 1978), Bd. 1, 360f.

5. Whitney R. Harris, *Tyranny on Trial: The Evidence at Nuremberg* (Dallas 1954), 334f.

6. Zitiert nach Internationaler Militärgerichtshof Nürnberg, *Der Prozeß gegen die Hauptkriegsverbrecher*, 46 Bände (Nürnberg 1949), Bd. 11, 458f.

7. Gustave M. Gilbert, *Nürnberger Tagebuch*, übers. von Margaret Carroux, Karin Krauskopf und Lis Leonard (Frankfurt/M. 1995), 242f.

8. Internationaler Militärgerichtshof Nürnberg, *Der Prozeß gegen die Hauptkriegsverbrecher*, Bd. 11 (Anm. 6), 440.

9. Ebd., 459f.

10. Rudolf Höß, *Kommandant in Auschwitz: Autobiographische Aufzeichnungen*, hg. von Martin Broszat, (München 1994¹⁴), 237.

11. Stanislaw Klodzinski, »Die ›Aktion 14f13‹: Der Transport von 575 Häftlingen von Auschwitz in das ›Sanatorium Dresden,‹« in: *Aktion T4 1939–1945. Die Euthanasie-Zentrale in der Tiergartenstraße 4* (Berlin, 1987), 136ff.

12. Adolf Hitler, *Mein Kampf*, 2 Bände in einem Band (München, 1936[181/82]), 772.

13. Henry Picker, *Hitlers Tischgespräche im Führerhauptquartier 1941–42*, hg. von Gerhard Ritter (Bonn 1951), 229.

14. Ebd., 258.

15. Christian Streit, *Keine Kameraden: Die Wehrmacht und die sowjetischen Kriegsgefangenen 1941–1945* (Stuttgart 1978), 90.

16. Höß, *Kommandant in Auschwitz* (Anm. 10), 240.

17. Irena Strzelecka, »Hospitals«, in: *Anatomy of the Auschwitz Death Camp*, hg. von Yisrael Gutman/Michael Berenbaum (Bloomington, Indianapolis 1994), 389.

18. Christian Streit, »The German Army and the Politics of Genocide«, in: *The Policies of Genocide: Jews and Soviet Prisoners of War in Nazi Germany*, hg. von Gerhard Hirschfeld (London, Boston, Sydney 1986), 8.

19. Dokument 447–PS, Office of United States Chief Counsel For Prosecution of Axis Criminality, *Nazi Conspiracy and Aggression*, 8 Bände (Washington DC, 1946), Bd. 3, 410.

20. Dokument 812, *Nazism 1919–1945*, 3 Bände, hg. von Jeremy Noakes/Geoffrey Pridham (Exeter 1983–1988), Bd. 3, 1088f.

21. Dokument 814, zitiert nach ebd., 1091f.

22. Philippe Burrin, *Hitler und die Juden. Die Entscheidung für den Völkermord*, (Frankfurt/M., 1993), 112.

23. Internationaler Militärgerichtshof Nürnberg, *Der Prozeß gegen die Hauptkriegsverbrecher* (Anm. 6), Bd. 11, 525.

24. Dokument 1017-PS, in *Nazi Conspiracy and Aggression*, Bd.3, 676.

25. Dokument 1019-PS, ebd., Bd. 3, 684.

26. Dokument 1024-PS, in: ebd., Bd. 3, 685.

27. Dokument 1028-PS, in: ebd., Bd. 3, 690.

28. Dokument 1024-PS, in: ebd., Bd. 3, 689.

29. Ebd.

30. Schreiben Meyers an Himmler, 15. Juli 1941; BArch, NS 19/1739, 2.

31. Erhard Wetzel, »Stellungnahme und Gedanken zum Generalplan Ost des Reichsführers SS«, in: *Vierteljahrshefte für Zeitgeschichte* 6 (1958), 297ff.

32. »Kurze Zusammenfassung der Denkschrift Generalplan Ost,« BArch, NS/1739, 5.

33. Burrin, (Anm. 22), 120.

34. Dokument L-221, Office of United States Chief Counsel For Prosecution of Axis Criminality, *Nazi Conspiracy and Aggression*, Bd. 7, 1087.

35. Ebd., 1093.

36. Albert Speer, *Der Sklavenstaat: Meine Auseinandersetzungen mit der SS*, (Stuttgart 1981), 45.

37. Siehe Yitzhak Arad, *Belzec, Sobibor, Treblinka: The Operation Reinhard Death Camps* (Bloomington, Indianapolis 1987), 14f.

38. Dokument 710–PS, in: *Nazi Conspiracy and Aggression* (Anm. 19), Bd. 3, 525f.
39. Streit, »The Army and the Policies of Genocide« (Anm. 18), 10.
40. Frans Pieter ten Kate, *De Duitse aanval op de Sovjet-Unie in 1941: Een krijgs-kundige studie*, 2 Bände (Groningen, 1968), Bd. 1, 91f.
41. Ebd., 49.
42. Ebd., 70.
43. Höß, *Kommandant in Auschwitz* (Anm. 10), 28.
44. Wojciech Barcz, »Die erste Vergasung,« in: *Auschwitz: Zeugnisse und Berichte*, hg. von H. G. Adler/H. Langbein/Ella Lingens-Rainer (Frankfurt/M. 1988), 17f.
45. Schreiben Grabners, 7. Juni 1941, OAM, Sammlung 502/1, Akte 312 (USHRI, Mikrofilm RG 11.001M.03, Spule 41).
46. Siehe Jean-Claude Pressac/Robert-Jan van Pelt, »The machinery of Mass Murder at Auschwitz«, in: *Anatomy of the Auschwitz Death Camp* (Anm. 17), 209; ferner Jean-Claude Pressac, *Auschwitz: Technique and operation of the gas chambers*, übers. von Peter Moss (New York 1989) 131ff. Pressacs Behauptung, die erste Vergasung habe im Dezember 1941 stattgefunden, wird durch die Beweislage nicht gestützt.
47. Danuta Czech, *Kalendarium der Ereignisse im Konzentrationslager Ausch-witz-Birkenau 1939– 1945*, übers. von Jochen August/Nina Kozlowski/Silke Lent/Jan Parcer (Reinbek 1989), 122.
48. Höß, *Kommandant in Auschwitz* (Anm. 10), 189.
49. Ebd., 189f.
50. Zitiert nach *Ursachen und Folgen: Vom deutschen Zusammenbruch 1918 bis 1945 bis zur staatlichen Neuordnung Deutschlands in der Gegenwart*, 26 Bände, hg. von Herbert Michaelis/Ernst Schraepler (Berlin 1960), Bd. 18, 526f.
51. Wladyslaw Bednarz, »Extermination Camp at Chelmno«, *German Crimes in Poland*, 2 Bände (Warschau 1946–47), Bd. 1, 112f.
52. Adolf Hitler, *Monologe im Führerhauptquartier 1941– 1944*, hg. von Werner Jochmann (Hamburg 1980), 44.
53. Picker, *Hitlers Tischgespräche* (Anm.13), 346.
54. Nürnberger Dokumente PS-709.
55. Schreiben Pohls an Himmler, Dezember 1941, BArch, NS 19/2065; ferner »Vorschlag für die Aufstellung von SS-Baubrigaden für die Ausführung von Bauaufgaben des Reichsführers-SS im Kriege und Frieden«, BArch, NS 19/2065.
56. Schreiben Himmlers an Pohl, 31. Januar 1942, BArch, NS 19/2065.
57. Kammler, »Vorschlag für die Aufstellung von SS-Baubrigaden für die Ausführung von Bauaufgaben des Reichsführers-SS im Kriege und Frieden«, BArch NS 19, Akte 2065, 7ff.
58. Protokoll der Wannsee-Konferenz, zitiert nach *A Holocaust Reader*, hg. von Lucy S. Dawidowicz (New York 1976), 74.
59. Ebd., 78.
60. Adolf Hitler, *Monologe im Führerhauptquartier 1941 – 1944* (Anm. 52), 228.
61. Zitiert nach Martin Broszat, »Nationalsozialistische Konzentrationslager

448 Anhang

1933–1945«, in Helmut Krausnick/Hans Buchheim/Martin Broszat/Hans-Adolf Jacobsen, *Anatomie des SS-Staates,* 2 Bände (München 1994⁶), Bd. 2, 108f.

62. State of Israel, Ministry of Justice, *The Trial of Adolf Eichmann: Record of Proceedings in the Distrikt Court of Jerusalem,* 5 Bände (Jerusalem 1993), Bd. 4, 1424, 1431.

63. Yehuda Bauer, *Jews for Sale? Nazi-Jewish Negotiations, 1933–1945* (New Haven, London, 1994), 65.

64. Zitiert nach State of Israel, *The Trial of Adolf Eichmann* (Anm. 62), Bd. 4, 1508.

65. Helen Tichauer-Spitzer, Interview mit Debórah Dwork und Robert Jan van Pelt, New York, N.Y., 20. April 1995, Transkript, 24f.

66. Ebd., 25.

67. Ebd., 26ff.

68. Ebd., 28.

69. Siehe Alfred Konieczny, »Die Zwangsarbeit der Juden in Schlesien im Rahmen der ›Organisation Schmelt,‹« in: Götz Aly et al., *Sozialpolitik und Judenvernichtung: Gibt es eine Ökonomie der »Endlösung«?,* Beiträge zur Nationalsozialistischen Gesundheits- und Sozialpolitik Bd. 5 (Berlin 1987), 91ff.

70. Pery Broad, »KZ Auschwitz. Erinnerungen eines SS-Mannes der Politischen Abteilung im Konzentrationslager Auschwitz«, in: *Hefte von Auschwitz* 9 (1966), 30.

71. Schreiben Bischoffs an die Firma Topf, 5. März 1942, APMO, Bestand BW 30/25, 1; siehe auch Schreiben Bischoffs an Wirtz, 30. März 1942, APMO, Bestand BW (B) 30/34, 37.Wiedergegeben sind diese Schreiben in Pressac, *Auschwitz* (Anm. 46), 191, 193.

72. Schreiben Bischoffs an die Firma Topf, 22. Oktober 1941, OAM, Bestand 502/1, Akte 313 (USHRI, Mikrofilm RG 11.001M.03, Spule 41).

73. Überarbeitete Fassung des Planes für Birkenau vom 6. Januar 1942 (ohne Datum, jedoch vermutlich unmittelbar nach dem 27. Februar 1942 erstellt), OAM, Bestand 502/2, Akte 95 (USHRI, Mikrofilm RG 11.001M.03, Spule 63).

74. Czech, *Kalendarium* (Anm. 47), 186.

75. Höß, *Kommandant in Auschwitz* (Anm. 10), 241.

76. Bauer, *Jews for Sale?* (Anm. 63), 66.

77. Zitiert nach State of Israel, *The Trial of Adolf Eichmann* (Anm. 62), Bd. 4, 1509.

78. Czech, *Kalendarium* (Anm. 47), 206.

79. »Aktenvermerk Betr.: Anwesenheit von Obering. Prüfer der Fa. Topf u. Söhne Erfurt, bezüglich Ausbau der Einäscherungsanlagen im K.G.L. Auschwitz«, 21. August 1942, OAM, Bestand 502/1, Akte 313 (USHRI, Mikrofilm RG 11.001M.03, Spule 41).

80. Pressac/van Pelt, »The Machinery of Mass Murder at Auschwitz« (Anm. 46), 213.

81. Czech, *Kalendarium* (Anm. 47), 241ff.

82. Zitiert nach *Nazism 1919–1945,* Bd. 3, 1180.

10   Der Holocaust

1. Felix Kersten, *Totenkopf und Treue – Himmler ohne Uniform* (Hamburg 1952), 156.
2. Zu Diskussionen des Generalplans Ost siehe Dietrich Eichholtz, »Der Generalplan Ost: Über eine Ausgeburt imperialistischer Denkart und Politik (mit Dokumenten)«, *Jahrbuch für Geschichte* 26 (1982), 217–274; Rolf-Dieter Müller, *Hitlers Ostkrieg und die deutsche Siedlungspolitik* (Frankfurt/M. 1991); Bruno Wasser, *Himmlers Raumplanung im Osten: Der Generalplan Ost in Polen 1940–1944* (Basel, Berlin, Boston 1993); sowie die folgenden Beiträge in: *Der »Generalplan Ost«: Hauptlinien der nationalsozialistischen Planungs- und Vernichtungspolitik*, hg. von Mechthild Rössler/Sabine Schleiermacher (Berlin 1993): Czeslaw Madajczyk, »Vom ›Generalplan Ost‹ zum ›Generalsiedlungsplan‹«, 12–19; Karl Heinz Roth, »›Generalplan Ost‹ – ›Gesamtplan Ost‹: Forschungsstand, Quellenprobleme, neue Ergebnisse«, 25–95; Dietrich Eichholtz, »Der›Generalplan Ost‹ als genozidale Variante der imperialistischen Ostexpansion«, 118–124; Bruno Wasser, »Die ›Germanisierung‹ im Distrikt Lublin als Generalprobe und erste Realisierungsphase des ›Generalplans Ost‹«, 271–293.
3. Konrad Meyer, »Generalplan Ost: Rechtliche, wirtschaftliche und räumliche Grundlagen des Ostaufbaues«, BArch, R 49/157c, 29ff.
4. Ebd., 42ff.
5. Ebd., 52f.
6. Ebd., 61ff.
7. Heinrich Himmler, »Der Reichsführer SS vor den Oberabschnittsführern und Hauptamtschefs im Haus der Flieger in Berlin am 9. Juni 1942«, BArch, NS 19/4009, 18.
8. Die Siedlungsmarken waren Ingermanland, das die Westhälfte des Leningrader Gebietes einnahm (mit einer geplanten Siedlerzahl von 350700 in 25 Jahren), das aus Kurland und Litauen bestehende Memel-Narev-Gebiet (712300 Siedler) und der Gotengau, welcher die Krim und das ukrainische Gebiet Cherson umfassen sollte (925100 Siedler). Die Siedlungsstützpunkte waren 36 Städte mit dem umgebenden Weichbild von je etwa 2000 km^2, darunter Pskow (24800), Riga (105900), Warschau (319400), Lublin (40400),Zamosc (17700), Krakau (71900), Lemberg (90700) und Rovno (20000 Siedler). Mit 14400 Siedlern sollte auch die Stadt Jaslo ein Siedlungsstützpunkt werden. Die Siedler blieben aus, aber die Stadt wurde plangemäß verschönert. Siehe Konrad Meyer, »Generalplan Ost«, 71ff.
9. Ebd., 19f.
10. Kerstens Notizen über Himmlers Gespräch mit Hitler tragen die Daten des 16., 17., 19., 21., 22. und 23. Juli. Himmler war am 16. Juli in Shitomir bei Hitler, aber am 17. und 18. Juli in Auschwitz und vom 19. bis 22. Juli in Lublin. Kersten erwähnt nicht, ob er Himmler auf dieser Reise begleitete, und die besondere Erwähnung eines Gesprächs mit Hitlers Sekretär Brandt am 17. Juli unmittelbar nach einem Gespräch mit Himmler läßt vermuten, daß Kersten entweder Daten verwechselte, das Gespräch mit Himmler über die

deutsche Besiedlung Rußlands ausschmückte oder Teile von über einen viel längeren Zeitraum verteilten Gesprächen zu einem nur einige Tage umfassenden, kompakten Bericht zusammenzog. Der Eintrag vom 16. Juli erscheint bemerkenswert frisch und besitzt einen Ton der Authentizität, der den anderen Einträgen abgeht. Siehe Kersten, *Totenkopf und Treue* (Anm. 1), 156ff.

11. Yehuda Bauer, *Jews for Sale?: Nazi-Jewish Negotiations, 1933–1945* (New Haven, London 1994), 102f.

12. Kersten, *Totenkopf und Treue* (Anm. 1), 156.

13. Ebd., 157.

14. Richard Breitman, *The Architect of Genocide: Himmler and the Final Solution* (New York, 1991), 237ff.

15. Zitiert nach Yitzhak Arad, *Belzec, Sobibor, Treblinka: The Operation Reinhard Death Camps* (Bloomington, Indianapolis 1987), 47.

16. *Buch der Agonie: Das Warschauer Tagebuch des Chaim A. Kaplan*, hg. von Abraham I. Katsh, übers. von Harry Roos (Frankfurt/M. 1967) 380.

17. Ebd., 382.

18. Adam Czerniakow, *The Warsaw Diary of Adam Czerniakow*, hg. von Raul Hilberg, Stanislaw Staron und Josef Kermisz (New York 1982), 23.

19. Kaplan, *Buch der Agonie*, 387.

20. Zitiert nach State of Israel, Ministry of Justice, *The Trial of Adolf Eichmann: Record of Proceedings in the Distrikt Court of Jerusalem*, 5 Bände (Jerusalem 1993), Bd. 4, 1563.

21. Ebd.

22. Ebd.

23. Siehe Wasser, *Himmlers Raumplanung im Osten* (Anm. 2), 60ff.

24. Rudolf Höß, *Death Dealer: The memoirs of the SS-Kommandant at Auschwitz*, hg. von Steven Paskuly (Buffalo 1992), 255f. Das Zitat ist nicht in der von Martin Broszat herausgegebenen deutschen Ausgabe der Aufzeichnungen von Höß enthalten.

25. Wasser, *Himmler's Raumplanung im Osten* (Anm. 2), 109ff. u. 126ff.

26. State of Israel, *The Trial of Adolf Eichmann* (Anm. 20), Bd. 4, 1474.

27. Rudolf Vrba/Alan Bestic. *Ich kann nicht vergeben*, übers. von Werner von Grünau (München 1964), 12f.

28. Ebd., 15.

29. Rudolf Höß, *Kommandant in Auschwitz: Autobiographische Aufzeichnungen,* hg. von Martin Broszat (München 1994¹⁴), 274.

30. APMO, Bestand BW (B) 30/30, 23; BW(B) 30/26, 22.

31. Höß, *Kommandant in Auschwitz* (Anm. 29), 274.

32. Ebd., 243.

33. Schreiben Zieglers an Himmler, 18. Februar 1942; WAPK, Bestand LO/S, Akte 467, 132.

34. Höß, *Kommandant in Auschwitz* (Anm. 24), 276.

35. Ebd., 279.

36. Der Bau der Kläranlagen führte zu einer wahren Papierflut; zu den wichtigsten Dokumenten zählen die folgenden: »Richtlinien Nr. 35 für vorläufige Maß-

nahmen zur Gewinnung eines hygienisch einwandfreien Trinkwassers und zur hygienische einwandfreien Abwasserbeseitigung«, APMO, Bestand BW 29/2, Akte BW 29/13, 27f.; Schreiben Bischoffs an Kammler, 26. Juli 1943, APMO, Bestand BW 1/5, Akte 1/17; »Aktenvermerk betr.: Besuch des Hauptamtschef . . . Pohl in Auschwitz, 17. August 1943«, OAM, Sammlung 502/1, Akte 233 (USHRI, Mikrofilm RG 11.001M.03, Spule 35).

37. Vrba, *Ich kann nicht vergeben* (Anm. 27), 102.

38. Diese Feststellung ist wichtig, erklärt sie doch, warum die Bunker und die Krematorien IV und V nicht auf dem Bebauungsplan vom 15. August 1942 auftauchten.

39. APMO, Bestand BW (B) 30b, Akte 30c/22.

40. »Aktenvermerk Betr.: Anwesenheit von Obering. Prüfer der Fa.Topf u. Söhne Erfurt, bezüglich Ausbau der Einäscherungsanlagen im K.G.L. Auschwitz«, OAM, Bestand 502/1, Akte 26 (USHRI, Mikrofilm RG 11.001M.03, Spule 20).

41. APMO, Bestand BW (B) 30b, Akte 30/23.

42. Zitiert nach Internationaler Militärgerichtshof Nürnberg, *Der Prozeß gegen die Hauptkriegsverbrecher*, 46 Bände (Nürnberg 1949), Bd. 11, 460f.

43. Andrzej Strzelecki, »The Plunder of Victims and Their Corpses«, in: *Anatomy of the Auschwitz Death Camp* hg. von Yisrael Gutman/Michael Berenbaum (Bloomington, Indianapolis 1994), 253f.

44. Vrba, *Ich kann nicht vergeben* (Anm. 27), 133.

45. Albert Speer, *Der Sklavenstaat: Meine Auseinandersetzungen mit der SS* (Stuttgart 1981), 42.

46. APMO, Bestand BW (B) 30/34, 96.

47. APMO, Bestand BW (B) 30/12.

48. Raul Hilberg, *Die Vernichtung der europäischen Juden*, 3 Bände (Frankfurt/M. 1990), Bd. 3, 1300; Franciszek Piper, *Die Zahl der Opfer von Auschwitz*, übers. von Jochen August (Oswiecim 1993), Tabelle D (zwischen 144 und 145).

49. Joseph Billig, »The Launching of the ›Final Solution‹«, in: *The Holocaust and the Neo-Nazi Mythomania*, hg. von Serge Klarsfeld, übers. von Barbara Rucci (New York 1978), 65f.

50. Georges Wellers, »The Number of Victims and the Korherr Report«, ebd., 145ff.

51. Ebd., 183, 194.

52. Ebd., 206.

53. Ebd., 173.

54. Hans Stosberg, »Erläuterungsbericht zum Bebauungsplan für die Stadt Auschwitz O/S«, Archiv Gutschow, Absteinach, 6.

55. APMO, Akte BW 30/27, 17.

56. »Aktenvermerk Betr.: Stromversorgung und Installation des KL und KGL«, OAM, Bestand 502/1, Akte 26 (USHRI, Mikrofilm RG 11.001M.03, Spule 20).

57. Siehe Jean-Claude Pressac, *Auschwitz: Technique and operationof the gas chambers*, übers. von Peter Moss (New York 1989) 481ff.

58. PMOB, Akte BW 30/41, 28.

59. Danuta Czech, *Kalendarium der Ereignisse im Konzentrationslager Ausch-*

witz-Birkenau 1939–1945, übers. von Jochen August/Nina Kozlowski/Silke Lent/Jan Parcer (Reinbek 1989), 440.

60. Ebd., 445.
61. Abnahmevereinbarung vom 19. und 22. März 1943, OAM, Bestand 502/2, Akte 54 (USHRI, Mikrofilm RG 11.001M.03, Spule 21); Schreiben des WVHA, 24. Juni 1944, OAM, Bestand 502/1, Akte 281 (USHRI, Mikrofilm RG 11.001M.03, Spule 37).
62. Schreiben der Firma Topf, 10. Mai 1943, APMO, Akte BW (B) 30/34; ferner Pressac, *Auschwitz* (Anm. 57), 386ff.
63. Abnahmevereinbarung vom 24. Juni 1943, APMO, Akte BW (B) 30/43.
64. Czech, *Kalendarium* (Anm. 59), 374.
65. Vrba, *Ich kann nicht vergeben* (Anm. 27), 20.
66. Schreiben Bischoffs an Kammler, 4. Juni 1943, APMO, Akte BW 1/3, 106.
67. Franciszek Piper, »The System of Prisoner Exploitation«, in: *The Anatomy of the Auschwitz Death Camp* (Anm. 48), 34ff.; Shmuel Krakowski, »The Satellite Camps«, ebd., 50ff.
68. Hilberg, *Die Vernichtung der europäischen Juden* (Anm. 48), Bd. 3, 1300; Piper, *Die Zahl der Opfer von Auschwitz* (Anm. 48), Tabelle D (zwischen 144 und 145).
69. *A Holocaust Reader*, hg. von Lucy S. Dawidowicz (New York 1976), 133f.
70. Speer, *Der Sklavenstaat* (Anm. 45), 400.
71. Filip Müller, *Sonderbehandlung. Drei Jahre in den Krematorien und Gaskammern von Auschwitz*, deutsche Bearbeitung von Helmut Freitag (München 1979), 197.
72. Ebd., 201.
73. Ebd., 207.
74. Ebd., 211.
75. Ebd.
76. Zitiert nach Albert Speer, *Der Sklavenstaat* (Anm. 45), 42.
77. Alexander Ehrmann, Interview mit Debórah Dwork, West Bloomfield, Mich., 15. November und 13. Dezember 1986 sowie 24. Januar 1987, Transkript, 34f.
78. Ebd., 37f.
79. Sara Grossman-Weil, Interview mit Debórah Dwork, Malverne, N.Y., 29. und 30. April 1987, Transkript, 22.
80. Josef Zelkowicz, »Days of Nightmare«, in: *A Holocaust Reader* (Anm. 69), 301f.
81. Grossman-Weil, Transkript, 21; ferner Dwork, *Kinder mit dem gelben Stern. Europa 1933–1945*, übers. von Gabriele Krüger-Winer (München: C. H. Beck, 1994), 201f.
82. Grossman-Weil, Transkript, 27; ferner Dwork, *Kinder mit dem gelben Stern* (Anm. 81), 210.
83. Grossman-Weil, Transkript, 28; Dwork, *Kinder mit dem gelben Stern* (Anm. 81), 281.
84. Grossman-Weil, Transkript, 29.
85. Ebd.

86. Ebd., 30.
87. Ebd., 34.
88. Ebd.
89. Ebd., 28; Dwork, *Kinder mit dem gelben Stern* (Anm. 81), 281.
90. Müller, (Anm. 71), 96f.
91. Ebd., (Anm. 71), 96.
92. Ebd., (Anm. 71), 183.
93. Hannah Arendt, *Eichmann in Jerusalem. Ein Bericht von der Banalität des Bösen,* übers. von Brigitte Granzow (München, Zürich 1995⁵), 328.

Epilog
Auschwitz, anerkannt und verleugnet

1. Jane Perlez, »Survivors pray at the Crematories at Auschwitz«, *New York Times,* 27. Januar 1995.
2. Siehe Heinrich Freiherr Senfft von Pilsach, »Expellees in the Federal Republic of Germany«, in: Goettingen Research Committee, *Eastern Germany: A Handbook,* 3 Bände (Würzburg 1960), Bd. 3, 107ff.
3. Wolf Jobst Siedler, *Weder Maas noch Memel: Ansichten vom beschädigten Deutschland* (Stuttgart 1982), 37.
4. Walther Kuhn, »Eine Jugend für die Sprachinselforschung«, in: *Walter Kuhn, Neue Beiträge zur schlesischen Siedlungsgeschichte* (Sigmaringen 1984), 270.
5. Walther Kuhn, »Siedlungsgeschichte des Auschwitzer Beskidenvorlandes«, in: *Walter Kuhn, Neue Beiträge zur schlesischen Siedlungsgeschichte* (Sigmaringen 1984), 166.
6. Gordon Craig in einem Interview, *Der Spiegel,* 13. November 1989, 185.
7. David Irving, Stammvater der Holocaust-Leugner und Verbündeter der deutschen Neonazis, prophezeit, daß im Jahre 2000 die verlorenen Gebiete an Deutschland zurückgefallen sein werden. Siehe David Irving, *Deutschlands Ostgrenze: Weder Oder noch Neiße – Die Rückkehr des deutschen Ostens* (Kiel, 1990).
8. Wolf Jobst Siedler et al., *Deutsche Geschichte im Osten Europas. Eine Bilanz in 10 Bänden,* Verlagsprospekt (Berlin o.J.), 4.
9. Ebd., 4f.
10. Ebd.
11. Ebd., 14f.
12. Rudolf Augstein, *Preußens Friedrich und die Deutschen* (Nördlingen, 1986), 8.
13. Norbert Conrads, »Schlussbetrachtung«, in: *Deutsche Geschichte im Osten Europas: Schlesien,* hg. von Norbert Conrads (Berlin 1994), 701.
14. Iwona Irwin-Zarecka, »Poland, After The Holocaust«, in *Remembering For the Future: Working Papers and Addenda,* 3 Bände (Oxford 1989), Bd. 1, 147.
15. Debórah Dwork, *Kinder mit dem gelben Stern. Europa 1933–1945,* übers. von Gabriele Krüger-Wirrer (München 1994), 215.
16. Zitiert nach S. I. Minerbi, »Pope John Paul II and the Shoah«, in: *Remembering the Future* (Anm. 14), Bd. 3, 2976.

17. Irwin-Zarecka, »Poland, After the Holocaust« (Anm. 14), 147.
18. Wladyslaw T. Bartoszewski, *The Convent at Auschwitz* (New York 1991), 7.
19. Minerbi, »Pope John Paul II and the Shoah« (Anm. 16), 2977.
20. Ebd., 2984.
21. Ebd., 2983.
22. Jane Perlez, »Separate Auschwitz services Highlight Jewish-Polish Dispute«, *New York Times,* 26. Januar 1995.
23. Perlez, »Survivors Pray at the Crematories of Auschwitz.«
24. Telefongespräch Elie Wiesels mit Debórah Dwork, 29. März 1995.
25. Jane Perlez, »In Auschwitz, Snow Faintly Falls on the Livingand the Dead«, *New York Times,* 28. Januar 1995. Hinweis: Präsident Walesas Reden wurden vor seiner Diskussion mit Elie Wiesel gedruckt. Das Wort »Jude« kommt in diesen gedruckten Fassungen nirgendwo vor. Telefongespräch Elie Wiesels mit Debórah Dwork, 29. März 1995.
26. Schreiben Bischoffs an das WVHA/C:I, 4. Juni 1943, APMO, Bestand BW 1/3, 106.
27. Vorsitzender der Wettbewerbsjury war der englische Bildhauer Henry Moore. Nach einer Vorauswahl wurden sieben Künstlergruppen zum Einreichen von Entwürfen für eine zweite Runde aufgefordert. Drei dieser überarbeiteten Projekte wurden für gut befunden, jedoch erhielt keines das Prädikat »uneingeschränkt geeignet«. Der beste dieser drei Vorschläge war das hier beschriebene Projekt von Oskar und Zofia Hansen, Jerzy Jarnuszkiewicz, Julian Palka, Lechoslaw Rosinski, Edmund Kupiecki und Tadeusz Plasota. Die von diesem Team vorgeschlagene Lösung wurde als »außergewöhnlich brillant« bewertet, doch die Proteste ehemaliger Häftlinge und das Fehlen eines plastischen Elements, das als emotionaler Fokus hätte dienen können, wurde als problematisch bewertet. Siehe Henry Moores Kommentare in *Auschwitz Monument* (Oswiecim 1959) und Jadwiga Bezwinska et al., *Katalog Wystawy Projektow Nadeslanych Na Miedzynarodowy Konkurs Budowy Pomnika W Oswiecimiu* (Oswiecim 1959).

LITERATUR ZU
DEN BILDUNTERSCHRIFTEN

Gunther d'Alquen, »Vorbemerkung des Herausgebers zur ersten Folge von Erich Dwinger, ›Die letzten Reiter‹«, in: *Das Schwarze Korps* 2 (6. Februar 1936), 18.

Udo Arnold et al., *800 Jahre Deutscher Orden: Austellung des Germanischen Nationalmuseums Nürnberg in Zusammenarbeit mit der Internationalen Historischen Kommission zur Erforschung des Deutschen Ordens* (Gütersloh, München 1990).

Vernon Bartlett, *Nazi Germany Explained* (London 1933).

Petrus Bertius, *P. Berti Tabularum geographicarum contractarum Libri Septem* (Amsterdam 1616).

Carl Culemann, »Die Gestaltung der städtischen Siedlungsmasse«, in: *Raumforschung und Raumordnung: Monatsschrift der Reichsarbeitsgemeinschaft für Raumforschung* 5 (1941), 122–34.

Das Buch des deutschen Bauern, hg. von Friedrich Wilhelm Ruge (Berlin 1935).

Das Buch vom deutschen Volkstum: Wesen – Lebensraum – Schicksal, hg. von Paul Gauß (Leipzig 1935).

Der Arbeitsdienst: Ein Bilderberichtbuch, hg. von Herbert Erb (Berlin 1935).

Der Untermensch, hg. vom Reichsführer SS, SS-Hauptamt (Berlin 1942).

Deutschland und der Korridor, hg. von Friedrich Heiss/A. Hillen Ziegfeld (Berlin 1933).

»Die Juden müssen arbeiten«, in: *Illustrierter Beobachter* 14 (12. Oktober 1939), 1546–47.

Sutherland Edwards, *The Polish Captivity: An Account of the Present Position of the Poles in the Kingdom of Poland, and in the Polish Provinces of Austria, Prussia, and Russia*, 2 Bände (London 1863).

Entwicklung, Organisation, Arbeitsleistung der Dienststelle des Gauleiters und Oberpräsidenten als Beauftragter des Reichsführer SS Reichskommissar für die Festigung deutschen Volkstums, hg. von der Dienststelle Amt des Gauleiters Oberschlesien in Vertretung für den RfSS-RkfdFdv (Kattowitz 1943).

Gottfrid Feder/Fritz Rechenberg, *Die neue Stadt: Versuch der Begründung einer neuen Stadtplanung aus der sozialen Struktur der Bevölkerung* (Berlin 1939).

Helmut Gauweiler, *Deutsches Vorfeld im Osten: Bildbuch über das Generalgouvernement* (Krakau 1941).

Wilhelm Grebe, »Wiedergesundung und Neuausrichtung des ländlichen Bauwesen: Zu dem Bauernhof-Wettbewerb, 1941–1942«, in: *Monatshefte für Baukunst und Städtebau* 26 (1942), 213–20.

Karl Gruber, *Die Gestalt der deutschen Stadt: Ihr Wandel aus der geistigen Ordnung der Zeiten* (München 1952).

Karl Haushofer, *Grenzen in ihrer geographischen und politischen Bedeutung* (Berlin 1927).

Heimatkalender des Beskidenkreis Saybusch 1941, hg. vom Landrat in Saybusch (Gleiwitz 1941).

Peter Hellmann/Lili Meier/Beate Klarsfeld, *The Auschwitz Album: A Book Based upon an Album Discovered by a Concentation Camp Survivor, Lilie Meier* (New York 1981).

Otto Helmut, *Volk in Gefahr: Der Geburtenrückgang und seine Folgen für Deutschlands Zukunft* (München 1934).

Hans Joachim Hemigk, Oberschlesische Landbaukunst um 1800 (Berlin, 1937).

Jost Hermand, *Der alte Traum vom neuen Reich: Völkische Utopien und Nationalsozialismus* (Frankfurt 1988).

Heinrich Himmler, »Deutsche Burgen«, in: *Das Schwarze Korps* 7 (23. Januar 1941), 4.

Willy Höhm, *Wir Brandenburger!* (Berlin 1935).

Werner vom Hofe/Peter Seifert, *Die Ewige Strasse: Geschichte unseres Volkes* (Dortmund, Breslau 1943).

Rudolf Höß, *Death Dealer: The Memoirs of the SS Kommandant at Auschwitz*, hg. von Steven Paskuly (Buffalo 1992).

Im Dienste Europas: Fünf Jahre deutscher Arbeit im Generalgouvernement, hg. von Emil Gassner (Krakau 1944).

Hanns Johst, *Ruf des Reiches – Echo des Volkes: Eine Ostfahrt* (München 1940).

Wolfgang Jünger, *Kampf um Kautschuk* (Leipzig 1942).

Hans Krieg et al., *Deutsches Schicksal: Der Bauer und das Reich* (Stuttgart o.J.).

Neue Dorflandschaften: Gedanken und Plätze zum Ländlichen Aufbau in den neuen Ostgebieten und im Altreich, hg. vom Reichskommissar für die Festigung deutschen Volkstums, Stabshauptamt, Hauptabteilung: Planung und Boden (Berlin 1943).

»Nützbringend verwandt«, in: *Das Schwarze Korps* 7 (26. Juni 1941), 8.

Oberschlesischer Heimatkalender für das Jahr 1943, hg. vom Oberschlesischen Heimatbund (Breslau 1943).

Günther Pahl, »Das größere Oberschlesien«, in: *Die Woche* (16. April 1941), 6.

Gustav Paul, *Grundzüge der Rassen- und Raumgeschichte des deutschen Volkes* (München 1935).

Rudolf Proksch, »Artamanen: Der Beginn einer Bewegung zur Heimkehr der Jugend aufs Land«, in: *Wille und Macht* 10, Nr. 5 (Mai 1942), 16–28.

Alfred Pudelko, *Wir Schlesier!* (Berlin 1937).

E. Reventlow, *Judas Kampf und Niederlage in Deutschland: 150 Jahre Judenfrage* (Berlin 1937).

Werner Schäfer, *Konzentrationslager Oranienburg: Das Anti-Braunbuch über das erste deutsche Konzentrationslager* (Berlin, 1934).

Gerhard Schultze-Pfaelzer, *Hindenburg und Hitler zur Führung vereinigt* (Berlin 1933).

Siedlungsgestaltung aus Volk, Raum und Landschaft, 5. Planungsheft: Das deutsche Siedlungsbild im Osten, hg. vom Reichsheimstättenamt der Deutschen Arbeitsfront, Hauptabteilung Städtebau und Wohnungsplanung (Berlin 1941).

Siedlungsgestaltung aus Volk, Raum und Landschaft, 7. Planungsheft, 1. Teil: Die Gestaltung des Dorfes, hg. vom Reichsheimstättenamt der Deutschen Arbeitsfront, Hauptabteilung Städtebau und Wohnungsplanung (Berlin 1941).

Rudolf Straß, »Des Baltenlandes deutsche Stunde«, in: *Die Woche* 20 (23. März 1918), 283–86.

Alfred Thoss, *Heimkehr der Volksdeutschen* (Berlin, 1941).

Walter Threde/Peter Nasaki, *Posen und sein preussischer Streifen, 1919–1939* (Berlin, 1983).

Kurt Trampler, *Um Volksboden und Grenze*, (Heidelberg, Berlin 1935).

Welt in Gärung: Zeitberichte deutscher Geopolitiker, hg. von Karl Haushofer/Gustav Fochler-Haube (Leipzig, Berlin 1937).

Weltpolitik von Heute, hg. von Karl Haushofer/Gustav Fochler-Haube (Berlin 1939).

Gerhard Ziegler, »Grundlagen des künftigen Städtebaus in Oberschlesien«, in: *Raumforschung und Raumordnung: Monatsschrift der Reichsarbeitsgemeinschaft für Raumforschung* 5 (1941), 151–159.

BILDNACHWEIS

Abkürzungen

APMO	Archiwum Panstwowego Muzeum w Osciwiecimiu
	(Archiv des Staatlichen Museums Auschwitz-Birkenau)
BArch	Bundesarchiv Berlin-Lichterfelde
OAM	Osobyj Archiv Moskau
Aut.	Sammlung der Autoren
SMLYU	Sterling Memorial Library, Yale University

S. 18 (oben):	Towarzytwo Milosnikow Ziemi Oswiecomskiej
S. 18 (unten):	Aut.
S. 20:	Wojewodschaftsarchiv Katowice
S. 22:	Karte von Robert-Jan van Pelt und Don Bonner
S. 23:	Trampler, »Um Volksboden und Grenze« (1935), SMLYU
S. 25:	Pudelko, »Wir Schlesier!« (1937), SMLYU
S. 27:	SMLYU
S. 28:	Karte von Robert-Jan van Pelt und Don Bonner
S. 31:	Aut.
S. 32:	Zeichnung von Philip Doele aufgrund der Rekonstruktion durch Robert-Jan van Pelt
S. 33:	Towarzytwo Milosnikow Ziemi Oswiecomskiej
S. 34:	Karte von Robert-Jan van Pelt und Don Bonner
S. 35 (oben):	Stadtarchiv Oswiecim
S. 35 (unten):	Foto von Ryszard Kozlowski, Aut.
S. 37:	Edwards, »The Polish Captivity« (1863), SMLYU
S. 38:	Aut.
S. 42:	Anton Heinen: »Die Ewige Strasse II« (1943), Aut.
S. 43:	Arnold, »800 Jahre Deutscher Orden« (1990)
S. 44:	Franz, »Wir Preußen!« (1936), SMLYU
S. 45:	Gruber, »Die Gestalt der deutschen Stadt« (1952), Seeley G. Mudd Library, Yale University
S. 47:	Lithographie nach dem Gemälde von Jan Matejko (1878), Nationalmuseum, Warschau, Aut.
S. 48:	Karte von Robert-Jan van Pelt und Don Bonner
S. 51 (oben):	Hoehm, »Wir Brandenburger!« (1935), SMLYU
S. 51 (unten):	Hemigk, »Oberschlesische Landbaukunst« (1937), SMLYU
S. 52:	Karte von Robert-Jan van Pelt und Don Bonner

S. 53, 55:	Aut.
S. 57:	SMLYU
S. 58:	Karte von Robert-Jan van Pelt und Don Bonner
S. 59:	»Posen. Threde und Nasaski, Posen und sein preußischer Streifen« (1983), SMLYU
S. 60:	Towarzytwo Milosnikow Ziemi Oswiecomskiej
S. 61:	Slawomir Staszak
S. 62:	Karte von Robert-Jan van Pelt und Don Bonner
S. 64 (oben):	APMO, 8871
S. 64 (unten):	APMO, 20012
S. 67:	APMO, 20998/14
S. 68, 69:	Helmut, »Volk in Gefahr« (1934), Seeley G. Mudd Library, Yale University
S. 75:	SMLYU
S. 76:	Reventlow, »Judas Kampf und Niederlage« (1937), SMLYU
S. 77:	SMLYU
S. 78 (oben):	Hermand, »Der alte Traum vom neuen Reich« (1988)
S. 78 (unten):	*Illustrierte Zeitung*, Nr. 3938 (1918), SMLYU
S. 80:	Schultze-Pfaelzer, »Hindenburg und Hitler zur Führung vereint« (1933), Aut.
S. 83, 84, 85:	SMLYU
S. 86:	»Die ewige Straße V« (1943), Aut.
S. 87:	»Odal« (1936/37), SMLYU
S. 88:	Runge, »Das Buch des deutschen Bauern« (1935), Seeley G. Mudd Library, Yale University
S. 90:	»Odal«, Band 11 (1942), SMLYU
S. 91:	Aut.
S. 93:	Arnold, »800 Jahre Deutscher Orden« (1990)
S. 94, 95:	Heiß und Hillen-Ziegfeld, Hg., »Deutschland und der Korridor« (1933), SMLYU
S. 97:	Gauß, »Das Buch vom deutschen Volkstum« (1935), SMLYU
S. 98, 100:	Heiß und Hillen-Ziegfeld, Hg., »Deutschland und der Korridor« (1933), SMLYU
S. 101:	Karte von Robert-Jan van Pelt und Don Bonner
S. 104, 105:	Schultze-Pfaelzer, »Hindenburg und Hitler zur Führung vereint« (1933), Aut.
S. 106:	SMLYU
S. 107:	Schultze-Pfaelzer, »Hindenburg und Hitler zur Führung vereint« (1933), Aut.
S. 109, 111:	SMLYU
S. 113 (oben):	Erb, »Der Arbeitsdienst« (1935), SMLYU; Hitler: Rede zum 1. Mai 1933, in: Max Domarus, »Hitler. Reden und Proklamationen 1931–1945, Bd. 1.1. Wiesbaden (1973), S. 26ff.
S. 113 (unten):	Schäfer, »Konzentrationslager Oranienburg« (1934), Seeley G. Mudd Library, Yale University

S. 114, 116:   SMLYU
S. 117:   Haushofer und Fochler-Haube, Hg., »Welt in Gärung«: Zeitbe-
                  richte deutscher Geopolitiker (1937), SMLYU
S. 118:   Gauß, Paul (Hg.), »Das Buch vom deutschen Volkstum« (1935)
S. 121:   Paul, »Grundzüge der Rassen- und Raumgeschichte des deut-
                  schen Volkes« (1935), SMLYU
S. 123 (oben):   SMLYU
S. 123 (unten):   APMO, 2100
S. 125, 127:   SMLYU
S. 129:   Karte von Robert-Jan van Pelt und Don Bonner
S. 130:   APMO, 20829/19
S. 135:   Gauweiler, »Deutsches Vorfeld im Osten« (1941), SMLYU
S. 138:   Aut.
S. 143:   Thoss, »Heimkehr der Volksdeutschen« (1941), SMLYU
S. 145:   SMLYU
S. 146:   BArch
S. 149:   Aut.
S. 150:   BArch
S. 153:   Aut.
S. 158-167:   BArch
S. 168, 169:   Reichsheimstättenamt der Deutschen Arbeitsfront, »Siedlungsge-
                  staltung aus Volk, Raum und Landschaft« (1941), Kunstbibliothek
                  der Staatlichen Museen zu Berlin
S. 170:   BArch
S. 175:   Reichskommissar für die Festigung deutschen Volkstums, »Neue
                  Dorflandschaften« (1943), BArch
S. 181:   »Entwicklung, Organisation, Arbeitsleistung« (1943), BArch
S. 183:   Zeichnung von Philip Doele auf der Grundlage einer Rekonstruk-
                  tion durch Robert-Jan van Pelt
S. 185:   Zeichnung von Kate Mullin, Aut.
S. 187:   APMO, Bestand BW 8.9/1, Akte BW 8/1
S. 188 (oben):   APMO, 20995/36
S. 188 (unten):   APMO, 20995/43
S. 191, 194:   Zeichnung von Kate Mullin, Aut.
S. 199:   BArch, R 49/902
S. 200, 204:   »Entwicklung, Organisation, Arbeitsleistung« (1943), BArch
S. 205, 207:   Aut.
S. 208:   APMO, 20995/188
S. 209:   APMO, 20995/162
S. 211 (oben):   APMO, 20995/167
S. 211 (unten):   APMO, 20995/346
S. 213, 218:   Aut.
S. 220:   SMLYU
S. 221:   Jünger, »Kampf um Kautschuk« (1942), Aut.
S. 223:   Towarzytwo Milosnikow Ziemi Oswiecomskiej

S. 225:	APMO, 20829/13
S. 230:	Zeichnung von Harun Rashid und Robert-Jan van Pelt nach der Zeichnung AZ 5926–1 (3. Oktober 1944) im OAM, Bestand 502/5, Akte 13
S. 233:	SMLYU
S. 234, 235:	Zeichnung von Kate Mullin, Aut.
S. 236:	Berlin Document Center
S. 238:	Zeichnung von Kate Mullin, Aut.
S. 240, 241:	APMO, Bestand BW 3,3a, Akte BW 3/5
S. 242:	OAM, Bestand 502/1, Akte 322
S. 245:	Zeichnung von Kate Mullin, Aut.
S. 246 (oben):	APMO, Bestand BW 160/3, Akte 160/10
S. 246 (unten):	APMO, 20995/477
S. 248, 249:	Zeichnung von Kate Mullin, Aut.
S. 250:	APMO, Bestand BW 173/1, Akte BW 173/1
S. 251 (oben):	APMO, Bestand BW 173/1, Akte 173/28
S. 251 (unten):	APMO, Bestand BW 40/2, Akte BW 40/6
S. 252:	APMO, Bestand BW 173/3, Akte BW 173/11
S. 253:	APMO, Bestand BW 40/2, Akte BW 40/6
S. 254:	APMO, 20995/51
S. 257:	Aut.
S. 261:	SMLYU
S. 263:	Rackham Library, University of Michigan
S. 266, 267:	Feder, »Die neue Stadt« (1939), Aut.
S. 268, 269:	Rackham Library, University of Michigan
S. 271:	Gruber, »Die Gestalt der deutschen Stadt« (1952), Seeley G. Mudd Library, Yale University
S. 272:	Reichsheimstättenamt der Deutschen Arbeitsfront, »Siedlungsgestaltung aus Volk, Raum und Landschaft« (1941), Kunstbibliothek der Staatlichen Museen zu Berlin
S. 274:	Zeichnung von Kate Mullin nach den Zeichnungen im OAM, Bestand 502/2, Akte 93, Aut.
S. 276:	APMO, 21321/6
S. 277:	APMO, 20586
S. 278:	Foto von Robert-Jan van Pelt, Aut.
S. 279:	Zeichnung von Kate Mullin, Aut.
S. 284-287:	Hoover Institution, Stanford University
S. 290:	Berlin Document Center
S. 293 (oben):	Rekonstruktion und Zeichnung von Robert-Jan van Pelt, Peter Gallagher und Paul Backewich, Aut.
S. 293 (unten):	Zeichnung von Kate Mullin, Aut.
S. 294:	Aut.
S. 295:	APMO, Bestand BW (B) 3, 3a, Akte BW 3/5
S. 298:	Zeichnung von Kate Mullin, Aut.
S. 299:	APMO, Bestand BW (B) 3, 3a, Akte BW 3/1

S. 300:   APMO, Bestand BW (B) 9/1, Akte 9/1
S. 301:   Rekonstruktion und Zeichnung von Robert-Jan van Pelt, Peter
                   Gallagher und Paul Backewich, Aut.
S. 302 (oben):   APMO, BW 20995/431
S. 302 (unten):   Aut.
S. 307:   APMO
S. 312:   SMLYU
S. 316:   Aut.
S. 327:   Berlin Document Center
S. 335:   OAM, Bestand 502/2, Akte 95
S. 337:   OAM, Bestand 502/2, Akte 116
S. 340:   Karte von Robert-Jan van Pelt und Don Bonner
S. 342:   Reichskommissar für die Festigung deutschen Volkstums, »Neue
                   Dorflandschaften« (1943), BArch
S. 344, 345:   Die Tabelle beruht auf einem Original im Bundesarchiv Berlin-
                   Lichterfelde R 49, Akte 157c
S. 346:   Aut.
S. 350:   Rekonstruktion und Zeichnung von Robert-Jan van Pelt, Peter
                   Gallagher und Paul Backewich, nach einer Zeichnung vom 15.
                   August 1942. APMO, Bestand BW (B) 2/1, Akte BW 2/10
S. 353:   APMO, 385
S. 356:   Zeichnung von Kate Mullin, Aut.
S. 357:   APMO, 20995/482
S. 358:   APMO, Bestand BW (B) 30/2, Akte BW 30/19a
S. 359:   Berlin Document Center
S. 362:   APMO, 20995/498
S. 363:   APMO, 20995/506
S. 364:   APMO, 20995/495
S. 366 (oben):   APMO, 20995/509
S. 366 (unten):   APMO, 20995/507
S. 369 (oben):   Rekonstruktion und Zeichnung von Robert-Jan van Pelt, Peter
                   Gallagher und Paul Backewich. Nach dem Original im APMO,
                   Bestand BW (B) 2/1, Akte BW2/14
S. 369 (unten):   APMO, 422
S. 370:   APMO, 20995/467
S. 375:   Aut.
S. 376-379:   Hellman, Meier, Klarsfeld, »The Auschwitz Album« (1981), SMLYU
S. 380-382:   Aut.
S. 383-386:   Hellman, Meier, Klarsfeld, »The Auschwitz Album« (1981), SMLYU
S. 393:   Karte von Robert-Jan van Pelt und Don Bonner
S. 394:   Siedler, Verlagsprospekt, Aut.
S. 398-409:   Fotos von Robert-Jan van Pelt

Tafelteil

PERSONENREGISTER

Srebnik, Simon 326
Stahlecker, Franz 132
Stalin, Josef 141, 143, 161-162
Stasiaski, Ludwik 65-66
Staszak, Slawomir 399
Stein, Edith 409-410
Stirk, Dickinson Samuel 41
Stosberg, Hans 19, 24, 66, 226, 232,
    273-278, 361
Strasser, Gregor 110
Strodthoff, Emil 129

Ter Meer, Fritz 226
Thoss, Alfred 165
Tichauer-Spitzer, Helen 332-333
Tippmann, A. 312
Tiso, Josef 331-332, 338
Tomitschek (Ingenieur) 365, 367
Treitschke, Heinrich von 36
Tuka, Vojtech 331-332, 336

Uczicky, Gustav 165
Ulbricht, Walter 392
Umlauf, Josef 171-172, 262, 270, 272
Urbanczyk, Walter 184

Villard, Oswald Garrison 132
Vogel, Heinrich 210, 212, 228, 280
Vogel, Hugo 75

Vrba, Rudolf 254, 349, 351, 354, 357, 367

Wagner, Josef 157
Waizenegger, Erich 126
Walesa, Lech 411-412
Warlimont, Walter 287
Weber, Max 53, 102
Weigert, Hans 90
Weil, Simone 412
Weininger, Otto 326
Weiss-Rosenfeld, Sherry 245
Werkmann, Georg 236, 250, 297, 388
Werner, Paul 137
Wetzel, Erhard 318, 327
Widmann, Albert 137-138
Wiechuja (Landwirt) 335
Wiesel, Elie 411-412
Wigand, Arpad 180, 182
Willrich, Wolfgang 87
Wirth, Christian 137
Wisliceny, Dieter 331
Wolff, Karl 228, 280, 347
Wollheim, Norbert 255

Zelkowicz, Josef 377-378
Ziegler, Gerhard 201, 260, 277, 352
Zimmermann, Bodo 25
Zucker, Esther 405
Zunker (Professor) 212

ORTSREGISTER

Die Originalausgabe erschien unter dem Titel
»Auschwitz. 1270 to the Present«
im Verlag W. W. Norton & Company, New York/London
© Debórah Dwork und Robert-Jan van Pelt 1996

Redaktion der deutschen Ausgabe:
Nele Haasen, Ernst Piper, Moritz Schick, Peter Witte

Copyright © Pendo Verlag AG
Zürich 1998
Herstellung: Heidi Kitz
Gesetzt aus der Garamond ITC
Satz: Fotosatz Reinhard Amann, Aichstetten
Druck und Bindung: Clausen & Bosse Leck
Printed in Germany
ISBN 3-85842-334-3

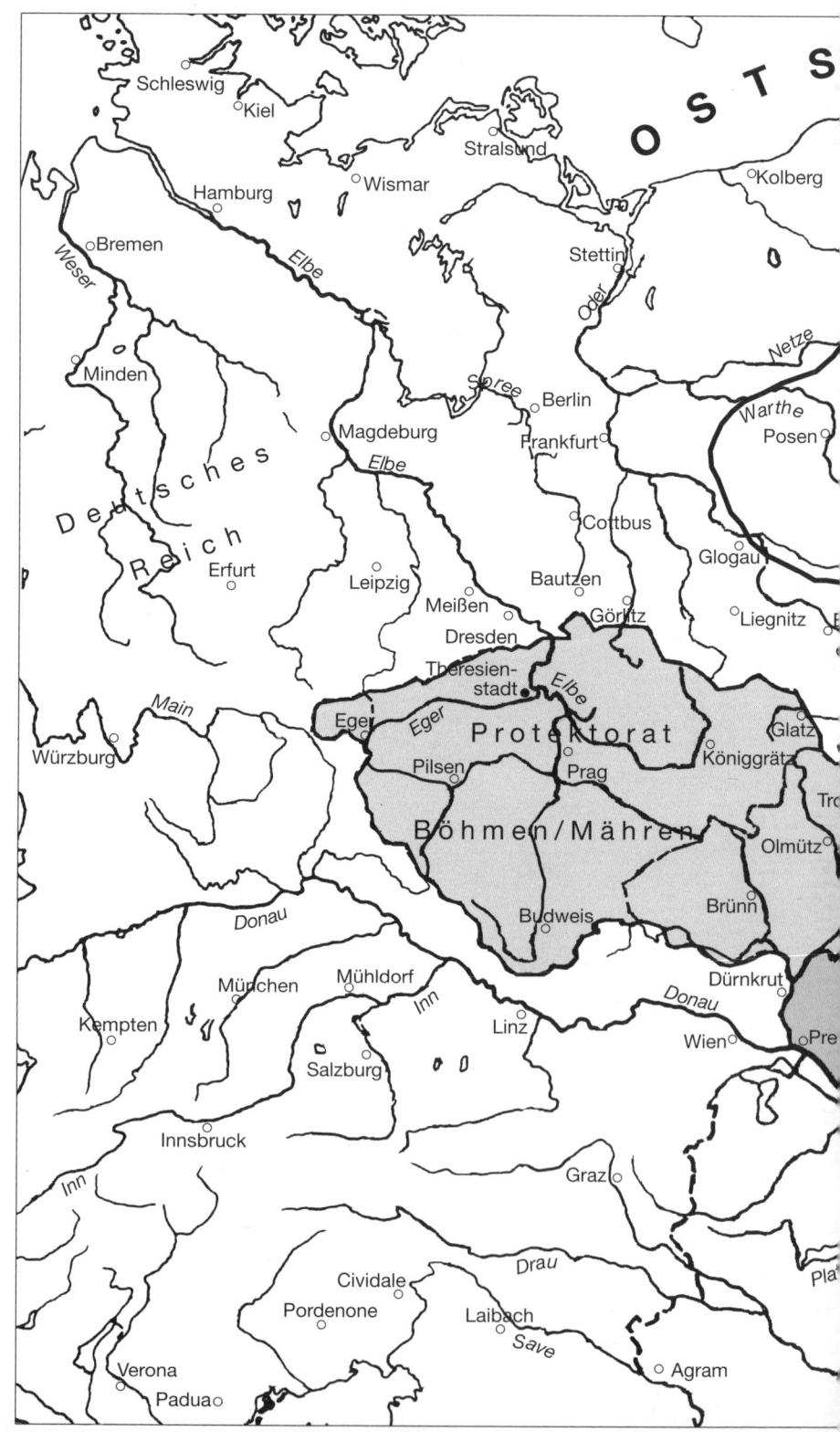